刘 阳 著

事件思想史

华东师范大学出版社
·上海·

图书在版编目（CIP）数据

事件思想史 / 刘阳著. —上海：华东师范大学出版社，2021
华东师范大学新世纪学术著作出版基金
ISBN 978-7-5760-1145-6

Ⅰ.①事… Ⅱ.①刘… Ⅲ.①思想史-研究-世界 Ⅳ.①B1

中国版本图书馆 CIP 数据核字（2021）第 025356 号

华东师范大学新世纪学术著作出版基金资助出版

事件思想史

著　　者	刘　阳
组稿编辑	孔繁荣
项目编辑	夏　玮
特约审读	韩　蓉
责任校对	王丽平
装帧设计	高　山

出版发行	华东师范大学出版社
社　　址	上海市中山北路 3663 号　邮编 200062
网　　址	www.ecnupress.com.cn
电　　话	021-60821666　行政传真 021-62572105
客服电话	021-62865537　门市（邮购）电话 021-62869887
地　　址	上海市中山北路 3663 号华东师范大学校内先锋路口
网　　店	http://hdsdcbs.tmall.com/
印 刷 者	常熟高专印刷有限公司
开　　本	787毫米×1092毫米　1/16
印　　张	31.5
字　　数	510 千字
版　　次	2021 年 5 月第 1 版
印　　次	2025 年 2 月第 3 次
书　　号	ISBN 978-7-5760-1145-6
定　　价	119.00 元

出版人　王　焰

（如发现本版图书有印订质量问题，请寄回本社客服中心调换或电话 021-62865537 联系）

目 录

绪 论　前事件思想 ·· 1
　一、"事件"词源考 ·· 3
　二、史源与问题意识 ·· 6
　三、范式革命的前事件性 ·· 11

第一章　事件的存在根基
　　　　——尼采、海德格尔与巴赫金事件论 ···················· 15
　一、地球事件、大政治与黑格尔 ······································ 15
　二、戏剧作为事件：超越认识 ·· 20
　三、Ereignis 及居有事件 ··· 26
　四、在言说与抑制之间 ·· 32
　五、行为：存在即事件 ·· 36

第二章　事件的早期酝酿
　　　　——拉康、列维纳斯与利科事件论 ························ 40
　一、不可逆的破裂：事件与征候之别 ······························ 40
　二、事件的他异性：在超越中保持自我 ·························· 46
　三、非树也非块茎的异趣 ·· 49
　四、事件、结构与叙述 ·· 52
　五、区分事件的内外面 ·· 54
　六、隐含的主观性、目的论与准存在 ······························ 58

第三章　事件的话语特征
　　——布朗肖与福柯事件论 ······ 62
一、存在的出格：虚空与沉默 ······ 62
二、前期理性批判话语的酝酿 ······ 67
三、后期的强化与事件的引出 ······ 74
四、文本线索的清理 ······ 78
五、《方法问题》与事件思想 ······ 91
六、福柯事件思想要点 ······ 95
七、事件由此与理论：若即若离 ······ 99

第四章　事件与各种思想的融渗
　　——利奥塔、朗西埃、马里翁与斯蒂格勒事件论 ······ 104
一、与索绪尔相区别以及强度分割 ······ 104
二、死亡驱动：剧场装置与事件的精神分析源头 ······ 111
三、事件无场所：言说过度与原初立法 ······ 114
四、从现象学的被给出性到事件 ······ 120
五、因果两义、负熵与事件的双重因果 ······ 124
六、滞留、前摄、技术与事件即输入 ······ 129

第五章　事件在欧陆的内在性展开
　　——德勒兹与维利里奥事件论 ······ 134
一、事件所吸收者：从斯多噶到怀特海 ······ 134
二、意义逻辑与事件 ······ 140
三、概念：事件而非本质 ······ 143
四、发生于表面的事件 ······ 147
五、从事实向事件的转化 ······ 150
六、事件也来自驱动影像 ······ 153
七、时间加速对空间的取代与事件的光学深度 ······ 158

第六章　事件在欧陆的超越性展开
——巴迪欧与齐泽克事件论 …… 162
一、情势中的事件位 …… 162
二、一之溢出：事件是其产生的后果整体 …… 166
三、事件与文学：奇幻阐释 …… 170
四、恩典性、电影与事件 …… 173
五、超出原因的结果及去事件化问题 …… 176
六、视差与深描唯物主义：事件的前沿进路 …… 182

第七章　事件的解构性推进
——德里达与南希事件论 …… 188
一、解构与事件 …… 188
二、文本线索的清理 …… 194
三、从重思述行（操演）到事件 …… 205
四、另一种作为事件的重复 …… 207
五、签名与他者介入 …… 210
六、写作事件：出处依据及其后理论意义 …… 214
七、可能的不可能性：无条件好客的事件伦理 …… 217
八、南希与《事件的惊奇》 …… 220
九、空时间、创造与作为事件的民主 …… 228

第八章　事件的英美面相
——伊格尔顿与阿特里奇事件论 …… 235
一、文学：从本质到事件 …… 236
二、作为事件的语言 …… 242
三、文学事件：概念出处与原理形成 …… 246
四、独异性：非偶然、非唯一与非光晕 …… 252
五、驳难与辨正 …… 255

第九章　事件谱系的分析哲学张力
——蒯因与戴维森事件论 ·················· 262
一、事件的个体性及其本体论 ·················· 262
二、事件是否来自单称词项及语句 ·················· 266
三、作为细节的事件 ·················· 269
四、心理事件：理由、行动及对文论的启迪 ·················· 275

第十章　事件谱系的反事件张力
——迈克尔·索亚事件论 ·················· 282
一、事件与日常对立？ ·················· 282
二、对立的症结：从批判巴迪欧事件论切入 ·················· 286
三、叙事发展同质性与现代主义 ·················· 290
四、中断/重复之冲突：跳跃美学 ·················· 292
五、反事件推演：从日常的巧合性到巧合的日常性 ·················· 296
六、由此对一个学术史拐点的深度澄清 ·················· 300

第十一章　事件谱系的情感与审美张力
——罗马诺与马苏米事件论 ·················· 303
一、基于现象学的事件解释学 ·················· 303
二、作为内在事实的事件 ·················· 307
三、事件的时间性特征 ·················· 311
四、时间性的主客观织体 ·················· 314
五、关系/参与和定性/创造：事件即审美政治 ·················· 318
六、活的抽象、情感调性与恰到好处 ·················· 322
七、2019年新进展：并行进化以及身体事件 ·················· 325

第十二章　事件研究在东方
——小森阳一、伊莱·罗纳与我国学界事件论 ·················· 330
一、语言与体验：作为事件的阅读 ·················· 330

二、从概念、参照系到事件的出场 ·················· 334
　　三、扬弃德里达与德勒兹事件论 ·················· 337
　　四、走向文学事件论与限度伦理 ·················· 342
　　五、文学事件及其九条原理 ······················ 347
　　六、在近似项比较中进一步析疑 ·················· 350
　　七、事件思想在我国的初步播扬及独异性论争 ······ 353

第十三章　事件思想的最新发展与演进逻辑 ············ 357
　　一、克拉克：Singularity 的诗学 ················· 357
　　二、阿曼德：从超越事件/状态二分法到幽灵性 ····· 363
　　三、哈特与奈格里：生命政治作为事件 ············ 367
　　四、马德与德拜：物、自然作为事件 ·············· 370
　　五、扎巴拉与格朗丹：事件获得本体论解释学意义 ·· 376
　　六、费拉与威克斯：超戏剧事件及震惊美学 ········ 382
　　七、基尔：在剧场事件中将当下历史化 ············ 385
　　八、曼彻斯特学派：人类学在事件情境分析中 ······ 390
　　九、帕西菲奇：事件的主体机制 ·················· 394
　　十、卡普托与克罗克特：进入 2018 年的事件及其好客 ·· 399
　　十一、韩炳哲：他者与事件在 2019 年后的今天 ····· 401

第十四章　开放的结论：环绕事件的九个问题 ·········· 405
　　一、从差异到差异之外 ·························· 405
　　二、复调、线索与张力 ·························· 408
　　三、观点间的 30 处贯通与 10 点存异 ·············· 411
　　四、折返：事件思维方式与传统的联系与区别 ······ 417
　　五、事件与叙述的关系 ·························· 422
　　六、伦理在事件中的展开 ························ 435
　　七、事件思想在创作中的初步实践 ················ 445
　　八、事件思想在研究中的初步实践 ················ 448

九、事件思想在教学中的初步实践 ················ 453

余　论　一个观察视角：事件与后理论的联结理据 ········ 465

参考文献 ································ 472

主要人名对照表 ···························· 488

后　记 ································· 490

绪论　前事件思想

在2020年英译再版和初版的两部国际近著《分叉：时间、事件与冒险的哲学》(*Branches: A Philosophy of Time, Event and Advent*)与《思考事件》(*Thinking the Event*)中，两位作者米歇尔·塞尔(Michel Serres)与弗朗索瓦·拉夫欧(François Raffoul)高屋建瓴地指出："事件的概念变得普遍了。"[①]"事件这一范畴已成为当代大陆思想的主要关注。"[②] 本书书名中的"事件"，尽管也可以在某种程度上指作为现实结果而现身的某件事情，[③] 主要却指正在国际范

---

① SERRES M. Branches: a philosophy of time, event and advent [M]. London: Bloomsbury Academic, 2020: 105.
② RAFFOUL F. Thinking the event [M]. Bloomington: Indiana University Press, 2020: 6.
③ 随着现代社会发展进程的加快，在这点上的谈论极多。较早的相关论著有丹尼尔·戴扬与伊莱休·卡茨合著并出版于1996年的《媒介事件》(*Media Events*)(汉译本由北京广播学院出版社于2000年出版，译者麻争旗)等。斯蒂芬·佩奇与乔安妮·康奈尔合编并出版于2012年的《劳特利奇事件手册》，将事件与庆典活动这样的"奇观"(spectacle)等同起来(POTTS J, STOUT D. The routledge handbook of events [M]. London: Routledge, 2012.)。澳大利亚格里菲斯大学研究员乔·麦克凯勒出版于2014年的《事件观众与期望》，也把事件与节日并论(MACKELLAR J. Event audiences and expectations [M]. London: Routledge, 2014.)。露丝·伊利格瑞与迈克尔·马德合著并出版于2016年的《透过植物性存在：两种哲学视角》，在不改变对事件的实体性理解的前提下，一方面强调事件也可能无意义，另一方面将这种作为实体的事件的范围拓宽到欲望与爱等内在心理情感层面(IRIGARAY L, MARDER M. Through vegetal being: two philosophical perspectives [M]. New York: Columbia University Press, 2016: 12/61.)。伊娃·霍恩出版于2018年的《作为灾难的未来：想象现代灾难》，将事件与灾难并置思考，关注气候的缓慢变化这种"没有事件的灾难"(HORN E. The future as catastrophe: imagining disaster in the morden age [M]. New York: Columbia University Press, 2018: Chapter 2.)。卡塔琳·切赫-瓦尔加与亚当·齐拉克合编并出版于2018年的《第二公共领域的表演艺术：基于事件的艺术在后社会主义欧洲》，旨在"将第二公共领域的精确话语与基于事件的艺术形式联系起来"(CSEH-VARGA K, CZIRAK A. Performance art in the second public sphere: event-based（转下页）

围内形成丰富谱系的，在动变、转化与独异中超越形而上学的新思想方法。如研究者们指出的那样，这种新的思想方法"既不应理解为力量的单一瞬间汇聚在一起，也不能理解为生产过程'终结'后被另一个事件取代"，而应被"理解为通过万物与人之间的联系而发生的运动事件"。^① 在弗里德里希·威廉·尼采(Friedrich Wilhelm Nietzsche)、马丁·海德格尔(Martin Heidegger)与米哈伊尔·米哈伊洛维奇·巴赫金(Mikhail Mikhailovich Bakhtin)之后，法国的雅克·拉康(Jacques Lacan)、伊曼纽尔·列维纳斯(Emmanuel Levinas)、莫里斯·布朗肖(Maurice Blanchot)、保罗·利科(Paul Ricoeur)、让-弗朗索瓦·利奥塔(Jean-Francois Lyotard)、吉尔·德勒兹(Gilles Deleuze)、米歇尔·福柯(Michel Foucault)、雅克·德里达(Jacques Derrida)、保罗·维利里奥(Paul Virilio)、阿兰·巴迪欧(Alain Badiou)、雅克·朗西埃(Jacques Rancière)、让-吕克·南希(Jean-Luc Nancy)、让-吕克·马里翁(Jean-Luc Marion)、贝尔纳·斯蒂格勒(Bernard Stiegler)与克劳德·罗马诺(Claude Romano)，斯洛文尼亚的斯拉沃热·齐泽克(Slavoj Žižek)，英美的威拉德·奥曼·蒯因(Willard Orman Quine)、唐纳德·戴维森(Donald Davidson)、特里·伊格尔顿(Terry Eagleton)、德里克·阿特里奇(Derek Attridge)与迈克尔·索亚(Michael Sayeau)，加拿大的布莱恩·马苏米(Brian Massumi)，日本的小森阳一(Komori Yoichi)，以及以色列的伊莱·罗纳(Ilai Rowner)等具有不同学术背景的理论家，都对事件进行了探讨。最近十余年来，事件思想不仅在国际学界得到持续、前

（接上页）art in late socialist Europe [M]. London：Routledge, 2018：4.）。克里斯汀·塞瑞特与苏德哈·奥纳查拉姆合编并出版于 2018 年的《语言习得中的语义学》，探讨了"事件语义学"(Event semantics)，比如孩子对无痕事件的描述，是把事件作为实体名词来使用的(SYRETT K, ARUNACHALAM S. Semantics in language acquisition [M]. Amsterdam：John Benjamins Publishing Company, 2018.）。艾伦·西恩基与奥尔加·艾瑞斯卡诺娃合编并同样出版于 2018 年的《跨语言的方面性：语音和手势中的事件识解》，探讨语言如何表现事件的不同特征(CIENKI A, IRISKHANOVA O K. Aspectuality across languages：event construal in speech and gesture [M]. Amsterdam：John Benjamins Publishing Company, 2018.）。最新的相关论著，还有格雷姆·埃文斯编辑出版于 2020 年的《大型事件：场所营造、再生与城市区域发展》等(EVANS G. Mega-events：placemaking, regeneration and city-regional development [M]. London：Routledge, 2020.）。

① RICHARDSON J, WALKER S. The event of making art [J]. Reston：Studies in Art Education, Vol.53, No.1 (Fall 2011)：6-19.

沿、开放的研究，也引起了包括哲学、政治学与文学等学科在内的我国学术界的兴趣。① 让我们从学理上来深入考察事件思想迄今的发展谱系。

一、"事件"词源考

在出版于2014年的一部新著中，加拿大学者让·格朗丹(Jean Grondin)指出："'事件'通常被用来描述一个重大的、有影响的、经常令人惊讶和不可预见的现象。"② 确实，从词源上考察，现代英语一般以"重大的事"而非琐细小事为event一词的惯用法。③ 这与晚近事件思想所界说的事件的基本含义——不同于常规之事的独异性(singularity)，④ 是一致的。先就一般词义来看，较早出版的英语词典解释event时特别强调事件的重要性：

> 事件是发生的任何事（平均一天太小，不值得注意），但最常见的是，

---

① 陶东风.文学理论基本问题[M].北京：北京大学出版社，2010：24.
② MARDER M, ZABALA S. Being shaken: ontology and the event [M]. London: Palgrave Macmillan, 2014: 63.
③ 葛传椝.葛传椝英语惯用法词典[M].上海：上海译文出版社，2012：220.
④ 将singularity汉译为"独异性"，是考虑到三点理由：(1)若译作"奇异性""奇特性"或"独特性"，均容易引人往著名的"陌生化"概念方向附会，后者被明确等同为"奇异化"(维·什克洛夫斯基.散文理论[M].刘宗次，译.南昌：百花洲文艺出版社，1994：10.)，强调陌生变化的一面而并不符合singularity如本书后文所述的非偶然(特殊)与非唯一(相异)的完整学理涵义；2017年出版的德国学者莱克维茨(Andreas Reckwitz)所著《独异性社会》，在德文中区分了"独异"(Singularitäten)与"独特"(Idiosynkrasien)，指出独异性"既不是普遍特殊意义上的体系，也不是独特。从某种意义上来说，独异性位于二者之间"(安德雷亚斯·莱克维茨.独异性社会：现代的结构转型[M].巩婕，译.北京：社会科学文献出版社，2019：35.)，不同于处在社会规则秩序外的独特性，独异性处于其内又不普适，是有别于质性思维的复杂性。(2)保留"异"字，是鉴于它含有异在、他异性(alterity)之义，区别于海德格尔意义上的"未知的"(unknown)，而更具列维纳斯意义上的"不可知的"(unknowable)因素(详见本书第二章第二节)，因之更较能全面传递列维纳斯与德里达等人在这一谱系中的身影。(3)不译作"奇点"，则是考虑到该词的天体物理学内涵(由霍金提出的，既存在又不存在而令物理定律失效的点)与事件学具有一定差别，属于被库兹威尔(Raymond Kurzweil)的《奇点来临》(*The Singularity is Near*)等技术思想著作指认的、人工智能超越人类智能的临界点，以此为描述角度便缩小了事件学的容积，尽管这不妨碍事件学高度关注奇点问题。

这意味着一个重要事件。①

后出的英语词典基本沿袭了上述释义的精神，将 event 的义项按重要程度进一步分梳成几条，同样突出其重大性：

  1. a. 发生的事情。b. 重大事件或发生，参见 occurrence 处的同义词。c. 社交聚会或活动。
  2. 最终结果——结果。
  3. 运动——比赛或体育项目中的项目。
  4. 物理学——位于时空中单个点的现象或事件，被视为相对论中的基本观测实体。②

聚焦到思想层面上，事件这个概念又指什么呢？颇为权威的《剑桥哲学辞典》(Cambridge Dictionary of Philosophy)，从哲学（主要是分析哲学）角度，紧扣住"变化"来界说 event：

  事件：发生的一切；关于事件的两个基本问题，哲学家们通常一起面对的是：(1) 是否存在事件？(2) 如果是，它们的性质是什么？一些哲学家只是假设有事件。其他人则争论这一点，通常是通过寻找普通主张的语义理论，这些理论显然涉及某些代理人已做某事或某事已发生变化的事实。③

这与现代性进程中求变的思维与智慧，应该说是同步的。《牛津哲学字典》

---

① EVANS B, EVANS C. A dictionary of contemporary American usage [M]. New York：Random House，1957：163.
② SOUKHANOV A H. The American heritage dictionary of the English language [M]. Boston：Houghton Mifflin Harcourt，1994：617.
③ AUDI R. Cambridge dictionary of philosophy [M]. New York：Cambridge University Press，1995：292.

(*Oxford Dictionary of Philosophy*)对 event 的释义,同样围绕"改变""发生"与"转折"而展开:

> 一种改变,或发生。对事件哲学最大的争议是:事件究竟应被视为个体比如客观对象,即一个可用不同方式予以描述的日期或地点,还是更接近一种主张或事实,即事件的同一性取决于它本身赖以构成的概念。在前一模式下,事件在于如何造成事物,以及一事件如何与另一事件相同(如头脑产生混乱与头脑中灵光乍现这两件事之间);在后一模式下,事件则与事实等同,如一位海军上将没有出现,其缺席可能是一件意义重大的事件,有其原因与后果。还存在着一种转折事件(约翰去中国或去日本)或量化事件(玛丽找到了一份工作或玛丽找到了好几份工作)。①

可谓展示了"事件"一词的现实性含义与潜在性含义之别。潜在者仿佛是线,现实者则仿佛是由线织成的布。阿尼·阿尔伯斯(Anni Albers)在《不列颠百科全书》(*Encyclopedia Britannica*)中,将所有的编织行为都追溯至"线的事件"(the event of a thread),认为线交织为一块布,布是人体的第一建筑,它既从出生之际保护、隐藏和揭示我们的重量,包裹住我们,也在睡眠与死亡中覆盖了我们。2013 年,安·汉密尔顿(Ann Hamilton)在援引这种观点后,直观地将事件界定为不同线的交织点:

> 线的事件是由近处与远处的交叉而产生的:……没有两个声音是相同的。没有事件是一样的。这个项目中的每个交集都是被创造出来的。所有创造都是引起注意的行为,关注是一种识别的行为,而识别是正在发生的事情,它本身就是被认为的事情。②

每一次交织,都形成一个作为交织点与"正在发生的事情"的事件,交

---

① BURN B. Oxford dictionary of philosophy [M]. Oxford: Oxford University Press, 1996: 128.
② HAMILTON A. The event of a thread [J]. A Journal of Performance and Art, 2013, 35(2): 70-76.

织的动态性，一方面导致事件的独异性，另一方面也导致事件的无限可能性。变化与生成，确乎是事件给人的一般印象，它们符合法语与德语对"事件"一词的总体语义界定。法国是事件思想的集聚地。根据以色列当代学者罗纳的考察，现代法语中的"事件"一词，来自两个具有不同语义内涵的拉丁文动词：一是 evenire，意为"出现、显露"（to come out）；二是 advenire（to arrive）。前一义指对于已完成的过往经验的结果性证实，其词根有结果、完成、成功及在面临困难问题后的结局等意思；后一义则相反，给出了时间序列上的断裂（rupture），这种断裂指向尚在接近中与即将到来的、还未完成的未来，含有不可预见的现身、生成、与引发惊异的非凡之物及变化相遇的意思。从17世纪起，两种语义开始相互兼指，进入18、19世纪后，后一义逐渐成为了主导，表明事件在不可预知的现身中隐藏着明显异常的冒险。[①] 与中文"事件"一词对应的德文词则是 Ereignis。在这一问题上引起的聚讼，可以参见海德格尔《哲学论稿》（*Contributions to Philosophy*）等中文译著后附的译名讨论。上述语义演化过程，不同程度地敞开着事件的性质，提供了研究事件的视野与起点。

二、史源与问题意识

词源的上述共同性，某种程度上是事件植根于人类古老文化而源远流长的证明。柏拉图（Plato）尽管持理性主义立场，并从维护这一立场出发，以伤风败俗、危及城邦统治秩序为由将诗人逐出理想国，形成艺术贬值论，暗示了对事件的独异性倾向与色彩的排斥，但其理念论哲学仍为事件的认识功能留下了局部的合法地盘。如在《理想国》（*The Republic*）第七卷提出的著名洞穴比喻中，长期深陷于黑暗囹圄中的未开化者一旦转身接受光明，便启动了求真意志，这

[①] ROWNER I. The event: literature and theory [M]. Lincoln: University of Nebraska Press, 2015: 241.

便形成了一个事件。《泰阿泰德篇》(Theaetetus)等对话,也指出"眼睛不是变成影像,而是变成一只正在看的眼睛"①,这种看视状态上的生成与流变,孕育了朴素的事件思想萌芽。

亚里士多德(Aristotle)把理念拉回经验世界,受到古希腊有机论思想的影响,并不注重在后世艺术创造活动看来更为重要的性格,而更注重情节:

> 事件的组合是成分中最重要的,因为悲剧摹仿的不是人,而是行动和生活(人的幸福与不幸均体现在行动之中;生活的目的是某种行动,而不是品质;人的性格决定他们的品质,但他们的幸福与否却取决于自己的行动)。所以,人物不是为了表现性格才行动,而是为了行动才需要性格的配合。由此可见,事件,即情节是悲剧的目的,而目的是一切事物中最重要的。此外,没有行动即没有悲剧,但没有性格,悲剧却可能依然成立。②

把事件等同于情节,又把它们的重要性置于性格之上,这与亚里士多德对知识论的追求是联系在一起的。即使对于性格,他也认为是供我们判断行动者属类的。这种观点在今天看来自然是片面的,甚至是错误的。无数成功的创作经验表明,作家往往是先有了对某种人物性格的表现兴趣,才慢慢由点及面、由朦胧至逐渐清晰地构思并创作出整个作品来的,仅仅有了对事件的某种预计,并不足以推动创作过程的积极发生和持续深入,因为它缺乏对创作成败更为关键的情感动机。当然,除了在《诗学》(The Poetics)等著作中探讨悲剧情节结构的突转与发现等成分,而印证事件在生活经验中的客观存在外,亚里士多德也注意到了事件的偶然性。如晚近学者们所考察发现,他在学理逻辑上同时对三类事件抱以关注:第一,总是并且必然发生的事件;第二,在大多数情况下或通常情况下发生的事件;第三,纯粹偶然发生的事件。③ 这就把偶然性

---

① 柏拉图.泰阿泰德篇 [M] //柏拉图.柏拉图全集:第二卷.王晓朝,译.北京:人民出版社,2010:672.
② 亚里士多德.诗学 [M].陈中梅,译.北京:商务印书馆,1996:64.
③ Schneider. Why do we find the origin of a calculus of probabilities in the seventeenth century? [M] //ARMAND L. Event states: discourse, time, mediality. Prague: Litteraria Pragensia,2007:287.

纳入了事件研究的视野中，尽管将其远远放在了必然性的重要位置之下。因为它要求突转与发现必须以"一系列按可然或必然的原则依次组织起来的事件为宜"，而"不是得之于偶然的体积"，①这便指出了事实上同时影响了后世的两种不同运思方向：倘若"可然或必然的原则"成为开放而可操作的可能性指标，亚里士多德之论便与 20 世纪以后德勒兹等学者在虚拟中生成真相的事件思想，呈现出某种程度上（不是全部，因为虚拟不完全等同于可能性）的微妙暗合；而如果"可然或必然的原则"成为不变的教条，则亚里士多德之论不啻压制了事件的反常规冲击力量，等于取消了事件。

我们还可以说，上帝创世的伊甸园神话，也是一个不能不记取的醒目事件，原罪的发生诚然是由于两位男女当事人违反上帝意志而被罚下界，却也由此推动了人类物质生产与文明历史的发展，这个根本上的意外事件，逐渐成为宗教事件，②而受到现代性话语的祛魅挑战。对它的动变程度的估计，以及能否进入事件思想的序列，是有争议的，争议本身进一步发动着事件，为我们从多角度认识事件提供了史源上的基础。在出版于 2006 年的《上帝的弱点：事件神学》(*The Weakness of God: A Theology of the Event*)一书中，意大利裔美国学者约翰·D. 卡普托(John D. Caputo)从神学诠释学角度探讨了事件与名称的分合，认为"尽管名称包含事件，但原则上事件不能由名称来包含"③，进而描述了事件的八个基本特征。

1. 不可控性(uncontainability)

卡普托认为，一方面，名称包含着事件，并通过在相对稳定的统一名义中容纳事件来给事件一种临时的庇护；另一方面，事件是无法实现的，它们使名字因承诺未来而变得焦躁不安。名字作为自然语言，由历史构成，事件则是一些不自然的、怪异的、幽灵般的东西，其声音永远是柔和的、低沉的，容易被

---

① 亚里士多德.诗学［M］.陈中梅，译.北京：商务印书馆，1996：74-75.
② 例如研究者们认为，圣体也是一个事件、一个精神与宗教事件(the Eucharist is an event) (POWELL-JONES L, SHULTS F L. Deleuze and the schizoanalysis of religion［M］. London: Bloomsbury Academic, 2016：42.).
③ CAPUTO J D. The weakness of God: a theology of the event［M］. Bloomington: Indiana University Press, 2006：2.

忽视或歪曲。一个事件总有一些不可得的与无条件的东西，而名字却属于有条件的与可编码的能指串。事件是包含在名称中的开放式承诺，名称却既不能包含、也不能传递承诺。没有一个名字能比一个事件更具特权，在事件中聚集的力量总是有可能以其它名称、条件、时间与文化被释放，"将出现"是事件的构成要素。在柏拉图主义中，一个名字不像身体容纳灵魂那样容纳一个事件。相反，事件是名字的身体的后代，没有名字就没有事件。这个事件是在名字的身体里孕育和诞生的。但名字超越了自己，仅仅是因为它们有能力与其它名字联系起来，产生自己孕育的事件。一个名字是有条件的、有编码的和有限的，而它所容纳的事件则是无条件的和无限的。

2. 可译性(translatability)

卡普托指出，事件是名字所试图翻译的东西，这不是就传递内在语义本质而言，而是就把自己带向事件而言，就像跑步者把自己推向一条永远不会出现的终点线。名字试图帮助事情发生，事件则是正在发生着的。

3. 脱翅化(deliteralization)

卡普托强调，名字永远不等于在它里面正在搅动着的事件，它把事件紧紧限定于它的控制范围内，从字面上给事件命名。因此，一个事件的名字会不断地受到它所承载的事件的"还原"，事件将取代和取消这个名字，把这个名字的语法调整到事件的诗学中。应当对事件进行非文学化的描述，描述其动态，追踪其风格，并通过恰当的比喻来应付其偶然的力量，以使被名字所隐藏的事件因素不被困在其中。这形象地被卡普托比喻为昆虫的"脱翅"。

4. 过度(excess)

卡普托相信，当事件发生在我们身上时，它超越了我们，超出了主体与自我的范围。尽管我们被要求对事件作出反应，但事件不是我们的行为，而是对我们的行为。事件独立于我而产生并降临到我身上，它是来拜访我的，这种拜访是我必须处理的，无论我是否喜欢。这一事件需要一个期待或期待的视界，但这不意味着它必须在视界中存在。每一个事件都在违背预期的情况下发生，它是一种过剩、溢出和惊喜。如果说视界划分了可能性的范围,那么,它超出了伊曼纽尔·康德(Immanuel Kant)意义上的可能经验的条件,而构成了不可能的经验。

5. 邪恶(evil)

卡普托在这里用了一种个人化的表述,认为我们无从保证事件的发展方向,因为一个事件并不具备一种内在的本质,它所引发的是一系列的替代,而非本质化展开的过程。因此,一个事件只能导致不稳定的瓦解性,正如它可以创造一个开放的未来。事件中的联系并不能保证朝某个目标渐进,每次承诺都是一种威胁,未来的事件可能好也可能坏,唤出着一种需要回应的祈祷。

6. 超越了存在(beyond being)

卡普托主张,一个事件既不是真实的实体,也不是存在本身,而是一种在实体与实在的名称中酝酿的冲动或渴望,一种呻吟着将要诞生的东西,一种根本无法被限制在本体或本体秩序中的东西。换言之,一个事件不是存在层面上的本体论事件,而是使存在变得不安的一种干扰。

7. 真相(truth)

卡普托不忘说明,事件构成着一个名字的真相,但这种真相不仅有别于柏拉图意义上的善,也有别于黑格尔(Georg Wilhelm Friedrich Hegel)意义上的本质存在,同样有别于海德格尔意义上的不可知。它指的是事件承载开放而不可预见的未来,即不可能实现的可能性(其中甚至可能包含坏消息)的能力。在这一点上,作为真相的事件不是一个认识论问题,也不是一个名字,而是一种行为,是需要一个人运用勇气去面对或暴露自己的东西,那打开了无休止、不确定与不可预见的未来。

8. 时间(time)

卡普托还表明,事件具有不可还原的时间特性,其运动不被普通时间的滴答声所控制,而总是与一个转变的时刻有关,这个时刻将我们从现在的束缚中释放出来,并以一种使我们有可能获得新的出生、新的开始、新的发明的方式打开未来，即使它时常会不断唤醒充满了危险的记忆。① 卡普托最终回到神学诠释学语境，得出了这样的结论：使用上帝的名字是一种不稳定的行为，这种行为仅仅把我们暴露于以上帝之名发生的一系列事件中；因此需要对事件进行准现象学的还原，从事件之名还原至其充满召唤与激发的结构。他数番作出了这样的补充交代：

> 弱神学既没有神学现实主义（theological realism）的形式，也没有反现实主义（anti-realism）的形式，而是一种放大了的超现实主义的事件（a magnifying hyper-realism of the event），一个人的激情和存在的强度相应地被这一非常不可判定的力量放大。②

从本书以下的论述中，我们可以不断看到今人对这种史源的回响，并惊奇于问题意识在人类早期即已悄然具备的这种植基。

三、范式革命的前事件性

事件思想的正式成形尽管是在现代，从酝酿到形成高潮以及各种新变不过一个多世纪时间，但诚如本书以下将要论及的那样，古希腊斯多噶学派（The Stoics）、近代德国思想家莱布尼茨（Gottfried Wilhelm Leibniz）等人都已在不同程度上为这一思想提供了萌芽。而人类近代以来自然科学的发展历程，应该说更早已体现出事件的更迭，即科学的进展并不呈现为线性式的决定论、预设论行进路线，而每每走在一条充满了奇峰突起状态的范式革命道路上。我们称这种情形为前事件性，是就它早于"事件"概念及事件思想的正式产生这一点而

---

① 对以上概括的展开，见：CAPUTO J D. The weakness of God: a theology of the event [M]. Bloomington: Indiana University Press, 2006: 2-6.
② CAPUTO J D. The weakness of God: a theology of the event [M]. Bloomington: Indiana University Press, 2006: 11.

言的，学理的连续性序列，在这种考察中得到了彰显。

"范式"（paradigm）一词，是美国科学哲学家托马斯·塞缪尔·库恩（Thomas Samuel Kuhn）首先使用，并在 1962 年初版的《科学革命的结构》（*The Structure of Scientific Revolution*）中详细论述了的。虽然这个词提出得较晚，但它所揭示的历史事实却历历有之。库恩认为，范式有两层含义：一是指由特定共同体构成的整体；二是指这个整体中的一种元素，即对具体问题的解答。范式包含符号概括、特定模型、共有价值与范例这四种成分，其中最核心的成分是范例。库恩对范式的看法，可以用他举过的一个例子来形象地概括：学生解习题并非是去机械地提高运用教科书中既有原理的熟练性，而是当他在解题时，每一道新的习题作为一个新的范例，构成着对既有原理的检验。库恩由此指出，自然科学研究中意外的发现不单是事实的输入，不是对资料的重新诠释，而是表明科学家的世界由于事实的新颖性而在质上得到改变，在量上得到丰富。范式越精确，对反常事实的反应越灵敏。范式与反常事实差距越大，该事实作为新范例也越重要。自艾萨克·牛顿（Issac Newton）起自然科学上的一次次革命，都是新范式取代旧范式的过程。取代是一种转变，范式转变后，视野、方法与目标都将改变，以更成功而有效地解决问题。所以，范式之间是不可通约的，库恩明确表示，这意味着事件的发生：

> 常规科学决不可能改正范式。相反，正如我们已看到的，常规科学最终只能导致识别出反常及导致危机。而所有这些反常和危机只能以一种像格式塔转换式的比较突然而无结构的事件来结束，而不是以思虑和诠释来消解。①

出现"比较突然而无结构的事件"，是事理本身使然。以自然科学为例来看，早在我国汉朝时，已有人发现谷类作物中有特别的嘉禾，一茎多穗产量高；但面对人们试种"嘉禾"的企图，学者王充分析指出"试种嘉禾之实，不能得嘉禾"②，这实际上已认识到有些变异是不遗传的，与现代遗传学研究的结

---

① 托马斯·库恩.科学革命的结构［M］.金吾伦，胡新和，译.北京：北京大学出版社，2003：111.
② 黄晖.论衡校释［M］.北京：中华书局，1991：854-855.

果是吻合的：谷类作物中的分枝变异，确属不遗传性变异。范式观念由此在当今思想界引发的震撼是可以理解的。首先，它准确抓住了科学的先天局限，那就是它在出发点上的假设性质，"一种假说可能在提出之时就具有这样的性质，可以使得那些受假说支配的实验立即对其加以证实"①。其次，它打破了科学渐进发展、逐步接近真理的神话，而认为科学的发展只能是新旧范式更替导致的"世界观的断裂"②，一种能证实更多事实的新世界观无情取代另一种被更多事实推翻的旧世界观，却并无一种能完全把握真理的世界观。再次，"范式超越了一种理论的特定表述，它包含一种关于自然、关于问题以及如何最有效地解决问题的思考方法"③，它包含理论又不唯理论，具有比理论更为灵活的反应与适应能力。

如此，范式革命带来的最重要结论，可能是"积累"观的摧毁。④ 积累意识可以被归入线性的进步论观念，但范式在世界观革命中强有力地转变着，这使那种认定人类从开端起为接近真理而相继奋斗的传统观念陷入了错误。⑤ 另一位著名的科学哲学家卡尔·雷蒙德·波普尔（Karl Raimund Popper）则提出了影响很大的证伪说，并在他 1959 年出版的《科学发现的逻辑》（*The Logic of Scientific Discovery*）中作了详细论述。这一学说本是针对科学理论而言的，认为人类的进步是不断在事实范围对假说进行的证伪中自我改进的过程。当如此强调时，波普尔是以当代理论文化日益暴露出来的框架神话和大词观念为反思对象的。例外状态与崭新的、开放的可能，构成这一学说与事件思想的共鸣：必然与偶然的关系，是一个在复杂度与求真性方面远为棘手而不容轻易简单化的问题。对此的认识，由此逐渐超出自然科学范畴，而延伸到了人文社会科学领域。以史学研究为例来说，1942 年 5 月，历史学家简又文亲往全州调查，从百姓口中得知当年太平军路过全州本为和平过境，唯城上守军中一炮兵见黄轿一乘簇拥而来，知为首要人物，不待命令而猝然开炮，南王萧朝贵当即中炮身

---

① 康拉德·洛伦茨.文明人类的八大罪孽 [M].徐筱春，译.合肥：安徽文艺出版社，2000：184.
② 埃德加·莫兰.复杂思想：自觉的科学 [M].陈一壮，译.北京：北京大学出版社，2001：29.
③ 罗杰·G. 牛顿.何为科学真理 [M].武际可，译.上海：上海科技教育出版社，2000：50.
④ 托马斯·库恩.科学革命的结构 [M].金吾伦，胡新和，译.北京：北京大学出版社，2003：88.
⑤ 托马斯·库恩.科学革命的结构 [M].金吾伦，胡新和，译.北京：北京大学出版社，2003：153.

亡，太平军大怒而攻陷此城。那位炮兵跳城得免，多年后才敢与人吐露当日情形。简氏到全州时，尚有多人认识那位炮兵。① 综合各种史料，此说颇可采信。或谓如南王不死，得以主持大局，历史可能会是另一副面孔，这客观上提出了一个重大学术课题。从逻辑上看，这就是一个有助于证伪某些旧说乃至不可靠定则的事件。它加深了人们对马克思（Karl Heinrich Marx）在改造黑格尔之语后有关"一切伟大的世界历史事变和人物，可以说都出现两次。……第一次是作为悲剧出现，第二次是作为笑剧出现"② 这一深刻名言的领会：生存本来自盲目意志的偶然，被抛入世，带有存在主义体察到的悲剧意识，但当一厢情愿或者说天真地将这种生存的偶然性必然化，说成是被特殊意志所决定好了的和希望看到的，本真的悲剧便在加以复制的冲动中变成了失根而荒谬的笑剧。这也便是这个事件的意义。从时间上看，它和无数类似的实例一样，在事件思想正式出场前已出现，提供了范式革命的前事件性证明。

　　本书将在上述前事件性思想的基础上，努力梳理论述事件思想的现代发展谱系，并在此过程中分析其深层机理与内在张力。我们希望，前一点能帮助对事件思想感兴趣的读者客观了解现代以来各家各派对事件的不同阐述，从中窥见包括文论与美学在内的现代人文思想的一种新质，也期待与此密切相关的后一点能进一步透过丰富的面相，展示事件思想的实质。或许从根本上说，事件思想史的撰述本身也当成为一个"溢出"的事件，而不必显示出静态的满足。它因而始终承认存在着为作者所尚且不逮的范式突破口，以及相应而来的对于读者指正的虔心欢迎。

---

① 简又文.太平天国杂记［M］.上海：上海书店出版社，1935：88.
② 卡尔·马克思.路易·波拿巴的雾月十八日［M］.中共中央马恩列斯著作编译局，编译.北京：人民出版社，2018：8.

第一章　事件的存在根基
——尼采、海德格尔与巴赫金事件论

在事件思想谱系中，有奠基之功的思想家首推尼采与海德格尔。现代以来，伴随着西方思想范式的转换，传统形而上学大厦不断遭致瓦解，产生推进的惶惑。思想家迫切呼唤以新范式来接替形而上学，有关事件的思考，在此背景下逐渐进入了理论的视野。尼采关于理性与非理性问题的深度探究，以及稍后海德格尔沿此的本体性修正，首先为思考事件确立起了富于现代色彩的方向。巴赫金则以"存在即事件"为核心，围绕行为哲学的建构探讨了事件与存在、主体及语言的关系，初步展示了事件中的责任与献身问题。

一、地球事件、大政治与黑格尔

让我们先从尼采的事件观说起。作为现代思想的揭幕者之一，弄明其事件思想所先要做的工作，是考察其在运思背景上与近代思想的差异。如果不否认近代思想的集大成者可推黑格尔，那么，2016年出版的、美国里士满大学人文与哲学荣誉教授加里·夏皮罗（Gary Shapiro）的新著《尼采的地球：大事件，大政治》(*Nietzsche's Earth: Great Events, Great Politics*),① 为上述界限提供了富于解释力的梳理，而值得我们在本节中沿循他的论述展开相关分析。在夏皮罗的观察中，尼采是最早致力于现代性研究的少数主要哲学家之一，因为他看到了新的战争形式、国家体制的转变、游牧民族类型的出现及人类环境日益显示的脆弱性等新状况，结合这些状况而逐渐从事件角度，创辟了与黑格尔主义迥异的思想新道路。

从尼采所处的时代起，各种令人震惊与不可预测的事件比之传统是更为多见了，考虑到人们对尼采如何在19世纪处理相关的问题感兴趣，夏皮罗指引我们重新梳理其思想，认为尼采直面了世界历史的一个核心问题，那就是一旦阐明了它的本体论基础，有必要问世界历史的进程是否真如我们所看到的那般。在尼采之前的哲学观念看来，世界历史涉及时间哲学，相信自己朝一个目标发展，并被涉及国家兴衰的"重大事件"打断。尼采挑战了这种观念，认为重大事件不是喧闹的，而是步履蹒跚的，关心地球未来的人们必须保持警惕，注意不平衡的时间，以便迎来抓住匆忙掠过的时刻的可能；因为"最大的事件——不是我们最喧闹的时候，而是我们最寂静的时刻"②。他进而认为如果屈服于前者，那属于消极虚无主义的表现：

> 为自由而进行的斗争是黑格尔认为的世界历史的主要动力，它带来了"重大事件"；但是，当我们意识到新的价值观时，在那些"最寂静的时刻"就会发生真正的重大事件。③

按海德格尔的阐释，尼采所说的虚无主义即"对生命的否定"，那也发生于作为"民众的柏拉图主义"的"基督教"之中。④ 在如此酝酿新的事件思想

---

① 书名 *Nietzsche's Earth* 亦可译作"尼采的世界"或"尼采的大地"。由于此著明确针对黑格尔的世界学说而展开立论，以《查拉图斯特拉如是说》等谈及地球的尼采著作为主要论述依据，译 earth 为"地球"更为恰切。译作"大地"则易引人往海德格尔的运思方向附会，后者所言的大地却不具政治含义。
② 弗里德里希·威廉·尼采.查拉图斯特拉如是说[M].孙周兴,译.上海：上海人民出版社,2009：169.
③ SHAPIRO G. Nietzsche's earth: great events, great politics [M]. Chicago: The University of Chicago Press, 2016: 81.
④ 马丁·海德格尔.尼采[M].孙周兴,译.北京：商务印书馆,2010：189.

时，夏皮罗发现，尼采正努力同时使自己的哲学从政治神学的残余中解放出来，而为理解地球及其时代设计了一套概念，试图逃避世界历史及其类似物中被设定的陷阱。他的《敌基督者》(*The Antichrist*)一书，之所以引发轰动与谩骂攻击，是因为该书批判了世界历史的基督教基础，认为"'进步'只是一个现代观念，而这意味着，是一个错误的观念"①，这便使今天探讨尼采对地球政治以及人类未来的思考，地球在其政治思想中的突出位置，以及它的状态、时间性、与政治神学残余的关系皆成为可能。尼采关心的问题是：地球上的大政治是什么？我们如何设想特定的未来，而将地球的永不确定的未来纳入政治概念？他由此呼吁忠于地球，从中找到伟大的政治依据。事实上，在最后的生涯中，通过以黑格尔主义为反思对象回应瓦格纳(Wihelm Richard Wagner)。尼采越来越多地谈论的，确乎已不是世界，而是地球。

尼采的地球概念是对黑格尔世界概念的一种政治替代。如夏皮罗所指出，尼采著作中的地球不仅限于内在生命世界的现象学意义，还具有政治意义，而与黑格尔哲学所指称的世界概念相反。他通过对瓦格纳发表于1876年的一篇论文的分析与批判，而"基于事件与未来概念勾勒出一种非现代的、反黑格尔的历史观念"②。瓦格纳在文中强调"重大事件"（原文为 gross Ereignis）的概念，主张这一概念以及环绕着它的问题意识应当为同时代人所理解，并被其以此种思维方式来思考未来的意义，这实际上与黑格尔视"重大事件"（原文为 great event）为世界历史的转折点，如出一辙。但夏皮罗正确地概括道，黑格尔所说的重大事件，本质上是政治性的，都与国家有关，即与转型、解体以及国家战争等相关。对黑格尔来说，世界历史就是国家的历史，除了国家外并无历史意识，国家之前的一切都是史前史。尼采则在其最重要的著作之一《查拉图斯特拉如是说》(*Also Sprach Zarathustra*)中引人注目地提出地球动向来反驳这一点。查拉图斯特拉要求他的门徒向地球献出忠诚，解决人类地球的状况，并鼓励他的听众用为地球创造方向的世俗头脑思考，呼吁拯救地球而非世界，

---

① 弗里德里希·威廉·尼采.敌基督者[M]//余明锋,译.弗里德里希·威廉·尼采.尼采著作全集：第六卷.北京：商务印书馆, 2015：212.
② SHAPIRO G. Nietzsche's earth: great events, great politics[M]. Chicago：The University of Chicago Press, 2016：56-57.

以摆脱人类最后受到的地球变小的威胁。夏皮罗援引保罗·洛布(Paul Loeb)的评语，指出查拉图斯特拉在许多方面都是对斐多的柏拉图式苏格拉底(Socrates)的回应，并认为苏格拉底的天鹅之歌是关于真实地球的故事，其意义远超我们通常的理解。他还发现，在这部著作之后，尼采后来的作品往往将对道德、宗教与文化的评估称为"在地球上"的方式。但与尼采的地球观念有关的许多评论，往往会忽略或最小化该观念的政治意义，或仅仅认为地球指内在的、身体的一面，而忽视了其想象性的、超越宗教和先验传统的一面，以致满足于仅从现象学角度解释尼采的这一思想，片面强调其对地球的诗学隐喻，或集中于尼采对诗意的适应来解释其地球思想。夏皮罗的看法是，这些浪漫化的解读，掩盖了尼采对地球的颇显特殊的看法。实际上，尼采的地球概念取决于一系列关于事件与时间的复杂观念。这些观念，不仅可以从尼采自己有关永恒回归(eternal return)的阐释中得到印证，也还可以得到恩斯特·哈特维格·康托洛维茨(Ernst Hartwig Kantorowicz)等学者在《国王的两个身体》(*The King's Two Bodies*)等名著中的印证。后者相信，中世纪比今天更有力地显示出各种时间尺度，而主张阐明另一种时间复杂性。尼采以此牵引出黑格尔"历史终结"之论的对立面，并不断批评黑格尔及其追随者对各种"历史终结"叙事的承诺；因为如若相信这一叙事已经到来或即将到来，也便意味着再也没有重大事件了。尼采相信，忠于地球必然涉及放弃时间的概念，而不再让时间服从于这种叙事，在这种叙事中，生活只是最终表达思想或基督教时代终结的框架，这正是他打算告别的黑格尔所明确提出的一种认同方式：

> 尼采想抓住时机时，他的主要反文本之一就是黑格尔的世界历史和他对大事件的概念。……尼采的大事件必须被理解为地球上的重大事件，这与19世纪黑格尔关于将国家卷入其中的默认大事件的概念形成鲜明对比。这是世界历史问题，而非人类居住的移动问题。同样，应将尼采的未来视为黑格尔"历史终结"的对应词。①

---

① SHAPIRO G. Nietzsche's earth: great events, great politics [M]. Chicago: The University of Chicago Press, 2016: 120.

这是由于，黑格尔的世界概念作为一个统一的概念，不与国家、世界历史及上帝的事物脱钩，而最终呈现为一个政治神学的概念，并激起了尼采阐明敌基督者的哲学。当尼采谈到地球时，他在隐晦地表达政治无神论。夏皮罗察觉到，其为地球着想的战争包括对政治神学的攻击、模仿与颠覆，主旨是创造"与世界(world)形成鲜明对比的地球事件(an event of the earth)"①。夏皮罗论证表明，尼采几乎总对世界历史不屑一顾，却始终遵循着查拉图斯特拉的禁令精神而忠于地球。非但这部著作如此，在如今被许多人视为尼采最连贯的著作的《道德的谱系》(*On the Genealogy of Morals: A Polemical Tract*)中，有关地球的言辞无处不在，地球俨然成了分析的重点，那个被尼采视作"反基督主义者和反虚无主义者"的未来的人，将会"让地球重新拥有自己的目标，让人重新获得希望"。② 而在《偶像的黄昏》(*Twilight of the Idols*)中，尼采则对真实世界/表象世界的传统二分法作了示范性的解构，表明两种思想在结构上相互依存，因而都可以消除。这可以从尼采在这部书中自设的四个"良心问题"看出。一是："你跑在前面？——你是作为牧人这样做的吗？还是作为例外？"二是："你是真实的吗？还是仅仅是一个演员？是一个代表？还是被代表的东西本身？"三是："你是一个旁观者？还是一个动手者？——或者是一个掉转目光的回避者？"四是："你想同行？还是先行？还是独行？"③ 这便从更深的层次上瓦解了黑格尔那个与国家学说相联系着的世界概念，表明了尼采所说的"大事件"，已不像黑格尔主义者那样只着眼于国家与世界的历史，而是关心地球上的事件，并以此为超人作了准备。夏皮罗指出，尼采在《超善恶》(*Beyond Good and Evil*)中已揭示出"世界"是一个带有神学联系的概念，他怕人们仍未摆脱上帝；因为许多人仍以上帝、人类与世界的三位一体复合体为运思惯习。夏皮罗认为，与黑格尔的上述对比非常接近德勒兹与菲利克斯·瓜塔里(Felix Guattari)将历史归于地理的做法。后二者赞扬尼采作为地球哲学的奠基人，以

---

① SHAPIRO G. Nietzsche's earth: great events, great politics [M]. Chicago: The University of Chicago Press, 2016: 16.
② 弗里德里希·威廉·尼采.道德的谱系 [M].梁锡江,译.上海: 华东师范大学出版社, 2015: 153.
③ 弗里德里希·威廉·尼采.偶像的黄昏 [M]//李超杰,译.弗里德里希·威廉·尼采.尼采著作全集: 第六卷.北京: 商务印书馆, 2015: 78-79.

其目的论与国家主义的方法,强调了人类在地球上的多种居住形式,包括游牧民族以及其它非国家团体;而尼采的地球事件观,归根结底又是和他对"大政治"的张扬分不开的。据夏皮罗考证,在出版于1878年的《人性的,太人性的》(Human, All Too Human)一书中,尼采首次使用了"大政治"(great politics)一词。至少从1884年开始,尼采的大政治就意味着地球上的大政治。夏皮罗引述凡妮莎·莱姆(Vanessa Lemm)的观点,莱姆直接引用了《查拉图斯特拉如是说》一书中的"大事件"一章,指出尼采的大政治应被理解为"事件的大政治"(a great politics of the event)。① 在大政治中,事件被理解为伟大人类的产生或出现,却并不意味着精英主义的政治统治,这则是不对尼采再度发生简单化误解的一个关键要点。

由此可见,尼采所说的地球事件,是相对于黑格尔世界历史及其宗教底色所设定的线性进步论立场而言的,它从基于"开端-终结"运思模式的"重大事件"观念中,撤退回看似显得寂静却孕育着真正的人类历史与政治动力的"重大事件",这也就从逻辑及其理性框架中回到了生存。他沿此引出的"大政治",就是重新奠立于生存根基上的地球政治或生存政治,是一种有别于传统理性政治的非理性政治。就此而论,尼采走出黑格尔主义的道路,发出了事件思想史上的第一声。夏皮罗总结道,从海德格尔到德里达、德勒兹与巴迪欧,自尼采以来的哲学家都在思考相关的问题,即用Ereignis(德语)或À venir(法语"即将到来")这样的语词来表达和阐释对未来的感觉,并都在方向上认同尼采,认为强烈意义上的事件构想被意识形态及其实践所压制,而失去了对根本性变革的想象,对事件的研究就旨在恢复这种想象。

二、戏剧作为事件:超越认识

基于上述由地球事件引出的生存论总体背景,尼采通过考察古希腊戏剧,

---

① SHAPIRO G. Nietzsche's earth: great events, great politics [M]. Chicago: The University of Chicago Press, 2016: 15.

进一步阐释了他心目中的事件。在《悲剧的诞生》(The Birth of Tragedy)中，他曾将戏剧与古代行吟诗人进行比较，指出前者所体现出的"悲剧歌队的这一过程是戏剧的原始现象：看见自己在自己面前发生变化，现在又采取行动，仿佛真的进入了另一个肉体，进入了另一种性格。这一过程发生在戏剧发展的开端。这里，有某种不同于吟诵诗人的东西，吟诵诗人并不和它的形象融合，而是像画家那样用置身事外的静观的眼光看这些形象"①。作为对亚里士多德戏剧观的反拨，《权力意志》(The Will to Power)进一步明确指出，"戏剧"(drama)发源于对当下事件的观看：

>悲剧与喜剧的起源乃是对处于总体狂喜(Gesammt-Verzückung)状态中的神性类型的当下观看(Gegenwärtig-se-hen)，是对地方传奇、访问、奇迹、捐赠行为、"戏剧性事件"的共同体验。②

这种起源，归根结底与戏剧一词的词源密不可分，尼采考证出这个词的多利亚语来源，进而证明了戏剧与事件在源头上的一体性：

>戏剧并不像那些半通不通的学者所以为的那样是情节。依照"戏剧"(Drama)一词的多利亚语的起源，我们也必须对戏剧作多利亚僧侣式的理解：它是事情、"事件"、神圣故事、奠基传说、对僧侣使命的"沉思"和回忆。③

这一界说，在尼采专门论述瓦格纳音乐问题的《瓦格纳事件》中又通过一个注释被表述了出来。对瓦格纳热衷于使用"戏剧"这个名称，尼采不以为然，认为其是在"十足的误解"意义上使用这个词的，而事实上在他看来：

>人们始终用 Hanglung(情节、行动)来翻译戏剧这个词，这对于美学

---

① 弗里德里希·威廉·尼采.悲剧的诞生［M］.周国平，译.北京：生活·读书·新知三联书店，1986：32.
② 弗里德里希·威廉·尼采.权力意志［M］.孙周兴，译.北京：商务印书馆，2007：942.
③ 弗里德里希·威廉·尼采.权力意志［M］.孙周兴，译.北京：商务印书馆，2007：954.

乃是一个真正的不幸。在这方面不只是瓦格纳犯了错误，全世界都仍然执迷不悟，甚至包括本应理解得较好的语言学家们。古代戏剧表演出雄伟的激情场面——这恰好排斥了情节（情节隐藏在开场之前或者幕后）。戏剧这个词来源于多利亚人，按照多利亚人的用法，它表示古埃及僧侣语言中的"事件"、"历史"二词的意思。①

从这些论述可见，尼采实际上主要将亚里士多德影响巨大的戏剧摹仿说作为了自己立论的反思对象。亚里士多德在《诗学》中倡导戏剧是对具有一定长度的行动的摹仿，这个将情节而非性格视为戏剧最重要质素的核心思想，是理性主义立场的逻辑展开，因为这意味着戏剧的创作者与欣赏者都在与摹仿对象拉开距离这一前提下操作戏剧，诸如要求情节首尾一致而避免轻易巧合、陷入偶然性等要求，都由此而生。正如尼采鲜明反对亚里士多德以净化之说揭示悲剧接受心理，认为在怜悯与恐惧中澄清这两种悲剧情感，最终不是加强而是削弱了悲剧性。他也毫不含糊地在戏剧的起源认定上，力图走出亚里士多德规定的运思道路，而求得一条更为合理的和更击中人心的解释途径——确认戏剧的事件本性。它不是事后观看，而是当下观看，在当下的观看中把所有人都平等地挟裹于现场中，而消弭事后的延滞所造成的时间差。这便赋予了戏剧——或者反过来说事件——未决而陌生的发展动力与活力，扭转了理性支配事件的传统局面。

将尼采的上述事件观置于其整体理路中，能逐渐看清事件的意义。从根本上考察，这与尼采对以知识与逻辑为标志的（合）理性的批判诉求有关。在他看来，人之所以赋予知识与逻辑崇高的力量与信任，是因为相信它们都旨在达成人自己与外部世界的相同与一致，而有助于使人获得自我保存的安全感，这种趋利避害的动机，属于生命意志的强力冲动，因而是非理性的。就是说，我们常不假思索以为第一性的、天经地义的理性，实则源于非理性，是被后者这个更具先决性地位的根子所派生和演化出来的，理性源于非理性。传统哲学（形而上学）的理性主义特征，由此遭到尼采的激烈抨击，被称为一堆危及一切的

---

① 弗里德里希·威廉·尼采.瓦格纳事件[M].周国平,译.上海：上海译文出版社，2017：282.

可怕的炸药,① 其出于"暴政般冲动"与"精神的权力意志"②,使哲学家成了受本能秘密引导的专横跋扈者。既然传统面目上的哲学说到底来自强力意志的冲动,它就不是不可怀疑和批判的,需要站在现代思想的地平线上努力重构其基底。这种重构的问题意识于是成了这样:非理性比起理性来才是真相,那么,如何保证思想积极返归至非理性这一根源后,固本培元而不再继续演化和派生为理性呢?尼采认为,能唯一做到这关键一点的是审美(艺术)。他在非理性视野中将苏格拉底以来的知识形而上学传统颠倒过来后,提出审美形而上学这个与传统大异其趣的独特概念,以肉体的生命感的高涨及其酒神精神,以及同属非理性精神的、只在程度上不同的日神精神的实质来解说它,继承了叔本华关于世界是盲目意志的思想,但又批判了这一思想的听天由命和悲观厌世,将世界和人生的意义付诸艺术,倡导"艺术形而上学"③、"审美形而上学"④,认为悲剧艺术能给人"形而上的意义"⑤、"形而上补充"⑥,揭示出只有作为审美现象,人的生存才有充足理由。⑦ 这就用审美取代传统形而上学的地位,预示了前者挣脱哲学力量的支配、二者关系发生逆转的开始。审美(艺术)被尼采定位于非理性活动,当然是偏颇的,但从触及这一活动与传统形而上学理性的必要区别这点上来评估,它又首先具有积极的思想史意义。

按尼采的说法,戏剧,比如悲剧及其渲染的苦难与困境,在亚里士多德的思想逻辑中无法成为事件。因为亚里士多德反复申述心理净化的重要性,认为一味沉溺于悲剧引发的怜悯与恐惧情绪中,无助于领会其审美价值,这种明显基于理性划分意识的界限意识,隔开观众与事件,而导致事件最终成为了欣赏

---

① 弗里德里希·威廉·尼采.看哪这人[M].张念东,凌素心,译.北京:中央编译出版社,2001:60.
② 弗里德里希·威廉·尼采.超善恶[M].张念东,凌素心,译.北京:中央编译出版社,2000:12.
③ 弗里德里希·威廉·尼采.悲剧的诞生[M].周国平,译.北京:生活·读书·新知三联书店,1986:105.
④ 弗里德里希·威廉·尼采.悲剧的诞生[M].周国平,译.北京:生活·读书·新知三联书店,1986:18.
⑤ 弗里德里希·威廉·尼采.悲剧的诞生[M].周国平,译.北京:生活·读书·新知三联书店,1986:91.
⑥ 弗里德里希·威廉·尼采.悲剧的诞生[M].周国平,译.北京:生活·读书·新知三联书店,1986:105.
⑦ 弗里德里希·威廉·尼采.悲剧的诞生[M].周国平,译.北京:生活·读书·新知三联书店,1986:275.

者从安全视点出发予以把握的认识性对象:通过转移与释放悲剧性心理情绪而安全地观赏悲剧,无异于理性地与悲剧展现的世界形成了主客对立,也即在理性中将悲剧对象化并去认识它,哪怕主观上是否自觉意识到。这种阐释与亚里士多德强调求知是人的天性,也是一致的。由此,会不会如同后世学者所敏悟到的那般,"正是由于观众本身的绝对安全,他的严肃的人类关切会轻而易举地堕落为对恐怖和残忍毫无人性的欣赏,或道德上的伪善"[1]呢?需澄清关键的一问:在亚里士多德的逻辑中是否有事件的存在?

回答表面上具有肯定性的一面,因为在《诗学》第九章中,亚里士多德提出"诗比历史更哲学"的著名观点,认为历史仅处理已然之事,诗(文学)却进而处理可然之事,看起来为可能性这一事件要素留下了合法地盘,所谓摹仿比今天好的人,也就是这一意思的表达。但应当注意到,亚里士多德对可能性的摹仿主张,并不自觉联系语言而考虑这个愿景如何在语言的具体操作中实现,他的思路是观念论与意图论的,即认为只要在观念意图中认定一种可然之事,后者作为目标就自然地能在作品中得到实现。显然,这仍是一条从已知到已知的、理性思维控制下的思路,由此对可能性的确认,其实便来自理性意识的设定,因为只有自觉上升至语言层面,语言的非理性(任意性)符号系统特征,才会保证确实存在着此刻尚未发生、将来却可能会发生的因素。这正如浪漫主义时期的赫兹列特(William Hazlitt)、雪莱(Percy Bysshe Shelley)等人尽管也沿用"摹仿"这个词来表述自己的表现论思想,前提却是认为情感是人的天性的一部分而可以得到摹仿,摹仿由此只能是对既定之物的摹仿。所以,只能说亚里士多德这一命题从原则上指出了事件的方向,却无从断言它本身已经是事件思想,它缺少事件思想所根本需要的东西:对理性性质的反思。

有鉴于此,后世学者一般都对亚里士多德是否具备事件思想,持否定态度,认为他既然相信事件只有作为能对整体秩序作出贡献的一个部分才有存在的意义,便取消了偶然与开放性等对事件生成而言举足轻重的要素。[2] 这可以

---

[1] 卡尔·雅斯贝尔斯.悲剧的超越[M].亦春,译.北京:工人出版社,1988:74.
[2] ROWNER I. The event: literature and theory [M]. Lincoln: University of Nebraska Press, 2015: 24.

进而从悲剧的观者与当事人这两方依次得到分析。就观者而言，当他在净化造成的审美升华状态中打量悲剧时，无论主观上如何作为，客观上鉴于二元论思维方式，而超然地减轻乃至去除了悲剧感，失去了置身现场而感同身受的境遇，包括目击事件所同时必然即时生成的未知性探究的可能，得到的是一个被事后赋予了因果性联系的事实，却非扑面而来的事件。后者与前者的区别不仅在于时空上的间隔，更在于，任何人在现实生活中都处于丰富而复杂的关系与联系中，这种关系与联系作为外部条件制约着人物行动的发现，使之成为内外部因素交互影响所形成的合力推动的产物，由此，任何一种原因在具体关系与联系中所能达到的结果也必然是多种多样、决不重复与雷同的，若不通过大量的偶然性，必然性就无法表现出来，因果性在感性世界中，就不等同于在理性世界中的情形，后者每每把必然中的偶然因素同质化了。诚然，以现代视野看，书写苦难必然因涉及语言而拉开与苦难现场的距离，似乎也获得了一种升华，但这并非亚里士多德的初衷，他是从观念意图上立论的，认为感到怜悯是由于对象遭受了不该遭受之不幸，感到恐惧则是由于遭到不幸者是和我们一样的人，这里的"不该"就已蕴含了意图上的价值判断的标准，"和我们一样"则进而将这种价值判断的范围扩展（升华）至全人类的普遍命运境遇，暗含着"我们不该"的前提。这种升华由此可见来自心理上的主观加工，而非语言上的客观顺应，或者说，不是在符号世界中体验苦难的意义，而是在观念中对一种已被设想为先行存在的、能在意义交流中为他人所同样共通的苦难作出规定，这就已不可避免地失去了对苦难的体验力度，使之显示出了某种抽象性，其抽象性根源于认识论框架：主客体的区隔，使这种过程失去语言化的情感融合的关联纽带，而成为对苦难的变相认可甚或欣赏，后者仅仅取决于程度的不同。尼采纵然也在事后意义上提及过诸如巨大的历史事件这一表征既成事实的概念，却不以之为事件的本义，他强调，视点同时参与着进程，作为其一份子而平等地观看当下，共同体验陌生的走向，这才能持存住对事件来说至为重要的未决性动力。相应地，就当事人而言，没有人愿意固守苦难而不去试图改变它，这是由人的自由天性所决定的。在此意义上，"苦难美学"这样的观念无论以何种方式复演，都以化丑为美、化苦难为精神胜利为外衣。其用主观感觉上的自由，掩盖了客观状态上的不自由，而权宜性地回避了苦难，没有从根本上触及对苦难的洞察及改变它的努力，却忽略了"受苦、忍苦只是手段，不是目的"这一朴素的真理。① 综合观者与当事人这两方面看，把苦难认识论化，是引不出事件及其创造思维来的。事件源于对认识的超越。

如果进一步考虑到，古希腊哲学往往以戏剧对话形式娓娓展开，戏剧是希腊民主的一种天然载体，尼采拈出的上述词源，便还证明了古希腊民主与事件的深层渊源。事实上，戏剧在当时的兴盛并非偶然，而确有这一政治思想因缘。这一因缘当进入罗马帝国时期之后就不再显著，因为戏剧在彼时的衰落，使罗马以单个体的演说，而非双方对话为自己的文体标志。对事件思想的研究，不是封闭的纯学术课题，而具有关涉人类文明起步至今的民主启蒙的现实意义。尼采为事件思想奠立的这块基石，深刻影响了其现代展开。

三、Ereignis 及居有事件

尼采倡导的审美形而上学由日神精神和酒神精神共同组成，酒神精神在诗的总效果中占优势，唯有从力量的过剩得到说明的它，存在于肉体活力中而体现出一种"生命感的高涨"②。这对稍后狄尔泰（Wilhelm Dilthey）、柏格森（Henri Bergson）等人的生命哲学固然产生了深刻的影响，却遭到现代存在论哲学的批判，因为在后者看来，尼采仍未真正走出身心二元论的窠臼。尼采把非理性的出路定位于肉体，在跳出主客二元论的同时滑向身心二元论，未及考虑到肉体对精神意识这一主体来说仍是客体，因而仍未动摇"精神唯一地维系于主体"这一二元论模式的出发点。海德格尔由此对事件思想研究作出醒目推进，把"事件"作为了自己的思想关键词。据晚近学界考察，早在

---

① 张中行.流年碎影 [M].北京：中国社会科学出版社，1997：450.
② 弗里德里希·威廉·尼采.悲剧的诞生 [M].周国平，译.北京：生活·读书·新知三联书店，1986：351.

1947年，海德格尔已在自己著述的一个注释中明确提出了事件这一思想。①他在德语语境中提出并赋予 Ereignis 一词以存在论深意，发展出了居有事件观。鉴于此词的独特内涵及其在汉语学界引发的持久探讨兴趣，我们先来看颇具国际权威的《哲学历史词典》(*Historisches Wörterbuch der Philosophie*)对 Ereignis 的释义：

> 事件(eventum)是"发生"的一部分，直到18世纪的新德国，写法是 eräugnen、ereugnen、ereignen、ereugen、eraigen、ereigen 与 eräugen；大写是 Ereugniß、Eräugniß。
>
> 其基本意思是："在眼前""地方""显示""出现""显露""变得可见""落入眼睛"（化用）；也为："去""携带""真的"（而不仅是虚构）、"偶然"。例如莱辛："如果这件事是事实，他可能会在我们教区。"或者歌德(Johann Wolfgang von Goethe)："所有短暂的事物都只是一个比喻，不完美的事物，这里将是事件。"除了 ei 中的 eu 或 eu 的"扭曲"外，"自己"（"当然"）的虚假含义也逐渐出现，即："(适当)""获取"。
>
> 莱布尼茨的本体论认为，一种依赖上帝的物质之所以会发生，是因为它的存在，"这是一种对宇宙的预言，甚至是对宇宙的解释"。对尼采来说，事件的一部分是那些完成它的人的伟大感觉，以及那些经历过它的人的伟大感觉。它本身没有事件大小，当整个星座消失，人们被毁灭，扩张的国家被建立，战争被巨大的力量和损失所打动：在许多物种身上，历史的气息被吹散了。因此尼采可以称之为在新意义上被理解的"伟大的思想"，"同时与他们在一起的两性不会经历这样的事件。他们生活在它之外"。与思想和经验的关系是事件的本质，包括与历史的距离："最伟大的事件（查拉图斯特拉说）——这些不是我们最响亮的时刻，而是我们最安静的时刻。"②

---

① MARDER M, ZABALA S. Being shaken: ontology and the event [M]. London: Palgrave Macmillan, 2014: 195.
② RITTER J, GRUNDER K, GABRIEL G. Historisches wörterbuch der philosophie Vo.2 [J]. Darmstadt: Wissenschaftliche Buchgesellschaft, 1971: 909.

这端出了 Ereignis 一词的基本含义：发生，显示出，与历史拉开距离等。到了思想后期，海德格尔开始不满于"存在"这一范畴中的形而上学遗风，① 继在《关于人道主义的书信》(*Letter on Humanism*)中提出"语言是存在之家"这一新思想后，又思得"本有"(Ereignis)一词，发展深化了他前期的语言观。他固然并未轻视语言科学与语言哲学的地位及作用，却在更深层面上指出，语言并不是普通意义上所说的那种内在心灵活动的有声表达、人的活动和对现实的形象性、概念性再现，而是自行说话，在语言这种作为开端性的完成的"纯粹所说"中，"作为语言的语言"被带向了语言②，这便是"本有"。"本有"的说话方式也便是"道说"（动词为 sagen，名词为 sage）③，"道说"是"本有"的显示运作，是"让显现"和"让闪亮意义上的显示(zeigen)"④，它决不同于说话，而是见证着语言的本质整体。因为"本有"及"道说"作为语言本质是寂静沉默的，其中进行着天地神人四重整体的世界游戏，人的说话是对"本有"的倾听，倾听不同于追问，人以"本有"及其"道说"的传信者身份归属于语言，倾听语言的允诺。对这个词的更为集中的论述，来自海德格尔被国内外学界公认为与《存在与时间》(*Being and Time*)具有同等重要地位的《哲学论稿——从本有而来》一书。1999 年出版的该书英译本，将 Ereignis 译作 Enowing，在同一语系中作了较好的字面处理。而按这部著作的汉译者孙周兴教授的概括，在汉语中将即便在西方也颇难直译的 Ereignis 一词译作"本有"，是取其兼有"具有本己（本身）"与"本来就有"两义，即兼容"有自己"与"有本来"这双重内涵。⑤ 自己的真相原本如

---

① 马丁·海德格尔.在通向语言的途中［M］.孙周兴，译.北京：商务印书馆，2004：106.
② 马丁·海德格尔.在通向语言的途中［M］.孙周兴，译.北京：商务印书馆，2004：6/239/248.
③ 马丁·海德格尔.在通向语言的途中［M］.孙周兴，译.北京：商务印书馆，2004：268.
④ 马丁·海德格尔.在通向语言的途中［M］.孙周兴，译.北京：商务印书馆，2004：137.
⑤ 马丁·海德格尔.哲学论稿［M］.孙周兴，译.北京：商务印书馆，2016：646.邓晓芒教授在回顾中评议道："孙周兴先生在翻译海德格尔的 Ereignis 一词时曾一度采用了中国哲学中的'大道'一词，引起了学界几乎一致的反对，后来他自己似乎也放弃了这一译法。其原因我想可能就是由于'大道'一词中国文化的背景意识太浓，至于字源上找不到根据还在其次。我曾建议将海德格尔该词译作'成己'，虽也有人（如倪梁康）认为太多佛教味道，但其实儒道佛都有'成己'思想，西方人更不用说，这是一个跨文化的概念。'道'是中国文化特有的，'己'却不是。"（邓晓芒.让哲学说汉语：从康德三大批判的翻译说起［J］.社会科学战线，2004（2）：23-31.）"成己"这一译名虽具备了更显著的动词色彩，缺憾在于很难普适于汉语表达，似乎必得冠以引号方能顺利读通，这当然仍非妥善之法，相比较而言"本有"在汉语表达中的适应度更高。

此而具有从来的序列植根,这与上述词源界说是基本一致的:发生就意味着一个端点向另一个端点的跃迁,就有了一个既与历史拉开距离、又最终走向历史的另一个开端的"所从之来"的存在论过程。这个非形而上学的概念,由此既作为相当于逻各斯(logos)与道等大词的基本词语而现身,也并未丢弃其日常语义,① 在两者的张力中展开了存在的历史。

"本有"具体指什么?从根本上它当然不可说,因为一被言说便落入存在者层次而实体化,这不是海德格尔愿意看到的。在《哲学论稿》这部尽管采用非体系化写法,却仍具备思的内在严格性的著作中,他赋予了"本有"六个相互生发与关联的"关节",即"回响"(在"抑制"这种情绪中体味到存在离弃状态或者说被遗忘状态的危难,走出"谋制"与"体验")、"传送"(关于存在离弃状态的经验指引第一个开端的历史,引出另一个开端,存在获得了历史性)、"跳跃"(人对本有的归属)、"建基"(存在之真理与人之存在的关联)、"将来者"与"最后之神"(都是存在之真理的绽出与本有最终得到的归属)。六个环节虽非逻辑推演,也带有海德格尔(特别是后期)行文的时常不可确解,甚至有意拒绝确解的特征,但联系其整体思想仍可以窥知其基本义理,这就是对显现的推崇与分疏。

显现活动的基本环节恰好在上述六个"关节"中得到了学理上的一一顺应。"回响"是对存在被遗忘状态的觉知,体现出显现的起点:尽管尚只有一道轮廓线,但已具备了对整体的潜在估计,估计的潜在性已由主体视点对世界的发问方向所决定。因为操心即指"在世的可能存在方式"②,它以循环为基本结构,循环属于领会本身的本质,开启着领会和解释的意义,以此为根本,操心的三个结构环节分别是先行于自身的存在、已经在……中的存在与寓于……的存在,首要环节是"先行于自身"③。"传送"接下来顺从被"回响"所指引的潜在轮廓,随机地显现出为实现轮廓而需要的步骤,在此,"随机"取的是最接近字面的"随顺机缘"之意,机缘即"回响"所提供的可能性,回响总引发着

---

① 马丁·海德格尔.哲学论稿[M].孙周兴,译.北京:商务印书馆,2016:621.
② 马丁·海德格尔.存在与时间[M].陈嘉映,王庆节,译.北京:生活·读书·新知三联书店,1999:67.
③ 马丁·海德格尔.存在与时间[M].陈嘉映,王庆节,译.北京:生活·读书·新知三联书店,1999:272.

对自身在归属状态中的新定位。因为操心自始至终贯穿着"不"之状态,① 又意味着此在在生存论上的罪责。"跳跃"就正是描画出了潜在估计的方向对显现所随机采取的步骤倾向的呼出状态,显现的每一步虽都表现为随机的探询,这一切却都在轮廓前景的指引下展开,与毫无方向感的放任冒进决非一回事。因为存在不等于逐渐生成,此在的存在不像果实那样从无到有渐次生成出来,"尚未"作为此在之本己存在的组建因素,而现身为"一跃"②、"跳跃"③,不断塑造着主体视点的新的可能前景。根据德里达的考察,德文 ursprung(本源、起源、涌现)一词由两部分组成,其前缀 ur-意为"本源的",其词根 sprung 则意为"起跳、跳起"④,即跳跃之义,可见跳跃乃本源的涌出,即本有的涌现。"建基"由此进而确证了主体视点(人)与世界的真实关系,这也即存在之真理。因为海德格尔认为,世界是此在的一种生存论规定,它指"意蕴的指引整体"⑤。所谓意蕴,是指此在自己先行地对自己的在世有所领会,它构成世界的结构,世界由此便是"此在本身的一种性质"⑥,而非与此在形成主客对立的对象之物。"将来者"与"最后之神",则道明了显现活动的未来时间维度,以及"本有"之思从根本上所依托的西方文化的神学背景。因为生存就是"可能性"⑦,这使"某某事物作为它所是的东西能在其可能性中得以把握"⑧,而所谓可能性,在时间维度上即"尚未现实的东西和永不必然的东西",后者因属于"生存论环节"而高于现实性,⑨ 乃领会与把握现象学的唯一方向,也是"本

---

① 马丁·海德格尔.存在与时间 [M].陈嘉映,王庆节,译.北京:生活·读书·新知三联书店,1999:327.
② 马丁·海德格尔.形而上学导论 [M].熊伟,王庆节,译.北京:商务印书馆,1996:7.
③ 马丁·海德格尔.形而上学导论 [M].熊伟,王庆节,译.北京:商务印书馆,1996:15.
④ 雅克·德里达.论精神:海德格尔与问题 [M].朱刚,译.上海:上海译文出版社,2008:55(注释1).
⑤ 马丁·海德格尔.存在与时间 [M].陈嘉映,王庆节,译.北京:生活·读书·新知三联书店,1999:143.
⑥ 马丁·海德格尔.存在与时间 [M].陈嘉映,王庆节,译.北京:生活·读书·新知三联书店,1999:76.
⑦ 马丁·海德格尔.存在与时间 [M].陈嘉映,王庆节,译.北京:生活·读书·新知三联书店,1999:15.
⑧ 马丁·海德格尔.存在与时间 [M].陈嘉映,王庆节,译.北京:生活·读书·新知三联书店,1999:369.
⑨ 马丁·海德格尔.存在与时间 [M].陈嘉映,王庆节,译.北京:生活·读书·新知三联书店,1999:167.

有"的事件性得以发生的内在动力。

《哲学论稿》的汉译本认为将 Ereignis 译为"本有"多少仍存在着将这个概念名词化与静态化的不足。但汉语中的"本"一词其实具有鲜明的动词性与强调来源的意味,柳宗元《答韦中立论师道书》有云:"本之《书》以求其质,本之《诗》以求其恒,本之《礼》以求其宜,本之《春秋》以求其断,本之《易》以求其动,此吾所以取道之原也。"① 只要我们不着意苛求,"本"字作为译名的动态发源性与归属性,是客观存在和可以自然地被感知到的。"本有"作为本体论(存在论)思考,不便直接推导出"本有事件",是可以理解的,因为事件总是与人、与人的视点及参与性作为有关,可以为此找到的更为恰切的说法,应该是"居有事件"(event of appropriation)。《哲学论稿》英译本反驳了这两个词与 Ereignis 的对应性,从而否决了"居有事件"的译法,主要理由是这两个英文词无法进一步翻译 Ereignis 在海德格尔原著中的一系列同源、同根词。但罗纳在出版于 2015 年的《事件:文学与理论》(*The Event: Literature and Theory*)一书中,却坚持用"居有事件"来译 Ereignis,认为 Ereignis 在英语中的准确对应词就是 event of appropriation。这代表了相当一部分研究者在这个问题上的取舍态度。进入罗纳考察视线的相关文献,主要是《同一与差异》(*Identity and Difference*)、《时间与存在》(*Time and Being*)两文与《在通向语言的途中》(*On the Way to Language*)等。罗纳援引吉奥乔·阿甘本(Giorgio Agamben)在《潜能》(*Potentialities*)中对海德格尔"一种作为事件的存在哲学"的概括,② 以 the event of appropriation 对译 Ereignis,体现出了一种典型的理解。③ 在这种理解中,居有事件关联于存在与存在者的本体性差异,而非仅指存在者,是作为本体性事件(ontological event)而现身的,④ 其要旨在于"使任何发生成为可能",这种原初的动词性(it gives)据罗纳看来,直接影响到了列维纳斯、布朗

---

① 柳宗元.柳宗元文集[M].彭嘉敏,注.北京:北京联合出版公司,2018:93.
② ROWNER I. The event:literature and theory[M]. Lincoln:University of Nebraska Press,2015:57.
③ 详情可参阅孙周兴教授为海德格尔《同一与差异》汉译本所作译后记中的说明。见马丁·海德格尔.同一与差异[M].孙周兴,陈小文,余明锋,译.北京:商务印书馆,2014:177-178.
④ ROWNER I. The event:literature and theory[M]. Lincoln:University of Nebraska Press,2015:28.

肖与德里达等人创造的当代法国哲学，也间接影响了德勒兹与福柯，影响了事件的当代形态的发生。汉娜·阿伦特（Hannah Arendt）发表于1946年的《什么是存在哲学》(What is Existential Philosophy)一文，便沿循这一思路认为，存在的事件被概念的传统力量所中和并削弱，这在黑格尔著作中达到了顶峰，即使到了胡塞尔（Edmund Gustav Albrecht Husserl）的现象学中，意向性概念也将正在发生的现象还原为意识所能先验地构成的，事件从而不被允许为脱离主观性的构成力量。阿伦特据此指出，要对具有重大意义的事件加以思考，必须脱离存在与思维的假定同一性，脱离使事件符合概念与意识的力量的诸种规定，而唤起哲学上的震撼与惊奇。事件发生在思维之外，始终不适应它，它的独异性阻力对概念普遍性形成冲击。① 这里坚持的本体论差异，同样提供了事件的存在根基。

以此观照，Ereignis显示的是传统形而上学所未思考的与剩余的，它已不再沿袭《存在与时间》中的基础存在论那种仍囿于从"is-ness"角度去思考问题的习惯，而是作为思考的原初动力一跃而出，跃入思想的未决深渊，形成开放的事件，那里蕴蓄着思想的演变可能性。罗纳借助拓扑学术语，指出Ereignis是事件而非可以被随意弄成着落状态的地面（ground），也通过词源考辨表明，海德格尔不希望Ereignis一词被从寻常的德文字面上理解，而是将之界定为"不简单地存在着，却使任何存在成为可能"的、在时间与语言中同时得以运作的动力源，② 这为事件思想的现象学-本体论旨趣，奠定了运思的框架，同时展开了事件与语言的关联。

四、在言说与抑制之间

居有事件"向将来之物的溢流"③，是通过语言来发生、展开与运动的。后

---

① ARENDT H. Essays in understanding (1930 – 1954) [G]. New York: Schocken Books, 1994: 163 – 187.
② ROWNER I. The event: literature and theory [M]. Lincoln: University of Nebraska Press, 2015: 60.
③ 马丁·海德格尔.哲学论稿 [M].孙周兴, 译.北京: 商务印书馆, 2016: 11.

期海德格尔在语言问题上作了较多探讨，通过一系列文风不乏怪异的论述，形成了可以称为语言存在论的思想，尽管在一些表述上给人以文字游戏之感，总的说来完善了对事件的阐释。他明确将事件与语言联系起来：

> 人常无言——这不是一个偶然的事件，其间一个可实行的话语和表述没有发生，哪怕只是对于已经被道说的和可道说的东西的表达和重复也未能实行；相反地，这是具有原始意义的（事件）。言语甚至根本没有传达出，它是否恰恰通过无言而达到了首次跳跃。无言乃是作为存有之暗示和突发的本有。①

对"本有"的筹划与归属，或者反过来说"本有"对存在者的生成，在海德格尔看来不仅是事件，而且是必然发生的、"具有原始意义的"事件，其具体发生路径则可以是多样化的。"本有"作为"无言"对存有的生发，就是事件化过程。可见，这里有一种无言与语言相互映发的动力。为尽可能避免落入某种神秘主义路数（虽然这种路数或许是部分研究者认为需要秉持的），在这里我们尝试对居有事件作出语言论上的一种证明。

语言是一种符号组织和系统，符号之间的关系始终隐蔽于和先于单个符号而存在，提供着"回响"后者的可能性根基。符号关系大于和制约着符号，使符号有了面向更高背景而折返自身、获得回响并在回响中抑制自身、先行准备接受赠予的筹划动向，海德格尔正是由此将烦忧（操心）与语言从本体上联系了起来，申明"抑制乃是烦忧的基础"②，这样的"'烦忧'只能在存在问题的开端性区域里才能得到思考"，它由此区别于"任意的、人格上偶然的'世界观的'或'人类学的'关于人的观点"。③ 这与海德格尔的整体理路——此在在世的源始整体结构即烦忧（操心），是一贯的。因为从语言论看，抑制就是语言的介入与控制，这是符号作为替代品、始终不等同于事物的本性的自觉流露。抑制作为语言化，实质乃是符号系统对下一个出场的符号的随机调控；因为尽管

---

① 马丁·海德格尔.哲学论稿［M］.孙周兴，译.北京：商务印书馆，2016：45-46.
② 马丁·海德格尔.哲学论稿［M］.孙周兴，译.北京：商务印书馆，2016：44.
③ 马丁·海德格尔.哲学论稿［M］.孙周兴，译.北京：商务印书馆，2016：21.

从时间上看，符号系统从这一个已知的符号出发指向对下一个未知的符号的召唤，但从逻辑上看，下一个未知符号出场后迅即与这一个已知符号形成新的符号关系，并在此关系中随机更新了这一个已知符号，使其在向下一符号的"传送"过程中，被自身在新的符号关系中的可能性所释放出来，而这种释放即"跳跃"，新的自己一跃而出了。这样，下一个符号与上一个符号不断组成新的符号关系，而不断显现出符号的新生命，这个显现过程便是语言展开自身的过程，它所"建基"者，就是语言。"理解是一种语言现象"①，对语言本性的顺应使理解与认识呈现出区分度，前者品尝意义，后者将世界对象化而从现象中探求本质；因为下一个符号对上一个符号在新的符号关系中的不断生成，意味着语言将主体视点带动起来向前进展。换言之，主体视点在语言中已失去了日常现实中的操控性，而不得不主动地（说不得不，是因为符号关系出来之前自己对下一步生存状态无所作为，只能虚心以待；说主动则是因为确实又是主体视点在实际地操作语言，是人自己在写，人把自己写进了正在写的语言中）随顺语言的显现状态，为之吸收与吞吐。这也就充分表明，这个符号最终得以在显现中存活的机缘，取决于下一个符号及其随机构成的符号关系对于自己的不断激活与重塑，未来呼出（决定）着现在，"将来者"与"最后之神"由此皆有现实的语言论植根，是生存论对于语言论的敏感描述。

在这种描述中，无言获得了重要甚至根本的位置。因为从上述环节的演绎中我们能充分看到，对"本有"的筹划与归属的关键，在于渗透"回响""传送"与"跳跃"诸关节中的"抑制"，抑制回荡着开端性思想的基本情调，在语言的临界点或者说界限上及时引入必要的沉默，在调整中敞开对更高背景的融入进程；而这种必要的沉默就是倾听，如海德格尔所言"一切道说都必须让倾听之能力一道产生"②。"本有"之本，就在于同时保持住了言说与对言说的抑制这看似在逻辑上冲突的两点，这其间的分界点，孕育了事件。文学家每每来自沉默的创作灵感，便是事件的最佳证明。正因为真正的文学在倾听语言的寂静中领会存在，古今中外的伟大文学家们大多具有孤独、沉默的性格。在歌

---

① D.C.霍埃.批评的循环 [M].兰金仁，译.沈阳：辽宁人民出版社，1987：7.
② 马丁·海德格尔.哲学论稿 [M].孙周兴，译.北京：商务印书馆，2016：96.

德看来,离开公务孤独地过日子,是诗人的幸福。① 当代俄国著名女诗人茨维塔耶娃(Marina Tsvetaeva)也说,懂得对将要说出的真理保持沉默时,真理才是真理,② 诗如此,小说也如此。卡夫卡(Franz Kafka)表示"一个人在写作时越孤独越好",理由在于,唯孤独才可能使笔触从"表层上的东西"进入到"更深层的源泉"中去。③ 马尔克斯也感叹,文学创作堪称世上"最孤独的职业"④。杜拉斯(Marguerite Duras)同样认真地指出,对于一位小说家来说"写书人和他周围的人之间始终要有所分离,这就是一种孤独,是作者的孤独,是作品的孤独"⑤。塞林格(Jerome David Salinger)居住于电网蔽护下的林间斗室里,又不失为孤独感在实际生活中的自然投影。在我国,李泽厚阐发过的鲁迅的"形而上的孤独",以及沈从文的安于寂寞等,也都说明在孤独与沉默中,作家高接混茫,归属语言开启的"本有"的重要意义。事件与语言的本体联系,应该说在海德格尔的理路中是不断有迹可循的。

海德格尔所如此向往的语言,由此是一种纯粹语言。按瓦尔特·本迪克斯·舍恩弗利斯·本雅明(Walter Bendix Schoenflies Benjamin)《论原初语言和人的语言》(On Language as Such and on the Language of Man,1916)(此文的重要性可以从晚近理论家阿甘本专门讨论它见一斑)一文的看法,纯粹语言是创造性、名称与中介的统一,如"上帝说要有光,于是就有了光"一般。海德格尔说,"言语甚至根本没有传达出,它是否恰恰通过无言而达到了首次跳跃",就表明无言对首次跳跃的生发不呈现为线性式的觉知,它在跳跃出了语言的同时,自己也在跳跃这个施动行为中获得自己的命名。纯粹语言能涵容语言陌生化带出的文学创作;因为在文学创作中,作家也像上帝创造光那样,不仅给出了事件场面,而且运用语言的陌生化智慧写出场面感觉与身体感觉,⑥

---

① 爱克尔曼.歌德对话录[M].周学普,译.上海:上海教育出版社,2000:46-47.
② 里尔克,帕斯捷尔纳克,茨维塔耶娃.三诗人书简[M].刘文飞,译.北京:中央编译出版社,1999:123.
③ 卡夫卡.卡夫卡文集:第四卷[G].祝彦,张荣昌,等,译.上海:上海译文出版社,2002:101-102.
④ 加西亚·马尔克斯.番石榴飘香[M].林一安,译.北京:生活·读书·新知三联书店,1987:38.
⑤ 玛格丽特·杜拉斯.写作[M].曹德明,译.沈阳:春风文艺出版社,2000:4.
⑥ 可参见徐亮《在场:文学真实性新题》(载《小说评论》1991年第1期)一文对此的详论。

同样消弭创造性、名称与中介。这使本雅明与海德格尔一样仍相信真理存乎艺术。

当我们对海德格尔的"本有"之思作出上述语言论阐释时，会不会引发下面这样的追问呢？——语言论的一条主要路径是从结构主义立场展开，带有较鲜明的非历史性色彩，有一种语法的潜观念存在着；但海德格尔的语言存在论，尤其是《哲学论稿》等著述，则强调存在的历史性。这两者之间是否洽适呢？其实，如果不否认存在的历史性归根结底是建构、生成而非现成的产物，奠立在包括结构主义在内的主要基石上的整条语言论演进轨迹，恰恰走在从内向外深刻进展的道路上。如后面章节将展示的那样，从费尔迪南·德·索绪尔（Ferdinand de Saussure）到福柯，不正走出着一条不仅没有走向封闭，反而走向了广阔社会文化天地的路子吗？——语言是不与事物存在必然符合关系的符号系统（替代品），必然始终替代（即重新说出而非传达）着事物，而替代事物即在符号区分中创造（建构）新"物"；符号的区分是语言的具体使用（即话语），区分则带出位置的差别（不等），说出现实中的等级，此即话语权力（文化政治），替代的实质，因而是使作为深层结构的话语权力不知不觉地实现为自明表象。从这一意义上考量，生存论的语言论阐释是可以得到积极尝试的，阐释的最终目的，是从根子上观察和揭示事件的发生机制。

五、行为：存在即事件

同样关注事件的存在根基，俄国思想家巴赫金有关事件的谈论，主要集中在《论行为哲学》（Toward a Philosophy of the Act）这篇长文中。在这篇文章里他广泛吸取了尼采、柏格森等人的生命哲学理论，以及李凯尔特从新康德主义立场出发对自然科学与历史科学所作的区分等思想资源，对事件与存在、生命的紧密关联，作出了一种富于浓郁人文色彩的阐释。

巴赫金认为，理论文化尽管在当今获得愈来愈重要的确认与张扬，就本质而言，它却是不完整的，因为理论事实上只是事件的某一个方面，不能反过来拿理论去框定事件。如果有比理论始终更为根本的前提——存在，那么存在首先就是一个事件，巴赫金由此反复申述了"存在的无际的事件性""存在即事件"这一核心思想。在其它地方，这一核心思想也被表述为"存在的事件""存在犹如事件"等。① 推论性的理论思维"唯有作为一个整体，才是真正实际存在的，才能参与这一唯一的存在即事件，唯有这样的行为才充分而不息地存在着、生成着、完善着，它是事件即存在的真正活生生的参与者，因为行为就处于这种实现着的存在之中，处于这一存在的唯一的整体之中"②。这与20世纪以后有关让理论回归生活世界、在生活世界中保持自身本真性与活力的倡议，应该说是相呼应的。巴赫金由此将存在（有时也表述为生命）直接视同为事件：

  正是在自己拥有纯洁性的条件下，真理才能负责地参与存在亦即事件。③

  不过从作为被认识了的因素，作为参与了唯一的存在即事件的因素的角度说，这些真理那时尚未为人所知。④

  希图从理论世界的内部出发而达到实际的存在即事件……这种唯一性的存在即事件，已不是思考出来的东西，而是存在着的东西，是通过我和他人无限地和实际地实现着的东西，其中也在我的认识行为中实现着。⑤

显然，这与诸如"任何理论体系都缺乏创造的本质要素，缺乏对表现的内在渴求——它们是无法以理论明确表达的"之类现代以来屡见不鲜的诉求，⑥ 在精神上相通。与西方理论家们每每从个体化角度理解事件不同，巴赫金是把

---

① 米哈伊尔·巴赫金.论行为哲学［M］//贾泽林，译.钱中文.巴赫金全集：第一卷.石家庄：河北教育出版社，1998：3.
② 米哈伊尔·巴赫金.论行为哲学［M］//贾泽林，译.钱中文.巴赫金全集：第一卷.石家庄：河北教育出版社，1998：3-4.
③ 米哈伊尔·巴赫金.论行为哲学［M］//贾泽林，译.钱中文.巴赫金全集：第一卷.石家庄：河北教育出版社，1998：12.
④ 米哈伊尔·巴赫金.论行为哲学［M］//贾泽林，译.钱中文.巴赫金全集：第一卷.石家庄：河北教育出版社，1998：12-13.
⑤ 米哈伊尔·巴赫金.论行为哲学［M］//贾泽林，译.钱中文.巴赫金全集：第一卷.石家庄：河北教育出版社，1998：15-16.
⑥ 瓦西里·康定斯基.论艺术的精神［M］.查立，译.北京：中国社会科学出版社，1987：45.

整个存在本身看成事件，存在与事件基本是一对同义词。这在运思方向上具有根本性，当然也是合理的；因为当理论思维恢复至存在本身中后，视点相应地得到调整，既参与着事件又不使事件重新凝固化。巴赫金汲取了移情美学的某些思想(比如审美直观论)，来论证存在中何以需要，以及如何葆有自我的位置。鉴于单纯的移情根本不可能存在，自我的主体视点必然存在于事件中，"只有从我的参与性出发，才能理解作为事件的存在"①，并进而形成作为"第一哲学"的"统一又唯一的存在即事件的哲学"②。这关键的一点，与自福柯以来的事件思想强调使实践得以实现的具体条件，是相一致的。与福柯有关话语条件的阐述在精神方向上顺应，巴赫金在此很自然地同样触及了语言与事件的关系，即认为事件的实现需要充分调动起语言：

> 为了表现发自内部的行为和行为所在的唯一的存在即事件，需要调动语言的全部内含：它的内容涵义(词语表概念)、直观形象(词语表形象)、情感意志(词语表情调)三者的统一。……事件只能得到参与性的描述。③

视语言为主体自我介入事件的途径，这是富于学理的见解。但在申明上述事件性质之际，巴赫金及时补充说明道，承认自我的参与构成事件的基本因素，以及事件的正确性维系于参与者的唯一位置，这决不等于说事件就是从自我出发所得到的产物。因为"从自身、从自己的唯一位置出发去生活，完全不意味着生活只囿于自身；唯有从自己所处的唯一位置上出发，也才能够作出牺牲——我以责任为重可以发展成以献身为重"④。总之"生活从自我出发，在自

---

① 米哈伊尔·巴赫金.论行为哲学[M]//贾泽林，译.钱中文.巴赫金全集：第一卷.石家庄：河北教育出版社，1998：21.
② 米哈伊尔·巴赫金.论行为哲学[M]//贾泽林，译.钱中文.巴赫金全集：第一卷.石家庄：河北教育出版社，1998：30.
③ 米哈伊尔·巴赫金.论行为哲学[M]//贾泽林，译.钱中文.巴赫金全集：第一卷.石家庄：河北教育出版社，1998：33.
④ 米哈伊尔·巴赫金.论行为哲学[M]//贾泽林，译.钱中文.巴赫金全集：第一卷.石家庄：河北教育出版社，1998：49.

己的行为中从自我出发，完全不意味着为自我生活，为自我实现行为"①。从这里可以看出，巴赫金尽管在表述"事件即存在"这一思想时高度重视审美力量，却认为审美世界仅仅是事件即存在的一个而非全部因素，② 比之更重要的是道德因素；因为"生命只有联系具体的责任才能够理解。生命哲学只能是一种道德哲学。要理解生命，必须把它视为事件，而不可视为实有的存在"③，他由此探讨"作为行为的审美活动"④，颇具某种康德式的道德理想主义色彩。这样，纵然事件发自人的主体视点，又被认为可以有效规避自我化，而仍在主体的责任感与献身精神中保持客观化性质——后者是巴赫金念兹在兹的。

这样我们看到，巴赫金上述事件思想，敏锐地抓住了事件的几个要素：反现成性与规范性，主体条件的参与，语言性质，伦理维度。这些都是整个事件思想谱系中不同程度地反复闪现着的主题，表明了巴赫金在这个问题上的思考深度。不过显而易见，他把事件与理论截然对立起来，正好与稍后福柯将理论视为事件化标志的做法相反，当然两者所指的理论有广义泛称与狭义特称的区分；但由此也能发现，巴赫金不是从相对精微的语言论学理路径入手探讨事件的，他主要走的是相对宽泛的人文主义道路，和海德格尔基于"本有"之思的居有事件思想一样，在启发了 20 世纪事件思想的同时，也带出了后者与之的对话与论争。这种求同存异的动向，很自然地把我们的考察目光引向了当代法国思想。

---

① 米哈伊尔·巴赫金.论行为哲学 [M] //贾泽林，译.钱中文.巴赫金全集：第一卷.石家庄：河北教育出版社，1998：60.
② 米哈伊尔·巴赫金.论行为哲学 [M] //贾泽林，译.钱中文.巴赫金全集：第一卷.石家庄：河北教育出版社，1998：21.
③ 米哈伊尔·巴赫金.论行为哲学 [M] //贾泽林，译.钱中文.巴赫金全集：第一卷.石家庄：河北教育出版社，1998：56.
④ 米哈伊尔·巴赫金.论行为哲学 [M] //贾泽林，译.钱中文.巴赫金全集：第一卷.石家庄：河北教育出版社，1998：54.

第二章 事件的早期酝酿
——拉康、列维纳斯与利科事件论

在考察事件思想的早期酝酿时，拉康、列维纳斯与保罗·利科首先进入了我们的视野。这里所说的"早期"，不仅指三位法国思想家都出生于20世纪前二十年而显得年长，而且指他们发表相关成果是在20世纪七八十年代，相对于最近三十年里集中呈现的事件思想谱系来说也是较早的。他们虽未有专题论述事件问题的著述行世，却在各自的重要著作中都述及了事件的重要性质，其中不乏精深之论，对后来逐渐纵深化的事件思想进程，起到了积极引领的作用。

一、不可逆的破裂：事件与征候之别

拉康不曾花费大量篇幅于事件问题上，却在一个关键处点中了事件的要穴。一般来说，了解拉康对事件的基本看法，在途径上并无大的争议，那主要就集中在他基于弗洛伊德（Sigmund Freud）的精神分析学说而提出的征候分析理论，特别是镜像理论中。如国外研究者所概括的那样，对拉康而言，在6—18个月之间的某个阶段，原本无助的婴儿，在镜子里看到了他或她自己，并在第一时间认识到了自己的映射，"这种经历被认为是事件"①。以误识为标志的这个事件,在研究者看来至少具有六方面的重要性:(1)孩子将"在这里"的图像误认为真的"在这里",产生空间上的错乱;(2)将身体形式当作自我的形式,产生内与外的混乱;(3)将图像视为生物,而忽视其以镜像为手段;(4)在形象中体现出的团结,是对未来的一种幻影,实际上并未被统一;(5)图像不仅被错误地识别为真实的,而且被识别为可实现的,但人类主体将永远无法获得这种形式上的统一;(6)充满欢乐的形式引发情感上的误认。② 研究者发现,这一事件的后果是多方面的,其"表示心理分析在概念上的特殊性——其基本概念都针对自然与文化、现实与幻想的悖论交汇点,而没有一个减少到相同的程度"。镜像阶段中的这种经历"具有变革性的'最终'性质,为自我的重大恶魔确立了条件、局限和运作方式,但几乎没有想到不可逆转的破裂并带来意想不到的后果"③。质言之,事件以不可逆的破裂为性质与标志。

这种分析得到了我国学术界的认同。从事件的角度,后者同样认为"在想象界,所发生的一个决定性事件就是自我的镜像认同,而在象征界,同样具有决定意义的事件就是主体对语言或父法的认同"④。拉康著名的三分法显示,实在界涉及婴孩在需要的驱动下与他者的非区分关系,想象界涉及镜像阶段的要求及由此而来的与他者的区分冲动,象征界则涉及对自我的语言表达欲望,其秩序即语言自身的结构,属于"大他者"(big Other)。可以看出,象征界与实在界之间存在这样的裂隙:实在界由于处在语言的自觉意识之外,其需要以及所形成的认识成果相应地处于言说之外,即始终有着无法被语言所说尽、说完的不可言说之物,这是象征界无力垄断的。不是有所保留地不把话说完,那是一个认识论层面上的选择问题,而是即使主观上不作保留,客观上也无法把话说完,这则是一个本体论层面上的无可选择的问题。实在界与象征界的这种本

---

① BARTLETT A. J, CLEMENS J, ROFFE J. Lacan Deleuze Badiou [M]. Edinburgh:Edinburgh University Press,2014:121.
② BARTLETT A. J, CLEMENS J, ROFFE J. Lacan Deleuze Badiou [M]. Edinburgh:Edinburgh University Press,2014:121.
③ BARTLETT A. J, CLEMENS J, ROFFE J. Lacan Deleuze Badiou [M]. Edinburgh:Edinburgh University Press,2014:122.
④ 吴琼.雅克·拉康:阅读你的症状 [M].北京:中国人民大学出版社,2011:440.

体性间距,构成了被拉康称为"征候"(symptom)的地带。① 由于征候也来自上述裂隙,有一个开裂的问题,人们很容易由此形成的观感是,事件似乎就相当于拉康所说的征候。

这是一种被拉康本人的理路所否认了的误解。事件不等于征候,不能把两者简单地等同起来。因为,拉康不止一次使用"第一个事件"与"第二个事件"这样的表述,认为在征候分析中对准或者说获得的事件,必然成为了原初事件在追溯性姿态中的显现:

> 随着国会和王室这个现实的消失,第一个事件会重回到它的创伤的价值上去,这个价值如果不是被人特意地重振其意义,会逐渐地真正地隐去。相反,第二个事件的回忆即使在禁令之下还仍然强烈——就如同压抑下的遗忘是记忆的最活跃的形式之一一样——只要还有人愿为无产者的崛起而贡献他们的斗争,也就是说,只要还有人相信辩证唯物主义的中心词汇还有其意义。②

我们在征候分析中看到的事件,其实已是"第二个事件",它以"重振""第一个事件"的创伤价值的名义,在压抑机制中重新唤起("回忆")后者,使压抑对后者的遗忘(这实际上是"禁令")在反过来的建构行为中成为强烈、活跃而合法的。因而这段话在某种程度上浓缩了拉康征候理论的要义。它不啻告诉我们,作为不可逆的破裂的事件,在征候分析中被改造为了征候,后者已变得在某种意义上可逆(即可不断地分析与操作)了。1956 年出生的拉康研究者布鲁斯·芬克(Bruce Fink),在其两部专著《拉康式主体:在语言与快感之间》(*The Lacanian Subject: Between Language and Jouissance*)以及《拉康主义精神分析的临床导论:理论与技术》(*A Clinical Introduction to Lacanian Psychoanalysis: Theory and Technique*)中分别一针见血地简括道:

---

① 蓝江.忠实于事件本身:巴迪欧哲学思想导论 [M].北京:北京师范大学出版社,2018:106.
② 雅克·拉康.拉康选集 [M].褚孝泉,译.上海:华东师范大学出版社,2019:250-251. 着重号为笔者所加。

第一个事件(E)发生了,但直到第二个事件(E2)发生才发生。①

可能会由于第二个以后事件的影响而追溯性地成为创伤性的(并导致征候的形成)。②

事件原本应是唯一的,却在征候分析中被重新建构了。第一个事件的不可逆的发生,总被作为征候分析目标的第二个事件压抑(解放)为可控的对象,其创伤性从而在针对征候式探察的冲动意义上才存在,成为了追溯性的,并在这种追溯中置换了原初的创伤性。所以,与表面的表现相反,征候其实是二次化了的。三位西方学者在其合著的一部探讨拉康、德勒兹与巴迪欧之关系的近著中,对此分析道:

> 对弗洛伊德和拉康来说,一个"征候"(symptom)是一种突现的心理物理现象,这种现象被认为是一种新奇的事物,即古老事物(archaic)的回归,即不存在的事物的再次出现(the once-again of the never-was);因此,通过心理分析得出的结论是:事件=新奇(event=novelty)。相反,征候总是新出现的,但从影响破裂(effecting a rupture)的意义上来说并不是事件;相反,(足够真实的)新颖性是必须将表达视为掩饰(dissimulation)的一种方式。此外,征候的新颖性与出发(departure)失败有关,与无法表达的表现形式有关,似乎通过参与而阻碍了新的开始。最后,如果必须为有机体中的独异(singular)偶然性的"激活"赋予名称,则该征候的病因总是偶然性与独异性;然而,这个"原始"事件本身是另一个后来的"事件"的结果,其本身也不一定很重要:婴儿期的一种本质上任意的经历,例如青春期,又被另一种本质上任意的后来的经历所替代。火花跃过两点之间的距离,形成逆行连接。正是这种暂时的,没有存在的开裂(dehiscence)才是有征候的表现与掩饰性的联系(symptomatic presentation

---

① FINK B. The lacanian subject:between language and jouissance [M]. Princeton:Princeton University Press,1995:64. 着重号为笔者所加。
② FINK B. A clinical introduction to lacanian psychoanalysis:theory and technique [M]. Cambridge:Harvard University Press,1997:65. 着重号为笔者所加。

as dissimulation)。①

这不仅富于意味地指出了征候分析的掩饰性(一个悖论性词组:"不存在的事物的再次出现"),而且点明了它在出发点(起点)上的特征,即它在分析成果上的新颖性,是以出发点的"失败"为前提的,为了使自身不失据,它只能不断阻断新的开始,而掩饰性地参与对事物的"再次出现"的新奇性、独异性认定——这样得到的新奇性与独异性,不是原初事件,而是经过了重构的事件。对事件的原发性的错过,因此来自对征候式理论的继发性的默认,这符合征候分析后来的发展实际。比拉康稍微年轻些的、后来的学者们在主张征候阅读(symptomatic reading)时,大都承认受到了弗洛伊德与拉康的精神分析理论学说的影响。与精神分析学家试图探寻病人未曾意识到的东西相似,征候阅读试图探寻尚未被文本作者所意识到的东西。比如法国哲学家路易·阿尔都塞(Louis Althusser)在读马克思《资本论》(*Capital*)的过程中,不仅发现马克思运用着这种方法,而且阿氏由此也以这种方法来读这部巨著,将征候阅读视为认识的生产:"我们在阅读《资本论》的时候也使用了一系列的双重阅读即'征候阅读':我们阅读《资本论》,看到了《资本论》中可能仍然以看不到的东西的形式存在的东西;而这种'阅读'的后退通过同时完成的第二种阅读占领了我们所能赋予它的全部领域。……因此,这里涉及的是本来意义上的生产。生产这个词表面上意味着把隐藏的东西表现出来,而实际上意味着改变以便赋予已经存在的基本材料以某种符合目的的对象形式,在某种意义上说已经存在的东西,这种生产在其双重意义上说使生产过程具有循环的必然形式。"② 作为一种认识上的积极再生产,阿尔都塞明确倡导的上述"征候阅读"思想,使美国学者艾伦·鲁尼(Ellen Rooney)察觉到,"阿尔都塞认为马克思设计了一种新的阅读模式,认为所有的解释都将自身的问题带入文本,这种方式既使解释有罪,又总是把注意力集中在其他可能的阅读或反阅读上。此外,对阿尔都塞来说,形式的'阅读

---

① BARTLETT A. J, CLEMENS J, ROFFE J. Lacan Deleuze Badiou [M]. Edinburgh: Edinburgh University Press, 2014: 122-123. (着重号为笔者所加。)
② 路易·阿尔都塞,艾蒂安·巴里巴尔.读《资本论》[M].李其庆,冯文光,译.北京:中央编译出版社,2017: 27-28.

效应'混淆了解释与写作,从而导致了对文字的发挥:阿尔都塞通过自己的写作而形成一种风格,经常使用双关语、悖论、加倍和反讽"。另一位学者芮塔·菲尔斯基(Rita Felski)在援引这段评论后指出,"对鲁尼来说,这些不同的策略加在一起就是征候阅读的一种描述"①。并且她还认为,阿尔都塞在提出征候阅读时所吸取的弗洛伊德与拉康的学说,与马克思以及尼采的思想一起,共同构成了以保罗·利科为代表的"怀疑的诠释学"(hermeneutics of suspicion)观念,后者关联于"批评的近期历史"(recent history of criticism)②。她所说的不是以审美趣味为旨趣的鉴赏批评,而是20世纪以来以理论话语介入文本的批评,即批评理论的应用。批评理论(精神分析、性别、族裔、后殖民等)很大程度上代表和主导了理论发展至今的形态,当然也从总体上提供给了理论"怀疑的诠释学"这一基本范式。如我们所知,这句话中的"理论"一词主要是征候性的,它受到了语言论的积极推动;拉康本人在这方面正是开风气之先者。而当"征候阅读"如上述学者分析的那般,在掩饰性的运作中形成不断操演的理论运动后,事件不可避免地被二次化,才引出了"理论之后"这类晚近议题的可能,拉康从而同样是后理论研究中无法回避的名字。

这就是拉康贡献给事件思想史的宝贵一笔:征候掩盖了事件,事件有别于征候。对这个要点的把握,事实上构成了后续事件思想发展的方向。沿着拉康开启的上述问题意识,再换一个角度看,征候阅读与天真阅读,实际上一直伴随着人类历史的发展而相辅相成,而且在中西方皆然,③ 简单将两者对立起来,

---

① ANKER E, FELSKI R. Critique and postcritique [M]. Durham: Duke University Press, 2017: 23. 不过应指出,"征候阅读"是历史上早已有之的一种思维方式。以对马克思著作的读解为例来看,早在阿尔都塞之前,至少普列汉诺夫提出的著名的"五项公式",便已意识到经典马克思主义有关在上层建筑与经济基础之间存在着中介环节,却未详细展开论述的问题,而进一步作出了重要补充,提出了社会心理学说,一定程度上纠正了后世一些研究者对此的直线式理解与误读,克服了马克思主义研究中的庸俗社会学趋向。这就是一种"征候阅读",表明征候并非20世纪突然出现的新鲜事物,它只是在20世纪语言论学理传统中得到了合乎逻辑的、更为深广的重视。
② FELSKI R. The limits of critique [M]. Chicago: The University of Chicago Press, 2015: 1.
③ 如以史学研究为例来说,对汉初著名的"白登之围",《史记》与《汉书》在提及陈平建议向单于夫人所献秘计一节时均模糊带过而语焉不详,引发了后世史家的各种猜测。如果说,发端于东汉学者桓谭的失宠说(认为陈平暗告单于夫人汉将向单于献美女,会危及其受宠幸的程度与地位),由于个人想象的主观色彩的浓郁而失去了征候阅读对文本踪迹的秉持态度,(转下页)

是没有认识到两者的区别其实导源于人的观看行为的两重性。一方面，人入场才能真切看清场内事物，但因此受限于在现场占据的特定视点而看不完全。另一方面，人离场才能完全看清场内事物，但因此失去了对现场氛围的亲身体验而看不真切。观看行为的这种始终无法合二为一的两重性，作为人生在世的本体根据，从而是必然的。以此观照，天真阅读主要是入场的观看，征候阅读则主要是离场的观看；两者不呈现为时间上绝对的先后接续关系，而同样是始终并存着的。文论上的审美研究与文化研究之争，由此是值得平息的。征候与事件的根本区别也由此可以得到更为深入的理解：征候居于离场的一端，事件却是贯通了场内外的。在接下来的论述中，我们会不断看到事件论者们是如何为事件对场内外的这种贯通而殚精竭虑的。

二、事件的他异性：在超越中保持自我

可以用列维纳斯有关事件的论说，来为下述以法国理论为主的欧陆事件思想首先作一总括。从年龄上看，列维纳斯早生于后面将要论及的法国诸子之前，就史的脉络而言可置于早期来论列。其尽管没有专门的、大篇幅的事件论，但其零散的谈论，仍为稍后的欧陆事件论作出了一种高屋建瓴的勾勒。

列维纳斯对事件的谈论，在其《总体与无限：论外在性》（*Totality and Infinity: An Essay on Exteriority*）等主要著作中均有不同程度的体现，而主要集中在出版于 1979 年的《时间与他者》（*Le Temps et l'autre*）这部重要著作中（其英译本 *Time and the Other* 出版于 1987 年）。后者关于事件的说法，构成了对法国事件论的一个很好的概括，将其基本精神用自己的理论语汇，恰到好处地表达了出来。

在与海德格尔主动划清某些关键思想界限的前提下，列维纳斯逐渐展开了自

（接上页）那么，认为此时作为游牧民族的匈奴即使侥幸占据汉家天下，远未做好融合作为农耕民族的后者、进而坐稳天下的充分准备，长远地看仍属于失策而为明智者所不取，却是一种从文本中读出空白的征候阅读。熟悉史籍者当会感到类似的判断与智慧不乏其例。

己关于事件的看法。他认为海德格尔对此在与他者的关系的理解是人类学意义上的，虽说"先行于自身已经在（世）的存在就是寓于（世内照面的存在者）的存在"①，作为时间的"先行于"与空间上外向性的"寓于"同时发生，对时间的探讨由此触及了空间上的他者维度，但这种理解把个体的孤独置于了与他者的先决关系中，并以与他者的关系作为自己的生存论结构，其反复倡言的"共同存在"（"共在"）的介词"共"，在列维纳斯看来乃是一种肩并肩、环绕着某个共同项（真理）的关系，它并没有使此在与他者的更为重要的关系——面对面的关系——在原初上得到澄清。与之异趣，列维纳斯试图从存在论而非人类学的立场描画主体与他人的关系，最终证明时间并非主体的既定之物，而是主体与他者的关系。避免他者消失的做法，是不让它成为被另一方吞噬的主体或客体，它因而不应呈现为知识（因为那意味着被主体所吞噬），也不应呈现为绽出（因为那意味着被客体所吞噬）。如何在自我中超越，成为列维纳斯所关心的苦难、死亡与孤独，以及从中孕育出来的事件的性质。他在前期的《总体与无限：论外在性》一书中已指出：

> 分离并不仅仅以辩证的方式作为其反面而成为超越的相关项。分离将自身实现为一种积极的事件。②

实现为事件，即与他人产生关系，这需要存在者置身于其存在之中的一种关联性境遇，列维纳斯将之概括为"在超越中保持自我"（the ego in transcendence）③。可以分两方面来考察此点。就超越的一面而言，列维纳斯强调，事件与它即将去降临到的主体之间横亘着一道深渊。如在死亡这一事件中，某一时刻主体必然失去了他作为控制者的权能，在这种权能的终结中使超越了自己的力量涌现：

> 控制的这种终结，表明了我们已经以此种方式担负起了存在，一个我们不再有能力担负起的事件将会到来，甚至无法通过视觉来担负它，因为

---

① 马丁·海德格尔.存在与时间［M］.陈嘉映，王庆节，译.北京：生活·读书·新知三联书店，1999：222.
② 伊曼纽尔·列维纳斯.总体与无限：论外在性［M］.朱刚，译.北京：北京大学出版社，2016：157.
③ LEVINAS E. Time and the other［M］. Pittsburgh: Duquesne University Press, 1987: 77.

我们总被经验世界淹没。一个事件降临到我们，我们绝无任何"在之前"，无法拥有哪怕只是计划的东西，就如同今天说的那般。①

这里描述的就是事件的"他异性"（alterity）。它与海德格尔的差异颇为明显。海德格尔从存在论哲学的角度将死亡理解为此在的一种生存可能性，当这样理解时，死亡实际上属于可享受的环节，是与主体的发展态势一致的，后者的孤独由之得到确认。但在列维纳斯看来，主体与死亡的关系，呈现为绝对他者的异在关系，与其说死亡确认着孤独，毋宁说死亡打破着孤独，这里展示出了一种尽管同样经历异化、却不再最终成为另一个自己的"多元性"（pluralist）——这个词也可以理解为异质性。因此，两者的异同可以概括为三点。第一，都不回避他者（可能性）的神秘色彩，在这一点上海德格尔与列维纳斯具备共性而并无原则分歧。第二，在上述共性之下，两者呈现出了对可能性的两种倾向。海德格尔所说的他者，是一种"未知的"（unknown）因素，未知相对于已知而言，绽出着本真的已知；总体结构是递接式的，带有既成结构；主体是事件的主人，欢迎它。列维纳斯所说的他者，则是一种"不可知的"（unknowable）因素，②不能被预知，也无法被把握；在未知与已知之间不存在谁顺服谁的关系；总体结构是断裂式的，属于绝对惊奇；主体不是事件的主人，并不主动欢迎它，两者互为独立体。第三，在海德格尔那里，他者（可能性）与主体形成田园牧歌式的和谐共存关系；相形之下，在列维纳斯这里，他者却异在于主体。"将来即他者。与将来的关系也即与他者的关系。"③

这样，列维纳斯认为事件作为未来对当下的侵犯，不取决于单独的某个主体，而决定于主体之间的关系，这种关系正是时间与历史的实质。如本节开头所述，他不赞同海德格尔有关"共在"的思想，认为那并未从根本上触及在他看来更为重要的主体之间面对面的关系；于是，"面容"这样的风格独具的概念术语便出现在了列维纳斯事件论有关保持自我的另一方面中：

---

① LEVINAS E. Time and the other [M]. Pittsburgh: Duquesne University Press, 1987: 74.
② LEVINAS E. Time and the other [M]. Pittsburgh: Duquesne University Press, 1987: 75.
③ LEVINAS E. Time and the other [M]. Pittsburgh: Duquesne University Press, 1987: 77.

主体不承担这一降临到了自己身上的事件，也没有关于这一事件的任何权能，但以一种特定的方式直面它。这种境遇即与他者的关系，与他者的面对面(face-to-face with the Other)、与一个面容(face)的相遇，在给出他人之际，躲避他人。①

这旨在解决一个紧承上述超越一面而来的关键问题：主体何以能在进入与他者的关系的同时不被他者挤兑，相反仍保持住自身？例如，面对死亡，倘若我们不再有控制它的权能，自我将如何担负起死亡？这个并不被主体所欢迎的、作为绝对他者的事件，终究降临到了纯粹被动的主体身上，后者能否以及如何直面它？根据列维纳斯的分析，答案就在于这样一个事实：时间是主体与他者面对面的境遇。不能将这种境遇理解为相互毗邻的空间关系，因为那忽视了时间性；也不能将这种境遇理解为柏格森哲学意义上的那种绵延与冲动，因为那以同质化取消了神秘性，后者是不可预期与筹划的。与海德格尔的哲学不同，列维纳斯不认为将来是嵌入预先恒定的生存结构中的，它绝不在变动中永恒，而绝对他异，即作为他者的异在而新出现。由此视之，列维纳斯尽管出生较早，其事件论倒是比较接近20世纪后半期法国理论中带有浓厚后现代学理背景色彩的事件思想的。他同时指出伦理源于主体与他者的相遇，并汇聚于"面容"，面容代表一种绝对外在于且超越主体权利的不可把握的在场，类似于上帝的降临，在接近面容的经验中，主体变得赤裸与无力，全然向着他者义无反顾地承担责任，这一我们已较为熟悉的伦理维度，始终是理解列维纳斯事件论的思想背景。

三、非树也非块茎的异趣

在讨论拉康及其影响的本章第一节中，我们已提到了保罗·利科。利科

---

① LEVINAS E. Time and the other [M]. Pittsburgh: Duquesne University Press, 1987: 78-79. 应注意"他者"(Other)一词在文中的大写性。

的名字，对我国学界而言并不陌生，其基于现象学视野的解释学成果早已得到研究与公认。他试图调和现象学与语义学等当代学术思潮，这种特征也深深影响了他在事件问题上的看法。英国学者约翰·米歇尔（John Michel）出版于2015年的一部新著，结合多年的研究揭示了利科在结构主义基础上重建解释学的努力。米歇尔发现，利科为了避免传统那种每每将解释学心理化与浪漫主义化，以至将解释主体维系于天才的做法，将结构分析作为认识论模型纳入解释学范畴；但又不满于结构主义建立在共时性视野上却忽视历时性视野，从而趋于封闭的局限。他认为这消除了神话性的起源与终点，以及死亡与苦难等极限情形，未能"关注语言的最终目的：对某事说些什么"①；相反，应让解释学仍向世界与存在开放，尤其不再落入实证主义立场，而强调对作品与自我都进行有效理解。在此前提下，米歇尔将利科视为后结构主义者，指出不像德里达等同时期后结构主义者仍沿用差别这样的来自索绪尔以及结构主义的概念，利科"很少在这些通用标签下提及"差别原则②，他已开始怀疑差别原则，这一点是明显的。由此，米歇尔将利科与德勒兹进行比较，分析指出两者存在着巨大差异。诚然，利科从未与德勒兹以及德里达有过直接对话，其著作中也找不到这方面的书面证据，但在2003年的一次谈话中，他曾提及德勒兹与福柯是"他最钦佩的两位思想家"③。尽管利科与德勒兹思想立场不同，但同处于20世纪60年代哲学的核心，虽都未声称自己属于后结构主义，却都旨在超越结构主义。在这种共性之下，利科与德勒兹对语言的理解呈现出了差异。

按米歇尔的概括，德勒兹与瓜塔里更倾向于把语言看作一种始终与其它非语言功能联系在一起的中介形式。对他们而言，符号系统从来不是独立的组织，虽然索绪尔把语言看作了一种起替代（表征）作用的代理物，可代理（agency）却总是双重的，包含着主体的代理与陈述的代理。从而，与结构主义

---

① MICHEL J. Ricoeur and the post-structuralists: Bourdieu, Derrida, Deleuze, Foucault, Castoriadis [M]. London: Rowman & Littlefield, 2015: 77.
② MICHEL J. Ricoeur and the post-structuralists: Bourdieu, Derrida, Deleuze, Foucault, Castoriadis [M]. London: Rowman & Littlefield, 2015: xxiv.
③ MICHEL J. Ricoeur and the post-structuralists: Bourdieu, Derrida, Deleuze, Foucault, Castoriadis [M]. London: Rowman & Littlefield, 2015: 76.

符号学的"树"的模型不同，代理的语用学类似于"块茎"（rhizome）的模型，其中每个点可以连接到另一个点，点与点之间没有统一性、基础性或封闭性。一个符号链就像块茎一样，聚集着各种各样的行为，不仅是语言上的，还包括感知、模仿、手势与认知等因素。德勒兹与瓜塔里由此走上了异质性运思之路。这是利科看在了眼里并受到影响的。那么，利科的后结构主义解释学也取"块茎"图式吗？米歇尔分析得出了相反的结论。在他看来，利科关注语言，认为语言充当了结构与事件之间的交易者，既承认它与结构有关，作为一种语义潜势而存在，也相信它与行为、事件有关而积极地实现着语义。因此对利科来说，统一性、基础性、系统性与封闭性确实应当被打破，正如他试图重新认识"我思"那般，但这一根本性突破并不意味着接下来就需要进入"没有对象或主体的多重性的组织"，开始与结束、内部与外部的秩序与区分，仍存在于利科的解释学理论中，而被他继续坚持着：

> 尽管结构主义赋予共时性优先于历时性的地位，并认为事件仅是一种系统状态的变化，德勒兹与利科都试图赋予事件更崇高的地位。然而，当利科试图给它一个叙述的结果时，这两个事件概念之间出现了深壑。在他看来，这件事只有安排在叙述中才有意义。如果事件来自异类一方，它是通过亚里士多德的秘索斯（muthos）意义上的情节配置被部署的。这件事反过来给情节一个更进一步的运动，当它揭示了一种"命运的逆转"时。……事件与叙事解释紧密相连……如果德勒兹的事件哲学（在他与瓜塔里相遇之前）也试图逃离结构主义的共时性，那就需要一个与利科所提出的完全不同的转向。这是因为在事件的叙事哲学中有一个秩序性的与综合性的原则，即使它是异质性的综合。它试图使事件成为一个可理解的整体，也就是说，它遵循"树"的模式。对德勒兹来说，这样做的原因是错过了基本上由非叙述性、非比喻性造成的事件，即使它们没有逃避语言（而是属于非叙述性语言）。①

---

① MICHEL J. Ricoeur and the post-structuralists: Bourdieu, Derrida, Deleuze, Foucault, Castoriadis [M]. London: Rowman & Littlefield, 2015: 79.

因此，利科与德勒兹的事件论沿着相反的道路进行。利科通过强调叙述与结构的作用来回答时间问题；而德勒兹则认为时间与叙述相反，属于可配置与解构的、利科意义上的"结构"的相反之物。这种异趣，当然与德勒兹事件思想的运思背景有关，特别是受到了斯多噶学派的"非物质"实体理论的影响。如下面第五章所述，这种影响促使德勒兹每每从溢出与撞击的角度看事件，视之为由"身体的混合体"所产生的"额外存在"，认为其无法被归结为时间；因为与生活中存在的事物不同，事件作为无限的永恒，在过去和未来中无限地分裂自己，总躲避着现在。相形之下，利科则选择了既不是"树"也不成为"块茎"的事件思考道路，从与叙述的关系来探讨事件。叙述的时间性，由此将会带给利科心目中的事件怎样的面貌呢？

四、事件、结构与叙述

利科对事件的论述见于其多种著作，一个较为集中的相关文本无疑是其出版于1983年至1985年间的三卷本著作《时间与叙事》（*Time and Narrative*）。这部著作是从对奥古斯丁（St. Aurelius Augustine）与亚里士多德的时间观分歧的分析开始的。奥古斯丁尽管充分注意到和描述了过去、现在与将来在时间中的渗透与延伸，但倾向于用精神的紧张状态来把握时间的这三个阶段及其关系，认为"当前的意志把将来带向过去，将来逐渐减少，过去不断增加，直到将来消耗净尽，全部成为过去"[①]，这与亚里士多德在《诗学》中通过论述希腊悲剧情节编创来肯定时间在不协调中的协调，是不一样的。对亚里士多德来说，摹仿既然是对一个具有一定长度的行动的摹仿，便不可避免地成为一种塑形的活动。这就提出了历史书写与虚构性作品如何在塑形中显现时间真相的核心问题，这一问题成为利科毕生追索的解释学课题。换一种表述，这个问题也即事件与结构，或者说描述与解释的关系问题，鉴于情节的编创即叙述，称此

---

① 奥古斯丁.忏悔录［M］.周士良，译.北京：商务印书馆，1963：255.

主题为事件与叙述的关系问题，也是恰当的。

利科认为，事件的概念没有被有序继承的概念所耗尽，它可以有两种含义：一是将时间看作连续，即不可区分的瞬间的前后关系；二是将时间看成从过去到现在、从现在到未来的不可逆关系。作为倾向于前一种观点的人，利科援引狄尔泰的"生命的连通性"（Zusammenhang des Lebens）概念，① 指出这里陈述的是一些虽然重要，却经常被扭曲了的东西；因为事实上，正是在有序继承的框架内，我们不仅安置了连接与序列，也安置了变化与永久性。这些因素都使利科对叙述发生了兴趣。生命的连通性是由其他时间构成的时间性流逝，只有将关注的问题与以"生命的连通性"概念为中心的探究联系起来，才能还原出延伸、运动与自我恒常等关涉本体论尊严的状态，生与死由此也不再被分隔为两个终点；相反，此在通过向前延伸而构成了真实存在。这与他所推崇的奥古斯丁的看法是较为接近的。

但这很快会带出历史如何书写事件的关键问题。利科论述道："面对事件的概念，我们选择将事件的认识论标准与其本体论标准分开，以保持在致力于研究历史解释与其配置之间的关系的范围内。"② 他并不意在找到一种辩证法，仿佛能解决影响"真实"的过去概念的上述悖论，而只是期望通过自己的努力，让过去的"真实"概念本身产生必要而值得深入反思的问题。他以更为简洁的方式，将这种关系概括为"将叙事时间重新纳入世界时间"③，试图找到在上述两种异质的时间观之间起中介作用的创造性形态。

这种反思也是利科所倡导的时间解释学的基本任务。当我们声言过去在现在的重现时，这里有一个消除时间距离的主题。那么历史的痕迹，果真能不存在吗？是不是要跟随着它，而不是用它的踪迹来呈现它所导致的事件呢？作为历史的读者，我们不是通过对过去事件交织的生动重建而使自己成为过去事件的同时代人吗？除了坚持现在，过去还能被理解吗？为了将这一追问提升到理

---

① RICOEUR P. Time and narrative: Vol. 3 [M]. Chicago: The University of Chicago Press, 1985: 72.
② RICOEUR P. Time and narrative: Vol. 3 [M]. Chicago: The University of Chicago Press, 1985: 100.
③ RICOEUR P. Time and narrative: Vol. 3 [M]. Chicago: The University of Chicago Press, 1985: 109.

论的高度，并形成完全基于同一性的过去的概念，利科借鉴罗宾·乔治·科林伍德(Robin George Collingwood)在《历史的观念》(*The Idea of History*)一书中的思想，主张"(1)对一个事件的概念进行彻底的修正，即把它的'内'面（我们可以称之为思想）与其'外'面（即影响身体的物理事件）分离；(2)下一步我们必须考虑历史学家的思想，它作为一种重新思考曾经的思想的方式，重建了一系列事件；(3)最后，我们必须把这种重新思考想象成与最初的思想在量上是一致的"[①]。这其中第一点尤其显得有新意。什么是事件的内面与外面呢？为何要区分事件的这两面？

五、区分事件的内外面

利科对此的论证仍然脱胎于科林伍德。他指出，只有历史事件，才可能使事件的"内面"（它被称为"思想"）与"外面"（它源自自然变化）分离。科林伍德在此的两点强化性论述，增添了利科同样如此认为的信心。首先，外表远非无关紧要，事实上，行动是一个事件的外部与内部的统一；其次，"思想"一词必须被视为比理性思想有更广泛的外延，它涵盖了意图和动机的整个领域，例如欲望也是一种内在于事件的思想，欲望表征是可以说的。由此可以窥知，利科区分事件内外面的用心，在于承认和还原对事件的叙述这一点与事件本身的必然联系；因为如果不去看到事件具有内在思想的一面，它就只具备似乎外在的自然变化性，那一来，对它的任何言说都注定是与它拉开了时间距离而产生隔膜的。只有在认可事件外在自然变化一面的同时，兼顾其同等内在的一面，对它的言说才有了与它内在的一面相顺应的可能，叙述与事件也才有了统一的基础与可行性。以对辩证法的运用为例，我们可以看清利科的这一说法。只有不再将辩证法当作一种规范与剪裁事实的尺度（那只是事件的"外"

---

① RICOEUR P. Time and narrative: Vol. 3. [M]. Chicago: The University of Chicago Press, 1985: 144.

面),而从所讨论的问题出发,发现事实本身中所蕴含着的辩证关系,从而将辩证法还原为一种活的思想事实(这则是事件的"内"面),才有可能避免教条与诡辩之嫌。这种界说,因而是与利科试图调和叙述与事件的初衷一致的,他正是以此将两者联结了起来:

> 从一个事件的内部的概念被认为是它的"思想",我们可以直接传递到重新思考第一次被认作行为的再创造的概念是什么。事实上,它只属于历史学家,而不属于物理学家与生物学家。①

因为物理学家与生物学家对事件的追索,仅驻足于事件外在的自然一面。当然,利科也意识到,这种突然获得再创造的方式有一个缺点,那就是承认再创造是直觉的一种形式。他由此也承认,重演并不意味着重温所发生的一切,历史想象在此确实起着某种作用,它表明历史的特殊性与现在对给定事物的所有观察有关,这是一个发生于知觉中的过程。他再次援引科林伍德有关历史想象的章节,指出历史学家对判断的结构连贯性的确保,离不开直觉与想象,这意味着"历史学家的想象可能与小说家的想象相混淆。然而,与小说家不同的是,历史学家有双重任务:构建一个连贯的形象,一个有意义的形象,以及'构建一个真实的事物和真实发生的事件的画面'(他的故事理念)"②。历史知识始于我们获得它们的方式。一种痕迹只会成为过去的痕迹,它唯有具备从内部思想重新思考事件的能力,才能成为再创造和得到理解,这不是自然知识所能奏效的。利科认为,这样可以廓清先验想象(即心灵自身产生唯心主义论断)与"再创造"的本质区别:后者是就事件自身内面来说的。

在作出上述论述时,利科也及时考虑到了我们很容易产生的一处追问:对事件的再创造总是借助语言进行的,那么,语言的性质是否足以保证这种再创

---

① RICOEUR P. Time and narrative: Vol. 3 [M]. Chicago: The University of Chicago Press, 1985: 145.
② RICOEUR P. Time and narrative: Vol. 3 [M]. Chicago: The University of Chicago Press, 1985: 145-146.

造的合法性，而不至于令其陷入悖论呢？事实上，确实有人觉得解释的再创造努力是对科学史学的反动，而推出着一种去构成历史的隐性意识形态。利科援引同时代的法国著名社会学家米歇尔·德塞都（Michel de Certeau）的论断，认为尽管"一种新的差异在这里诞生，是因为它被认为是一种偏离的概念，这种偏离来自结构主义语言学与符号学［从索绪尔到罗兰·巴特（Roland Barthes）］，并得到了一些当代哲学家（从德勒兹到德里达）的协助。然而，对德塞都来说，被理解为偏差的差异在当代历史认识论中保留下了一个坚实的立足点，因为正是由于模型的建立过程才需要发现偏差"①，如果不旨在建立模型，不产生言说（意义筹划）的冲动与诉求，接下来对语言的使用及其在差异中区分符号的做法便都无从谈起，无法否认总有一个理解的主体会在认识论意义上移入语言论的差异区分过程中。这同样体现出了对索绪尔语言学思想的补充与完善。作为对立面，德塞都所举出的极限劳动（labor at the limit）等情形，企图将事件与历史话语相剥离，反倒促成了关于过去的消极本体论。这透露出的解释学立场是利科乐见其成的。

那么，这种依循事件内面进行的再创造，究竟是在破解一个怎样的谜呢？利科接着辨析了"代表"（standing-for）与"取代"（taking-the-place-of）的概念，指出历史的建构是行使一种代表的功能，这种功能维系于一种负债的关系（a relation of indebtedness），"这种负债关系赋予现在的人们一项任务，那就是偿还过去的人们对死者的应得的债务。这种主张或代替债务感觉的范畴，最终是不可以被还原为参照范畴的；因为它在观察语言与外延逻辑中起作用，这一事实得到了主张范畴的基本辩证结构的证实"。② 被利科形象地描述出来的这个还债过程，即结构性解释对事件的内面（思想）的体认、顺应与还原，它始终构成了事件及其解释两相融合的一条线。通过这样的债务偿还，确定事件的年代便显示出一种合成性特征。通过这种特征，人可以在某个特定瞬间识别出一个实际的存在，代际更替意义上的当代人、前辈与后继者这三重领域的"混合特征突

---

① RICOEUR P. Time and narrative：Vol. 3 ［M］. Chicago：The University of Chicago Press，1985：150.
② RICOEUR P. Time and narrative：Vol. 3 ［M］. Chicago The University of Chicago Press，1985：157.

出了它的想象方面"①，这种混合性想象被利科进一步描述为惊怖（horrible）。

在利科看来，惊怖来自那些明显在独特性（uniqueness）上显得重要的事件。这种生存情绪就像钦佩一样，在我们的历史意识中解释了个体化的特殊功能，即一种无法被纳入规范逻辑，甚至无法被纳入个体化逻辑的个体化。利科把惊怖与钦敬（admiration）联系起来，认为惊怖是颠倒的钦敬，试图把事物联系在一起的解释，与孤立的惊怖之间的冲突，在这里达到了顶峰；但这种潜在的冲突既不同于在解释中化解事件的做法，也不同于纯粹情感意义上对事件感到不可想象而随顺它的做法，相反，"重要的是通过彼此的方式来提升历史的解释和惊怖的个性化。我们用历史的术语解释得越多，我们就越愤怒；我们越是被事件的惊怖所震撼，我们就越试图去理解它们。这种辩证法归根结底在于历史解释的本质，它使追溯成为一种奇异的因果关系。这里表达的信念基于真正的历史解释的独特性，也就是说，历史解释和通过惊怖对事件的个性化，正如通过钦佩或崇敬，不能保持相互对立"②。

被作了现象学描述的惊怖这种生存感觉与体验，由此被利科视为了贯通事件与对事件的解释这两者的通道。这实际上再度证明了我们的解释行为如何与事件的内面相协调。事件的内面具有一种引发解释者惊怖情绪的力量，如果这种力量得以成形，我们对这个事件的解释和这个事件本身的纹理脉络，便具有了符合性，而不再是游离于事件之外、拿一种先验存在的解释去附加给事件了。假如仅仅在差异的、非连续的意义上解释与重构历史，解释者出于立场现成与方向在握的原因，不会有感到不适应的惊怖之感。惊怖并不意味着纯粹的惊恐或恐惧，它既然同时激发出钦敬感，便形成了康德在《判断力批判》中所说的崇高在深受刺激的痛感之后又仍感到快感的混合性，这种混合乃基于如上所述的负债与亏欠感；因为，感到负债即承认有超出自身理解力的更高、更为神秘的力量的存在。这要求解释者顺服和进入事件的内面，进入后则又最终能站在解释的视点位置上还清债务，震慑与敬服遂又为再创造所积极取代，成为

---

① RICOEUR P. Time and narrative: Vol. 3 [M]. Chicago: The University of Chicago Press, 1985: 183.
② RICOEUR P. Time and narrative: Vol. 3 [M]. Chicago: The University of Chicago Press, 1985: 188.

有效的、与事件本身具备了连续性的解释。这里便出现了一种临界的距离：痛感与快感、恐惧与钦敬的转化。转化便意味着真与幻之间的距离的积极消弭。利科认为，叙事作品激发存在幻觉的能力，为这种转化提供了典型动力，由此他过渡到了对叙事的关注。

六、隐含的主观性、目的论与准存在

叙事问题是文学问题，正如利科所道出的那样，"叙事，首先是一种文学类型"[①]。利科立足于小说叙事来探讨事件的依据，是隐含作者理论。他把上述有关事件内外面的分析加以提炼，指出："我们从历史学家那里期待某种主观性，不是一种任意的主观性，而是一种正好适合历史的客观性的主观性；因此，问题在于一种隐含的主观性。"[②] 这里所说的"隐含的主观性"，已接近文学理论上所说的"隐含作者"。事实上利科正是这样类比的："根据这一假设，小说叙事中所叙述的事件对于叙事声音来说是过去的事实，我们可以认为这与隐含的作者是一致的，换言之，是真实作者的积极伪装。"[③] 一位哲学家对文学理论概念的这种主动吸收，值得我们先来重温一番这个概念的学理渊源。

在概念渊源上，德国美学家伊瑟尔（Wolfgang Iser）首先提出了"隐在读者"的理论，将它和实际读者区分开来，认为隐在读者不同于实际读者，它"不是从实际读者中推导出来的抽象物"[④]，而来自文本的设定，作为思维的产物不与任何实际读者相等同。韦恩·布斯（Wayne Clayson Booth）的《小说修辞学》（*The Rhetoric of Fiction*）一书进而引入了"隐含作家"这一说法，结合创作一维来全面审视小说修辞。"隐含作家"被布斯界定为"创造的他自己的

---

① 保罗·利科.批判与信念［M］//夏小燕，译.保罗·利科.从文本到行动.上海：华东师范大学出版社，2015：汉译序5.
② 保罗·利科.历史与真理［M］.姜志辉，译.上海：上海译文出版社，2004：4.
③ RICOEUR P. Time and narrative：Vol. 3 ［M］. Chicago：The University of Chicago Press，1985：190.
④ 伊瑟尔.阅读行为［M］.金惠敏，等，译.长沙：湖南文艺出版社，1991：47.

形象",它不等于作品中的叙述者。和伊瑟尔一样,布斯也明确将隐含作家与作家本人区分开来,他所谓隐含作家的主要意思是,不管作家创作一部小说时主观上是否考虑到了读者,作家都不可能不介入自己的修辞(此处"修辞"泛指小说技巧,不限于语言学意义上的修辞),他只能选择采用何种修辞,而这一修辞总是不同程度地在对读者的介入或超脱进行精心控制。简言之,小说不可能脱离作家的介入,这样介入了小说的作家就是隐含作家。布斯结合许多小说作品论证了包括"应具备个性"等隐含作家的特征。① 他的结论是:"隐含的作者的感情和判断,正是伟大作品构成的材料。"② 布斯这样看,荷兰文学理论家米克·巴尔(Mieke Bal)也这样看,③ 以色列文学理论家里蒙-凯南(Rimmon-Kenan)同样作如是观。凯南虽然也同意隐含作家在小说文本中的存在,却不满于布斯单纯从作家的情感评价角度入手阐发隐含作家的做法,在他看来,这样的阐发仍然是只把隐含作家看作真实作家本人的人格化了的意识,而这在介入上是不彻底的,为此他提议将隐含作家界说为"读者从本文的全部成分中综合推断出来的构想物"④。如果循着这条学理线索,将事件的内面(思想)理解为隐含了作者声音的主观性,如利科正在做的那样,确实在理路上是通顺的,因为对事件内面的顺应,是一种已经与客观性相融渗的主观性,即被作品同化了的作者声音。利科认为,这才保证了行动是准历史的,历史是准行动的。他提出了事件的准存在(the quasipresence of events)这一命题,即小说叙事在生动、直观的叙述中对过去的模糊性进行补充,努力成为过去的事件。

这种基于对事件内面的再创造性还原的叙述,究竟何以能确保事件的真实呢?在这里,利科从现象学角度作了一种独特而深入的论证,围绕意向与目的论解释了这种叙述为什么是合法的。他把意向视为一个副词,认为"通过把意向当作一种行动的副词,就有可能让它屈从于把行动视为一种到期的事件的描述"⑤,理由是,作为副词的意向才实现着描述与解释的统一。他进而

---

① 韦恩·布斯.小说修辞学 [M].华明,等,译.北京:北京大学出版社,1987:245.
② 韦恩·布斯.小说修辞学 [M].华明,等,译.北京:北京大学出版社,1987:96.
③ 米克·巴尔.叙述学:叙事理论导论 [M].谭君强,译.北京:中国社会科学出版社,1995:138.
④ 里蒙-凯南.叙事虚构作品 [M].姚锦清,等,译.北京:生活·读书·新知三联书店,1989:157.
⑤ 保罗·利科.作为一个他者的自身 [M].佘碧平,译.北京:商务印书馆,2013:113.

结合当代分析哲学家戴维森的有关论述(详见本书第九章),指出这种统一从"合理化"的角度完成了事件的合法建构:"具有了副词意义的意向,描述就等于解释。把一种行动描述为有意为之,就是根据施动者必须去做他已做的事来解释它。换言之,这就是给出一种'合理化'形式的解释。这就是说,所提出的理由'合理化了'行动。"① 主观上一位解释者赋予一个事件一种基于语言与叙述的解释,这种解释,同时也是作为客观对象的这个事件,客观上获得合理化进程所需要的。解释与描述之间的对立性裂隙,于是在这种目的论解释中得到了消弭。利科紧接着阐述道:

> 那么,究竟什么是一种目的论的解释呢?根据这种解释,秩序是其生产中的一个要求,即一种自己强加给自己的秩序。说一个事件的发生是因为它是被当作目的来追求的,这不是说要诉诸一种隐藏的潜在体,沉睡的力量(virtus dormitiva)或者其它什么,而是要描述一个系统和一个系统的规律,以致在这个系统里,一个事件的发生是因为产生它的条件就是产生这个目的所要求的……②

正是在这一意义上,利科将自己的解释学工作称为"行动语义学",认为其"任务就是确立目的论解释的规律形式与唯有动机也是一种原因才起作用的描述特征之间的关系",这种关系导致"描述与解释就相互吻合了"。③ 对一个事件的事后体验,实际上帮助引导和激发着事件中原本属于自身的合理性构成秩序,利科总结道:"体验不仅仅是规律的应用,而且它是通过指示被意识所导引的行动的意向中心来说明这一应用的。"④ 其基于现象学阐释事件与结构的统一关系的苦心于此清晰可见。他进一步联系语言,来深化对这种统一关系的阐释,认为"作为第三项而被置于结构与事件之间"的是语词,语词使"结构

---

① 保罗·利科.作为一个他者的自身 [M].佘碧平,译.北京:商务印书馆,2013:114.
② 保罗·利科.作为一个他者的自身 [M].佘碧平,译.北京:商务印书馆,2013:117.
③ 保罗·利科.作为一个他者的自身 [M].佘碧平,译.北京:商务印书馆,2013:118.
④ 保罗·利科.作为一个他者的自身 [M].佘碧平,译.北京:商务印书馆,2013:119.

与事件就在这个场所中不断地进行着这种交换"。① 其具体的交换过程"呈现为两种判然有别的要素之聚合：扩张的要素，以及必要时的超载的要素"②。扩张与超载对系统的这种回归，与利科从目的论视角肯定事件的内面，在理路上由于语言的介入而得到了进一步的贯合。

上述统一关系也就是利科心目中的历史的含义。至少在两处地方，他通过词源上的考辨，明确表示在欧洲语言中"历史"一词"既表示实际发生的事件，也表示对这些事件的叙述"③，带有不可分割的模棱两可性。同样地，在《时间与叙事》中利科也指出：

> 在德语中，我们看到"历史"（Historie）一词被"格什切特"（Geschichte）一词所取代，它具有发生的一系列事件和完成或经历的事件的双重含义；换句话说，有实际历史与讲述历史的双重意义。格什切特准确地表示了一系列事件以及一系列叙述之间的关系。……要实现这种意义上的趋同，两种感官必须在整体的统一中走到一起。④

仍然从现象学思考出发，对此的落实离不开时间性考量。利科主张，要使上述对等出现，就必须说明对现在的思考如何将历史的回答带至其最终阶段，即现象学关于时间的思辨中。活生生的现在伴随着不久的将来与刚刚过去的记录。我们自己的生活始终是事件的一部分，对事件的解释始终把我们置入一种更大的前摄时间中，因而"每一个事件都能开创一个新的事件过程"⑤。利科相信，历史的现在，与它所团结的过去，以及历史的未来，都是建立在世代相传的基础上的，需要在我们所接受的过去和投射期望的地平线之间，努力实现积极的调解。

---

① 保罗·利科.解释的冲突：解释学文集[G].莫伟民，译.北京：商务印书馆，2008：96.
② 保罗·利科.解释的冲突：解释学文集[G].莫伟民，译.北京：商务印书馆，2008：113.
③ 保罗·利科尔.解释学与人文科学[M].陶远华，袁耀东，冯俊，等，译.石家庄：河北人民出版社，1987：299.
④ RICOEUR P. Time and narrative：Vol. 3 [M]. Chicago：The University of Chicago Press，1985：209.
⑤ RICOEUR P. Time and narrative：Vol. 3 [M]. Chicago：The University of Chicago Press，1985：234.

第三章 事件的话语特征
——布朗肖与福柯事件论

当代法国理论是事件思想的重镇,开风气之先者首推布朗肖与福柯。布朗肖通过与海德格尔语言思想的对话,用虚空的沉默取代存在,确立基于存在的出格的事件新面相,这个过程伴随着对文学力量的积极估计。而作为更引人瞩目的推动者,福柯不仅与年长自己二十岁的布朗肖有过直接的思想交集,而且通过对理性的反思,在《方法问题》(Questions of Method)等著述中引出了基于话语权力分析的事件思想,展示了事件与理论运动的内在关联,以及进一步延伸的潜力。

一、存在的出格:虚空与沉默

布朗肖的事件思想是在与海德格尔的对话中逐渐展开的。按海德格尔的思路,在事件中,真美合一,文学便仅仅是 Ereignis 的一个包含部分,它值得被从真理的范畴中独立区分出来考察吗？对这个问题的存疑,使布朗肖开始把事件变成文学作品的特权与作家、读者的命运;因为事件唯一地存在于卷入了文学艺术的人当中,使人"像在形象中生活一样在事件中生活"[①],这

---

① ROWNER I. The event: literature and theory [M]. Lincoln: University of Nebraska Press, 2015: 29.

自然引出了事件对文学的本体需要。在此具体涉及的相关文献，主要是《文学空间》(*The Space of Literature*)与《未来之书》(*The Book to Come*)这两部重要著作。罗纳发现了海德格尔与布朗肖的事件论在语言观上的不同。海德格尔着意于语言在人的栖居中的纯粹诗意，与之相反，布朗肖则踵武马拉美(Mallarme)与卡夫卡等现代作家，将文学经验变作令人眩晕的无家可归(homelessness)状态："作家并不是走向一个更可靠、更美好、更有依据的世界，在这个世界里，在公正的光辉指引下，一切都井井有条。"[①] 他借助列维纳斯的分析，指出海德格尔心中艺术超越了一切审美意义，而让存在的真理光芒首先绽出，布朗肖却将艺术的召唤视为独特而不与真理相同的，"写作不导向存在的真理，却导向对存在的出格(errancy)，去作为迷路(astray)的、不适宜居住(uninhabitable)之地而存在"。因为文学作品能将不可能的事件(impossible event)带往世界的黎明。[②] 罗纳由此认为，布朗肖眼中的事件是一种主要维系于文学存在的讯问，它利用"语言的虚构本质"，建立起同时影响作家经验与作品本身的虚幻原则，并带出现代创造与思想，在那儿实现了与福柯对虚构的重视相一致的认识论转换。[③] 他梳理出布朗肖事件论的两方面问题意识，它们都与希腊神话有关：一是主要见于《文学空间》的、围绕俄耳甫斯下堕至冥界的故事的"在接近文学事件时作家发生了什么"；二是主要见于《未来之书》的、围绕奥德修斯与海妖塞壬及其歌声相遇的故事的"事件如何影响了作为文学写作原则的叙述可能性"[④]。神话帮助事件在文学中具体化为极度经验与遭遇，展示出真理无法被理性掌控的一面。这样，作品中的事件便不是一个去认知的真理，而是一种去被感受的运动。[⑤] 罗纳详细分析了布朗肖对塞壬之歌与事件的关系的论述。

---

① 莫里斯·布朗肖.文学空间[M].顾嘉琛，译.北京：商务印书馆，2003：10.
② ROWNER I. The event：literature and theory [M]. Lincoln：University of Nebraska Press，2015：30.
③ ROWNER I. The event：literature and theory [M]. Lincoln：University of Nebraska Press，2015：71.
④ ROWNER I. The event：literature and theory [M]. Lincoln：University of Nebraska Press，2015：76.
⑤ ROWNER I. The event：literature and theory [M]. Lincoln：University of Nebraska Press，2015：77.

塞壬发出的是一种似歌非歌、敞开深渊与沉默的非存在之歌。卡夫卡曾提出"歌声"只是塞壬的幌子，①"塞壬之歌"确乎存在，但让人陷入其中的并非只是塞壬的歌声，比之更可怕的是她们的沉默，逃得过塞壬那令人如痴如醉的歌声，也未必能逃过其沉默。这种非存在提供对存在的承诺。通过讲述这种所谓"非经验的经验"，奥德修斯把即刻性的危险转化成了无害的叙述冒险。② 这就引出了小说与叙述的区别：前者拒绝并遗忘与塞壬之歌的文学化非凡相遇，代之以让人觉得平常的展示，就像上当的水手们；后者却相反，开始于前者去不到之处，致力于两者在文学中的绝对相遇所裂开的事件——叙述在创造着世界的同时被世界挟裹着走，就像既被歌声吸引、又懂得塞住耳朵的奥德修斯。③ 这意味着：

> 叙事并非对某一事件的记述，而是为了事件本身，是在接近这事件。叙事所涉及的的确是某一独特事件，这一事件避开了日常时间的形式。④

叙述的这种例外发生（exceptional occurrence），是进入塞壬歌声的秘密驱力的唯一入口，也是在违背常规中对文学作品里的不可能事件的直接进入。叙述无法被简单把握为已然存在，不从属于历史的连续性与规律，而是正发生的运动。在那儿，不可能事件可能发生着，只有在这种状态中，叙述才卷入着与事件的相遇，也才达到其限度。"离开叙述的限度，事件便失去了现实性"⑤。所以如前所述，事件无非是朝向事件的叙述运动。⑥ 布朗肖将事件定位为既不前

---

① 卡夫卡.卡夫卡读本［M］.叶廷芳，译.北京：新世界出版社，2007：157.
② ROWNER I. The event: literature and theory ［M］. Lincoln: University of Nebraska Press, 2015: 90-91.
③ ROWNER I. The event: literature and theory ［M］. Lincoln: University of Nebraska Press, 2015: 91-92.
④ BLANCHOT M. The book to come ［M］. California: Stanford University Press, 2003: 6. 另参见莫里斯·布朗肖.未来之书［M］.赵苓岑，译.南京：南京大学出版社，2015：3-13.
⑤ ROWNER I. The event: literature and theory ［M］. Lincoln: University of Nebraska Press, 2015: 92.
⑥ ROWNER I. The event: literature and theory ［M］. Lincoln: University of Nebraska Press, 2015: 93.

于也不后于叙述的运动,这样,它便在文学的当下分裂、瓦解与中断着,罗纳揭示出叙述赋予它的两重性:既以在写作中与不可能性相遇为目标;又其实来源于这种不可能性,且是后者的结果。因此,事件在叙述中,每每以悬置与题外话的面目出现,介乎"什么将要发生"与"什么已发生"这两个问题之间,征服不可预见的危险,以例外性穿透现时并破坏看似稳然居停的当下时刻,这个过程将现实转化为现象,知识转化为形象,理性转化为"幻觉的裂隙";并由此在对现实的悬置中引入"暴力的他者"①。这体现出了文学的特殊力量,即对"不可减少的他者性形象"进行证实,并提供尚未完成的、充满创新色彩的出场。罗纳沿此总结道,布朗肖的文学事件论归宿于与作品中即将到来的想象力的决定性相遇,这种相遇启动了现实的生成——形象性,并以他者性力量影响着作家及其写作过程。"写作如何发现那拒绝被发现之物"以及"非经验事件如何通过难以捉摸的语言运动呈现出来"这样的问题,②留给了包括罗纳在内的后继学者不尽之思。

事实上,布朗肖本人明确表示过与海德格尔语言思想有意保持的距离。他通过评论福柯的包括"事件对抗创造"在内的思想,③赞同福柯对海德格尔的保留性态度。我们知道,在《艺术作品的本源》等著述中,海德格尔认为语言本身就是创建者;但在福柯看来这属于一种先验主义残余,有必要与这种"潜藏的意义"预设以及视"本原"为"唯一的开端"的观念拉开距离。④作为对这番评论的积极回应,福柯撰写了《外界思想》一文,在此文中颇为中肯地概括了布朗肖的语言思想。福柯发现,布朗肖与海德格尔的根本区别在于,不像后者那般视语言为存在的真理,而是将之看作对虚空的等待。海德格尔相信有一种内收的、往里凝聚以获得饱和意义的意义;而这在布朗肖看来残存着形而

---

① ROWNER I. The event: literature and theory [M]. Lincoln: University of Nebraska Press, 2015: 94.
② ROWNER I. The event: literature and theory [M]. Lincoln: University of Nebraska Press, 2015: 95.
③ 米歇尔·福柯,莫里斯·布朗肖.福柯/布朗肖 [M].肖莎,译.郑州:河南大学出版社,2014: 15.
④ 米歇尔·福柯,莫里斯·布朗肖.福柯/布朗肖 [M].肖莎,译.郑州:河南大学出版社,2014: 12-13.

上学遗风,他反过来看问题,认为语言是一种向外侵蚀,并最终达至沉默与虚空的运动。这带出了他的"外界"思想:"当语言到达自己的边缘,它所发现的不是一种与自己相互矛盾的确定性,而是要把它抹掉的虚空。它必须进入虚空,并同意在隆隆声中,在对它的所言的直接否定中,在沉默中解散——这种沉默并非秘密的近亲,而是一种纯粹的外部,在此,词在无限拆解。"① 因此,较之于海德格尔仍赋予 Ereignis 充实的意义内涵,布朗肖所说的"外界"却指一种语言令主体不再存在,而自为地出现的"不在场"状态,② 换言之,"外界不能作为积极的在场呈现自己——不能作为被自己存在的确定性所内在地点亮的事物——而仅仅是作为缺场尽可能地远离自己"③,是一种基于空虚与匮乏的吸引力所在之处。布朗肖认为,这一切的实现从根本上说都来自语言的叙述与写作,"整个叙事被投下,展开着一个没有场所的场所,这个场所是讲话和写作的外界"④,也显然是事件的来源。

对海德格尔来说,存在者对存在的融入,是在语言中归属"本有",但主体并未在这一思路中消失,发起显现活动的毕竟是主体,这种根本上的保证,使海德格尔倡言的居有事件看起来存在着一种确定性意义。比较起来,布朗肖也极重视语言,但认为"语言,在它关注的和遗忘的存在中,具有一种掩饰的力量,这种力量抹去了每一个确定的意义,甚至抹去了言说者的生存",而成为"外界的解散形式",⑤ 它不能被定义为真理的场所,只能从虚空与死亡的角度得以理解。在这一思路中主体消失了,语言自为地进展,不凝聚为一个意义团块,相反朝外侵蚀,直至堕入无边的虚空。如果参照海德格尔的描述,布朗肖在语言发动起受控力量后取消了主体自控,默许了受控最终失控

---

① 米歇尔·福柯,莫里斯·布朗肖. 福柯/布朗肖 [M]. 肖莎,译. 郑州:河南大学出版社,2014:53.
② 米歇尔·福柯,莫里斯·布朗肖. 福柯/布朗肖 [M]. 肖莎,译. 郑州:河南大学出版社,2014:52.
③ 米歇尔·福柯,莫里斯·布朗肖. 福柯/布朗肖 [M]. 肖莎,译. 郑州:河南大学出版社,2014:59.
④ 米歇尔·福柯,莫里斯·布朗肖. 福柯/布朗肖 [M]. 肖莎,译. 郑州:河南大学出版社,2014:81.
⑤ 米歇尔·福柯,莫里斯·布朗肖. 福柯/布朗肖 [M]. 肖莎,译. 郑州:河南大学出版社,2014:86.

的可能。

　　这样，布朗肖所阐述的事件，发生于存在的出格所坐落于其上的"外界"，它与叙述的写作创造有关，在写作中形成已发生之物与将要发生之物之间的裂隙，却抵达深渊、黑暗与虚空。尽管对这种事件思想每每包裹于晦涩行文中的非理性归宿，我们总不免持某种怀疑与保留态度，但肯定其关键的一点是必要的，那就是，布朗肖首次从正面将文学的一些要素引入了对事件的解说中，为事件思想的深层机理提供了较早的思考方向。尽管在海德格尔这里，"本有"之思已明显蕴含了诗的意味，但"无言"的构设尚缺乏操作层面上的展开，布朗肖则由隐入显，逐渐启动事件在现实层面上的语言化进程，让人期待法国理论循此以进的探索。福柯接下来推出的事件思想是颇为引人瞩目的。

二、前期理性批判话语的酝酿

　　福柯的事件思想，是从他的理性批判话语中逐渐演化出来的。后者首先集中于他对人类疯癫史的知识考古研究中，也包含在他有关人类酷刑、监狱、惩罚制度，以及性现象等主题的考察中。始终需要弄清楚却迄今其实仍还具有推进空间的关键问题，是贯穿上述考察的"理性压抑非理性"这根主线究竟摆出了两者怎样的学理关系。尤其是，考虑到福柯在《疯癫与文明》(*Madness and Civilization*)等重要著作中，频繁使用"非理性"一词却似乎始终未及较为直接地对它与"理性"作过界说，辨析其理性批判话语的深层路径便不仅有必要，而且将能从中感受到一个微妙而关键的转变。正是这个转变直接演化出了事件。让我们由此从考察福柯前期的理性批判话语开始。

　　福柯大致从四个阶段来依次考察人类疯癫现象的演变。这四个主要阶段包括中世纪之后的文艺复兴、17世纪以后、19世纪以后与20世纪以后。出现于它们中的、被福柯每每统称为非理性的疯癫，其具体内涵有无法被简单处理的复杂性。早在文艺复兴时期，麻疯病业已消失，疯癫被人们从美学角度看待并由此成为了审美对象，即"自由地显示疯癫"①，其显著例证就是莎士比亚（William Shakespeare）与塞万提斯（Miguel de Cervantes Saavedra）的文学作品，它们中包含某种无恶意而不乏浪漫色彩的、关于智慧的领悟与启迪。以下这段论述是福柯研究者时常援引的："如果说知识在疯癫中占有重要位置，那么其原因不在于疯癫能够控制知识的奥秘；相反，疯癫是对某种杂乱无用的学问的惩罚。如果说疯癫是知识的真理，那么其原因在于知识是荒谬的，知识不去致力于经验这本大书，而是陷于旧纸堆和无益争论的迷津中。"②"知识就是力量"的信念，被福柯指认为陷入了迷津的疯癫，因为它骄傲地夸大了理性主义，由此形成的试图包举生活世界却实际上脱离了生活世界的学问观念，其荒谬性恰恰需要被堂吉诃德式的疯癫所"惩罚"。文艺复兴时期的疯癫，是与真理有关的想象。堂吉诃德大战风车的看似失常之举，并不必然收获人们自以为站在合法立场上所发出的嘲笑，事情的真相可能正好是颠倒的，一位斗士与风车奋勇大战而浑不在意世人的嘲讽，高呼"宁可勇敢过头而鲁莽，不要勇敢不足而懦怯"③，只为"执著地把正义的信念保持下去"④，不合常规的例外状态隐含着证伪常规的真理性力量。可当进入17世纪后，疯癫慢慢开始被从经济角度把握，被看成是需要通过劳动改造来加以抑制与纠弹的情况。禁闭所把精神并未失常的违法者、流浪汉与染有恶习的游手好闲者等一网打尽，在强制性劳动中试图对其实施精神与肉体的全面束缚，疯癫开始遭到仇视，事实上的精神错乱者，连同若干精神正常者，都被目为"精神不健全者"而逐渐受到一种特殊制度的裁处。⑤到19世纪，疯癫进一步又被从道德角度加以规训，被认为需要得到教化。精神病院成为企图矫正作为道德失误的疯癫现象的机构，矫正使疯癫不再引发恐惧，沉默与匿名都是疯人的症候，这就是思想异端愈来愈被视

---

① 米歇尔·福柯.疯癫与文明［M］.刘北成，杨远婴，译.北京：生活·读书·新知三联书店，2012：70.
② 米歇尔·福柯.疯癫与文明［M］.刘北成，杨远婴，译.北京：生活·读书·新知三联书店，2012：26.
③ 塞万提斯.堂吉诃德：下册［M］.杨绛，译.北京：人民文学出版社，1987：105.
④ 阿尔维托·曼古埃尔.阅读日记［M］.杨莉馨，译.上海：华东师范大学出版社，2006：170.
⑤ 米歇尔·福柯.疯癫与文明［M］.刘北成，杨远婴，译.北京：生活·读书·新知三联书店，2012：57.

为疯子而受到排斥、打击的时代。而 20 世纪以后，疯癫终于成为医学观照的对象，包括弗洛伊德精神分析学在内的学说，承担起了对其进行治疗的任务。总之，与疯癫自身的性状（假如有的话）无关，疯癫史是一种沉默的考古学历史，是疯癫被说（建构）成了何种内涵的过程。

  在这一过程中，理性扮演了渐趋深化而无孔不入，以致无往而不胜的压制者角色。因为按福柯，这四个主要阶段出现的疯癫症候皆被人们视作非理性，承受着理性的程度越来越深的压抑。粗看起来，理性压抑非理性的结论似乎至此就可以完成了。但福柯不止在一处耐人寻味地指出"即使它们能从社会表面将理性和非理性分开，它们依然在深层保留了理性和非理性相互混合及相互交流的意象"[1]。如果理性与非理性在福柯的本意中并不泾渭分明，而是有着更为复杂的情况，那就得来细究理性与非理性，尤其是非理性在福柯心中究竟指什么。福柯点明了"造就非理性的两种主要人类经验形式"，即"激情和语言"[2]：前者"认为疯癫在本质上是激情"；后者则"认为疯癫是谬误，是语言和意象的双重虚幻，是谵妄"。[3] 这意味着非理性在福柯笔下至少具有两种不同的指称。对后一指称来说，"非理性的基本特征是谬误和梦幻，即盲目"[4]。这种非理性涵盖的是上述四个阶段的后三个阶段，主要涉及罪孽与道德过失等需要得到惩罚、规训的情形，但福柯指出，这些情形都是供观看的对象，成为了有别于文艺复兴时期自由地显示疯癫的"有组织地展览疯癫"[5]，即被运作于一套套权力话语中的"真理重建术"说成了梦、幻觉与谵妄，以致"疯癫的含义就是非理性"，[6] 其话语运作实质被福柯总结为"使疯人和有理性

---

[1] 米歇尔·福柯.疯癫与文明 [M].刘北成，杨远婴，译.北京：生活·读书·新知三联书店，2012：196.
[2] 米歇尔·福柯.疯癫与文明 [M].刘北成，杨远婴，译.北京：生活·读书·新知三联书店，2012：182.
[3] 米歇尔·福柯.疯癫与文明 [M].刘北成，杨远婴，译.北京：生活·读书·新知三联书店，2012：173.
[4] 米歇尔·福柯.疯癫与文明 [M].刘北成，杨远婴，译.北京：生活·读书·新知三联书店，2012：149.
[5] 米歇尔·福柯.疯癫与文明 [M].刘北成，杨远婴，译.北京：生活·读书·新知三联书店，2012：70.
[6] 米歇尔·福柯.疯癫与文明 [M].刘北成，杨远婴，译.北京：生活·读书·新知三联书店，2012：185.

的人相遇的具体环境已预先确定了非理性的失败"①。被这种话语权力所确定的,是非理性的消极的一面:混乱、无逻辑、缺乏秩序等。较之于它,对前一指称来说,非理性却具有积极的一面:展示与揭示真相。这种非理性,涵盖的则是上述四个阶段中的第一个阶段。世人眼中的疯癫,毋宁说是一种独特而难得的清醒。它当然也因诉诸激情而不排除某种与梦、幻觉与谵妄的交叠,但更有意义的是蛰伏在这些表象后的、深沉而富于意味的上升性潜质。福柯敏锐地洞察到了这种潜质,认为"正是由于这种模糊不清的存在,西方的理性才达到了一定的深度"②。这表明两点:其一,表面外化为疯癫的这种激情,在范围上确实不归属于理性,而归属于理性之外的区域地带。在这一意义上,疯癫诚然是非理性的。其二,处于理性之外的这种疯癫又顺应着理性,甚至有助于深化理性,在深度上不逊色于理性而具备同样的上升特征,与理性从而存在着兼容的空间。堂吉诃德看似失了常的疯癫行为,隐含着庸常之辈难以企及的追求理想的热情,饱含的情感与向往理想的直观,实则都兼容着理性。这种既非理性又实际上能容于理性的疯癫,与米兰·昆德拉(Milan Kundera)笔下包法利夫人的"傻"(愚蠢或天真)同工异曲,实为文学的深厚母题。反而是诸种有意无意压抑这种疯癫的力量,比如依仗知识观念、一味嘲谑堂吉诃德的庸众,相形之下披着理性外衣行疯癫之实,使事情倒过来沦为看似合法的文明的疯癫。"理性压抑非理性"这句高度笼统的描述,由此鉴于上述复杂情形而无法一概而论。

从上述初步分析可以看出,福柯其实还原出了被理性所压抑的非理性的不同内涵,这种压抑沿循着把"非理性"从"外在于理性"逐渐微妙地缩小与偷换为"反理性"的深层路径。后两种内涵的共同点,自然是非理性。区别在于:前者不属于理性,却与理性相容;后者不属于理性,且与理性相斥。

对应于福柯在疯癫史中划分出的第一阶段,非理性指外在于理性(arational),既不是理性也不反理性。不是理性,是因为它的范畴坐落于一片与理性不同的

---

① 米歇尔·福柯.疯癫与文明[M].刘北成,杨远婴,译.北京:生活·读书·新知三联书店,2012:236.
② 米歇尔·福柯.疯癫与文明[M].刘北成,杨远婴,译.北京:生活·读书·新知三联书店,2012:3.

疆域。不反理性，是因为它虽然不属于理性范围，却又在某种程度上仍能与理性兼容，呈现为与之不互斥的心意能力。① 或许因此之故，法国的福柯研究学

---

① 这种心意能力包括情感与直观。先看情感。作为感性引起的内在感情，情感与感性这个思想史上的重要概念有关。感性首先既非理性又兼容于理性，呈现出比我们通常所认为的情况更复杂的性质。对此，至少有以下两个证据。（一）从字面看来，感性似乎应当是与理性相斥的一种心意能力，近代欧洲大陆哲学中著名的莱布尼茨-沃尔夫学派主要就是在此意义上界定感性的，这派学者将认识划分为朦胧认识与明晰认识，又在明晰认识下进而分出理性的明确部分与感性的混乱部分，其让低级阶段的感性认识上升至高级阶段的理性认识的诉求很明显，感性在此无疑是非理性的，康德由此把作为"一般感性规则的科学"的"感性论"与作为"一般知性规则的科学"的"逻辑"明确区分开来（康德.纯粹理性批判［M］.邓晓芒，译.北京：人民出版社，2004：52.）。然而，同一时期的鲍姆加登创立感性学（美学），却着眼于与理性认识相平行的感性认识的完善，感性在此又不反理性，相反具有相当于理性的直观能力。因为感性作为人通过感官感知表象的能力，先天地具有空间与时间这两种直观的形式（康德.纯粹理性批判［M］.邓晓芒，译.北京：人民出版社，2004：42-43.），感知到的不是自在对象本身的知识，而是涉及了观念的表象，康德对感性的界定便是"通过我们被对象所刺激的方式来获得表象的这种能力（接受能力）"（康德.纯粹理性批判［M］.邓晓芒，译.北京：人民出版社，2004：25.），它因此兼容于理性。（二）感性在近代思想中的这种两重性，进入现代后又获得了新的命运。尼采尽管激烈反对理性，但他把非理性的出路定位于肉体，在克服主（思维、主体）客（广延、客体）二元论的同时仍滑向着身（精神）心（肉体）二元论，未及考虑到，肉体对于精神意识这一主体来说仍是客体，因而仍未动摇"精神唯一地维系于主体"这一二元论模式的出发点。这种局限，实际上便是将感性片面地视为反理性的产物。接着尼采往前走的关键，于是在于还原感性中并不反理性的一面，即在于证明肉体（此时便已不能再称肉体，而应称身体了）本就具有某种主体性，比如肉眼并不作为单纯被动接受外部信息刺激的感觉器官而出现，相反本就具有完形的视觉思维能力，这才可能真正克服身心二元论而超越形而上学。我们已知道尼采之后20世纪思想的一大研究焦点就在这里，身体现象学沿此倡导的身体-主体，便为艺术活动的真理性提供了有力支持。由于根源于感性，情感便相应地既非理性又兼容于理性，呈现比我们通常以为的情况更复杂的性质。这也至少有以下两个证据。第一，既然作为源头的感性具有如上两重性，情感相应地也有反理性的表征以及不与理性简单斥离的表征。前者不难在无意识、梦境与幻觉等同样离不开情感支配的反理性活动中直接找到证据。后者的典型证据则首推康德。他联结审美判断力批判与实践理性批判的依据，是论证表明崇高的热忱情感与人的思想境界及其道德律有关，《判断力批判》第23节便明确指出，崇高是理性概念（康德称之为"理念能力"）的表现，崇高判断中类似于宗教心境的情感，就允可了情感中理性因素的合法存在。第二，到了现象学那里，广义的生活世界接纳着在明见性中本真存在着的、唯一现实的意义，这则是情感与理性共生的思想新背景。海德格尔在批判逻辑之"思"的同时，指明"克服流传下来的逻辑并不是说要废弃思而只让感情统治一切，而是说要进行更加原始，更加严格的与在相属的思"（马丁·海德格尔.形而上学导论［M］.熊伟，王庆节，译.北京：商务印书馆，1996：123.）。根据这些学理论证，就不能以常性性成见来判定情感与理性相对立（这的确是学界迄今仍每每存在的一种简单化处理），看到两者的兼容，或许才更有意义也更顺乎晚近学术进程。再看直观。它又称直觉，同样既非理性又兼容于理性。这也至少有下面两个证据。其一，在一些情况下，直观明显是反理性的，这时我们着眼的是它内部那种拒斥建立在概念、判断与推理模式上的逻辑推导的特征，应该说，克罗齐著名的"直觉即表现"学说，就是在这个意义上理解直觉的。当新时期以来国内的诸多学术讨论将直觉视为理性的对立面时，依托的意义背景应从此端来（转下页）

者弗雷德里克·格霍（Frédéric Gros）指认疯癫"与理性产生关联"①，产生关联，也即顺应。福柯所指认的能对理性产生积极促进与深化作用的堂吉诃德式疯癫，就是这种外在于理性的意识成分。一方面，从表层看，疯癫首先是一种情感，如前所述是福柯自己所说的"激情"，作为"疯癫的专横"动力的情感（emotion、feeling），②毫无疑问是解读"外在于理性"的一个相关概念。更重要的是，另一方面，从深层看，我们可以在福柯出版于1966年的、某种程度上可以视为其前后期理性批判话语桥梁的《词与物》（*The Order of Things*）一书再次对《堂吉诃德》（*Don Quijote de la Mancha*）的论述中察觉到，疯癫"表达了对世界的凶兆和秘密的领悟"③，实际上是一种"产生了诗歌和癫狂的面对面"，在想象中追求相似性而未被后来的同一性与差异性范式所不停轻视的④，从而与柏拉图《伊安篇》（*Ion*）中的迷狂以及普罗提诺（Plotinus）《九章集》（*Ennead*）中的直觉一脉相承的直观（intuition）。直观，乃是解读"外在于理性"的又一个相关概念。这两个相关概念都在学理上有其植根。对应于福柯在疯癫史

（接上页）观察。不过，从广义观之，起源于拉丁文"观看"的直观却是兼容于理性的，因为它可以具备直接把握整体、一览无余地洞见真理的能力，如康德所说"凡是能够在一切有所思维的行动之前作为表象而先行的东西就是直观"（康德.纯粹理性批判［M］.邓晓芒，译.北京：人民出版社，2004：47.），其包括作为本源直观的智性直观与作为派生直观的感性直观。我们平常也说"第一感觉（直觉）重要而深刻"，这时我们的学理视野是从普罗提诺、托马斯·阿奎那、康德到胡塞尔与雅克·马利坦等思想家所持的直觉观，它涉及不借助逻辑推导却直接抵达事物真相、实现本质直观的心意能力。其二，尤其是康德区分联想与想象，认为前者是再生的，后者则是生产性的与主动的。柏格森称这种兼容于理性的直觉为"最高形式或最高水平的智力或理性"，以此来区别于"被降级为抽象的、失去人性的逻辑的理性"（祁雅理.20世纪法国思潮［M］.吴永泉，陈京璇，尹大贻，译.北京：商务印书馆，1987：40-41.）。法国现代宗教哲学家雅克·马利坦则称这种最高形式的理性为"智性"与创造性直觉，相信"不仅存在逻辑的理性，而且也先于逻辑的理性存在着直觉的理性"（雅克·马利坦.艺术与诗中的创造性直觉［M］.刘有元，罗选民，译.北京：生活·读书·新知三联书店，1991：66.）。这便纠正了认定文学艺术反理性的尼采式理解，而为文学艺术在深层次上始终运作着的直观理性，提供了学理支撑。

① 弗雷德里克·格霍.福柯考［M］.何乏笔，杨凯麟，龚卓军，译.上海：华东师范大学出版社，2017：6.
② 米歇尔·福柯.疯癫与文明［M］.刘北成，杨远婴，译.北京：生活·读书·新知三联书店，2012：24.
③ 米歇尔·福柯.疯癫与文明［M］.刘北成，杨远婴，译.北京：生活·读书·新知三联书店，2012：24.
④ 米歇尔·福柯.词与物：人文科学考古学［M］.莫伟民，译.上海：上海三联书店，2001：65-66.

中划分出的后三个阶段，非理性则指反理性（irrational）。依据福柯的还原，17世纪后的疯癫被不断建构为梦、幻觉与谵妄等似乎都与生理上的头脑混乱有关的情形。反理性，指与理性不相容而无法与之实现合作与并存的、排斥理性的心意能力，其主要涉及的具体内容包括无意识（unconsciousness）、梦（dream）、幻觉（illusion）以及一些虽无法令人感觉到，却在实际上刺激并引发回答反应的阈下知觉（subliminal perception）甚或其他本能欲求等。这三阶段中遭到禁闭、教化与治疗的疯癫者，包括后期福柯所认为的接受启蒙权力规训的个体，其疯癫并不是客观自明的。大量情形表明他们不仅在多数情况下保持着正常健全的思维与精神状态，而且从不乏第一阶段中那种积极促进与深化着理性的、具备揭示性的启迪力量的疯癫，只不过如今被权力（即如前所述福柯自己说的"语言"）一步步说成为患上了无意识，尤其是梦境与幻觉等症状的生理疯癫。非理性至此的内涵确实被缩小与悄悄地偷换了，原因在于，如果保持第一阶段那种兼容于理性的疯癫，社会秩序的统治将会受到愈来愈多的威胁。这些威胁，自疯癫者看来乃是正常的思想表达，自试图维持一种秩序的统治者看来却不利于统治的实施，而在不便正面压迫的情况下，后者便把前者本具有兼容于理性一面的疯癫不动声色地运用一套套话语编织、建构成生理疯癫，通过这类话语策略来强化规训，认为非如此不足以巩固权力的统治，即用话语策略来凸显与塑造疯癫的有可能反对理性统治的一面，这就把原先仅仅外在于理性的非理性给偷换成了反理性。外在于理性与反理性的上述微妙差别，根源于理性（Reason）性质的复杂性。福柯勾画出的理性压抑非理性的人类思想进程，实质是把非理性从"不一定反理性，仅仅不同于理性"一步步偷换为"反理性"的过程，这是对原本具有两种客观内涵的对象注入自己的特定意志，则其所认为不应被反的理性的性质便浮现了出来，那就是主要起规训作用的理性，即福柯在不少地方称为"计算原则"或"精心计算的强制力"的、[1] 狭义的理性（Rationality）。它作为理性的狭义表现，主要涉及分析与推理——这实际上是试图去征服对象的规训性力量——的理性，是福柯描述的"西方理性进入了判断的时代"的证明，[2]

---

[1] 米歇尔·福柯.规训与惩罚［M］.刘北成，杨远婴，译.北京：生活·读书·新知三联书店，2012：153.
[2] 米歇尔·福柯.词与物：人文科学考古学［M］.莫伟民，译.上海：上海三联书店，2001：82.

也是上文所述康德将逻辑与感性学截然区分开来的因由，由此引发现代思想重新恢复其内涵的冲动，比如在诗思中重拾对存在的领会。依据程度的不同，合理性的积极一面是发展出了认识论成果（自然科学）——此时话语权力是中性的，其消极一面则是控制欲的凸显；此时话语权力也成为消极的。因此，外在于理性，针对的是 reason。反理性，反（针对）的则是 rationality。前者顺应、配合与深化着完整的理性。后者所反的、狭义化了的理性，则是合理性。福柯顺次还原出前者与后者所形成的上述理性批判话语，因而指向了理性（形而上学）逐渐得以强化的方向，合理性作为其强化标志可谓余响不绝。

观察到这个初步结论的我们会同时审慎地想到，出版于 1961 年的《疯癫与文明》毕竟尚是福柯前期的代表性作品，其所还原出的以上深层压抑路径，应该说集中代表了福柯前期的理性批判话语，那么，它与福柯后期理性批判话语呈现为何种关系，有否在后者中进一步得以深化与推进，是我们极感兴味而不能不继续详察的重要问题。

三、后期的强化与事件的引出

集中代表福柯后期理性批判话语的重要文献，首推其 1978 年 5 月在法国索邦大学所作并正式书面发表于 1990 年的演讲《什么是批判》(What is Critique?) 以及稍后完成的《何谓启蒙》(What is Enlightenment?)。这两篇前后顺承的作品围绕康德的启蒙观展开讨论与反思，必然触及对理性的重估。它们共同指向康德著名文章《答复这个问题：什么是启蒙运动？》(Answering the Question: What is Enlightenment?)问世近两百年来的一个未被人察觉的盲点：启蒙运动赖以将人从不成熟状态中解放出来，并使之变得成熟的理性，仍可能是权力的变种。这就值得对 18 世纪以来的启蒙理性——其得以形成与发展的时空恰好处于福柯上述疯癫史描述里的后三个阶段中——的性质重加审视了。

福柯发现，当康德以古典哲学的思维方式强调理性引导人从不成熟状态提升至成熟状态时，他实际上暗含或者说预设了基于"一般德性"的"某种更普遍的律令"，而让人联想到牧师型的拯救-服从（屈从）观念模式。这种相信依据良心的指引便可在进步论意义上化不成熟为成熟的做法，被福柯与15、16世纪发生的"如何治理""治理人的艺术"这一基本问题域关联起来思考，认为其"始于历史上社会治理化的巨大进程"，并终于在警惕与反思中设想其为统治艺术的某种翻版。福柯由此不无犀利地指出，"对康德来说，自主根本不与服从君主相对立"①。他特意提醒人们留意，康德的原文是一篇报纸文章，其客观上蕴含的特殊诉求是亟需得到观察的。包括实证科学的自信、国家系统与国家主义的发展在内的错综因素，似乎使这一从知识角度提出来的、由启蒙理性设计的理性结构在表象之下埋伏有与之密切相关、正成为其潜隐动因的压制机制，残存有自然法的观念痕迹，而令它在变了相的合理化进程中与权力仍相合谋，仅仅成了一个被福柯称作"作为认知的历史模式之合法性研究"的、以指出错误与虚幻（真/假、已建立/未建立、合法/非法）为满意目标的合法性问题。这个问题处理得令福柯生疑之处在于：它是否忽视了历史维度或者说限度？

福柯对此交出的答案是肯定的。一种有意无意相信在历史界限之上存在着超历史的拯救性合法力量的做法，无论如何是与一种权力背景暧昧地相伴随的。就像无法轻言崇高的确切所是，因为那可能沦入话语权力编织成的无形网络。如果启蒙正是以这样一种方式拉开帷幕的，它在深层次上依据并心向往之的理性便不再天经地义。福柯追问道，"那些过度的权力，那些治理化的出现，不是应由理性本身负起历史责任吗？治理化由于得到理性的论证，理性的责任更加不可推卸"。他从而试图把思考方向扭转为"对自以为是的理性及其特定的权力效果的批判"。② 这接续与强化了他前期理性批判话语的指向。启蒙是要使人摆脱非理性状态而走向理性，这句笼统而看似没有疑义的愿景表述其实包藏着福柯式的秘密。想要走向的这个理性目标既然在实践中因失去了历史界限而变得让人仰视以及反过来以接近牧师的姿态引人驯服，它的对立面便只能是反理性。在这里，"非理性"的内涵同样被不知不觉地（因为无法径直断言其为

---

① 米歇尔·福柯.什么是批判[G]//严泽胜，译.汪民安，编.什么是批判：福柯文选Ⅱ.北京：北京大学出版社，2016：178-179.
② 米歇尔·福柯.什么是批判[G]//严泽胜，译.汪民安，编.什么是批判：福柯文选Ⅱ.北京：北京大学出版社，2016：181-182.

蓄意地)置换为了"反理性",因为它客观上被认为没有接受那个无界限的理性力量与前景的规训。那个无界限的理性,相应地也便是变了种的合理性(权力的牢笼)。依据福柯所示,康德以及沿循康德这一思想路线前行的后康德主义者(包括法兰克福学派中的一些人物)展开如上启蒙实践时,表面上用理性去帮助受众脱离非理性状态,实质却是把受众框定为需接受理性合法化规训的对象,这由此便仍走在了反理性得以强化的老路上,与福柯前期理性批判话语得出的观察结论是前后承接的。

如此,接下来摆在福柯面前的棘手问题便必然是:当还原出启蒙理性仍在某种程度上与权力背景相伴随、意识到现在该自觉拆解这个被掩藏了数百年之久的隐性符码时,作为还原者的福柯自己的位置在哪里?假如任何试图用理性启蒙他人与自身的做法都必然暗含权力的规训,那么福柯此刻不也正在试图从正面揭示出一种希望令我们相信的真相?他将如何保证自己的这套揭示性话语不重蹈权力模式呢?这个未及在《什么是批判》中充分展开的重要议题,紧跟着便在《何谓启蒙》中被福柯明确坦承了出来:"如果局限于这一类始终是部分的或局部的调查或检验,是否有被我们可能既未意识到也无法控制的更为广泛的结构所左右的危险呢?"① 对此,尽管福柯提出了四条自辩理由(能力与权力的关系悖论、同质性、系统性与普遍性),其辩解显示出的某种勉强与无力却不难被感到,例如所谓同质性寄希望于人在从事上述拆解、还原活动的同时自觉、相应地"更改游戏规则",便难免流于理想化的乌托邦筹划而显得语焉不详。纵然如此,虽然遗留下解决问题的未竟空间,却首先指出问题的要害,这也仍是根本意义所维系。事实上,福柯为此而指出了一个具备相对操作可能性的全新方向,那就是一反合法化老路,代之以凭考古学、策略与谱系化为标志与关键词的、以历史与实践的关系考察为旨趣的事件化(eventalization)观念与方法。

这种观念与方法在《什么是批判》的最后已得到了某些探讨。它根源于语言论。语言在活的使用形态——话语中存在,话语是符号的区分,而符号的区分进而塑造现实中各个个体的位置,即带出着现实的区分,被话语区分出的、

---

① 米歇尔·福柯.何谓启蒙[M]//汪民安,译.杜小真.福柯集.上海:上海远东出版社,1998:540.

表现为差异关系的现实中所必然隐伏着的这种(不等)权力,建立于"语言结构"上,① 正是它赋予知识以建立在符号操作基础上的正当性证明或曰名义,而使之成为在表象上实现自己的、充满了景观与仪式感的"建构艺术"②,从而改变对象在真空中不证而明的传统观念,实现其客观性。因此,一个对象被权力建构,归根结底是被语言符号所建构。福柯提供的走出上述"被我们可能既未意识到也无法控制的更为广泛的结构所左右的危险"的方案,就是语言。这正是学界一般认为康德所忽视的维度(这并非苛责处于认识论时代的康德必然得承载语言论时代的主题),③ 它的根基与端口是语言论转向。语言论的提出,针对的正是传统形而上学符合论意义上的合理性。作为语言论成果的事件,便合乎学理地在拆解"非理性强化为反理性"这点上,拥有了积极的可操作前景。

在上述学理背景下,福柯对"事件"概念的运用最早见于《知识考古学》(*The Archeology of Knowledge*),但只是略微提及。1970年10月9日,他在日本庆应义塾大学作了《回到历史》(Return to the History)的演讲,提出了"我们今天所说的历史的两个基本概念不再是时代与过去,而是变化与事件"的观点,④ 将事件与变化放在同一序列中并提,其用意不难窥察。到了1978年的一次圆桌对话中,他明确提出了事件思想,对其作了详细阐释,形成了更为正面详尽的论述,即福柯一篇尚未得到汉译的访谈录——《方法问题》。在那里福柯认为事件"不作为一个习以为常的事实或意识形态后果"而现身,即不"把分析对象归诸整齐、必然、无法避免与(最终)外在于历史的机械论或者说现成结构",而是归诸"构成性的多重过程",⑤ 准确地揭示出了事件化观念与方法的建构主义实质。

---

① 米歇尔·福柯.疯癫与文明 [M].刘北成,杨远婴,译.北京:生活·读书·新知三联书店,2012:235.
② 米歇尔·福柯.规训与惩罚 [M].刘北成,杨远婴,译.北京:生活·读书·新知三联书店,2012:188.
③ 在此意义上,一项深具意义的学术工程是将康德三大批判重新奠立于语言论,进行批判哲学的语言批判(即纯粹理性的语言批判、实践理性的语言批判、判断力的语言批判),其艰辛所获之成果将可望开出康德研究新境界。
④ 米歇尔·福柯.刑事理论与刑事制度 [M].陈雪杰,译.上海:上海人民出版社,2019:407.
⑤ BURCHELL G, GORDON C, MILLER P. The foucault effect: studies in governmental rationality [G]. Chicago: The University of Chicago Press, 1991: 76-78.

四、文本线索的清理

这场发生于1978年的对话，始于观点的碰撞。历史学家雅克·伦纳德(Jacques Leéonard)以一篇名为《历史学家与哲学家：小议福柯的〈规训与惩罚〉》(Historian and Philosopher: on Foucault's Discipline and Punishment)的文章对福柯的《规训与惩罚》(Discipline and Punishment)点名作了批评，旨在为尊重事实的传统历史学家正名，而将福柯判定为理论先行的哲学家。对此，福柯在《尘埃与云》(Le poussière et le nuage)中予以激烈回应。但两人意犹未尽，还想将这场思想交锋继续下去，于是召集一批历史学家一起举行了一场圆桌讨论会，通过相互问答辩难的形式，形成了迄今尚未得到汉译的《方法问题》一文。该文收录于格雷厄姆·伯切尔(Graham Burchell)等三人合编并出版于1991年的《福柯效应：政府性研究——米歇尔·福柯的两次演讲与访谈》(The Foucault Effect: Studies in Governmental Rationality)一书中。[①] 在这篇文章中，福柯首次正式提出并阐述了自己的事件思想。文章是从回应"为什么是监狱"这一问题开始的：

> 问：你为何将监狱的诞生看得如此重要？特别是被你称作"仓促取代"的、把监狱置于新的刑罚体系中心的19世纪早期？
>
> 在其他相当迥异的惩罚方式（死刑、流放殖民地、驱逐出境）依然有效的情况下，你是否夸大了刑罚史上监狱的重要性？在历史方法的层面上，对于因果关系或结构你似乎不屑于解释，有时甚至优先考虑对一个事件的纯粹过程进行描述。无疑，对"社会历史"的关注，确实以不可控的方式侵入了历史学家的工作，但即使人们不接受"社会的"作为唯一有效的历史解释维度，从你的"解释图示"看，你整个儿抛弃社会历史就合适吗？

[①] 汉译文已由笔者完整译出并刊于《中外文论》2020年第2期，可参阅。

米歇尔·福柯：我不期望我所可能说或写的东西被看成是对总体性作出的任何断言。我并未试图将我所说的普遍化；相对而言，我没有说的并不意味着由于不重要而可被取消资格。我主要思考的是辩证法、谱系学与策略之间的关系。我仍在工作，并不知道会走向何方。我所说的应被视为"主张"，应被视为可能感兴趣的人获得邀请而加入的"游戏的开场"。它们并不意味着是必须得到整个儿采取或丢弃的教条主张。我的书不是哲学或历史研究的专著，它们最多是在历史问题领域发挥作用的哲学片段。

我将尝试回答现如今摆出的问题。首先是关于监狱。你想知道它是否如我所声称的那样重要，或者它是否扮演了刑罚制度的真正焦点角色。我并非在暗示监狱是整个刑罚制度的本质核心，也并非在说不可能通过除了监狱历史以外的其他路线解决刑罚史的问题——不是在一般地说犯罪史。但在我看来把监狱当作对象似乎是合理的，原因有两点。首先，是因为在以前的分析中它被忽略了。当人们开始着手研究"刑事上的制度"（刑罚条款）的问题——无论如何这都是一个足以令人感到困惑的术语——时，他们通常选择优先在两个方向上择一进行考虑：或者是犯罪人口的社会学问题，或者是刑罚体系及其基础的司法问题。除了在法兰克福学派一线上的拉什（Rusche）与基希海默（Kirchheimer），几乎没有人研究过刑罚的自然实践。确实存在着把监狱当作机构的研究，但将其作为我们社会中一般惩罚性实践的监禁来进行研究的却十分罕见。

我想研究监狱的第二点理由是基于重新激活"道德谱系"项目的想法，该项目通过追溯人们可能称之为"道德技术"的变革路线来展开运作。为更好地理解何为惩罚以及为何惩罚，我想提一个问题：一个人如何惩罚？这与我处理疯癫时使用过的程序相同：不是问在某个特定时期什么被视作神志正常或癫狂、精神疾病或正常行为，我想问这些区分是如何得到操作的。这是一种在我看来让步的方式，我无法保证能最大程度地阐明，但至少要给出一种比较富于成效的理解。

我写这本书①时，也涉及一个与监狱有关的当代问题，更一般地说，

---

① 指《规训与惩罚》。

涉及引起质疑的刑事实践的诸多方面。这种进展不仅在法国，而且在美国、英国与意大利也都很明显。顺便有趣地想一想，为什么在1968年5月之前，所有关于监禁、拘留、个人的刑事技术及其通过知识形式进行的布局、分类与客观化等问题都显得迫在眉睫。这很有意思：反精神病学的主题是在1958年至1960年左右制定的。这与集中营问题的关系很明显——详见贝特尔海姆（Bettelheim）。但人们需要更为细致地分析1960年左右发生的事。

在这部关于监狱的研究著作中，像在我别的早期著作中一样，分析的目标不是"制度""理论"或"意识形态"，而是实践——旨在把握在一定时间里使这些实践得以接受的条件，假设这些类型的实践不仅受到制度的支配、意识形态的规定、实际情况的指导——无论这些要素实际可能扮演何种角色——的影响，而且在一定程度上具有它们自己特定的规律、逻辑、策略、自明性与"理性"。这是一个分析"实践体系"的问题——实践在此被理解为所说的与所做的、强加的规则与给出的理由、计划中的与被认为是理所当然之交汇与相互联系。

分析"实践体系"，意味着分析对将要做什么具有规定性影响（"管辖权"的影响）、对将要知道什么具有编码效果（"述真"的影响）的行为程序。

因此，我的目标不是书写监狱作为一个机构的历史，而是书写作为监禁的实践，显示其起源，或更确切地说，显示这种做法——本身已足够古老——如何能在一个特定时刻被接受为刑事系统的主要组成部分，并由此变成一个似乎是完全自然的、自明的、不可或缺的部分。

这是动摇虚假的自明性、证明其不稳定性、使之与多重历史进程的复杂关系变得可见而不再任意的事情，它们中有不少是近期的。从这个角度看，我可以说，刑事监禁的历史超乎我的最强烈的期待。19世纪早期的所有文本与讨论都证实，令人惊讶的是发现监狱被用作一种普遍的惩罚手段——这根本不是18世纪的改革者们的想法。我完全不把这个突然的变化——如它的同时代人所以为的那样——看作一个可以分析至此的结果。我以这种不连贯性，这种在某种意义上来说"惊人的"突变作为我的出发点,不是根除它而是试图说明它。这不是挖掘出一个被埋藏着的连续性社会阶层的问题,而是要识别使这种匆忙的转变成为了可能的转变。①

如你所知,没有人比我更像一个连续论者:认识一种不连续性,只不过是记录一个需要解决的问题。②

这提出了连续性与不连续性的区分问题。在上述开场白的思想背景交代下,福柯紧接着明确提出了"事件化"这一表述:

问:你刚刚说的话澄清了一些东西。纵使如此,历史学家们正被你的分析中的一种模棱两可、一种介乎"超理性主义"与"基础理性"之间的摇摆不定而困扰。

米歇尔·福柯:我正在努力朝着可能被称为"事件化"的方向努力。尽管一段时间以来"事件"一词已是历史学家们不认同的范畴,但我想知道,从某种意义上说,"事件化"是否有已不复为一种有用的分析程序的可能。我说这个词是要表达什么意思?首先是对自明性的反抗。它意味着在一种激发历史常态的诱惑之处或者一种具有直接的人类学特征之处,以及一种将自身影响显而易见地、一致性地加给全体之处,使独异性变得明显可见。表明事情"不是那么必要的";疯狂的人被认定为精神病,这并非理所当然;对罪犯唯一做的事是将他监禁起来,这并不是不言而喻的;对病因的探寻要通过对身体的个体性检查,这也并不是不言自明的;如此等等。抗拒自明性,成为抗拒我们知识化的、默认的和实践的所谓自明的东西后所剩下的:这是"事件化"的第一种"理论-政治"功能。

其次,事件化意味着重新发现连接、遭遇、支持、阻塞、力量与策略等在某个特定时刻建立了随后被视作自明、普遍与必要之物的情形。从这

---

① 这里可同时汉译作"转变"的前后两词,在原文中分别是 transition 与 transformation,福柯以这种区别式处理标示出两种转变的不同:"匆忙的转变"指在虚假的自明性支配下变得"稳定",使之成为可能的转变,则是分析前者底下的"实践体系",并由此揭露虚假自明性的行为程序的祛魅过程。

② BURCHELL G, GORDON C, MILLER P. The foucault effect: studies in governmental rationality [G]. Chicago: The University of Chicago Press, 1991: 73-76.

个意义上讲，它确实引发了一种增殖或者说原因的多元化。

这是否意味着一个人将被简单地分析为一个既定事实的单一性事件，理解为迟钝的连续统一体中的一种不合理的打破？显然不是，因为那就等同于将连续性视为一种具有自足意义并自带理性的事实。

这个因果相乘的过程意味着得通过构成一个事件的多重过程来分析它。因此，将刑事监禁作为一种"事件"（而非制度性事实或意识形态效果）的实践来分析，意味着要决定业已存在的拘禁做法的"处罚"（即，对法律惩罚形式的逐渐插入）过程、刑事司法实践的"监狱化"过程（即监禁作为惩罚与矫正技术的一种形式，成为惩罚秩序之中心成分的运动），这些更庞大的过程需要进一步细分：拘禁处罚包括一系列过程，像通过奖励或惩罚作用来保证封闭教学空间的形成等。

作为减轻因果关系的一种方式，"事件化"由此通过在作为过程被分析的单个事件周围构建一个"多边形"，或者说一个可理解的"多面体"来起作用，其面相不是事先给定的，也绝不能将其视为有限的。这必须以渐进的方式进行，必然不完全饱和。而且人们必须记住，越是进一步分解正在分析中的过程，就越能并且确实有义务构建它们的具有可理解性的外部关系（具体而言，越是把刑事实践的"肉化"过程分析到至微的细节上，就越会把它们与学校教育、军事纪律等实践联系起来）。对过程的内部分析，与分析出的"突出部分"的增加是齐头并进的。

所以随着分析的进展，这种操作会导致多样性的增加：

1. 被纳入关系的元素的多样性：从监狱开始，我们介绍了教学实践的历史、职业军队的形成、英国经验主义哲学、枪支使用技术、劳动分工的新方式。

2. 被描述的关系的多样性：这些可能与技术模型（诸如各种监视建筑）的转换有关，与针对特定情况（诸如土匪的增长、公共酷刑与处决所引起的混乱、刑罚驱逐实践的缺陷）所推出的策略有关，或者与理论图式（像观念起源的体现、符号的形成、行为的功利主义概念等）的应用有关。

3. 参考范围的多样性（依据其性质、一般性等变化），从细节问题的技术转变，到为应对资本主义经济危急情况而设计的权力新技术的引诱性位置。

请原谅这段冗长的弯路,但它使我能更好地回答你有关超理性与次理性主义的问题,这个问题经常向我提出。

历史学家们失去对事件的热爱,把"去事件化"作为历史可理解性的原则,已有一段时间了,他们的工作方式将所分析的目标归因于最单一的、必要的、不可避免的和(最终)超历史的机制或者可获得的结构。一种经济机制、一种人类学结构抑或一种人口统计过程,它们是研究的高潮阶段的重要部分——而这些都是去事件化的历史的目标。(当然,这些评论只是对某种宽泛趋势的粗略说明。)

显然,从分析的角度来看,我提出的东西既太多又太少。关系的种类太过多样,分析的路线太过众多,而同时必要的统一性则太少。可理解性过剩,必需品则匮乏。

但于我而言,无论是在历史分析还是在政治批判中,这都是问题关键所在。我们不是也不必将自己置于整体必然性符号之下。①

既然提及不连续性,人们很自然会产生出的追问是:事件与理性是何关系?由此,福柯转入对"理性问题"的详细探讨,此处及下文的"理性"一词,在原文中为 rationality 及其复数形式:

问:我想在这个事件化问题上暂停一下,因为它处在对于你的工作的一些误解的中心。(我不是在谈论作为"不连贯的思想者"的你的误导性形象。)在对裂隙的识别与认真、详细地描绘这些产生出现实与历史之关系的网络背后,一本接一本的书里一直共同存留着与你刚才反对的那些历史常量或人类学-文化特征相似的东西:跨越三或四个世纪之久的合理化的一般历史,或是无论何时的一段特殊的合理化历史,正如其在我们的社会中逐渐发挥作用那般。你的第一本书中兼有理性与疯狂的历史,这并非偶然,而且我相信你所有其他著作的主题,对不同隔离技术的分析、社会分

---

① BURCHELL G, GORDON C, MILLER P. The foucault effect:studies in governmental rationality [G]. Chicago:The University of Chicago Press,1991:76-78.

类等也都是如此。所有这些归结为一个相同的元人类学或元历史合理化进程。在此意义上，你在这里界定为你的工作核心的"事件化"一词，在我看来仅仅是其中的一个极端。

米歇尔·福柯：如果一个人称那些准备接受马克思主义对资本矛盾的分析的人为"韦伯们"——他们把这些矛盾看作是资本主义社会非理性的理性的一部分——那么我不认为我是一个"韦伯"，因为我最关心的不是被认作病理学恒量的理性。我不相信一个人可以在一边没有提出理性内在的绝对价值、一边冒着以全然任意的方式经验性地运用该术语的风险的情况下，谈论"合理化"的内在观念。我认为人们必须将这个词的用法限制在一种工具性的与相对的意义上。公共的酷刑仪式本身并不比一间牢房中的监禁更不合理；然而在一种刑事实践中，这种做法是不合理的，这种实践包含着设想推行的刑罚将会产生影响的新方式、计算其效用的新方式、证明其正当、使其渐变而成等。人们不是在用绝对标准评估事物——借此它们可以被估计为或多或少地构成了理性的完美形式——而是在检审理性形式如何将自己铭刻入实践或实践体系中，以及它们在其中扮演着何种角色，因为千真万确的是，如果没有某种理性的制度，"实践"就不存在。但是，我不是依据理性的价值来衡量这个制度的，而是倾向于依循两根轴来分析它：一方面，是编纂/指示的方式（它如何形成规则的集合、程序、抵达终点的手段等）；另一方面，是真实或错误的构想（它如何确定了一个可以去阐明命题真假的对象域）。

如果我研究像精神病患者的隔离，或者临床医学、经验科学组织或法定惩罚那样的"实践"，那就是为了研究规范行为方式的"码"（人们会如何进行分级检查、分类的事物与标志、受过培训的个人等）和真正的话语（它们有助于建立并为这些做事方式提供理由与原则，并为其辩解）的产生之间的相互作用。把话挑明了就是：我的问题是要看看人们如何通过真理的生产来掌控（自己与他人）——我再一次重申，我所谓"通过真理的生产"，并非指真实的表达方式的生产，而是建立起可以立即使真与假的实践变得有序化并且恰如其分的领域。

把实践的独特集合事件化，以使它们作为不同的"管辖权"与"述真"制度被理解，用极粗糙的术语来表达，这就是我想要做的。你会看到，这既不是一部知识性内容的历史，也不是对推进统治我们社会的理性的分析，也不是一种编纂成文的人类学——这些东西在我们不知情的情况下规定着我们的行为。简而言之，我想在历史分析与政治批判的中心重新审视真实与虚假的生产。

问：你对马克斯·韦伯(Max Weber)的提及并不令人意外。在你的工作中，毫无疑问，在某种意义上你不想接受一种"理想型"，在那之中一个人当试图解释现实时，其分析成了瘫痪的与哑巴的。当你出版皮埃尔·里维埃(Pierre Rivière)的回忆录时，这是不是导致你放弃所有评论的原因？

米歇尔·福柯：我不认为你将我与马克斯·韦伯进行比较是准确的。简要地说，"理想型"是历史解释的范畴。对试图在事实背后整合出一组特定数据的历史学家而言，这是一种理解的结构，它允许他从一般原则中重新获得一种"本质"（加尔文主义、国家、资本主义企业），而这些原则在个人的思想中并不存在，这些个人的具体行为却得在这些原则的基础上获得理解。

当我试图分析适合于刑事监禁、疯狂的精神病化或性领域机构的理性时，当我强调这一事实，即制度的真实运作并不局限于以纯粹的形式展开这种理性计划时，这是依据"理想型"作出的分析吗？我并不如此认为。原因盖有多端。

监狱、医院或庇护所的理性模式，并非唯独经由历史学家的追溯性阐释方能被重新发现的一般性原则。它们是明确的程序，我们正在处理一系列经过了计算的、合乎逻辑的计划，机构正根据这些计划进行重组、空间安排、行为调节。如果它们有一个理想的话，那就是个待定的程序，有着非一般、却暗含着的意义。

当然这个程序依赖于比它们的直接实施更为普遍的理性形式。我试图表明，刑事监禁所设想的理性不是直接计算切身利益的结果（即最后分析认为，最简单也最廉价的解决办法原来是拘禁），而是出于整个人类训练技术、监控行为、社会性身体元素的个体化。"规训"不是"理想型"（"有纪律的人"）的表现；它是为应对本土化需求而设计出的不同技术（学校教育；训练部队来处理步枪)本身的一般化与相互联系。

这些程序不以完整的方式在机构中生效，它们被简化了，或者被有选择地取用了；而且从不完全按计划进行。但我想表明的是，这种区别不是理想很纯洁与现实很无序杂乱的区别，而是事实上由不同策略相互对立、组合与叠加而产生永久与可靠的效果，① 即使它们不符合最初的程序，它们也能完全被根据其理性来理解；这就是给由此产生的机构以坚实性与灵活性的东西。

程序、技术、机构——这些都不是"理想型"。我尝试研究一系列不同的事实之间相互关联的发挥与发展：一种程序，所据以解释之的联系，赋予了它强制性权力的法律等，都同机构(这些机构包含着它们，或者说或多或少忠实地顺应着它们的行为)的实际情形一样多——尽管是处于不同的模式中。

你对我说：这些"程序"中所规定的，什么都没发生，它们不过是梦想，是乌托邦，是一种你无权用事实加以取代的想象性产物。边沁的圆形监狱并不能很好地描述19世纪监狱中的"真实生活"。

对此，我愿意回复：如果我本想描述监狱中的"真实生活"，我确实不会去说边沁。但是，这种真实生活不同于理论家的模式这一事实，并不意味着这些模式因此就是乌托邦式的、想象的等等。假如一个人对真实只有很贫困的观念，那他就只能这么认为。首先，这些模式的精心制作符合一整个系列的不同实践与策略：寻求有效的、可测量的、统一的刑罚机制，无疑是对司法权力机构缺乏适应新经济形式、城市化等的能力的回应；其次，在法国这样的国家，有一种十分明显的企图是减少司法实践与人事在国家整体运作中的自主性与独立性；再次，对涌现的犯罪新形式作出回应的期望等。另一方面，这些程序引起了一系列真实的效果(这当然不是说它们取代了真实)：它们体现为制度，它们激发个人行为，它们作为系统网络来感知与评价事物。罪犯确凿无疑地坚决抵制监狱中新的规训机制，与

---

① 此处"对立、组合与叠加"三词，系福柯连用三个词尾相同的词 opposed、composed 与 superposed 所做的文字游戏。

美好的边沁机器相比，监狱的实际运作——在他们建立的遗产建筑中，由执政者与卫兵管理——绝对是女巫的佳酿。但如果看到监狱失败了，如果犯罪分子被视作无可救药的，并且在公共舆论视野与"正义"领域中出现了一个全新的犯罪"种族"，如果囚犯的反抗与再犯的模式采取了我们已知其做过了的形式，那么这恰恰是由于这种类型的程序并不仅仅是少数设计者头脑中的乌托邦。

这些行为纲领、管辖权制度与核实制度并不是创造现实的失败模式，它们是真实的片段，它们在真实中引发特定的影响，比如区分隐含在人们"指挥""管理"与"引导"自己和他人的方式中的真与假。把这些影响作为历史事件来掌握——这对于真理问题（这是哲学本身的问题）意味着什么——这或多或少是我的主题。你会发现这与在"活生生的现实"中把握"全社会"毫无关系——这本身就是令人钦佩的。

我无法在这里作出回答，但从一开始就一直在问自己的问题大体是："历史是什么？假定它内部不断产生真假分离？"为此我意在说四点。其一，在何种意义上，真/假分离的产生与转变对我们的历史性是特有的和决定性的？其二，这种关系在产生科学知识的"西方"社会中以何种具体方式运作？其形式是不断变化的吗？其价值是被设想为普遍化的吗？其三，什么历史知识是可能的历史？历史本身就产生出了这种知识所依赖的真/假之区别吗？其四，最普遍的政治问题不是真理问题吗？一个人如何分析辨别真假的方式与掌控自己、他人的方式之间的联系？去寻找这些实践自身以及相对于他者而言的新基础，经由辨别真假的不同方式去发现自己被控制的不同方式——这就是我所说的"政治精神"。①

那么，事件化带出了怎样的后果？它会在某种程度上冲击现有的秩序规范吗？这种冲击利耶？弊耶？有可能引起怎样的误解？在"麻醉的后果"这一标题下，福柯最后作了这样的陈词：

---

① BURCHELL G, GORDON C, MILLER P. The foucault effect: studies in governmental rationality [G]. Chicago: The University of Chicago Press, 1991: 78-82.

问：有关你的分析被传达与接受的方式，这儿有个问题。例如，如果一个人与监狱里的社会工作者谈话，会发现《规训与惩罚》的出现对他们有绝对的消毒或麻醉作用，因为他们认为你的批判有一种无法改变的逻辑，令他们没有主动的空间。你刚才在谈论事件化时说到，你想努力打破现有的自明性，显示它们是如何产生出来的以及如何总是不稳定的。在我看来，版图的后半部分——不稳定的一面——不甚清晰。

米歇尔·福柯：你提出的这个麻醉的问题是非常正确的，也是头等重要的。的确，我觉得我自己没有能力做到"颠覆一切准则""扰乱一切知识秩序""对暴力的革命性肯定""推翻所有当代文化"，这些目前支撑所有那些杰出学者——因为他们富有价值的、过往的成就，我愈发崇拜他们——去冒险的希望与目标保证了一个恰当的结果。我的项目在范围上远没有可比性。为了在消除某些关于疯狂、正常、疾病、犯罪与惩罚的不证自明与老生常谈方面提供一些帮助；为了使之与其他许多事一起发生，以及某些短语不再被那么轻易地说出来，某些行为不再或至少不再那么果决地表现出来；为了有助于人们在感知与做事的方式上作出改变；为了参与到这种感性形式的变化与容忍极限中；我觉得我几乎不能再作出更多的尝试了。如果我努力表达的这些以某种方式，在某种程度上，不是仍与它们的真实效果无关……然而我意识到这一切可能会是多么危险，这一切多么容易都陷入沉睡中。

但你是对的，一个人须得更加善疑。或许我写的东西有麻醉效果，但人们仍然需要自我辨别。

……

至少自19世纪起，我们便知道了麻醉与麻痹的区别。先来谈谈麻痹。谁被麻痹了？你认为我写在精神病学史上的东西麻痹了那些已关心精神病学机构一段时间的人了吗？并且，看看监狱内与监狱周围发生了什么。我觉得两者中哪儿的麻痹效果都不是很明显。就监狱内的人而言，事情并没有太糟糕。另一方面，某些人，比如那些在监狱的机构环境中工作的人——不同于监狱内的人——不太可能在我的书中找到告诉其"要做什么"的建议或指点。但我的项目正是为了让他们"不再知道做什么"，以至于到目前为止的行为、姿态、话语似乎理所当然地都变成有疑问的、困难的、危险的。这种效果是故意为之的。然后我有一些信息要告诉你：对我来说，监狱的问题不是"社会工作者"的问题，而是囚犯的问题。而在这方面，我不太确定过去十五年来所说的话是否已相当地——我该怎么说呢——在复原中。

但麻痹与麻醉不同——相反。就一系列问题而言，人们已经察觉到，做任何事情都很困难。并不是说这种影响本身就是目的。可在我看来，无论是预言还是立法，"要做什么"都不应由改革者从上面决定，而得通过长期的交换、反思、审判、不同的分析等来来往往的工作。如果你所谈论的社会工作者不知何去何从，这只能表明他们正在寻找，因此根本没有被麻醉或消毒——相反。这是因为无须将他们捆绑在一起或固定他们，所以对我而言，尝试说出"要做什么"是没问题的。倘若你提及的社会工作者所提出的问题能呈现他们的全部角度，那么最重要的是不要把它们埋葬于指定的、预言性的话语的压力之下。改革的必要性不能被允许成为服务于限制的胁迫形式、减少或停止批判的运用。在任何情况下都不应关注那些告诫你"别批判，既然你没有能力进行改革"的人。这是部长级内阁谈话。批判不一定是得出"此即需做之事"结论的演绎的前提。它应成为那些战斗者、那些抵制与拒绝事物本质者的工具。它的使用应在冲突与对抗的过程中，而非文章中。它不必为法律规定法律。这不是编程中的一个阶段。这是一种针对实事的挑战。

你所看到的问题是一个行为主体的问题——通过这个行为主体，现实被改变了。如果监狱与惩罚机制发生改变，那不是因为改革计划进入了社会工作者的头脑中，而是因为当那些与这种刑事现实相关的人，所有这些人，彼此相互碰撞并与自己发生冲突而陷入死胡同时，问题与不可能的事都经历过争执与对抗，在批判现实中被表达了出来而不是在改革者实现了其想法之际。

问：这种麻醉作用对历史学家有效。如果他们对你的工作没有回应，那是因为对他们来说，"福柯模式"正在成为像马克思主义者一样的障碍。我不知道你所产生出的这种"效应"是否会令你感兴趣。但你在《规训与惩罚》中作出的解释并不清楚。

米歇尔·福柯：我颇想知道我们在说"anaesthetize"这个词时是不是

指同一种意思。这些历史学家在我看来更像是受到了"麻醉""刺激"[当然，是在布鲁塞(Broussais)的术语意义上]。被什么刺激了？被一种模式？我不这么认为，因为并无模式。如果真有一种"刺激"（我隐约记得在某本特定刊物上，这种刺激的某些迹象可能被小心地显示过），那更多地是由于模式的缺席。没有下层或上层建筑，没有马尔萨斯式的循环，没有国家与公民社会之间的对立：这些模式在过去的一百或一百五十年中，都未曾明确地或含蓄地支持过历史学家们的操作。

因此无疑，不安感与这些问题促使我将自己置入这样一些模式中："你如何对待国家？你提供给了我们何种国家理论？"有人说我忽视了它的角色，另一些到处见到的人则想象它能控制个体的日常生活。或者说我没有提到所有的下层建筑——而另一些人则说我从性中建立下层建筑。这些全然矛盾的反对意见，证明了我所做的与这些模式中的任何一者都不符合。

或许我的工作刺激人们的原因恰恰在于我无意于构建一种新模式，或验证既存的模式。或许这是因为我的目标不是提出一个旨在分析社会的全球性原则。在此，我的项目从一开始就与历史学家不同。他们——无论对错，这是另一个问题——将"社会"作为其分析的总体视野，比如他们开始将这个或那个特定对象（"社会、经济、文明"，一如年鉴所描述的那般）置于其中。我的一般主题不是社会，而是有关真假的话语，我指的是领域与客体的相关形成，以及它们所负载的可证实、可证伪的话语的相关形成，而且我感兴趣的不仅仅是它们的形成，而是它们所关联的现实效果。

我可能讲得不太清楚。我愿意举个例子。对历史学家来说，问他在一个特定时期性行为是否受到监督与控制，以及其中哪些被强烈反对是完全合理的。（假设有人用婚龄的推迟来解释某种程度的"压迫感"，那当然是轻率的；这里他甚至几乎没有概述一个问题：何以是婚龄的推迟在发生影响而不是别的呢？）但我自己提出的是一个完全不同的问题：这是一个将性行为表演转化为话语如何发生的问题，它又受制于何种类型的管辖权与"述真"，以及构成要素是如何形成——而且只是在很晚的阶段——被称为"性"的领域的。这个领域的组织无疑具有多方影响，其中之一就是为历史学家提供了一个"自明"的范畴，以至于他们认定他们可以写出一部性及其压抑的历史。

被历史学家认为是客观给予的那些元素的"客观化"的历史(如果我敢,我会这样说:客观性的客观化),是我想要尝试与调查的那种循环。解决这个问题是一件困难的事:这不是一个容易再现的模式的存在,它无疑是会困扰与刺激人们的东西。当然,这是历史学家有权保持漠然的哲学问题。但假若我在历史分析中将它作为一个问题提出来,我不会要求历史学来作出回答。我只想找出这些问题在历史知识中产生的影响。保罗·韦纳(Paul Veyne)十分清楚地看到了这一点:这是一个唯名论批判本身通过一番历史分析来达成的历史知识的影响问题。①

上述文本线索显示,整个讨论是从福柯《规训与惩罚》一书对监狱的有关处理方式开始的,这首先证实了其事件思想不是灵机一动突然产生的,而是对其整体思想轨迹的有机嵌入,其来路可以得到清晰的辨识。

五、《方法问题》与事件思想

如上节所示,伦纳德等学者认为,在《规训与惩罚》这部影响巨大的著作中,福柯似乎夸大了监狱在整个近代刑罚史上的重要性;因为他完全不同于当时历史学家对这一现象的惯常处理,没有从因果关系与结构的角度去书写监狱历史,却花了很大功夫对监狱作为"一个事件的纯粹过程"进行详细分析。这种看上去全然否弃了社会历史维度的做法,果真合适吗?对这一颇具代表性的挑战,福柯显得胸有成竹。他开宗明义地表示,自己从一开始就与历史的所谓总体性保持着基于警惕的距离,即无意于写作惯常意义上的那种每每试图在线性叙述中建立历史总体性(比如内在规律)的史学或哲学著作。相反,他所致力

---

① BURCHELL G, GORDON C, MILLER P. The foucault effect: studies in governmental rationality [G]. Chicago: The University of Chicago Press, 1991: 82-86.

于从事的，小而言之是一种填补空缺的工作，大而言之则属于对程序的精细分析。以有关监狱的考古史研究为例，福柯指出，这样做一方面是由于以往这个问题被忽视了，人们不是从犯罪社会学角度就是从司法角度来谈论监狱的刑罚问题，就是没有从其本身作为"刑罚的自然实践"来切入，深入细致地分析其中微妙运作着的各种话语表征以及它们如何从实践程序上一步步构成一个看似天经地义的现象。其次，相应地，福柯认为，当以往的研究将上述主题与道德挂钩时，对其中各种区分的操作过程缺乏重视，即对"如何"这个赖以具体展开的维度付之厥如，这便导致了处理与理解上的简单化后果。基于这种观察，福柯亮出了自己与"虚假的自明性"决裂而革故鼎新的雄心。①

在此他考虑的是作为"自明性"对立面的"在一定时间里使这些实践得以接受的条件"。他紧接着声明，这些条件并非一般理解中的那种自外部加上去的"制度的支配、意识形态的规定、实际情况的指导"，而是"它们自己特定的规律、逻辑、策略、自明性与'理性'"，这就需要承认看似自明的监狱惩罚现象实则是一种被"编码"从而不稳定的"实践体系"，并由此"不是书写监狱作为一个机构的历史，而是书写作为监禁的实践"，特别是，需要去"说明"基于不连贯性的"突变"，例如监狱作为一种普遍惩罚手段究竟从何时起，以真正保证其"与多重历史进程的复杂关系变得可见而不再任意"——自明性意义上的稳定的监狱现象，在福柯看来恰恰是任意的。那么，不把现象当自明的，意味着把现象当什么呢？回答是事件。② 对自明性展开于其中的实践体系的分析，就是福柯所说的"事件化"。他正是在此语境下正式提出了"事件化"概念。

需充分注意福柯在此对事件性思想反抗自明性这根本的一点的强调。这一点必然伴随着的事实是"独异性"的绽出："在一种激发历史常态的诱惑之处、或者一种具有直接的人类学特征之处，以及一种将自身影响显而易见地、一致性地加给全体之处，使独异性变得明显可见。"③ 独异来自哪里？这个其实本身

---

① BURCHELL G, GORDON C, MILLER P. The foucault effect: studies in governmental rationality [G]. Chicago: The University of Chicago Press, 1991: 75.
② BURCHELL G, GORDON C, MILLER P. The foucault effect: studies in governmental rationality [G]. Chicago: The University of Chicago Press, 1991: 76.
③ BURCHELL G, GORDON C, MILLER P. The foucault effect: studies in governmental rationality [G]. Chicago: The University of Chicago Press, 1991: 76.

并不独异的问题的答案，是在看似常态的现象中发现"连接、遭遇、支持、阻塞、力量与策略等在某个特定时刻建立了随后被视作自明、普遍与必要之物的情形"，①即发现被编于现象深层的符码，对编码的解码因其与表面得到的自明性印象有出入，每每给人以原来竟然如此的反差感，独异感便产生出来，可见它原本只是相对于自明性而言的，并非刻意制造所得的特殊景观。也因此，福柯意味深长地用了"重新发现"这个词，表明人们以为独异而不同流俗的东西，实际上是事物本身固有的与已有的，只不过因各种原因而被包裹于常态之下。福柯在答问中形象地用"多边形""多面体"来形容事件必然超出自明性期待的复杂性，并由此醒目地批评包括论辩对象在内的历史学家对历史的"去事件化"处理，认为这种旨在"将所分析的目标归因于最单一的、必要的、不可避免的和（最终）超历史的机制或者可获得的结构"的做法，②属于总体性的各种翻版，而值得加以深刻反思。福柯与历史学家的主要分歧就在这里。

　　当陈述着这一切时，福柯很容易给人造成他主张不连续性（不连贯性）的印象。对此，他及时声辩说，自己并不愿意为这一称谓担责，因为他的全部旨趣只是在突出需解决的问题，这些问题既然是实事本身所内在本有、无非处于某种原因被长期遮蔽于自明表象下，它们便不是被从外部追加的，即不是故意使之成为不连续的突出部分，而是让连续性更好地、以更为复杂却更接近真实的面目呈现出来。在这个意义上，福柯甚至自言"没有人比我更像一个连续论者"。③因为按他的看法，假如夸大不连续性这种说法，便同时意味着对其对立面——连续性作出了默许的预设，而这在鲜明反对总体性的福柯这里是不容许的。所以，尽管论辩对手们认为"裂隙"仍是解读福柯上述事件思想的关键词，他们也开始承认"不连贯的思想者"的确是对福柯形象的误读（"误导性形象"）。鉴于连续性/非连续性的区分已触及理性/非理性的差别，对上述议题的深化，便

---

① BURCHELL G，GORDON C，MILLER P. The foucault effect：studies in governmental rationality [G]. Chicago：The University of Chicago Press，1991：76.
② BURCHELL G，GORDON C，MILLER P. The foucault effect：studies in governmental rationality [G]. Chicago：The University of Chicago Press，1991：78.
③ BURCHELL G，GORDON C，MILLER P. The foucault effect：studies in governmental rationality [G]. Chicago：The University of Chicago Press，1991：76.

将对话进一步引向了事件思想与理性的关系讨论中。那么福柯如何解释自己的理性观呢?

从"如果没有某种理性的制度,'实践'就不存在"这样的表述看,福柯决不意在彻底抛弃理性,他心中事件的运作也维系于某种理性因素,但那"不是被认作病理学恒量的理性",而是"将这个词的用法限制在一种工具性的与相对的意义上",在此意义上"检审理性形式如何将自己铭刻入实践或实践体系中,以及它们在其中扮演着何种角色",即通过它"看看人们如何通过真理的生产来掌控(自己与他人)"。这与前两节导出的结论一致:理性在自明性的运作中,是以一种隐晦的("不是直接计算切身利益的结果")合理性方式成功展开自己的。现在把自明性从实质上揭示(建构或还原)为一个事件,就是要对这种合理性进行解构,其所赖以实现的理性,以分析为特征,也是针锋相对的合理性,但已开始将对自明现象的认识性分析与语言(话语)自觉地结合起来。福柯举监狱惩罚现象这一事件为例,要打破的是线性思维支配下的合理性模式,这种模式有一条相对固定的、从主体向客体进行评判与裁断的运思路径,久而久之成为操作性的、滤除了相关复杂因素而变得简单化的"理想型"历史观念。然而在福柯眼中"制度的真实运作并不局限于以纯粹的形式展开这种理性计划",[①] 语言论(话语)视角的介入使这种表征过程充满了未知的可能性,形成了事件的魅力。如我们在上面的文本线索清理过程中所看到的,为了回应对手有关事件思想是否会造成不稳定感这一点,福柯对自己的初衷作了进一步申述。

连起来看,福柯对事件的阐发要义在于,事件并非因不符合历史规律而被绝对孤立出来的、呈现为非连续性的碎片,也并非传统历史学家所习以为常的因果链、历史连续性、理性与规律,而是可以在多维关系中获得可能性的一种实践效果。事件在多种因素、原因与关系的实践中发生,因不同的取舍与变化而有偶然性与多样性,破除了历史发展的必然性与唯一原因,还原出了一种现象的客观性。

---

① BURCHELL G, GORDON C, MILLER P. The foucault effect: studies in governmental rationality [G]. Chicago: The University of Chicago Press, 1991: 80.

六、福柯事件思想要点

联系福柯思想整体对《方法问题》进行释读，可以概括出福柯事件思想的若干要点，它们看起来具有环环扣进的逻辑联系：

1. 事件是对自明性的反抗。如果认为对象就是它所被看到的样子、不证自明而天经地义，这永远产生不出事件。只有（也必须）当认为对象并非不证而明，我们所看到的它的样子和它实际所是的本质并非一码事时，事件才出现。事件因而实为祛魅的产物或者说同义语，一切事件的共性是祛魅或者说解码。由于祛魅是祛除话语权力编织起来的魅，必然因张开话语权力网络而触及广义的政治，福柯才由此明言，事件思想是"理论-政治功能"的彰显。这句极其重要的强调，意味着事件思想是属于"理论"谱系的。由此，我们得到了最为根本的事件本义，它作为概念显得异乎寻常地清晰。自此以后但凡有关事件的哲学谈论，都已离不开这一本义，它们在陈述的具体角度方面会加上更多的定语，但本根已被福柯明确种下。

2. 事件对自明性的反抗，不是从外部加给自明性的任务指向，而是自明性本身内在固有的关系理路呼唤打破自身的结果。如果没有这紧跟着的第二点及时补充，"事件反抗自明性"这句话很容易在流俗之见的意义上被理解为这种反抗是对自明性的某种外部要求，这就违背了福柯的原意。福柯说，"事件化意味着重新发现连接、遭遇、支持、阻塞、力量与策略等在某个特定时刻建立了随后被视作自明、普遍与必要之物的情形。从这个意义上讲，它确实引发了一种增殖或者说原因的多元化"，表明自明现象的不可靠性不在外部因素的使动性决定，而说到底就在于自身脉络中，是内部各种复杂因素及其构成的复杂关系已孕育了的正常走向。或者换一种说法，自明性已蕴含了事件被发动出来的潜在可能，而非直接被简单地制造为了事件。

所以不能理解为：事件是对一种连续性的打破，变连续为不连续，似乎仅仅是在一种单一的连续体中插入了一个非连续的、断裂的环节而已。这种理解的错误在于预设了"填补"这种观念的存在。假如这种观念是合理的，那么，一个最终根深蒂固存在的"理想型"前提——"将连续性视为一种具有自足意义并自带理性的事实"并未真正得以动摇，而那与福柯通过事件来批判形而上学的初衷南辕北辙。

为何事件能从以往习焉不察的潜在状态中被最终引发出来呢？按福柯的理路，那就是对原有原因作进一步增殖性理解，由此在"原因的多元化"方面下大力气。一种充满了线性预设的、每每单向性的因果路线，使过程的进展抽象地排除了所实际影响与调节着它的现实复杂因素，当改变这种因果路线的单向性而逐渐还原到现实中连续的多方面、多角度、多层次性中时，关系的复杂面貌才必然使原先看似自明的现象出现需重加估计的可能情况，而做到这一步的同时就已开启了事件。

3. 事件在对自明性的反抗性分析中不断进一步细化分析，越深入细化分析，便越是带出事件的重要性质：独异性。福柯说得好："对过程的内部分析，与分析出的'突出部分'的增加是齐头并进的。"这自然与随着分析进展所不断形成的"原因的多元化"程度，或者说多边形（多面体）效应直接相关。因为，越是将各种权力策略因素伪装为自明性的技术往至为幽微而深邃的细节上分析，就越可能联系起更多、更复杂微妙的关系因素，如"越是把刑事实践的'肉化'过程分析到至微的细节上，就越会把它们与学校教育、军事纪律等实践联系起来"，作为分析对象的事件也便越显得奇异而独特，即越真实。福柯甚至由此担心，过于多样化的分析会导致相对意义上的统一性原则匮乏。① 这的确是至今某些人攻击他的一个理由。

4. 事件的运作由此仍离不开理性，全部问题只在于运作的是何种性质的理性。因为上述旨在努力挑明与穷尽技术性的分析过程，不会置理性力量于不顾，世俗的对福柯反理性的各种议论，可以说都在福柯本人如下这段自白中被果断消解：即"这个程序依赖于比它们的直接实施更为普遍的理性形式"②。正

---

① BURCHELL G, GORDON C, MILLER P. The foucault effect: studies in governmental rationality [G]. Chicago: The University of Chicago Press, 1991: 77.
② BURCHELL G, GORDON C, MILLER P. The foucault effect: studies in governmental rationality [G]. Chicago: The University of Chicago Press, 1991: 80.

因为此，福柯决不苟同论敌们有关事件思想流于梦想与乌托邦的怀疑与驳难（这种怀疑与驳难认为，福柯在《规训与惩罚》中对边沁的圆形监狱的描述与分析不符合 19 世纪监狱中的真实生活），而确定无疑地捍卫着事件与真实的关系。那么，这具体是怎样一种理性形式呢？一方面，既然围绕对实践体系的不断细化的分析而展开，理性在此首先便表现为分析理性，即合理性。在反对传统那种支配着历史学家们的、以一般性原则为标志的"理想型"即宏大理性，不同意对手在类比意义上将自己称为"韦伯"（因为在福柯看来，马克斯·韦伯对资本主义社会矛盾的分析，处理的乃是"被认作病理学恒量的理性"）后，福柯不否认，接下来出场的事件思想需针对明确的程序而"处理一系列经过了计算的、合乎逻辑的计划，机构正根据这些计划进行重组、空间安排、行为调节"，这当然牵动合理性。但若仅到这步为止，便与事件思想得以形成的整个初衷——批判与超越形而上学相抵触，因为无论如何都还是得承认，形而上学在理性运作上的特征就是合理性。福柯显然意识到了这种可能的反诘，而紧跟着表示"如果它们有一个理想的话，那就是个待定的程序，有着非一般、却暗含着的意义"，① 这个"非一般、却暗含着的意义"落实于理性层面，则应当是对合理性的适度控制与反思，以及在这种控制与反思之后及时敞开的未知性与可能性空间：有一种大于且能包容合理性的理性成分，渗透在事件的运作中。我们相信它与语言（话语）有关。福柯往下的论证会引出这一点。

这一点也可以联系前三点得到深化。一种反抗自明性的分析诉求，诚然会伴随着合理性支配下的计算式冲动，分析越是细化导致事件的独异性程度就越突出，这种合理性冲动的程度也就越深；但鉴于福柯同时补充强调，这种反抗不从外部生硬介入，而是顺应看似自明的对象本身的内在理路，在事件中不断趋深的合理性冲动始终又难以完全逮住对象的全部真相，这就相应地形成了让合理性冲动（施控）得到客观实事的看护（受控）的局面。

5. 事件始终在理性的支配下面对与解决真/假区分问题，从而具有鲜明的求真意志。引入事件思想取代传统的"理想型"范式，是要在真实性与客观性

---

① BURCHELL G, GORDON C, MILLER P. The foucault effect: studies in governmental rationality [G]. Chicago: The University of Chicago Press, 1991: 80.

上求彻底，为此福柯旗帜鲜明亮出的主题是："历史是什么？假定它内部不断产生真假分离？"他就此而提出的追问或者说自我期许，包括"在何种意义上，真/假分离的产生与转变对我们的历史性是特有的和决定性的"以及"什么历史知识是可能的历史？历史本身就产生出了这种知识所依赖的真/假之区别吗"等，①都使人不难从中清晰窥察到他的严肃诉求所在：弄清自明性底下的真相所系。非如此，事件思想断不可能在当代引发世界性反响。这不啻我们讨论该思想时需不断回归并扣紧的一个主心。

6. 事件因此是批判性行为本身。针对论敌有关事件化之后的思想格局因其不稳定性而可能流于"麻醉"这一看法，福柯表示事件的建构不旨在麻醉任何人，相反构成更为清醒的批判："在任何情况下都不应关注那些告诫你'别批判，既然你没有能力进行改革'的人。这是部长级内阁谈话。批判不一定是得出'此即需做之事'结论的演绎的前提。它应成为那些战斗者、那些抵制与拒绝事物本质者的工具。它的使用应在冲突与对抗的过程中，而非文章中。它不必为法律规定法律。这不是编程中的一个阶段。这是一种针对实事的挑战。"②这与福柯事件思想的语言论根基及其批判性要义一脉相承，是理性及其求真意志的必然后果。

7. 事件是话语的发生与运作。上文已提及，福柯探究事件中的理性因素时，专门察觉到了这种理性作为"待定的程序，有着非一般、却暗含着的意义"③，即显与隐共存兼容的性质。这可以得到语言论学理的推演：

反抗自明性的起点是语言，或者说对自明性的发现与超越根源于对语言性质的再发现。因为认定一种现象不证自明的实质，是相信无论怎么去说它以及谁去说它，它都并不改变地先已现成存在于那里，即先有了事物（这是第一位的），后才有语言对事物的命名与传达（这是附加的与第二位的）。但 20 世纪以来的语言论思想表明，无论是从构成自身的能指还是所指这两个成分看，语言

---

① BURCHELL G, GORDON C, MILLER P. The foucault effect: studies in governmental rationality [G]. Chicago: The University of Chicago Press, 1991: 82.
② BURCHELL G, GORDON C, MILLER P. The foucault effect: studies in governmental rationality [G]. Chicago: The University of Chicago Press, 1991: 84.
③ BURCHELL G, GORDON C, MILLER P. The foucault effect: studies in governmental rationality [G]. Chicago: The University of Chicago Press, 1991: 80.

是不与事物存在必然符合关系的符号系统(替代品,表征),必然始终替代(即重新说出而非传达)着事物,而去替代事物,即在符号区分中创造(建构)新"物"(意义)。符号的区分是语言的具体使用——话语,区分则带出位置的差别(不等),说出着现实中的等级,这就是话语权力(文化政治)。替代(表征)的实质,因而是使作为深层结构的话语权力不知不觉地实现为自明表象。现在需要反抗这一点,即意味着需要分析使这一点成为可能的话语建构过程。这个过程由于在话语中展开,话语的表征性质使所说的与事物现象之间保持着一方面澄清着对象,一方面又始终无法澄清对象所正在进行中的动态,而在清醒行使理性的同时,被理性暗含的一面反过来置于其中(符号的表征始终受到把自己置于其中的符号群的制约,从而始终是受限的)。这样,"自明"的神话就被攻破了——始终无法被彻底澄清的,又如何能合法地声称它已不证自明?在此意义上,福柯把事件看成话语的,强调"这是一个将性行为表演转化为话语如何发生的问题",进一步说"我的一般主题不是社会,而是有关真假的话语,我指的是领域与客体的相关形成,以及它们所负载的可证实、可证伪的话语的相关形成",这与他整体思想中有关"如果没有话语的生产、积累、流通和发挥功能的话,这些权力关系自身就不能建立起来和得到巩固"的洞察,[①]以及"不存在什么真实事物,存在的只是语言,我们所谈话的是语言,我们是在语言中谈论"[②]的体认,理路若合符节,成为把握自此以下的事件思想谱系的关键点。

七、事件由此与理论:若即若离

从上述要点看,福柯的事件思想是与理论的兴起相伴随的。因为事件的根本出发点在福柯看来是对自明性的反抗,这也正是 20 世纪中后期以来以批评

---

① 米歇尔·福柯.权力的眼睛:福柯访谈录 [M].严锋,译.上海:上海人民出版社,1997:228.
② 刘北成.福柯思想肖像 [M].北京:北京师范大学出版社,1995:92.

理论为主，在西方每每被大写化的理论产生的缘由。如我们所看到的，在《方法问题》中福柯强调"理论-政治功能"为事件的首要功能，这与以福柯等人为主要奠基者的理论运动的政治转向，完全是同步的。我们从中得到的强烈印象是，理论就在事件观念与方法中展开着自己。

既然事件是理论的标志，事件所依赖的理性性质，按理便同样成为理论所依托的理性性质。在上两节的分析中我们观察到，一方面，事件对自明性的反思与超越，意味着它必然运用理性中侧重分析的成分去揭露自明性的不可靠，也意味着此时事件运用的理性是合理性。另一方面，福柯对事件中理性性质的论述又并未止步于、固定于以分析、计算为具体内涵的合理性，而是意味深长地紧接着强调事件作为"待定的程序，有着非一般、却暗含着的意义"。即强调事件中的理性并不是只有从头至尾可知可见的合理性的显性表现，而是还有蓄势待定、引而未发并由此尚处于隐性状态中的成分；两者合起来，才构成事件中的完整理性。据此，推论似乎就应当是，与事件相等价的理论也秉持着理性的这种双重性。

客观事实是不是这样呢？在这点上，理论显示出了与事件不合，甚至在某种程度上渐离渐远的情况：它每每只突出理性的前一成分，即合理性对自明性不断祛魅的性质；却愈来愈疏离与遗忘理性中尚处于未决、待定状态的后一成分，从而逐渐成为操演。福柯自己就承认这一点。如本章第二节所已指出的那样，福柯理性批判话语还原出的最后一站是精神分析学说，这是被晚近理论家醒目归入"理论的现代运动"的理论（theory）。[①] 伊格尔顿等人在讨论20世纪文学理论的著述中每每将直接影响了拉康等理论家的精神分析专章化，更是我们熟悉的事实。看起来，在理性的强化之途中，理论扮演了某种推波助澜的角色？对此，福柯并不否认，他是这样说的："精神分析学用被观察者的无休止独白双倍强化了观察者的单向观察。这样，既保留了旧疗养院的单向观察结构，又增添了一种非对称的相互性，一种无回应的新的语言结构。"[②] 循其理路，像精神分析学这样的理论将疯癫置于权力的观察之下并建构出反理性成

---

① BIRNS N. Theory after theory [G]. Peterborough: Broadview Press, 2010: 46.
② 米歇尔·福柯.疯癫与文明［M］.刘北成，杨远婴，译.北京：生活·读书·新知三联书店，2012：235.

果，奥秘无非是善于发明"新的语言结构"，其包括"精神病学，尤其是犯罪人类学以及犯罪学的重复话语"①，在这一过程中弗洛伊德"重新组合了疯人院的各种权力，通过把它们集中在医生手中而使它们扩展到极致"②，不仅精神分析学如此，进而言之，理论皆然，诸如"性落入了话语的掌握之中"而逐渐产生出各种性别理论等情形，③ 都成了可推导的题中之义。从福柯的这种叙述踪迹看，理论就应当属于合理性在某种程度上的同谋与推力。

这是有原因可寻的。深层结构不与表层结构平行相向，而始终存在着落差，这已被证明为是语言或者说话语的本性。因为我们看到的貌似自明的表层结构，无不是符号在深层进行精心操作（区分）并由此产生出位置差别的结果，一个符号在言语链上被安放于此位置而非彼位置，唯一的理由是要与别的符号相区分。至于如何区分，往哪个方向区分，并无必然道理可言，而完全是随机的；但当它被安放于此位置并进而固定化后，便形成话语权力。可见，只要用语言说话，就避不开深层结构的支配，对它的揭示是语言论思想反抗形而上学符合论的积极理据。这一来，离不开语言表达自身的理论，岂非也有一个被深层结构所支配并伪装成表层结构的问题？换言之，每当它试图从正面建构一种意义时，它总同时伴随有一种背后的话语权力因素在解构它。即当它声称"形而上学自明性需要得到批判，因为它掩藏着深层结构"时，这句话的意义若想被从正面建构得合法而变得成立，就必须同时承认表达着这一意思时的它不具备某种深层结构，从而不至于因自己也需要得到批判而取消自己陈述这句话的资格。但这是做不到的，除非这句话不是语言，不是话。这的确是哲学严格思考问题的方式，就如美国著名哲学家希拉里·普特南（Hilary Putnam）对相对主义者的质疑那样："但是一个人如何可能前后一致地坚持一个使得一致性概念变得无意义的学说呢？"④ 一种旨在证明话语决不自明的祛魅行为，如何可能

---

① 米歇尔·福柯.规训与惩罚［M］.刘北成，杨远婴，译.北京：生活·读书·新知三联书店，2012：19.
② 米歇尔·福柯.疯癫与文明［M］.刘北成，杨远婴，译.北京：生活·读书·新知三联书店，2012：260.
③ 米歇尔·福柯.性经验史·认知的意志［M］.佘碧平，译.上海：上海人民出版社，2016：17.
④ 希拉里·普特南.理性、真理与历史［M］.童世骏，李光程，译.上海：上海译文出版社，2005：183.

自明地坚持一套使得自明性概念变得无意义的话语论证呢？一个人也不可能在否认自身受制于深层结构的情况下主张"深层结构需要被揭露"。这样，依托于语言的理论如要实现意义建构，便不能不仍暂且掩藏住深层结构，非如此不足以避免自我解构的命运。

这似乎是一种权宜的宿命。其后果是，由于不在意自我反思机制的自觉建立，理论对合理性的祛魅便形成重复操作的惯性。因为不反思出发点本身是否充分合法、是否存在令形而上学钻空子的缝隙，接下来试图揭露对象真相的祛魅，容易成为熟练的反复操作，套路化是其后果。近来，美国学者杰森·波茨(Jason Potts)与丹尼尔·斯托特(Daniel Stout)在考察了晚近理论运动的种种情状后指出，理论尽管雄心勃勃地企图废除君主(monarch)，实际上仍顽固地不断重蹈着"君主演替模式"(the model of monarchical succession)的窠臼，[1] 就是说，它一面旨在拆解自明性表象下的深层结构（话语权力）面目或曰合理性真相，一面则因运思前提的抗反思性，而往往只能一遍遍地在拆解行为的观念、姿态与方法上技术性地操演，以至于形成了一个多少显得板结的特殊词组："做理论"(do theory)。接受美学主将伊瑟尔颇具国际声势的近著《怎样做理论》即为明证。一个"做"字，醒目地蕴含了技术性重复路线中的套路化实质。两位学者进而不无遗憾地表示，按理，选择理论比做理论更重要和更有意义，可如今的理论发展趋向是以"做理论"——这已成了一个封闭的与无差别的领地(a closed and undifferentiated field)——直接取代了另外两条更为合理的思路：考虑哪些理论是我们应当做的；考虑可以取代理论而更有效地发挥作用的特殊想法(certain thoughts)。[2] 后二者一度成为举步维艰的，反证出前者长期以来在套路思维上的深入人心。我们的确很容易感到理论运动中一些重头人物，比如拉康与朱迪斯·巴特勒(Judith Butler)在对精神分析学理论进行发挥性操演这点上的套路感，"性别操演"这样的表述，甚至就已把问题挑明了。鉴于操作的反复化与套路化所积累形成意图的惯性，进而走向"发信人—收信人"这一及物模式，理论便在批判合理性之际，令另一种合理性在自身中抬

---

[1] POTTS J, STOUT D. Theory aside [G]. Durham: Duke University Press, 2014: 3.
[2] POTTS J, STOUT D. Theory aside [G]. Durham: Duke University Press, 2014: 10.

头，进而陷入了这种合理性。

以上事实表明，理论尽管主观上采取事件思想，在事件的建构中以反抗自明性为目标指向并吸收事件的理性，客观上却片面地发展了事件理性的一方面——合理性，在把它发展至极致的同时，把福柯倡导事件思想时完整拈出的理性的待定一面忽略了。反过来说，事件思想孕育下的理论原本应当兼容合理性与超越合理性的理性可能，客观现状却是后者被前者挤兑了，以至于我们今天看到的理论实际上是发育不完全的，有一些本属于它题中应有之义的可能性，被它回避了。理论之后或者说后理论的议题，由此在基本方向上便应该是补足与恢复理性待定的一面，而不再让合理性一统理论之天下。这也就是说，事件思想当初虽本为理论的需求而生，但鉴于理论在处理上的片面现状，而同时贯穿着理论与后理论，成为理论反思自身局限后仍可以和需要深深依赖的东西。这种东西与对话语的重新考虑有关，即重新考虑话语如何在承认自身不离不弃于深层结构的情况下，创造性地来避开合理性的操作惯性。

第四章 事件与各种思想的融渗
——利奥塔、朗西埃、马里翁与斯蒂格勒事件论

在探究事件思想的源流时，我们注意到，现象学与精神分析等理论，都是事件论者积极吸收并转化的资源。利奥塔对事件的界定，明显是从弗洛伊德的精神分析学说出发的，他用爱欲、死亡等主题词来不断阐释事件的独特生命力。这也在朗西埃的事件论中获得了有趣的互文性。后续专从现象学角度思考事件者，则有饱溢现象学的创始人马里翁，其从被给出性角度阐释事件的努力，也是可加以书写的一笔；而斯蒂格勒在其有关技术与时间关系的研究著作中，吸收并推进了利科的事件论，从现象学角度将事件置于现代技术文化语境中加以考察，也为事件思想谱系的当代展开注入了前沿活力。

一、与索绪尔相区别以及强度分割

在法国理论进程中，让-弗朗索瓦·利奥塔出生较早而资历颇深。他对事件的谈论，尚未引起人们的足够注意，但有突出的学理参考价值，展示出事件思想的某些重要源头：

> 20世纪，许多欧陆哲学与分析哲学的理论家提出关于事件的理论，包括马丁·海德格尔、雅克·德里达、吉尔·德勒兹与阿兰·巴迪欧，以及

让·鲍德里亚(Jean Baudrillard)和居伊·德波(Guy Debord)等许多论述同一主题的人。1968年"五月风暴"事件发生后,有关这一事件的写作特别集中。尽管利奥塔未就这一事件发表明确的理论,他围绕于此的相关文章却对这一主题作出了深刻贡献,包括有关崇高、当代艺术、技术科学和复杂性、精神分析、语言、政治和其他方面的文章。从其著作中可推断和综合出其理论至少可分三阶段,大致与利奥塔所论的力比多、差异和崇高这三个阶段对应。

一般来说,事件是超出再现的事件,是主体经历的事情,但是他或她无法理解或充分思考,更不用说连贯地叙述。事实上,这一事件对主体产生了更深刻的影响:它解除了他或她自发的、有原因的和有源头的欲望,成为他或她自己的主人和指挥官[利奥塔批评汉娜·阿伦特将事件视为了拟人行动(anthropomorphic action)]。事情发生了,摧毁了先前存在的理论、框架、模型和经验——这是一个残酷的事实,它可能通过此被理解为它是"发生的重要性(内容)"之前的"发生",因此,矛盾的是,它总是迟来的。事件的重要之处在于它不是语言或存在的问题,这是一个发生。问题是"它发生了"而不是"发生了什么",标志着事件发生的是它的激进和探寻的独异性。利奥塔经常询问性地书写这件事:是不是发生了?因此,事件甚至在它有机会被表达和理解之前就已经被遗忘了(尽管利奥塔在这个方向上并没有走得像鲍德里亚那样远),尽管它总是表现为一个用于连接其他事件的需求。虽然事件的本质是"有"存在于"有什么"之前,但其纯粹的入侵引起人们对它与虚无的本质联系(以及随之而来的一切:缺席、失败、退缩、死亡等)的关注。在最直接的地方,利奥塔把事件称为与虚无面对面;但在其他地方,他经常以某种事情会发生而非一无所有的感觉来唤起事件。一个最小的事件——灵魂的最小值——将会被唤醒,灵魂被迫进入存在,生存可能继续下去。这种极少发生的情况与德波的景观、鲍德里亚媒体事件以及资本主义的交换激励和管理创新之后的利润相去甚远。这个事件的存在和缺席的重叠,有什么和什么都没有,是它充满活力的构造的一个功能。这是利奥塔在后来的文章中明确讨论的内容,他讲述在熵和复杂化的更广泛的关系(其中人类技术科学仅仅是一种体现)的背景下、关于人类物种的潜在生存的寓言。能量概念在整个利奥塔关于事件的著作中以各种方式反复出现，同时伴随着的是与它同源的和相关的，如力量(文艺复兴和权力)、强度与张力。事件受到熵的影响，而且其能量无法掌握，因为它"没有为了统一、有机的音乐会的耳朵"——它难以处理，就像闪电一样(这是利奥塔在《差异》和关于崇高分析的讲座中使用的隐喻)。①

虽然利奥塔本人并未著有专题探讨事件的著作，研究者还是通过研读其著作尤其是后期著作，对其事件论作出了图绘。在这里我们应当提到的杰出著作，是美国学者杰弗里·本宁顿(Geoffrey Bennington)出版于1988年的《利奥塔：写事件》(*Lyotard: Writing the Event*)一书。我们可以此为参照，勾勒利奥塔事件思想的要点。

首先需要看到，利奥塔对事件的研究是基于一个前提展开的，那就是他不同意走索绪尔的语言学思想路线，而是认为在法国语境中谈论"语言转向"这个命题时，不必完全参照索绪尔的语言学。② 在出版于1971年的博士论文《话语，图形》(*Discourse, Figure*)等著作中，他尽管不否认事件是差异，但认为"当你们用一个名词来创造一个动词，这其中存在着一个事件：语言的规则系统不仅不能解释这一新的用法，而且还与之对立，它抵制这一用法"③，本宁顿阐发了其中的因由，并在此过程中直接给出了利奥塔有关事件的界定：

在此分析中，我们从这样的主张出发：参考深度穿透了语言系统的平坦空间，并且在指示语的情况下这一点最为明显，即这种必要的先验性，构成对象的否定性距离的引入，使语言的简单或虚拟否定性复杂化了，并解释了索绪尔在符号意指而非价值方面的描述存在着含糊不清的依附关系——某种形式的艺术实践可以在某种程度上通过"形象"(figures)的表

---

① SIM S. The Lyotard dictionary [M]. Edinburgh: Edinburgh University Press, 2011: 70-72.
② BENNINGTON G. Lyotard: writing the event [M]. New York: Manchester University Press, 1988: 51.
③ 让-弗朗索瓦·利奥塔.话语，图形 [M].谢晶，译.上海：上海人民出版社，2012: 170.

现来揭示或证明这一点，它对语言的不变间距产生了一定的暴力作用。形象是由于无法维持我们最初通过阅读与看见之间的现象学差异而达到的分离的结果，并构成了利奥塔所谓的对它们之间的对立的"解构"。这些形象将各种各样的复杂性引入讨论它们的话语中：如果它们是话语的破坏，那么简而言之，它们将很难被谈论；而且，它们至少在理论上不能成为知识的对象，至少就利奥塔而言，知识假定其自身话语与知识对象巧妙分离。这个形象通过暴力破坏了这种安排，这是事件，利奥塔毫不犹豫地将其与真理而非知识联系起来。①

这表明，利奥塔旨在解构索绪尔有关能指（阅读）与所指（看见）的任意性原则这一语言学基本思想，认为这种思想忽视了暴力破坏之下的复杂性——在这里，他明确地将破坏了索绪尔这一语言学安排的暴力称为"事件"。事实上，利奥塔正是将事件与"暴力"直接联系在一起加以审视的。② 在他看来，尽管至今我们每每依赖于将形象推向话语的想法，但这在许多方面只是初步的，仍使用着相对简单的视觉概念来试图阐明观点，却忽视了"话语——形象本身就是事件与干扰的集合"这一点。③ 他直截了当地指出，事件应当"在认识的无序中被发现"并伴随着"某种规则失常"。④ 考虑到索绪尔语言学理论对结构主义的直接催生，利奥塔进一步认为，事件的暴力与梦、死亡的驱动等因素联系在一起（详见下文），而这是所有形式的结构主义所压制的。按利奥塔之见，后者伴随着黑格尔的辩证法思维，这种辩证法倡导的中介"依赖于话语、形象中阐述的对立及对差别的根本意义的压制"⑤。换言之，虽然索绪尔的语言学思想将"差别"视为自己的新意与客观性理据，但是这一点在利奥塔眼里仍然是成

---

① BENNINGTON G. Lyotard：writing the event [M]. New York：Manchester University Press，1988：68-69. 这段话中"形象"（figure）一词所对应者，应是索绪尔在其《普通语言学教程》手稿中所使用的的"声音形象"（figure vocale），即能指。
② 让-弗朗索瓦·利奥塔.话语，图形 [M].谢晶，译.上海：上海人民出版社，2012：164.
③ BENNINGTON G. Lyotard：writing the event [M]. New York：Manchester University Press，1988：75.
④ 让-弗朗索瓦·利奥塔.话语，图形 [M].谢晶，译.上海：上海人民出版社，2012：157-158.
⑤ BENNINGTON G. Lyotard：writing the event [M]. New York：Manchester University Press，1988：77.

问题的,问题就在于索绪尔没有发掘出"差别的根本意义",而把差别给有意无意地在观念中凝固起来了。

差别的根本意义是产生事件。当利奥塔循此理路,推演自己的事件论时,本宁顿正确地窥察到,这"与基本的准伦理学断言有关,即一个人要注意差异——事件"①。对差异的这种强调,很显然提醒我们将之与利奥塔的后现代主义奠基者身份及时联系起来。

身为后现代主义的奠基者,利奥塔倡导的差别是建立在"仅以误构(paralogy)为依据的合法化"基础之上的、②在想象与运用新招数中建立符号之间的临时契约而创造性玩语言游戏的小叙事。他批判性地援引以卢曼为代表的系统论观点,分析认为只有打破追求性能效率和普遍共识,从而走出同质化趋向并让系统产生新的张力,才能形成富于真正差别的陈述。可见,差别在利奥塔这里有同质与异质之别,他反对的只是前者,后者才是为他所肯定的事件,以至于强调"一个人要注意差异——事件"③。他试图放弃的是语言论中的指称论做法,而倾向于主张"所寻求的事件不只是在指称性方面,而是在'真实'中、在混乱中被发现,它仍然在紧张(tension)与精力(energy)方面被认为是限制性的叙事时体"④。对这种源自"精力"的异质性差别,利奥塔尽管并未过多展开,但从他在《话语,图形》和《力比多经济》(*Economie Libidinale*)等同时期著作中将事件的发生和性欲能量联系起来考察,主张"事件只能被置于由欲望所开放的空洞空间"看,⑤ 他的基本想法是,我们对某种呈现为概念化结果的对象的观察,乃是接受无意识中性欲能量驱动的过程,这种驱力使我们对所观察的对象进行着一次次分割,不断重新进行富于差异性的配置与组合。如果说同质性差别维系于原因对后果的稳定性修正与塑造,那么,异质性差别则将某事之

---

① BENNINGTON G. Lyotard:writing the event [M]. New York:Manchester University Press,1988:173.
② 让-弗朗索瓦·利奥塔尔.后现代状态:关于知识的报告 [M].车槿山,译.北京:生活·读书·新知三联书店,1997:130.
③ BENNINGTON G. Lyotard:writing the event [M]. New York:Manchester University Press,1988:173.
④ BENNINGTON G. Lyotard:writing the event [M]. New York:Manchester University Press,1988:108.
⑤ 让-弗朗索瓦·利奥塔.话语,图形 [M].谢晶,译.上海:上海人民出版社,2012:17.

因与另一事之果，进行基于分割基础之上的不断重组。

利奥塔宣称，事件如此发生时，这不仅意味着一种崇高的情感的产生，更意味着他关心后现代主义呈现的，却在现代主义中不可呈现的事物。那是一种曾经被拒绝的、能让我们一起对不可能的事产生怀旧之情的品味。基于这份后现代视野的"工作和文字都具有事件的性质"[①]，我们也由此想到，利奥塔对后现代文化的奠基是通过一个关键概念——叙事——来完成的。现在他将如何看待叙事与事件的关系呢？根据本宁顿的梳理，利奥塔指出，除了令人熟悉的传统叙事外，也需要通过例如破坏线性发展的整洁性的方式，破坏叙事的有机体观念，这种令人不安的功能，才使我们有可能接近事件，相应地承认在事件中"出现有问题的轴与铰接式历时性的可能性"[②]，那无疑有别于索绪尔。说到底，利奥塔试图放弃的是语言论中的指称论做法，哪怕这种做法对指称作出了有力的否定。本宁顿发现，与《后现代状态》(*The Postmodern Condition*)时期不同，后期利奥塔甚至放弃了"语言游戏"这一术语，[③] 而倾向于主张：

> 所寻求的事件不只是在指称性方面，而是在"真实"中、在混乱中被发现，它仍然在紧张(tension)与精力(energy)方面被认为是限制性的叙事时体。[④]

利奥塔由此指出，叙事事实上倒是最能掩盖事件的类型，因为它总通过结束并追溯组织事件的时间性来试图表明，叙述中的最后一个句子才使前面所有的句子都有了意义（这与索绪尔在语言共同体中区分出符号在差别中的意义，

---

① BENNINGTON G. Lyotard: writing the event [M]. New York: Manchester University Press, 1988: 104.
② BENNINGTON G. Lyotard: writing the event [M]. New York: Manchester University Press, 1988: 108.
③ BENNINGTON G. Lyotard: writing the event [M]. New York: Manchester University Press, 1988: 122.
④ BENNINGTON G. Lyotard: writing the event [M]. New York: Manchester University Press, 1988: 108.

是一致的)。叙事隐藏为"现在",吞噬了我们必须尊重的事件,实际上行使着一种目的论,它追溯因果关系,陷入了革命政治的幻想。这当然是值得商榷的,因为所谓"叙述中的最后一个句子"虽然在时间上客观存在,但是能否径直被视为叙述者主观上所自觉追求的目标呢?如果是那样,叙述便因设置了终点而失去了开放的活力,被框起来了。与之异趣,利奥塔的目标始终是在这样的设置之前进行工作,即打破对主体与客体及它们之间的距离的预设。他认为过去人们对指称的兴趣就是建立在这种先决条件之上的,它忽视了从性欲方面考虑这个问题(详见下文)。

基于此,利奥塔建议,将现实描述为"所有有关强度的所有自由区的共识",即在构造现实时为了不再掩饰事件,通过"分割强度"(an intensity by splitting)①,来达成关于强度的共识。这是一种重要的事件思想。人们一般容易认为,强度是思想的标志,这种标志主要来自对因果性的倚重及其形而上学一体化、同质化后果。但如此得到的思想强度没有活力与弹性,它是遮掩了事件在场性后的灌输。所谓对强度进行分割,不是削弱应有的强度,而是将倾向于表现为整体一块的强度中的点、线、面切割,重新进行富于差异性的配置与组合,刺激和引发表达与接受上的新鲜感,使思想不再由于强度整体的熟悉性而变得麻木不仁,却由此焕发出其实更属于思想本色的强度意味。这便避免了对强度的捍卫性遗忘,在句子试图形成的强度目标中分割出了作为事件的"陈述本身的内容":

> 句子陈述了内容,但不能陈述它的陈述本身的内容。进一步的句子可以使该句子所表示的事件成为其所表示的宇宙的指示物,以记住该被忘却的表示:在这样做时,它"忘记了"自己的演示活动。"记忆里充满了遗忘。形而上学与遗忘作斗争,为之奋斗的事物的名字是什么?"(在此记忆里遗忘的强烈事件本身就是"遗忘症的独异性"。)②

---

① BENNINGTON G. Lyotard:writing the event [M]. New York:Manchester University Press,1988:110.
② BENNINGTON G. Lyotard:writing the event [M]. New York:Manchester University Press,1988:126.

将现在作为哲学句子的指称对象，就错过了事件的发生。利奥塔借助对亚里士多德时间概念的讨论澄清了这一点。后者早已指明，"当前的"是不可呈现的，对之的强行呈现遗忘了事件。这似乎有点接近海德格尔有关存在与存在者的区分，陈述的句子不就是一个存在者吗？本宁顿分析道，在某种程度上利奥塔会接受这种和解，纵然如此，两者仍存在根本区别，即利奥塔强调一个句子始终是唯一的现在，这与海德格尔将存在者与存在进行层次对比时主要视前者为同一种情形（形而上学），有微妙之别。从这里也可以看出，利奥塔的聚焦点没有游离事件应有的独异性。

对叙事与事件作出的上述区别，使利奥塔进一步关注叙事的典型形态——剧场。在迄今为止的利奥塔研究中，这一点似乎尚未得到充分的关注和重视。本宁顿描述了利奥塔在1972年左右制定的剧场代表性装置，他指出，传统的剧院观念认为，剧场是表示形式的范例，涉及三个界限的分隔或关闭，即建筑物本身的外墙所隔离开的不同空间、舞台与观众的分隔、舞台与后舞台的分离。这表明戏剧是一种典型的叙事形式，它上演着剧本，戏剧性的场景都是从上述三重不可见性中被带到舞台上的，观众所看到的舞台上的东西，取决于这些"看不见的"外部因素的复杂支持。奥古斯丁等古典学者都是这样主张的，并对试图打破其间界限的种种做法表示反对。本宁顿以绘画为类比，进一步分析道，要使所表示的场景可见，画布与绘画本身便必须在某种意义上是不可见的，比如为了让场景显得更为深入，画布必须被遗忘。面对这些既有观念，利奥塔深感不解之处在于：在这些描述中，能量与欲望的位置在哪里？我们自以为正在深入着的观看，是遮蔽了某种能量与欲望后的产物吗？抑或不过是对于某种能量与欲望的蓄意表现呢？20世纪60年代末至70年代初，这个问题成为他的一大理论关切。

二、死亡驱动：剧场装置与事件的精神分析源头

利奥塔从精神分析角度阐述上述剧场设置，解开了事件的一个源头。在

《话语，图形》中他即已表示"事件只能被置于由欲望所开放的空洞空间(l'espace vacant)"①。根据本宁顿的考察，这方面的主要论述集中在1974年出版的《力比多经济》一书中。在这本书中，利奥塔引入弗洛伊德有关性欲能量的理论阐述，特别是"死亡驱动"(death-drive)的概念。② 弗洛伊德曾经从欲望及其补偿的角度分析戏剧性的产生，认为孩子通过嘴与乳房的性欲连续性保持与母亲不分离，只在本身已是某个人并从而拥有这种感觉的情况下，才将母亲视为一个人。这种本身拥有相关感觉的情况，是一种原初的统一性。母子之间激烈的性欲事件，只是失去了统一性后的怀旧。拿这一原理来看待上面提及的剧场，可以认识到，它也有内外之别，我们一般看到的只是给定的外部剧场，它要受到内部剧场的调控，或者说必然要重复内部剧场，而成为一种想象或虚构性的描述。这个道理与一般的概念是相通的。利奥塔断言，概念性降低了性欲的强度，尽管它构成了我们在现实中看见的那座剧场。从这个意义上说，任何概念都带有否定性，即否定自我乃不证自明这个假象，而承认自己终究是欲望能量塑造的结果。由此，利奥塔汲取了弗洛伊德精神分析学的核心概念——无意识，将这种塑造过程描述为自己无法被认识的情形，比如语言，其在表达上受到了各种方式的影响，根本方式则是死亡驱动力，那肇因于一种原初的性欲。它之所以无法被直接等同于某种外部的权力，是因为我们在讲话之际便已处于话语系统中，这是一种处身于其中者无法挣脱、只能在无意识中受其管制的系统。我们处在驱动器的零位或无穷大位置的调节状态中。

十分关键的是，在利奥塔心里，这种爱与死亡驱力构成的欲望能量是积极的、值得肯定的。正如本宁顿所概括的："如果剧场实际上是利比多能量的产物，那么，它对能量的明显反对也是能量本身的一部分，这是其转变之一。"③这就如同在不反对理论的情况下抵制理论一样。利奥塔自己对性欲的强调，不

---

① 让-弗朗索瓦·利奥塔.话语，图形［M］.谢晶，译.上海：上海人民出版社，2012：17.
② BENNINGTON G. Lyotard: writing the event［M］. New York: Manchester University Press, 1988：17.
③ BENNINGTON G. Lyotard: writing the event［M］. New York: Manchester University Press, 1988：25.

能被视为在反对戏剧性以及剧场装置的代表性,他不是通过正面攻击这些外在现象来实现自己的批判的,而是通过更为客观地描述性欲能量如何影响剧场的设置来达成这一点的,在他的这种描述中,戏剧只不过是对性欲的修改,或受到变态的局部影响而已。换言之,利奥塔的目标不是为了庆祝纯粹的能量或性欲对表象与理论的支配(这一来便将欲望能量简单视为了另一种不变的、实体性的外在权力因素),而是将表象与理论描述为它们不自觉受到欲望能量调节而如此表现的自由主义者。力比多及其性欲语言并非超越戏剧性力量的特权。就此而言,不是一种欲望造成了另一种欲望,而是某种欲望导致了由欲望所支配着的某种组织(剧场装置)。本宁顿举了利奥塔援引的一个例子。利奥塔引述皮埃尔·克洛索夫斯基(Pierre Klossowski)在对罗马帝国晚期某些形式的大众宗教形式进行讨论时借助的戏剧学观点,反驳了传统常见的那种在隔离中看戏的戏剧思想,认为我们在剧场中看到的日常生活中每种行为与事物,潜在地都有性欲的发作式增长,要紧的是不将这些行为与事物归因于单一的原则或意义,而是把它们命名为强烈的独异性,也就是事件。事件是独异的,语言却是通用性领域,那么,语言(也就是叙事)就在将其所谈论的对象作为概念交付给读者之际,注定始终同时不停地背叛着它们。本宁顿把利奥塔描述的这种投身于其中与背叛其外所构成的张力称为"漂移"(drift),认为这就是导致"内部与外部、现实与表征的普遍混淆"的事件空间。① 这样来考虑问题,就不再有好戏剧与坏戏剧截然对立的区别,好与坏所见证的,仅仅是性欲强度的定量差异。

  任何叙事,或者说语言的叙述活动,由此不再能回避这样的写作实质:在写作中,性欲的不可替代的力量,逃避性地,而非直接地始终表现出性欲与死亡驱力。这甚至会形成理论写作的风格,其中融合着积极而富于创造性的矛盾。这就是事件的精神分析源头。其最深刻的意义与后果依照利奥塔的说法,就是使人们看到了如何将对剧场的描述扩展到政治表征的问题之上。

  利奥塔以类比的方式指出,"死亡驱动(death-drive)是事件的源头"。理论

---

① BENNINGTON G. Lyotard: writing the event [M]. New York: Manchester University Press, 1988: 27.

也与戏剧装置的死亡驱力实质相像。理论原则上并不旨在激发读者,不设定一个有机的全体为其指称者,而是固定那个作为"客户"的主体,它在爱欲的重复中无限地重复,获得基于复制的忠贞的快感。利奥塔重申,这种重复实则属于色情的重复,根子上还是死亡驱动力在重复;因为说到底,理论是通过强行设置匿名性要求,来构造出自己作为有机体的前后一致性的。此时,根据前面所述的利奥塔的整体思路,事件就指我们所看到的理论表象与其背后始终起支配作用的死亡驱力(性欲能量)之间的漂移性张力,这种张力形成了编码系统中的独异性:

> 如果说在他的思想中总体是一个消极的名词,那么相应的积极的词语就是独异。独异性不是事件本身,更不是个体,并且事件的概念比其他任何事物都更重要,被视为本书的指导思想。整个利奥塔作品最连贯的观点是,它努力以独异的方式尊重事件,并尝试了各种方式来实现这一尊重。①

这样谈论着事件的利奥塔,其实很容易让我们想到尼采这位非理性主义哲学的先行转向者。后者对理性源出于非理性(强力意志的生命冲动)的经典阐述,几乎相当于利奥塔在此视之为事件源头的性欲能量,事实上,弗洛伊德恰是非理性转向在自然科学上的一大先驱。在继承这种现代传统的基础上,利奥塔的事件思想融入了对差异的强调等更为丰富的后现代因素,但又没有简单取消主体,死亡驱动这种视角本身就把主体在事件创造中的作用醒目地凸显了出来,这一切都把利奥塔事件论的复杂色彩摆置到了事件谱系的前台。

三、事件无场所:言说过度与原初立法

同样结合精神分析理论来阐说事件的,是当代法国另一位著名哲学家雅

---

① BENNINGTON G. Lyotard: writing the event [M]. New York: Manchester University Press, 1988: 9.

克·朗西埃。这位多次来华作过学术交流的巴黎第八大学哲学荣誉教授,也并没有从形式上专门讨论事件的著作,他关于事件的看法,是和他对历史书写的研究紧密联系在一起的,其主要观点集中于1992年出版的《历史之名:论知识的诗学》(Les Noms de L'histoire: Essai de poétique du savoir)一书中。可以认为,这部著作中的下面一段话代表了朗西埃事件思想的概貌:

> 任何事件在言说存有中都关联到言说过度,以一种说话移位的特殊形式:一种对他者言说"在真理外"的挪用(以一种主权的公式,或者以一种古代的文本,或者以一种神圣的言说方式),使言说做了不同的意指;他使古代的声音在现在回响,使先知的语言或者文学文艺的语言在通俗生活中回响。事件从被重述的事情中,从在脉络之外被说出来的事情中,从主体之外的事情中,从被说出来的事情中,撷取它吊诡的新奇性。表达的不适当性也同样是时间上的不恰当的叠合。这个事件具有时间错乱的新奇性。而革命作为事件本身是社会知识在对于字词不适当性与对事件时间错乱的否定性中自我建构的场所。①

在这段话前后,朗西埃屡屡表示,社会作为事件的背景与基础,必须透过字词与非字词、事件与非事件的裂隙来得到理解,即"永远必须透过其表象的欺骗来撷取"②。这给人们在否定中重建现实的初步印象,应该说与利奥塔,与整个事件思想谱系中各家对事件带有普遍性的说法也是可以沟通的。值得充分留意的是,在这样论析时,朗西埃也扎根于和利奥塔一样的精神(心理)分析地基,即以死亡的驱动力量来描述事件的原动力(甚至直接使用了"死亡冲动"这个词),尽管每每点到为止而不像利奥塔那样浓墨重彩地详尽展开(这或许与朗西埃认为类似的观念在今天已深入人心有关)。比如他指出,历史学家需要中和过度言说与主控内在于历史学术信念中的死亡冲动之概念部署与叙事部

---

① 雅克·朗西埃.历史之名:论知识的诗学[M].魏德骥,杨淳娴,译.上海:华东师范大学出版社,2017:64-65.
② 雅克·朗西埃.历史之名:论知识的诗学[M].魏德骥,杨淳娴,译.上海:华东师范大学出版社,2017:69.

署，因为生命的力量说到底就是诞生、生长与死亡的力量，它们需要得到历史学家的重构，并在此过程中将书写的死亡记号转换成鲜活真理，儒勒·米什莱(Jules Michelet)这样的法国历史学家，便发掘出了历史科学中的死亡的隐藏生命，死亡从而应当被与无声见证并提，并逐渐促使"历史学家不能停止抹去死亡的界线，也不能停止重新去描绘它"①。总之，他"假设了一个无意识的理念与精神分析的医疗行为"②，并"发明某种心理分析"③，无意识与死亡，在朗西埃这里被视为是等同的。④ 对精神分析思想的这种主动取资，是我们把朗西埃事件论置于本章本节进行论述的缘由，也是我们在把握他的事件思想时需要抓住的一个根本点。

　　朗西埃沿此提出的历史写作问题，确乎是事件研究必然面对的问题。⑤ 在一般的观念中，历史无非是一连串事件的组合，似乎无需特别深究之处，但朗西埃采取了一种类似于福柯在《词与物》一书中的做法，提醒人们关注历史中被他借用亚里士多德的术语而称为"同名异义"的情况，即同一个名字以不同意义指称不同的事物。在这种情况中，一个字词在对应一种意义的同时始终把另一种意义给取消了，主体用字词决定了意义，却让自己反过来成了受害者。按朗西埃的说法，政治的弊病首先是字词的弊病，因为有很多字词不指向任何东西，明明是没有身体的字词，属于字词之恶，却似乎在历史进程中客观地发挥着力量。布罗代尔(Fernand Braudel)等历史学家的作品都有这个特点。这是不正常的。针对上述现状，他试图建立一种知识诗学，探讨知识（名与义的关系）究竟应当如何得到读与写，并倡导新史学研究通过三重契约来运作——科学、叙

---

① 雅克·朗西埃.历史之名：论知识的诗学 [M].魏德骥，杨淳娴，译.上海：华东师范大学出版社，2017：156.
② 雅克·朗西埃.历史之名：论知识的诗学 [M].魏德骥，杨淳娴，译.上海：华东师范大学出版社，2017：125.
③ 雅克·朗西埃.历史之名：论知识的诗学 [M].魏德骥，杨淳娴，译.上海：华东师范大学出版社，2017：136.
④ 雅克·朗西埃.历史之名：论知识的诗学 [M].魏德骥，杨淳娴，译.上海：华东师范大学出版社，2017：127.
⑤ 朗西埃著述中对"事件"一词的用法，有时泛指一般历史事件，有时特指我们研究的事件思想，"非事件"与"事件"等同，也当视上下文语境理解。例如他表述为"非事件式真理""非事件性事件"等处（同上书，第69、90页）。

事与政治。① 通过三重契约的结合书写,事件不再是一种被安插进既有论述范围的解释性框架,也不是修辞的产物,而是知识诗学与新历史的性质与标志:事件与解释都出自现在时(而非解释总是在事件之后)。

基于这些考虑,朗西埃提出了一个关键词:"无场所"(non-lieu)②。停止客体化与碎片化,在事件的缺席与言语的沉默中思考事件,是朗西埃愿意给出的新策略。无场所,意味着"事件的可能性"③。与这个关键词相配合的另一个关键词,则是"言说的过度"④,也即字与句的过度。革命事件尤其是一种过度的言说。历史的知识诗学的任务,在朗西埃看来是要回答诸如这样的问题:如何给予国王一种好的死亡。而不是说,国王在现实中的死亡就实现了历史的真实。新历史旨在重写原始场景,采取一种被朗西埃称作迂回写作的方式,迂回地写出一个作为空档悬置的"场所中的无场所"⑤。这形成了一种场所的地理学,需要一种被奥尔巴赫在《摹仿论》(*Mimesis: The Representation of Reality in Western Literature*)等著作中所实践的叙事分割。他尤其提到塔西佗(Publius Cornelius Tacitus)这位古罗马伟大历史学家在这方面所开之先河,认为后者的历史写作将场所给予了无场所的人。无言说场所的人,才可能用字词建构出一种颠覆性、身体性的新型书写。而这种对言说过度的防范,则正是一种对语言论差别原则的超越。

这样苦心追寻的根本原因,还在于前面所述的字词(同名异义)之恶。朗西埃发现,像"贵族"这样的字词就属于最具欺骗性的字词,这在不同文化语境,比如汉语里其实也一样。一般认为,汉民族文化里并无贵族这种西方特有的社会阶层;⑥ 但在不同的场所中,我们仍能不断看到这个词的频频出场。事

---

① 以上依次见:雅克·朗西埃.历史之名:论知识的诗学[M].魏德骥,杨淳娴,译.上海:华东师范大学出版社,2017:18/45.
② 雅克·朗西埃.历史之名:论知识的诗学[M].魏德骥,杨淳娴,译.上海:华东师范大学出版社,2017:37.
③ 雅克·朗西埃.历史之名:论知识的诗学[M].魏德骥,杨淳娴,译.上海:华东师范大学出版社,2017:76.
④ 雅克·朗西埃.历史之名:论知识的诗学[M].魏德骥,杨淳娴,译.上海:华东师范大学出版社,2017:47.
⑤ 雅克·朗西埃.历史之名:论知识的诗学[M].魏德骥,杨淳娴,译.上海:华东师范大学出版社,2017:54.
⑥ 例如根据我国历史学者的研究,孔子兼能骑射,代表战国以前文武兼备的理想人格,而贵族(士族阶层)至战国时代则已被推翻(雷海宗.中国的兵[M].北京:中华书局,2005:141.)。

实上,同名异义具有双重范围:既可以让同一个字指称不存在的事物,相当于"空"(只是暂时被回避了);也可以让同一个字指称不再存在、不再出现的事物,相当于"无"(始终已不存在)。后者才是新史学需要认真考虑的事件性可能。字词与事物存在着裂隙,两者之间并无关联。这种富于裂隙的不和谐,被朗西埃认为才是历史的存在。从这种裂隙中发生出来的事件,也由此被朗西埃视为"原初立法者"①。它朝向无场所的方向,呼唤着一种修正主义思路:事情并不如所说那样发生。他以法国大革命为例表明,革命每每是回溯的幻象所建立起来的极端性想象,而革命事件的真正动力应该聚焦于空档与替代这两个主题词,它们显然都表征着"无场所"。塔西佗的写作显示,正是权威的空档引发了过度言说趋势的增长,空档不是偶然,而是结构性的,换言之,对言说的度的抑制,需要及时引入无场所思维方式来思考沉默的可能。无场所因而获得了本体论地位。事件在无场所中稀释过度的言说,使不可能性不再空洞,而成为充实的可能性。朗西埃不无幽默地举例道,当一个历史学家说"国王死了"时,国王其实在死了之前已经死了,被代替事件的科学诠释给杀死了。对此,朗西埃从精神分析角度出发作出的不无尖刻色彩的判语是,这些"俄狄浦斯式的历史学家"在犯"恋尸癖"。② 无场所的事件就是要唤起对这另一种死亡的抗拒与超越,它属于在场中非在场,正是它造成了一般历史事件的幻象,发起知识的诗学革命。

那么,如何才能实现他说的非事件性历史通过迂回写作激发出事件的真理性力量呢?朗西埃认为这相当于创造"一个肉身化抽象出现的事件"。与原初立法者的主体身份相应,事件也就是一种"原初场所"③。主体在事件中处于怎样的具体位置呢?朗西埃说明道,历史学家让历史中的卑微者(穷人)变得沉默,将其言说引导至沉默,带出身体的可感受,在这种变得沉默的转变过程中

---

① 雅克·朗西埃.历史之名:论知识的诗学[M].魏德骥,杨淳娴,译.上海:华东师范大学出版社,2017:75.
② 雅克·朗西埃.历史之名:论知识的诗学[M].魏德骥,杨淳娴,译.上海:华东师范大学出版社,2017:155.若由此比照弗洛姆在其名著《人类的破坏性剖析》中对希特勒同样症状的深刻分析,自不难形成更深的体悟。
③ 雅克·朗西埃.历史之名:论知识的诗学[M].魏德骥,杨淳娴,译.上海:华东师范大学出版社,2017:90.

使他们可见。在《历史之名》第四章，朗西埃细致地分析了时态与在场的关系，试图将事件的叙述与事件放置在同一个在场中。通过借鉴柏拉图在《理想国》中对模仿与叙述作出的经典区分，他主张在终结模仿性统治的同时发明出新的叙述方式，那就是"模仿的不可能性产生了无声的见证"①。借用米什莱的话，朗西埃认为这就像真理在哭泣中比在言说中更容易被读出，哭泣便意味着事件的介入和开启。喋喋不休者，其实倒是没有发出声音的，他们唯一应遭遇的，是被无声的、见证的声音所赎回。朗西埃用一句耐人寻味的表述对此作了必要的总结："场所就是给予场所者。"② 历史学家——实际上也是人人——需要将过度的言说再次带回到其自然的场所中。在《审美无意识》(*L'inconscient esthétique*)等其他著作中，他指出作为沉默言语的"写作不仅指向一种言说的表现形式，在更根本的层面，它对应的是言说本身的观念及其内在力量"③，与上述理路的运思贯通一致。

可以从与主流语言论构成的张力角度，对朗西埃上述事件思想作一小结。他发现，历史中布满了同名异义的常态，这种常态是由语言造成的。符号与事物的非同一性，当然必会导致同名异义。这本来构成着一个事件，因为它引出了一种始终无法被任何（语言）预设所逮住的"无"。但主流语言论学理用差别原则来破解这种非同一性，相信经由符号之间的差异性区分，即能化"无"为"有"，让事件不存在的一面，始终变得存在，仿佛如此便一劳永逸地解决了问题。这实际上是把作为事件本性的"无"，看成了可以在差别性区分中始终并无意外地、安全而稳定地获得填充，从而被替换的"空"。在这条主流语言论思路中，真正的"无"——那不再存在的一面，被乐观地忽略了。我们对历史的书写误区，就在于过分信任语言的力量，以致掩盖了隐匿于表面差别性区分背后的"无"的空档。朗西埃敏锐察觉到的问题要害，就在这里。从这里也可以看出，同样出于对语言论差别原则的怀疑，较之利奥塔与德勒兹等人有关语

---

① 雅克·朗西埃.历史之名：论知识的诗学 [M].魏德骥，杨淳娴，译.上海：华东师范大学出版社，2017：114.
② 雅克·朗西埃.历史之名：论知识的诗学 [M].魏德骥，杨淳娴，译.上海：华东师范大学出版社，2017：137.
③ 雅克·朗西埃.审美无意识 [M].蓝江，译.南京：南京大学出版社，2020：20.

言论忽视"无"的指控，朗西埃在继承问题意识的基础上，回旋性地倡导用适当的写作方式来弥补这种忽视，其交出的张力性方案，相对更具建设性。

纵观朗西埃对事件世界的整个描述，他更多地从前提观念的确立展开，在方向和路径上给出了与其他重要事件论者显然可以对话与构成互文的内容，对此上文已作了介绍。我们感到意犹未尽的是，他引以为方案策略的迂回写作，究竟如何给予历史科学性和给予言说真理体制，实现"展现与论述事件性之间的裂隙"[①]？它在构成历史之际创新历史，或许如朗西埃本人所言，需要创造出一种能洞察民主时代特异性的"书写的形式"[②]。我们相信，把这个充满悬念的可持续问题置于理论之后的后理论语境来考察会更得要领，因为作为尚健在的重要法国理论家，朗西埃的影响力被公认为一直波及到了今天。

四、从现象学的被给出性到事件

当代法国著名哲学家让-吕克·马里翁任职于巴黎索邦大学，是一位致力于将现象学与神学打通起来思考的学者。作为法国现象学运动的第三代代表人物，他从现象学视野出发，在出版于 2001 年的《增多：饱溢现象研究》一书（英译本 *In Excess: Studies of Saturated Phenomena* 于次年出版）里集中探讨了事件问题，建立起了一种同样很有新意的事件论思想。

马里翁事件论的基本思想，是认为事件乃自身给出者。与一般人所容易认为的事件总是现象发生质变或断裂的产物的结论相反，马里翁试图通过现象学分析表明，事件作为饱溢现象（saturated phenomena）并非现象的一种特例情形，相反，任何现象本质上都具有事件性，是自身给出的事件，只是后来这种事件性逐渐弱化，使现象沦为了对象。相应地，自我不是主体性意义上将现象

---

① 雅克·朗西埃.历史之名：论知识的诗学［M］.魏德骥，杨淳娴，译.上海：华东师范大学出版社，2017：199.
② 雅克·朗西埃.历史之名：论知识的诗学［M］.魏德骥，杨淳娴，译.上海：华东师范大学出版社，2017：211.

对象化的作者，而被还原成了现象的接受者。他对此的论证，正是围绕现象与主体这密切相关的两方面依次展开的。

首先，马里翁区分了"自身所显示者"（what shows itself）与"自身所给出者"（what gives itself）这两个概念，借助海德格尔的相关论述，开宗明义地表示"只是就其自身给出来说，一个现象才显示出自身"，因此对事件研究而言，值得做的事情是"回溯从现象化了的自身到给出了的自身"，他紧接着指出，对此的回溯"与事件之类现象相关"[①]。这一来，事件就不是我们一眼所看到的那个现象的样子，而应被放在与把它产生出来的动机及原因相分离的框架中进行思考，它无法被预见。

> 事实上，事件显现为另一些现象，但在下面这点上有别于客观现象：它不来自一种产生，产生将把它作为一件被决定好的和预见的产品提交出来，这种产品能根据其原因作出预见，也因而可通过遵从这些原因而再生产。相反，在突然发生之际，事件证明了一种无法预见的起源。它从时常未知的，甚至不在场的，至少难以获得确切指涉的原因中浮现；所以人们不再能将它重新产生出来，因为这对其构造无任何意义。[②]

在马里翁看来，人从不具备对于事件的导演权，话应该反过来说，即其实是事件在导演着我们，使我们从作为对象的现象性中不断超拔、恢复出来。在此意义上，对象属于现象学领域，它每每在习焉不察中错过了对象的现象性，却把现象削平、弱化成了客观性，在模糊了对象的现象性之际也失落了现象的本质——事件性。他举了一个礼堂作为事件的例子，依次从过去、当下与未来这三个时间维度来看，礼堂都不是一种对象而是一个事件。从过去着眼，我们进入礼堂仿佛突然进入了一个超乎期待与预期、充满了不可测与不可控的令人惊奇因素的空间；这种惊奇陡然间强加给了缺乏防备的我们。从当下着眼，在

---

① MARION J-L. In excess: studies of saturated phenomena [M]. New York: Fordham University Press, 2002: 30-31.
② MARION J-L. In excess: studies of saturated phenomena [M]. New York: Fordham University Press, 2002: 31.

它的剧场与舞台方面将要发生的，都是始终无从接触与知悉的事件。报告人将要在这个礼堂中作的报告，更是绝对不可重复而唯一的；其成败完全脱离了任何事先的组织与安排。从未来着眼，这个礼堂同时发动起了一种与观众接受反应有关的、不确定的环境，那是一张无止境的网络，在其中始终展开着观众们的无穷解释。于是问题在于，现象的事件性本质是如何逐渐被削弱，以至于慢慢变成了对象的呢？

引入康德有关量、质、关系与模态四要素进行参照比较，是马里翁面对上述问题的分析策略。他着重以"量"这一范畴为核心，分析指出康德有关现象总体源自各部分之和的说法，将现象限制、封闭在某种虽然被预见却没有被真正看见的对象中，后者的特征是总已到期。在此，对象是"事件的阴影"（a shadow of the event）[1]。那统治着任何现象的事件性，则是"超出了既定原因系统的结果与已经成形了的事实"[2]，它对现象的给出，遂使现象完成了"本源的被给出性"（an originary givenness）[3]。借助蒙田在其随笔中有关对他人的友爱的论述，马里翁再度展演了事件的上述三个时间维度，认为对他人的友爱意味着向他人的视角敞开自己，而非反过来用自己的意向性去将他人对象化。这就超越了既定的期待与预期，而这种友爱的一下子完成，意味着一种即时到来的特性，那更是无从预估的。最后，这种友爱的偶然性又意味着它总包含比自己更多的东西，而强加给了双方事件性。这就重申了现象的事件性，即事件在无法预知中纯粹地给出现象。

对事件的这种现象学阐释，离不开对时间性的分析。这里的关键是，时间性一方面属于事件；因为削弱了事件的、对象化了的现象陷入了非时间的幻觉中，比如通常所能理解的将生生不息的时间流截割出来并静止化，那自然带出形而上学的认识论静观思路。但另一方面，时间却可能造成自我无法现象化；因为对于认识对象的综合，会在主体性意义上打破时间的内感觉性质，而导致

---

[1] MARION J-L. In excess: studies of saturated phenomena [M]. New York: Fordham University Press, 2002: 36.
[2] MARION J-L. In excess: studies of saturated phenomena [M]. New York: Fordham University Press, 2002: 37.
[3] MARION J-L. In excess: studies of saturated phenomena [M]. New York: Fordham University Press, 2002: 38.

以权威方式使时间性发挥作用的超越论自我。如何解决这一矛盾呢？马里翁提出"必须建立起本质上被时间化为了事件的现象"①，即消弭现象与对现象的事件性给出之间的时间性间隔。

与一些现象学家在此的做法相似，马里翁不失时机地用"死亡"来阐释上述矛盾的解决，认为死亡唯有当其发生之时才真正显现，此时，以事件方式给出了自身的它，同时把自我所优越于现象的位置取消，从而消除了主体与现象之间的时间差，而实现了事件意义上的真实。换言之，当我这个主体还存在着时，死亡其实并不存在，死亡真正降临的那一刻，我已不再拥有看它的时间性机缘。唯有在此种情况下，时间才不仅仅作为事件的一个组成部分或预设性条件而存在，"时间本身首先以事件的方式发生"这关键的一点，才得到了落实。② 马里翁援引胡塞尔有关原印象及其滞留问题的现象学论述，深入澄清了这一点。胡塞尔用原印象来规定时间，认为原印象在根本上有别于任何对象性指向，在不断给出当前的同时，不是立即沉入过去，而是持续地滞留于将当前作为第一者涌现出来时所持存下来的时间中；因此，它尽管是所有意识的源泉，本身却绝对不曾变异，而成为纯粹事件（pure event），被给出性就在原印象的这一源点上不停地起作用。这样，意识的每个瞬间都因被原印象给出，而在显示自身这点上显得勉强，朝向对象化的构造，与之异趣，原印象则彻底给出了自身，成为事件的实质。

但与死亡相对，这里似乎很快出现了一个构成挑战性的特例——出生。因为假如每个人都不曾用自己的双眼亲眼见到过自己当初是如何具体被生出来的，这岂非表明自我无法被纯粹地给出，从而仍为事件的原印象及其滞留性质留下着疑点吗？马里翁已意识到了这一问题，而及时为出生的事件性作了辩护。他认为，出生现象仍属于真正的事件性现象；因为尽管从表面上看，这似乎在我之先而完成，但实际上我作为出生的主体，在理解出生时仍不断地以意向性方式看向它，从中展开诸如我是谁，我从哪里来，我要去往何方等一系列

---

① MARION J-L. In excess: studies of saturated phenomena [M]. New York: Fordham University Press, 2002: 39.
② MARION J-L. In excess: studies of saturated phenomena [M]. New York: Fordham University Press, 2002: 41.

身份认同上的追问。这个过程同时伴随着隐性的直观，即二度回忆与间接证明等活动因素，因而就本质来说，我对出生的观看是我对出生的重构。马里翁称这种重构为本源的非原初性，相信其虽然并非原初，却是以一种始终处于到来状态中的方式给出着纯粹的、无法预期的与并不重复的事件——出生。就此而论，出生仍然"依据本身是事件性的时间性给出着自己"①，它虽然属于一种例外情形，却仍是马里翁心中与事件的给出性并不矛盾的示范性模式，仍旧在溢出中给出了自身。客观地来看，马里翁在这个理论细节上的论证显得有些牵强，似还不足以全然令人信服，但他努力在现象学理路上获得自洽的用心可以得到体察。

至此，必然的后果是，向着被给出者进行还原的自我，从施予者变为了受予(接受)者。马里翁总结道，这意味着"自我(the ego)被剥夺了其超越论王座，须在作为受予者有所接受之际才能被接纳(must be admitted as it is received)"②，其合法性在于它是第二性自我(作为接受者的自我)，而非第一性自我(作为给出者的自我)。就如死亡这样的事件一样，它在现象学意义上被还原为真正的事件的前提，必然是使试图去超越性地看死亡的自我同样接受死亡本身，而在敞开主体的接受者性质的过程中给出作为事件而非对象的死亡现象。作为受予者，自我把被给出者揭示为了现象。

五、因果两义、负熵与事件的双重因果

现象与对象的差别在于前者给出了事件。前者向后者的削弱，既然是现象学视点的失落，便意味着与现象学相对的认识论症结——因果性的浮现，这符合马里翁的整体思路。在比《增多：饱溢现象研究》早四年出版(英译本出版于

---

① MARION J-L. In excess: studies of saturated phenomena [M]. New York: Fordham University Press, 2002: 43.
② MARION J-L. In excess: studies of saturated phenomena [M]. New York: Fordham University Press, 2002: 45.

2002年)的、也构成了其现象学后两部曲的重要著作《既给出：论一种给出现象学》(*Being Given: Toward a Phenomenology of Givenness*)中，他用较多篇幅论述了事件与因果性的关系。

基于对上一节所提到的原因的一贯想法，马里翁认为"主动性原则上属于现象而非凝视(gaze)"，其原因就在于前者比起后者来，"在作为事件的确定性上""缺乏明确的原因"。① 由此他对因果性作了一种别致而入理的解释：

> 即使是在形而上学中，也有两种方式而非仅仅一种不赞同理性的原则：当然，偶然性或物质（首先或其它不真实的）的方式——缺陷的不可解释性，缺乏在一系列由法律规定的因果关系中被铭记的可能性；无法重复，可预见性的不足，不可预见性的模糊。但还有另一种，上帝的不可预见性是由过度的、无限的本质造成的，他被排除在每一个单一的关系之外；因为他总是有限的影响。更确切地说，是因为最少的前因、不可重复的独异性、不可预见的不可预见性，因为看不见；因此，是证据的不可理解性，甚至是资格上的不可理解性。传统上，这两种不可解释的感觉被称为消极（偶然）或积极（上帝）。②

这里深刻区分了两种因果性。第一种是常见理解中那种认知意义上的前因后果，即借助逻辑推导环节建立起来的原因与后果之间的必然联系，它在某种程度上是可以预见的。即便如此，它还不是因果性的全部。另一种在马里翁看来更为深入而同样值得受到重视的因果性，来自"上帝的不可预见性"所造成的这样一个终极悖论：无论人类做什么，哪怕他们严格地遵循和服从着逻辑推导原则，他们所作出的推论，在证据上都始终是先天不足、有着本体性缺陷的，因为归根结底，从资格上说人类对以因果性为标志的（认知与思辨）理性的操作，本就是一个南辕北辙的错误，一条所失总是错过着所得的迷途。如果说

---

① MARION J-L. Being given: toward a phenomenology of givenness [M]. California: Stanford University Press, 2002: 159-160.
② MARION J-L. Being given: toward a phenomenology of givenness [M]. California: Stanford University Press, 2002: 160.

前者属于消极因果性，它的全部判断范畴是真假，从因推不出果，必然被迅速视为犯了谬误，马里翁称之为"解除矛盾原则"①。那么，后者则属于积极因果性，不但从因推不出上帝这个最终的果并不构成谬误，而且这种推导的无力性恰恰表明，饱溢作为事件的性质具备终极合法性，从而无法以合乎理性与否来轻易裁决乃至否定它，马里翁称之为"中止充分理由原则"②。他由此指出："在形而上学中，因果不只作为一种范畴的功能（categorical function），还作为万物存在的普遍范畴（universal category for all beings）存在着。"③ 经验观察与先验原则是这种差别的另一种表述。后一种因果性被视为事件："它们从因果关系与效果状态的支配中溜走，出现并让人们理解它们。它们越少让自己被铭刻在因果关系中，就越能展示自己，使自己变得如此清晰。这类现象被称为事件"④，它们也正是现象给出着自身的内容。

  事件从因果关系中解脱，坚定了马里翁的这样一个信念：原因并不拥有和效果一样多的内容。因为尽管原因产生效果，效果却产生了逃避原因的情况，其影响往往比原因更多，即包含着种种风险。马里翁并不讳言，作为一种自然而然的态度，去寻求结果的原因是正常的，因与果，确实是两个而非同一个可简单加以取代的层面，但他提醒人们注意，因果关系中的效应是从根本上被给出的，是一种开始、出现与显现出来的现象，其并不同于原因的持续出现或在某种情况下暂停出现。因此，他主张不再将这种关系描述为在空间上展开，而认为其是在时间上流动的，它无法为满足比较的需要而随意颠倒，而具有质的不可替换性：效果显示出对原因的巨大特权，现象性是从效果开始完成自己的。因此，虽然效果超出原因，却不能想当然地理解为这导致了失序或失衡，正相反，它牵引出了在完成自己的意义上的更为有序与平衡的局

---

① MARION J-L. Being given: toward a phenomenology of givenness [M]. California: Stanford University Press, 2002: 172.
② MARION J-L. Being given: toward a phenomenology of givenness [M]. California: Stanford University Press, 2002: 172.
③ MARION J-L. Being given: toward a phenomenology of givenness [M]. California: Stanford University Press, 2002: 161.
④ MARION J-L. Being given: toward a phenomenology of givenness [M]. California: Stanford University Press, 2002: 162.

面。马里翁用"事件的负熵"(the negentropy of the event)一词形象地描述了这种性质。① 熵指无序状态,即伊利亚·普里高津(Ilya Romanovich Prigogine)等现代化学家所发现的耗散结构。所谓负熵,即指反过来变得有序,也即系统从外界吸收物质与能量后降低了原先的熵态,变得更为有序了。这用来表示效果在超越(超乎预计)原因的意义上生成着原因,确实是中肯的。按马里翁,效果是决定性的,它独自到达、出现并改变自己,根据一种新的不可预测的反作用,发动着对象的新的变形并给出真正的它。这种效果由此将自己奉献给了当下。它并非坚持不懈地只在预定意义上亮相,而是第一次展示自己的出现,并在其中制造出了一个事件。

马里翁由此把原因解释为从事件上理解的效果,总结出了事件的双重因果性特征。首先,事件先于其原因。这是由于"没有效果,就没有任何意义,也没有必要去探究任何原因",而"只有将事件解释为一种效果,才能确定它与一个假定的原因的关系",否则,容易忽视"原因服务于纯粹的认识论功能,即依次产生效果的证据",进而看不到原因其实是强加给事件的,那实际上在生硬的依赖性层面"减轻或否认了事件的状态"②。马里翁举工业生产作为类比,指出一件好产品之所以好,不在于其包括定义与特性等在内的原因,而在于其由效率与销量等构成的影响,效果在此决定了一切。其次,事件没有足够的、唯一的原因可寻。取而代之的是不可预见、不寻常、闻所未闻与看不见等一系列可资描述的关键词。事件尤其不应当被理解为一种克服措施,因为那预设了一种原因的充分性及其对事件的决定性,乃是一种不可靠的线性思维虚妄。

他举了一大一小两个例子来说明。例如对历史学家来说,事件越是充满后果,就越无法从原因的角度来思考它,这不仅是由于原因的不足,而是由于即使原因显得充足,它仍然充满了必然的未知性,因为各种信息的匮乏始终是客观存在的。事件不乏被描述成各种因果关系的产物的可能,但也唯其

---

① MARION J-L. Being given:toward a phenomenology of givenness [M]. California:Stanford University Press,2002:165.
② MARION J-L. Being given:toward a phenomenology of givenness [M]. California:Stanford University Press,2002:165-166.

如此，这些过多的东西使我们无法将其归一结合并理解它，它们是不可通约的，事件本身的发生具有不可改变的独异性，独立于任何原因。这就好比一场作为事件的风暴，当不再有任何可被一个或几个原因所识别的事情发生时，它才完成了自己而拥有了必然性。马里翁表示，"在形而上学中，这将是一个矛盾；在现象学中则根本不是，因为事件确实以它对因果关系的例外程度来维持其原因"①，事件的秘密聚集于此。又如在温暖的液体与面包屑触动一个人的味蕾的那一瞬间，他全身会一阵战栗而停下来，一心想着发生在其体内的不寻常之事，"但它是个人的，超然的，毫无原因可言。……这种新的感觉对我产生了爱的效果，使我充满了一种珍贵的本质"②，感觉重新塑造了我而使我成为了我，这才是事件。事件被发现时似乎各行其是，但它发生在规范之外，是没有预兆的纯粹给出。它把自己强加在我身上，如一道震颤贯穿我全身而填满了我，以至于我只能认为它是自行表现出来的，我也只能让自己被分配给它，从它那里得到一个新的本质。马里翁相信，当事件如此这般地最终给出自己时，它总是比凝视所预见到者更多。这呼应了他从一开始便定下的运思基调。

如果说马里翁上述事件思想也留下了可以进一步质疑与批判的地方，我们认为主要体现在，当他从头至尾用现象学理论视野与资源来看待与阐说事件时，前者的严格与相对的稳定，与后者本性上呼唤的异质性与重构性，多少存在着某种程度上的矛盾。用一种长期积累下来并已客观形成了观念与方法上的共识的理论立场（这本身似乎便构成着为马里翁所反复警惕的自然意义上的原因），来试图运作反常规的、效果不断重新塑造着原因的事件，前者是否恰恰打破和消解着后者呢？这两方面的协调，应该说还是德勒兹与巴迪欧等人做得更为彻底也更到位些。从这个意义上看，同属于事件谱系的法国理论分支，马里翁的事件论其实走着一条相对保守的路，尽管我们又不难感到，在负熵这一模型上思考与描画事件，是马里翁与德勒兹、巴迪欧等思想家的同出一辙的做

---

① MARION J-L. Being given: toward a phenomenology of givenness [M]. California: Stanford University Press, 2002: 169.
② MARION J-L. Being given: toward a phenomenology of givenness [M]. California: Stanford University Press, 2002: 169.

法，代表了法国理论在事件研究方面的一种共同倾向。

六、滞留、前摄、技术与事件即输入

利科有关事件在历史中得以重建的思想，被当代法国著名哲学家贝尔纳·斯蒂格勒吸取并发扬。2020年去世的斯蒂格勒，著有五卷本著作《技术与时间》(Technology and Time)，是在现象学基础上关注当代技术问题的、具有国际影响的学者，曾任巴黎蓬皮杜文化中心文化发展部主任。他有关事件思想的论述，直接征引了利科的有关论点，而发出了晚近前沿上颇值得听取的声音。

斯蒂格勒事件思想的基本内容是：对过去历史的建构之所以能成为事件，不在于叙述的延后性如何去尽可能与其现场相协调，而在于媒体技术的介入直接充当了保证事件与对事件的叙述（斯蒂格勒称之为"输入"）相同一的理由与动力。他从罗兰·巴特在《明室》(Camera Lucida: Reflections on Photography)等著作中对于照相的研究出发，结合黑格尔有关"对历史的叙述与真正的历史行为及历史事件同时出现"的论断，分析指出某张照片之所以成为事件，诚然是由于在过去与现在之间建立起了一种联系，但这种联系是通过整体重现被摄物而实现的。在利科所致力于探讨的事件与关于事件的倒叙的延迟性距离这一焦点问题上，斯蒂格勒看到了当代技术的作用，独特地下一转语曰"某类事件之所以可能，正因为存在着某些媒体"①，并认为这不再纠缠于历史科学真伪与否，而开启了一种体验时间的新方式。何以在他看来，媒体技术能克服利科眼中难以轻易弥合的、事件及其叙述之间的鸿沟？斯蒂格勒对此给出的鲜明论证是，在今天，模拟与数字传媒在传播速度上的巨大进展，使之对事件事实上不再有转播与直播的醒目区别，相反：

---

① 贝尔纳·斯蒂格勒.技术与时间 2：迷失方向 [M].赵和平，印螺，译.南京：译林出版社，2010：137.

输入的真实效果已经与实时传播合而为一,所以事件、事件的输入和对此输入的传播,构成唯一的也是同一的时刻、时间事实和无处不在的时间物体。时间物体开启了全然不同的"时间效应"。①

斯蒂格勒不失时机地援引利科有关"历史总是被重新讲述"的见解,认为在上述媒体技术的介入后"事后的概念被消除了"②,看似刚刚过去的、作为初级记忆对象的事件,是当下实时直播所直接制造出来的,而非回溯的结果。因此:

输入时,事件在时间上吻合于事件的输入;在实时或直播的传播中,输入的事件和对此输入的接收亦相互吻合并同时发生。模拟与数字技术把输入的(在场的)真实效果与实时或直播合并,开启了既是集体的又是个体的对时间的全新体验。③

当然,他也考虑到了包括公正契约等书面文书在内的例外情形,但认为这些情形本就是针对"违反事件"这点而言的,其特殊性决定了其在事件输入及其接收之间产生非重合是正常的,并不至于动摇上述基本立论。总之,模拟与数字仪器不断制造事件,消泯事后与延迟的距离,形成了一种在斯蒂格勒看来呈现为非反射性的反射性:非反射指距离的消除;反射性则指,实质上在这种距离的消除过程中发生着两方而非单方因素。

为什么媒体报道是对事件的实时直播而非事后补报?究其原因,发生的事只有在得到报道那一刻才发生,这是斯蒂格勒吸收胡塞尔现象学给出的解释理路。他分析道,记忆并非对已发生之事的单纯报道,而经历了一个选择、整理与保留的过程,这个过程的滞留,同时敞开着前摄状态,即"已发生的事之所

---

① 贝尔纳·斯蒂格勒.技术与时间 2:迷失方向 [M].赵和平,印螺,译.南京:译林出版社,2010:138.
② 贝尔纳·斯蒂格勒.技术与时间 2:迷失方向 [M].赵和平,印螺,译.南京:译林出版社,2010:138.
③ 贝尔纳·斯蒂格勒.技术与时间 2:迷失方向 [M].赵和平,印螺,译.南京:译林出版社,2010:131.

以发生，是因为没有完全发生"，我们以为记忆总是确切的，却没有意识到它必然伴随着遗忘与删除，后两者作为事件中不可缺少的组成部分，积极或消极地总是构成着领先于自身的、超前的摄取，以致"滞留从来都是前摄"①。这在当下的工业生产，比如媒体生产中显得尤为突出。因为"时间的工业制造所特有的前摄力"，以其"接近光速"的性能，导致"不再可能区分'事件'和事件的'输入'，或者区分事件的'输入'和'接收'或读取"②，从而取消了事件因与叙述相分离而必然形成区域性的传统看法。由此不难发现，斯蒂格勒强调，记忆要成为真正的记忆，必须恰当减少可记忆之事，即懂得遗忘以获得记忆的真实性，这与直接植根于现象学渊源的海德格尔有关上手的东西在"抽身而去"之际才本真地上手的思想是相通的（海德格尔哲学确实是斯蒂格勒思想的一个重要来源）。③ 对存在的寻视操劳，使存在与此在之间必然出现客观距离，但此在对这一距离的"知"却是"盲的"④。此在作为被抛的根据而存在，但"绝不能控制这根据"⑤。此在的本真绽露，乃是为着"一向实际上必要的回收而保持其自由"⑥，此在向着本真生存的操劳活动，对本真生存来说"无所谓"⑦，这里，"抽身而去""盲的""绝不能控制""回收"与"无所谓"，都说明此在只有在非知状态中才能领会本真的存在。斯蒂格勒则称这种状态为"代具状态"，他援引博尔赫斯小说《费奈斯或记忆》(*Finesse or Memory*)中的主人公费奈斯虽拥有惊人而细密的记忆，却终究与真实擦肩而过的故事，表明记忆同时应当包含对差异的遗忘（这种差异是事后刻意塑造的产物），这才能在通达

---

① 贝尔纳·斯蒂格勒.技术与时间 2：迷失方向 [M].赵和平，印螺，译.南京：译林出版社，2010：132.
② 贝尔纳·斯蒂格勒.技术与时间 2：迷失方向 [M].赵和平，印螺，译.南京：译林出版社，2010：133.
③ 马丁·海德格尔.存在与时间 [M].陈嘉映，王庆节，译.北京：生活·读书·新知三联书店，1999：82.
④ 马丁·海德格尔.存在与时间 [M].陈嘉映，王庆节，译.北京：生活·读书·新知三联书店，1999：124.
⑤ 马丁·海德格尔.存在与时间 [M].陈嘉映，王庆节，译.北京：生活·读书·新知三联书店，1999：325.
⑥ 马丁·海德格尔.存在与时间 [M].陈嘉映，王庆节，译.北京：生活·读书·新知三联书店，1999：351.
⑦ 马丁·海德格尔.存在与时间 [M].陈嘉映，王庆节，译.北京：生活·读书·新知三联书店，1999：400.

真正的相关差异(这种差异则意味着事件及其叙述之间的真实距离)中"达到事件水平"①。以媒介为一大核心的现代技术,就是实现这种事件的动力。

至此,斯蒂格勒再次引用了利科在《时间与叙事》第三卷中有关重新记忆归属于第二记忆的论析,进一步结合现象学思想,分析指出第一记忆与第二记忆之间具有连续性,第三记忆与上述两者则保持着非连续性关系。他所说的滞留-前摄过程,就发生于第三记忆中。因为虽然利科相信第二记忆对第一记忆的重复性建构构成了历史意识,这却忽略了胡塞尔所强调的第三记忆在原初性意义上对这种建构的局限的积极克服努力,理由在于"这种重建总是局限在某种程度上,原因是第二记忆有出错的可能性,这正是它的第二性",相形之下"唯有确正的第三记忆能够在某种程度上避免选择",以便使"第二滞留性一旦终结,第三滞留性便来填补它",从而在这种辅助中保证"同一事物因第三记忆的填补而得以保留"并通达胡塞尔所说的"时间物体"。② 在斯蒂格勒看来,前两种记忆是有意记忆,后一种记忆则属无意记忆,鉴于有意记忆只能承认自身包含着需要引发遗忘的未完成性,无意记忆就显得很重要,它是对本质上健忘的有意记忆的再激活。斯蒂格勒将这一分析与胡塞尔《逻辑研究》(*Logic Study*)第一卷中有关明证性不等同于内在感觉的阐释联系起来,认为前两种记忆实际即落在内在感觉层次上,第三记忆才与明证性的精神相通,其滞留-前摄-原初特性,实际上都与明证性在时间性中的想象息息相关。斯蒂格勒把这种由技术与代具带来的、滞留的特殊性形象地称为爱比米修斯的遗产,③ 他的事件思想因而可以概括为技术事件论。

如前所述,利科等人反复探究事件与事件解释之间的合法性理据,主要原因是看到语言作为任意性符号系统对事件现场的替代(表征)性质,在这一运思

---

① 贝尔纳·斯蒂格勒.技术与时间2:迷失方向[M].赵和平,印螺,译.南京:译林出版社,2010:134.
② 贝尔纳·斯蒂格勒.技术与时间2:迷失方向[M].赵和平,印螺,译.南京:译林出版社,2010:259-260.
③ 爱比米修斯是希腊神话中普罗米修斯的弟弟,他在众神造物时负责赋予每种生物一种技术,却在疏忽之下忘记给人分配技术,以至于人没有了尖牙利爪与保暖外皮,缺乏生存必需的力量与速度,这才有了普罗米修斯盗天火惠施人类的义举。斯蒂格勒探讨的技术主题,接续的正是神话意义上爱比米修斯的未竟之业。

框架中，利科等人的问题意识并无疑义。现在，斯蒂格勒用媒体技术取代语言这一叙述代理角色，相信其能直接制造作为记忆成果的事件，这种思想自然显得十分新颖而值得重视。对媒体技术究竟能否达成这关键的事件化进程，斯蒂格勒固然已在自己的多种著述中作出了一定的说明，但这个含有交叉学科意味的问题方向本身，仍是需要不断深入拓展和进一步明晰化的，包括对它如何进行估计与评判，也是事件思想谱系在晚近的有趣课题。特别是，在人工智能逐渐兴起并成为当下一大生活主题的今天，他的上述技术事件论，当还能联系人工智能新技术而得到富于时代新特色的推进。这体现出了事件思想与时俱进、不断自我更新的生命力，是我们由衷地拭目以待的。

第五章　事件在欧陆的内在性展开
——德勒兹与维利里奥事件论

与布朗肖同时代的列维纳斯对事件的谈论,可以被视为欧陆事件思想的总括。而与福柯同时或稍后的德勒兹与维利里奥等当代思想家,推动了事件在欧陆的集中展开。德勒兹认为事件理论与感觉理论的交叉点是生成,生成则是对二元对立的摧毁,事件作为处于不断变化中的非实体性存在,其根本属性即生成,生命作为非个体的力量不断生产与创造差异。他对于差异的强调与维利里奥有关"事件景观"的体察相呼应,使事件思想谱系呈现出了更多复杂与有趣之处。

一、事件所吸收者:从斯多噶到怀特海

欧陆事件思想谱系版图在展开阶段的关键点,可推法国当代著名哲学家德勒兹。德勒兹自己曾明确宣告:"在我所有的书中,我都试图发现事件的性质",因为"我花了很多时间写关于这个事件的概念"。[①] 在《意义的逻辑》(*The Logic of Sense*)中,他引入了"事件"的概念,描述各种力之间相互作用的瞬时产生。[②]

[①] 转引自 ZOURABICHVILI F. Deleuze: a philosophy of the event [M]. Edinburgh: Edinburgh University Press, 2012: 42.
[②] PARR A. The Deleuze dictionary [M]. Edinburgh: Edinburgh University Press, 2005: 87.

他对事件的论述，主要集中于《意义的逻辑》(1969)、《感觉的逻辑》(*Francis Bacon: Logic of Sensation*，1981)以及《什么是哲学》(*What is Philosophy?*，1991)等著作中。① 在这些著作中，他将事件视为不断变化的非实体性存在，其根本属性是"生成"(devenir)。事件并不表示本质，它没有含义，本身就是含义，即"事物的事件不是发生在深度，而发生在表面"②。德勒兹用"特异性"(singularité，即独异性)来阐释事件的内涵，不仅在著作中用连字符将"事件"与"独异性"两个词直接连接起来表述，③ 而且认为"我们只能把事件说成是部署在有问题的领域中的独异性"④，主张"特异性是真正的先验事件"⑤，一个理想事件(完美事件)即"一个特异性，或更准确地说是一个特异性或特异点的集合"⑥。基于这一取向，晚近学者们这样概括德勒兹对独异性的界说：

> 德勒兹(1990)将独异性(singularities)定义为不可预测的、异质的、不连续的、与规范相反的事件。……独异性属于另一个维度，而不是表示、表现或意义的维度。⑦

在此背景下，德勒兹展开了关于事件的一系列风格独具的论述。2013 年出版的《德勒兹与瓜塔里辞典》(*The Deleuze and Guattari Dictionary*)这样界说他心中的"事件"：

> "事件"通常意味着事情正在发生：但矛盾的是，一方面，事件只能在后见之明(或具有先见之明)中被掌握，而另一方面，我们确实认为我们可

---

① 应注意《意义的逻辑》与《感觉的逻辑》是德勒兹两部不同的著作，以免混淆。
② 陈永国，尹晶.哲学的客体：德勒兹读本[M].北京：北京大学出版社，2010：219.
③ DELEUZE G. The logic of sense [M]. New York：Columbia University Press，1990：104.
④ DELEUZE G. The logic of sense [M]. New York：Columbia University Press，1990：56.
⑤ 克莱尔·科勒布鲁克.导读德勒兹[M].廖鸿飞，译.重庆：重庆大学出版社，2014：41.
⑥ 汪民安，郭晓彦.生产（第 12 辑）：事件哲学[G].南京：江苏人民出版社，2017：12.
⑦ CHARLES R. GAROIAN. In "the event" that art and teaching encounter [J]. Virginia State：Studies in Art Education，2014，56(1)：396.

以指的是目前正在展开的事件，变化或行动（无论是否新颖）。这是如何运作的？德勒兹将论证这种参照——在"不定式"的语言形式——包含语言的其它命题维度，因为虽然这些维度涉及线性时间内的决定，主题和普遍概念，但不定式占有着过去和即将发生的未来：它们怎样被表达出来？如果我们把它们理解为事件，事件就已经发生了（或已成定局）；因此，它们被表达为过去和未来同时存在的例示（它本身占据了"永恒的"、无限可分的线）。这在德勒兹阅读莱布尼茨时进一步复杂化，他将这个概念应用于系列的结合。

1. 根据德勒兹对斯多噶主义的解读，这是一种无形的"表面"效应，这一效应可以避开物质混合物的因果状态，并且，因为它在性质上不同于深度内的效应（它不会反过来诱导混合物），在 Aion 的永恒线上是可逆的。它是以动词的不定式表示的、不可化约为但又不独立于命题的事物。

一般来说，混合物决定了物质的定量和定性状态，但表面上的非物质的事件是这些混合物的结果。

每个事件都是最小的时间，小于最小的连续可思考的时间；因为它分为近在咫尺的过去和迫在眉睫的未来。但它也是最长的时间，长于最长的连续可思考的时间；因为它被 Aion 无限地细分。Aion 使它等于它自己的无限的线。

2. 德勒兹对莱布尼茨的解读，一方面来源于混沌（因而不存在于空间和时间中）；另一方面，在空间和时间上具有广延（形式属性）和强度（程度），并借助于个体的不确定性而被客观化和主观化。在德勒兹对莱布尼茨之后的怀特海（Alfred North Whitehead）的解读中，一系列独异性（一个世界）被其它世界所牵连。

该事件是一个具有无限次谐波或因数的振动。……因为空间和时间不是限制，而是所有系列的抽象坐标……我们可以考虑事件的第二个组成部分：广延系列具有内在属性（例如，高度、强度、声音的音色、色调、值、颜色的饱和度），这些属性在新的无限系列中实现自己的描述。

预感是个体的统一。一切事物都预感到它的前因和伴随物，并且，从某种程度上来说，预感到一个世界……因此，该事件是一个"预感的联系"……该事件是……同时公开和私人的、潜在的和真实的,参与另一事件的形成和其自身的形成。①

德勒兹关于事件的谈论有几个关键词。在《什么是哲学》中,他对纯粹事件作了界说,认为纯粹事件存乎非历史领域,与历史领域形成了对照。具体地说,德勒兹区分了(大写的)哲学与(大写的)历史,指出前者"告诉我们实际发生的事情和事情发生的原因",后者则"是要表达发生的事情中的纯粹事件"。这纯粹事件被德勒兹明确定义为"每个事件具有的逃避其自身之现实化的那部分"②,即"生成自身"(devenir/becoming),它是"一切变化的条件"③。由此应区分历史时间与事件时间,"事件在历史时间中发生,但不能简化为历史时间"④。这种区别,实即历史与生成之别。它意味着德勒兹的事件思想至少有以下四个来源。

第一个来源是斯多噶哲学。德勒兹发现古希腊人都致力于对事物的本质、事物发生变化的原因作出解释,直到斯多噶派那里,哲学才开始思考事件。斯多噶派区别了两种事物,即"具有张力、身体属性、行动和激情,以及相对应的'事物状态'的身体"与"所有身体都相互关联的原因,相互维护的原因",⑤ 后者即所谓的事件。在这里,身体存在于现实之中,它们相互影响、相互混合而促成了事件的发生,事件又反过来对身体产生影响。事实上,对于斯多噶哲学的高度重视,是20世纪以来多位研究事件思想的学者的共同取径。除了我们在本书后面将要论述的罗马诺事件论外,意大利古典学家、哲学家、帕多瓦大学古希腊文学教授卡洛·迪亚诺(Carlo Diano)于1952年发表论文《形式与事件:论古希腊世界的诠释原则》(Forma ed Evento: Principi per una Interpretazione del Mondo Greco),其中也明确地论证并总结出了"对斯多噶

---

① YOUNG E B, GENOSKO G, WATSON J. The Deleuze and Guattari dictionary [M]. London: Bloomsbury, 2013: 116-117.
② 保罗·帕顿.德勒兹概念:哲学、殖民与政治 [M].尹晶,译.郑州:河南大学出版社,2018:172.
③ 保罗·帕顿.德勒兹概念:哲学、殖民与政治 [M].尹晶,译.郑州:河南大学出版社,2018:142.
④ 保罗·帕顿.德勒兹概念:哲学、殖民与政治 [M].尹晶,译.郑州:河南大学出版社,2018:149-150.
⑤ 陈永国,尹晶.哲学的客体:德勒兹读本 [M].北京:北京大学出版社,2010:215.

主义者来说，语词表述的是事件而非概念"的事实，①印证了德勒兹上述态度的学理维度。

第二个来源是尼采哲学。德勒兹相信，生成的意义在于保证了事件"不是成为一种关于不合时宜性的哲学，而是本身不合时宜"②，因为它主要关注"几乎是否定性的条件"，并以此为前提"使得创造新事物成为可能"③。他指出"尼采的透视主义——他的透视主义——是一种比莱布尼茨的观点更深刻的艺术；因为分歧不再是排斥的原则，分离也不再是分离的手段"④。这种看法，受到了尼采《不合时宜的沉思》(Thoughts out of Season)一书的影响，德勒兹完成于1967年的访谈《尼采的爆笑》(Nietzsche's Burst of Laughter)就体现出这一点。

第三个来源是德里达哲学。在援引后者的事件定义"事件首先是我不理解的东西"后，德勒兹继续定义事件为"特定时刻发生的新事"，主张"它还必须具有抵抗被纳入我们现有的认识、解释和描述体系之中的潜力"，乃是一种生成的"裂隙"且"与过去决裂并开创一种新事件的潜力"，⑤从而是独特的（unique），总之，"它总是并且同时是刚刚发生了的某事和即将要发生的某事；从不是正在发生的某事"⑥。两者的相似处至为明显。

第四个来源则是怀特海哲学。怀特海认为"持续时间"（duration）是事件的领域，点与瞬间、时空的可分性与广泛性是持续时间的属性，持续时间通过"成为时间的"来实现一个持久的对象，而并不使空间与时间发生变化。领悟感的接受方式及其主观形式，塑造了实体的特征，事件的独异性因而基于领悟的融合，以特定的方式与领悟融合在一起。晚近研究者在指出这一事实后认为，"德勒兹对'无流动性'（既是超自然的又是固有的）意义的理解，与怀特海关于永恒物体的概念之间存在着一些共鸣"⑦。在《褶子》(Fold: Leibniz and

---

① DIANO C. Forma ed evento: Principi per una interpretazione del mondo greco [M]. Venice: Saggi Marsilio, 1993: 25.
② 保罗·帕顿.德勒兹概念：哲学、殖民与政治 [M].尹晶，译.郑州：河南大学出版社，2018: 156.
③ 保罗·帕顿.德勒兹概念：哲学、殖民与政治 [M].尹晶，译.郑州：河南大学出版社，2018: 157.
④ DELEUZE G. The logic of sense [M]. New York: Columbia University Press, 1990: 174.
⑤ 保罗·帕顿.德勒兹概念：哲学、殖民与政治 [M].尹晶，译.郑州：河南大学出版社，2018: 160.
⑥ 保罗·帕顿.德勒兹概念：哲学、殖民与政治 [M].尹晶，译.郑州：河南大学出版社，2018: 161.
⑦ FRASER M. Event [G] //Theory, Culture & Society. Goldsmiths: University of London Press, 2006: 130.

the Baroque)一书中，德勒兹便借鉴了莱布尼茨与怀特海的思想，强调物质、时间与空间的不断展开和重新折叠，以确保事件成为真理的变化性条件。这都促使人们思考：德勒兹的此番苦心解说究竟意在达成何种目的？客观上起到了怎样的思想推进作用？

德勒兹亮出的果决回答是，哲学对事件的生成与创造，实现着"批判功能"[1]。因为，事件既然不是预先存在的现实，它便是一种关于将要发生什么的"可能性"[2]，未现实化的那部分使得"任何事件都具有一种阐释崇高要素，都具有一定程度的阐释崇高"[3]，而指向未来，未来正是事件存在的条件："这些结果不是身体，而准确地说，是'非物质的'实体……它们不是事物或事实，而是事件……它们不是活的现在，而是无限性：无限制的永恒时间，无限地分化成过去和未来而总是逃避现在的生成。"[4] 德勒兹总结道，"这些不合时宜的事件是崇高的"[5]，其所具有的创造性力量能改变或重新阐释历史现实，这便既体现出事件思想的批判功能，也由此相应地带出了两个关键概念：意义与符号。由于事件敞开了可能性，"意义和事件是同一非实体表面具有的两面：意义是事件"[6]，这还不是在说事件对意义的创造，而是说事件本身即意义，即"意义和纯粹的（理想的）事件或生成相同"[7]。这与欧陆哲学的现代发展理路是一致的。德勒兹坚称：

（事件）与生成一同展延，且生成本身与语言一同展延。

事件本质上属于语言，与语言本质上相关。

事件-效用（events-effects）不存在于表达它们的主张之外。[8]

---

[1] 保罗·帕顿.德勒兹概念：哲学、殖民与政治［M］.尹晶，译.郑州：河南大学出版社，2018：143.
[2] 保罗·帕顿.德勒兹概念：哲学、殖民与政治［M］.尹晶，译.郑州：河南大学出版社，2018：162.
[3] 保罗·帕顿.德勒兹概念：哲学、殖民与政治［M］.尹晶，译.郑州：河南大学出版社，2018：160.
[4] 陈永国，尹晶.哲学的客体：德勒兹读本［M］.北京：北京大学出版社，2010：215.
[5] 保罗·帕顿.德勒兹概念：哲学、殖民与政治［M］.尹晶，译.郑州：河南大学出版社，2018：158.
[6] 保罗·帕顿.德勒兹概念：哲学、殖民与政治［M］.尹晶，译.郑州：河南大学出版社，2018：153.
[7] 保罗·帕顿.德勒兹概念：哲学、殖民与政治［M］.尹晶，译.郑州：河南大学出版社，2018：149.
[8] 雷诺·博格.德勒兹论文学［M］.李育霖，译.台北：麦田出版社，2006：78.

二、意义逻辑与事件

事件、语言与意义的关系，是德勒兹论述的一大核心。德勒兹首先追溯至斯多噶学派，认为其追求这样一种思想，即根据某种标准，事件是联结而共融的，抵制回到简单的物理因果关系或逻辑矛盾的双重诱惑中去。德勒兹沿此发现，莱布尼茨是第一个研究事件的重要理论家，因为其所说的"可组合的"不能被归结为同一的与矛盾的，而只支配可能的与不可能的。可组合性必须以一种原始的方式来得到定义，即在前个体的水平上通过"事件的独异性在普通点的直线上延伸时所形成的一系列集合"来定义。① 沿此，德勒兹运用一种颇具拓扑学色彩的论述方式描述道：

> 永恒是由偶然性的点所追踪的直线。每个事件的独异性都分布在这条直线上，总是与任意点相关，任意点无限地细分它们，使它们彼此通信，因为独异性将它们延伸到整条直线上。每一事件对整个永恒是足够的；每一事件都与所有其他事件沟通。它们都形成一个相同的事件，一个永恒的永恒真理的永恒事件。这是事件的秘密：它存在于永恒之线上，但却不能填满它。……但作为时间的一种空洞的、展开的形式，永恒在无限地细分着那些纠缠着它却从未居住过的事物——所有事件的事件。

存在着却不填满，纠缠着却未居住。这里对时间的空洞形式的阐发，在后面南希事件论提出的"空时间"观念中将得到回响，但更值得注意的是德勒兹对事件与因果性的关系的强调。无限的细分，分割着因果关系所造成的同质性强度，在《差异与重复》(*Difference and Repetition*)中，他详细分析了强度的

---

① DELEUZE G. The logic of sense [M]. New York: Columbia University Press, 1990: 171.

三个特征:"自在的不等""肯定差异"与"内含"①。他用"准原因"(quasi-cause)来深化这一点:"只有当因果关系包含了因果的异质性——原因之间的联系与结果之间的联系时,它才能逃脱并肯定其不可约性。这就是说,作为肉体的活动与激情的结果的非物质的感觉,也许只在表面上与一种本身是非物质的准原因相联系的程度上,才能保持它与物质原因的区别。"② 由于分割了强度,事件不断地细化出既塑造着它,又不以唯一的原因去固定它的成分,从而"通过自身的距离与自身沟通,并在所有的分离点之间产生共鸣"③。在此意义上,事件便始终处于问题的介入与分割中,人们不能称其为一个有问题的事件,而只能说一个事件与问题有关,并定义这些问题的条件。它本身始终是有问题的和成问题的,这是一个积极的事实:"一个问题只能由表示它的条件的独异点来决定。我们并非说问题就这样解决了;相反,它被确定为一个问题。"④ 这是持续生成的过程——分歧孕育了事件。

德勒兹认为,上述分析并不意味着把分离变成了简单的连接。在他看来,有三种不同的综合方式:(1)连接性综合(connective synthesis,以 if 与 then 为连接词),与一个单一的系列构成(a single series)有关;(2)连词序列(the conjunctive series,以 and 为连接词),是构造一致系列(convergent series)的方法;(3)转折序列(the disjunctive series,以 or 为连接词),分布在分歧系列(the divergent series)上。在"分歧或分裂所决定的决定成为肯定的对象"这一条件下,分离才成为名副其实的合成,而"向无限的谓词敞开了自己"⑤。它可能建立一个矛盾的实例,其作为具有两个不均匀面的任意点,让后者作为分歧者,穿过分歧的系列,在距离中产生共鸣。就此而言,一致的观念本质上只会加剧分歧;而由于分歧得到上述确认,分离便成为一种积极的综合,那么"似乎所有的事件,即使是相反的,都是相容的——它们都是相互表达的(inter-expressive)。不相容只产生于事件发生的个人、个人与世界之间,而非事件本

---

① 吉尔·德勒兹.差异与重复[M].安靖,张子岳,译.上海:华东师范大学出版社,2019:392-400.
② DELEUZE G. The logic of sense [M]. New York:Columbia University Press,1990:94.
③ DELEUZE G. The logic of sense [M]. New York:Columbia University Press,1990:176.
④ DELEUZE G. The logic of sense [M]. New York:Columbia University Press,1990:54.
⑤ DELEUZE G. The logic of sense [M]. New York:Columbia University Press,1990:174.

身之间",换言之,"不相容并不存在于两个事件之间,而是存在于一个事件与实现另一个事件的世界或个人之间"。① 从这里可以看出,德勒兹根本上是在消解事件可能陷入的因果论窠臼,因为如果事件及其所发生的个人与世界之间是不相容的,这便杜绝了从因果角度惯性化地切入事件的可能,我们看到的分歧,其实是某事件之果与另一个事件之因在一个序列中的复杂而奇特的并存,这也就是为德勒兹所肯定的分歧中的综合。也因此,德勒兹进一步区分了事件与事故(accident),指出"事件是理想","区别在于事件与事故"。② 比起后者作为因果性的产物来,前者是抵制柏拉图主义,去除了本质化与教条思维后实现的独异性喷射,具有"非逻辑属性"③,其不仅表现在物理上,而且表现在心理与观念上,消除了一切经验主义思路对事件与偶然的混淆。

事件的上述性质,在德勒兹眼中是通过语言来展开的。他对伊壁鸠鲁学派与斯多噶学派作了一个区分,认为前者的哲学侧重对名词与形容词的使用与依赖,后者的哲学却强调动词性。因为伊壁鸠鲁学派为寻找自由,创造了一个基于原子衰变的模型,从而"对名词与形容词给予特权并不奇怪,名词就像原子或语言体,通过它们的排列来协调,而形容词则像这些合成物的性质"。与之异趣,斯多噶学派注重"动词与动词的变位,以及非物质事件之间的联系。要知道语言中的名词或动词是主要的,因为动词不代表动作,它表达了一个完全不同的事件"④。德勒兹阐述道,动词有两个极点:一是现在时,表示与事物状态的关系,被用以描述以连续为特征的物理时间;二是不定式,表示与意义或事件之间的关系,被用以描述居于其中的内在时间。他发现,动词就在不定式的语气与现在时之间摇摆,前者表示从整个命题中脱离出来的圆圈,后者则相反,在命题的外延上封闭了圆圈。在两者之间,动词的词形变化符合时间、人物与方式的总和,将语言的内在性与存在的外在性联系了起来,继承了事件之间的交流。如果说名词总显得模棱两可,那么动词在德勒兹看来便体现了语言的统一性:

---

① DELEUZE G. The logic of sense [M]. New York: Columbia University Press, 1990: 177.
② DELEUZE G. The logic of sense [M]. New York: Columbia University Press, 1990: 53.
③ DELEUZE G. The logic of sense [M]. New York: Columbia University Press, 1990: 210.
④ DELEUZE G. The logic of sense [M]. New York: Columbia University Press, 1990: 184.

不定式动词表达的是语言的事件——语言是一个独异的事件，它（语言）现在与使它成为可能的事物融合在一起。①

幻觉与动词的不定式是分不开的，从而见证了纯粹的事件。②

这一观点构成了德勒兹事件论的醒目特征。从德勒兹这边看，一个关乎后来事件思想的发展的要点，是明确地将动词视为语言的整体表征，从而赋予"分离"以最高的肯定力量。德勒兹所热衷的以拓扑图形描述事件的方式，至此又涌现了出来。他生动地进行图绘，认为动词不定式有助于开启线条的极限，"在这条线的极限处，事件出现了；而在这个不定式的统一性中所发生的事件，则以两个系列的振幅分布，而这两个系列的振幅构成了形而上学的表面。这个事件与这两个系列中的一个联系起来，作为一种无逻辑的属性，而与另一个联系起来，作为一种无逻辑的感觉"③，这整个由点、线、面共同构成的系统，则代表了意义的组织。德勒兹的这些说法虽然显得风格独特而不乏抽象晦涩的色彩，但只要我们紧紧抓住他在事件与意义逻辑的关系上所论述的核心——因果的异质性及其在无限细分中形成的分歧性综合效应，便容易对他有关事件植根于语言的运作，以至于"感觉的统一性掌握了语言的整个体系，作为唯一表达的事件的整体表达者"的概括总结抱以理解。④ 沿此值得注意的便是德勒兹有关哲学在于制造概念的观点，这需要联系事件思想来深入理解，因为概念正是通过语言得到制造的。

三、概念：事件而非本质

尽管表面上，德勒兹所谓的"哲学的目的是创造概念"很容易被误解为标

---

① DELEUZE G. The logic of sense [M]. New York: Columbia University Press, 1990: 184-185.
② DELEUZE G. The logic of sense [M]. New York: Columbia University Press, 1990: 214.
③ DELEUZE G. The logic of sense [M]. New York: Columbia University Press, 1990: 241.
④ DELEUZE G. The logic of sense [M]. New York: Columbia University Press, 1990: 248.

新立异，但"这些概念表达的是历史事件和其他种类的事件具有的潜在动态"①，换言之，"创造概念的目的是用语言来表达表现于现实事件中的纯粹事件"②，新的"概念是事件"③，它在生成中被动词化了。概念的创造由此成为了一种被德勒兹首肯为"实验"的思考过程，在此"实验总是涉及正在产生之物"④，与其说是实验，毋宁说是试验。这便与汉语学界一些擅长原创概念的学者（如李泽厚）的借鉴初衷，形成了某种值得辨析的差异：德勒兹倡导哲学原创概念，是出于事件思想及其生成性的诉求，其背景是后现代的，其路线是反本质的；相形之下，倘若我们试图拿他有关原创概念的做法来为自己的理论学说体系建构张本，其实便恰好弄反了他的原意，而呈现出了某种借花献佛的矛盾。

德勒兹运用十分清晰的语言指出，"一个概念应表达一个事件而不是本质"⑤；因此，在事件发生前不存在概念。任何给定的事件、思想或行动产生了经验与概念。《德勒兹辞典》(*The Deleuze Dictionary*)对此阐释道，这"意味着思考和创造是同时构成的。这样，他关于事件的一般理论为理论的内在创造力提供了理论上的手段"⑥。他以树为例来说明这一点。这个概念不是在简单记录一个事件，而是在替代性位置上起着建立新场所、诱发这棵树出现的作用，代表了一个过程性事件。在这种情况下，术语"事件"不是指可识别的、令人难忘的或重要的事件，而是指在思想与行动的交汇处以恒定的流量变化的多种关系，将制造作为概念的来源，由此成为德勒兹的一种新发现。他与瓜塔里表示，"哲学的伟大性是以其概念对事件本质的召唤来衡量的，或者它使我们能释放概念"⑦。这便将概念理解为了在制造过程中产生的某种事物，它允许并在

---

① 保罗·帕顿.德勒兹概念：哲学、殖民与政治[M].尹晶，译.郑州：河南大学出版社，2018：179.
② 保罗·帕顿.德勒兹概念：哲学、殖民与政治[M].尹晶，译.郑州：河南大学出版社，2018：154.
③ 罗纳德·博格.德勒兹论音乐、绘画和艺术[M].刘慧宁，译.南京：南京大学出版社，2020：190.
④ 保罗·帕顿.德勒兹概念：哲学、殖民与政治[M].尹晶，译.郑州：河南大学出版社，2018：142.
⑤ DELEUZE G. Negotiations, 1972-1990[M]. New York: Columbia University Press, 1995: 25. 汉译本此处译作："概念应该说明事件，而非本质。"（吉尔·德勒兹.哲学与权力的谈判：德勒兹访谈录[M].刘汉全，译.北京：商务印书馆，2000：29.）
⑥ PARR A. The Deleuze dictionary[M]. Edinburgh: Edinburgh University Press, 2005: 88.
⑦ DELEUZE G, GUATTAR F. What is philosophy?[M]. New York: Columbia University Press, 1994: 34.

客观上产生出了思想与经验的变革时刻；因此，过程代表了一种制造出来的概念性理解。对艺术活动来说，艺术家在其中产生出了事件与概念，这些事件与概念将艺术创作过程解释为实例的流动性继承，在其中，每个实例都进入了一种特定的而非基本的联系，并代表了制造艺术的经验所产生的不可估量的复杂关系的运动，它每每打破时间顺序的经验，与时间进行谈判并发展出特别的节奏；因而，经验并非已发生之事，而是对不断发展的经验条件的试验。

德勒兹对此举例道，一个人对微风的体验已无法回想和追溯，因为随后思考的时刻带出的是反思的经验。考虑艺术中任何时候出现的思想、行为与形式的同时性，需要对过程进行更富于包容性的理解，从而既能说明新兴艺术形式的量化情况，也能说明瞬间的活跃过程所代表的不确定性，以及由此产生的过程变化。德勒兹与瓜塔里以游牧民族为例证阐明这一活跃的过程，认为游牧民族做的是一件"制造地图而非追踪"的工作。[①] 这需要发展出一种运动的、不合既定现实的思维方式，改变和扩展对于时间所持的观念。在德勒兹看来，时间不是一种感觉的顺序，而是一种体验性存在，是一种与我们遇到世界时出现的节奏与力量有关的事件而非度量。相应地，事件应当被理解为力量的始终出现及其瞬时的配置，这些力量不孤立地作为经验或事件而出现，而是经历着事件的发生，使之成为部件或元素汇合后存在于纯虚拟状态（即真正的内在可能性）中的内在变化，并且在它们以某种身体或状态实现的过程中与众不同。事件由此不是一种客观经验，而是一种从潜在到实现的状态，其每一刻都标记为一种动态的和有节奏的转变，既非起点也非终点，而总是在中间。这种与事件融合在一起的概念，与传统相比显得大相径庭。

可以来看一个德勒兹本人创造概念的事件。落实到写作层面上，事件的上述生成性如何得到实践呢？一种具体的写作比如理论写作，将如何来创造概念呢？德勒兹提出的"逃逸线"概念，可以回答这一问题。按德勒兹的看法，事件是对现实的不合时宜的决裂，表现为决裂的这种"离开、逃逸，都是在绘制线路"[②]，

---

① DELEUZE G, GUATTAR F. A thousand plateaus: capitalism and schizophrenia [M]. Minneapolis: University of Minnesota Press, 1987: 24.
② 吉尔·德勒兹.逃逸的文学 [G] //张凯，译.米歇尔·福柯，等.文字即垃圾：危机之后的文学.赵子龙，等译.重庆：重庆大学出版社，2016: 182.

它导致基于事件的"写作就是绘制逃逸线"①；但需及时补充强调的是，逃逸不是遁变，而是折返以成全现实，即"逃离是要生产现实（réel），创造生命，发现武器"②，这种逃离中的生产来自德勒兹独特构想中的虚拟进路。这一问题实际上触及了事件的"双重结构"（double structure）。德勒兹认为事件具有现实化（actualization）与反现实化（counter-actualization）这双重结构，③ 前者是事件现实化的当下时刻。在当下时刻，事件在事态中显现出来，我们对事件过去与未来的评价，唯有基建于当下时刻的事件的显现方可作出。后者是事件的反现实化的过去与未来，在这种情况下，事件的过去与未来避开了当下，呈现出一种飘移的状态，而生成着当下。正是在虚拟对现实的生成之中，"生成、事件性和逃逸线绝非与历史对立，或逃离世界，它们是世界内部之运动或变化的条件"④。对德勒兹来说，事件发生的空间，总是以具体实体的形式实现的虚拟存在条件；因为一个人的思想中总是存在着比他的意识中更多的观念、形式、形象等存在。这样，事件便在现实与虚拟相伴随的情况下发生，虚拟是存在的本体与事件的条件，所有事件的发生都来源于虚拟的力量。但事件的独异性不能与现实的或经验的对象相联系或相混淆，因为它首先是潜在的。"虚拟的"不意味着"可能的"，因为可能性是对现实或经验的中和，虚拟的独异性的实现，不会抵消独异效果及其反效果。这一界说深刻影响了后来的一系列事件思想，是我们在本书后文中还将不断感知到回响的。

由此，我们已经可以看出德勒兹最终希图形成一种基于差异的本体论的思想用心，它是通过"内在性平面"来实现的。出版于2003年的《德勒兹：事件哲学》（*Deleuze: A Philosophy of the Event*）一书（英译本出版于2012年）概括道："内在性不是普通经验为了拥有某种先验经验而上升到其自身条件的时刻，即使这种回溯认识到其最终条件不是自我，而是存在或事件（现象学—海德格

---

① 吉尔·德勒兹.逃逸的文学［G］//张凯，译.米歇尔·福柯，等.文字即垃圾：危机之后的文学.赵子龙，等译.重庆：重庆大学出版社，2016：188.
② 吉尔·德勒兹.逃逸的文学［G］//张凯，译.米歇尔·福柯，等.文字即垃圾：危机之后的文学.赵子龙，等译.重庆：重庆大学出版社，2016：195.
③ DELEUZE G. The logic of sense［M］. New York: Columbia University Press, 1990: 151.
④ 保罗·帕顿.德勒兹概念：哲学、殖民与政治［M］.尹晶，译.郑州：河南大学出版社，2018：180.

尔风格);恰恰是在这一刻,这种先验的重新提升被证明依赖于'真实'体验的进入一致性,换句话说,取决于事物被认为可能的条件的改变(德勒兹风格)。这一事件通过产生独异的类别和出现新的信念来证明自己。"① 平面,是表面。事件生成的虚拟特征,进而带出了德勒兹有关表面的著名思想。

四、发生于表面的事件

在德勒兹对斯多噶学派的考察中,后者有时被描述为一种对于前苏格拉底学派的回归,逾越柏拉图而回到了赫拉克利特的世界中。他固然也在一定程度上承认,斯多噶主义者具有与某些古希腊犬儒主义者类似的地方,即也试图通过一种混合物的物理学来深入地解释这个世界,而部分地将这个世界弃置于局部的混乱中,相信这些混乱唯有在作为一种原因性统一的伟大混合物中才能调和,这就对世界的恐怖、残酷与乱伦负有了无可推卸的责任。然而,在这些可能的消极因素之外,德勒兹更加在意"那个来自赫拉克利特世界的、能爬上地表并获得全新地位的故事。这是事件在性质上与因果体的不同",这又是由于"表面的自主性,不受深度与高度的影响,发现非物质的事件、意义或影响,这些不可简化为'深层的'身体与'崇高的'思想是斯多噶学派反对前苏格拉底与柏拉图的重要发现。所有发生的和叙述的都发生在表面上"②。德勒兹由此认为,事件不发生于所谓的深度中,而发生于常被人们忽略的表面。基于这样一种新的想法,意义被德勒兹理解为"词与物之间无深度的表面"③。这个表面

---

① ZOURABICHVILI F. Deleuze: a philosophy of the event [M]. Edinburgh: Edinburgh University Press, 2012: 39.
② DELEUZE G. The logic of sense [M]. New York: Columbia University Press, 1990: 132.
③ 保罗·帕顿.德勒兹概念:哲学、殖民与政治 [M].尹晶,译.郑州:河南大学出版社,2018: 148-149.尽管学界一般认为德勒兹受语言论的影响相对较小(尤其是相比于德里达),如巴迪欧便考察指出,德勒兹"对于分析哲学和'语言学转向',他带着仇恨的眼光憎恶这种倾向,然后采用了一种维也纳学派的态度"(阿兰·巴迪欧.小万神殿 [M].蓝江,译.南京:南京大学出版社,2014: 91.),但他的这一推崇表面的思想,应该说还是与 20 世纪以来注重语言符号的话语效果这一发展趋势具有可沟通的内质。这也令我们领会到,对后现代景观中"削平(转下页)

"在高度方面，它不再在普遍性与特殊性之间过渡；就深度而言，它也不介于实体与偶然之间"①，这是什么意思呢？

德勒兹借助刘易斯·卡罗尔（Lewis Carrol）的小说《艾丽丝漫游奇境》（Alice's Adventures in Wonderland）进行论证。在故事的前半部分，艾丽丝主要经由一个树洞来探索地底的深处；而进入后半部分后，这种深度开始让位于没有厚度的扁平的卡片人物如红桃王后、红桃杰克等，这构成了一个颇具斯多噶意义的寓言。德勒兹分析道："这不是艾丽丝历险的问题，而是关于艾丽丝的历险；她爬上表面，她不承认虚假的深度，发现一切都在疆界发生。正因如此，卡罗尔才放弃了书的原名：《艾丽丝地下历险记》。"② 而到了卡罗尔的《艾丽丝镜中奇遇记》（Through the Looking-Glass, and what Alice Found There）那里，这一寓意变得愈加明显，艾丽丝已不再穿越具有深度的树洞，而是穿越了一个只有表层的镜面，正如事件所跨越的只是无深度的延展平面那样，其实质是"将事件与生成从它们现在的和物质的载体中解放出来"而实现"意义的显现"。③ 这种对表面的强调与推崇，与文学实际上产生了内在的天然呼应，因为文学作为话语创造活动，就是不断创造精妙的话语（表面）效果的过程。

和表面相关的另一个涉及事件思想的基本概念是感觉（sensation）。德勒兹认为，哲学利用概念突出了事件，艺术则树立起感觉。在《什么是哲学》中，他认为艺术作品是"一个感觉的聚块，也就是说，一个感知物和感受的组合体"，跟着的下面这段话应该是极其重要、代表了德勒兹艺术观的。"感知物已经不是知觉了，感知物并不依赖感受它的人的状态；同样，感受已经不是情绪或者情感了，它们逸出了经历者的掌控。感觉、感知物和感受都是拥有自身价值的生存物，而且超越任何体验。"④ 感知与感受共同导出感觉，而值

（接上页）深度"的特征的诸多评论，并不必然带着想当然的贬义，因为对深度模式的削平归根结底来自语言对自我（任意性）本性的重新发现与还原，基于反思与超越形而上学这个基点，它恰是合乎进步逻辑的。德勒兹在这方面的论说可以帮助深化此一议题的研究。

① DELEUZE G. The logic of sense [M]. New York: Columbia University Press, 1990: 132.
② 陈永国，尹晶.哲学的客体：德勒兹读本 [M].北京：北京大学出版社，2010：219.
③ 克莱尔·科勒布鲁克.导读德勒兹 [M].廖鸿飞，译.重庆：重庆大学出版社，2014：135.
④ 吉尔·德勒兹，菲力克斯·迦塔利.什么是哲学 [M].张祖建，译.长沙：湖南文艺出版社，2007：434.

得加以分疏。

先看感知(percept)。它并非事实层面上对某一识别对象的具体知觉(perception)，并不依赖于人的主观状态，而是超越知觉的。德勒兹指出，这可以在小说中找到许多例证，比如哈代笔下的荒野感知、麦尔维尔的海洋感知、弗吉尼亚·伍尔夫(Virginia Woolf)的都市感知与镜子感知等。"所谓感知物，就是先于人存在的景物，人不在场时的景物……人物只有当不感知，但融入景物，本身变成感觉的组合体的一部分之时才能存在，作家才能创造他们。"[①] 德勒兹以为，这正如塞尚所言，人虽不在场，却完全融入风景中。我们融入风景之中，意味着我们不再是一个独立的、有优越地位的主体，无法再将风景客观化与对象化，风景不再是被我们征服，而是征服着我们，它们表现出来的"力"贯穿我们的身体，而形成了我们的感知。

再看感受(affect)。如果说感知超越知觉，那么感受则超越情感，它也并非事实层面上某一主体的情感(feeling)，"不是从一种体验状态向另一种体验状态的过渡，而是人的一种非人类的渐变"[②]，感知也由此成为生成中的感知。正是因为在创作过程中，人物与作者一同进入了创作的生成过程，感知才得以实现。例如在《白鲸》(Moby Dick)中，埃阿伯船长与麦尔维尔本人都进入到一种"生成—白鲸"之中后，海洋作为一个人不在场的感知才得以存在。既然感受是一种生成，感知是生成的感知，那么作为"感知和感受的组合体"的艺术作品自然也是一种生成。"正像感知是非人类的自然景物一样，感受恰恰是人类的那些非人类的渐变过程……我们并非存在于世界当中，而是跟它一道渐变，边静观边渐变。"[③] 德勒兹进一步举例道，音乐中的和声、梵高的向日葵、塞尚的风景画，以及培根(Francis Bacon)绘画中扭曲变形的身体意象等，都是艺术作品中非人类的生成。他称"艺术的目的，连同其材料手段，是从对客体的各种知觉当中和主体的各种状态当中提取感知，从作为此状态到彼状态的过渡的

---

① 吉尔·德勒兹，菲力克斯·迦塔利.什么是哲学[M].张祖建，译.长沙：湖南文艺出版社，2007：443.
② 吉尔·德勒兹，菲力克斯·迦塔利.什么是哲学[M].张祖建，译.长沙：湖南文艺出版社，2007：451.
③ 吉尔·德勒兹，菲力克斯·迦塔利.什么是哲学[M].张祖建，译.长沙：湖南文艺出版社，2007：444.

情感当中提取感受。把一个感觉的聚块，一个感觉的纯粹的生存物抽离出来"①。艺术作品可以做到自我保存，因其摆脱了作品中对具体的人物、对象等经验性的知觉，也摆脱了创作者与观赏者的经验性情感。这也与德勒兹的生命观相符：生命是一种非主体的、非个人的力量，而艺术的目的也就在于将生命提升到这种非个人状态，在这个过程中被提取出来的纯粹"感觉"本身，或者说艺术本身，成为一个事件，一个作为感觉的艺术将感知、感受从知觉、情感那里提取出来的过程。感知不是被感知者或客体的属性，感受也不是感知者或主体的心理状态，二者都从事实层次上的主客对立中抽离出来，成为事件层次上的纯粹感觉的存在。这也即德勒兹的虚拟思想。

五、从事实向事件的转化

现在的问题是，既然作为感觉的艺术是感知与感受的组合体，而感知与感受已被从事实层次上的知觉与感情中抽离出来，虚拟（生成）为事件层次的存在。那么，从事实到事件这一转化环节具体是如何完成的呢？在德勒兹看来，"感觉，就是被画出的东西。在画中被画出的东西，是身体，并非作为客体而被再现的身体，而是作为感受到如此感觉而被体验的身体"，即在消弭身体的客体性后达到的"我既在感觉中成为我，同时又有某物通过感觉而来到，此通过彼，此在彼中"的主客双向运动的统一。② 它同时摈弃了两种处理方式，一者是认为感受在再现的意义上具有物质统一性，另一者则是将感受混同于情感的模棱两可性。从事实向事件的转化，也在这种经过了前提澄清的双向运动中完成，其围绕的两个关键词分别是"形象"与"无器官的身体"。

一方面，艺术作品向身体运动的关键是"形象"（figure）。德勒兹定义它

---

① 吉尔·德勒兹，菲力克斯·迦塔利.什么是哲学［M］.张祖建，译.长沙：湖南文艺出版社，2007：440.
② 吉尔·德勒兹.弗兰西斯·培根：感觉的逻辑［M］.董强，译.桂林：广西师范大学出版社，2017：47.

为"被拉到了感觉层面的、可感觉的形状"①，认为其运行机制是一道波或者说力在身体中的穿过："正如身体的努力是在它自己身上的，变形也是静力的。整个身体都被一种强烈的运动穿过。这是一种不断产生变形和畸形的运动，在每时每刻都将真实的图像转到身体上，以构成形象。"② 其最首要的功能则是"让一些看不见的力量变得可见"③。德勒兹以培根所画的形象为例，说明身体是形象而非结构，它可以是脑袋，却不能是脸部，甚至可以没有脸部；因为脸部仅仅是起覆盖住脑袋作用的有结构的空间组织，脑袋则为身体的从属部分而具有生命灵气。作为画家，培根追求的是"破坏脸部，重新找回脑袋"的艺术境界，这就在事件的意义上开启了动物与人之间的"不可区分的区域"，或者说"无法确定的区域"。④ 这实际上表明了"形象"与德勒兹所谓"形象化"的差别：脑袋是形象；脸部则是形象化的处理。培根在此遵循的法则是"在'形象化'上，做悲观主义者；在形象上，做乐观主义者"⑤，两者的比照正如节奏投入混沌黑夜之处与节奏统一体之别，使感觉意义上的"形象"的内涵并不难被领会。德勒兹由此解释了现代绘画何以基本放弃了架上画，因为架上画强调着一种作为事实而非趋势的决定性元素，而那一来便淡化了"在它们身上起作用的看不见的力量"⑥，从而逃离了事件的真谛。在这里重温德勒兹有关事件的醒目定义是令人感慨的：事件，说到底无非是"本质的反面"，它应当"符合变化的元素和偶然性"。⑦ 形象，由此可谓一个在反本质之后形成的事件。

---

① 吉尔·德勒兹.弗兰西斯·培根：感觉的逻辑［M］.董强，译.桂林：广西师范大学出版社，2017：46.
② 吉尔·德勒兹.弗兰西斯·培根：感觉的逻辑［M］.董强，译.桂林：广西师范大学出版社，2017：27.
③ 吉尔·德勒兹.弗兰西斯·培根：感觉的逻辑［M］.董强，译.桂林：广西师范大学出版社，2017：76.
④ 吉尔·德勒兹.弗兰西斯·培根：感觉的逻辑［M］.董强，译.桂林：广西师范大学出版社，2017：29-30.
⑤ 吉尔·德勒兹.弗兰西斯·培根：感觉的逻辑［M］.董强，译.桂林：广西师范大学出版社，2017：56.
⑥ 吉尔·德勒兹.弗兰西斯·培根：感觉的逻辑［M］.董强，译.桂林：广西师范大学出版社，2017：82.
⑦ 吉尔·德勒兹.弗兰西斯·培根：感觉的逻辑［M］.董强，译.桂林：广西师范大学出版社，2017：157.

为深化自己的上述阐释，德勒兹再以《创世纪》(Genesis)一画为例，指出对《圣经》不熟悉的人仍能在其中感受到力量，这种力量源于画中形象的比例与结构，源于亚当和上帝的指尖刚好触碰的那一瞬间的爆发。我们应直接通过形象来感受作品的力量，而非通过外在的历史宗教因素来迂回地感受作品的力量。形象不再是画面上静止的、被限定的布局，而是一种充满可能性的运动，它总是试图突破着事实层面的具体形状，成为事件意义上的形象。正如德勒兹所言，"它正相反，是形象朝向材质结构、朝向平涂色彩的运动……这已经不再是场地的问题，而是事件的问题"①。形象自身的生成运动，集中体现于它对严格的形式结构的逃逸。在此，前述逃逸线的概念重又浮现了出来。培根的画作中那些变形的身体，那些做爱、呕吐、排泄着的模糊肉体，正是处于这一逃逸运动的瞬间的形象。面部是典型的"结构化的空间组织"，形象对面部的拒绝正是对于组织化的拒绝，在这个过程中，形象具有了表现多层次、多范畴的可能性。在形象的这一主动的生成运动中，形象不再是被我们所观照、分析的客体对象，而是成为身体的一部分。在感觉中已无内外之分，也无人的或非人的区分，只有生成。唯有在这种生成中，感觉才得以成为了事件。

另一方面，身体向艺术作品运动的关键，则是"无器官的身体"(body without organs)。德勒兹的这个概念，取自对其思想发展颇有影响的法国现代剧作家阿尔托(Antonin Artaud)的"残酷戏剧"观所命名的同名概念。② 他认为，培根的绘画与阿尔托的残酷戏剧，在展现"感觉是一种震颤"方面多有相通之处，即都在器官的寻常有机组织之外考虑到了无器官身体的可能性，那意味着"当感觉穿过有机组织而到达身体时，它带有一种过度的、狂热的样子，它会打破有机活动的界限"，比如培根笔下为了脑袋而打破脸部的绘画实践。德勒兹在此明确地将"形象"与"无器官的身体"等同起来，③ 看作一体的两面，因为震颤引发的残酷就是各种力量在身体上的作用，也就是感

---

① 吉尔·德勒兹.弗兰西斯·培根：感觉的逻辑 [M].董强，译.桂林：广西师范大学出版社，2017：22.
② 吉尔·德勒兹.弗兰西斯·培根：感觉的逻辑 [M].董强，译.桂林：广西师范大学出版社，2017：59.
③ 吉尔·德勒兹.弗兰西斯·培根：感觉的逻辑 [M].董强，译.桂林：广西师范大学出版社，2017：60.

觉本身。① 当然，无器官的身体不是说器官缺乏与无法确定，而是指"确定的器官的暂时的、临时的在场"②，德勒兹举绘画中的眼睛作用为例对此进行阐释。在绘画中，眼睛并未被培根这样的画家作为一个固定器官来对待，而是被画家从线条与色彩的再现中解放了出来，即从眼睛对有机组织的从属状态及其专门功能中解脱了出来，而"潜在地成为多功能的、不确定的器官，将无器官的身体，也就是形象，视为纯粹的在场感"③。这便进一步道明了无器官身体的性质。在德勒兹看来，"怎样使自己成为无器官的身体"甚至由此成为严肃的伦理问题。④ 借由无器官的身体，感觉才能够穿越不同的层次和范畴，从而成为发生在无器官的身体上的事件。德勒兹最后指出，无论是手从属于眼的具象绘画式的视觉，抑或眼从属于手的抽象绘画式的触觉，皆不足为训，唯有打通视觉与触觉，走上第三条路才有可能。这第三条路就是穿越感觉的不同层次，"每一个层次，每一个领域，都有一种与其他层次与领域相关联的手段，独立于再现的同一客体与对象。在一种色彩、味道、触觉、气味、声音、重量之间，应该有一种存在意义上的交流，从而构成感觉的'情感'时刻（非再现性时刻）"⑤，实际上这便是通感。德勒兹最终得出的这个事件归宿，显然离文学已很近了。

六、事件也来自驱动影像

德勒兹的事件思想还体现在他对电影哲学的研究中。围绕影像与事件的关

---

① 吉尔·德勒兹.弗兰西斯·培根：感觉的逻辑［M］.董强，译.桂林：广西师范大学出版社，2017：61.
② 吉尔·德勒兹.弗兰西斯·培根：感觉的逻辑［M］.董强，译.桂林：广西师范大学出版社，2017：64.
③ 吉尔·德勒兹.弗兰西斯·培根：感觉的逻辑［M］.董强，译.桂林：广西师范大学出版社，2017：69.
④ 尤金·W.霍兰德.导读德勒兹与加塔利《千高原》［M］.周兮吟，译.重庆：重庆大学出版社，2016：33.
⑤ 吉尔·德勒兹.弗兰西斯·培根：感觉的逻辑［M］.董强，译.桂林：广西师范大学出版社，2017：55.

系，他提出了一些富于启发的观点。我们可以借助汤姆·康利（Tom Conley）1997年发表在《耶鲁法国研究》(Yale French Studies)上的《从影像到事件：通过德勒兹阅读日奈》(From Image to Event: Reading Genet Through Deleuze)这篇论文，并通过拓展性比较，来梳理德勒兹这方面的见解。让·日奈（Jean Genet）是当代法国著名诗人、小说家与荒诞派戏剧家，著述甚丰。通过观察其文学作品与电影影像的某种相似处，德勒兹深入探讨了事件与"驱动影像"（drive-image）的渊源关系，深化了他的事件论架构。

康利引导人们注意，德勒兹是在关键的哪一点上产生出对日奈及其作品的兴趣，进而为他所用的。他发现，日奈总结了图像中的物体停滞而产生的暴力，这启发了德勒兹思考电影如何改变绘画与小说的制作与接收方式。日奈以自己的文学创作实践为依据，相信人们可以将图像理解为这样的一种方式，即当内容耗尽时会产生事件，这个事件，扩张性地通过一种意料之外的、不可预见的语言与可见性关系，激发了将身体散布到新空间，并由此创造出新空间的感觉。始终保持为即时运动状态的图像，不呈现为静态，本质上从不对其表示的内容进行任何固定化的处理，而在散播色情（性欲）能量中超出任何预失的时间框架，诱发出事件。电影从一开始就继承了这种摄影图像的运动传统。当运动耗尽自我后，它开始反思自己与时间的关系，逐渐发展出了基于影像特殊性的事件。

人们观看电影的过程，一般都被解释为跟着画面图像或者说影像走，很自然地不知不觉陷入影像所展示的世界。德勒兹认为，这属于电影观看行为中的感官运动机制。如果说在1945年之前凭借这一机制观看电影已经是充分的，那么到了1945年后，即二战以后，受到战争以及德国集中营的发现等因素的影响，影像正在产生危机，观众的认知与电影原本需要得到全神贯注的主题之间的感官运动的联系急剧减弱，每个人都成为一个自治的甚至是流动的实体，其对电影的观看引入了包括但不限于感觉运动的认知机制，其中很重要的内容是行使小说或诗歌那样的阅读。对德勒兹而言，意大利新浪潮电影在这方面便具备充分的条件，可以通过一种无拘束的、无意中的风格，更好地传达时代带给影像的危机，安德烈·巴赞（André Bazin）便通过重建影像事实来探究无名的、寻常的常规悲剧如何得到电影的速写。在德勒兹看来，战争的创伤感觉集中或散布在词句之中，后者被看成是阅读的东西，只有当它们被理解为"驱动影像"时，它们才真实地记录了生活的混乱与历史的危机，从而拒绝将战争的历史轻易安顿在因果关系中。康利引述了德勒兹在《电影1：运动-影像》(*Cinema1: The Movement-Image*)一书第八章中对日奈的引用，这一引用，展示了叙事性电影中感觉运动的计划如何以及在何处开始发生动摇，而逐渐导致在行程中的每一个点上，电影影像都受到阅读的影响并与固有之物脱离。此时，影像变成了一个过滤器，拒绝将情感力与词汇形式区分开来。

从这里可以看出，所谓驱动影像，是指阅读在观看电影过程中的积极介入及其对连续性时间的反思，它有别于连续式理解电影的传统做法。电影是建立在特殊化学感光技术基础之上的摄影艺术，而在许多研究者看来，摄影又是一种造成主客观连续性的现代艺术，其决定性时刻作为时间相交的时刻，是观察到的场景的内部元素在主观上出现的、以图形方式结合的时刻，那个想象介入了的融合性时刻必然具备"经验的连续性"[1]，它通过时间的推拉去构成照片的事件，以及摄影的历史性语法。这种习惯性理解，导致电影研究者们在探讨电影时尽管认为电影制片人要利用影像事件来突破叙事，允诺影像事件违反日常期望，从而增加观众对电影的参与度的反常规特征，相信对于不寻常的不平衡以及人与环境之间的独特转变的刻划会构成优质电影的重要组成部分；但在强调事件提升到平凡水平之上而超越习惯时，他们每每只是从某种暂时性打断与变化的角度来描述影像事件作为一系列违反或增强电影节奏的镜头的一面。因而仍然容易从某种整体主义的立场出发，认定经过了这般处理后的电影"产生了一种有节奏的结构，使电影叙事充满了连续性与生命力"[2]。节奏成全了结构的连续性，这与德勒兹的思路正好相反，后者向往的经由驱动影像发生的节奏，是反连续性的"合理的断裂"[3]，唯其不连续，才在虚拟中具有了折返本体

---

[1] ROBERTS J. Photography after the photograph: event, archive, and the non-symbolic [J]. Oxford: Oxford Art Journal, 2009, 32(2): 283-298.

[2] AITKEN S C. A transactional geography of the image-event: the films of scottish director, Bill Forsyth [J]. Transactions of the Institute of British Geographers, Vol.16, No.1(1991), pp.105-118.

[3] 吉尔·德勒兹.在哲学与艺术之间：德勒兹访谈录[M].刘汉全，译.上海：上海人民出版社，2020：84.

的变化性动力。

德勒兹认为，现代电影的发展很大程度上要归功于驱动影像。在现代电影中人物与空间成倍增长，以往在叙述中获得决定性位置的事件，开始变得分散或无法识别，相机处于永无止境的运动中，并倾向于在记录方面获得自主权，这都导致了驱动影像作为电影的标志，去形成电影的新定位，即从感觉运动转向对残酷的时间真相的揭示。康利概括道，这种揭示以及由此而来的风格，至少以两种方式导致了运动影像的崩溃。首先，对时间顺序的自然理解发生了熵变与退化，其目的是分裂历史的连续性；因为在一个自然主义的世界中，部分对象与暴力被固定在等待性的时间中，而这些等待性的时间却并没有生成什么，没有任何记录可以构成历史。相反，驱动影像承认在电影的质感和观众与电影的关系中，杂散的冲动比比皆是，而需要自身来承担。其次，驱动影像的视角，还有助于感知相对于整体的细节，从而发生大量事件，它们普遍存在并且扩散着，隐含于言语-图像的语法层次中，决定着一部电影的品质。德勒兹特别指出，驱动影像会产生一种色情电荷，其顺序分散在文本上，引起人们对电影叙述者及其年代之间，也即阅读与图像之间交换的眼动注意，这个过程实为一种广义的色情驱动。

将驱动与色情相联系，进而融合精神分析学说，是法国理论谈论事件的某种常态，第四章对利奥塔与朗西埃事件思想的论述已证实了这点。其当然受到了弗洛伊德无意识理论的深刻影响。弗洛伊德曾经从欲望及其补偿的角度分析戏剧性的产生，认为孩子通过嘴与乳房的性欲连续性保持与母亲不分离，只在本身已是某个人并从而拥有这种感觉的情况下，才将母亲视为一个人。这里的意思是，我们对一种对象的观看和接受，不是处在真空中的过程，而总是带有我们的立场与先决状态，这种状态进一步决定着我们的所见。比起稍后的话语政治学和反思社会学从话语权力来探讨这种先决状态的做法，精神分析直接将之与性欲联系起来，认为我们对戏剧的观看，不是在单纯进入一个作为概念性结果的对象，而是受性欲的驱动、调控而展开着观看它的过程。这在实质上和尼采攻击理性、发动非理性转向的初衷是一致的：理性的主要标志是知识与逻辑；人们之所以赋予知识与逻辑以力量与信任，是因为相信它们都旨在达成人自己与外部世界的一致，而使人获得自我保存的安全感；理性对这种自我保存的安全感的追逐，这种趋利避害的动机，属于强力意志的生命冲动，因而是非理性的；理性从而源于非理性，是被非理性这个更具先决地位的根子派生和演化出来的。可以看出，尼采所说的强力意志，和从精神分析角度来阐说戏剧性的理论家所说的色情与性欲，同属于非理性学理序列。

可以从与传统观看电影方式的比较中确认这一点。传统的看法维系于观众的感觉运动，但德勒兹提醒道，感觉运动的反应，是一种由微笑产生的心理形象在促使观众进行阅读的行动，不仅驱动影像与观众伸出的手交换语言，而且转变其视觉形式，使其在渴望中与自己汇合，并通过其凝视的混乱，引导其接受影像的吸引。此时吸引力不受意识形态的任何束缚，发出了一种类似于性欲的引诱：

> 通过话语中嵌入的另一种语言进行的气味交换的潜像变成了在小说中的其它地方（通常是通过相同的言语手段）扩散的事件。话语中几乎每个指称者都可以以类似的方式"详细化"，从而使色情、自传与破坏性的写作操作发生在阅读的过程中。……这是事件作为粉碎效果的阈值，事件来自"驱动影像"。①

电影意识，就基于从图像的感官运动体验到其视觉与听觉成分的连续分离的转变。康利总结道，在日奈的话语中，电影影像引发了事件，这些事件驱散并耗尽了欲望而产生了文学光环，包括其色彩、言语乃至令人叹为观止的效果，电影事件由此比比皆是。康利特意指出，德勒兹在对电影的研究中引用日奈的《小偷的日记》(*The Thief's Diary*)，暗示了日奈的作品是如何产生出超越电影传统框架的事件。德勒兹基于电影哲学的这一事件理论，因而具有颇为鲜明的时代生命力，影响了不少当代电影研究者。

可以感到，被作了上述分析的驱动影像事件论，其实质是要解决电影观看过程中的影像引诱与阅读介入的关系问题，事件就产生于这种关系中。阅读介

---

① CONLEY T. From image to event: reading Genet through Deleuze [J]. Yale French Studies, 1997(91): 49-63.

入，就是在事件对影像内外的驱动和贯穿中融合个体的主观经验与历史的客观进程，从而将主体建构为历史主体。德勒兹的这种事件描画和我们后文将要论述的巴迪欧以及某些更为年轻的事件理论家，比如约瑟特·费拉（Josette Feral）、莱斯利·威克斯（Leslie Wickes）与阿德里安·基尔（Adrian Kear）等一样，都致力于让事件成为当下历史的主观经验，由此指出的方向，具有深远的可持续生长意义与价值，成为事件思想史上生机盎然的一笔。

七、时间加速对空间的取代与事件的光学深度

法国理论对虚拟的特殊兴趣与关注，在另一位思想家保罗·维利里奥的事件观念中得到了某种呼应。他的一大学术重心是视觉文化研究，其特色是将视觉文化与社会构成、治理等政治批判问题相关联，探讨文化行为介入现实生活的批判性场域，反思这些场域中的权力，其运思范围广泛地涉及电影、电视、广告、电子游戏、精神分析、性别研究与酷儿理论等，突出的跨学科色彩同样调节着他对事件问题的看法。与其他学者相比，维利里奥对事件的少量谈论主要不是从剖析其具体运作机制展开，而更多地是从外部环境角度展开的。他出版于1996年的《事件景观》（*A Landscape of Events*）一书（英译本很快于2000年推出），书名便体现出了这种旨趣。贯穿维利里奥整个思想系统的一些关键词，诸如"速度学"（dromology）与"消失的美学"（the aesthetics of disappearance）等，进一步深化了他在1988年推出的《视觉机器》（*The Vision Machine*）等著作中有关"光线时间的频率已经成为事件的相对主义统觉（aperception）的决定因素"的论断，[①] 传递出对事件的估计。

维利里奥明确地将时间而非空间作为《事件景观》一书的主题，在时间的崩溃、加速、逆转、同时性等背景中，谈论这个书名的意思。他以为在时间加速的当今，空间本身被时间吞噬而变成了时间。这使事件概念具有了数学维

[①] 保罗·维利里奥.视觉机器［M］.张新木，魏舒，译.南京：南京大学出版社，2014：140.

度，根据概率论可以计算出其任何一种发生的可能性。作为一名具有建筑学背景的人文学者，他感兴趣的是，时间的加速导致事件来自大量的碰撞，每次碰撞都由媒体政治、社会与技术加以转播，展示其不协调向量以及意外性。这样，时间战胜了空间而成为我们的主要感知方式。在这种感知中，一方面，任何事情似乎都无法再从其它的事情中继续下去，而已经结束；另一方面，又仿佛什么事情都还并未结束。现在的持续时间，限制了历史的循环与重复。这的确是事件的真实体验。维利里奥提醒道，由于世界普遍的时间在重要性上正加速超越过去的、地方性的时间，这就需要我们超越传统的历史唯物主义视角，迫切地改革一般历史的整体维度，以便为虽然有限但能精确定位的事件的"分形"（fractal），以及由此形成的历史让路。这里有一个记忆与遗忘的张力性结构问题。维利里奥称之为事件景观：

> 景观没有固定的意义，没有特权的有利位置。它只以过路人的行程为导向。但在随后的文章中，构成时间景观结构的不再是大事件，而是无数事件，微小的事实要么被无意忽略（overlooked），要么被有意忽略（deliberately ignored）。①

把这点与上帝作一比照是有意思的，维利里奥不无感慨地指出，对于上帝来说，历史是事件的风景，没有什么事情是按顺序进行的，因为一切都是同时存在的。这是一种允诺并列的空间性感喟。与这种极端情形不同，现实生活的常态则是把空间变成了时间，社会已完全变成了时间的一种功能，持续的时间实际上是同时性的结合，后者却被不动声色地替代为前者了。

时间的加速取代了空间感，以至于"速度将视觉视同第一物质"②，成为事件的景观。这是一种独特而有趣的观察视角。把这种视角与更为常见和更易接受的视角稍作比较，便不难感受到维利里奥在思考上的新意，包括研究者们以"速度-空间"这类词语来概括其思想创造的用心。③ 时间上的"后"同时触及

---

① VIRILIO P. A landscape of events [M]. London：The MIT Press，2000：xi.
② 保罗·维利里奥.消失的美学 [M].杨凯麟，译.郑州：河南大学出版社，2018：150.
③ 伊恩·詹姆斯.导读维利里奥 [M].清宁，译.重庆：重庆大学出版社，2019：45.

空间上的"外",这是西方文化传统不离不弃的哲思主题。这一传统在源头上被希伯来民族由于流亡迁徙而期盼着摆脱屈辱、获得拯救的时间性思维所奠基,逐渐发展出人神二分的两重世界格局,呈现鲜明的超越性。从这种特有的超越观念出发,西方人"从不安于现状,总是追求未来"[①],既然面向未来作时间性筹划,西方人便需要在进入与熟悉未来之前慢慢体悟、琢磨尚未成为现实的陌生因素。这个过程,伴随着语言符号自身的主动凸显;因为陌生感来自人与事物之间所建立的一种特殊关系。这种关系的特殊性在于,人苦于无法用语言来顺利地表达事物,感到说法本身与所说的对象始终无法一致,而在试图陈述"事物是什么"时自觉顺服于符号之间不断打破常规关系的、无限自由的区分及建立在灵活差别基础之上的重组。这也解释了语言论为什么会在现代西方被恢复为一种自觉的传统:它源自文化本性。基于存在与语言的上述本体性联系,每个出场的符号,由于自觉置入整个符号系统,而在每次新显现出的符号关系中重新适应与存活,不断改变与更新(从而成为)着自己。就是说,未来作为尚未存在于现实中的可能性(符号关系),不现身为现实的接续,而是先行绽出着现实,使之嵌入了始终大于、高于它的生存论结构整体,而大于和高于的前提是外于。这意味着人对未来的追求已进入外于此的空间,如同海德格尔所言"先行于自身已经在(世)的存在就是寓于(世内照面的存在者)的存在"[②],作为时间的"先行于"与空间上外向性的"寓于"同时发生。探讨时间上的"后"维度,由此触及了空间上的"外"维度。"之外"在西方文化里,实可谓"之后"的题中应有之义,时间与空间在此意义上应是协调一体的。这似乎是个早已不证自明的前提性观念或者说信念,却也正是维利里奥此刻意图打破的东西,打破它的看似稳定协调的规律性,而代之以裂变:时间的加速挤兑着空间的感觉,这才是事件。他甚至从量化角度判定了事件的光学深度(optical depth of events),表示"人眼是分析可见物体结构的强大工具,能迅速抓住事件的光学深度(20毫秒)。"[③] 两相比较,维利里奥有意将时空的协调关系错乱

---

① 蒙田.蒙田随笔全集:上卷 [M].潘丽珍,王论跃,丁步洲,译.南京:译林出版社,1996:12.
② 马丁·海德格尔.存在与时间 [M].陈嘉映,王庆节,译.北京:生活·读书·新知三联书店,1999:222.
③ VIRILIO P. A landscape of events [M]. London: The MIT Press, 2000:47-48.

化，在表明事件的反常规、反惯习这一点上自有其独得之秘，为其他学者从时空关系的角度继续探究事件提供了基础。

  归根结底，德勒兹的虚拟概念，在维利里奥对当代艺术、城市空间的速度以及新技术对现代生活方式的影响等方面体现出继承的痕迹。晚近学者们引用他发表于 2012 年的《速度的革命》(Revolution of Speed)一文中的观点："最重要的是，我相信我们必须把我们同时经历的现实世界看作是虚拟的和真实的。虚拟与现实并不矛盾；也就是说，随着行动的转变，在旧世界中，虚拟是最不重要的。相反，今天，在我们邀游的这个虚无缥缈的世界里，虚拟战胜了现实……对于表征来说也是如此：虚拟映像比实际映像更具有实时性。"[①] 在虚拟造就事件这一点上，他与德勒兹取径一致。这也正是我们将维利里奥置于德勒兹之后予以论述的初衷所在。

[①] KAISER B M. Singularity transnational poetics [M]. New York: Routledge, 2015: 84.

第六章　事件在欧陆的超越性展开
——巴迪欧与齐泽克事件论

受到德勒兹的影响，巴迪欧与齐泽克在交锋的意义上构成了欧陆事件思想的一个高潮。巴迪欧从"溢出"的角度探讨事件作为情势中的不可确定性，描述其作为自身所产生的后果的整体，在形成一系列醒目结论的同时，也使自己的事件论切入文学阐释，尤其是奇幻文学阐释具备了可能，其后期关于事件与电影关联的分析同样颇具启发。身为晚近左翼公共知识分子的著名代表，齐泽克选择了在与巴迪欧的积极对话中推进事件研究的策略。他既肯定了巴迪欧以异质性非存在界说事件的用心，又对其仍允可偶然性转化为某种必然性的客观理路持鲜明异议，而在对唯物主义的深层重审中，阐述了事件如何作为超出原因的结果而存在，以及与之相关的去事件化问题。

一、情势中的事件位

与维利里奥差不多同时、又醒目地以与德勒兹等学者相类似的思路探讨事件的，是当代法国理论的重要代表人物阿兰·巴迪欧。如果说福柯明确将事件化当作一种研究方法，那么，福柯之后的巴迪欧建立起了事件哲学的本体论。他将事件看作是一种存在本质的断裂，而与这断裂时刻相伴的是真理的显现，也即使那"无所不在，亘古如斯，难以瞥见"的真理从隐蔽状态中显露出来。① 巴迪欧认为"每一个独特的真理都根源于一次事件。某事必须发生，这样才能有新的事物。甚至在我们的个人生活里，也必须有一次相遇，必然没有经过深思熟虑、不可预见或难以控制的事情发生，必然有仅仅是偶然的突破"②。在此，事件被巴迪欧赋予了一种绝对的超越性，人类在事件面前显然不具有主导地位。他质疑德勒兹用独异性来界说事件的做法，认为如果按德勒兹，一切都是事件，那便会出现如何将事件与事实区分开的问题，德勒兹的"褶子"概念"极具抗扩展性，似迷宫般直接且定性，以至于他根本无法解释事件或破裂的独异之处"③。于是，在德勒兹的基础上，他进一步认为"事件是连续性中的一种无法理解的断裂，是与存在的一种分离，是一种无根无据的杂多，从中新事物之创造得以涌现"④。对于德勒兹与巴迪欧在事件思想上的异趣，英国学者让-雅克·勒塞克勒(Jean-Jacques Lecercle)在其出版于2010年的《巴迪欧与德勒兹读文学》(*Badiou and Deleuze Read Literature*)一书中概括道：

> 我们理解了为何德勒兹与巴迪欧在"事件"一词中不表达相同含义。巴迪欧的事件是以强调的复数形式构思的，它既真实(real)又是其自身(actual)；或确切地说，巴迪欧完全拒绝德勒兹从柏格森那里继承而来的虚拟世界(the virtual)。⑤

事实上，在代表作《哲学宣言》(*Manifesto for Philosophy*)中，巴迪欧明确表示要与布朗肖、德勒兹与德里达这些"文学崇拜狂"将真理问题仅与文学艺术(诗性)联系起来考察的做法分道扬镳。⑥ 他走的是一条深受其老师阿尔都塞以及拉康等精神分析理论家影响的、科学主义的运思道路。与德勒兹带有显著后

---

① BADIOU A. Being and event [M]. New York: Continuum International Publishing Group Ltd, 2006: xii.
② 陈永国.激进哲学：阿兰·巴丢读本 [M].北京：北京大学出版社，2010：代序 7.
③ FRASER M. Event [G] //Theory, Culture & Society. Goldsmiths: University of London Press, 2006: 131.
④ 汪民安、郭晓彦.生产（第 12 辑）：事件哲学 [M].南京：江苏人民出版社，2017：81.
⑤ LECERCLE J-J. Badiou and Deleuze read literature [M]. Edinburgh: Edinburgh University Press, 2010: 25.
⑥ 阿兰·巴迪欧.哲学宣言 [M].蓝江，译.南京：南京大学出版社，2014：43.

现代背景与色彩的事件思想相比，巴迪欧有关事件的论说相对显得传统，他对此的思考是与哲学的真理性与"存在之所为存在"（l'être-en-tant-qu'être）这样的目标联系在一起的。① 这是古希腊时代便已确立的真理目标。按照亚里士多德在《形而上学》(Metaphysics)中的经典论述，本体论研究分离的、不运动的东西，即研究"作为存在的存在"(to on hei on)②，他与此类似的表述是"作为存在物的存在物"③。亚里士多德在《形而上学》中多次强调，对于作为存在的存在的思辨属于同一门科学，④ 这便是本体论。而亚里士多德认为，在原始意义上，存在是实体(ousia，即本体，我国学者苗力田译为"实体"，吴寿彭译为"本体"——引者注)，⑤ 超出原始意义后，存在又与实体有别，实体则与本质相关，本质在亚里士多德的哲学中以"所以是的是"(to ti en einai)这一概念面目出现。对这种看起来已十分古老的本体论传统，在当代思想大多予以摒弃或反思的情况下，巴迪欧以某种逆流而上的醒目姿态强调捍卫柏拉图主义的重要，不过他不再从诗的隐喻角度去论述客观化问题，而试图从数学［哥德尔(Kurt Gödel)与科恩(P. Choen)］的角度实现这种捍卫，认为柏拉图理念学说背后的深层支配力量是数，由此吸收康托尔集合论思想等现代资源，提出数学本体论并以之为事件思想的动力。

巴迪欧认为哲学不是一元化的存在，而是一种让思考变得可行的、由"真理程序"充当前提条件的集合，在《存在与事件》(Being and Event)这部充分使用数学方式来论述的著作中，他试图建立"空"（数学上的空集）与"存在之所为存在"之间的根本关联，将上述程序性集合分为四个前提——数元、诗、政治创造与爱，它们依次对应于科学真理、艺术真理、政治真理与爱的真理，而"真理之源(origine)就是事件的秩序"⑥，它是当下的一种新的、例外的事物。事物的状态作为"情势"（这是巴迪欧独创的术语，指所有展现出的多元），代表了任何样态之"多"，在其中实现着事件对真理的补充。这意味着事

---

① 阿兰·巴迪欧.哲学宣言［M］.蓝江，译.南京：南京大学出版社，2014：6.
② 亚里士多德.形而上学［M］.苗力田，译.北京：中国人民大学出版社，2003：58.
③ 亚里士多德.形而上学［M］.苗力田，译.北京：中国人民大学出版社，2003：64.
④ 亚里士多德.形而上学［M］.苗力田，译.北京：中国人民大学出版社，2003：61-63.
⑤ 亚里士多德.形而上学［M］.苗力田，译.北京：中国人民大学出版社，2003：127.
⑥ 阿兰·巴迪欧.哲学宣言［M］.蓝江，译.南京：南京大学出版社，2014：15.

件在遇到其额外状态时才使真理降临，或者说，对事件进行命名，才带出了真理程序的起点。立足于情势，巴迪欧探讨了事件的性质：

> 事件的本质是相对于它属于情势而言的不可确定性。①
> 不可确定性是事件的理性属性，是对其非存在的救赎性保障。②
> 这种不可确定性是事件内在固有的属性，它是从规定事件的多之形式的数元之中演绎而来的。③

在巴迪欧的独特术语系统中，事件的不可确定性与其"一个多"性质有关。"一个多"即完全异常的多，它又被巴迪欧称为"事件位"，其处于"空的边缘"上。④ 相对于自然情势，具有事件位的情势，是为巴迪欧所肯定的"历史性情势"⑤，正是它使历史在存在的极限处得以呈现。位是事件存在的前提，巴迪欧用一句话交代了事件位的性质："在情势中存在着事件位，但不存在事件性的情势。"⑥ 因为在他看来，事件总是情势中的某个点，存在于至少一个位的情势中，而非整个情势，这就导致了"事件位的悖论"，即"它只能在它被展现的情势中所未展现的东西的基础上来认识"，⑦ 没有任何东西先在地属于它，一种多元组合的无限回归可能性由此得到了阻止。也就是说，"情势并没有给出任何基础告诉我们事件是否属于它"⑧，事件位在情势中展示出了事件，事件却无法从构成自身的具体内容中来确证这种展示，它只是"介入"本身。由此排除了巴迪欧所警惕的两种事件对立面：一是"在不确定呈现的中立性体

---

① 阿兰·巴迪欧.存在与事件[M].蓝江，译.南京：南京大学出版社，2018：241.并参见 BADIOU A. Being and event [M]. New York：Continuum International Publishing Group Ltd，2006：193-194.
② 阿兰·巴迪欧.存在与事件[M].蓝江，译.南京：南京大学出版社，2018：247.并参见 BADIOU A. Being and event [M]. New York：Continuum International Publishing Group Ltd，2006：198.
③ 阿兰·巴迪欧.存在与事件[M].蓝江，译.南京：南京大学出版社，2018：251.
④ 阿兰·巴迪欧.存在与事件[M].蓝江，译.南京：南京大学出版社，2018：217.
⑤ 阿兰·巴迪欧.存在与事件[M].蓝江，译.南京：南京大学出版社，2018：220.
⑥ 阿兰·巴迪欧.存在与事件[M].蓝江，译.南京：南京大学出版社，2018：219.
⑦ 阿兰·巴迪欧.存在与事件[M].蓝江，译.南京：南京大学出版社，2018：239.
⑧ 阿兰·巴迪欧.存在与事件[M].蓝江，译.南京：南京大学出版社，2018：251.

制中吸纳了事件……这导致了事件性的消散",即来自因果预设的事件;二是反过来"没有通过事件的事件再现出'那里有'的绝对观念",① 即不承认自己非存在的事件。"事件相对于一的溢出的观念"②,由此在巴迪欧这里得到了推进性阐释,他是怎样环环扣进的呢?

二、一之溢出:事件是其产生的后果整体

  传统对哲学的理解,总离不开把它设定为真理说教的角色的做法,但诚如研究者在巴迪欧出版于2013年的一部访谈录中开宗明义指出的那样,"哲学写作——不管其风格或文学品质的影响如何——总是说教性的写作:其基本原理在于传达思想,从而使人信服并改变智力上的主观性"③。而哲学的任务与其说是直接建立起某种真理,毋宁说是圈定真理的范围,在其中让作为真理诸程序的上述状态共存,并聚集起所有的额外名称,它们决定了哲学的回归。巴迪欧使用了一个形象而著名的说法:真理在知识上打洞。因为有了上述复合型的真理程序,四种类型的真理程序出现了彼此富于异质力量的事件性,而改变了以往哲学那种百科全书式的知识维度,引入了"打洞"这种更能直面与正视异质性的真理维度(大真理)。要言之,哲学并不生产真理,无法和不应建立一个貌似自成一体的空间,却旨在生产诸多异质性真理共存的关系与格局,建立一种异质性的共同体。对此他联系对政治的理解而表达得很清楚:"一个事件绝非分有的配置(en partage),即便我们从事件中所得出的真理是普遍的,因为对事件的认识与政治决策是一致的。政治是危险的、激进的,通常在自我设定的指令下,其不分彼此地忠实于事件的独特性。"④ 在其著作《伦理学:论恶的理解》(*Ethics: An Essay on the Understanding of Evil*)中,巴迪欧将事件看成具

---

① 阿兰·巴迪欧.存在与事件[M].蓝江,译.南京:南京大学出版社,2018:244.
② 阿兰·巴迪欧.存在与事件[M].蓝江,译.南京:南京大学出版社,2018:246.
③ BADIOU A, TARBY F. Philosophy and the event[M]. Cambridge: Polity Press, 2013: vii.
④ 阿兰·巴迪欧.元政治学概述[M].蓝江,译.上海:复旦大学出版社,2015:20.

有绝对异质性的存在，指出它不与"他者"相融，相反拉开着距离。① 齐泽克对此总结道："哲学家阿兰·巴迪欧近年来提出了无法被还原为简单变化的事件概念，在巴迪欧看来，事件是一种被转化为必然性的偶然性（偶然的相遇或发生），也就是说，事件产生出一种普遍原则，这种原则呼唤着对于新秩序的忠诚与努力。"② 这里对以偶然性为外现形态的异质性的概括应该说是准确的，它表明在巴迪欧这里，事件得从其所产生的后果来考虑。

被齐泽克赞许为"关于巴迪欧的最好的书"的弗兰克·路达（Frank Ruda）2015 年出版的《关于巴迪欧：非理想主义的唯心主义》（*For Badiou: Idealism Without Idealism*），由此准确地将这一点概括为"事件只是事件所产生的后果的整体"（an event is nothing but the ensemble of the consequences it produces）③，并围绕这点阐释道：

> 因为一个事件本身可能仅仅是超一致性的，但巴迪欧定义它的方式却表明了另一个关键方面：一个事件不过是它所产生的后果的整体。一个事件仅由它能够产生的后果来衡量，因此只能在存在与外在的联系（linkage of being and appearances）中加以考虑。因为如果该事件（不是奇迹般的干预）本身没有实质性意义，则必须声称唯一出现的就是后果。④

"存在与外在的联系"有一个在临界点上转化的问题，前者的异质性存在，决定了它从现实外在事物上的一跃而出，也决定了事件与大一机制的分离以及在分离过程中所自然产生的剩余性因素。这里确实可以看出，两者相互异质地外在着，使齐泽克所担忧的"溢出"后忠于新秩序这一点，显得并非无的放矢。早在出版于 1985 年的《我们能思考政治吗》（*Can Politics be Thought?*，

---

① BADIOU A. Ethics: an essay on the understanding of evil [M]. London: Verso Press, 2001: 18-29.
② 斯拉沃热·齐泽克.事件 [M].王师，译.上海：上海文艺出版社，2016：212.
③ RUDA F. For Badiou: idealism without idealism [M]. Evanston: Northwestern University Press, 2015: 103.
④ RUDA F. For Badiou: idealism without idealism [M]. Evanston: Northwestern University Press, 2015: 65-66.

此书比《存在与事件》早三年出版，比《哲学宣言》早四年出版)中，巴迪欧已这样界定"事件"：

> 我所谓的事件就是大一机制的辨识定性留下了一个剩余(un reste)，这个剩余让大一的机制失效(dys fonctionnement)了。事件不是预先给定的，因为大一的体制就是全部给定物的法则。事件也就是一种解释的产物。①

剩余意味着溢出，上述异质性由此进而决定了真理与"溢出"的必然关系。巴迪欧指出，"真理是类性的，是从所有准确的称呼中抽离出来的东西，相对于这些用来认识的称呼来说是一种溢出"，也恰是这种溢出建立起思想的方向，并最终证明"漂浮不定的溢出就是存在之真"，②即"存在之所为存在"。事件就是这种"溢出"的过程与产物：

> 事件是额余之物(surnuméraire)。……正是事件溢出的维度以及其委派给政治的任务限定了哲学，因为它有责任去建立在政治上的革新性的命名事件的行为，这个事件与那些同时(亦即在我们的时代)在数元、诗、爱上创造了一道裂缝的东西彼此有可能共存。③
>
> 为了容纳其四个前提，并让这四个前提彼此共存成为可能，哲学必须决定"什么不是存在之所为存在"，这也就是我所谓的"事件"。④
>
> 这是某种从情势中溢出的东西，即事件。⑤

尽管巴迪欧在提出"溢出"这一概念时结合了大量的数学背景，并使用了数学推导公式；但如同非数学专业的研究者所努力阐释的那样，"原本的集合，

---

① 转引自：蓝江.忠实于事件本身：巴迪欧哲学思想导论［M］.北京：北京师范大学出版社，2018：49.
② 阿兰·巴迪欧.哲学宣言［M］.蓝江，译.南京：南京大学出版社，2014：55-56.
③ 阿兰·巴迪欧.哲学宣言［M］.蓝江，译.南京：南京大学出版社，2014：60.
④ 阿兰·巴迪欧.哲学宣言［M］.蓝江，译.南京：南京大学出版社，2014：78.
⑤ 阿兰·巴迪欧.哲学宣言［M］.蓝江，译.南京：南京大学出版社，2014：80.

或者原初的多,即诸多之多之中,不存在一个计数为一的规则。这个计数为一的规则是额外出现的,它对所有原初的多,对诸多之多进行了分类、架构、计数,但问题是,这个计数为一的规则(如果我们也可以将之看成一个多的话),是否属于原来那个多"①。"一"乃是"多"的事件化后果,它就存活于事件中。在上面的界说中,"什么不是存在之所为存在",即"溢出"的发生。事件的独特"溢出"性决定着哲学的重构,在巴迪欧看来至少引发了三个方面的积极后果:客体的毁灭;二的情形的颠倒;对不可认识之物的思考。第一点受到了拉康等思想家的影响,反思并克服那种让唯一的主体受益的客观性。这种将主体与事件联系起来考察的思路,是当代法国理论的某种共性,比如利奥塔在探讨事件时也拈出了主体的问题,认为"事件是超出再现的事件,是主体经历的事情;但是他或她无法理解或充分思考,更不用说连贯地叙述。事实上,这一事件对主体产生了更深刻的影响:它解除了他或她自发的、有原因的和有源头的欲望,成为他或她自己的主人和指挥官"②,即相信事件来自主体、超越主体而又反过来深刻影响主体并成为主体的主人。对主体在事件中的这份重视,也与稍后齐泽克有关"重新建立一套主体理论,使主体存在从属于事件的机遇维度,同时从属于多元存在的纯粹偶然性,并且不牺牲真理的主旨"的立场一致,③ 可见它在左翼事件理论中获得的共识。上述第二点是巴迪欧着意强调的,所谓二的情形,让人想起各种传统辩证法,它们在根本上却是偶发性的,属于事件的衰退,进而使真理沦为可描述与命名的。至于第三点,则与维特根斯坦有关在不能言说处必须保持沉默的观点决裂——巴迪欧曾专门著有《维特根斯坦的反哲学》(*Wittgenstein's Antiphilosophy*)一书,这保证了"多的柏拉图主义"的实现,④ 也让人想到南希对事件的惊奇性的强调,不可言说的是令人惊奇的。存在、主体与真理,在事件的"溢出"中成为了三位一体,今天的哲学是可以沿循此路前行的。

巴迪欧谈到了保罗·策兰(Paul Celan)的诗歌,但不同意德里达、伽达默

---

① 蓝江.忠实于事件本身:巴迪欧哲学思想导论[M].北京:北京师范大学出版社,2018:165.
② SIM S. The Lyotard dictionary [M]. Edinburgh: Edinburgh University Press, 2011: 70.
③ 阿兰·巴丢.圣保罗[M].董斌孜孜,译,桂林:漓江出版社,2015:1.
④ 阿兰·巴迪欧.哲学宣言[M].蓝江,译.南京:南京大学出版社,2014:77.

尔(Hans-Georg Gadamer)与菲利普·拉库-拉巴特(Philippe Lacoue-Labarthe)等人在诗本身中探讨哲学问题的做法,因为在他看来,策兰以及所有诗人的诗对自身而言都是非充分的,基于真理的四重程序,诗无法单凭自己抵达真理,而需通过"艺术的中断",等待哲学来对它进行"缝合"①,并最终与其它程序并存性地开启真理,这个过程不是消除而是加深了孤独。这使我们探讨巴迪欧事件思想与文学的关系时保持审慎的态度;但既然文学由此有一个接受"缝合"、向真理"溢出"的事件化过程,对这一过程的进一步考察,会带出语言在事件思想中的地位与作用等相关的重要理论问题。在《非美学手册》(*Handbook of Inaesthetics*)等著作中,巴迪欧反对传统那种将艺术转化为哲学对象和发展为艺术哲学或者说美学的惯常做法,而提出艺术本身作为真理的生产者角色定位,加强了我们对这个问题方向的揣测。可以这样来具体表述这个问题的思路:巴迪欧的事件论有没有可能被运用于文学?

三、事件与文学:奇幻阐释

集中论及艺术问题的《非美学手册》等著作,透露出巴迪欧在艺术问题上的看法,这些看法当然是事件思想的进一步展开。从常规角度看,艺术品以清晰的、结构化的语言组织为表述目标,这是传统艺术的一种惯见。巴迪欧不赞成这样一种思路,因为艺术的清晰性是以消解事件、简化(从而歪曲)真理内部诸程序的复杂并存关系和"溢出"意向为代价的,无法以某种现成的框架来直接表述艺术作品的意义,结构组织的"溢出"——扭曲乃至晦涩,是作为事件的艺术的常态。在这个意义上,语言注定将遭遇限度,这种语言限度成为事件的决定性要素。当巴迪欧指出艺术的"真相总会碰到极限,由此证明此真相为独一性的真相,它完全不会被整体所自我意识到"时,② 他揭示出的正是"溢

---

① 阿兰·巴迪欧.哲学宣言[M].蓝江,译.南京:南京大学出版社,2014:61.
② BADIOU A. Handbook of inaesthetics [M]. California:Stanford University Press,2004:23.

出"的语言实质。真相由多重程序所保证与造就，不可能被说完与解释穷尽，所说出者相对于整个真相而言便只能是部分的。这中间的落差追溯起来，与巴迪欧对于拉康理论的服膺与追随有关，他宣称"唯有在与拉康共存的情况下，今天的哲学才是可能的"①，拉康的鲜明建立在语言论基础之上的精神分析学说，提供了深入理解巴迪欧上述语言限度思想的角度。

如第二章第一节所述，对拉康来说，事件是征候地带所带来的新奇之物，拉康研究者们用最简洁的公式表示为"事件＝新奇（novelty）"②。如果不否认征候在宽泛意义上即"溢出"，那么从语言（叙述）角度看，"溢出"指代的是事件高出于、大于和多于叙述的张力间距，这同样不是意识的安排，而是本体论上的必然：叙述发出的视点，无论如何无法穷尽事件的客观面貌与内涵，而只能是对后者的某一角度、侧面与层次的触及，这是由语言的根本性质所决定的。让·雅克·勒塞克勒论证了巴迪欧上述事件思想对奇幻（fantastic）文学的独特阐释优势，以奇幻演绎真理程序作为事件的"溢出"性，进一步展示了事件与文学的奇幻性关联。

勒塞克勒对比研究了德勒兹与巴迪欧的事件思想在文学阐释方面的效用，观察并得出了一些有趣的结论。他认为，德勒兹的事件思想适合阐释战争题材的文学作品，而巴迪欧的事件思想则适合阐释奇幻题材的文学作品——"我所描绘的奇幻理论，确实可以用巴迪欧的哲学来翻译"③。他具体分析道，德勒兹所说的事件需借助虚拟来实现，"虚拟不再是混乱的虚拟，而是已经变得一致的虚拟，已经成为一个实体，在一个分割混沌的内在平面上形成。这就是我们所说的事件，或在发生的每件事中逃避自身实现的部分。这件事不是事态。它是在一种状态中，在一个身体中，在一种经验中实现的；但它有一个模糊的秘密部分，不断地从它的实现中减去或增加：与状态相反，它既不开始也不结束，而是获得或保持了它所适应的异教徒运动。……它不再是混乱的虚拟，它在内

---

① 阿兰·巴迪欧.哲学宣言［M］.蓝江，译.南京：南京大学出版社，2014：59.
② BARTLETT A J, CLEMENS J, ROFFE J. Lacan Deleuze Badiou［M］. Edinburgh：Edinburgh University Press，2014：122.
③ LECERCLE J-J. Badiou and Deleuze read literature［M］. Edinburgh：Edinburgh University Press，2010：165.

在层面上变得一致或真实,从而将其从混乱中解救出来"①,得到的是纯粹事件。由于德勒兹从对已实现部分的抗拒这一点上来论证虚拟,无论具体去抗拒什么和如何去抗拒,抗拒这个姿态本身是确定不变的,这个在否定中推出新的肯定性结果的事件化过程,显然便对充满了各种未知意向与不确定因素的奇幻现象与文学不会感兴趣,而很自然地会将阐释的重心放在战争这一主题上;因为无疑,战争是为了暂时的和平,因而是最能体现上述抗拒的典型事件形态,"战争是纯粹事件的最佳形象"②。所以,奇幻性文本不是德勒兹事件论在文学阐释上的最佳文本,后者的更佳担当者是托尔斯泰(Lev Nikolaevich Tolstoy)、司汤达(Stendhal,原名 Marie-Henri Beyle)与斯蒂芬·克兰(Stephan Crane)等作家的战争题材小说。

与之异趣,奇幻性文本"关注的是根本上全新的事件,而不是伴随每一次事故的事件的虚幻本质"③,它确实更适合巴迪欧的阐释:致力于各种不同的异质性程序之间的随时出乎意料、打破常规的共存。这里对于不定因素的充分许诺,是在真理的名义下展开的,勒塞克勒以为这较之于德勒兹对虚拟的强调,有着更为坚定(尽管是在"多"的基础上)的一面。他形象地继续指出,"在巴迪欧所描述的情况下,当一个事件发生时,由于它是不可辨别的、转瞬即逝的、不可测量的,它只能在未来的前方被抓住,它就会发生,它将通过一个询问的过程被回顾性地抓住。但是,叙述的特权在于将那些无法被立即感知的东西展示出来,并将其作为奇迹、顿悟来表现"④。这就相当明确地将"溢出"与叙述的性质联系起来考察问题,引出了事件的叙述动因。勒塞克勒以奇幻小说《科学怪人》(*Frankenstein*)为例,通过分析其情节,指出故事中事件发生的领域是科学领域,但可以从情节中推断出法国大革命这一政治事件的痕

---

① LECERCLE J-J. Badiou and Deleuze read literature [M]. Edinburgh: Edinburgh University Press, 2010: 177.
② LECERCLE J-J. Badiou and Deleuze read literature [M]. Edinburgh: Edinburgh University Press, 2010: 178.
③ LECERCLE J-J. Badiou and Deleuze read literature [M]. Edinburgh: Edinburgh University Press, 2010: 178.
④ LECERCLE J-J. Badiou and Deleuze read literature [M]. Edinburgh: Edinburgh University Press, 2010: 168.

迹，同时在造物的过程中使人发现爱的劳动，这一切又都发生于带有哥特式风格的文学作品——小说中，这一来"对一个事件的出现，它留下的痕迹，它所引发的真理过程以及随后的主观性过程作一种情感叙述，这种过程会在胜利者的身上产生一个反应性的主体"①，其文学后果尤其应得到估计。由此观之，在对科幻叙事进行研究时，巴迪欧的事件理论不失为一种值得积极借鉴的学理资源。

倘若承认奇幻在广义上是文学的根性，那么，能被如此运用于文学阐释的巴迪欧事件论，证实了自身具备某种与文学类似的性质。这归根结底来自事件的多重程序所构成的异质空间，可以由此从学理上深入挖掘巴迪欧在文学创作上留下的线索与流露出的潜质，探究文学能否以及如何成为进入巴迪欧哲学的一条有效途径，而形成有趣的未竟课题。

四、恩典性、电影与事件

除以上较为集中专门的论述外，在谈论电影时，巴迪欧的阐述中也有一部分涉及了事件问题。这主要体现在他发表于1998年的一篇答问文章中，该文后被收入《论电影》(*Cinéma*)一书，此书于2010年出版，三年后即有了英译本。文章是从回答提问者有关巴迪欧自己在1968年法国五月风暴中的经历切入的，这当然是一个"事件"，由此引出了事件的话题。巴迪欧不回避有关的经历，坦承当包括自己在内的一个人被某个事件抓住时，鉴于其新颖性，是很容易有一种不打算反对它的状态产生的。他认为这种经历对他探讨事件问题有刺激作用，自己事实上也并非从一开始就关注事件问题：

> 事件概念的重要性主观上取决于我的经历。它确实发挥了重要作用。

---

① LECERCLE J-J. Badiou and Deleuze read literature [M]. Edinburgh: Edinburgh University Press, 2010: 173.

的确，在上一时期，包括我在内的每个人都更倾向于结构性概念，而不是事件性概念。①

这里把事件与结构明确对立并举，显示出事件的反结构（主义）、后结构（主义）色彩。不过巴迪欧承认，身份的历史认知是复杂的，一个学者完全可能既是结构主义者，又是激进的某主义者，中间可以存在转变，拉康与阿尔都塞都是这方面的例证。前者反对美国的精神分析学，试图重返弗洛伊德，后者旨在更新对马克思主义的理解，他们却都同时得到了精神分析学者与马克思主义者的认同。巴迪欧挑明这点是想强调，电影也是这样的，因为我们完全可能在电影中看到结构主义倾向与事件的并存，以及由此而来的对破裂的肯定与对激进政治承诺的渴望。

这自然与巴迪欧对艺术的总体看法有关。他回忆道，早在巴黎高等师范学校学习时就常去影院并热衷于观看电影，从《寂静的时代》开始，一批伟大的经典电影，是他终其一生的思想力量的一个来源，这股热情一直延续至新浪潮电影在法国兴起。虽然他从不以电影评论家自居，但在成为一位忠实的电影爱好者这点上毫不含糊，甚至还饶有兴味地提到了侯孝贤与王家卫等华语电影导演的作品。在他眼里，艺术是哲学的条件之一，为他的哲学的发展作出了贡献，并使他始终对当代各种有关"艺术的终结"的主题保持警惕。这细究起来又是由于，艺术在塑造主观性方面扮演着重要角色，它能起一种浸渍作用，具有强大的潜意识功能，对欲望的一般结构具有独特的阐释能力。在这样的思考背景下，提到电影便是很自然的事。在回答提问者有关对法国新浪潮电影的评价时，巴迪欧表示，自己与之渊源颇深，后者构成了他对政治秩序的哲学思考的一部分。因为新浪潮电影不同于传统电影，它与游荡心态以及游离某个既定领域的感觉有关，往往围绕着强烈的自我审问展开，而不像一般电影那样，习惯于通过既定角色来生发出世界，仍属于连续性与整体性作用下的结果，在其中，事物的构造方式都是从整体着眼的。对包括新浪潮在内

---

① BADIOU A. Cinema [M]. Cambridge: Polity Press, 2013: 110-111. 并可参看汉译本：阿兰·巴迪欧.论电影 [M].李洋，许珍，译.上海：华东师范大学出版社，2020：162.

的电影的这种旨趣，很容易使我们想起本章前面论述过的德勒兹。巴迪欧认为，德勒兹讨论电影的初衷完全是哲学，提出的相关问题完全是哲学上的，电影最终与时间和运动有关，是阐明这些关键问题的极其重要的领域，这种旨趣在某种程度上和巴迪欧是一样的。那么，他从事件进一步谈及电影的关键理据何在呢？

他抓住了电影是不纯的这一点来谈，认为这门富于杂质的艺术，从杂质中既获得了优点也形成了缺点。优点在于，电影有能力吸收非常广泛甚至十分遥远的资源；缺点则在于，电影具有"内在的折衷主义"（inner eclecticism）[1]，即虽然有可能在观看与接收的效果上很出色，在构成上却不免是琐碎的，比如依靠其它地方的东西，又使它们结合在一起，或给出某种暗示等。技术的发展，加剧和无限延伸着这种杂质化。尤其是在今天，电影几乎已扩展至最大容量，在显示出绝对新颖性和富于原创性的同时，也常显得过于繁琐。巴迪欧援引安德烈·巴赞的一个说法——事件即恩典（event as grace）[2]来说明这种繁琐带给人们的恩典效应。他指出，长期以来由于电影发展的上述状况，要获得恩典就必须生活在禁欲中，这个非常古老的想法实际上造就着观众里的穷人；但影院不应当成为穷人俱乐部，使影院变得贫穷的动因说到底都是人为的。巴迪欧尖锐地发问道："这种想法作为恩典和通道仍然有效吗？这就是我要探究的。"[3] 他对巴赞这一事件论的保留意见，可以结合前面德勒兹有关"驱动影像"的论述来理解，即倘若满足于恩典性，电影就是观众被动卷入其间，而并不能得其真谛的，介入相当于德勒兹所说的阅读环节，才有助于打破恩典所预设的纯粹被动的参与特征，而驱动性地穿透恩典，直击作为事件的电影。这再度证明"影像正是因为在影像以外之物的基础上被构建，才有机会真正成为美丽又有力的影像"[4]。正如在同一篇文章中巴迪欧所强调的那样，"每个重大事件都会在其内部生成自己的反对数据，这就是我目前正在尝试分析的内容。事件的主观产生一方面涉及保真度，另一方面涉及本身就是真正发明的反作用的创建。必须

---

[1] BADIOU A. Cinema [M]. Cambridge: Polity Press, 2013: 124.
[2] BADIOU A. Cinema [M]. Cambridge: Polity Press, 2013: 123.
[3] BADIOU A. Cinema [M]. Cambridge: Polity Press, 2013: 124.
[4] 阿兰·巴迪欧.追寻消失的真实 [M].宋德超，译.南宁：广西人民出版社，2020：33.

发明行动,但反应也必须发明",这种不断进行着的反作用阅读,是在一个为影像所生发出来的审美世界中注入解码的热情,必然触及话语文化政治,而证明了"将政治视为事件发生的条件"的必要性和必然性。① 鉴于巴迪欧自己明确表示,在这一点上他与德勒兹形成了共鸣,我们认为,作这样的理解是符合巴迪欧本意的,也能从中看出从德勒兹到巴迪欧的一条事件思想演进线索,它把电影与事件性思考贯合起来了。

五、超出原因的结果及去事件化问题

和以法国为主的欧陆理论家一样,目前仍活跃于国际学术舞台的齐泽克,也对事件问题发表了不少见解,并著有《事件》(*Event*),被公认为是晚近事件思想谱系所绕不过去的一个标志性人物。作为当今世界上最多产、最著名的哲学家与文化理论家之一,他颇具挑衅性的作品融合了黑格尔的形而上学、拉康主义的精神分析学与马克思主义的辩证法,挑战传统知识。他在事件研究上的鲜明特色在于,常常将对事件的哲学论述与现实生活中爆发的各种实际事件紧密地联系起来分析,如在问世于2008年的《为损失的原因辩护》(*In Defense of Lost Causes*)一书中便专辟一节论述"米歇尔·福柯与伊朗事件"②,并大量引用巴迪欧的事件论,与德勒兹、巴迪欧相比,显示出更为入世的公共知识分子学术风范。其事件思想主要包括以下几方面。

对事件的探讨本身也应采取非静止的、属于事件本身要义的方式,这是齐泽克始终坚持的主张。他不止一次表示过,事件的未决性(undecidability)使它"不处理任何预先的本体论承诺"③,因此关于清理的事件(the event of clearing)本身就是"一种激进而彻底的变形(a radical and thorough distortion),不可能

---

① BADIOU A. Cinema [M]. Cambridge: Polity Press, 2013: 119.
② ŽIŽEK S. In defense of lost causes [M]. London: Verso, 2008: 107 - 117.
③ MILBANK J, ŽIŽEK S, DAVIS C. Paul's new moment [M]. Grand Rapids: Brazos Press, 2010: 83.

'回到未变形的世界中去'"①。他并把这一点同对海德格尔 Ereignis 一词的考察结合起来,认为海德格尔对"本有"的沉思显示出某种矛盾心态,即在捍卫希腊传统的同时虽顾及到了东方思想,却仅仅"偶尔暗示"而未及深入追究事件与"东方关于原始虚空(primordial void)的概念产生共鸣"的问题,②后者恰恰是与"变形"有关的世界。这种旨在严格保持理论内容与实施行为之间一致的意识,体现出齐泽克的苦心,值得称赏,尽管它在事件思想研究中的真正具体落实仍有待于艰辛的探索。

强调事件的奇迹性、意外性乃至神性,成为齐泽克事件叙述的一个基本出发点。他是从与日常生活的鲜明比照中凸显事件性质的,认为对事件的原因的回溯决定了事件的所谓原因与理由;但实际上事件的发生与发展并不因循这样一条因果论线路。相反:

> 我们可以将事件视作某种超出了原因的结果,而原因与结果之间的界限,便是事件所在的空间。③
>
> 事件总是某种以出人意料的方式发生的新东西,它的出现会破坏任何既有的稳定架构。④
>
> 它是重构的行动。⑤

即转变一种已经惯性化的普遍性,而在与这种普遍性自身的矛盾性对抗中生成新要素。齐泽克在《事件》中列举了纷繁多样的事件种类,从自然灾害到政权更迭,从明星绯闻到伦理抉择,旨在通过概念探寻为事件找到一个恰当的界说。他以阿加莎·克里斯蒂(Agatha Christie)的小说《命案目睹记》(4.50 from Paddington)为例解释,"在毫无准备的情况下,一件骇人而出乎意料的事情突然发生,从而打破了惯常的生活节奏;这些突发的状况既毫无征兆,也

---

① ŽIŽEK S. On belief [M]. London: Routledge, 2001: 10-11.
② ŽIŽEK S. On belief [M]. London: Routledge, 2001: 11.
③ 斯拉沃热·齐泽克.事件 [M].王师,译.上海:上海文艺出版社,2016:4.
④ 斯拉沃热·齐泽克.事件 [M].王师,译.上海:上海文艺出版社,2016:6.
⑤ 斯拉沃热·齐泽克.事件 [M].王师,译.上海:上海文艺出版社,2016:224.

不见得有可以察觉的起因，它们的出现似乎不以任何稳固的事物为基础"，也即事件往往是日常中的意外，指那些带有神秘色彩的事物。在关于宗教信仰、爱情等事件的分析中，齐泽克指出事件具有循环结构，事件性的结果以回溯的方式决定了自身的原因或理由，哲学上先验论与存在论这两条进路的发展与深化都与事件概念密切相关，这是值得结合实例稍加申说的重要思想。以理论为例来说，如果理论是一个事件，它便需要超越决定论动机及其体系架构意识。一种理论，当预设了唯一前提后，受到特定因果联系的制约，具体材料容易服从于唯一的前提要求，如黑格尔的《美学》（Aesthetics）就建立在从"美是理念的感性显现"这个由唯一前提所推演出来的体系上。这个体系有封闭的局限，以致人们在当代已对理论的体系化建构越来越抱以警觉，像意大利学者艾柯（Umberto Eco）那样，果断地洞察到"从理论上说，人们总是可以创造出某种体系使原本毫无联系的东西产生出合理的联系"①。有意义的对策是从决定论解放出来，变"决定要做什么"为"去发现我将做什么"②，怀特海有关"我们必定要体系化，但要使体系开放；换言之，我们要对这种限制保持敏感，总是应保持一种模糊的'超越'，等待着具体细节的渗透"的信念，③才可能在结果对原因的超越中得到真正的落实。其实早在英国经验主义时期，休谟（David Hume）等思想家已证明因果性观念只是人的心理习惯的产物，仅有或然性而并不具备必然性。在这种情况下，齐泽克上述事件思想所反对的，倒恰恰是不正常的东西，事件作为对反常的反对，倒是唯一真实而需要并应当得到坚守的东西：仍有结果的指向，但它超越了原因的单向预设，也就超越了视点的固定性，而证实着"事件涉及的是我们藉以看待并介入世界的架构的变化"④。这就是一种真正健全的理论体系在克服决定论动机后仍然具有生命力的原因。德勒兹相信"系统并未丧失任何活力。……当概念与状况而非本质相关联时，便是开放系统。……唯有系统的力量才能指明概念的构筑中的好或不好，新或不新，活

---

① 艾柯，等.诠释与过度诠释［M］.王宇根，译.北京：生活·读书·新知三联书店，1997：74-75.
② 理查德·泰勒.形而上学［M］.晓杉，译.上海：上海译文出版社，1984：68.
③ 阿尔弗莱德·怀特海.思想方式［M］.韩东晖，李红，译.北京：华夏出版社，1999：9.
④ 斯拉沃热·齐泽克.事件［M］.王师，译.上海：上海文艺出版社，2016：13.

或不活"①。这里所说的状况，就相当于事件的发动，它在超越因果论的意义上，肯定了适度的体系框架对一种理论思考提供的合法勾连场所。齐泽克以一种醒目的方式，端出了一个被现代思想集中检讨的问题。

由此生发开去，齐泽克讨论了堕落的事件，即作为终极事件的那个从原初和谐与统一的状态堕落的过程。② 他借助本雅明发表于1916年的著名论文《论语言本身和人的语言》，指出这个堕落的事件在实质上是神性语言本身向人的语言的堕落，这种伴随着不可避免的污损代价的堕落，见证着"普遍物对于其具体实现之间的冗余，往往指向的是某个怪异而多余的个别要素"③，这种要素就是事件。它表面上的堕落为什么无可厚非，属于人类不得不发生的终极事件呢？因为原罪诚然是对上帝的不忠与背叛，理当被贬黜下凡间而罚为男耕女织，却也由此推动了人类生产的萌生，以及社会历史的发展。"原"正在于这种无从挣脱的悖谬：人类越进步（现代性进程是其标志），在本体论上亏欠上帝的罪愆也便越深，他也便始终没什么值得为此而骄傲的；因为这份以犯了罪为前提的骄傲始终只能是盲目的。这带给人类的可控性姿态，是事件作为超出了原因的结果的馈赐：正因有了这个"溢出"而解不开的结，人才成其为人。原因与结果的裂隙，或者说两者所必然形成的悖论（比如战争与和平），是人的本真生存根据。如果战争是原因，结果则必是和平；但战争又必然付出着牺牲生命从而取消和平的代价，使得到的结果永远"溢出"原因所自以为是的预计而绽出裂隙。这是悖论，又属于终极悖论，从事件角度审视它，使我们油然深化了对于事件的真理性的认知。

齐泽克八面奔突的开放文风，使他接下来在佛教这一东方事件上短暂地逗留。对于佛教何以成为他眼中"启蒙的事件"，我们接受之际自然可以有所保留；因为如上所述，超出了原因的结果，或者反过来说结果对原因的"溢出"，

---

① 吉尔·德勒兹.哲学与权力的谈判：德勒兹访谈录[M].刘汉全，译.北京：商务印书馆，2000：37.
② 类似的思路，在并不热烈讨论事件的意大利当代著名哲学家阿甘本那里也有回响。后者出版于2014年的《彼拉多与耶稣》(*Pilate and Jesus*)一书，通过罗马总督彼拉多审判耶稣这个事件，引出整个西方基督教思想与政治经济学范式，被研究者认为"为现代意义上的生命政治的治理范式提供了最原初的事件"。参见蓝江.作为事件的耶稣审判：阿甘本《彼拉多与耶稣》解读[J].江海学刊，2016(5)：48-55.
③ 斯拉沃热·齐泽克.事件[M].王师，译.上海：上海文艺出版社，2016：43.

具有本体必然性，它使其间因出现裂隙而形成的"烦"具有本体论意义，无法祛除以免失去人之为人的根据。比照之下，佛家所讲的烦，具有的则是心理学意义，是旨在"灭烦恼得解脱"①；因为在佛家看来，越有烦恼，思想就越迷惑不清，故需要"从心理入手，然后进入形而上道"②，以至于"佛教的风格是心理学的"③。对佛家，灭烦仍得烦，烦灭之不尽，维系于内在的静默苦修。以禅宗为例，"禅"为梵文Dhyana的汉译，意为默想、入定，与事件的"溢出"性以积极行动为特征，在行动中实现自由，也颇异其趣而难以等量齐观。或许有鉴于此，齐泽克紧接着迅速转入对哲学事件的分析，拈出柏拉图、笛卡尔（René Descartes）与黑格尔这三个哲学史节点，认为他们"实际上面对的是三个哲学事件。在其中，某种尚未被普遍接受的新事物以创伤性的方式侵入了这个领域"，而令"事件恰恰构成了他们各自思想的焦点"。④ 我们认为，严格地说，这三个事件应当为两个事件，后二者的共性首先是需要得到哲学史充分估计的。

这是因为，尽管"人是万物的尺度"早在古希腊时代便曾经作为一种信念流传，但亚里士多德等古希腊哲学家在《形而上学》等著作中，明确地把求知视作人的天性，相应地便将知识看成哲学研究的对象，重视探讨世界的本原与基质，比如以某种自然界要素（水、土、火等）作为世界的根源与本体的做法颇为普遍。这就相对忽视了目的论及其信仰维度，形成了有别于希伯来文明的希腊文明的基本特色。进入近代以后，随着神权的逐步瓦解与自然科学的进步，主体与客体的关系开始得到凸显，笛卡尔由此发动的"认识论转向"体现出新的时代哲学取向。但一方面，经过中世纪的漫长神权统治，当人们在文艺复兴中逐渐觉醒时，重新发现了古希腊思想遗产的丰富与生动，一度在很大程度上很自然地沉迷于其中，以复兴古代传统为追求，这就导致古希腊的知识论传统在文艺复兴初期仍发挥着深远的影响，身处其中的笛卡尔自然不例外。另一方面，笛卡尔本人的数学家身份，也使他在探讨主体问题时基本绕开了情感与意

---

① 赖永海.中国佛教文化论［M］.北京：中国青年出版社，1999：19.
② 南怀瑾.老子他说［M］.上海：复旦大学出版社，2009：32.
③ F.卡普拉.物理学之道［M］.朱润生，译.北京：北京出版社，1999：83.
④ 斯拉沃热·齐泽克.事件［M］.王师，译.上海：上海文艺出版社，2016：90-91.

志等因素，专就人的思维立论。他提出"我思故我在"这一命题的基本理由，就是认定人是"一个在思维的东西"①。虽然，这种转向历史地看有其偏颇性，但它首先把过去长期聚焦于客体的形而上学转向了逐渐聚焦于主体的形而上学，构成了一个超出了原因的结果，即事件。较之这种醒目的质变（齐泽克用了"创伤性的方式侵入"一语），黑格尔继承并将笛卡尔开创的这种认识论方向推向极致，推崇思维以及建立在思维基础之上的绝对精神，把它与感性世界、个体的感性存在截然对立起来，趋向于为马克思主义哲学所揭示出的头足倒立性质，这与其说是新事件的开启，毋宁说是事件内部的调整，它至多强化了笛卡尔事件的走向，却似乎还谈不上改弦易辙而别开洞天。

鉴于事件在近代的上述发展缓慢性，齐泽克接下来在《事件》第六章中，分析了事件在现代中的境遇，拈出了精神分析三事件，即拉康的三个层次，分别进行说明。与巴迪欧一样，这里再次体现出拉康对事件思想进程的影响。巴迪欧是把拉康三层次的间距及其征候关系视作事件，较之齐泽克对三者分而述之、各各作为事件来谈论，显得更为合理。齐泽克的主要用意，应是强调晚近左翼事件理论在借鉴拉康精神分析理论方面的兴趣，这是合乎客观事实的。

出于某种忧虑的驱动，在《事件》的最后，齐泽克讨论了"事件的撤销"问题。② 事件被撤销，即"去事件化"（dis-eventalization），它之所以引发齐泽克的担心，不仅是有鉴于某些蓄意淡化、消解事件的主观意图，比如他所举的几个近期现实例子：匈牙利总理倡导建立中欧地区全新的经济体制；美国《洛杉矶时报》（*Los Angeles Times*）发表一位电影导演为影片中逼真的酷刑镜头辩护的信；2012 年新上映的影片《杀戮演绎》（*The Act of Killing*）的问题导向。齐泽克担忧的是，对这些事件（例如虐待人类）的中立化（即试图中和其破坏性）描述，是否已在某种程度上不知不觉地构成了反伦理意义上对之的赞同？不唯如此，他的担忧，更是因为有这样一个更为深层次和根本的问题：对于事件的言说，总是不可避免地处在了事件的现场之后或者说之外，在这种情况下，言

---

① 笛卡尔.第一哲学沉思集［M］.庞景仁，译.北京：商务印书馆，1986：26.
② 此章汉译文又曾被单独收入汪民安、郭晓彦主编的《生产（第 12 辑）：事件哲学》（江苏人民出版社 2017 年版）中（译者何磊），可见汉语学界对此问题的重视。

说事件是否从根本上说就是一种对事件的必然撤销呢？用齐泽克的话说："一个事件是否可能不被直接地否认，而是以回溯的方式被否认？"① "直接地否认"指处于某种主观意图的蓄意否认，"回溯的否认"则意味着回溯本身就必然已是一种否认（事后的追认），不回溯就意识不到事件的存在，而一回溯则在某种程度上似乎注定已撤销了事件的原汁原味的鲜活性。看起来，这的确是一个棘手的悖论性难题。它实际上就是一个视界交融的解释学问题：事件必然包含着、渗透着对它的观看与理解。我们大可不必在自明性的旧立场上总是为达不到事件的纯粹现场而遗憾，因为这从本质上说就是办不到的，也是无意义的。比纠结于回到事件现场更有意义的，是在实践中拿我们的理解策略去一次次地冒险，并在这必然的冒险过程中，收获唯有在阐释风险中才存在着的事件与真理。

六、视差与深描唯物主义：事件的前沿进路

用超出原因的结果来界说事件并由此引出去事件化问题，在深层次上与齐泽克对唯物主义的重新审视有关。2015 年，在为弗兰克·路达所著的《关于巴迪欧：非理想主义的唯心主义》一书所作的序言中，② 他结合海德格尔、德勒兹，尤其是巴迪欧对事件的研究成果，批判性地集中给出了自己在这方面的思考。

为了廓清与巴迪欧等当代思想家在事件问题上的理解异趣，齐泽克不否认，巴迪欧并未简单限于唯物主义与唯心主义之争，而是看清了两种形式的唯物主义（民主的与辩证的），并将两者的斗争视为当今意识形态的主要矛盾，换

---

① 斯拉沃热·齐泽克.事件 [M].王师，译.上海：上海文艺出版社，2016：192.
② 书名原文为 *Idealism Without Idealism*，直译表面可作"非理想主义的理想主义"或"非唯心主义的唯心主义"。从全书义理看，作者试图表达一种与传统注重物质现实归化的（庸俗）唯物主义的决裂，又充分防范由此滑向一般所说的唯心主义这一对立面，而强调理想化了的唯心主义把"非物质""非存在"神秘化而重蹈形而上学，实为庸俗唯物主义的翻版。书中意在从巴迪欧思想往前走而阐扬一致的主观性，故书名宜汉译为：非理想主义的唯心主义。

言之,认为对抗是在唯物主义内部展开的。在这种认识下,如何采取自由行动,突破现实的因果关系网络,形成一种由自身开始的行为,这些问题成为了巴迪欧在唯物主义框架内反还原主义的基本姿态,齐泽克对此表示赞赏。巴迪欧为此而提出的人的理性不能归结为进化适应的结果,艺术不仅是提高感官享受的程序,也是真理的媒介等观点,都得到了齐泽克的肯定,认为这既有效地避免了前现代柏拉图式的原教旨主义,也与后现代相对主义的恶性循环相决裂,尽管这不意味着巴迪欧的事件论已无懈可击:

> 使我们能够从实质的角度去思考柏拉图的"理念"(Ideas)的关键概念是事件的概念。三位当代哲学家——海德格尔、德勒兹、巴迪欧——是事件哲学家:在海德格尔,这是个作为存在构象的划时代揭示的事件;在德勒兹,这是个作为意义的纯粹生成的去实体化(de-substantialized)的事件;在巴迪欧,是事件作为参照在建立着一种真理的过程。对他们三人来说,事件不可化约为存在的次序(在肯定的实在意义上),不可化约为它的物质(前提)条件的集合。但与海德格尔相反,德勒兹与巴迪欧都以唯物主义者的身份,作出了同样自相矛盾的哲学姿态,来捍卫"非物质"(immaterial)秩序的自主性。①

这里齐泽克对德勒兹与巴迪欧的保留性态度,体现为对"非物质"秩序自主性的警惕,表明在齐泽克看来,巴迪欧在事件问题上所作的研究和努力,还不完全足以抵消其相关论述中残存的东西,那就是一种以唯物主义为名义的进化实证主义框架。联系齐泽克出版于2012年的著作《无身体的器官:论德勒兹及其推论》(*Organs Without Bodies: Deleuze and Consequences*)中有关"黑格尔化的德勒兹故事是永远讲不完的"的阐释,② 和本章第一节中齐泽克以及弗兰克·路达对这一点的揭示,以及后面第十章中迈克尔·索亚对之的更为深入

---

① ŽIŽEK S. The book we are all waiting for [M]//Frank Ruda. For Badiou: idealism without idealism, Evanston: Northwestern University Press, 2015: xvi-xvii.
② 斯拉沃热·齐泽克.无身体的器官:论德勒兹及其推论[M].吴静,译.南京:南京大学出版社,2019:112.

的洞察，我们应能意识到，齐泽克在这里所指的，其实就是巴迪欧事件论中偶然性向着必然性的转化倾向，以及由此对公理性假设的某种默许。它导致后者在运用事件超越形而上学时仍未摆脱对"非物质"的理想主义预设，因而从根本上说仍未达成，而是削弱了唯物主义的主张。路达这部著作在这方面作出的具体分析，引起了齐泽克的强烈兴趣而得到其充分肯定，书中的核心立论正好说出了齐泽克的心声："这意味着有必要发展出一种新的唯物主义思想形式、一种新的唯物主义辩证思想形式，即非理想主义的唯心主义者（idealist without idealism）。"[①] 通过为这部引发了自己思想共鸣的著作撰序，他呼吁唯物主义在现有取得的基础上努力变得更为强大，以彻底走出庸俗，包括走出隐藏于理想主义外衣下的变相庸俗，而更准确地解释思想意识中的各种复杂现象。

为此，齐泽克既不主张回到斯宾诺莎式的旧唯物主义见解中，也与以电影导演塔科夫斯基（Andrei Tarkovsky）为代表的、热衷于以灵性为媒介的唯心主义者保持距离。这两者在他看来都陷入了一个预先存在的，并未得到过创造，从而无法让人完全掌握的世界。在这种情况下，他关心的问题是：今天谁是唯物主义者？他把如今流行的唯物主义分为科学唯物主义（scientific materialism）与话语唯物主义（discursive materialism），认为两者虽然看似对立，实则为同一枚硬币的两面，前者代表了激进的归化，后者则体现出了激进的文化化。

就前者而言，齐泽克同样以量子力学为自然科学依据，分析指出应放弃将完全存在的外部现实作为唯物主义基本前提的主张，因为当今唯物主义的前提应当是现实的"非全部"、本体的不完整。物质与精神的黑格尔式对立，有必要以现代物理学中有关物质在能量场中的溶解为自我反思点，而告别立足于物质惰性密度的主张，相反去接受现实的终极虚空的立场。齐泽克指出，真正的唯物主义的对立面，由此便不是唯心主义（因为非理想主义的唯心主义在齐泽克看来才是真正的唯物主义，详见下文），而是以戴维·查默斯（David Chalmers）等学者为代表的庸俗唯物主义，后者将思想视为自然/物质现实的附加组成部分，这在齐泽克看来构成了一种最终的粗俗。

[①] RUDA F. For Badiou：Idealism without idealism［M］. Evanston：Northwestern University Press，2015：59.

就后者来说，齐泽克作出了一种别样的分析。他发现话语唯物主义表面上将语言本身视为一种生产方式，实则却潜在地共享着话语生产与物质生产的同源性。在这里，齐泽克引人注目地表示了对"语言论转向"的不同意见。在他眼中，话语唯物主义依赖于哲学上的"语言学转向"，强调语言如何不是中立的指定媒介，而是嵌入生活世界的一种实践。他则更在意"谁声称语言是指定的中性媒介"，换言之，"真正的任务不是在生活世界实践中将语言定位为中立的媒介，而是要展示在这种生活世界中如何出现中立的指定媒介"。① 这意味着需要来追寻使语言论转向成为可能的那只主体之手。我们并不同意齐泽克这种语焉不详、引而未发的说法，因为它看上去更像是一种未经严格论证、也未必能严格获得论证的一时之感想。齐泽克真正试图在此反对的，应是将语言论口号式地视为一切运思之固定出发点的惯性、模式化做法。

如此，齐泽克取道于德国古典哲学家谢林（Friedrich Wilhelm Joseph von Schelling）的论述，将唯物主义解说为：在完全存在的现实之前，存在着一个尚未完全构成的真实，即存在于本体之上的虚拟本体。他借用巴迪欧的术语指出，与由世界的先验视野所构成的现实这一外在层次相反，这种本体论前的真实是纯粹的多重性。这意味着，真正的唯物主义是通过与还原论划清界限来获得定义的，它不主张"一切都是物质（matter）"，而是赋予了"非物质"（immaterial）现象特定而积极的非存在。齐泽克在吸收拉康理论基础上展开的视差研究，指出主体一方面发出阐明的行为，另一方面其本身则又是被阐明的内容，被如此构成的反射性迂回曲折，保证了主体进入自己所建立的画面并获得物质性存在，而这是在他看来的唯物主义真谛："唯物主义的意思是，我看到的现实从来都不是'完整'的。这样说，倒不是因为大部分现实是我看不见、摸不着的，而是因为现实包含着污点（stain），包含着盲点（blind spot）。污点或盲点的存在表明，我被囊括于现实之内。"② 在此语境中展开的"非物质"，确乎是进入唯物主义的关键。

对"非物质"的承认，不等于简单表示客观中有主观，而相反旨在完整地

---

① ŽIŽEK S. The book we are all waiting for [M] //Frank Ruda. For Badiou: idealism without idealism, Evanston: Northwestern University Press, 2015: xii.
② 斯拉沃热·齐泽克.视差之见 [M].季广茂，译.杭州：浙江大学出版社，2014：26.

回到一种包含了"非物质"层次与成分的客观中。这是亟需齐泽克作出及时澄清之处。他认为从上述唯物主义的根本立场出发，人们在谈论"客观现实"这一唯物论关键词时不应当同时陷入后现代相对主义境况，即满足于让现实溶解在主观的碎片中，又任由这些碎片退回至匿名的存在之中，以至于失去主观的一致性。齐泽克援引詹姆逊（Fredric R. Jameson）有关后现代对一致的自我进行否定时所造成的悖论的论述，认为这样处理的最终结果是令人们失去客观现实本身，而重新沦入一系列偶然、主观的构造。他声言，一个真正的唯物主义者应当做相反的事情，即不让客观现实在被超越，从而避免庸俗化唯物主义的同时，又成为对一致的主观性的破坏，一种具备多重色彩的本体论开放性仍然是必需的。

在论述这一切时，以一种近乎英美分析哲学的方法，齐泽克缜密驳斥了两种意在否定"物质现实就是一切"的说法。虽然这句话需要得到真正的唯物主义的改造，但在改造过程中也可能出现两种看似纠偏、实则仍落入了新的形而上学陷阱的处理。一种处理直接从对立面推出"物质现实不是全部"这一表达形式，似乎这样做就承认了物质现实不是一切，而是包含了另一种更高的精神现实。齐泽克借助拉康的理论分析道，这种表面上的否定形式，实际上仍从深层压抑机制上肯定了"物质现实就是一切"这一前提，因为它对构成性例外的呼唤，是为了巩固与加强其普遍性基础。这一看法体现出了学理的鲜明现代性色彩，是颇为深刻的。与之不同的另一种处理，则是聚焦于谓词关系而改造性地断言"物质现实是非全部的"——强调的重心，微妙地落在了作为谓词的"是"字后的"非全部"这一宾语上。然而，这在齐泽克看来仍未彻底解决问题，因为它仅仅变成了对于非现实的存在的断言，而这种高度肯定性的断言形式，并未积极暗示出任何例外与反常的情形，却仍把看似超出了物质现实的那部分内容不恰当地凝固起来了，巴迪欧就暴露出了这个问题。

对唯物主义的上述深描，与齐泽克的政治关怀联系在一起，后者主动检验着作为理论阐释的前者。在出版于 2020 年 4 月的《大流行：新冠肺炎震撼世界》（*Pandemic! COVID-19 Shakes the World*）一书中，齐泽克充分彰显了自己第一时间对全球重大时代问题作出积极回应的公共知识分子本色。这本不厚的新著正视"持续流行是最自然的偶然性的结果"①，并以对待突发性事件的态度反复倡言"我们需要一场灾难来重新思考我们所处社会的基本特征"②，从而肯定"即使是可怕的事件(events)也可能产生不可预测的积极后果"③，那是一种对被齐泽克称为统一的人类的前景瞻望。尽管其得出的具体结论并非不可商榷，但从这些最新的论述中人们能感受到，齐泽克在直面事件的同时把它视为对唯物主义状况的积极回归，认为事件的发生更好地成全了唯物的现实，接地气的表述与他上述唯物主义取向，实现了理论与实践的一致。

综上所述，德勒兹用虚拟引出差异中的重复，得到的纯粹事件使虚拟成为趋于一致的实体，而引起了巴迪欧的怀疑。后者虽赋予了事件绝对的异质性与超越性，可鉴于出发点的公理性而仍形成了忠实于新秩序的、被转化为必然性的偶然性。前后歧异的这两者，主观上都旨在建立客观的唯物主义（即德勒兹所说的"纯粹事件"、巴迪欧所说的"一"），客观上却共同提供了唯物主义的扬弃面。以这两条思路为扬弃面，齐泽克用非理想主义的唯心主义这一内涵界说物质现实，既坚持唯物主义的基本原则，肯定独异性在非物质方面的潜能，又避免将之理想化而重蹈庸俗唯物主义，充分吸收并展开唯物内涵中的非物质成分，实际上提出了从事件而非实体的全新角度看待"物"、深入理解"物与事件"关系的重要问题，而把思考引向了前沿。如后面第十三章将要论述的那样，迈克尔·马德（Michael Marder）沿此进一步倡导"后解构现实主义"，还解构以唯物本色。这条新进路，由此可以被充实为面向未来的当代马克思主义文论的有益环节。

---

① ŽIŽEK S. Pandemic!：COVID-19 shakes the world [M]. New York：OR Books, 2020：14.
② ŽIŽEK S. Pandemic!：COVID-19 shakes the world [M]. New York：OR Books, 2020：41.
③ ŽIŽEK S. Pandemic!：COVID-19 shakes the world [M]. New York：OR Books, 2020：58.

第七章　事件的解构性推进
——德里达与南希事件论

差不多与前面所述的欧陆理论家们同时，德里达提出了自己基于解构主义的独特事件论。尤其是在伦理-政治转向后，德里达明确地以"事件"为关键词来定义解构，认为解构是一种认为历史不能没有事件的方式，即事件到来的思考方式，所以，解构的发生就意味着事件本身。德里达反复强调，解构作为对游戏、他者或绝对未来的承诺，所指向的所有"到来者"都是以事件生成的方式涌现的。与他有一定师承关系的让-吕克·南希继承解构精神而进一步沿此推进，用"惊奇"来醒目地阐释事件，深化了事件思想的解构面相。

一、解构与事件

德里达对事件的思考，在前期并不像后期那样显著："延异"（différance）以游戏的方式在形而上学文本中播撒开来，而"事件"概念标示的实践与介入的维度，则未在前期现象学-存在论与结构主义-符号学的理论框架中得以展开。这就是"政治（学）转向"或"伦理（学）转向"之类提法产生的原因所在。德里达的思想以此可以被分为前期（哲学文字学理论的创述与语言解构）和后期（对伦理-政治的理论性介入）两个阶段。严格地说，"转向"的说法是不确切的，因为德里达始终坚持解构的肯定性内涵，而事件线索的隐与显则取决于问题领域与话语方式的转换,如海德格尔提示的那样,"海德格尔Ⅰ又只有当它包含在海德格尔Ⅱ之中时才是可能的"①。德里达没有像海德格尔那样经历返回式的"转向",而是从后期海德格尔的语言课题出发,在彻底重写形而上学之后,才真正介入伦理-政治的实存性实践领域,以此克服在场的主体性原则,为作为他者而到来的事件的可能性开辟空间,迎接作为正义之条件的"裂隙"②。这是其事件论的一条地平线。2010 年出版的《德里达辞典》(*The Derrida Dictionary*),对德里达的事件概念作了如下阐释:

> 对于德里达来说,一个名副其实的事件必须是极其单一的、具有破坏性的、无法预料的,并在某种程度上无法理解。一个事件必须无法抑制地溢出其自身的"语境"和再现。详细叙述一个事件更不必说它追溯的含义或意义,必须利用现有领域内可用的话语和其它资源。然而,对于德里达来说,为了赢获它的名字,这个事件必须超出已经存在的可能性。(德里达经常在这些术语中反映事件:决定、发明、款待、礼物、宽恕等等。)因此,绝对的独异性中的事件抵制认知性的描述、批判性的客观化、解释性的化约,以及对此的"理论化的"阐述。
>
> 在晚近的《一种关于事件言说的不可能的可能性》(A Certain Impossible Possibility of Saying the Event)一文中,德里达注意到这种关于事件的不恰当的惊异与今天"信息机器"生产及记录事件的程度之间的张力关系。例如,最近一位巴西电视节目主持人被指控杀人,然后通知其电视台的工作人员以确保他们第一时间赶到现场。这些指控表明,他的节目实际上是报道这些罪行的幕后黑手;然而,这个具体的例子很难公正地反映出世界范围内媒体"制造"事件的复杂性,德里达在"911"的回应中开始对之进行反思。在此后的文章中,德里达指出,这种媒体"产品"伪装成纯粹的报道,效果更强。
>
> 但是,在他对事件的思考中,德里达坚持认为媒体的使用仍是不可缺

---

① 马丁·海德格尔.同一与差异[M].孙周兴,陈小文,余明锋,译.北京:商务印书馆,2014:160.
② 雅克·德里达.马克思的幽灵[M].何一,译.北京:中国人民大学出版社,2008:20.

少的,例如战争中对每一次死亡的报道。每当我们寻求参与或干预有关所谓"重大"事件的论争时,这些发生事件的(那些延异的、非在场的痕迹,正是在此意义上,使它们成为充满大事的)绝对不可同化的残余,必须不断地被回忆,或者至少不能被容忍。从这个意义上说,德里达的论证根本不符合那些希望将其与某种"后现代"相对主义或文本主义联系在一起的解构主义反对者的叙述。(另请参见有关此处的技术性、人为性与实体虚拟性的其他条目。)

在《一种关于事件言说的不可能的可能性》中,德里达再次反思了发明、决定、好客与宽恕等不可能的事件。对他而言,忏悔也是一种事件,它超越了仅仅是"真理"或"事实"的陈述(圣奥古斯丁质问,为什么当上帝已知晓一切时,他仍要忏悔),转而成为一种转变忏悔内容和忏悔者的述行行为。然而,基于"我能够"或"可掌控的可能"的述行预设了与此事件保持不一致的、已被给定的权力或能力。忏悔是事件性的,仅仅在变革性行为发生在另一情况下。礼物——如果有的话——也将是一个事件,它将溢出任何可交换价值的经济,超出可以计算、说明或承认的范围。

但是,当我们开始谈论事件的独异性时,还必须指出,对于解构而言,事件绝不仅仅是"纯粹的"、未受污染的,或者是自给自足的。这种想法会再次将事件与存在的逻辑联系起来。对于德里达来说,事件的不可替代的独异性,仍然只能通过再标记的可能性来标记它自己。从而,对他来说,事件是可重复的,就像它一直是独异的一样。重复构成了它对事件的划分。①

对 event 的这段释义,基本来源于德里达的《一种关于事件言说的不可能的可能性》一文,其中既涉及其早期的"延异"概念,也涉及针对海德格尔的"允诺"所提出的"到来",以及在"政治的思考就是延异的思考"中对决定、发明、款待、礼物、宽恕、忏悔等的解读——他在这些概念中反映了事件。词

---

① WORTHAM S M. The Derrida dictionary [M]. London:Continuum,2010:48-49.

条的阐释者由此不仅点明了德里达心目中的事件所同样秉持的独异性、无法预料性及对既定存在的超越性，而且指出"对他来说，事件是可重复的"，敏锐地抓住了德里达事件思想的一个关键点——可重复性。对此的讨论，需从清理德里达解构思想的初衷入手。

与尼采、海德格尔与福柯一样，德里达的问题意识也是批判形而上学。他独特地察觉到，西方形而上学的隐秘是把可重复者与可经验者佯装为一体而掩人耳目。可重复者"无限地被重复而始终还是同一个对象"①，所以是超验、永久、理想化的；它又要能被每个人经验到，成为瞬间、即时、被后者发自内心认同为真理的，就必须使自己同时可经验。这看似矛盾的两方面，是如何被形而上学不动声色地集于一身的呢？德里达发现形而上学是借助声音这一中项来实现这件事的。一方面，声音可重复。因为主体向对象说话时，声音从外部触及他的感官，被主体同时听见，这就使主体产生出幻觉，以为自己发出的声音是外部真实、客观地存在着的声音，进而就拥有了一种和对象一起听见客观的声音并真切在场的感觉。换言之，主体把自己发出的声音重复化了，重复成了正向自己发出着的客观的声音，这都拜声音作为一种物质载体的特殊性质所赐。② 另一方面，声音又可以使人直接经验到上述真实、客观的意义；因为声音在触发了对象与主体的听觉后，似乎隐去了自身，而无阻隔地、透明地直接让位给意义，使之直接渗透了进来，导致对象与主体都觉得自己听到声音之际便直接得到了意义，即在"能指会变得完全透明，因为它与所指绝对相近"的状态中获得了"理想意义"。③ 就这样，声音便把可重复者与可经验者这对立的两方联结了起来，使一种明明可重复而超验的意义，顺利地为人们的经验所接受，实现了形而上学的理想。

德里达将上述借助声音中项实现的在场揭露为幻觉。就涉及可重复性的前一方面而言，主体说话并被自己所听见，而以为自己由此稳然在场，是以不去

---

① 雅克·德里达.声音与现象［M］.杜小真，译.北京：商务印书馆，1999：95.
② 德里达由此反对自古希腊开端起便存在的声音中心主义，使人想起柏拉图对话正是借助声音来展开思想的。《声音与现象》一书书名中的"声音"一词，在英译本中兼有 sound 与 speech 两种译法。
③ 雅克·德里达.声音与现象［M］.杜小真，译.北京：商务印书馆，1999：102.

反思在场的起点为前提的。因为在场要证明自己真实存在，得证明自己具有能被感知到的起点，一种能被感知到起点的东西，才能被确认为是存在的；但追溯作为在场起点的、那个将自己发出的声音当成了外来客观声音的瞬间时，后者总已经过去，而在意识中被阻断了。它不让人们感知到它，即总是隐藏着重复得以开始的起点，这便无限推迟着对起点的达成，而证实了起点无法被确认存在，纯粹的在场因而不可能。就涉及可经验性的后一方面来看，尽管声音似乎在触发听觉后隐去自身而让位于意义，这种无阻隔的透明状态实际上也是达不到的。西方形而上学之所以相信能达到，很大程度上是由于西语的多音节性使然。除极少数单音节词容易在缺乏上下文的情况下因同音被混听外，西语每个词在发声上都富于高低起伏错落的节奏，彼此各各不同，这当然容易保证一般听声即可辨义。在此，能指似乎确实一下子迅速滑入所指，而失去与之的间隔。这也恰恰表明如此所滑入的所指、所得到的意义并非为听觉能指所直接产生，而是超验的。① 但这种无阻隔的透明状态，是不是声音放之四海而皆准的真相呢？至少需要考虑西语以外的其他可能性。如在单音节性的语言中，能指与所指因天然具备阻隔，就未必轻易发生后者取代前者的情况，而有可能抑制形而上学的在场幻觉。虽然，这不一定绝对地构成德里达本人的选项，但它触及了其致力于超越在场形而上学或者说声音中心主义的方向，即考虑用文字（写作）延宕上述无阻隔的幻觉，而这也即解构思想的要义。

　　由此，德里达展开文字（写作）的解构策略，破除作为形而上学症结的在场幻觉。这与罗兰·巴特、福柯等同时代、同民族的思想家，从符号与权力等角度所做的工作一样，都对看似自明的景观深入祛魅。包括但不限于耶鲁学派的晚近理论家们，从他的上述学理中发展出的批评思路，使得"批评作为一种类型与风气、一种跨个体的广泛的现象"迅速推动了（批评）理论运动的发展。② 问题却也在于这里：德里达的解构理论，揭露的是在场形而上学包裹于声音及

---

① 由此可见这与艺术能指（物质材料）直接成为意义一大来源的区别。例如音乐中不同乐器天然适合表现的各种情感（想想普罗科菲耶夫的《彼得与狼》，以及斯美塔那《沃尔塔瓦河》分别以长笛与单簧管对寒流与暖流的音色演绎），或者绘画中冷色调与暖色调直接唤起的不同情感（想想马蒂斯的红色系列作品），都不是让能指滑入所指，而是直接在能指中创造出一个基于符号的想象性世界。

② FELSKI R. The limits of critique [M]. Chicago：The University of Chicago Press，2015：4.

其在场幻觉中的"重复而可经验"这一点的不可靠,但他的后继者们纷纷起来以这一理论为武器,从事理论运动中惹眼的解构批评并迅速形成解构学派,这是以自己和读者都觉得其批评过程可经验、可相信为实质的,会不会恰好陷入了为德里达所不愿看见的"重复而可经验"之境呢?解构的本意,应该是拒斥学派化的,因为学派化就仍然难免于中心化与总体化。解构,本应针对可重复的声音在场幻觉而走出重复,按理是无法被轻易效仿的,却在被效仿中不知不觉重蹈重复的窠臼,导致想要检讨的目标成了脚下的出发点,这有没有可能?从理路上推证,产生这种怀疑是很自然的。乔纳森·卡勒(Jonathan D. Culler)尽管在2017年底为其《理论中的文学》(*The Literary in Theory*)一书汉译本特意撰写的序言《当下的理论》(Current Theory)中,坚持认为德里达的"理论通过反驳和颠覆先前的思想方式"而有重要意义,却已开始注意到,包括德里达解构理论在内的"理论越是变得无所不在,它本身就越不新鲜和特别"。[①] "无所不在"便蕴含着可重复的运用惯性所造成的疲软意味。而早在十年前的同一部著作导言中,他更是已表明,德里达对索绪尔的批评不见得能说明两者有重大的分歧,相反分歧不大。[②] 把德里达在《论文字学》(*De la Grammatologie*)中引以为靶矢的对象,说成是和德里达归根结底属于同一阵营的人,这透露出的信号,涉及对于解构理论的重复化命运的敏感吗?和德里达曾经活跃于同一时期的福柯,对此是抱有警惕的:"至少在相当大的程度上,真相话语的体制化是作为主体对于自身发出的强制话语。也就是说,对真相话语的组织不是来自根据被认可的客观规则所进行的观察与检验,而是围绕着供述行为才有了关于性学的真相话语。"[③] 所谓理论的"主体对于自身发出的强制话语",不就是德里达揭示出的、以重复性为掩体的在场的自恋症结("被听见-说话")吗?

这表明,德里达针对形而上学借助声音中项变可重复者为可经验者、营

[①] 乔纳森·卡勒.理论中的文学[M].徐亮,王冠雷,于嘉龙,等,译.上海:华东师范大学出版社,2019:中文版序言1-2.
[②] 乔纳森·卡勒.理论中的文学[M].徐亮,王冠雷,于嘉龙,等,译.上海:华东师范大学出版社,2019:13.
[③] 米歇尔·福柯.主体性与真相[M].张亘,译.上海:上海人民出版社,2018:19-20.

造在场幻觉而提出的解构理论，被解构学派重复操演为理论运动的典型，而悖论性地逐渐产生出令理论衰落的相反效果——事件被削弱了。因为如前面第三章所述，福柯在《方法问题》中已指出"事件化"作为理论的性质与标志，主要就起"理论-政治"功能，解构理论对此应该尤有会心；但运动化了的解构理论，在惯性中流失着事件。对理论运动的各种反思，就是这样来的。如果说德里达在批判一样东西的同时，自己不知不觉地也逐渐成为着这样东西，他便需要自己来对这种走向负责；然而这怪不到德里达本人头上，而是理论运动对德里达的某种惯例化征用。与这种征用相对照，德里达通过重新思考述行〔这是他影响到后理论的一个方面，另一个方面是动物研究，见其《我所是的动物》(The Animal That Therefore I Am)一文〕，允诺了另一种将有可能既重复又不失去独异性的事件的合法。

二、文本线索的清理

集中体现出德里达这一事件思想旨趣的文献，是收入其《哲学的边缘》(*Margins of Philosophy*)一书的《签名、事件、语境》(*Signature Event Context*)一文。鉴于这是一篇极为重要的文章，其前沿意义迄今仍不断出现于各种谈论理论运动乃至后理论趋向的场合中，我们首先结合主要文段来清理文本线索。在本文一开始，德里达即亮出了在对"交流"这一传统概念的反思中重新前行的用心。"交流"是在解构思想开端处就受到德里达关注的问题。在为胡塞尔的《几何学的起源》(*The Origin of Geometry*)撰写的引论中，他对后者在历史现象学构想中提出的意义回溯的可能性表示质疑；因为在那部著作中胡塞尔意识到，主观意向性构造的理念（比如几何学的意义）取得客观性的条件之一，就是理念的肉身化，亦即语言共同体中文字的通行。胡塞尔希望借助文字，来较为完满地回溯在起源处生发出的意义，而德里达则敏锐地察觉到，这种构想存在着隐患；因为文字的肉身对理念性意义并非透明。事实上，德里达关于延迟与差异的思想，正是从交流（通信）观念中引出的，他强调交流以文本为基础，文本"间距"（espacement）的本质作用会造成多义现象：

是否对"交流"这个词来说，确实存在着一个与之对应的独一的、单义的、可以被严格控制与传播的"可交流的"概念呢？依据一种不同寻常的演说图式，我们首先必须问："交流"这个词或能指是否传达了一种确定的内涵，一种可辨识的意义，一种可描绘的价值？但为了表明与提出这个问题，我不得不对"交流"一词的意义有所预期：它可能被先行定义为运载工具、运送行为或意义，并且是单一意义的通行处。如果"交流"这个词确实含有多种意义，而且这种多样性不能被还原，那么一开始就将此交流定义为一种意义的传达，假定对所有这些词（传达、意义等）我们都能达成相互之间的理解，便不合理。如今，我们没有理由从最初开始忽视"交流"这样一个词，以及使这样一个多义词变得贫乏，它开启了一个语义场，这个语义场完全不把自己局限于语义学、符号学及毋庸烦言的语言学中。就语义场而言，"交流"这个词所从属于的一个事实，是它也可以表示非语义性的运动。这里，临时借助于日常语言以及自然语言的含混性，至少可以指引我们：某人可以。举例来说，传递一个动作或者一种震荡、碰撞、力的位移都可以被传递——我指的是传播、传导，两个不同的或相距遥远的地点，也可以经由一个特定的通道或敞口来连通。在此发生的、被传递或交流的东西不是意义或意指现象。在这些情况中，我们所处理的既不是一种语义性或概念性的内容，也不是一种符号操作，更不是一种语言上的交换。

然而，我们不是在说"交流"这个词的非符号学意义如同在日常语言，以及一种或多种所谓的自然语言中所起的作用那般构成了它本己或原初的意义，而由此那些语义学、符号学或语言学的意义对应于一种派生、扩展或还原，一种隐喻性的置换。我们也不是在说，就如某些人可能试图做的那样，符号-语言交流比起"物理的"或"实在的"传播来可以开辟通道、运输、运送或提供某些事物，故而是在更具隐喻性的意义上被称为"交流"的。

……

但一种语境的必要条件是可以完全确定的吗？基本上，这是我试图详细作出阐述的最主要的问题。是否存在着"语境"这一概念的严格而科学的定义？语境的观念难道不是在某种困惑的背后，遮蔽了一种颇为明确的哲学预设？现在，为了以最简括的方式论述之，我试图表明一种语境为何永远无法被完全确定，或者说在何种意义上对语境的限定是永远不确定或饱和的。这种结构性的不饱和具有双重效应：

1. 连同所有其它与之发生着系统性关联的概念，标示出现有的（语言学或非语言学的）"语境"概念在理论性上的不足，而这种概念已被广泛的研究领域所采纳。

2. 亟需关于"文字"概念的一种特定推广与置换。由此它将不再被包括在"交流"的范畴中，至少是对于被理解为"传递意义"的狭义上的"交流"而言。相反地，它被包含于文字的普泛领域中，依循这种定义，语义交流的效果可以被确定为特殊的、附属的、铭写的、补充的效应。①

接下来，德里达单刀直入讨论"文字与远程通信"，主要围绕 18 世纪法国著名哲学家、百科全书派代表之一孔狄亚克（Etienne Bonnot de Condillac）的文字理论进行了详尽分析。既然作为多义词的"交流"具有多重解释的可能性，那么对某种特定义项的默认又如何可能？德里达意图揭示在意义理解的过程中以隐蔽的方式运作的语境。诚然，对于实际的话语交流行为而言，语境可能是决定意义的最重要的因素。但德里达对此质疑道，语境这一要素通常被认为是限制性的，作为可以被严格分析的对象，而构成意义推理环节中的一个部分，若将语境置于开放的、以文本（而非口头对话）为中心的"交流"视域中，那么其不可确定性就被无限地放大，德里达称为语境的"结构性的不饱和（nonsaturation）"。语境的这种不饱和性，乃是原文字（archi-ecriture）的延异运动（体现为播撒的效果）的后果，这就需要通过置换古典的文字概念，比如以孔狄亚克为代表的古典文字理论，来克服流俗的交流观：

明确了经济的、同质的与机械的还原的动因之后，让我们回到我方才

---

① BASS A. Margins of philosophy [M]. Harvard: The Harvester Press, 1982: 309-311.

在孔狄亚克的文本中强调的"不在场"这个观念。它是如何被限定的？

1. 首先，它是接收者的缺场。一个人书写，是为了与不在场的人交流东西。发送者、说话者的缺场，来自他对记号的遗弃，记号与发送者相脱离，并且以超越发送者之在场与他的意谓的在场现时性(也即超越他的生命本身)的方式继续产生出效应，也即超越了他的生命本身。这种缺场纵然属于所有文字的结构，被我进一步认为是属于所有一般语言的，却从未得到过孔狄亚克的检审。

2. 孔狄亚克所说的"不在场"，被以最古典的方式确定为在场的一种连续变更或逐渐衰竭。再现不断补充在场。但这种补充操作("补充"是孔狄亚克的《人类知识起源论》(*Essal Sur L'origine des Connaissances Humaines*)中最具有决定性、也最常被运用的操作性概念之一[①])却未被展现为在场的断裂，而是一种再现之中的对在场的修复与连续同质性的变更。

……

让我们再回到不合语法的"无意义性"上来。胡塞尔在《逻辑研究》中关注的，是一种普遍语法的规则系统，不是从语言学，而是从一种逻辑的与认识论的视角出发的。在第二版的一个重要注释中，他明确指出他关注的是一种纯粹"逻辑的"语法，那也就是与可能对象相关联的认知意义的形态学如何可能的普遍条件，而非一种心理学或语言学视角下的"一般的"纯粹语法。从而，只有在一种为认知的意志、认识论意向或真理视域中与认识对象的意识联系所决定的语境——在这种定向化的语境场域中，"绿色是或者"才是不可接受的。但是，既然"绿色是或者"或"阿布拉卡达布拉"不在自身之中建构语境，没有东西阻碍它们在别的语境中作为符指记号(或曰指号，按照据胡塞尔的说法)发挥的作用。不仅仅是在这样的偶然情况下，通过将德语译为法语，"le vert est ou"就可能被赋予语法性，ou(oder)被听成 où(方位标记)："(草坪的)绿色到哪里去了(le vert est où)？""我想给你喝点什么，但那个杯子哪去了(Où est passé le verre dans lequel je voulais vous donner à boire)？"但即使是"绿色是或者"也

[①] 原注：语言补充动作或感知，发音语言补充动作语言，文字补充发音语言，等等。

仍然意指一个"不合语法的例子"。这是一种我愿意坚持的可能性：提取与引用性嫁接的可能性，它属于所有记号（口头的或书面的）的结构，甚至是在任何符号语言交流的视域之前与之外以文字的形式构成所有记号；"以文字的形式"，意味着在特定时刻与其"原本的"意谓以及它所归属的可饱和与约束性的语境相分离而发挥作用的可能性。每个符号，无论是语言的还是非语言的，口头的还是书面的（以通常意义理解这一对立），作为或小或大的单位，可以被引用，放在引号中；借此它能打破任何既定的语境，以完全不可饱和的方式生产出无限的新语境。这并不意味着记号在语境之外仍旧有效，相反，只存在着无任何完全锚定的中心的语境。记号的这种引用性、复制性或双重性，① 以及可重复性不是意外或反常状态，而是正常或反常。缺少了它，记号就不复能再拥有一种所谓的"正常"功能。如果不能被引用，或其本原不能在半途遗失，一个记号将成为什么呢？②

德里达在此论证的关键是，文字（以及一般符号）发挥功能的源头在于"可重复性"（itérabilité），正是重复的力量既塑造了一般符号，又使任何有限的结构或系统趋于溃裂，对这种双重性的重复运动的形态描述就是"延异"。他由此解构在场哲学的主导原则，是从胡塞尔的哲学分析内部抽绎出来的，而在这个过程之中或之前，以"语境"概念为切入点，德里达以自己的文字学理论来重新铭写言语行为理论的基本预设，试图消解约翰·兰肖·奥斯汀（John Langshaw Austin）思想中的逻各斯中心主义元素，颠倒与置换"严肃"与"不严肃"的二元对立，强调文学书写的范式意义，也区分言语（或话语）事件与作为断裂的绝对事件，认为真正的事件指向后者，而非奥斯汀在言语事件或签名事件中所设想的意识在场：

> 现在我打算借助——但也是为超越它——"施行式"的题域来进一步

---

① 注意此处"复制性"（duplication）与"双重性"（duplicity）两词在词形上的近似。
② BASS A. Margins of philosophy [M]. Harvard: The Harvester Press, 1982: 311-321.

阐述这个问题。它在此有几点主张引发着我们的兴趣：

1. 首先，奥斯汀通过他对话语施效行为以及特别是话语施事行为分析的强调，似乎把言语行为仅仅当作是交流行为。这是他的法语译者通过引用奥斯汀本人所注意到的："正是通过比较'记述'话语（即古典的'断言'，通常被认为是对事实或真或假的'描述'）与'施行'话语（来自英语performative，即允许我们仅凭言语自身做事的话语）"，奥斯汀逐渐倾向于认为"任何"名副其实（即被指定用以"交流"；这就会排除，比如说，反射性的詈骂）的话语都首先是一种对话者所身处于其中的"总体"情境下的完整"言语行为"。（《如何以言行事》，第147页）

2. 这种交流的类型相当新颖。奥斯汀有关话语施事行为与话语施效行为的见解，指示的不是意义内容的传达，而是一个本原动作（在一种"普遍行为理论"中得到定义）、一种操作的传递以及效果的产生。就施行式来说，如果在最严格与纯粹的意义上这类东西确实存在的话（我暂且在这一分析阶段接受这个假设），交流意味着在记号的促动下传递一种力量。

3. 不同于古典的断言与记述话语，施行式的指称对象（虽然在这里这个词不甚适切、无疑，这正是这项发现为人所注目之处）不外在于它，或在任何情况下先于它。它不描述外在于或先于语言的东西；它产生或变换一种情境。它生效；即使我们可以说记述话语也能有所施行，而总是改变情境，也不意味着这构成了它的内在结构、功能或目的，就如同施行式表现的那般。

4. 奥斯汀不得不把施行式分析从"真值"与真/假对立（至少是其古典形式）的威权中解放出来，间或以力量（"话语施事或施效力"）及其差异的价值来取代之。（在这种全然尼采式的思想中，正是这点对我来说似乎是在向尼采示意，他常在自身中发现与英国思想的某种亲缘关系。）

这四条理由，至少可以表明奥斯汀已经爆破了纯粹的符号学、语言学或象征论的交流概念。施行式是一种"交流"，但本质上不把自己限制为被真理目标所监管的既定语义内容的传达（真理作为对是其所是的存在者的一种"揭示"，或者是在一个判断陈述与事物自身之间的一种"符合"）。

然而——至少这是我现在想要尝试着指出的——奥斯汀在他那耐心、

开明、充满疑难、持续转变、经常在识别绝境而不是提出见解时更有成效的分析中遇到的所有困难在我看来都具有一个共同的根。这就是：奥斯汀没有考虑到在"话语"（因此先于任何话语施事或话语施效的决定）的结构中，必然已包含我称之为"普通书写符号学"的谓项系统，这会扰乱其后所有的对立，奥斯汀徒然地想要建立起它们的洽适性、纯粹性与严格性。

为了展示这一点，我必须理所当然地认定奥斯汀的分析永远需要一种"语境"的价值，甚至是一种依照法律或目的论而彻底可加确定的语境；而且一系列各种类型的、可能会影响施行式事件的"不恰当性"，总是回返到奥斯汀称为总体语境的元素中。正是这些要素之一——而非别的——以古典的方式为言语行为的总体性保留了意识，即说话主体意向的意识性在场。因此，施行式交流再次成为一种意图意义的交流，即使这种意义没有以事物与在先的或外部的事态作为指称对象。参与施行式生效过程的说话者或接收者的意识在场，他们在操作总体性中的意识与意向性在场，这种目的论意味着没有"剩余物"可以逃脱在场的总体化。无论是在必要惯例的定义中，或内在的语言性情境中，或被使用的语词的语法形式或语义限定中都没有剩余物；没有不可还原的多义性，也就是没有"播撒"逃脱意义统一体视域。

……

除了所有由历史地沉积下来的"惯例"观念所引发的问题外，我们在这里必须注意：(1) 正是在此处，奥斯汀似乎只考虑到形成话语之"境况"——它的背景语境——的惯例，而不是构成语式自身的内在惯例，这包括所有能迅速被归结于"符号任意性"这个题域中的东西；它们扩展、加剧且激化了困难。"惯例"不是或然事件，而是——作为可重复性——所有记号的结构特征。(2) 风险或失败的威胁，如奥斯汀所认识到的，虽然可以先天地影响惯例行为的总体性，它们的价值却未作为本质性的谓项或"法则"被考察。奥斯汀没有追问可能的事情——一种可能的风险——"总是"可能的，或者在某种程度上是一种必然的可能性，这个事实引发的后果为何；即使这样一种失败的必然可能性被考虑到，它仍仅仅构成一种意外。当失败的可能性持续地构成它的结构，成功究竟意味着什么呢？

所以，话语施事或话语施效行为的成/败对立，在这里似乎很不充分，或者说是派生的。它预设了一种语式结构的普遍性与系统性的设计，可以避免本质与意外之间无尽的交替。现在，尤为重要的是，奥斯汀排斥这种"普遍理论"，至少两次推迟了它，尤其是在第二讲中。我暂且不考虑第一次排除："在这里，我不打算研究一般的原则；在很多这样的情形中，我们甚至可能会说该行为是'无效的'（由于胁迫或由于不正当的影响可被看作是无效的行为）等等。我认为某个非常具有普遍性的高级学说，可以把我们所谓做出行为（包含一个施行话语在内的行为）的不恰当和这些其它的'不适当的'特征，都包含在某个单一的原则中；但是我们不会把这种不适当包括在内——尽管我们的确必须记住这种不适当的特征能够并确实经常侵入我们正在讨论的任何情形。这种不适当的特征通常会被归入'情有可原的情境'或'减轻或消除代理人的责任的因素'等标题之下。"（第21页，斜体字为我所加）①第二次排除的举动与我们这里的讨论具有更直接的关联。它恰好是关于这样一种可能性的：所有施行话语（自然也包括所有其它话语）都可以被"引用"。现在，奥斯汀以一种强烈的偏执排除了这种可能性（以及可以解释它的普遍理论），这种片面化则是分外重要的。他坚持这种可能性是"反常的、寄生的"这一事实，认为它构成语言的衰竭甚至垂危，必须坚决地与之保持距离或远离它。他所依赖的"正常"以及"正常语言"的概念，是被这种排除所界划出来的。这就使之更成问题。……

最终，被奥斯汀因其不恰当、例外性、"不严肃"而排除的"引用"（在舞台上的一首诗或一番内心独白中）不正是一种普遍引用性，或者说一种普遍可重复性（没有它就不可能存在"成功的"施行式）的确定性变体吗？如此——这是一个悖论般的但不可避免的结论——一个成功的施行式必定是一个"非纯粹"的施行式，这里所用的词是奥斯汀后来意识到没有"纯粹"的施行式时将采用的。

---

① 汉译文见：J. L. 奥斯汀.如何以言行事 [M].杨玉成，赵京超，译.北京：商务印书馆，2012：18.

现在我将揭示积极可能性的一面，而不只是失败的一面：如果引用性的替身最终没有分裂，即把它自己与事件的纯粹单一性分离开来，那么施行话语是可能的吗？我以这种形式提出这个问题是为了预先应对一种异议。事实上，有人可能会说：你不能宣称你仅仅基于施行式之失败的发生——无论这些失败是如何真实，而它们的可能性是如何实在或普遍——去解释话语的书写符号结构。你不能否认也有成功的施行式，而它们须得到解释：我们召开会议，如同保罗·利科昨天做的那样；某人说"我要提一个问题"；我们或打赌、或挑战、或命名船只，甚至有时结婚。这些事件看起来都已经发生了，哪怕它们中唯有一项发生过一次，那也仍应得到解释。

我会说"或许"。这里，我们必须首先理解一个事件的"发生"或事件性意味着什么，① 事件在它所谓在场与单一的涌现中设定一种话语的介入，这种话语在它自身中只能具有一种反复性或引用性的结构，既然最后两个词可能导致混乱，那也就是"可重复性"。所以，我重返对我来说似乎是根本的这一点，现在它关涉一般事件、言语的或通过言语发生的事件，以及它所假定的奇特逻辑的地位，而这通常不为人所察觉。

如果施行话语的表达式不重复一种"编码的"或可重复的话语，换言之，如果我用以召开会议、命名船舶或缔结婚姻关系的表达无法"依据"一种可重复的模型被识别出来，也即不能以"引用"的方式被识别，这种施行式还能成功吗？这倒不是说此处的引用性与戏剧表演、哲学引文或诗歌讽诵中的引用性属于相同的类型。这就是为什么施行式具有相对的特征，如奥斯汀所指出的，一种"相对的纯粹性"；但这种相对纯粹性不构成与引用性或可重复性的"对立"，而是与一般可重复性——它构成对所有话语事件或言语行为的所谓严格纯粹性的侵犯——领域内的其它种类的重复形成对立。于是，一个人应该做的不是使引用与重复对立于事件的非重复，而是构建一种重复形式的差异类型学，假定这是个可以给出一种完整纲领的合理计划，对此问题我暂且存而不论。在这种类型学中，意向的范畴将不会消失；它将拥有自己的位置，但在此位置上它将不再能统辖整

---

① 此处"事件性"一词，法文原文为 événementialité，英译本作 eventhood of an event。

个场景以及整个话语系统。尤其重要的是，一个人将思索不同类型的记号或可重复记号的链条，而不再维持引用性的话语与单一且本原的话语-事件之间的对立。这样做的第一个后果是：鉴于这种重复的结构，激活话语的意向永远不可能在它自身及其内容中完全在场，先验地构成这种意向的重复引入本质性的开裂与接缝。"不严肃"与间接引语将不再能如奥斯汀所希望的那样，从"正常"语言中被排除；而且，如若有人宣称正常语言或语言的正常环境排除引用性或普遍的可重复性，岂不就意味着这里的"正常"、这种实事与观念，遮蔽着一种诱惑、意识的目的论诱惑，而其动机、坚不可摧的必要性以及系统化的效果都还有待于分析吗？尤其是这种话语现时性意向的本质性缺场、结构性的无意识，假使你希望的话，禁止了一种语境的饱和。对于一种完全可确定的语境——在奥斯汀企求的意义上——而言，至少需要意识的意向对其自身以及其他人来说是完全在场与现时透明的，既然它是语境的决定性的焦点。所以"语境"概念与对它的诉求似乎如"正常"概念一样，在这里受到相同的理论性与目的性方面的不确定性，以及相同的形而上学根源——意识的伦理与目的论性质的话语——的折磨。这一次，对奥斯汀文本内涵的解读将确证对其描述的解读，我在这本书中已指出了这一原则。

"延异"，意向或对施行话语（最具有"事件性"的话语）的援助的不可还原的缺场，准许我在考虑到刚才提及的论断的情况下，去确定所有"交流"的普遍书写符号结构。尤其重要的是，我不会从中推出这样的结论：不存在意识或言语（与传统意义上的文字相对）的效果的相对特征，不存在施行式的效果、正常语言的效果，以及在场与言语行为的效果。质言之，这些效果不会排除逐项与之构成对立的东西，反而是以一种不对称的方式将之预设为它们的可能性的普遍空间。[①]

既如此，话语的事件性究竟应如何得到思考呢？德里达坚持将"引用性"或"可重复性"作为任何话语事件的基础，并在上述分析的基础上最终引出了

---

① BASS A. Margins of philosophy [M]. Harvard：The Harvester Press，1982：321-327.

签名理论。他总结道:

1. 作为文字、交流,如果一个人坚持保留这个词,不是传递意义的手段、意向与意谓的交换、言语或"意识交流"。我们见证的不是文字的终结,根据麦克卢汉的意识形态描述,这将恢复社会关系的一种透明性或者说直接性;而是一般文字的一种愈加有力的历史性展开,对这种文字而言,言语、意识、意义、在场、真理等的系统,仅仅是一种应被作如是分析的效果。这种受到质疑的效果,我曾在别处谓之"逻各斯中心主义"。

2. 向来支配着交流观念的语义视域,被文字——即一种"播撒",无法被还原为一种"多义性"——的介入所超越或揭穿。文字被识读,并"在最终的分析中"没有给出一种解释学的译码,以及对一种意义或真理的破译。

3. 尽管要对古典的、"哲学的"、西方的等文字概念加以普遍的置换,看起来仍然有必要临时性与策略性地保存这个"古老的名字"。这意味着"旧词新用法"的一种完整逻辑,但我不拟在此详述。图示即一组形而上学概念的对立(例如,言语/文字,在场/不在场,等等)从来不是两项的面对面,而是一套等级制度或者一种从属的秩序。解构无法使自己局限于或者说迅速达到一种中立的状态,它必须通过一种双重姿态、双重科学、双重文字,来实施对古典式对立的一种"颠倒"与对系统的一种普遍"置换"。唯有在这种情况下,解构才能向自身提供"介入"所批判的对立领域(也是一个非话语力量的领域)的方式。此外,每个概念都隶属于一条系统链,并且其自身就构成着一个谓项系统,没有形而上学概念自身。有一种概念系统上的——是或不是形而上学的——工作。解构不在于从一个概念转向另一个,而是颠倒与置换一种概念秩序,以及与这种概念秩序相连接的非概念秩序。例如,文字,作为一个古典概念,具有被诸种力量根据分析的需要所轻视、排除或悬置的谓项。正是这些谓项(我已提及一些),其一般性、扩散性与生成性的力量已然被解放,① 被嫁接到了一个"新的"

---

① 这里"一般性""扩散性"与"生成性"三词,原文系三个形似词 generality、generalization 与 generativity,故汉译只能是相对的。

文字概念上，而这个概念也契合于这样的因素：总是"抵制"先在的力量组织，构成不可被还原为组织——简要地说就是逻各斯中心的——等级制度的主宰力量的"剩余物"。把文字的旧名称遗留给这个新概念，是为了维持嫁接的结构，向一种被建构的历史领域的有效的"介入"的转换，以及不可或缺的坚持。而且这也赋予了一切在解构操作中发挥作用的东西以机遇与力量，以及"交流"的能力。①

按卡勒的总结，发自奥斯汀言语行为理论的述行概念对理论运动影响深远，"由德里达作了更新，移用到文学研究"中，并与文学以及政治联系起来，不仅为巴特勒等理论家重新思考性与身份奠定了基础，而且"进一步详尽探讨述行的方方面面会成为理论中的文学的活跃的分支"②。我们知道，后期维特根斯坦的生活形式-语言游戏理论，为意义理论的语用维度建立了哲学基础，奥斯汀及其后继者塞尔(John Rogers Searle)开创的言语行为理论，则标示出了交流实践中话语施事的力量特征。德里达扬弃了这两者尤其是后者，认为言语行为是"游戏"而不是"交流"。与同时期的利科一致，③ 德里达谈论语用学议题，是为了批判与超越述行，超越的具体途径则是"语境"概念。

三、从重思述行(操演)到事件

德里达也承认奥斯汀述行理论的革新性，认为"奥斯汀已经爆破了纯粹的符号学、语言学或象征论的交流概念"。然而在他看来，施行话语指向的是传统哲学认识论意义上那种以认知性语义传达为性质的交流类型，而不是在主体

---

① BASS A. Margins of philosophy [M]. Harvard: The Harvester Press, 1982: 329-330.
② 乔纳森·卡勒.理论中的文学 [M].徐亮，王冠雷，于嘉龙，等，译.上海：华东师范大学出版社，2019：13.
③ 利科发表的演讲题为《话语与交流》(Discours et Communication)，他对奥斯汀思想的回应是较为积极的，在后续的思考中对此多有阐释与发挥。可参见其《解释学与人文科学》《作为一个他者的自身》与《解释的冲突》等著述。

间互动的语言游戏中传递语用的力量，因此，它在任何时候都应当保持对惯例化趋向的警惕。德里达沿此发现，在奥斯汀以及塞尔那里，"意义不仅是一个意向的问题，它也是一个惯例的问题"，①表现为，话语主体对惯例性规则具有调用与支配的能力。如此一来，言语行为的目的论带出了"主体意向的意识性在场"，换言之，施行话语交流的规范性体现为意图意义的优先。奥斯汀仍未跳出的这种意图论，进而与总体语境观念一起，被德里达视为压制事件的总体性哲学的翻版；因为在他看来，奥斯汀坚持实事内容优先，认为特定的语言游戏及其规则的产生总是先于对它们的再现性摹仿，否则便无法通过对既定规则的掌握，来识别特定的话语行为的意义，这就为总体性取向留下了可疑的入口。

应该承认，奥斯汀的这一思路本身确有某种普遍性。如朱迪斯·巴特勒尽管在认定述行没有主体这一点上有别于奥斯汀，但在相信述行来自对惯例的"引用"，即"一道规范或一系列规范的复现"这点上，②却与之一致，她并通过进一步吸收阿尔都塞的询唤概念等资源，发展出了性别操演理论。尽管她表示吸取了德里达对奥斯汀述行理论的批判性成果，但述行在巴特勒的术语体系中正是操演，两者实为同一个词 performative，在对规范或者说惯例的不断重复中，操演不仅隐藏与掩饰着，而且巩固与加强着前者，在此意义上，与其说巴特勒吸收了德里达，毋宁说她恰好把德里达试图反对的东西凸显了出来，而仍然典型地属于理论运动的代表。或者说，她典型地把理论的操演惯性凸显了出来，而构成了德里达所指认的奥斯汀式对立面。可见，德里达对述行的重思，已经蕴含着超越理论运动的理路，他相信如果不是引用一种带有异质性的他者力量，述行理论是缺乏前景的。

在对胡塞尔的意义理论的批判中，德里达提出了"引用性"概念。作为一般符号的内在可重复性的体现，是引用促使语境以不饱和的方式扩展或断裂，进而保证了意义衍生的无止境；而奥斯汀的述行话语，却构造出了"严肃/不

---

① 约翰·R. 塞尔.什么是言语行为？[G] //牟博，译.A. P. 马蒂尼奇.语言哲学.北京：商务印书馆，1998：238.
② 朱迪斯·巴特勒.身体之重：论"性别"的话语界限 [M].李钧鹏，译.上海：上海三联书店，2011：导言 14.

严肃"的形而上学的对立,又将不严肃(即失去话语施事力)的引用排斥为了"反常的"或"寄生的",实际上加强着惯例的力量。文字,在这种观念中往往便被视为了"寄生物"。这样,与奥斯汀坚持实事内容优先不同,德里达坚持本质结构优先。他相信文字之所以成为全体符号的原型,是由于它最为显著地呈现出了缺场状态中的纯粹可重复性,在此意义上,文字比施事话语拥有更大的可能性空间。因为前者对任何语言片段的"引用"以及组接,可以充分体现出意义的不可限定与不可逆料,按常理,引用就是符号位置关系的增生。后者却总是对某类特定社会惯例的"引用",意义根据有限的规则系统,在语用推理的预期中是可以被完全把握的,在这种实用性的表意活动中,获得相对纯粹性的代价是失去了对播撒的意外效果的期待,即失去了事件。看来,事件,只能发生于一种因不断引入他者性力量而始终基于差异的解构语境中,从这一认识出发,德里达打开了另一种允诺重复的事件空间。

四、另一种作为事件的重复

其实早在1966年,在《人文科学话语中的结构、符号与游戏》(Structure, Sign and Play in the Discourse of the Human Sciences)这篇解构主义奠基文献中,德里达已经表示过,作为在场断裂的事件只在"被重复的那个时刻发生"。他紧跟着说明,repetition 一词在西文中有两义:"一是重复(过去的)","二是排演,为未来作准备"[①]。前者属于他反对的在场形而上学,后者则被他首肯而具有积极意义。这启发希利斯·米勒(J. Hillis Miller)从更为深广的学理视野考察两种重复的不同表现形式,他通过回顾从《圣经》阐释学、维柯(Giambattista Vico)、黑格尔、德国浪漫派、克尔凯郭尔(Soren Aabye Kierkegaard)、马克思、尼采、弗洛伊德、乔伊斯(James Joyce)、拉康、德勒兹、伊利亚德(Mircea Eliade)到德里达的有关重复的思想,着重以对德勒兹的阐释为核心,区分出两

---

① 雅克·德里达.书写与差异:下册[M].张柠,译.北京:生活·读书·新知三联书店,2001:504.

种重复：一种是柏拉图式的、"要求我们在预先设定的相似或同一的基础上思考差异"的重复；另一种则是尼采式的、"恳请我们将相似，甚至同一看作是一个本质差异(d'une disparite' de found)的产物"的重复。① 前者视世界为同一性的图像，后者则视世界为差异性的幻象。德里达之所以取后者为径，是出于将文字(写作)从解构策略进一步深化为写作事件的用心。

如第一章所述，海德格尔后期使用的德文词"事件"(Ereignis)本指发生的事件，常被汉译为"本有""大道"与"居有事件"等，② 指内在于时间而具有独异性的存在。从更为激进的差异角度，德里达将 Ereignis 概念复杂化，认为事件植根于不可能的经验，是与非居有(expropriation)的相遇，由此，他倾心于事件的不可预知的现身及其创伤性身体症候，而与形而上学的传统逻辑进行细致的解构主义对话。事件概念贯穿于德里达的《文学行动》(*Acts of Literature*)、《死亡的礼物》(*The Gift of Death*)、《纸机器》(*Paper Machine*)以及刊于 2007 年第 2 期《批评探索》(*Critical Inquiry*)上的《一种关于事件言说的不可能的可能性》等著述，其内涵具体来自三部分：一是上面已引述的《签名、事件、语境》一文；二是论弗朗西斯·蓬热(Francis Ponge，法国当代诗人)、策兰以及布朗肖的著述，它们揭示出事件的绝对发明与文学的话语创造力之间的关系，后者是作为他者的亲密关怀力量出现的，这种关系构成了去神秘化的话语，生成着民主；三则是海湾战争与"9·11"事件后的政治写作与对重大政治事件的伦理评论，包括收入《恐怖时代的哲学》(*Philosophy in a Time of Terror*)的对话等，它们把对事件的抽象思考引向了社会的与精神分析的现象，思考新的表达技术、科学的现代进步与权力策略问题。特别是，1997年，德里达受邀前往蒙特利尔参加一个事件概念研讨会，在会上提出基于一种新的语言经验的"不可能事件"(the im-possible event)概念。这个被德里达造出的词，并非指可能性的否定性反面，而指可能性的条件、机遇与非常态经验，因为事件就是已实际发生者的不可能方面，它离不开不可说(unsaid)以及禁令(prohibited)这两个因素，两者刺激着不可能性朝向可能性存在作思想运

---

① 希利斯·米勒.小说与重复：七部英国小说 [M].王宏图，译.天津：天津人民出版社，2008：7.
② 可参阅孙周兴的分析(马丁·海德格尔.哲学论稿 [M].孙周兴，译.北京：商务印书馆，2016：619-623.)。

动。在此基础上，德里达描述了事件的六个要点：一是绝对的惊奇，即在可以预见之物中什么都未发生，事件是例外、独异与不可预见性。二是冲击一切预期的视野。三是居有的运动，以 ex-appropriation 呈现不同于海德格尔的、对理解诉求的抗拒与挑战，这使任何人都无法将事件据为己有，或轻易与之妥协；除非动摇边界，不可能有事件，事件躲闪着、开放着与未决着。四是在纯粹的独异性中使主题暴露于生存的限度之处，并与他者相遇。五是事件依托于一种不从属于认知顺序的语言，它超越一切预设性的观念。六是事件出之以幽灵般的、纠缠一切可能经验的秘密的无限形式。不可预见的事件除非被重复，否则难以被理解与接受，其重复性(iterability)实为一种重归与还在到来的情势。

  2001 年，在法国国会图书馆举行的一次学术会议上，德里达深化了对事件的三层界说：一种独特的现身；对这种独特现身的主体性经验回应；一种语言与证词方式。德里达用他者性(alterity)进一步阐说事件：他者性的隐秘对事件进行着布置与颠覆，对这一隐秘的出入皆非自觉，而来自他者的禁令，这种禁令是必须接受的，在这里他者是一种总是宣布自身为异己的非常规、非稳定力量。我无法选择与定义他者，相反，他者作为一种紧急与突发的胁迫力量萦绕于我。据此可以见出德里达与海德格尔所持事件论的区别，前者旨趣所在是错位(dislocation)、离散(dispersion)、播撒(dissemination)、侵入(incursion)与冲突，其所依托的差异性结构，躲避任何试图集结于一体的运动可能与恰当逻辑，而以 Enteignis 取代了海德格尔的 Ereignis。这种他者性力量既威胁又建构着经验，不可简化的差异中包含着异质性(heterogeneity)要素，而令事件发生于布朗肖所说的充满孤独的深渊中，在其中每一步都包含着对自身的否定。这样，德里达带有解构色彩的事件便指向发生中所隐藏者，其以不让人察觉的方式到来着，以此呈现纯粹的新意，并以比现时存在或多或少的形态挑起未来的前景。总之，德里达与海德格尔的区别在于，后者注重开端上的发动，前者则注重过程中对经验流的打断(interrupt)。

  德里达固然将"引用性"或"可重复性"作为任何话语事件的基础；但在他构想的那种"重复形式的差异类型学"中，重复的效果可能是施事话语的"相对纯粹性"，也可能形成与之对立的无限衍义。前者是行为意义上的那种

"事件",它完全可以被规则的结构系统还原,没有可能的"他者"在经验的视域中涌现,造成结构的断裂,所以不符合德里达的事件概念的内涵。对于话语施行事件,他明确指出:"正是在有行为句的地方,名副其实的事件才不可能发生。"①——行为句的力量终究不具有颠覆性,因为那正是权威赋予的产物。那么,"绝对事件"(absolute event)或"非凡事件"(remarkable event)又何以可能来临?② 这或许应该诉诸某种"反签名"(counter-signature)的力量。事实上,德里达将"他者的介入""反签名"与"绝对事件"联系在一起,③ 形成了其事件思想的一个问题环。

五、签名与他者介入

"签名"这个源出于奥斯汀文本的概念,成为后期德里达反复论述的对象——在《签名蓬热》(Signsponge)中是"弗朗西斯·蓬热"(Francis Ponge,一译"蓬若"),而在《阐释签名(尼采/海德格尔):两个问题》[Interpreting Signatures(Nietzsche/Heidegger:Tow Questions)]中则是"弗里德里希·尼采",可以把它们视为《签名、事件、语境》末尾对签名结构的一般论述的具体化的展开。流俗的观点认为,签名意味着话语主体在某种意义上的在场,通过将文本与生产它的意识本源以签名的形式联结起来,似乎签名事件就成为原初的生产时刻在时间历程中的完整而纯粹的重现;如此,签名似乎成为主体对文本施加总体性控制的"印封"。对于德里达而言,签名始终应从一般符号或字素的可重复性结构来思考,签名如此成为"最不可能的签名":签名内部存在

---

① 雅克·德里达.Profession 的未来或无条件大学[M]//雅克·德里达.德里达中国讲演录.杜小真,译.北京:中央编译出版社,2003:132.
② 南希指出,法语的 événement 具有"非凡事件"之向度,这是事件产生惊诧的力量。参见阿兰·巴迪欧,斯拉沃热·齐泽克.当下的哲学[M].蓝江,吴冠军,译.北京:中央编译出版社,2017:14.
③ 雅克·德里达.一种疯狂守护着思想:德里达访谈录[M].何佩群,译.上海:上海人民出版社,1997:39.

张力，一方面签名是专名，在社会制度的话语规范中可以使签名的主体占据文本；而签名的重复结构又使任何严格的同一性变得不可能，其内部则充满裂解的可能性。在《善良的强力意志（Ⅱ）：对签名的阐释》中，德里达反对海德格尔对尼采的体系化解释，似乎尼采作为"最后的形而上学家"被完整地铭刻在"尼采"的专名之中；德里达强调"复数"的尼采："尼采肯定只有一个名字吗？他唯有一次命名自己吗？"① 按照德里达的设想，作为后现代主体的尼采，即使在签名之中也不能聚集为一，而是在诗化文本的书写中成为异质性的多重存在。对于蓬热而言，签名不仅在专名的层次被消解，而且还在文学书写的过程中被放置于无穷的嵌套中（en abyme），而可以被不断涂抹与重写，也即导向他性的重复过程。② 签名的内部冲突在在场的意识主体与踪迹化的文本之间展开，而德里达试图打开签名的限制，发挥文本自身的差异化力量，这也即"文本事件"，是开启意义之播撒的书写实践。

德里达的文本概念是相对于最广义的经验范域而言的，③ 文学文本的书写经验可以推广至伦理-政治的实事领域。正是依循这条线索，德里达在《签名、事件、语境》中对话语行为的事件性的反思以及超越，可以在之后发展为具有事件性维度的"文学行动"以及政治性介入，而关于绝对事件的肇端性思想则衍生出更加厚重的理论内涵，作为代表正义的"到来者"，作为历史开放性的"绝对未来"等。这代表了当代法国理论对事件思想的又一探索成就。

德里达把富于差异的可重复性视为事件，在这种通过文字（写作）引入他者展开的事件运作中，解构在场的惯例与盲点，形成了具有生长性的议题。差异是感知的产物，意味着可经验性，将差异说成是仍同时重复着的，即在可经验性与可重复性之间建立起了新的统一，那是一种不同于在场形而上学将两者伴

---

① 雅克·德里达.善良的强力意志（Ⅱ）：对签名的阐释（尼采/海德格尔）[M]//孙周兴，孙善春，编译.汉斯-格奥尔格·伽达默尔，雅克·德里达.德法之争：伽达默尔与德里达的对话.北京：商务印书馆，2015：62.
② 雅克·德里达.签名蓬若[M]//马海良，译.雅克·德里达.文学行动.北京：中国社会科学出版社，1998：296.
③ 乔纳森·卡勒称之为"总体文本"。见乔纳森·卡勒.论解构[M].陆扬，译.北京：中国人民大学出版社，2018：168-215.

装为一体的统一。其不同之处在于,它是通过写作而非声音来获得经验的。这个方向令人深感兴味之处,在于由此得到的解构途径和写作产生了关联,写作创造的可能性被顺乎逻辑地纳入了思想演进之路。我们知道,德里达所说的文字学(grammatology),不是汉语中以研究文字形态流变为旨趣的文字学,而实为写作学,写作活动构成了他心中有助于解中心、替补在场而在其断裂中维持在场与不在场之间张力的游戏。罗纳中肯地评价道,德里达以冒险的姿态,将写作活动设想为对从未发生之物的关注,在这种关注中确乎存在着最终主导整个作品的语言与经验残余,就像马拉美、卡夫卡与乔伊斯等人的写作,自觉地面对一个看似支离破碎,却在非纯粹性这点上更为真实的世界。① 那么写作何以能,以及如何保持差异与重复的统一呢?

"写作"(writing)指广义的文学:语言的创造性活动。之所以不直接使用文学一词,是因为这个词容易令读者习惯性地往狭义文学——纯文学(小说、诗歌与戏剧)观念上附会,而那便窄化了写作在今天应有的内涵容积与创造力。诚然,写作活动最典型、集中的形态,无疑是文学,在探讨理论之后的写作的过程中,文学每每因而也是一个重要的参照系。但却不能认为传统观念中的纯文学就是理论之后的归宿,那除了重新把人带往纯审美论这条老路,似乎很难有所作为。应该看到,如果从传统的形而上学语言观出发,世界中各个领域把语言看成是能指及(传达与命名)事物的,在这种理解中,那个被语言所及之物,被视为了各领域的研究对象(界限与建制);但以现代思想的支柱——语言论视点看,对各个领域的划分需要通过语言,恰恰在这里,语言无法完成划分这件事。因为,每当语言试图去划分出一个已仿佛先行存在的领域时,它的符号系统(替代品)性质,都决定了它必然已把后者替代成了一个不同于原领域的新领域了,这种替代无限推迟了实在论目标的实现,而消解其形而上学性质;所以,实际上只存在着(或者说只剩下了)同一个(也是始终起着先决作用的)语言符号的世界,如同德里达所说"符号的原始重复结构应该支配意义的活动整体"②。这就是20世纪以来,政治、经济、教育、法律、新闻与艺术等原本壁

---

① ROWNER I. The event: literature and theory [M]. Lincoln: University of Nebraska Press, 2015: 121.
② 雅克·德里达.声音与现象[M].杜小真,译.北京:商务印书馆,1999:72.

垒森严的专业建制，逐渐开始打破各自的界限，在跨学科与跨专业意义上逐渐互融、互渗而互惠的根本原因。在这种跨学科新格局中，文学曾经从不怀疑的建制与界限，相应地也开始显示出狭义的一面，而证实了文学并非纯文学的道理。写作就是无处不在的语言创造，当然前提是它顺应语言的上述本性，而非违逆它，令它去做与事物强行发生必然指及关系的形而上学行径。当科学工作者出于揭示实在论意义上的规律的意图，而不得不违逆语言本性，让一对一的概念、判断与逻辑推理成为自己处理的全部对象时，严格地说他并未在从事写作；当他写着写着发现，为利奥塔等思想家所肯定的叙事成分不可避免地会出现在一篇看似冰冷的自然科学论文中时，他才不知不觉把论文变成了写作，因为在那一刻，他顺应语言的本性，自觉地凸显出了符号自身的组织构成，并享受与体验（从而也就是在理解）它。

  作为语言的创造性活动，写作的差异当然来自对符号区分关系的随顺与凸显，即在高度灵活自由的区分中，它们产生出永不定于一尊的差别可能，而那就是可经验的差异，如同德里达对签名的分析所展示的那般。写作的差异又仍形成着重复，重复性在这里体现为，写作显现的世界始终大于视点的能见范围。因为写作是对符号区分关系的自觉敞开，因此，任何事先的理性化动机与意图，都需要以语言这一任意性的符号系统为中介进行转换方能实现，而任意性即非理性，下一个符号的出现不断使上一个符号在与前者新生成的符号关系中重新得到适应与存活，获得新的可能性，从而在这样的区分活动中不断地成为自己，这就使文学写作在被作者主体的动机与意图发动起来后，走上了一条不断超乎预期、充满了未知因素的道路，而与现代测不准原理揭示出的真理——观测目标总包含观测者（手段）因素在内——相吻合。换言之，对"这一个"的设定，永远收获着"下一个"的可能，这就是文学写作中屡屡出现的明明是自己在写，写着写着却仿佛身不由己地被自己笔下的世界反过来带着走的受控状态。现在我们看清了这种受控状态并不神秘，而有现实的根源：可能性即符号关系。写作用差异化的叙述，带出着始终不为任何叙述视点所垄断，却在差异中（非同一地）重复存在着的意义世界，可见，它悬以为目标的逼真在场质感，已非形而上学以声音为运作掩体的纯粹在场，而是在对语言文字的写作操作中，持存住叙述与场面之间张力的在场，无限延宕与推迟形而上学本体的出现可能，构成了德里达所说的延异。这种被写作创造出来的叙述与场面的张力，就是写作事件的真谛。

六、写作事件：出处依据及其后理论意义

从上面的分析中可以看到，尽管事件思想标志着德里达解构思想转向政治与伦理，这个看起来向外转而积极引入他者的进程，恰恰受惠于写作活动的展开，运作着文学的深层机理。① 德里达的写作事件，由此并非一种分类意义上的具体事件，而道出了事件的写作本质。他本人尽管没有直接使用"写作事件"这个说法，却明确地论证指出了这种差异性重复事件来自写作：

> 如果施行话语的表达式不重复一种"编码的"或可重复的话语，换言之，如果我用以召开会议、命名船舶或缔结婚姻关系的表达无法"依据"一种可重复的模型被识别出来，也即不能以"引用"的方式被识别，这种施行式还能成功吗？……这种普遍的空间首先是作为记号中在场之中断的间距，这里我称之为文字(writing)。②

如研究者们正确指出的那样，"'文字学'一词的原意是指一种对文字、字母、音节划分、阅读和写作的系统研究，德里达更多的是在'写作'这个意义上用它"③，上文中的"书写"与"文字"实即写作，写作于是构成了他心中有助于解中心、替补在场而在其断裂中维持其与不在场之间张力的游戏。在《事件：文学与理论》这部代表了事件思想研究前沿水平的新著中，罗纳将这种基于写作的差异性重复事件明确概括为"写作事件"（writing event）：

---

① 政治维度与文学维度由此不但不对立，而且后者在深层次上成为支配与调节前者的先决前提，这对一直困扰于两种研究范式之矛盾纠缠的我们来说，当是有启发的。下文对马苏米事件论的阐释将进而深化此点。
② BASS A. Margins of philosophy [M]. Harvard: The Harvester Press, 1982: 326-327. 着重号为引者所加。
③ 徐亮，苏宏斌，徐燕杭.文论的现代性与文学理性 [M].杭州：浙江大学出版社，2005: 198.

对德里达来说，对事件的写作既不是述事也不是述行。事实上，这些言语行为必然是写作事件的一部分；但它们不符合创伤的体验与运作，它们都未能记录事件之"物"及其语言铭文的可重复性。①

较之于述事，述行在行动中创造了事件本身，这种事件被罗纳称为声音事件（speech-event）与言语事件（saying-event），但事件既非来自述事也非来自述行，两者在应对"创伤体验"这点上均告失败。述事不产生事件，是因为述事作为事后的认知描述与解释，总是在时间距离中操纵着事件，这便失去了直接性而成为事后形成的事态，即失去了独异性。述行也带不出事件，因为言语行为是程序性的反复与固定的仪式过程，它们中和了事件的独异性，使之变得沉闷而失效，唯有从存在的展示中析离出来的、变成不可预见的与让人面临崩塌风险甚或失败命运的，方才是事件。有鉴于此，德里达提出用写作事件取代奥斯汀的述行事件，把写作界定为一种与特定环境及存在断裂的、有责任将文本保持为开放、变化、未限定与被驱遣状态的力量，认为它在取消任何现有存在的同时，能成为写作的哲学，成为在想象与激情中可以被并未参与其间的他者所同样理解与翻译的、非经验的经验与非言语的言语事件，其特征就是重复性。② 他由此将引用性或可重复性视作了事件的基础。

理解事件的写作本质，是从理论走向后理论的开始。其实，事件在理论阶段即已得到酝酿，只不过理论及其运动削弱了它本应有的、通过写作活动积极创造出来的生命力。如前面第三章所论，根据福柯在《方法问题》这篇访谈中的集中概括，事件的根本出发点是对自明性的反抗，"理论-政治功能"为事件化的首要功能，而这是 20 世纪中后期以批评理论为主、转向政治的理论的产生缘由。因为理论旨在祛除事件得以建构的复杂话语条件之魅，对形成事件的话语权力（深层结构）进行解码，既然是要还原出事件的建构过程，便需要还原事件在符号区分活动中被具体区分成的、由两个起始点所构成的符号位置及其关系。理论由此深化了人们对看似自明的现象的认识；但其局限也由此相应地

---

① ROWNER I. The event: literature and theory [M]. Lincoln: University of Nebraska Press, 2015: 118. 着重号为引者所加。
② BASS A. Margins of philosophy [M]. Harvard: The Harvester Press, 1982: 326-327.

被带了出来,那就是,事件不是在拥有两个起始位置后便固定不变的存在。如上所分析,它的生命力恰恰在于,占有起始位置时始终因受动态的符号区分活动制约而活跃地向外伸展可能性维度并造就独异性这点。但正如卡勒概括的那样,"理论是分析和推测"①,当它把活的事件存在(可能性)吸纳于一套分析话语中,便不可避免地把独异性稀释成了一般性,而削弱了事件。这种削弱,随着理论逐渐成为运动而加剧了。它似乎没有充分注意到,福柯在强调事件超越自明性之后,紧跟着说明"对过程的内部分析,与分析出的'突出部分'的增加是齐头并进的"。只有对已形成的符号关系从内部进一步深入区分与细化,才会不断涌现突出的部分,这些突出部分作为超越常规的"原因的多元化"程度及其"多边形""多面体"效应,没被理论及其运动从整体上积极保持于视野中,很自然地呼唤理论之后的理论来克服它,即克服对事件的削弱,而那便开启了后理论进程。上述理路于是最终告诉我们,后理论是一个注重广义话语创造,即走向对写作的重视的过程,它就是写作事件的创新。

这种创新可以从密切相关的两方面得到把握。一方面,鉴于事件在叙述的边缘处努力激发出反常规的例外力量而不断向可能性敞开,总是非纯粹在场的,如此写作得到的后理论,将变换原先基于分析、推测所得到的宏大理论的方向,减轻这些话题的程度。由此,后理论会由大变小,向"弃大专小(抛弃宏大问题专注于小问题)和扩展话题范围"演进,② 我们正在看到动物研究、生态批评、庶民研究、情感研究、残疾人研究,乃至更为具体的暂时性研究与赤裸生命研究等后理论形态的勃兴。与之相联系的更重要的另一方面,则是后理论与写作以及文学的关系。发自事件性筹划的理论,之所以逐渐陷入操演的惯性而趋于衰落,是由于它忽视了下面这个问题:理论和它所致力于解释的对象一样,说到底都是语言活动,是在话语中对意义的创造;因此从本性看,它只能是去发现世界,这与理论一词在古希腊的观察本义是一致的,符号的区分关系在理论中从而应当是无限自由和开放的。然而,当发现被置换成发明后,符号的位置便不知不觉地在理论中被固定下来,其区分关系逐渐被单一化,这才慢慢有了从理论进

---

① 乔纳森·卡勒.文学理论入门[M].李平,译.南京:译林出版社,2008:16.
② 徐亮.后理论的谱系、创新与本色[J].广州大学学报,2019(1):5-14.

一步向后理论递嬗的议题。而理论所逐渐陷入的上述重复，实则正是德里达所指控的在场形而上学的重复；因为就像在场形而上学是回避了自身起点之后的重复一样，理论也只有在回避自身起点的情况下才必然成为反复操作，这个不知不觉成为了盲点的起点，相当于把自己发出的声音当成了外部客观真实存在着的声音；把自身发出的祛魅的行为当成了魅的绝对祛除，却忘了自己也处于语言中，同样具备深层结构而有待于祛魅这一内在悖论。沿循德里达提供的学理，对这一重复性的解构，可以通过推迟和延宕能指所可能轻易滑入的所指，使中心不再顽固存在来实现，写作这种基于差异的可重复活动，遂构成了对此的有效途径，文学相应地助推着这种解构的进程。以"理论之后"为鲜明针对性的后理论建设，由此便应当考虑文学写作在后理论中的位置与作用，发展出卡勒等当代学者所探讨的"理论中的文学"。倡导后理论与文学结合，并非是简单地在深入浅出的意义上改进理论原有的不足，而行使一种在程度上予以缓冲的改良性、修补性工作，似乎这一来的全部效果无非是使理论变得更好懂而已，这样的理解失之浅表。从德里达的角度看，上述选择还原出理论为获得意义而必然应具备的理据，其实已不存在可加以随意取舍的问题，而打开了一个必然朝之推进的方向。

七、可能的不可能性：无条件好客的事件伦理

鉴于解构被德里达视为一种关于"不可能"的经验，只有居于不可能的状态中，一件事才会成为可能，在理解其事件论时，"可能的不可能性"是需要把握的维度。对德里达来说，一个事件要成为可能，必须从不可能中产生，即必须超越先决条件，作为不可能而发生，在打破可能中成为一个事件。在《一种关于事件言说的不可能的可能性》中，德里达挑战可能与不可能之间的传统对立，不再把"不可能"视为"可能"的对立面，而从某种意义上将之等同为后者，并强调其非规则地穿透后者的性质。这方面的事件思想，主要集中在德里达的《友爱的政治学》(*Politics of Friendship*)等著作中。从引发的学术影响看，弗朗索瓦·拉夫欧出版于2020年的新著《思考事件》，在末章较为细致地

梳理了上述要点，可以成为我们进一步论述的参照系。

沿循解构的理路，德里达认为，一个事件的产生必须经历从"不可能性"到"可能性"的转换，即在一种脱节的暂时性中，阻止当下的任何认同，表现出既到来着，同时又离开着的交替性。这就使事件总带着死亡的标记与实体的缺失，暴露存在的真实性。拉夫欧指出，德里达基于这个前提，通过展示在"不可能"中如何定位"可能"，来激发对"可能"的思考；因为一种仅仅是可能的可能性，只会去中和事件而使之变得贫乏，它预设了一种计划或程序。拉夫欧用"秘密"来描述这种不以中和事件为旨趣的不可能性，认为"不可能"既是事件成为事件的条件，也是"可能"的秘密源泉。秘密不属于主体，但让作为主体的"我"颤抖；因为后者无法预料未来，接近着不可接近的未来。即使一个人认为自己知道将要发生什么，发生的新瞬间仍然是他所不可触及和接近的。拉夫欧援引德里达有关"绝对的不可见性存在于没有可见性结构的概念中"的论断，[①] 区分了"无形"在德里达这里的两种不同含义：在第一种含义中，不可见的是被隐藏起来的可见之物。它并不真正无形，而保留着有形的秩序。在第二种含义中，不可见性则是绝对的"非可见性"，指绝对不可见的、无条件的秘密。它不是明显的在场或针对在场的否定性对应物，而根本上就不属于在场的逻辑。事件，只能发生在后一种绝对不恰当背景下。可以看出，这种分析，与前面列维纳斯有关作为他者的可能性打破田园牧歌式和谐局面，与主体形成异在关系的强调，具有精神上的相通性。列维纳斯正是被德里达在阐述事件问题时所多次提到的名字。不可能性的最终可能，源于它无法被以任何理由直接实体化。

对"可能性"的这种"不可能性"把握，引出了德里达关于事件主体的责任的理解。拉夫欧察觉到，尽管在一般情况下，我们将事件的可能性与行为的主动性联系起来，从而与行为的责任联系起来，使执行者成为行使权力的标志；但在这样一种表现中，事件调动起了主体的力量，实际上是被中和了的。德里达不满于这种主体观，而重新思考主体的责任问题。在他看来，主体对责任的行使，不再是给出解释与理由，而是对不可估量的事件的到来作出的反应。传统意义上的责任每每指主体的决定、自由、意向性与意识，却忽视了德

---

① RAFFOUL F. Thinking the event [M]. Bloomington: Indiana University Press, 2020: 290.

里达眼中更为重要的、作为应答的责任。事实上，德里达认为任何责任感都必须根植于应答的经验中，责任首先是一种应答；因为其词源可以追溯到拉丁语respondere(背叛)，这是一种基于"不可能性"的责任伦理。在《友爱的政治学》中，德里达详细阐释了作为"负责"的应答，认为"我们永远首先是通过应答，当面对(自我、自我的意图、行为、言论)负责。其中应答这种方式更本源、更根本和更无条件"①。在此，责任不是形而上学意义上的理性(权力)设定，就像康德的实践理性所展示的那样，而与一种开放的、无法预计与估量的未来有关，是对不可预测的事件，也即发生在另一个人身上的事件的反应，它总是突破了充分理由的框架设定。从这里可以窥见，德里达实际上围绕事件的伦理性做了两件事：一是将传统意义上每每显得强势的"责任"观念改造为弱势的；二是相信弱势者才更具备对责任意识的敏感。拉夫欧对此揭示道：

> 事件不是一种权力(power)，而是德里达所说的"软弱"(weak)或"脆弱"(vulnerable)的力量。②

因为事件不可预见，这种未知性带出了一种脆弱的主观性，主体面对不可预见的事件，不是被动麻木地应承，而恰恰获得了责任的起点，即以好客的姿态去迎接它。这种好客并非来自主体设定的某些条件，而是由另一个人的事件而产生的。德里达在这里提出了好客伦理，它是事件的伦理。拉夫欧以无条件的好客来概括这种伦理，表明在作为到达者的事件到来之前，主体无能为力，暴露出绝对的弱点、脆弱性与无力感。唯有在这种主体觉得没有能力接待他者的情况下，到达者的到来才构成一个事件。它由此不同于有条件的好客，后者仍受先前存在的欢迎力量的约束，而这实际上不是真正的好客姿态，却倒不可避免地带上了预先的算计，实质上是主人在对到达的他人(客人)行使权力。拉夫欧补充道，这个绝对的到达者也并非指神学意义上的某种超越性力量；因为它并不稳定地等待在地平线上，而是在主人对他的好客的迫切性中，穿透好客姿态所包

---

① 雅克·德里达.《友爱的政治学》及其他[M].夏可君，编.胡继华，译.长春：吉林人民出版社，2011：312.
② RAFFOUL F. Thinking the event [M]. Bloomington：Indiana University Press，2020：296.

含的可能性，使"可能性"不实体化而总是趋于"不可能"，这因而成其为一种解构的伦理。要言之，主体唯有面对不可预见的事件，才恰恰获得了责任的起点，这是我们今天探讨事件思想的伦理维度时所需要汲取的重要学理依据。

八、南希与《事件的惊奇》

当代法国著名哲学家、斯特拉斯堡大学教授让-吕克·南希接续了德里达的解构思想，以共通体的非功效、基督教的自身解构及世界的意义与身体的触感等理论，丰富和扩展了解构的论域。德里达参加了南希的博士论文答辩，两人具有一定的师生关系，保持了长期友谊，并留下若干学术对话。南希发表于2000年的《事件的惊奇》(The Surprise of the Event)一文，尽管迄今尚无汉译文而未引起我国学界的充分注意，却集中代表了他在德里达之后推陈出新的事件思想，值得加以梳理分析。

《事件的惊奇》很自然地被南希分作了若干部分，循序渐进地展开论证。文章伊始便破题释义，将事件概念置于历史语境中进行导出性交代：

> 这篇文章的标题也应该写成或读作："惊奇：事件的发生。"它不仅关系到"惊奇"，即它作为事件的属性、质量或特性，而且关系到事件本身、它的存在或本质。使事件成为一个事件的原因不仅在于它发生了，而且在于它令人惊讶，甚至于它本身也令人吃惊（将它从它自己的"发生"中转移出去，①便不允许它成为一个事件，要使它在其中令人惊讶，只允许它是一种惊奇）。

但让我们从头说起。我们将从以下一句话开始。毫无疑问，现代思维

---

① 原注：在几乎每一种情况下，我们这里所翻译的 happen、happening 与 happened 都是法语词 arriver 的一些表达。一个人还应牢记其它各种不能以同一词来翻译的译文，这些译文暗示了其它重要的含义："发生"(to occur)、"到达"(to arrive)、"来到"(to come)、"在路上"(to be on the way)等。

开始于某种事物的出现；也就是说，某种事物开始让自己感到惊讶，那是某种我们还没有感到结束的事物："但哲学不是要对发生的事情进行叙述，而是对发生的事情的真实性的认识，而且，在这种认识的基础上，去理解在叙述中似乎仅仅发生的事情。"① 这句话在黑格尔的《逻辑学》第二卷中的一篇题为《一般概念》的文章中找到，这是对"主观逻辑或概念学说"的介绍。

这个句子有两种读法。根据第一次阅读，这当然是最明显的，因为它密切符合黑格尔思想的规范解释，这句话意味着哲学的任务是"设想"只是现象的事件。让我们更准确一点。对于哲学来说，首先是包含在发生的事情中的真理，然后，根据这个真理，它的产生或作用的概念，从外部看来是一个"纯粹与简单的事件"，因为它没有被构想出来。因此，事件的事件性(event-ness)(它的产生、它的出现、它的发生)只是有效地呈现真理的外在的、明显的、不一致的一面。真理作为真实的东西而出现，包含在概念中，使事件失去了简单的叙述性表现的资格。

然而，这种第一次阅读是无法坚持的。在所有应有的严格性中，一个人在这里所从事的概念的逻辑，② 不应该被理解为范畴的逻辑或被认为是"抽象的普遍性"的思想(如康德)；相反，它是"概念与事物的同一性"的逻辑(如黑格尔的文中所说)。根据这个逻辑，这个概念从实际有效性的角度出发，构思(理解、提出和建立)所有的决心、所有的差异和所有的外在性。这就是为什么这个概念，以这种方式理解，是它被揭示的元素(同样，在同一文本中)，即"外观(或现象)，不是缺乏本质存在，而是本质的表现"③。事实上，这个概念不是简单的、现象性的真理的对立面，而是

---

① 原注：黑格尔：《黑格尔的哲学》，1989年版，第588页。我们在这篇文章中使用的米勒的译文，其侧重点与同一句法语译文的侧重点不同。法文译文中有这样一句话："哲学不是一个发生了什么事情的故事，而是对于发生在这种情况下的事情的真实知识，也必须设想在叙述中出现的是一个纯粹的事件。"重要的区别出现在最后一句话中，米勒译为"仅仅发生"，法译则云"纯粹的事件。"
② 原注：在法文版中，"逻辑概念"(Logique du concept)是黑格尔《逻辑学》第二卷的标题，由上述英文版中的"主观逻辑"或"概念学说"译成。
③ 原注：《黑格尔的逻辑学》，第591页。

掌握自身并作为真理的现象。

这并不明显，那么坚持直截了当的"规范"解读，"纯粹与简单的事件"的表达必须以单方面的方式理解，就好像谓词可以决定主题的本质：就好像这样的事件只是必然的"纯粹与简单"（不必要）。相反，也许它不会继续存在，它肯定不会"纯粹与简单"，因为这种一致性是适合事件的。换句话说，"设想中的"事件将仍然是设想中的"事件"，它本身将带来一定的后果。①

提出这样的设问后，南希接着展示了第二次阅读的过程，并从哲学的任务角度指出事件的重要意义：

因此，有必要进行第二次阅读，更多地注意从"逻辑"上出示这个句子的差异。一方面，在发生的事物（现实，主体）中发现的真理的知识与"更进一步"的概念之间的差异，这一概念似乎是一个简单的事件。换句话说，重点不在于发生的事情（内容或非物质基础），而在于它生发出的"事实"、它的事件的事件性（或者，它的事件而不是它的出现）。毫无疑问，这种事件性，就事物的真理而言，是与现象相区别的；事实上，它与之相反，但仅仅是将自身区分为"现象本身的"非现象性真理，也就是说，区分为事件，作为"事件"（Geschehen）。②

从这个意义上讲，哲学的任务分为两部分：（1）了解发生的事情的真相；（2）设想发生的事情是这样的。通过这种差异——这种差异肯定不是立即明显的，而且很难单独分析，但仍非常清楚——黑格尔代表了哲学的任务，即设想发生在"真理之外的"真理的任务。换言之，它用真实的设想来取代真实的发生，在事件（eventus）的发生之后设想真实的事件（evenire），没有了它就无法成为真实。因此，它是超越真理本身的真理。

正是通过这种差异或这种真理的剩余，不是真理高于真相，而是真理

---

① NANCY J-L. Being singular plural [M]. California: Stanford University Press, 2000: 159-161.
② Geschehen 为动词"发生"之意，动词首字母大写后被名词化，可以进入概念视野，而又保持作为动词的建构立场，因此有"（发生）事件"之意。

取代了真相——黑格尔打开了现代性，在这里，现代性的开放只不过是对事件本身的思想的开放，是对每一次意义的出现之外的事件的真理的开放。在现代性的开放中［或者换句话说，在形而上学的封闭中，形而上学本身就是一个开放性事件，是对溢出起源的过剩的事件开放思维］，有这种指向事件本身方向的痕迹。①

南希结合黑格尔对事件的思考，在这里作了一番简要的词源考释，通过这番考释揭示了黑格尔对事件的回避：

  这是黑格尔把"事件"的本质看成"事件"的方式。或者，至少，他倾向于这种思想，好像是走向它自己的消失点。更确切地说，黑格尔想要思考某种东西的本质，这种本质逃避了一种逻辑，在这种逻辑中，本质被理解为物质、主体或基础，而有利于"将要发生"的逻辑，其整体本质处于"不存在"中的"激荡"（agitation）状态。②

通过分析黑格尔哲学中的这种处理方式，南希描述了事件与传统的不同，以及今天思考它的必要性：

  在对这点的认识上，我们肯定触及了黑格尔所能说的话的极限。这不是一个运用解释性暴力的问题，也不是一个让黑格尔违背自己的准则，跳过自己的时代的问题。这是个意识到必须让他说出这一点的问题，不管"黑格尔主义者"（如果有的话）可能会感到多么惊讶，也要注意黑格尔自己在哲学上的时间，即现代封闭/开放的时间，本身就包含了这一惊喜——一种与事件有关的秘密焦虑。
  从其本质上将事件思考为事件，这使黑格尔主义的思想从内部感到惊奇。当然，这样的思想在它被打开的同时也会自动关闭。总之，黑格尔让

---

① NANCY J-L. Being singular plural [M]. California: Stanford University Press, 2000: 161-162.
② NANCY J-L. Being singular plural [M]. California: Stanford University Press, 2000: 163.

"事件"来来去去,发生和离开,而没有抓住它。但他确实声明,这件事发生在他身上,它是应该被思考的,尽管这超出了他自己的论述范围。

或者更确切地说,一个人可以很容易地说:黑格尔抓住了"事件";他停止了它或在它的来去中检查它;他确定了它的概念(它是"发生事件")。但在这样做的过程中,他证明,正是在被抓住的时候,他"如此这般地"(as such)错过(miss)了它。这样,他就打开了"事件"的"如此这般的"问题。

……

因此,事件的"如此这般的"问题的开场白是"如此这般的"否定顺序。一个人如何去思考"如此这般的"、在那儿"如此"不涉及任何人的"这般的"?在此,思考在强烈的意义上是令人惊讶的:它是在没有思考的情况下被捕获的。这不是说它没有确定它的对象;而是说,如果"事件"甚至不能说或被视为"如此这般的",那么就没有可确定的对象;也就是说,如果一个人不失去事件的事件性,他甚至无法表达"事件"。[1]

至此,南希详细而生动地阐述了"惊奇"的特征。事件的惊奇,与古希腊亚里士多德等哲人追求的"哲学源于惊奇"是否一样?这也是我们极感兴趣的问题:

作为一个——事件发生时,事件的出现、消失不是"可展示的"。(从这个意义上说,它超越了任何现象学的资源,即使一般的现象学主题从未被其它任何事物所吸引。)但是,尽管如此,它并不像某些隐藏的存在那样"不可感知";因为它是不可感知的,或更确切地说,是当前本身的不可感知。当前的不可预见性是构成当前的差异,从亚里士多德时代到今天,通过胡塞尔与海德格尔,人们都知道这一点。现在的这种差异是不可呈现的,并不意味着它是不可想象的;因为这可能意味着,为了被思考,思考本身必须成为一种看不见或知道之外的东西,它必须使自己成为"对象"

---

[1] NANCY J-L. Being singular plural [M]. California: Stanford University Press, 2000: 163-165.

的惊奇。在德勒兹的术语中，思维的一种"生成中的惊奇"（becoming-surprise）必须对应于（存在的）当下的意想不到的到来。①

南希把这种生成中的惊奇与黑格尔相比较，并联系海德格尔的"跳跃"思想（如本书第一章所述）来深化阐释：

> 在这个公式中，没有"如此这般"的事件。这是因为事件是事件，根据其自身的模式，根据事件本身的适当性和度量，事件本身并不是被生产出来的或者可以显示的（如壮观的场面、新生婴儿、死人）。更确切地说，这是"作为"到来（come about）、发生（happen）的事件。几乎可以立即看出，在类似的情况下，模态 as 与时间 as（当人们说"发生时，有一道闪电"时使用的模态 as）被混淆了。在此，quo modo＝quo tempore。
>
> 事件的模式，它的"如此这般的"，是时间本身作为意外到达的时间。意外到达的时间是"空"时间。时间的空虚，或者更确切地说，作为时间的空虚，在时间模式中的空虚，是"自身的消极性"（黑格尔在《百科全书》第257节中定义时间的短语）。但这并不是黑格尔所理解的消极性，而是"抽象地与自身相关"（简而言之，这等同于康德的"虚空"）。在这种情况下，一个人将牢牢地扎根于一个呈现出的连续性模型中，一种被这种抽象的消极性分割与重新连接的连续性。相反，正如黑格尔在同一节中所说，消极性与其"生与死"之间的关系不能被理解为非抽象的，它本身被理解为不是（某些过程）的结果。（这正是黑格尔让自己走上这条道路的原因，也是他命名时间为"抽象存在"时非常接近的原因。）它既不是抽象，也不是结果，它是意想不到的到达；事实上，它是否定性的"为自己"，但仅限于它是存在（Being）或实存（existence）的位置。
>
> 这种消极的积极性不是它的辩证的生育力。为了避免重新开启对辩证法解构的整个问题，我们可以说，这种积极性正是对这种繁衍性的全然反拨，而不必说它是辩证的贫瘠。它是存在（Being）或存在着的实存（existence that

---

① NANCY J-L. Being singular plural [M]. California: Stanford University Press, 2000: 169.

exists),它既不是生成的(engendered),也不是未生成的(unengendered),但它意外地到达,或者再说一遍,是"被创造的"(created)。

这里的消极性不否定自身,也不从自身中产生。它做其它事情;它的操作,或者它的正在操作中这一点,是服从另一种方式。可以说它变得紧张了:张力(tension)与延伸(extension),唯一的方法,通过它,某些东西可以表现为"通过"与"过程",非时间与非空间的延伸"如此这般地发生",时间出现的间隔,打开时间的无关紧要的东西的张力。正如海德格尔所说:Spanne。

意想不到的到达:没有任何东西延伸到破裂点与到来的跳跃点,在那里存在在场(presence is presented)。①

沿此,南希又一次回到"什么是惊奇"的原初追问上,结合现代存在论哲学的有关思想,对惊奇与事件的关系继续申述道:

惊奇"不是"什么。与已经给予的存在相比,存在的某些新质并不令人惊奇。当事件发生时(无论事件是只针对整体存在,还是针对多样性的、分散的、不确定的存在——只要归结到同一件事上),它就是"已经"(already)和"还没有"(not yet)的一起跳起来。它跳过每个已呈现的(presented)或可呈现的(presentable)现在,而这一跳就是即将到来的,或者离开一种在场的在场。②

最后,南希借助更为宏阔的视野——比如上升到了上帝的创世思想,总结了作为惊奇的事件:

根据这些条件,如果一个惊奇的图式曾是必要的——它就是必要的;这

---

① NANCY J-L. Being singular plural [M]. California: Stanford University Press, 2000: 169 – 170.
② NANCY J-L. Being singular plural [M]. California: Stanford University Press, 2000: 171 – 172. 末句原文为 or the pre-sence or *prae-sens* itself without a present,汉译无法确切传达出这种文字游戏的意蕴。

是我们在此关心的；有必要如此这般地给出把握惊奇的一种先验条件。一种惊奇作为惊奇的发作条件——可以说惊奇本身就是图式主义（schematism）。因为如果图式主义是一种"纯视觉"的产物，在每一个形象之前，如果"纯粹的视觉"本身就是时间作为"纯粹的自我情感"的前位置（ex-position），① 那么，在纯自动情感中，视觉看到了自己看到的东西，并且"以这种方式"，看不到任何东西。总的来说，图式主义主要是把什么都看不见作为任何事物的可能的条件。在每一个事物的视觉中，视觉首先把自己看作是纯粹的视觉，看不到任何东西，在那里什么也看不到；然而，它已经是"视觉"，因此它在其自身中或外部，而不是一个形象和一个无足轻重的形象——这个没有形象的令人惊奇的形象表明，存在（Being）的事件在一瞬间中被追溯。

……

如果事件在这些词的普通或"形而上学"意义上是基本的与独异的，那么它将被给予，而这种给予也将是所有事件性（event-ness）最初的消解，那并无惊奇处。仅仅由于它没有被给予，而是相反地发生了，才有了惊奇以及如今可能被称为独特事件的到达［或"到达中"（arrivings）］的一种不可预测的多样性。从这个意义上讲，只有事件们（events），这意味着"那儿有"（there is）是类似于事件的（eventlike）（Sein，Ereignis）。这意味着它们不仅多样、离散和分散，而且罕见。或者，换句话说：事件同时是独特的、无数的和罕见的。

它从未停止过发生（happening）——令人惊奇。思想总是在看到它到来的时候不停地自我捕捉，它的开放的外表让一切都变得透明。一种思想是一个事件：它所想的在那儿朝它发生，而不是发生在那儿。一个事件就是一种思想：张力与跃入存在（Being）之无。正是在这个意义上，"存在（Being）与思想是相同的"，它们的相同性依据存在（ek-sistence）的敏锐的前张力（ex-tension）而发生。

---

① 原注：参见马丁·海德格尔的《康德与形而上学问题》第 22 条与第 35 条。理查德·塔夫特译（布卢明顿：印第安纳大学出版社，1990 年）。

从这个意义上说，世界的创造就是上帝的思想。（我们可以这样说）如果从现在开始，无条件的人不再受至高无上的存在的条件的制约，那么我们也没必要在没有"上帝"与"创造者"的情况下思考这个问题：这就是我们从黑格尔那里继承事件时，对于事件的要求。……①

通过上述文本线索的清理，我们看到了南希事件思想的几个显著关键词，那就是惊奇、空时间与创造。它们继承并推进了事件研究的解构性谱系。

九、空时间、创造与作为事件的民主

南希是以黑格尔在《逻辑学》(Science of Logics)中的有关经典论述为反思对象，推出自己对事件的界说的。他认为，现代思想及其思维方式，开始于某种使人感到惊奇的东西，但哲学不是对这些东西作事后的叙述，而是考虑如何在其仅仅发生之时便认识其真实性。他以对黑格尔《逻辑学》中一个关键语句的解读入手，认为按黑格尔的读法，读出的只是概念范畴的逻辑，得到的是一个相应的自外部观之的纯粹而简单的事件（如被赋予了因果性）；但"相反，它是'概念与事物的同一性'的逻辑（如黑格尔的文中所说）。根据这个逻辑，这个概念从实际有效性的角度出发，构思（理解、提出和建立）所有的决心、所有的差异和所有的外在性"②。后者代表了另一种更可取的读法。假如把这种令人惊奇的因素从其发生中转移出去，所发生之物便失去了事件性（event-ness）。南希认为，就此而论，哲学的任务包括两部分，一是了解所发生的事情的真相，二是设想发生的事情是如此。黑格尔只触及了后一部分，却忽略了作为事件思想的前一部分，而让后一部分取代了前一部分，即让形而上学的封闭取代了现代性的开放。在南希看来，事件"是对溢出起源的过剩的事件开放思维"③，这呼

---

① NANCY J-L. Being singular plural [M]. California: Stanford University Press, 2000: 174-176.
② NANCY J-L. Being singular plural [M]. California: Stanford University Press, 2000: 155.
③ NANCY J-L. Being singular plural [M]. California: Stanford University Press, 2000: 156.

唤着对"将要发生"的可能性的充分筹划,即不再追问"是什么",而改问"正在并还在发生着什么",那正是事件的题中之义。南希由此指出黑格尔的本质化思考逃逸了一种事件性逻辑,并及时对"事件"一词作了语义学说明:

> "事件"一词的起源及其语义用法指的是"飞驰而过"(racing along and leaping),指的是"沉淀"(precipitation)和"突兀"(suddenness),远不止是"加工"和"生产"。[与法语单词 événement 不同,这个单词没有"突出或显著事件"的含义,德语中还有其他单词,以密切相关的术语 Geschehnis 开头,尽管其细微的差异仍然显示出 Geschehen 的语言、活跃与忙碌(被动)特征。]①

南希并不否认黑格尔的学说中已包含对事件的洞察,但认为黑格尔错过了它而没有抓住它。在南希的论述中,事件作为有别于"那儿是"这种提问惯性的"存在之存在",是存在本身:"如果'事件'甚至不能说或被视为'如此这般地',那么就没有可确定的对象,也就是说,如果一个人不失去事件的事件性,他甚至无法表达'事件'。"② 这里不但清晰体现出海德格尔居有事件思想的影响,而且强调唯有失去事件性才有真正的事件,直接表述了存在论义理。因为后者确曾屡屡强调,上手的东西在"抽身而去"之际才本真地上手。③ 从这种对事件性的失去,南希引出了作为事件本质的"惊奇",认为"这与其说是一个惊奇的概念(the concept of surprise),不如说是概念的一种惊奇(a surprise of concept)",它提供给了事件至关重要的"辩证的内驱力"④,直接导出了事件。

关于惊奇之于哲学乃至人类思想探索的重要性,我们并不陌生,如南希所追溯与引证,早在亚里士多德《形而上学》中即已有论说。问题在于,对存在认识的极限状态的惊奇,在后世总被转化为本质性的认识对象,而丧失了事件

---

① NANCY J-L. Being singular plural [M]. California: Stanford University Press, 2000: 156.
② NANCY J-L. Being singular plural [M]. California: Stanford University Press, 2000: 158.
③ 马丁·海德格尔.存在与时间[M].陈嘉映,王庆节,译.北京:生活·读书·新知三联书店,1999: 82.
④ NANCY J-L. Being singular plural [M]. California: Stanford University Press, 2000: 159.

应有的突然性。南希由此提出的问题是：如何不让惊奇转化，相反总是保持住惊奇的状态，并从而使之成为事件？他回答，"事件会让人吃惊，否则它就不是一个事件"，因为"事件的惊奇"应当是"重言式"（tautology）表述。就是说，我们对事件的惊奇感不来自事后的组织与回溯性理解，而来自概念与事物的同一：我们并不知道惊奇究竟是什么，以及从何而来，却已稳然处在了惊奇中并理解着它。任何对这种状态的刻意觉知，都削弱乃至取消了惊奇。南希为此举婴孩出生为例，指出对孩子九个月后即将出生的期待，倘若呈现为一种线性的、预设了过程序列的限定性，它缺乏惊奇；因为把这种变化指回因果关系时，属于经验的类比。这种类比是从已知到已知，错失了充满惊奇的事件。事实是，这种期待只有在不断允诺意想不到的因素与情形存在时才成为事件。这同样与海德格尔有关存在不等于把捉的存在论思想一致。当我们说此在的生存是一种可能性的展开时，并不是说可以由此在的现实性部分去把捉此在的可能性部分，就像通过亏缺的、局部的月亮去把捉盈满的、整体的月亮那样，我们以为由现实性、局部去把捉可能性、整体，但这时我们已预设了一个先行存在的固定整体，因而所持的潜在立场仍是现成式的。与之不同，对此在的存在来说，此在始终已嵌入了后者的生存论结构，在这种结构的调节下，此在的存在作为符号，必然被不断新生成的符号关系重新塑造，而成为事件；因此，这里的惊奇接近于德里达所说的他者，呈现出一条德里达式的海德格尔思路，某种程度上体现了事件思想前后不同发展阶段的开合与贯通。

从时间维度看，被南希所如此阐释的事件，其实体现了主客体的统一：如果主体意识到时间的存在，便与客体现场拉开了间隔而不再融入后者，也便失去了让概念与对象相同一的事件机遇。正是在此意义上，南希吸收海德格尔在《存在与时间》中论述的"原初的暂时性"的思想，提出了"空时间"（empty time）的概念，分析指出"事件就是空时间或现在作为消极性的存在（the presence of the present as negativity），也就是说，就其发生与结果而言，它是不存在的，并且以这样的方式，它甚至不是'还没有存在'（它将在一系列已经存在的'时间'中重新记录所有事物）"①，而对时间采取了一种被南希借用

---

① NANCY J-L. Being singular plural [M]. California: Stanford University Press, 2000: 160.

黑格尔的术语而称为的"自身的消极性"的处理方式，通过这种方式将自己召唤至意想不到的惊奇状态中。这种"凭直觉才能进入"的纯粹时间，①才形成被南希指认为"创造"的"消极的积极性"②，即事件；因为这种"意想不到的到来"恰恰才唯一地属于"事物本身的脉络"③，是未意识到自身与对象界限之际所生成的一种融合状态。所谓惊奇，无非是用一个程度较为强烈的词表达了身处这种状态中的视点所能收获到的、不乏陌生感的东西。在如此分析时，南希结合了德勒兹与巴迪欧等人的相关说法，比这更有意义的是，他的这一处理，与德里达从时间性角度解释事件的论述是颇为接近的，说明从谱系上，确乎可以接着德里达来推出南希的事件思想：

> 承诺将会在一切其他事件之前被给予。然而在它的先来本身中，它也是一个事件，但却是这样一个事件：对它的记忆（mémoire）先于任何回忆（souvenir），一种抗拒任何叙述的信仰把我们与它紧紧地连接在一起。④
>
> 许诺预告那"在"以前"之前"发生者，或向它致意——这就是时间性或历史性的样式，这就是事件、Ereignis 或 Geschehen（事件、发生）之到来（venue）。⑤

这样的论述显然与南希的"空时间"观念前后相映，都旨在揭示时间本身在事件-惊奇这一结合体中的暂时性中止，或者说悬置。南希进一步完善了对这点的论述。首先，这样的基于惊奇的事件不能被从偶然性角度去简单理解，它"不是偶然事件"而"是存在的存在"，⑥因为在看似偶然的自我否定的表象下，事件的这种惊奇是使事件唯一成为事件的性质，它无从被选择与取舍，究其实乃势所必然的发展方向与归属落点，是本质的自然涌出。惊奇由此不同于好奇，让我们想起了海德格尔关于好奇心处于存在者而非存在论层次的哲学分

---

① NANCY J-L. Being singular plural [M]. California: Stanford University Press, 2000: 161.
② NANCY J-L. Being singular plural [M]. California: Stanford University Press, 2000: 162.
③ NANCY J-L. Being singular plural [M]. California: Stanford University Press, 2000: 161.
④ 雅克·德里达. 论精神：海德格尔与问题 [M]. 朱刚，译. 上海：上海译文出版社，2008: 124.
⑤ 雅克·德里达. 论精神：海德格尔与问题 [M]. 朱刚，译. 上海：上海译文出版社，2008: 127.
⑥ NANCY J-L. Being singular plural [M]. California: Stanford University Press, 2000: 163.

析。海德格尔认为本真的生存论环节是"在之中",即居住、逗留、熟悉、习惯。不在之中,此在便陷入了沉沦与被抛,即消散于常人的共同意见中,使自身何所来与何所往被掩蔽,据此,海德格尔分析了此在的几种沉沦方式,即闲言、好奇、两可等。《存在与时间》第三十六节正是专门分析好奇心的,指出好奇心是"觉知着让世界来照面的一种特殊倾向",因其并非消弭人与世界的对立界限而"仅只为了看""只是为了能放纵自己于世界",从而使得"好奇的特征恰恰是不逗留于切近的事物"。其三个具体特征分别是:"仅只为了有所知而已""涣散在新的可能性之中"和"丧失去留之所的状态"。这实际上揭示了好奇心骨子里仍带有浓厚的、热衷于揭开谜底的因果勘探色彩,它是存在论层次下降至存在者层次后所产生的生存结构上的割裂。其次,与之相应,这种基于惊奇的事件也不能被简单理解为一种神秘之物,即被看作某种具有超越性而显示出神秘色彩的特殊状态。虽然从经验常识上看,惊奇很容易被视为神秘;但作为事件基本规定性的惊奇,既非偶然二字所能穷尽内涵与奥秘,便不是一个似乎凌驾于存在之上的、被区隔了出去而得到特殊对待的元范畴,惊奇而仍普遍发生,才是事件的根本。再次,建立在惊奇的基础之上的事件,是不可被展示的,"因为它是不可感知的,或更确切地说,是当前本身的不可感知"①,可感知的后果是拉开了与惊奇的间隔,从而失去了惊奇的本真性。

南希由此认定,这种惊奇直接意味着创造;因为在他看来,"当前的不可预见性是构成当前的差异"②,差异才酝酿着创造的可能。我们在没有意识到时间的情况下感受着事件的惊奇,这惊奇因不可预见而充满差异,正如我们尽管不知道明天将成为怎样的人,换个角度看,我们明天将有可能成为任何一种人。不可预见的差异性,孕育着无限的创造活力、生机与可能前景,印证了被南希所肯定的那种消极的积极性。他用"破裂"与"跳跃"来描述这种消极的积极性。破裂是指"时间本身的破裂,也就是说,它不允许预设什么",即让时间暂时中止而栖身于主体意识之外。破裂所形成的"作为张力的消极性、一

---

① NANCY J-L. Being singular plural [M]. California:Stanford University Press,2000:164.
② NANCY J-L. Being singular plural [M]. California:Stanford University Press,2000:165.

种本身不是渐进的张力"击中着存在,形成着从"已经"到"还没有"的跳跃,即从无到有一跃而出。其间的"绽出的张力"外现为消极的深渊,① 既闪现着海德格尔与布朗肖的事件思想的影子,也与当代法国理论中的其他代表人物。比如列维纳斯对事件的基本看法相近:

  他提出,从隐喻的角度来说,事件处于深渊的边缘,是我们的存在的起源。②

  存在由此不等于"是",而伴随着悬念及其惊奇。事件一以贯之的真谛就在这里。南希由此运用事件思想展开对民主的反思,在出版于 2010 年的《民主的真理》(The Truth of Democracy)等著作中提出了被研究者们概括为"民主事件"(event of democracy)的新思想。③ 他批判了柏拉图对民主的不信任做法,认为应当超越政治学框架来思考民主这一人民的权力与主权,而从存在的本体论条件中使之重新得到真理性把握,这顺应了事件对于主体的超越:"'主体'被假定为一个自我产生、自我形成、自我存在于自身中的主体,这个主体有自己的预设和自己的预见——这个主体,不管是个人的还是集体的,发现自己已经被事件超越了。"④ 在他看来,民主首先不是一种政治形式,而是一个本体论与人类学事实,现代民主尤其不仅仅是一种政治制度,而是人类学与形而上学的变异,是人类存在的一场真正革命。从这一认识出发,南希主张,民主不仅仅是一种政治形式,而是一种共存的事件。这种共存性不等同于共同或相同,而是共同暴露的独异性,即独异性与差异的空间。南希强调,民主之所以应当被当作一个事件,而非一种政治形式或政体来看待,是由于民主是一种想象与发明的力量。它不受控制,不受任何形式的认同,不仅超越政治,而且超出了它自己的理念、形式或概念,无法被框定在一种可能性的范围内。在这

---

① NANCY J-L. Being singular plural [M]. California: Stanford University Press, 2000: 165 - 166.
② LEVINAS E. Otherwise than being or beyond essence [M]. Pennsylvania: Duquesne University Press, 1998: 93.
③ RAFFOUL F. Thinking the event [M]. Bloomington: Indiana University Press, 2020: 20.
④ NANCY J-L. The truth of democracy [M]. New York: Fordham University Press, 2010: 11.

里，南希承接了德里达有关事件断裂并绝对不可预测地到来的理解，也认同包括民主在内的事件打破了时间本身的连续结构，而在另一种时间中发生。这便将德里达"即将到来的民主"思想进一步从事件的多样性角度予以了深化，成为今天保持民主多元性与异质性的一种新视角。

第八章　事件的英美面相
——伊格尔顿与阿特里奇事件论

如果事件思想在运作中与文学有关，文学是否足以承担起这一机理？这就需要深入考察文学的性质，那进而将我们的视线引向了英美学界在这点上已取得的成果。对此，伊格尔顿出版于 2013 年的《文学事件》(*The Event of Literature*)一书提供了典范。这部著作尽管以 The Event of Literature 为题，却并不直接指本书所旨在探讨的事件思想，而指作为事件发生着的文学，或者说文学是如何发生并起作用的。① 它由此首先论证了文学有否本质这一聚讼纷纭的关键问题，继而对构成文学性质的五种属性逐一进行了研究，在不少方面都确证了文学对事件思想的创造潜质。在《文学事件》最后，伊格尔顿点出了英国当代文学理论家德里克·阿特里奇。后者认为文学是一种有待于开启的状态，探讨了文学事件的可能，以及文学事件的核心范畴——独异性（singularity）。

---

① 伊格尔顿在书中自陈："文学作品的悖论之一在于，在不可改变性与自我完成方面，它是'结构'，然而它必须在永恒运动中进行自我完成，并且只能在阅读行动中实现自己，就此而言它又是'事件'。"（特里·伊格尔顿.文学事件［M］.阴志科，译.郑州：河南大学出版社，2017：226-227.）可见，他瞄准的是文学在已知与未知、表达与看护之间形成着张力的性质，这其实是一切文学艺术的共同性质。

一、文学：从本质到事件

在《文学事件》这部甫一出版便迅速引起国际关注的近著中，伊格尔顿对自己1983年提出的问题——"什么是文学"，重新进行了解答。一开始伊格尔顿就言明自己将站在英美文学哲学派的立场上去探讨这个问题。英美文学哲学派与欧陆文学理论派二者的分歧，最早可以追溯到中世纪基督教的唯名论与实在论之争。对本质主义的怀疑以及后现代边缘化的状况，都能从唯名论那里找到源头。伊格尔顿选择了英美文学哲学路线，坚信文学边界虽不断变化着，但仍具有一些决定性的属性。他通过分析实在论与唯名论之争，来探讨事物是否具有普遍本质的问题。大体说来，唯名论与实在论的区分就是关于共相的两种不同立场的哲学区分。实在论认为共相是最终的实在，而唯名论则将个体事物看作是实在的，其对个体的关注，更有在今天反本质主义思潮中受到青睐的理由。伊格尔顿所试图证明的是文学既有本质，却又不流于实在论立场这一点。

为此，不出我们所料，伊格尔顿对这个问题的谈论，不可避免地将提及古希腊有关分有理念的思想。在前期，柏拉图主要以理念为核心，致力于世界二重化构想的阐述。随着思考的深入，理念学说中的一些困难问题也开始向柏拉图发出进一步挑战，他的后期本体论思想由此得以进一步发展，主要体现于《巴门尼德篇》(Parmenides)这篇重要对话。在该篇对话的第一部分中，柏拉图假托少年苏格拉底，对自己以往的理念学说提出了一系列驳难，认为如果主张理念是和现实世界截然分离的最高存在，就会带来四方面棘手的困难。其一，各类万物都有理念吗？如果像理念说所表明了的，那么，头发、泥土、污垢等卑微之物也都会拥有理念了，这不符合被柏拉图接受了的苏格拉底的目的论思想，这个驳难后来得到亚里士多德的强化，后者也指出，按照理念说的思路，否定的东西也会有理念，消灭了的东西也会有理念，这是无法令人信服的。其二，理念是可分割的吗？如果同一类中所有具体事物都分有同一个理念，理念本身便被分割成了部分，每一具体事物也便只拥有这个理念的一部分，而无法拥有理念全部。其三，具体事物是和理念相似吗？如果是这样，相似本身又需要一个新的理念来支持它，这便会导致无穷的新理念出现。其四，最困难的是，截然居于经验世界之上的理念还能被人们所认识吗？如果事实上确实已不能，那么，拥有最完善理念的神的知识也便被我们剥夺了，这在古希腊无法得到认可，亚里士多德就坚持认为神是宇宙万物各种原因的始点，关于他的知识比一切科学都高尚，① 在这个意义上，倘若不能解决理念如何被具体事物分有这一关键问题，就近乎渎神了。柏拉图并未由此放弃理念，他认为放弃理念无法使人的思想确定于某一点，一切讨论也便会被摧毁意义，理念说之所以会出现种种疑难，是因为人们尚未接受充分训练便匆忙去为理念下定义，归根结底是因为自己先前把理念"确定为仅仅依靠自身而存在的相"的缘故，② 怎样来修正理念说呢？柏拉图逐渐认识到，必须进而研究各种理念之间的联系问题，即理念的分有问题。《巴门尼德篇》第二部分的八组推论就是为此而发的，在这八组推论中，前四组与后四组分别从"假设一存在"与"假设一不存在"这两个前提出发。③ 柏拉图认为"存在的一"既静止又运动，又把"静止"与

---

① 亚里士多德.形而上学［M］.苗力田，译.北京：中国人民大学出版社，2003：6.
② 柏拉图.巴门尼德篇［M］//王晓朝，译.柏拉图.柏拉图全集：第二卷.北京：人民出版社，2003：765.
③ 第一组推论是：假设一存在，一不是多；一不是一个整体，一没有部分；一既无开端也无终端，一无界限；一没有形状。由于一既不能在其它事物中又不能在它自身中，所以一不能存在于任何地方；由于一不会原地旋转，也不会移动到任何地方，所以一不会在处所中运动（这种运动相当于物理运动）；由于一不会变得与自身不同，所以一不会有变化意义上的运动（这种运动相当于化学运动），所以一是不动的；由于一不在任何事物中，所以一是静止的。一既不会异于（不相似、不相等）它自身或其它事物，也不会同于（不相似、不相等）它自身或其它事物；一不会比任何事物年长、年轻或同龄，一与时间无关。所以最后结论是，一不是存在。第二组推论仍从"假设一存在"出发，但结论与第一组推论相反：假设一存在，一拥有存在，一和存在代表了不同事物；由于一和存在是"一存在"的两个部分，每部分又会拥有一和存在，"一存在"必然是无限的多；由于一存在，数也必然存在；"存在的一"既是整体又是部分，既有限又无限；一有形状。由于一作为整体处于其它事物中，作为部分又处于它自身中；所以一既在自身中又在其它事物中，一既静止又运动。就都拥有"相异"这一性质而言，一与其它事物是相同的、相似的；就一与自身相同这点而言，一与其它事物又是相异的、不相似的。一既接触又不接触它自身和其它事物；一既比它自身和其它事物年长和年轻，又不比它自身和其它事物年长和年轻。一的运动状态和静止状态的过渡是瞬间发生的，不占有时间；所以，"当一从存在状态过渡到停止存在，或从不存在过渡到开始存在时，一处在某种静止和运动之间。因此它既非存在，亦非不存在；它既非开始存在，亦非停止存在"。这便是本组推论的结论。第三组推论的出发点是"假设一存在"的变体："如果一存在，一以外的其它事物必定有什（转下页）

"运动"这一对相反范畴的结合赋予了理念,显然是对他前期本体论思想的重要修正,这种修正表明柏拉图开始认识到,理念并不是不变不动、孤立绝对的,理念之间存在着相互联系。但在《巴门尼德篇》中,这一点还只以假设推论形式出现,柏拉图只说明了相反的范畴在何种假设条件下可相互结合,尚未从正面论述理念之间的分有问题,直到《智者篇》(Sophist)中,他才抛开假设,正式提出"通种论",阐述了哪些理念之间可以发生联系和互相结合的问题。这触及了"一"与"存在"两个范畴的联系问题,是伊格尔顿仍需面对的原初语境。

在柏拉图之后,希腊哲学对基督教的影响增强,经院哲学兴起。虽然经院哲学仍尝试将启示与理性综合,但其经典形式还是实在论。实在论相信共相外在于精神之外。神虽超越于他的造物,神性却反映在他的造物之中,人通过奥古斯丁所谓的光照去认识神的理性,而这种理性就是共相。伊格尔顿指出,这种给定的本质不可避免地削弱了神的全能性。如果考虑到神的全能,那么人的理性必须不能把握个别事物,因此个别事物是依靠实践智慧去把握的,而这种经验感受则与美学的兴起息息相关。唯名论围绕神的全能性问题对实在论提出

(接上页)么性质?"一以外的事物是个完整的一,每部分必拥有一;所以,事物拥有部分的一和拥有一以外的整体的一,也因此,一以外的其它事物既作为整体又作为部分,既无限又有限。第四组推论继续沿着上述出发点,一以外的其它事物不能以任何方式拥有一;所以,既不是一也不是多,既不是整体也不是部分。这实际上说的是,一以外的其它事物拥有的一已不是原来的一。和前四组推论相反,第五到八组推论的出发点是"假设一不存在"。第五组推论是,假设一不存在(注意:这里"一不存在"并是说绝对没有一。而是说"一"和"不存在"这两个范畴之间的结合),这里的一既指某个可知的事物,又指某个在性质上与其它事物不同的事物,这个一必定在某种意义上拥有存在;假如这个一"是"非存在,那么它拥有存在;假如这个一"不是"存在,那么它拥有非存在。所以,一既是存在,又是非存在;也因此,这个不存在的一既运动着(从存在转变为不存在),又静止着(在存在时或不存在时无法更改自身性质);同样因此,这个不存在的一既开始和停止,又不开始和停止。第六组推论和前面第一、四组推论基本相似:假设一不存在,"不存在"就表示任何不存在的事物缺乏存在,不能拥有任何意义、任何方式的存在。这个不存在的一不会停止存在或开始存在;它不会以任何方式改变性质,它不会运动;它没有大、小和相等,也没有相同和相异。所以结论是:"不存在的一不能拥有任何性质。"第七组推论和第八组推论的出发点又与前面第三、四两组推论情况相同,即从"假设一不存在"的变体——"如果一不存在,其它事物必定有什么性质?"第七组推论是:如果一不存在,我们就无法谈论其它事物;由于一不存在,所以对任何存在的事物加以再次划分都没有界线。结论是"如果多存在,那么一不存在"。最后,第八组推论是:假设一不存在,其它事物也不存在,也就是说根本没有任何事物存在。

质疑，形成了美学的一个源头。威廉·奥卡姆（William of Occam）引发了唯名论运动。首先，唯名论提供了一种关于神的新看法。由于神是绝对的自由的，所以他不会创造共相，因为这会限制他的全能。唯名论的神就是一个反复无常的神，其必然不是理性的而是意志的。所以，世界无法仅仅用人的理性去参透，一切事物都是神之意志的偶然创造，事物的存在就具有了伊格尔顿所说的"自身偶在性"；因此，人自然就会陷入一种可能不存在的死亡恐惧当中。唯名论于现代产生深刻的影响，其中很大一部分原因是这个反复无常的神在战后的灾难世界中变得更为可信。再者，因为事物是偶然存在的，那么唯名论观念下的事物便无法像在实在论下一样体现上帝的存在；因此，神与他的造物之间拉开了遥远的距离，神就成为路德（Martin Luther）口中的"隐匿的神"，世俗世界诞生了。其次，唯名论也同样提出了一种关于人的新观点。如果共相并非真正实在，那么每个存在物都是独一无二的神造物，这样个人的意志也被凸显了。与奥卡姆同时期的彼得拉克（Francesco Petrarca）等人，进一步发掘出了人的个体性理想，促成了人文主义运动的兴起。

鉴于唯名论"把这些一般概念仅仅看成是我们抽象的结果，是约定的符号或者干脆就是名（nomina），认为只有直接感知的东西才是现实的认识"[①]，伊格尔顿认为唯名论的革命在某种意义上引发了现代性的产生。一方面，语言论的转向其实可以从唯名论中看到影子，追溯至奥卡姆存在论层次上的个人主义。另一方面，笛卡尔等欧陆派通过理性在某种意义上将人神化，由主体的人实现对世界的祛魅。伊格尔顿并未彻底去反对唯名论哲学，虽然他在第二章的开头说"唯名论并不是实在论非此即彼的替代物"，但仍表示"这并不能得出下列结论：文学没有本质，故而这个范畴不具有丝毫合法性"。[②] 他站在唯名论的立场上试图用一种非概括定义的方法，转向英美文学哲学派，思考"发生或正在发生"的文学。与斯坦利·费什（Stanley Fish）等人的论证不同，伊格尔顿借用维特根斯坦著名的"家族相似"概念，来探讨范畴与本质的问题，并进而融合后现代地平线，特意举出英国后马克思主义理论家托尼·本尼特（Tony Bennett）的文

[①] 索洛维约夫.西方哲学的危机［M］.李树柏，译.杭州：浙江人民出版社，2000：115.
[②] 特里·伊格尔顿.文学事件［M］.阴志科，译.郑州：河南大学出版社，2017：22.

学观为例,来证明在文学中落实家族相似学说的可能性。

托尼·本尼特将经典马克思主义与后现代建构主义进行创造性融合,在晚近国际学界引人瞩目地论证提出了以"非审美"为理论核心的独特文学思想,揭示出从德国古典美学思想直至马克思主义美学思想所前后承续着的审美浪漫主义话语特征,并从福柯、皮埃尔·布迪厄(Pierre Bourdieu)与阿尔都塞等现代思想资源中汲取合理的成分,化总体性原则为制度性多元复杂因素的动态建构实践,开拓出了文学观的一种当代前沿形态。本尼特对于马克思主义总体化思路框架的超越努力,不意味着他试图成为反马克思主义者,而是在坚持马克思主义开放性的前提下超越经典马克思主义作为统一理论体系(支配社会历史构成与发展的总体性法则)的观念,质疑支配其程序的内在逻辑,寻求与之疏离并发展出替代性选择方案,使其随着话语运用的制度场所的变化而相应发生变化的可能。也就是说,他反对在文学与历史之间建立普遍性的关联逻辑,而主张历史地研究文学的形式与功能,即在对与其它共存的社会实践及其易变关系的考察中研究文学自身的具体性、偶然性与可变性,更好地沿此切入"文本与社会关系的相互缠绕"[①],将过去视为本身具有高度差异性,因而不能再以一般认识论思路把它把握为超话语化(超历史本质化)的"复杂的社会表征区域"[②]。为此,他主张文学"不应该是为了揭露关于过去的社会关系它们说了什么,而应该是通过它们所说的,揭露它们在这些社会关系中做了什么",并进而成为"制度化的文学实践"[③]。当然,本尼特没有因此推出应当废弃文学范畴的简单化结论,相反,他申明"不论是从理论上还是从政治上说,坚持这种范畴(按:指文学范畴)是至关重要的——不过只是在其特性被视为非审美的条件下"[④],即开始在动态建构过程的意义上把文学看作"一系列的历史特定制度的和话语的排列(arrangements),调节着它所构成的社会实践场所的文本的使用和布置"[⑤]。

---

① 托尼·本尼特.文学之外 [M].强东红,许娇娜,周海玲,等,译.北京:人民出版社,2016:115.
② 托尼·本尼特.文学之外 [M].强东红,许娇娜,周海玲,等,译.北京:人民出版社,2016:83.
③ 托尼·本尼特.文学之外 [M].强东红,许娇娜,周海玲,等,译.北京:人民出版社,2016:80.
④ 托尼·本尼特.文学之外 [M].强东红,许娇娜,周海玲,等,译.北京:人民出版社,2016:128.
⑤ 托尼·本尼特.文学之外 [M].强东红,许娇娜,周海玲,等,译.北京:人民出版社,2016:150-151.

伊格尔顿认为本尼特的这些思想正是属于唯名论立场的,① 它为自己吸收借鉴维特根斯坦的家族相似学说以形成有关文学本质的看法,提供了一个活生生就在身边的参照系。

由此可以看出,伊格尔顿尽管反对那种极端本质主义关于决定性属性的看法,但仍承认了某些属性在概念中的重要地位,而推崇"一种更温和的本质主义"②。他特意援引约翰·塞尔对维特根斯坦的继承性评价:"文学是一种家族相似性(family-resemblance)概念。"③ 诚然,他并不认为家族相似概念是解决所有本质问题的不二法门,比如艺术比文学的功能效果更为丰富而驳杂,其决定性的系列特征便似乎难以确定,但定义的历史迂回曲折、稳定性高于其它艺术作品的文学更适合采用家族相似的概念。于是,伊格尔顿提出了文学构成的五要素:虚构性、道德性、语言性、非实用性与规范性。这五个要素既非缺一不可,也并不以同等程度发生作用,而是"以重要的方式协同作用,彼此牵连"④,错综地发生出了文学。

从上述观念出发,相应地,阅读也成为了一种策略。伊格尔顿通过考察伊瑟尔、姚斯(Hans Robert Jauss)与费什的读者接受理论,论证了这一点。依他之见有两种对待文本的态度,一种将其当作客体对象,一种则将文本视为事件。前者以形式主义与布拉格学派为代表,后者则与结构主义、部分符号学(如艾柯等人)的关系更为密切。将作品当作事件,其实意味着读者"面对的并不是一个稳定结构,而是一个结构化过程"⑤,这个结构化的过程通过读者与文本的互动来完成,直接受到了与伊格尔顿同时期、对文学事件作出了正面论述的德里克·阿特里奇的影响,⑥ 而紧跟着自然地引出了阿特里奇的事件思想。

---

① 特里·伊格尔顿.文学事件[M].阴志科,译.郑州:河南大学出版社,2017:19.
② 特里·伊格尔顿.文学事件[M].阴志科,译.郑州:河南大学出版社,2017:25.
③ 约翰·R.塞尔.表达与意义:言语行为理论研究[M].王加为,赵明珠,译.北京:商务印书馆,2017:79.
④ 特里·伊格尔顿.文学事件[M].阴志科,译.郑州:河南大学出版社,2017:29.
⑤ 特里·伊格尔顿.文学事件[M].阴志科,译.郑州:河南大学出版社,2017:216-217.
⑥ 在《文学事件》第五章的注释27中伊格尔顿特意告诉我们,对"将文学视为事件"这点,需要参见阿特里奇的《文学的独异性》一书。

二、作为事件的语言

德里克·阿特里奇生于南非,是具有国际影响的当代著名文学理论家。2006 年,他以出版于 2004 年的《文学的独异性》(*The Singularity of Literature*)一书荣获欧洲英语研究协会图书奖,次年入选英国科学院院士。阿特里奇热爱英语文学,涉猎小说与诗歌,其主要研究领域涉及英国现当代文学、后殖民文学批评等,尤其在文学语言等问题上用力甚深,迄今仍不断有学术成果问世,是当下英美学界具有国际影响的重要学者之一。2011 年,他与简·艾略特(Jane Elliott)合编的后理论文集《理论之后的理论》(*Theory After 'Theory'*)出版,汇集了新世纪前十年西方学界有关"理论之后"的最新思考,呼吁清除文化理论对神谕式人物,也即那些当红理论家的作品的迷恋倾向,再度引起了国际学界的广泛关注。

阿特里奇对事件的论述,主要集中在他先后出版于 2004 年与 2015 年的两部代表性著作《文学的独异性》与《文学作品》中。前者首先将事件思想与语言自觉联系起来进行考察,探讨了"作为事件的语言":

> 如果在许多不同的领域都能发现创造性与独异性,即使是文本领域也包含了几种创造,那么"文学的"创造的特殊性是什么?尽管我们无法期望对这个问题得出最终和详尽的答案——文学的一个定义性特征是它仍然可以被重新解释——我们可以阐述文学的一些最为重要的特征,因为它们目前已经显现出来。为了做到这一点,我们首先需要考察语言作为意义的运作,即文学以不同于其它口头创造模式的方式所建立的运作。
>
> "事件"的概念,我们已经认为对创造至关重要,也是"符号"概念中的一个重要元素,尽管许多有关意义的讨论忽略了这一维度。字母 P,虽然作为一个关于一组其它结构、认识它的人的大脑中的神经心理存在,

以及数千页、计算机屏幕与其它表面上的物质存在的可见物质的某种结构的集体协议而抽象地存在着，在最充分的意义上作为一个符号起着标志作用，即只当一个识别性事件，通常伴随着一个组合性事件与一个理解性事件发生时。① 我们识别，也就是说，在我们面前的对象，举例来说——广告牌上的彩色形状，作为一个"标记"，对应于我们已经熟悉的一种"类型"。这种识别包括对目的性的承认：我们所看到的不是一个随机的划痕或一块浮木，正如我们所说，"看起来像一个P"，而是一些人（也许在一条生产链中有很长的一段路）"想要"看起来像，或更简单地说是一个P。② 这与发生在看一堆岩石时的情形是一致的，在那儿我注意到了一种"鸡蛋与飞镖造型"：我不是在判断我所看到的建筑装饰的一种特殊古典形式的形状的接近程度，而是说，在过去的某个时候，有人为了生产我们现在所说的"鸡蛋与飞镖造型"而雕刻了这块石头（事实上在这种情况下，感知者总是错误地指出，这里讨论的不是历史真相，而是"认知"事件本身的性质）。

音素/p/在声音领域中也可以说类似的话，只是它的物理存在已依赖于一个事件。即使它是一个被记录下来的音素，它的物理联系以沟槽或磁化粒子的形式保持沉默，直至它转换成可听见的声音。当声音数字化，而物理介质是电磁波或光子流时，这仍然是真的。但是，声音事件不会成为签名事件，除非发生识别（现在应该很清楚，这意味着识别——或者更严格地说是潜在目的的一种归属）。单词和句子也是如此。

如果我们从一句话转移到另一句话，这一系列的句子产生或被认为是

---

① 原注：索绪尔对语言与言语的区分是处理这一事实的著名尝试（《普通语言学教程》，第9-15页——原注）。索绪尔的术语——不同于乔姆斯基在"能力"与"表现"两个名称下对它们的重新解释——强调了符号作为客体存在的两种模式的不同地位，即作为对象（一种有点奇怪的心理对象，同时是个人与社会的）和作为事件。这种地位上的差异，与其说是对比苹果与橙子，不如说是对比苹果与采摘苹果，这导致了对这种区别的误解和误用；见我在《语言模型及其应用》第58-84页的讨论。

② 原注：请注意，我在这里阐述的目的性的意义是要区别于康德在试图解释反映（审美）判断的操作时所使用的意义。康德所回应的是自然的明显合法性，这使得主观认知成为可能（因此是"无目的的合目的性"）；我关注的是被归属的目的性，即主体将一个经验对象理解为人类的产物。见下文第7章"作者身份"。

一组具有某种连贯性的句子，由此是一个开始与结束：一篇报纸文章、一篇轶事、一本传记、一本手册、一首诗？① 在这里，读者或听者建立在对较小单位的认识与理解的基础上，以对较大单位的意义作出判断，同样是在假定的目的性的基础上，并与有关体裁的现有规范相关联。我们仍然可以将这个过程称为一个事件，尽管很明显这是一个复杂的事件本身，它由层次结构排列的事件（通常包括较短的文本）组成，这些事件的边界通常是脆弱的和多孔的。这里的事件，无论是写作、发话、阅读还是听力，都可能是不连续的，可能涉及重复与更正，因此可能缺乏我们通常与这个术语联系在一起的纯粹性；但这并不妨碍事件性（eventness）对理解口头文本的核心作用。

当我们从最小的语言单位向更大的语言单位推进时，偏离现有规范的机会增加，而偏离所产生的对口译思维的冒犯减少了：很少有人会遇到由字母或音素组成的字母或音素，而且很难理解［《芬尼根守灵夜》（*Finnegans Wake*）中的不可解释的"sig"，就是个很好的例子］。新词的创造偶尔也会发生，尽管它很容易从意义的富有成效的延伸滑向意义的丧失（正如《芬尼根守灵夜》所充分证明的那样）；句子的创造是颇为常见的，对口译员来说更加不具挑战性；整个文本提供无限的创新机会，需要显著偏离一般惯例才能产生出强大的影响。

语言创新的效果可能仅仅是一种阻塞或空白、解释机制的关闭、困惑的体验，使读者或听者无处可逃。这可能是对现有规则的简单重铸，以允许一种有限数量的新可能性，或者，它可能是规范的一种临时性修改，其方式不涉及直接的扩展或外推，也不产生解释，而是类似于"过程中"的意义的体验，"意义"被理解为动词"to mean"的分词，而不是名词——作为一个事件的体验。当然，这种创造性的可能性是无限的，因为每一条

---

① 原注：我将这一讨论限制在口头文本中；但其中大部分"经必要的修改"后，将适用于非口头或部分口头文本。这些文本存在于时间媒介中，如电影、舞蹈与各种音乐。电影或芭蕾舞比小说更明显是一个事件，部分原因是刻有"文本"的版本显然比表演的版本更无法完全实现。要将论点扩展至非时间文本，如摄影与绘画，就需要对其术语进行一些重铸；但我相信它在本质上仍然有效。

规则、每一个规范、每一个习惯、每一个涉及语言使用的期望都可以被拉伸、扭曲、引用、挫败或夸大，并可以彼此进行多种多样的组合。它可以表现为对理解的一种显著挑战，或是对熟悉事物的一点儿经验都没有的、不熟悉的体验。很容易把写于三个世纪前的一个作品感受为一部热销于新闻界的作品，就像轻而易举地把一次旧的最爱重新阅读与感受为一场初遇。当语言受到"这种"创新的影响时，它似乎更倾向于被称之为文学创新。①

在这里，我们可以用一种对话的方式来逐渐进入阿特里奇的事件论。从上面的论述可以清楚地看出，他所说的作为事件的语言，首先是指偏离规范与惯性后的语言，这显然相当于什克洛夫斯基（Viktor Shklovsky）等人提出的"陌生化"（一译"奇异化"）著名原则，甚至从"拉伸、扭曲"等具体表述中，不难看到两者的接近。那么，论述到这一步是否足以引出事件呢？令我们产生怀疑的原因并不复杂。根据一些学者的细致考察，"陌生化"理论滥觞于德国浪漫主义美学与诗论，包括这个术语的原封不动的提出，也是在诺瓦利斯（Novalis）的《断片》（*Fragments*）等著作中客观发生的事，② 而其根子则可以追溯至亚里士多德的《修辞学》（*On Rhetoric*）。与《诗学》（主要是第 21、22 章）一样，这部古希腊伟大经典中已充满了与"陌生化"理论相近的、有关语言修辞创新带来对意义的新体验的论述，比如使用与"普通字"相对的"奇字"（即"生僻字""隐喻字"与"装饰字"等），来努力"使风格富于装饰意味而不流于平凡"③。这岂非表示事件与语言早在古希腊即已缔结了姻亲关系？它在两千余年后的今天，究竟发展出了何种现代新意呢？由此更留待探寻的是，作为事件的语言，似乎不应仅满足于在现有语言的结构组织上进行加工改造，它与语言本身的性质，具备更深的关联吗？这是我们接下来看到"文学事件"在

---

① ATTRIDGE D. The singularity of literature [M]. London：Routledge，2004：56 - 58. 着重号为笔者所加。
② 对此可参见王元骧.西方三大文学观念批判[M]//审美反映与艺术创造.杭州：杭州大学出版社，1998：406、410.
③ 亚里士多德.修辞学[M].罗念生，译.北京：生活·读书·新知三联书店，1991：150.

阿特里奇笔下出场时已融入的阅读期待。

三、文学事件：概念出处与原理形成

阿特里奇当然没有止步于上述阐释。他紧接着指出，对规范的偏离（其实也还应当给出必要的说明：这是指有意的偏离还是无意的偏离？抑或兼指两者？）还尚不足以导出他试图解答的文学事件问题：

> 因此，并非所有需要重新表述现有规范的语言创新都是一种文学的创新。事实上，大多数并非如此。人们可以通过编程使计算机产生数百万种偏离英语规则的语言项，而没有一种语言项能被理解为一件文学作品。只有当这个偏离性事件被读者（在第一种情况下，作者在文字出现时阅读或表达）"作为一个事件"经历，作为一个打开了意义与感觉（被理解为动词）的新的可能性的事件，或者更准确地说，作为"这种打开的"事件，我们才能谈论文学。大部分的理解性事件所存乎其中的偏好与约定，都被挑战和重铸，不仅是作为自动的延伸，而且是作为对改变，以及对精神处理、思想与情感的模式，或者对迄今为止不可能实现的概念可能性的邀请——说不可能是因为现状（认知、情感、伦理）依赖于对它们的排除。这一开始的过程，这一进入未知的运动，是作为一种"发生于"（happen to）读者中的一种去承担与注意的阅读过程中的事情而被经历的。
>
> 这就是一部文学作品的"本质"：一种行为、一个事件、一种阅读，决不能完全与写作的行为-事件（或复数行为-复数事件）相分离，那使其成为了一种潜在的可读文本，决不能完全与它投射于其上，并在其中得到阅读的历史事件所隔离。一部作品不是一个对象而是一个事件的说法，可能是种老生常谈，但它是一种其深意通常被抵制的老生常谈。尽管有着一部悠久的有关文学作为述事的观念的文学批评史——本雅明总结出了一个完整的传统，声称文学作品的本质质量"不是陈述或信

息的传递"①——令人惊讶的是，在实践中很少有人承认这一点。我们仍在谈论着"结构"与"意义"，并以一种暗示静态对象、超越时间、永久可供我们检查的方式询问作品是"关于"什么的。

很明显，我在这里使用的"文学的"与"文学"两个词，并不符合这些术语被普遍接受的一些含义。我用这些词来描述一种文本身体所具有的潜在性，以达到被不同地意识到（或并不）的、在不同时间与地点中的潜在性。（由于任何给定的文本中的文学性，如果在过去没这样做的话，总会出现于将来，这是个无确定界限的身体。）文学自然常被认为对读者具有，或被定义为对之具有某种影响：使读者人性化，拓宽他们的思想，提醒他们在语言上留意细节，扩大他们的同情，破除他们隐蔽的意识形态假设，等等。这不是我所说的那种有效性。文学作品无疑可能具有这些影响，也可能有很多其它的影响，但当它们这样做时，并非因为它们是"文学的"直接结果，尽管这可能是作者意图的一部分（因为文学作品的作者通常有数个同时的目标）。

某些语言作品的文学性（无论是否按惯例将其归类为"文学"）的影响是不可预测的，并不是由规划引起的，尽管艺术创造性可能在文化的伦理位置中起一个至关重要的作用——因为一种文化没有不断地找到使它向被排斥的他者打开的方式，它所依赖的后者不能说是道德的——不能保证一个特定的文学或其它艺术作品所带来的他者性（alterity）是有益的。② 在最坏的情形中，他者性的引入会破坏一种文化。这是被卷入的以及欢迎另一方的风险。（当然，长期存在的法律与习俗通常在限制潜在损害和维护传统价值观方面继续发挥作用，尽管它们可能会因另一种价值观的入侵而丧失能力或信誉。）

另一个常见的观点是，文学的"一切"价值化仅仅是意识形态上的，

---

① 原注：《翻译的任务》，见《启迪》第70页。亚里士多德被认为设置了一场正走在错误轨道上的文学讨论，他在《诗学》中强调摹仿艺术给那些从它们那里了解世界的人带来的快乐。纵然如此，这却仍是他叙述中的一个次要因素；更重要的是，他认识到悲剧，即使在阅读时，也是涉及逆转和引起同情与恐惧的事件。参见福特《批评的起源》，第266-270页。
② 原注：库切（Coetzee）将这种不确定性与风险戏剧化于《彼得堡大师》；见德里克·阿特里奇：《库切与阅读伦理学》，第5章。

我们应以一种价值中立的方式将"文学"一词应用于想象或虚构人物的任何文本作品中。这种立场本身并没有错:这是一种考虑到了我们目前对"文学"这个词的各种不一致的使用可能性的做法。我不同意这个词的更为普遍的用法,接受它会使我很难为我所感兴趣的狭义上的类别找到一个词或词组,这种狭义类别相当于——至少粗略地说——当前的用法所允许的另一种可能性。像"真实(genuine)的文学"或"真正的文学"这样的短语只会加剧这一问题。也许最好的解决办法是——如果一个人想保持对这个术语的最广泛的理解——区分"一般的文学"与"创造性的文学",如果读者想在接下来的文章中对这个词进行修饰,他或她被欢迎这么做。

很明显,我在某种专门意义上使用的"文学"这一专门术语并不局限于公认的文学机构(当然,它经常改变其界限);也不存在这样一种情况,即所有在某个特定的历史关头被归类为"文学"的东西都体现或继续体现这个词有多种含义——从14世纪到18世纪是"书本学习",从18世纪到19世纪是"任何类型的写作都达到了礼貌的标准"[1],还有与我们的主题几乎没有关系的当代意义,如"基因改造文献"或"竞选文献"。"文学"这个标签已被用来形容那些缺乏我所提到的那种效力的、被政治所控制的努力,而被其它作品所拒绝——比如恩格斯的《英国工人阶级状况》或弗洛伊德的《释梦》——这些作品可谓是拥有这种效力的。

然而,在过去的两个世纪中出现的公认的文学范畴仍然是文学的主要储存库,当我们称一部哲学或历史作品为"文学"时,它与我们所关注的历史上被公认为文学的作品的主体有联系。我看不出有任何理由禁止将这一范畴追溯到18世纪末出现之前的时期,只要这样做是谨慎的。在讨论锡德尼或斯威夫特的小说散文时,坚持"诗"(作为最接近的等价物)一词只是学究。"文学"这个名称也不应被解释为只适用于"高级"或"精英"文化的作品:创造性的文学作品,如同创造性的电影或创造性的歌曲,可能确实很受欢迎。由于创造性是阅读经验的一种属性,因此严格来说,不可能将某些作品判断为"比其它作品更具创造性";但如果将这句话理解

---

[1] 原注:有关该术语历史的简要说明,请参见雷蒙德·威廉斯《关键词》中"文学"之下的条目。

为"在一个特定历史时刻更有可能体验到创造性"(也可能是"对一种特定群体")的简称,则这句话是有意义的。

尽管文学的创造性只有个人才能体验到,但决定这部或那部作品是文学作品的,是整个文化。在一部作品被从文化或制度的角度称为"文学"之前,许多读者必须承认它的创造性。关于这个问题,人们经常有不同的看法:一部给定的作品可能会被一些读者当作文学作品来接受,而不会被其他读者接受。虽说在一种特定的文化中,在一段特定的时间,会有一个被广泛接受为文学的作品体,但对文学史的起码了解将表明,这是个远离稳定的范畴。事实上,文学作品创造性的一种方式是在文学不稳定的范围内运作,并重新创造其类别本身。笛福(Daniel Defoe)的成就可以用这样的方式来看待,马拉美也可以用另一种方式来看待。我们也不能预先对这一范畴的再创造施加任何限制:无法保证将来会有文学的一席之地。①

被我国学界使用得较多、有时也显得较为随意的"文学事件"这一概念,严格地说应当从阿特里奇的上述这段阐释中获得直接的学理出处与依据。这也是我们迄今所见到的将文学直接、正面地与事件联系起来考察的明确尝试,故详加引录如上。阿特里奇紧承前文指出,对习惯性规范的偏离,尚不是确证语言成为事件的充分必要条件,因为计算机语言的编程也可以被纳入这个范围。只有当这种偏离被读者当成一个事件进入,并由此打开后者的感觉与意义的新空间后,它才是文学事件。在此,阿特里奇同时兼顾作者与读者两头,认为文学事件来自写作行为(自然也即语言行为),也离不开(甚至主要是针对)阅读行为,扩展后者的同情心,深化其在语言上对细节的感知,并使之祛除笼罩在自己头上的意识形态遮蔽。这里于是有两个关键问题值得研究。

一是究竟如何理解语言对规范性的偏离被当作事件进入。对这个敏感问题,阿特里奇并没有过多展开分析,似乎认为这样的愿景是人们都熟悉而能想象出来的。其实不见得有如此简单。超越了规范惯性的语言如何能构成一个事

---

① ATTRIDGE D. The singularity of literature [M]. London: Routledge, 2004: 58-62. 着重号为笔者所加。

件呢？这相当于要澄清：语言是怎么建构出一种使人如入其中的情境（或场面）来的？它唤起的为什么不是一个既定的世界，而是一个正在发生的世界？在此有个根本的悖论，即一方面语言作为任意性的符号系统，与事物没有必然对应关系，从本性上排斥着语言极力试图构造的情境场面，而旁观、反思这属于在场性亲身感受的现场；另一方面语言意欲达成的最佳效果，又是营造出栩栩如生的逼真在场感，最大限度地去同化读者的感受，非如此便不免有妨碍叙事质量的隔阂产生。所谓贯通场内外，就是去直面与进入上述悖论双方造成的张力结构，不断积极运用智慧找到融合两者的方案。换言之，叙事面临着这样的一种两难：他拿起笔准备开始叙述一个故事时，也就操持起语言，用语言来讲故事；语言却拒斥着成为可以被写出的对象性故事，从理论上说无论怎么被操持，都无法抵达那个被他锁定为叙事目标、张扬其现场吸力的情境场面，他想写的东西其实从根本上看是始终不能被真正写到写出的，尤其无法把此刻同样正处于情境中的自我一并在时间维度上充分、真实地情境化。既如此，阿特里奇赋予文学事件的上述性质，能得到落实吗？

语言达不到、抓不住一个先于它和外在于它的现成场面。这不只是说语言中充满着大量难以与具体场面相协调的抽象性语词，也不只是说语言中同样充满了不少把我们推出具体场面的评价性成分；而更主要地是说，以索绪尔为代表的现代语言学家深入揭示出，语言是一种符号系统（替代品），不具备相符合于事物实体的实质性。① 比如当仔细观察"树"这个语言符号时，我们不无惊奇地看到：这个字的读音 shù 与眼前这棵树并没有必然联系，把它读成别的发音比如 yú 也是可以的；这个字的概念意义"木本植物的通称"也高度抽象，与眼前这棵具体存在着的树没有必然联系。从这两方面得到的共同真相及其进一步解释是，语言作为符号不与事物发生必然联系，② 其被理解的可能性维系于共时态的结构关系，即维系于一个词的发音与意义在一种特定音位体系与文化中可加以辨别的差异，一种语言结构中各要素的功能及其运作规则。如果叙事是将常态下互斥的场面与语言这两个要素统一起来，在语言的叙述中创造出

---

① GOULIMARI P. Literary criticism and theory [G]. London: Routledge, 2015: 149.
② FRY P H. Theory of literature [M]. New Haven: Yale University Press, 2012: 130.

情境场面，阿特里奇同样需要面对这一问：它怎样具体做到这点呢？

对此的回答包括局部的表层创造与整体的深层创造，后者是主要的。就局部的表层创造而言，语言本身就有一定的感性色彩与能指因素，它可感，具备一定的物质担待者，能在某种程度上与一定范围内被叙事积极利用，直接营造出生动逼真的场面。学者们在察觉到"能指和所指之间的关系是无理由的"时，不忘补充强调"拟声词除外"①。就整体的深层创造而言，语言在叙事中构成了一个想象的世界，能积极创造出故事场面。语言不对等于现成之物，面对的便是生成之"物"。生成过程的动态性，使语言在它所试图"抵达"的场面前始终只处于两种高度精微、难分难解的不对等情形中：或多于它，或少于它；不会等于它，否则便又落入了形而上学幻象。在日常活动中，这两种不对等情形都被认为会导致感知的不直接。在科学活动中，这两种不对等情形都被认为会导致指称的不准确、干扰与阻碍真实性。但语言在叙事活动中却自觉、主动地利用这两种不对等情形来调节自身而实现真实：或是用积极的空白来留出现场；或是用积极的复义来补足现场。因此，叙事中的情境场面作为构筑于语言叙述天地的场面，并非我们在日常活动中时常以为的那样是一个静止的空间性概念，即不是相对静止而可逆的、从外部被看见的、调换上其他人物事件后不影响其质感的冷淡场景，而是一个动态的时间性概念、一种活动的进程。其活性在于集感受与反思于一身，即融渗着主体因素而在想象中真实地切身"亲在"，而显现出一个人拥有的正在发生与运作的世界——事件。

这会不会给现有的道德伦理秩序带来某种冲击和风险？阿特里奇不讳言这一点，而借助德里达等人的"他者性"概念对此作了肯定，认为这种风险是值得文学去冒的。不过从他的论述中，我们也感到了一种情绪十分投入的逻辑跳跃，即把语言创造事件这一点直接等同于文学创造事件，从而一气引出了文学事件的概念。跳跃得合法吗？这便触及了阿特里奇面对的第二个问题：如何理解他所说的"文学"？及时回顾"文学"概念的学理发展历程，以及不失时机地提醒人们关注雷蒙德·威廉斯（Raymond Williams）在《关键词：文化与社会

---

① 贝尔纳·瓦莱特.小说：文学分析的现代方法与技巧［M］.陈艳,译.天津：天津人民出版社，2003：68.

的词汇》(*Keywords: A Vocabulary of Culture and Society*)中对之的阐释,都是他运思至此很自然地采取的策略。面对仍将文学界定在想象与虚构等传统范畴中的做法,阿特里奇主张将文学区分为"一般的"与"创造性的"两种,强调后者的创造是一个始终处于不稳定状态中的动态事件过程。这无疑是有助于推进文论基础理论研究的举措。

四、独异性:非偶然、非唯一与非光晕

尽管代表了英美学界的事件思想研究风貌,作为研究对象的事件,与欧陆学界不会成为判然有别的两物,而总是具备共性,以获得对话与讨论的有效基点。除了上述创造性外,对独异性的揭示亦然。阿特里奇进一步展开了"独异性的事件"这个议题:

> 与创新性、他者性概念密不可分的,正如我们曾多次观察到的那样,是"独异性"概念。另一种对发明事件时产生的文化材料前所未有的、迄今为止难以想象的处理,总是独异的,尽管这种独异性只能作为对规范与习惯的一种调整过程来经历,在这种调整过程中,人们认识、确认和至少部分并暂时地适应了它。但在这种情况下,独异性是什么呢?这个词被用在了文学与哲学讨论的许多地方,因此尽可能清楚地了解其含义是很重要的。① 一种文化对象的独异性,在于它与其它所有这些对象的不同之处,不仅仅是作为一般规则的一种特殊表现,而是作为文化中一种特殊的联系,这种联系被视为抗拒或超过所有预先存在的一般决定。独异性,也就是说,不是由不可约的物质性的核心或我们所使用的文化框架无法渗透的纯粹偶然性的脉络产生的,而是由建构实体(在特定时间与地点

---

① 原注:例如,这个词有时被用来指称一个完全没有外部关系的人(这是彼得·哈尔沃德最近在《绝对后殖民主义》中发展起来的一个意思);正如我们将要明白的那样,这一意义与我的关系很小。

存在)时超越一种文化规范预先编程的可能性的一般属性所构成的,其成员熟悉这种规范,大多数文化产品也通过这种规范而得到理解。独异性不是"纯粹的":它本质上不纯洁,总是容易受到污染、嫁接、事故化、重新解释与再文本化。它也不是无与伦比的:相反,它是显著地可加以模仿的,并可能引发大量模仿。

因此,严格地说,独异性与他者性、创造性一样,不是一种属性(property),而是一个事件,一个发生于接受过程中的独异化(singularizing)的事件:它不发生在遭遇者的反应之外,因此构成独异性。它是生产性的,而不是预先给定的;它的出现也是它的侵蚀的开始,因为它带来了适应它所必需的文化的变化。独异性不同于自主性、同一性、偶然性或特殊性,也不等同于"唯一性"。我用这个词来指称一个实体,它不同于所有其他差异"不具有"创造性的实体,换言之,它不将相异性(otherness)引入同一领域。一部独异而非单一的作品,是完全可以在文化规范中得到理解的:确实,正是理解其所熟悉的法律的特定配置的过程揭示了其独特性(uniqueness)。

独异性在西方艺术中也一直受到重视和欣赏,尽管在某些时期独特性的概念是不受欢迎的。① 它的相反面,有很多名字(陈词滥调、模仿、平庸、黑客、陈规旧习),一直被视为软弱的一种标志,也是无聊和烦躁的一个原因。然而,珍视独异性并不是要珍视本雅明所说的具体、独特的艺术-对象(art-object)的"光晕";独异性可以在一张复制了上百万次的照片中出现,就像在圣玛丽亚·德尔勒·格拉齐修道院餐室里的列奥纳多的《最后的晚餐》(*The Last Supper*)中的彩色石膏一样。独异性也可能存在于一组作品或一整部作品中:我们已经讨论了当一个作者的独特创造性变得熟悉时,直接由一种可立即识别的声音来处理的经验。在这方面(稍后我们将讨论其它方面),独异性的作用类似于一种签名(signature)。事实上,将独异性描述为"嵌套的"(nested)更准确:作品(有时是作品的一部分,例如人物的讲话)在"全部作品"(有时是"全部作品"的一部分,

---

① 原注:这个词本身有自我宣传(self-advertising)的含义,拒绝遵循16世纪晚期的规范,尽管据《牛津英语词典》(*The Oxford English Dictionary*),此含义在1700年后不再普遍。

如"后期作品")中,又在一个时期的艺术运动中。独异性的经验就是这些嵌套的独异性的经验。艺术作品的独异性也不只是停留在历史的过去,可以追溯到过去;正如我所说,它以一种不易解释的方式,连通过去与现在。①

阿特里奇在此作出的重要贡献,是阐明了作为事件基本性质的独异性的要义:(1)独异性不同于偶然性(特殊性);(2)独异性不同于唯一性(相异性);(3)独异性从而不同于本雅明提出的著名概念"光晕"。这些的确是人们对独异性极易产生的误解,类似的误解或许都与"独异性"这个词的构词有关。从中我们也不难窥见阿特里奇对德勒兹、德里达等欧陆学者事件思想的吸收。阿特里奇清楚指出,独异的要义在于差异的创造性,而非简单显示自己相异于他者。如果独异性仅仅是偶发而特别的,如果它的最终目标只是要显得自己与他者不同,那么它在获得了不可模仿与复制的自我优越感的同时,其实也失去了价值——它区隔开了世界,而变得毫无意义。这样的独异性只"折"不"返",表面上似乎很接近于德勒兹所说的事件的虚拟,但后者最终在富于差异的虚拟过程中实现事物与思想的本体,有一条某种程度上类似于黑格尔式否定之否定哲学的轨迹清晰存在着(当然与德国古典哲学在学理背景上存在着根本差异),这体现出与前者的泾渭之别。德里达所说的事件与重复的关系,也将无从在上述误解中得到说明。确如阿特里奇所强调,被作了此类误解的独异性是"纯粹的"。独异性的真谛却是非纯粹性,这准确地击中了现代思想转型的要义。现代以来,存在论哲学引入"先结构"对"阐释之循环"的本体性肯定,解释学通过"前理解"对意义与历史的重诠,西方马克思主义流派,尤其是法兰克福学派对现代文学艺术"费解"与"震惊"性质的肯定,解构哲学凭借延异书写活动对意识在场性幻觉的解构,文化研究阵营反思社会学对康德美学阶级习性与趣味区隔的批判,建构主义对意义现成性及本质主义后果的质疑等思想资源,均不同程度地更新着近代以来追求纯粹性的思想立场。这些成果共同表

---

① ATTRIDGE D. The singularity of literature [M]. London: Routledge, 2004: 63-64. 着重号为笔者所加。

明，思想无法再在康德式的"对理性的纯粹性使用"（reason's pure use）立场，或者说二元论纯粹性立场上进行，① 而应在超越二元论后的非纯粹性立场上展开——非纯粹的，才是融合了两条地平线，因而看清了全场的。

将独异性混同于"光晕"，所忽略的便是这个要点。布迪厄指出，那种关于审美不应掺杂有任何利害因素的强调，实则将审美的形式提升至内容之上，吁请人们从智力出发对之加以抽象的理解，而失去了朴素的形象与感觉，是一种建立在康德自身所处的特定阶级习性基础之上的特权表现，在此意义上，趣味是对大众趣味的权力化僭夺，合法地张开了统治阶级对自由的趣味与工人阶级对必需品的趣味的对立距离，结果只是"把少数人的趣味看得比多数人的趣味更重要"②。尽管我们可以与某样东西拉开距离，以把它看成我们想看到的、理想的样子，它却毕竟不是这个样子的，而在被提纯与美化的表象背后，具有更为复杂的，甚至充满了广义上的丑陋（即事物实际所是的样子）的一面，那才是真实的它。广义的丑——世界中那远远超乎人想象的未知性，是不确定而显得严峻的。这是阿特里奇事件论所正确地嵌入了的学理逻辑序列，它再度演示了事件思想的现代性。

五、驳难与辨正

在作出上述探讨之后，阿特里奇不断推进和深化着自己对文学事件的思考。2015年又出版了《文学作品》一书，在书中以答问的方式，对从不同角度驳难文学事件论的观点进行辨正，继续巩固了自己的理论。这些驳难与辨正，大致包括以下几点。

（一）认为文学作品的意义存在于阅读中，读者需要进入文学事件，其依据是否充分？

---

① DYCK C W. Kant and rational psychology [M]. Oxford: Oxford University Press, 2014: 82.
② 苏珊·朗格.艺术问题[M].滕守尧，译.北京：中国社会科学出版社，1983：114.

对此阿特里奇表示，文学在语言实践中的独异性问题，是长期以来引发他思考的动机。通过分析文学文本的内在特征来区分文学文本与其它类型文本的各种尝试，在他看来都失败了。他认为，文学既不可能通过其内在属性来定义，也不可能参考作者的意图来确定其本质，有太多的现代意义上的文学作品，纵使今天的我们很习以为常地把它们当作文学来读，它们却仍不具备来自某种意图的必然证据，也无法与物理对象中的任何具体体现相区分，就像如今已有了经过太多各种复制的、英国诗人蒲柏（Alexander Pope）创作于1728年的诗歌作品《笨伯咏》（The Dunciad）。因此，从主体意图切入文学意义的做法被认为行而难远，"文学作品只有在阅读的情况下才形成"[①]。读者作为文学事件的主体，由此得到了进一步的确认。在出版于2010年的《阅读与责任：解构的痕迹》（Reading and Responsibility: Deconstruction's Traces）一书中，他已经表明阅读是行为（act）与事件（event）的结合体，由此引发的文学阅读的姿态，主要是"解构阅读"[②]，阅读从而成为了"动态的、复杂的、不断发展的谈判这一事实"[③]，它使文学事件得以展开。

（二）如果文学作品包含着潜在而非现实的独异性，被以适当的方式阅读时才能提供出经验，这是否赋予了文学作品一种理想的形式或者说特性？

借助斯坦利·费什在《当你读到它时，如何确认是一首诗》（How to Recognize a Poem when You See one）一书中的论断，阿特里奇指出文本无需任何固有的属性，就可以被解读为一首诗，其边界是可变的以及不可预测的。我们甚至无法知晓在将来某个时候，任何给定的文本是否可以作为文学作品来阅读。"文学潜力"是一个有用的概念，它会在特定的文化背景下构成文学作品并产生文学经验，但随着文化语境在不稳定状态中的变化，它又并非一种永久性特征。潜力的概念引导我们更为恰当地将文学作品理解为一种活的发生。

（三）尽管如此，人们对"文学作品"的一般共识仍然是，它是一种东西（thing）而非一种发生（happening），该如何澄清这种在理解上可能导致的模糊

---

① ATTRIDGE D. The work of literature [M]. Oxford: Oxford University Press, 2015: 25.
② ATTRIDGE D. Reading and responsibility: deconstruction's traces [M]. Edinburgh: Edinburgh University Press, 2010: 2.
③ ATTRIDGE D, STATEN H. The craft of poetry [M]. London: Routledge, 2015: 2.

之处呢？在此阿特里奇重申，这种基于动词性理解的态度，是由对象与事件的区别形成的，指的恰恰是对于事件的体验：

> 事实上，如果要强调"文学作品"的地位问题，大多数人所说的可能会是一个对象而非一个事件（不考虑这可能是何种类型的对象）。然而，当有人在谈话中提及"文学作品"时，这个短语通常带有——不一定被意识到的——一种享受、解释，也许是困惑、回忆、想象或听说的"体验"的含义。在这些情况下，它既不是对其中所有文本都是标记的理想对象的提及，也不是对物理对象（文本存乎其中的特定书籍）的提及，而是对一个事件的提及。①

（四）倘若将文学作品视为事件，这种看法将牵引出阅读过程的时间性。时间性与一些文学作品中的"空间"维度相抵触吗？文学事件诉诸的是听觉（时间性）还是视觉（空间性）？

阿特里奇不否认空间在文学经历中扮演的重要角色，也承认在读诗时，自由诗依赖页面上的空间安排，并利用线条的加固与断裂效果来表示它是诗歌。但他认为，这一点和事件的时间性进程本质并不矛盾，因为文学的空间属性都是在时间上被感知和处理的，甚至具体的诗歌也必须作为一个序列被眼睛与心灵所接受。他并不愿把自己的论点局限在文学等明显的时间性艺术范围内，绘画与雕塑在被观看（或被触摸）的时间性事件（temporal event）中，也具有它们作为艺术的存在。按此推论，则还可以和应当有绘画事件等艺术各门类在活动的意义上所构成的事件，它们都立足于时间性这一基点，可谓阿特里奇无形中揭示出的学术新生长点。

（五）在讨论文学事件时有时使用了"文本"（text）一词，有时则使用了"作品"（work）一词，两者存在着微妙差别吗？特别是，阿特里奇并未如同罗兰·巴特在《从作品到文本》（From Work to Text）一文中那样严格使用它们，那意味着是在有意挑战巴特所使用过的这些术语吗？

---

① ATTRIDGE D. The work of literature [M]. Oxford: Oxford University Press, 2015: 26.

在这个问题上，阿特里奇承认巴特的文章于他而言很重要，因为它强调了读者的创造性作用，并挑战了批判性的方法。他区分了上述两个关键词在自己论著中的用法。一方面，他表示，在提到语言的文学用途时，他倾向于用"作品"一词来指称创造性劳动这种在阅读中感觉到的东西。由于是在阅读中感受到的，作品便"不是作为一个对象，而是作为一个事件；'作品'毕竟可以是一个动词"①。另一方面，他则以"文本"一词指所有类型的语言实体，包括可以为计算机所处理的语词。他举例道，读康拉德（Joseph Conrad）的小说《台风》（Typhoon）时，如若仅仅是为了寻找19世纪末航海实践的信息，我们就把它当作了一个供分析、解读与研究的"文本"，从中收获的是诸如象征这样的意义。在此意义上，文本与任何阅读无关，即使人类被消灭，计算机也能在一定的指令控制下朝这个方向作出解释。但假如将《台风》作为文学作品来读，不试图从中提取任何信息，只将其当作一个事件来享受，那么我们是把它当作"作品"体验着，这是计算机无法在编程中包含的东西。阿特里奇吸收杜夫海纳（Mikel Dufrenne）有关"艺术作品"区别于"审美对象"的审美经验现象学理论，以及热奈特（Gérard Genette）对"内在性"与"超越性"的划分之举，对"作品"这一概念表示了认可，即认可在阅读中认识到的作品的概念，而不认为作品会随着时间的推移而失去其文学性，成为加强可接受性与熟悉性的文本，或仅停留于读者心目中的一个心理事件。

（六）阿特里奇所说的"经验"一词该如何得到理解？作为从传统人文主义批评发展而来的术语，它在使用上带有模糊性吗？建基在它之上的文学事件论，与阿多诺在多大程度上有联系？后者拒绝那种缺乏历史意识的艺术体验，反对移情欣赏而建议摧毁顽固的、表面的、自发的阅读（理解）可及性。简言之，阿特里奇对"即时经验"（experience of immediacy）的珍视，与阿多诺对之的拒斥果真形成了对立吗？

阿特里奇辩称道，他常用的"经验"一词，并非仅指经验性的心理事件，也不是指一种文学阅读的特定文化与历史特权模式。他简要回顾了本雅明、阿多诺以及芭芭拉·卡桑（Barbara Cassin）在其很有影响力的《不可译词典》

---

① ATTRIDGE D. The work of literature [M]. Oxford：Oxford University Press，2015：28.

(*Dictionary of Untranslatables*)中对"经验"这个概念的有益讨论，赞同阿多诺有关"思想完全被经验浸透"的观点，即不主张完全的经验直接性；而认为自己与阿多诺在表面上构成的矛盾实则是一种错觉，因为充分参与艺术工作，并不意味着就得剥夺自己所具有的继承性知识与倾向，要对自己阅读的东西产生兴趣，总得准备好改变自身或接受挑战，包括勇于与作品遭遇。在此，"经验"仍是最为便利的术语。如果结合伽达默尔有关经验的时间性分析的做法来看（阿特里奇也特意提到了"偏见"理论），它与事件作为时间性进程的本色，的确不能不发生富于敏感性的关联。考虑到阿特里奇的英美学术背景，这点自在情理之中。

（七）据上所述，文学作品是一个完全主观的事件吗？对此阿特里奇的看法是，像佩特（Walter Horatio Pater）那样强调诚实等主体因素对文学批评的作用，并无原则性差错；因为对作品的理解确乎只能基于自己的经验及其深化，但将经验宣判为主观，却是一种理论上的误导。他用"特有文化"（idioculture）这个词来指源于个体所使用的语言系统的独特版本，表明任何读者都有其文化构成，个体的文化与意识的历史，是由一系列技术、偏好、习惯与期望决定的。他借用斯坦利·费什的术语，指出这些因素与该个体所处的"解释团体"中的其他人，存在着相当大的重叠。个人是属于一个群体的，后者的成员中，有很多也具备着我的心理、情感习惯与规范；因此，"我"属于一系列以同心圆运作的群体，个体的阅读习惯，在一定程度上正是由这些习惯与规范决定的。所以，不能因为强调经验就认为必然滑向主观化，"主观"在此仅仅意味着读者之间的随机变化，这种变化，是在个体创造性与一种特有文化的材料之间建立的动态联系。在这种联系中，矛盾与紧张并存，从而对更为广阔的文化提出了挑战，因此，主观说到底仍以客观性为归属。

（八）也据上所述，这会不会导致文学事件在理据上显得不充分？它将如何应对下面的可能质疑呢？一部作品只存在于一个特定的人阅读它之时，那么不处于这种特定状态中的人，在阅读这部作品时还能有进入文学事件的机缘吗？世上从无两人读同一部书的必然情况发生，那么每人各自进入的文学事件岂非无法通约，而会失去共同的对话域？只有读者才重构作品，从而与文学事件有关吗？有多少作品就有多少读者，这又会不会使文学事件最终丧失了客观准绳而沦入相对主义呢？

这些不乏锐利的咄咄追问，是哲学家彼得·拉马克（Peter Lamarque）在2010年发表于《英国美学杂志》(*The British Journal of Aesthetics*)的一篇文章中对阿特里奇事件论作出的驳难。阿特里奇表示，这是拉马克把其所认为的明显荒谬的含义，表述为了阿特里奇的论点。他耐心地逐条回应了这些驳难。首先，他认为当我们说"一部作品只存在于一个特定的人阅读它之时"时，这句话中的"它"已不是"作品"，而应被修正为"文本"。也就是说，这句话的唯一有效性仅仅在于，作品被从某个特定的角度去专门地读，其"特定"指阅读的有目的性、预设性和专门性，它因而已关上了进入文学事件的可能性大门，成为了文本，就像把康拉德的小说《台风》当作某种满足于特定需要的阅读资料来处理，而不是在享受它、展开它从而赋予它持久的生命。其次，世上当然从来没有发生过两人读出的是同一本书的必然情形，但由此断言文学事件不可通约、无法形成共同性视野，则未免失之于肤浅。事实上，在阿特里奇看来，尽管不存在两个人必然读出同一本书的情况，但这种偶然性只是表面的，"文学作品的无限变化性原则，恰是德里达所说的'可重复性'（iterability）的一个例子，即符号对新的语境的开放性，允许它保持其身份"①。这是已被我们在第七章中所证实了的事实，也是一部作品保持其可持续生命力的关键所系。再次，尽管可以说读者是在重新创作（再创造）作品，但由此取消作家进入事件的资格，又是偏颇的。因为依阿特里奇之见，文学创作过程在许多方面，与文学阅读过程是相似的，写作从根本上说，首先是体验（阅读）自己新写的文本，使其具有文学品质，这才能写出"作品"来。在这个前提下，才能进一步使作者对自己文本的"作品性的"（workly）潜力的理解得到读者的确认，从而积极克服文本受到各种武断力量支配的局限。最后，确实，阿特里奇也承认有多少读者就有多少作品，这并不是可以轻易和简单量化的，但这并不意味着，文学事件由此注定是不充分的。他论述道，其实不存在无可争议的充分阅读，许多关于《傲慢与偏见》(*Pride and Prejudice*)的阅读必然是不充分的，也必然是需通过引用适当的历史与语言规范来加以阐释的。每一种阅读在他看来，都部署

---

① ATTRIDGE D. The work of literature [M]. Oxford: Oxford University Press, 2015: 35.

了一套不同的策略与标准，而出现于不同的文化背景中，以不同的方式将注意力分散到文本的不同方面。他的结论是，只能说哪一种阅读过程是最合适的，却无法就此达成永久性共识。当然这也留下了一个疑点：对一部文学作品，还存不存在正确的解读呢？阿特里奇对此似乎语焉不详，而终究给出了英美学界常见的点到为止、不作过多展开的处理策略。

第九章 事件谱系的分析哲学张力
——蒯因与戴维森事件论

在英美事件思想谱系中,分析哲学提供的方案较少引起学界关注而值得专题阐释。这以蒯因与戴维森有关事件是否来自语句的不同看法为起点,从语言角度引出了对事件个体性、本体论与心理事件的分析。戴维森由此提出的心理事件,回应了蒯因与分析哲学其他派别的观点,既代表了事件思想的又一可能形态,也为文论深化研究艺术发生、虚构性及认识与实践的统一性质等难题,提供了富于建设意义的启迪。

一、事件的个体性及其本体论

蒯因是我们不陌生的美国著名分析哲学家,一生著述极丰。他关于事件的专门论述,集中在出版于2008年的《对话中的蒯因》(*Quine in Dialogue*)一书,尤其是作为论文发表于1985年的第十二章"事件与具体化"(Events and Reification)中。在文章中,蒯因回顾与分析了弗雷格(Gottlob Frege)、罗素(Bertrand Arthur William Russell)以及戴维森有关逻辑、语言与本体的理论,认为事件来自句子而非实体,支持实体并无理由,除非我们已准备好理解肯定或否定实体的句子,在这种情况下需要重视语言中的单称词项(singular terms),因为失去了单称词项将会令实体失去身份证明。

蒯因论证道，事件的类别十分广泛，涵盖了所有容易使人们感到担心的领域，它如何获得个体性，便是一个不容易妥善解决的理论难题。他举例说，一个同时旋转和加热着的金属球，旋转对周围环境有一定影响，加热则赋予其别的影响。我们可以说这个球发生出了一个既在旋转又在加热的事件吗？如果这个球一面快速旋转，一面在加热上变得缓慢，我们又可以说这个事件既快速又缓慢吗？该如何理解这样的事件描述呢？① 如此一来，我们似乎必须退缩到一个始终更为复杂的版本中，将一个事件解释为对我而言是物理对象及其独特集合；因而，事件的个体性问题，尽管看似已经通过将事件同化为某种物理对象及其构造而解决了，其实仍是悬案。这是由于，一个对象当且仅当与时空共存时才是物理对象。从这个意义上讲，物理对象，尤其是身体的个体性的程度较差。蒯因由此认为，像"办公桌"一词或"我的办公桌"这个词组，都会产生模糊性。"桌子"的符号扩展，不应当被视为物理对象，"这些划界问题会延续到事件上"②，这使蒯因坚定了"只有在这里，我们才需要探究句子并注意名称"，并接着"考虑观察语句"的事件思想研究信念。③ 他由此言简意赅地亮明了自己的基本立场：

我不会将事件简单地看作物理对象。④

蒯因的这一基本立场受到戴维森的反对。唐纳德·戴维森被公认为 20 世纪后半期至今最重要的分析哲学家之一。他早年获哈佛大学哲学博士学位，曾先后任教于斯坦福大学、普林斯顿大学、洛克菲勒大学、芝加哥大学，以及加州大学伯克利分校。在语言哲学、行动哲学、心灵哲学、认识论、形而上学与合理性理论等研究领域，戴维森都展开了富于独创性的工作，其研究成果先后被收入《行动与事件文集》(*Essays on Actions and Events*，1980)、《对真理与解释的探究》(*Inquiries into Truth and Interpretation*，1984)、《主观的、主观际的、客观的》(*Subjective，Intersubjective，Objective*，2001)、《合理性的难题》(*Problems*

---

① 蒯因的这个例子是针对与戴维森的分歧而举的，戴维森同样举过此例，详见本章下文分析。
② QUINE W V. Quine in dialogue [M]. Massachusetts：Harvard University Press，2008：137.
③ QUINE W V. Quine in dialogue [M]. Massachusetts：Harvard University Press，2008：138.
④ QUINE W V. Quine in dialogue [M]. Massachusetts：Harvard University Press，2008：135.

of Rationality，2004)与《真理、语言与历史》(Truth，Language，and History，2005)等文集，其中关于事件的论述，集中体现了当代分析哲学在事件思想研究上的创获。

戴维森对事件的讨论，占据了《行动与事件文集》的不少篇幅。这部著作集中体现了他对心灵哲学与行动哲学的开创性贡献。戴维森首先运用因果关系模型，对行为的原因、意图、意志薄弱与意志自由等问题进行了新颖的分析。其次，他为这些分析提供了形式与本体论框架，尤其是对动作句与因果关系陈述的逻辑形式进行了探讨，在这个过程中考虑非经常性的细节在事件中的存在。再次，他运用事件本体论(ontology of events)对围绕"反常一元论"(anomalous monism)的论争，给出了一种反还原论解答。他的主要论点是，无论我们如何描述事件，事件都会进入因果关系，但出于不同的解释目的，事件可以被包含在相互不可约的描述下：如果事件是由原因引起和合理化的，它便属于心理事件(events qualify as mental，后来戴维森则直接写作 mental event)；但唯当我们将其纳入不严格程序的考虑之下才能这样描述。如果我们想解释这些同样事件的物理发生，则得改以严格的程序来描述它们；因此，在物理与心理这两个层面上，因果关系都是通过事件的共享本体来运作的。与同时代的分析哲学家如彼得·弗雷德里克·斯特劳森(Peter Frederick Strawson)等人的看法相反，戴维森认为，事件构成了一个基本的本体论范畴，这一范畴可以承认普通持久的对象的本体论。事件由此获得的个体性(the individuation of events)，遂成为戴维森关心的第一个理论问题。他提醒人们注意这样一种矛盾：

> 一方面，我们自信地谈论着"描述"或"提及"事件的句子，以及两个句子提及同一事件的情况；我们已经习惯于谈论"描述"下的行为(可能是一种事件)。我们将因果律描述为断言每一种类型的事件后面都跟着另一种类型的事件，并且据说历史与科学中的解释通常是关于特定事件的，尽管也许只是因为这些事件是以一种方式而不是以另一种方式被描述的。但是，另一方面，当我们转向以标准方式或我们的母语形式化的句子，这些句子被如此熟悉地解释为是在描述或提及事件，或是在对事件作出普遍主张时，我们通常发现没有任何东西可以被视为指代事件的单称词项(singular

terms)。例如,我们被告知,有时"他举起手臂"和"他示意"描述了同一个动作;然而,这些句子中可以用来描述的单称词项在哪里呢?①

这段质疑是从直接回应蒯因等人有关事件来自句子而非实体的分析哲学观点开始的。在戴维森看来,如果承认问题是确定由包括单称词项在内的符号所构成的句子何时是真的,那么应该看到,并无这样的句子,因为不存在这样的单称词项。表面上,这样宣称似乎显得过于绝对,有一些单称词项仿佛在命名事件,比如"莎莉过第三个生日聚会""1906年维苏威火山爆发""我今天早上吃早餐"与"露露在芝加哥举行第一次演出"这样的句子,看起来好像不缺乏单称词项。但一方面,这些单称词项的存在其实是不确定的,在英语中我们完全可以在不改变原意的前提下调整词序与表达方式(戴维森以接近于文字游戏的形式重写了上面的例句,我们无法在此一一汉译,因为汉译文是相同的),句子与事件谈不上有什么牢固的联系。另一方面,我们对与事件同一的句子的大部分兴趣,实际上取决于一种假设,即出现在同一性句子中的单称词项是分析更为普通的句子所需要的实体。例如面对"莎莉的三岁生日派对"这样的短语,我们无法避免在上下文中对于相关句子成分的解释,如果不这样,而是去干预诸如"布鲁特斯杀死凯撒"之类句子的逻辑形式,以便显示涉及事件或变量的单称词项,是无意义的。戴维森得出初步结论认为,"有充分理由将事件视为实体"(taking events seriously as entities)②。作为行动理论的倡导者,他的一个理由是,如果我们难以在不同的描述下逐字逐句谈论同一个行动,很难想象一种令人满意的行动理论。换言之,句子描述的改变,并不足以表明这就是在指称不同的事件,它们完全可能针对同一个事件而发,实体在此比句子更有理由担当事件的本体依据。

戴维森以"雪崩"为例阐释道,尽管当一场大雪在融化和冻结一段时间后才落下时,会发生雪崩,但我们需要进一步解释这场雪崩的原因——为什么它会发生,为什么它覆盖了它所在的区域等,必须有对原因的描述,这样的描述才能体现出真正的因果定律。就此而言,任何关于描述与重新描述的讨论都是

---

① DAVIDSON D. Essays on actions and events [G]. Oxford: Oxford University Press, 2001: 138.
② DAVIDSON D. Essays on actions and events [G]. Oxford: Oxford University Press, 2001: 139.

有意义的，它们都假设有真实的指称实体，需要描述和重新进行描述。并且戴维森相信，对事件的进一步需求源于这样一个事实，即心灵同一性理论的最清晰形式要求我们用某些物理事件(physiological events)来识别心理事件(mental events)，倘若不把事件当作个体，却在此基础上奢望对行动、原因、因果关系，乃至精神与肉体的关系等作出有力的解释，这种试图抵制指称实体而仅停留于句子分析(比如独特词)的做法，在前景上显得暗淡。而如欲确认事件的个体性，便需要接受一种明确的事件本体论。

戴维森由此提出的策略是，不再从句子的逻辑形式中直接推导事件，而承认事件对句子的逻辑形式已具备了解释，即"没有事件，似乎不可能对某些最常见类型的句子的逻辑形式给出一个自然的和可接受的解释；也就是说，似乎不可能显示这些句子的意义依赖于它们的构成"①。这里虽然尚未明确引入心理事件的概念，但已经孕育的事件其实就正是心理事件。他以"塞巴斯蒂安凌晨两点在博洛尼亚街道上漫步"这句话为例指出，这样一个句子如果是直接指称事件的，其前提应是保证说者与听者都能清楚知道句中动作或变化的谓词涉及多少个位置，但这一点客观上做不到，因为这种追溯就像多米诺骨牌效应一样是无限的，对每个谓词的方位的描述得借助新的谓词，而这又不断引出了新的描述需要。鉴于此，戴维森建议在我们的日常谈话中明确地提及或量化事件，使我们的直觉合法化并成为真实的细节。那么从句子(语言)的单称词项中直接产生事件真的不可能吗？很自然地会有一些尖锐的驳难，需要戴维森来逐个辨正，在此过程中更有力地证明自己的事件本体论。

二、事件是否来自单称词项及语句

第一种，也是比较常见的驳难，是坚持认为句子中必须包含单称词项，才能指称一个行动和事件。戴维森认为，这是一种需要抵制的、带有虚幻色彩的

---

① DAVIDSON D. Essays on actions and events [G]. Oxford: Oxford University Press, 2001: 140.

诱惑。他指出，像"这里有蚊子"这样一句话，并未提到蚊子有几只，因此没有理由说自己这句话中的"蚊子"一词是单称词项。因为在正常情况下，说着与听着这句话的人，都不会去追问"房间里究竟有几只蚊子？你具体指的是哪一只蚊子"，我们一般也不会特意说"这里有两只蚊子"，所以，"这里有蚊子"是一个不存在什么单称词项的普通句子(ordinary sentence)，但它确凿无疑地发生出了一个特定的事件(particular event)。又如"多丽丝昨天翻了独木舟"这样一个句子，与多丽丝究竟翻了多少次是根本无关的，哪怕她翻了十余次，和她翻了一次的性质没有区别，二者在这句话中是区分不出来也没必要加以区分的，如果她翻了十余次，我们却问"她指的是哪一次"，这无任何道理可言，是可笑的。所以，这也是一个不存在单称词项的普通句子，但谁也无法否认它同时指代了一个事件。戴维森上述分析颇有其精彩之处，它得出的基本结论是：刻意区分一句话中的单称词项并无意义，句子就是普通的，但它的普通性不影响它照样发生着和指代着一个事件。这就有力地表明了，不能从语言本身的结构成分角度去考虑它与事件的关联，一句话与一个事件的关联另有因素，无法直接从这句话中寻找这种因素。

第二种驳难是，有些动作看起来在短时间或特定时间内似乎确实很难被执行一次以上，而仿佛具有独异性，从而在某些情况下可能提供似是而非的理由，让人觉得，这样的动作句俨然是在指某种独特的动作，即指代了事件。戴维森充分考虑到像"琼斯上星期六结婚了""多丽丝中午开了一张支票"与"玛丽在午夜的钟声中吻了一个仰慕者"等句子的情况：在同一天结婚两次确乎是违法的，同时开支票确乎是不寻常的，同时亲吻两个仰慕者的概率也确乎是微乎其微的。与之相仿的情形则是，如果一个人说"浴缸里有一头大象"，这个句子通常起到的效果是，毫无疑问会使听者由此获得"最多有一头大象在浴缸里"的印象，却并不会觉得这句话中包含了一个单称词项，似乎强调的重心是"某一头大象"，因为那就会让人感到困惑了：大象怎么可能出现在浴缸里呢？这些情形似乎不排斥句子中包含单称词项从而指代事件的可能。但戴维森反驳道，它们都是在偶然的、听者进行解读的基础上获得独异性命运的，也就是说，对这些句子从哪个角度去理解，并由此将它们理解为是在指一个特定的行动并成为事件，这完全可以是因人而异的，换个人，一个看上去带有特定动作指向的独异句仍然成了普通句。这种反驳可能性的经常存在，表明将诸如此类的句子直接视同为事件仍是不恰当的。戴维森对此总结道："有一个很好的理由反对走这条路线，那就是在这个观点上，一个人可以在不知道他使用的词是被认为具有独异性（singularity）的情况下被唯一地引用。"① 如果一个句子的发出者自己并不具备对独异性的诉求，只是在陈述一个普通的句子，那么，在理解这个句子时往独异性事件方向附会，便恰好沦为另一种形而上学了。

还有第三个驳议，那是"关于动作的普通句子与特定动作的关系的混乱，这种混乱导致一些哲学家假设或暗示这些句子是关于一般动作或某种动作的"②。戴维森举冯·赖特（Gerog Henrik von Wright）的两句话为例——说"布鲁特斯杀了凯撒"涉及了一个特殊的动作，而说"布鲁特斯吻了凯撒"则涉及了一个普通的动作。他指出，在"凯撒死了"这样一个句子中，看起来确实找不到一个独异项，不得不承认这样的句子在对事件的指称上是一般的，独异的术语在此不起作用也并不存在。但有趣的是，许多哲学家仍不怀疑"恺撒死了"指的是或者说描述了一个事件，进而得出模棱两可的结论，认为整个句子指（或"对应于"）一个事件。戴维森认为，这种做法的错误在于，把事实与事件混为了一谈，前者纯粹是与句子或命题对应的，其相信判断一个句子为真的标准，是看其是否具备陈述事件一致性的充要条件，比如类只有在成员完全相同的情况下才相同，时间只有在被完全相同的事件所重叠的情况下才相同；而且，当且仅当对象同时占据完全相同的位置时，它们才是同一个事件。按照这种做法，"司各特死了"与"《韦弗利》的作者死了"不属于同一事件，③ 因为两句话的构成不同。但这将陷入令人更为尴尬的、违反常理的困局，这两句话怎么会不是在指称同一个事件呢？戴维森裁决道，并非唯有所谓真正的句子才指一个事件，"所有真实的句子都指同一事件"④。他并且建议人们考虑如下建议：如果两个句子确实具有相同性质（或关系）所拥有的相同细节（物质），那么这两个句子就是同一事件。事实上，在戴维森看来，事件

---

① DAVIDSON D. Essays on actions and events [G]. Oxford：Oxford University Press，2001：142.
② DAVIDSON D. Essays on actions and events [G]. Oxford：Oxford University Press，2001：142.
③《韦弗利》系列小说是欧洲历史小说开山鼻祖瓦尔特·司各特（Walter Scott）的作品。
④ DAVIDSON D. Essays on actions and events [G]. Oxford：Oxford University Press，2001：142.

的原因并非必要或充分的某个也是另一个事件,而是以某种方式描述这一点。他举例说,一根干火柴在足够的氧气中被擦亮,这个普通的句子同时也是一个普遍的事实,它就发生出了一个事件,而不必刻意强调使这根火柴亮起来所需的打击力比这根火柴更大,大到非得哪种物质来充当这个事件的主语,并由此认定那才构成一个事件。如后文将要展示的那样,"以某种方式描述"作为事件的原因,使戴维森看到了心理事件的合法性。

在对上述驳难逐一作出辨正后,戴维森实际上"试图获得一种宽泛的哲学结果"①,他运用分析哲学方法,开始从正面阐述事件本体论的要点,进一步确立起事件的个体化方向。

三、作为细节的事件

与一些分析哲学家的处理不同,戴维森相信"许多事件是物质的变化(changes in a substance)"②。在援引了斯特劳森的类似看法后,他给出了自己与之不同的见解。斯特劳森认为,在不涉及对象的情况下识别事件,其可能性是有限的,因为这样的处理,比如在句子中直接指称事件的做法,并未提供物理对象所提供的那种单一、全面与持续可用的参考框架。这固然在赞成事件不来自语句及其单称词项这点上与戴维森达成了共识,但引发戴维森进一步怀疑的是,虽然斯特劳森认定事件类别在概念上依赖于对象类别,反过来却并不能说对象类别在概念上依赖于事件类别,对于对象的引用是无法消除的。斯特劳森提出这一主张,是为了支持一个更宏大的论点,即事件在概念上依赖于对象;因为如果没有动物的出生或死亡,或者没有袭击者的代理人,我们就不可能有出生或死亡或打击的想法。戴维森在赞许这一看法的同时补充道,与事件有关的物质的变化无法具体说清:

---

① 格哈特·普赖尔.唐纳德·戴维森论真理、意义和精神[M].樊岳红,译.北京:科学出版社,2016:200.
② DAVIDSON D. Essays on actions and events[G]. Oxford: Oxford University Press, 2001:145.

大多数事件被理解为或多或少永久性的对象或物质的变化。在我看来，事件的概念在任何情况下都取决于物质变化的概念，尽管事实上，对某些事件来说，很难说发生变化的是什么物质。①

既然事件来自物质的变化，这就已然无须再执著于这样的信念：事件只有在同一个地方才是相同的；因为变化就至少带出了两个位置，它们的前后发展不必再像一些分析哲学家所苦苦防范和处理的那样，似乎有分裂为两个不同的事件之虞。戴维森紧接着指出，基于物质的变化，相同的事件可以有不同的位置。我们通过定位物质来定位事件，但如果一种物质是另一种物质的一部分，第一种物质的变化就是第二种物质的变化，每一种物质都是宇宙的一部分，因此每一种变化说到底都是宇宙的变化。在此意义上，戴维森发现似乎所有同时发生的事件都有相同的位置，包括同时期一些分析哲学家在内的人们容易犯的错误，便在于假设一个事件只能是一种物质的产物，那么该事件的位置就是该物质所占据的整个空间。相反，事件在某一时刻的位置，其实是物质变化过程中的最小部分的位置，物质的整个变化与事件相同，却并没有因此而产生出多个彼此不同的事件。

在这里，戴维森很自然地引出了"心理事件"（mental event）的概念。② 他问道：热衷于指定一个位置，是否有意义呢？他认为，当我们旨在确定记忆、决定或解决问题的人时，我们确实为这样一个事件指定了一个位置：事件发生在该人所在的地方。然而关于心理事件发生地点的问题通常是无意义的，因为"关于心理事件的位置的询问是完全按照顺序进行的"③，在这里戴维森特意作了一个界定：心理事件指的是心理词汇中描述的事件（events described in the mental vocabulary）。撇除一些程度较为强烈的情况比如疼痛、瘙痒、刺痛与抽搐等，在一般情况下"我们没有理由比识别一个人更准确地定位心理事件，因为这通常与个体化无关"④，换言之，将心理事件定位于某个位置而使之分离于

---

① DAVIDSON D. Essays on actions and events [G]. Oxford: Oxford University Press, 2001: 146.
② DAVIDSON D. Essays on actions and events [G]. Oxford: Oxford University Press, 2001: 148.
③ DAVIDSON D. Essays on actions and events [G]. Oxford: Oxford University Press, 2001: 148.
④ DAVIDSON D. Essays on actions and events [G]. Oxford: Oxford University Press, 2001: 148.

事件，便整个儿失去了作为完整个体的事件。

如果一个事件不必非得占据相同的空间，相应地，戴维森认为一个事件也未必消耗相同的时间段。从表面上看，把一个事件描述为一个杀戮，即把它描述为一个导致死亡的事件，它可能涉及发生于死亡之前的一个行动；但戴维森指出，如今的一种趋势是"混淆根据终端状态描述的（部分或全部）事件与根据其原因描述的（部分或全部）事件"①。前者指诸如"石头滚到山脚"（石头滚到山脚才结束）或"他画谷仓红"（他画完谷仓红才结束）这类句子，后者则指诸如"洪水毁坏了庄稼"（洪水泛滥时结束，可能是在收成前完成）或"琼斯邀请史密斯参加聚会"（琼斯只有在史密斯被邀请的情况下才会这样做，但当他把请帖置于邮件中时，这件事就已完成了）这类句子。当然，因果关系的直接性也可能起作用，把倾泻描述为杀戮，就是把倾泻描述为死亡的原因，这似乎形成了时间段上的先后；但戴维森觉得这种描述随着因果关系的减弱而会失去说服力。他仍然强调，描述行为与事件的因果关系、原因、影响或两者兼而有之的情况，是理解事件的首要之务。因与果在时间上虽不同，却仍构成同一个事件。

综合以上空间与时间两方面的分析，戴维森主张，我们能很自然地说，两种不同的变化可以同时出现在一个实体的整体上。他再次举例道，如果一个金属球在某一分钟变得更热，并且在同一分钟内旋转 35 度，我们能否说这是同一事件？他的回答是肯定的。因为"可以想象两个物体，实际上在任何时候都占据相同的位置，但它们是不同的；尽管它们从未分离，但它们是可分离的"。这使戴维森最终得出"我相信这是真的，而且是这样的：事件是相同的，只要它们有完全相同的因果关系"的结论。② 他明确申述道：

> 如果这个建议是正确的，那么我们很容易理解为什么我们经常根据事件的原因和影响来识别或描述事件。这些不仅是我们经常对事件感兴趣的特征，而且它们保证了事件的个体性，不仅是区分它们（telling them

---

① DAVIDSON D. Essays on actions and events [G]. Oxford: Oxford University Press, 2001: 149.
② DAVIDSON D. Essays on actions and events [G]. Oxford: Oxford University Press, 2001: 150.

apart），而且一起讲述它们（telling them together）。……在这种情况下，因果的相同性（sameness of cause）似乎比空间与时间的相同性（sameness of place and time）更有用。

也许，因果关系的相同性（sameness of causal relations）是确定事件相同性（sameness of events）的唯一条件（空间与时间中位置的相同性可能是另一个条件）。但这不应被视为意味着证明或支持两个事件相同的主张的唯一方法是提供因果证据。相反，根据所提供的描述、单独的逻辑，或者逻辑元素加物理元素，或者几乎任何其它东西，都可能有助于完成这项工作。我想提出的是，因果关系（causal nexus）为事件提供了一个"全面和持续可用的框架"，用于识别和描述在许多方面类似于物质性物体时空坐标系的事件。①

戴维森认为通过上述分析，自己已经完成了对事件的间接辩护，使之成为一个基本的本体论范畴。因为从以上分析可以看出，无须再将事件理解为一个个彼此独立的种类，而应承认事件基于因果关系的个体性。他"得出的结论是，事件的个体性在原则上并没有比物质对象个体性所带来的问题更严重，并且有充分的理由相信事件的存在"②。那么事件的这种个体性，究竟是否需要语言（句子）提供单称词项呢？还是确实仅凭普通句子便足以保证了？戴维森进而论述道，自然语言不仅提供了适当的单称词项，而且明显地代表了事件，业已涉及句子中术语的各种量化与身份上的陈述。他接下来研究了由罗德里克·密尔顿·奇瑟姆（Roderick Milton Chisholm）倡导的理论，后者认为事件不是具体而是普遍的，不是用单称词项来表示，而是用完整的句子来表示。这一理论在方向上已较接近戴维森的事件本体论，戴维森在适度肯定其探索实绩的基础上，关心该理论在处理状语修饰方面的成功程度，以及奇瑟姆的这一句子理论是否可以避免将所有共同指代的"事件"简化成一个发生的事件。

---

① DAVIDSON D. Essays on actions and events [G]. Oxford: Oxford University Press, 2001: 150-151.
② DAVIDSON D. Essays on actions and events [G]. Oxford: Oxford University Press, 2001: 152.

戴维森指出，如果我们接受奇瑟姆的理论，相信句子具有它们似乎具有的、指向事件的逻辑形式，那么我们会倾向于将事件的本体论作为不可重复的细节，即具体的个体来把握。但这里仍然有一个不容回避的问题：从分析哲学的立场出发，我们已经习惯于对语言表面的暗示保持警惕，许多句子在直觉上似乎并无明显的事件吸引力，比如"一块小石子动了""土地变滑了"与"蒙特维迪死了"这样的句子，看起来十分普通而平常，真的能断言这样的句子发生出了事件吗？在此意义上，作为细节（particulars）的事件，果真能提供给我们了解世界的可靠基础吗？

戴维森由此提出了"一个关于事件与行动的句子分析，假设宇宙包含（特别是）特定的事件"①。在他看来，奇瑟姆旨在论证两种完全不同的事件的"复发"（recurrence）情形，戴维森则认为"特殊的、不可重复的事件会起到作用"②。促使他产生这一信念的一个理由，是事件的组成部分可能在时间或空间上是不连续的，象棋比赛、争论与战争等情形等证明了这一点。戴维森的看法是，假设我们需要三个事件来完成某件事，这三个事件具有相同的本体论地位，它们与特定的、不可重复的事件这一点是不矛盾的，同一事件发生在两个或两个以上的场合中，这是可能的；因为这的确表明，同样的事情又发生了。与一些分析哲学家的观点相反，他认为我们通常不需要一个实体来支持"同一件事"的每次使用。奇瑟姆已经正确地观察到，通常在谈到身份时我们都是粗心大意的，"同一件事"通常意味着"相似的事"或"另一件事"，仅此而已。但在戴维森看来，奇瑟姆并没有给出一个令人信服的理由，来表明"迈耶攀登了基博"与"迈耶攀登了非洲最高的山峰"这两句话其实一样。他举了一个更为有趣的例子。"琼斯给他妻子买了一只豹子，史密斯也做了同样的事"这句话，并不能被认为两者做了一个动作，因为这个普通的句子至少包含了两种对它的理解，即既可以理解为"史密斯给他妻子买了和琼斯给他妻子买的一样的豹子"，也可以理解为"史密斯给琼斯妻子买了一只豹子"，理解的这种错综性，并不是什么了不起的严重事情。戴维森得出的结论是，"复发可能只是一

---

① DAVIDSON D. Essays on actions and events [G]. Oxford：Oxford University Press，2001：153.
② DAVIDSON D. Essays on actions and events [G]. Oxford：Oxford University Press，2001：154.

个接一个相似但不同的事件",谈论同一个事件的重复性,不需要比谈论两个具有相同宽度的事件的那种成倍性更麻烦,"作为细节的事件理论足以应付反复发生的事实"①。他进而从分析哲学角度总结道,奇瑟姆的根本错误是把形而上学的问题(matters of metaphysics)与蕴涵的问题(matters of entailment)作了分离。蕴涵之所以重要,是因为对戴维森而言,正确的分析会产生句子的逻辑形式,以便于捕捉句子及其蕴涵之间的推理关系,这在自然语言中进行已经足够了。

在《行动与事件文集》最后,戴维森以附录的形式回应了蒯因试图以"科学语言"(language of science)来读出事件的本体论承诺的观点,认为事件"是解释自然语言(natural language)工作的一个不可或缺的本体论范畴"②,表明了事件本体论对自然语言的依赖。当然,反过来看,蒯因所指出的戴维森上述事件论的疑点,也构成着后者的客观局限。那就是,当戴维森肯定基于自然语言的因果分析,从实例之间相似性的上下文相关性角度谈论事件时,他忽视了被蒯因形象地称为"消化不良的情况"的"事件作为异物侵入"(events intrude as foreign matter)的"异质性"(heterogeneity)可能,③ 而在某种程度上违背了事件所应有的独异性质。这种思想史交锋颇有意思,让我们兼顾到了双方的亮点,以及相应的不可避免的盲点,也再次证明对分析哲学事件谱系中某家思想的取资,终究都是有限度的。

基于上述分析,戴维森强调,他自己的有别于奇瑟姆的本体论方法(ontological approach),是"出于需要提供一个句子的语义分析(semantic analysis for sentences),说明(因果)的变化发生了",这样便可以在句子"并不指特定的事件,而仅仅是对它们的存在性的和普遍的承诺"的情况下,④ 仍从句子中分析出事件来,因果关系就是这种语义分析的关键,代表了这种因果关系的事件,便是他所说的心理事件。

---

① DAVIDSON D. Essays on actions and events [G]. Oxford: Oxford University Press, 2001: 155.
② DAVIDSON D. Essays on actions and events [G]. Oxford: Oxford University Press, 2001: 244.
③ QUINE W V. Quine in dialogue [M]. Massachusetts: Harvard University Press, 2008: 135.
④ DAVIDSON D. Essays on actions and events [G]. Oxford: Oxford University Press, 2001: 158.

四、心理事件：理由、行动及对文论的启迪

心理事件得以成立的关键，是对理由与行动的关系作出令人信服的解释。戴维森同意称这种解释为合理化解释，但认为不必因这种解释具有因果论性质而放弃它，主张重新调整它。他首先指出，这个问题中的需要追究的理由，是与吸引人的行动有关的两种成分，一是支持性态度的列举，二是相信他这一行动属于某个类别的信念。当然两者也可以并举，两者都证明"合理化解释就是因果解释""行动的基本理由即是它的原因"①。因为在戴维森看来，一种行动总是与当事人某种形式相融贯而显示出来的，这就无法从根本上避免因果性，哪怕这种行动是一个心理事件。当戴维森如此强调时，他其实意在确立自己的康德式立场；因为，如果心理事件的各种表现形式不具备与物理事件一样的因果性，是所谓自由的，那么它们就与大自然相矛盾，这种自然与自由的矛盾是康德试图克服的。戴维森表示自己在根本立场上走康德路线，其工作意在"把人类行动推广至心理事件，用变异来替代自由"②，即是说，排除那种将心理事件视为不同于一般人类行为的、仿佛置身于因果联系外的特殊、自由的行为，而承认心理事件与人类行动在不摆脱因果性这一点上的连续性与共同性。它同样基于因果的变异，从而"把行动看作是自律的一个必要条件"③。他从四方面依次作了论证。

首先，尽管基本理由由态度与信念构成，这两者都属于某种倾向与状态，似乎本身都并不是事件，但它们仍能构成原因。戴维森举驾车人通过抬起手臂来发拐弯信号这一现象为例，指出在这样的情形中"心理事件当然是存在的"④；因为这里调动起了驾车人的某种特殊情感与经验，其内在的确定性目的、规范、愿望与习性，或多或少地决定着其采取行动的方向以及形式，后者

---

① 唐纳德·戴维森.真理、意义与方法[M].牟博,译.北京：商务印书馆,2008：387-388.
② 唐纳德·戴维森.真理、意义与方法[M].牟博,译.北京：商务印书馆,2008：435.
③ 唐纳德·戴维森.真理、意义与方法[M].牟博,译.北京：商务印书馆,2008：459.
④ 唐纳德·戴维森.真理、意义与方法[M].牟博,译.北京：商务印书馆,2008：398.

正是在这种因素中得到调控的。因此"状态和倾向并不是事件,但受到状态或倾向的冲击则是事件"。戴维森认为,这与所谓的动机不能混为一谈,事实上,我们几乎没有发现他在著述中集中使用过"动机"一词;因为动机旨在稳妥地达成某种目标,它因而失去了在心理上与行动的关联性与连续性,不是同一个事件,或者说呈现为了与行动的事件不同的另一个事件。我们认为,戴维森在此的意思是,动机因带有明确的目的性,而外在于行动着的事件;心理事件却带有上述例子中清晰展现出来的情境性,其对态度与倾向的包容,恰恰使之成为自己的内在原因。出于缜密的语言论思辨,戴维森也充分考虑到了至少两种有可能进一步构成反驳的情况:一种是以"最后我终于打定了主意"为典型表述的情况,它表明心理事件对理由的给出不排除偶发性;另一种是,在当时的情境中根本无法解释自己行动时为何要这样行动,而赋予了一个事后的理由,这也是违背事件的在场性的。戴维森以回护的口吻表示,我们确实可能不知道究竟是何原因导致了桥梁的坍塌,但必定会确信有这样一个事件,它导致了桥梁的坍塌。在这里,某种避无可避的预设性,似乎构成了对戴维森上述分析的挑战,他在肯定心理事件的因果性的同时,坦承了上述两个始终也客观存在着的疑点。

其次,理由既然是行动的理由,便发生于行动前而成为另一个与行动割裂的事件,理由(原因)作为因果关系必然设定了两个不同的事件,这与心理事件的同一性并不矛盾。戴维森指出,首先,虽然在"我按动开关"和"我把灯打开了"这两句话之间仿佛有着一种牢固的因果联系,但实际上"我按动开关"导致的后果只是"我导致灯开始发光",它只发动起了上一点所指出的态度与倾向——开灯的需要,却并不强势而必然地推出"我把灯打开了"。这里存在着一个描述的问题。很多时候我们坚信不疑的因果关联,只是习以为常的一种描述而已,它无法也不应代表其它同样存在,并完全说得通而能成立的描述。戴维森由此指出:

> 根据事件的原因描述一个事件,并不等于把事件与其原因混为一谈,通过重新描述而作出的解释也不排斥因果解释。①

---

① 唐纳德·戴维森.真理、意义与方法[M].牟博,译.北京:商务印书馆,2008:400.着重号为笔者所加。

这里两次出现"描述"一词。前一层意谓我们对事件的因果关系的描述并不穷尽该事件的原因；后一层意谓"描述"总是不排斥"重新描述"，比如用"我按开关导致灯开始发光"去重新描述"我按开关而打开了灯"这个看似已无需加以描述的固定因果设定，这种重新描述同样不排斥因果解释，即它也不断地重新而更为真实地提供着事件的原因。这是戴维森的第一条精彩反驳。与之相应的另一条反驳是，据他的看法，把行动与原因联系起来诚然离不开词语，否则便谈不上描述；但我们由此看到的却往往其实只是语法上的联系，而非逻辑上的联系。我们习惯于把语法联系（那是松散而可置换的）当成稳固不变的逻辑联系，问题就在这里。

再次，心理事件仍是因果规律的产物。对此的异议是由休谟有关因果性的著名论断引发的。休谟认为，当我们把对象 A 的原因归结为 B 时，原因 B 作为一个新对象必然将牵引出下一个原因 C 并与之相伴随，这个推溯的过程可以是无穷的。休谟由此断定，一个普通的单称因果总是蕴涵着普遍的原则，即规律。这一点虽为某些当代学者所肯定，但他们指出，当休谟反过来基于此理由，而假定动机与愿望是行动的常见原因时，他陷入了错误之中；因为在这些学者看来，日常的因果解释固然允诺规律的必然卷入，却不会出现在合理化解释中。换言之，存在于日常中的事件不能依赖于因果推导，像心理事件这样的情形，无法确定其原因，从而不能视之为因果规律的产物。戴维森不同意这种异议。在 1967 年提交给美国哲学学会第 64 届年会，后发表于《哲学杂志》的《因果关系》(Causal Relations) 一文中，他努力更为准确地向我们还原休谟的本意：

> 休谟认为："我们可以定义一个原因是一个物体，然后是另一个物体，所有与第一个相似的物体后面都跟有与第二个相似的物体。"这个定义非常清楚地表明，原因与影响是可以用单称词项命名或描述的实体；可能是事件，因为一个人可以跟着另一个人。但在这篇论文中，休谟说，根据"判断因果的规则"，当几个不同的物体产生相同的效果时，一定是通过某种性质，我们发现它们之间具有共性。因为同样的结果意味着同样的原因，我们必须总是把原因归于我们发现相似之处的环境。这里似乎涉及一

个事件的"性质"或"环境",而不是事件本身;因为事件本身在某些方面与其它方面相同,在其它方面则不同。休谟认为原因不是事件,而是与事件描述更密切相关的东西。①

这里,休谟所说的"原因不是事件,而是与事件描述更密切相关的东西",关涉事件的"性质"与"环境",便弱化了哈特与奥诺雷的上述指证,而不排斥态度、状态与倾向同样能作为原因从因果意义上推导出事件。他围绕这点论述道,"因为连接理由与行动的普遍原则并不是(也不能被纳入)准确预言能据以可靠地作出的那种规律",这使得"对于当时正在行动的当事人来说,在事后的解释和辩护的环境下经常作为唯一理由出现的只是众多理由中的一种考虑,即一种理由",戴维森由此主张,"对于有足够预言力的规律的无知并不妨碍有效的因果解释,不然的话,就几乎不可能作出因果解释"。② 确实,就一般日常生活经验而言,人们更习惯于单一的因果联系而非支配这类具体事例的普遍因果规律,但戴维森并不认为这一点与休谟的论断相龃龉。他细致地区分了休谟这一理论的两种含义:(1)"A 引起 B"可以推论出与这两个描述所使用的谓词相关的特殊规律;(2)"A 引起 B"也可以推论出"存在着由关于'A'与'B'的某些真实的描述所例示的因果规律"③。后者在戴维森看来更加符合多数的因果解释,尽管它在阐释上常常显得程度较弱而不太被人们重视。戴维森的结论是,无须等建立起规律后才获得解释的合法性,相信单一的因果联系存在着并提供着理由,即可肯定它。

最后,尽管包括心理事件在内的理由与行动的因果联系往往不是经由归纳而作出的,诸如疼痛、信念与愿望等相关的情形,具有各自的奇特之处,似乎因不借助于归纳法而值得怀疑其因果性,但实际上这仍未动摇心理事件的因果性。对此戴维森的辩解是,尽管"归纳确实是了解一个规律之真实性的良好途径,但不能因此说,归纳是了解一个规律之真实性的唯一途径";因为"唯一有必要知道的是,某些涵摄眼前的事件的规律存在着",它保证了"即使没有

---

① DAVIDSON D. Causal relations [J]. The Journal of Philosophy,1967,64(21):691-703.
② 唐纳德·戴维森.真理、意义与方法 [M].牟博,译.北京:商务印书馆,2008:402-403.
③ 唐纳德·戴维森.真理、意义与方法 [M].牟博,译.北京:商务印书馆,2008:404.

直接的归纳根据，也能够使我们相信存在着因果关系"。① 由此再度确证了行动以其原因为基本理由。

经过这样的深入讨论，戴维森将感知、记忆与决定等均视为心理事件，把它们纳入因果联系的范畴。在发表于1970年的《心理事件》一文中，他重申了"无论是心理事件的因果依赖性还是心理事件的变异性都是无可争辩的事实"这一基本思想。② 因果性似乎偏重物理的一面，变异性似乎偏重心理的一面，心理事件能集两者于一身，看似矛盾的两者在戴维森看来是可以得到化解的。他就此提出了三条原理。第一条原理涉及因果作用，指心理事件以因果方式与物理事件互相作用。如当说"某人弄沉了"俾斯麦号战列舰时，这同时肯定了感知、注意、计算、判断、决定与信念等"意向性行动"都作为心理事件在这一行动中起到了原因的作用，③ 因为弄沉军舰这个事实可以推出某人按心理事件的某种方式来行使身体上的运动比如移动身体，知觉帮助实现着这种转移。因此，心理事件最终与物理事件具有因果性作用关系，或者说具有同一性。第二条原理是，因果性即规律性。紧跟着的第三条原理则是，这种基于因果的规律性，又不是决定论意义上的严格规律，而是属于心理事件的非严格的心理-物理规律，这合乎心理事物的变异性。尽管常识性的看法容易认为，前两条原理与后一条原理似乎构成了悖论，戴维森认为这是误解，三条原理都为真，是统一的。他将三者进一步概括为两点特征：因果依赖性与法则独立性。因为按他的看法，前者发挥作用的精确规律"只能通过转用另一种不同的词汇来表述"，这种不同的表述被他说成为"异形（heteronomic）概括"④。以必然律为性质的因果性，现在同时涵容了以自由律为性质的变异性，心理事件与物理事件从而在统一中得到了戴维森的把握。这种落实于心理事件的统一，如上所述是在各种心理意向中完成的。他由此总结道，自己的这条思路是对现象学先驱布伦坦诺的意向性理论的吸收：

---

① 唐纳德·戴维森.真理、意义与方法 [M].牟博,译.北京：商务印书馆，2008：406.
② 唐纳德·戴维森.真理、意义与方法 [M].牟博,译.北京：商务印书馆，2008：434.
③ 唐纳德·戴维森.真理、意义与方法 [M].牟博,译.北京：商务印书馆，2008：435.
④ 唐纳德·戴维森.真理、意义与方法 [M].牟博,译.北京：商务印书馆，2008：451.

心理事件的显著特征并不在于它是私人的、主观的或非物质的，而在于它展示了布伦坦诺所谓的意向性(intentionality)。因此，意向性行动显然与思想、希望和懊悔(或与这些事件有联系的那些事件)一道被纳入心理事件的范围。①

作为现象学运动先驱的布伦坦诺，确实率先"将意向性看成是心理现象的决定性要素"，即把心理现象规定为"通过意向的(intentional)方式把对象包含于自身之中"，并由此明确"这种意向的内存在仅限于心理现象所独有。物理现象没有显露出任何与此相似的东西"②。如果从这一点来考虑引出心理事件，尽管在与物理现象的比照方面还可以进一步推敲，但理路上确乎是可能的。

不过我们也从这里清楚地看到，因取道于布伦坦诺的意向性理论，意向性理论本身所已受到的进一步反思，也相应地会成为戴维森心理事件学说的某种可加以追问的盲点。我们所指的当然是胡塞尔对布伦坦诺意向性理论的超越。前者虽高度评价后者，但不同意后者有关心理现象与物理现象依靠意向性得以区分的基本观点，③ 认为布伦坦诺的意向性学说将意识活动的主体视为经验的自我，这在后期胡塞尔的先验现象学那里是不成立的，先验的自我才是意识活动的主体。此外，布伦坦诺的经验的心理学思想也为胡塞尔所不取，后者将心理学区分为发生的与描述的，前者旨在"用因果关系来说明心理活动的规律"④，带有预言性，已接近戴维森所说的心理事件。胡塞尔对之的批判，应也可以在某种程度上视为后者可进一步反思处。走经验的心理学之路，恐怕与其分析哲学的日常语言学派性质是有关的。

戴维森上述心理事件论，由此至少能在以下三方面，积极启示和推动文论对艺术发生、虚构性以及认识与实践的统一性质等问题的研究。(1)肯定了倾向与状态作为原因能提供给心理事件同一的因果性，并把它与动机相区分，有

---

① 唐纳德·戴维森.真理、意义与方法［M］.牟博，译.北京：商务印书馆，2008：440.
② 赫伯特·斯皮格伯格.现象学运动［M］.王炳文，张金言，译.北京：商务印书馆，2011：77.
③ 对胡塞尔与布伦坦诺在意向性问题上的分歧，可参见张庆熊.熊十力的新唯识论和胡塞尔的现象学［M］.上海：上海人民出版社，1995：36-37.
④ 唐纳德·戴维森.真理、意义与方法［M］.牟博，译.北京：商务印书馆，2008：87.

助于深化对艺术发生，比如预成图式理论中一些难点的理解，而从事件角度深入理解艺术的发生。如贡布里希认为艺术因染上了预成图式而成为错觉（幻觉），对此的修正与试验，相当于戴维森所言在语法描述中不断重新描述理由与行动的因果联系，以最大限度地接近与还原其逻辑联系，使其成为一个受到倾向与状态冲击的心理事件。（2）对基于经验的意向性的重视，以及对围绕心理展开的行动的探讨，使虚构理论等传统文论难题，获得了沿此以进的学理资源。（3）承认心理事件将自然（因果）与自由（变异）集于一身，对文论基础理论研究中有关认识论与实践论如何有机统一的难题，① 同样提供了分析哲学的有力理据。传统对这个重要问题的研究，每每仍是在认识论范式中进行的，似乎确立了意图上的自由意志目标，即能在语言上相应地获得实现。然而语言能否区分出认识与实践，这一点却不是自明的，戴维森的研究为我们作出了很好的论证复杂化示范。

---

① 如我国不少学者的观点："是什么"与"应如何"，在文艺中是统一的。可参见王元骧《文学理论与当今时代》（浙江大学出版社 2002 年版）等一系列论著。

第十章　事件谱系的反事件张力
——迈克尔·索亚事件论

在英美学界有关事件思想的研究中，叙事学家迈克尔·索亚的成果也很值得注意。之所以在此把他的相关探讨专设一章，不仅是由于他与上述几家一样，也属于事件思想的英美谱系，还因为他一反欧陆学者惯于从独异性角度理解事件的做法，以巴迪欧为批判切入口，论证了事件独异性所隐含的原因神秘性及其形而上学症结——独异总来自某种原因，恰恰是这个原因每每暴露出神秘色彩。索亚由此醒目地提出"反事件"观点，在现代主义视野中吸收本雅明、阿多诺与詹姆逊等人的学理，深入阐释了福楼拜（Gustave Flaubert）等作家如何处理中断与重复的冲突，以及由此开现代主义叙事先河。其事件思想阐释不仅可以在今天得到基于"巧合的日常性"的推演，而且有助于深度澄清一个学术史拐点，即早期现代主义作家在创作中凸显话语自身构造，何以与索绪尔从理论上确立语言论起点这一事实发生于同时期。

一、事件与日常对立？

探讨事件思想的预设性前提，似乎是默认事件的独异性。在这种情况下谈论文学事件，基本思路不外乎内容方面的突变性场景，或者形式方面有助于形成各种异质阅读效果的叙述创新策略。如果这便是事件思想谱系的全部，会不会使对事件的各种谈论逐渐变得同质化，而在某种程度上失去活力呢？或许是有感于这种惯性，晚近国际学界出现了一种探求事件谱系内部张力的尝试，那是叙事学家迈克尔·索亚提出的"反事件"（against event）思想。它与文学的关联，不仅展示了更具个性的事件论，而且使学术史上某些重要的拐点问题，获得了深化理解的契机。

迈克尔·索亚是英国伦敦大学教授，长期从事英美文学与叙事学研究，先后撰有《"哦，对我来说是不同的！"：华兹华斯、露西与种族隔离后沉默的 J. M. 库切的〈耻〉》（'Oh, the difference to me!': Wordsworth, Lucy, and Post-Apartheid Silence in J. M. Coetzee's Disgrace, 2014）、《现实主义与小说》（Realism and the Novel, 2017）等论文。他最具影响的著作，是 2013 年出版的《反事件：日常生活与现代主义叙事革命》（Against the Event: the Everyday and the Evolution of Modernist Narrative）一书。这部著作别出机杼地从探讨事件的日常性开始。在一般的认知中，一提事件，人们的自然反应的确与关于变化和新奇的印象相关，这几乎成了惯例。索亚援引著名电影编剧专家罗伯特·麦基（Robert McKee）在《故事》（Story）等著作中影响深远的观点，首先回应了事件是否必然突变的惯性理解。麦基极具代表性地将事件与日常切分开来，认为既然"生活故事必须成为被讲述的故事"[①]，那么"情节就是作者对事件的选择以及事件在时间中的设计"[②]，事件是不同于日常的、被设计的结果，两者泾渭分明。索亚不同意将这种处理推广为普遍性的看法，他提醒人们注意一个同样明显的事实："长期以来，我们一直有一种普遍而矛盾的感觉，认为我们的时代在某种程度上具有不断变化和戏剧性发展的特点，同时又缺乏生气。一方面，现代的历史与生活在其中的个人生活似乎都受到日益加快的转变速度的影响；另一方面，由于各种持续的原因，我们作为个人，我们的文化作为一个整体一直被一种终极停滞的幽灵所困扰，这种停滞的表现范围从个人的无聊到'历史终结'。生命的加速似乎在某种程度上引发了一种必然的感觉，即世界的实际变化率已降至零。"[③] 索

---

① 罗伯特·麦基.故事［M］.周铁东，译.北京：中国电影出版社，2001：38.
② 罗伯特·麦基.故事［M］.周铁东，译.北京：中国电影出版社，2001：51.
③ SAYEAU M. Against the event: the everyday and the evolution of modernist narrative［M］. Oxford: Oxford University Press, 2013: 2-3.

亚由此发现，晚近以德勒兹、德里达与巴迪欧等为代表的研究者，都从意外的、无法预见的、与现实决裂的角度阐释事件，尽管这样做看起来考虑到了事件富于革命性转折色彩的政治涵义，他们为此而展开的讨论却仍是依赖于人类基本经验的。

将事件与日常对立，这种长期以来的惯性理解有哲学根源。康德在《纯粹理性批判》(Critique of Pure Reason)中分析过事件发生的方式和我们在时间与因果关系上感知它们的方式的关系。黑格尔研究永恒与事件的关系，认为后者通常以"偶然性"面目出现。尼采最重要的工作，包含事件与死亡的关系问题。法国革命及其后发生的其它革命的影响，在欧洲现代哲学传统中挥之不去，这也尤其影响到人们对事件的质变性理解。但索亚指出：

> 很少有人关注文学文本如何参与、表现或描述事件。《反事件》试图纠正这种情况，但在这样做的时候，我们发现，我们从这些问题的文学实例中获得的视角，使我们关注到一种与我们通常习惯的不同的事件感及其缺失。我认为，某些文学作品，即构成现代主义小说前或早期历史一部分的几部重要的散文小说，在偶然性的概念上所占的优势，与我们在哲学作品中所发现的不同。
>
> 《反事件》论及的作品作者们将日常生活置于事件之上——他们倾向于将世界看作是一个由陈腐的连续性所削弱的节奏运行的世界，而不是一系列革命性的冲击。在这一过程中，他们的作品象征着那个时期更广泛的文学发展，我们今天称之为"现代主义"。这些作品表现出一种对我们可以称之为"事件形而上学"的抵抗——这种抵抗的基础是对新奇事物本身的明显而过分坚定的不信任。①

他由此提出"根据小说来重新思考日常和事件"②，因为一些现代主义叙

---

① SAYEAU M. Against the event: the everyday and the evolution of modernist narrative [M]. Oxford: Oxford University Press, 2013: 4-5.
② SAYEAU M. Against the event: the everyday and the evolution of modernist narrative [M]. Oxford: Oxford University Press, 2013: 5.

事的发展倾向，在他眼中意味着对日常与事件本身的重新评价。这就需要先解释何为"日常"。索亚相信忙碌的时期会引起对平凡、重复、平庸等的更深觉察。他借鉴米歇尔·德塞都(Michel de Certeau)的《日常生活实践》(*The Practice of Everyday Life*)、本·海默(Ben Highmore)的《日常生活与文化理论概论》(*Everyday Life and Cultural Theory*)、迈克尔·谢林汉姆(Michael Sheringham)的《日常生活：从超现实主义到现在的理论与实践》(*Everyday Life: Theories and Practices from Surrealism to the Present*)，以及亨利·列斐弗尔(Henri Lefebvre)的《日常生活批判》(*Critique of Everyday Life*)等理论资源，指出日常事物仅当与非日常事物相关时才是连贯的，它作为一个过程中的瞬间，是一种时间复杂性，不能被从过程中分离出来以致失去意义。从这个意义上说，每天都是一种时间经验模式的名称，它以停滞、空虚与无意义为特征。索亚借用雷蒙德·威廉斯的"感觉的结构"(structure of feeling)一语，认为"日常"作为一种凸显现代性的更为令人熟悉的时间效应(进步、加速与目的性)的副作用的因素而出现。因为平凡的生活从来就不只是普通的，它总是与重要的权力结构、意识形态框架，以及地方和全球政治相关。例如将20世纪英国人消费的主食茶、烟草与糖摆上餐桌的，恰是浩瀚血腥的帝国历史。索亚由此判断道，现代性"在乌托邦和反乌托邦之间摇摆"[1]，实则是两种矛盾的时间性的并存的产物。他继续借用本雅明在其著名论文《历史哲学论纲》中的"同质的、空的时间"之说，以终点无限延迟的进步时间(乌托邦)，以及被事件、转折点与意义所打断的有条纹的异质时间(反乌托邦)来区分时间的这种矛盾性，抓住了现代性进程的要害。为什么强调独异性及其突变的事件思想并不合理呢？唯有充分论证这一点，接下来从独异突变的事件回归反事件及其日常性的思路，才会顺理成章地变得可能。

这一论证建立在反思已有事件思想的基础上。索亚简要回顾了德勒兹的事件观，形象地将之描述为一种强化，即从定量增强到一个临界点，在这个临界点上发生了质的变化，例如当水稳定地被加热到开始从液体变为气体时。在

---

[1] SAYEAU M. Against the event: the everyday and the evolution of modernist narrative [M]. Oxford: Oxford University Press, 2013: 10.

他看来，德勒兹的事件概念似乎避免了海德格尔关于事件的先验论渴望，开始将事件视为连续性中的一个转折点。如同朱利安（François Jullien）概括的那样，"没有转换，就没有事件。因此，可以说，事件将不再是一种'从天而降'的现象，而是作为已'酝酿'于表面之下者的'露头'，在一种长期和'沉默'的转变中成熟"[1]。尽管如此，这种强调独异性的事件观，存在一个根本症结：它总是不免要引入独异突变之所以产生的原因，确定这种原因时的主观神秘性，使它难以避免预设色彩，而预设的思路是一种根深蒂固的形而上学思路。为了深入地展演这一点，索亚选择目前颇具影响的巴迪欧的事件理论作了着重分析，从这种批判中合乎学理逻辑地引出了事件与日常性的崭新关联。

二、对立的症结：从批判巴迪欧事件论切入

通过对包括《存在与事件》在内的著述的探讨，索亚揭示了巴迪欧事件思想中的一个潜在矛盾。

一方面他察觉到，巴迪欧"只是从公理的假设（axiomatic assumption）出发"[2]，推出其哲学。因为巴迪欧把事件的概念建立在集合论的一项基本公理，即空集合公理（the null set axiom）上，不否认任何给定的集合中都存在着空隙，以至于无法建立起具备定义与序列的实数连续体，而由此只能采取归纳法，使"集合论本身依赖于公理建构主义（axiomatic constructionism），并早就受到了批评，这是从确定的命题（decided propositions）而非自明或经验有效性的观念开始的"[3]。索亚由此感到，巴迪欧的事件论有其潜在风险：

---

[1] KAISER B M. Singularity transnational poetics [M]. New York: Routledge: 2015: 88.
[2] SAYEAU M. Against the event: the everyday and the evolution of modernist narrative [M]. Oxford: Oxford University Press, 2013: 21. axiomatic 亦译作"不证自明的"。
[3] SAYEAU M. Against the event: the everyday and the evolution of modernist narrative [M]. Oxford: Oxford University Press, 2013: 21-22.

随着推理路线变得越来越巴洛克(baroque)，他的工作变得越来越具有争议性，巴迪欧似乎非常愿意保持事件的类别。它属于一种公理，多义的重言式。事件的概念是由主观决定产生并宣布的，它本身就是公理施加的产物，即存在着真正决定的决定。①

索亚援引彼得·奥斯本(Peter Osborne)对此的批评，即基于上述公理的某种神秘主义色彩，巴迪欧的事件只有通过信仰而非知识才能获得。② 但另一方面，与上述立场同时，巴迪欧又试图避免一种存在于事件发生前的主体性、而将主体性维系于事件中的"空虚"对于真理的回应。索亚援引巴迪欧在《非美学手册》中有关空虚与真理之关系的论述，指出：

> 该事件揭示了情势(situation)的空虚(void)。这是因为它表明在现在存在的东西以前没有真理。正是在这种空虚的基础上，主体才将自己构成为真理过程的一部分。正是这种空虚将其与情势或地点分隔开来，并将其铭刻在前所未有的轨迹中。因此，可以说，对空虚的折磨（即空虚的地方）建立了真理的主题，但这种折磨并不会产生任何控制力量(mastery)。③

在巴迪欧那里，事件的发生不依赖于先在的主体性意图，而是在自身"空虚"的过程中即时生成的，这个过程成为了真理的一部分，颇接近我国先秦道

---

① SAYEAU M. Against the event: the everyday and the evolution of modernist narrative [M]. Oxford: Oxford University Press, 2013: 24.
② 索亚端出的奥斯本的另一点保留意见，则是相应地觉得"巴迪欧的作品似乎与它产生的历史情况紧密相关。在1968年巴黎因新自由主义及其不断愤世嫉俗的现实主义的兴起而最终失败的'革命'与意识形态史终结的宣布之间，巴迪欧的作品仅在一场哲学危机中才上升为中心地位，标志着'理论的死亡'"。换言之，引起奥斯本不满的，是巴迪欧的事件思想仅当处理与回应特定哲学危机时才权宜地体现出效用，作为阶段性历史的临时产物，似乎并不具备普遍性力量。这仍是不满于仅强调事件独异性的态度的流露。
③ SAYEAU M. Against the event: the everyday and the evolution of modernist narrative [M]. Oxford: Oxford University Press, 2013: 22. 巴迪欧的这段原文见：BADIOU A. Handbook of inaesthetics [M]. California: Stanford University Press, 2004: 54.

第十章 事件谱系的反事件张力

家所说的"虚其心"。索亚认为，这体现了巴迪欧"通过以这种方式改变主体性的定义（主体形成对事件的回应，而不在事件发生之前），他只允许自己回避所有关于体验、社会建构和实践的重复性的问题"的用心，① 即让事件摈弃任何因果关系与解释，而"陷入决策主义的突然及其准浪漫主义的时间性（sudden and quasi-romantic temporality of decisionism），故意使自己对可能影响决策本身的所有条件视而不见"②。索亚继续援引巴迪欧在《圣保罗》(Saint Paul)一书中的相关说法，把保罗对于事件的理解描述为两点。一是"由于真理是事件的，或是所发生事件的秩序，那它就是个别的。它既不是结构的，不是原理的，也不是法律的。没有任何现有的普遍性可以说明它，也没有主体所声称依据的结构能说明它。结果是，不可能有一个真理的法律"。对主体性的这种限定进而带出了第二点，即"真理是刻写在一个宣言的基础之上的，而那个宣言本质上是主体性的，没有既存的子集能够支持它；任何社群的或历史上既定的东西都不能给予真理过程以本质"。③ 这都把事件在空虚中创造真理的上述性质表述得很清晰。索亚还特别强调，巴迪欧甚至拒绝将保罗发生出的事件称为"转变"，因为该词暗示了上下文仍存在着因果关系。

这前后两方面，于是形成了巴迪欧事件论的内在矛盾。前者在神秘的主观色彩中肯定了公理的必然性，后者则要求事件挣脱这种事先的必然性而显示出独异，这便导致了前后龃龉。索亚引用里卡多·尼伦伯格（Ricardo L. Nirenberg）与大卫·尼伦伯格（David Nirenberg）联袂发表于 2011 年的论文《巴迪欧的数：对数学本体论的批判》（Badiou's Number: A Critique of Mathematics as Ontology）中的论断，认为巴迪欧由此陷入了"毕达哥拉斯陷阱"（Pythagoric snare）：

> 在从他的理论论证中推论出哲学与政治上的后果时，巴迪欧将非正式模型的偶然性属性与公理的必要后果相混淆（我们将这种混乱称为毕达哥

---

① SAYEAU M. Against the event: the everyday and the evolution of modernist narrative [M]. Oxford: Oxford University Press, 2013: 22 - 23.
② SAYEAU M. Against the event: the everyday and the evolution of modernist narrative [M]. Oxford: Oxford University Press, 2013: 24.
③ 阿兰·巴丢.圣保罗 [M].董斌孜孜，译.桂林：漓江出版社，2015：14.

拉斯陷阱）。结果产生的政治哲学主张在用来证明其合理性的集合论中没有基础。①

事件的独异性发自作为公理的必然性，以后者为原因，而作为公理的必然性却又是主观的设定，是带有神秘主义色彩而形而上学化的原因。这种内在矛盾使巴迪欧对事件独异性的强调重新退回到了形而上学中：原因的神秘性看似淡化了原因，实质强化了原因。神秘的不确定性，作为原因对事件的引发是可疑的，它其实无法引发事件，因为原因在神秘色彩中的强化，已把事件预设（决定）为了事实。

巴迪欧事件论的上述内在矛盾，于是最终显示了这样一个事实：从一种基于（带有主观神秘色彩的）公理预设的原因出发，是无法产生事件及其独异性的，我们以为已经看到了的事件及其独异性，其实经不起推敲，仍可能是形而上学的变相演绎；因为独异之所以为独异，必有一个产生出它、将它反差性地分化与凸显出来的原因，无缘无故是不会突然一下子变得独异起来的。但在设定这个原因时，人们往往不可避免地落入了强制性、主观性与神秘性的窠臼，在把原因凝固起来的同时，实际上也带出了事件的假象。循此，与其再一心去制造独异的原因，不如承认原因其实不必和无法被刻意制造出来，它就始终消融在那个试图把它制造出来的日常环境中，已无须再执着于前台与背景之别。问题的关键于是在于，重构作为谈论背景的地平线，不让它再成为神秘、固定的公理，而从另一个角度——日常生活来考虑它。就此而言，对独异性的强调不足以界说事件的性质。索亚需要换一种角度和思路，从文学中继续探寻事件的真谛。他由此将眼光转向了德里达，简要考察了其事件论，发现"德里达关于事件的一般概念，与现代主义及其从福楼拜开始的发明家的特征非常接近"②，也更接近于他在《反事件》中讨论的文学。文学作品的适时引入，为他

---

① SAYEAU M. Against the event: the everyday and the evolution of modernist narrative [M]. Oxford: Oxford University Press, 2013: 24. 原文见 NIRENBERG R L, NIRENBERG D. Badiou's number: a critique of mathematics as ontology[J]. Chicago: Critical Inquiry, 2011(37): 586.

② SAYEAU M. Against the event: the everyday and the evolution of modernist narrative [M]. Oxford: Oxford University Press, 2013: 26.

自己基于日常性的事件思想注入了与众不同的元素。

三、叙事发展同质性与现代主义

以巴迪欧思想批判为中介论证了事件无法被从原因的神秘性中引发出来，从而不与日常必然对立后，索亚试图"用'事件'一词来描述现代主义叙事的某些特征"①，仍然采取了先破后立的论述策略。亚里士多德的《诗学》一再涉及文学作品应发生什么的问题，揭示了悲剧必须具备的情节等六个要素，尽管可以用多种方法定义情节，但情节在索亚看来指"事件的结构"（structure of the incidents）②，变化和富于意义的事件，由此成为亚里士多德悲剧的基础。在亚里士多德的影响下，平庸的情节每每被后世探讨叙事作品者驳回，后者支持偶然的事件。叙事学便将对事件的多变的节奏的识别与解释作为中心任务。他援引彼得·许恩（Peter Hühn）出版于 2010 年的《英国小说中的事件性》（*Eventfulness in British Fiction*）一书中的说法："决定性的转折点"是事件，致力于"展示这一事件可能采取各种各样的形式"的叙事文本类型则为事件叙述。③ 这典型地突出了事件的反日常性。

针对这种区分日常与反日常的惯例做法，索亚转入了对文学，尤其是小说与日常生活的关系研究，表示"我们需要从对文学是什么及文学如何运作的直觉理解开始。首先，文学总应发生某种事情"，因为"文学作品都基于事件的发生，无论所讨论形式的具体动态如何"。④ 进入其考察视线的著作是伊恩·瓦特（Ian Watt）的《小说的兴起》（*The Rise of the Novel*）。他指出，应重视文学

---

① SAYEAU M. Against the event: the everyday and the evolution of modernist narrative [M]. Oxford: Oxford University Press, 2013: 28.
② SAYEAU M. Against the event: the everyday and the evolution of modernist narrative [M]. Oxford: Oxford University Press, 2013: 29. 此处索亚用 incident 取代了 event。
③ HüHN P. Eventfulness in British fiction [M]. New York: De Gruyter, 2010: 201.
④ SAYEAU M. Against the event: the everyday and the evolution of modernist narrative [M]. Oxford: Oxford University Press, 2013: 29.

新兴形式中最具革命性的方面之一,即对环境与普通事物的开放性,小说详细描写了人们对日常生活的关注。确实,在瓦特看来,小说兴起是由于"自文艺复兴以来,一种用个人经验取代集体的传统作为现实的最权威的仲裁者的趋势也在日益增长,这种转变似乎构成了小说兴起的总体文化背景的一个重要组成部分","现实主义"一词也从中世纪时的那种一般性现实内涵,开始向"一种通过知觉得到的个人对现实领悟的信念"转变。① 笛福等早期小说家的创作,便体现了个人主义与小说在发生学意义上的联系。但索亚发现,这种转向日常性的情况,在构成了质变的同时也渐渐趋于另一种新的固态,直接点燃了现代主义叙事的引线。他援引弗雷德里克·杰姆逊在《萨特:一种风格的起源》(*Sartre: The Origin of Style*)一书中的说法来深探此点。后者将小说的诞生形式与历史上的不确定性联系起来,这种不确定性一度被认为是重要的事件,但它终于逐渐走到了新的境遇面前:

> 随着传统生活模式的崩溃,生活的毫无疑问的仪式随之发展,无聊逐渐成为一种可能的生活质量,事件、体验、真正发生的事情的概念变得有问题:当并非所有事物都是真实的生活时,只有某些事物可以被告知并且可以构成轶事或故事。小说本身从一开始就是这类新的事件,出现在封建世界崩溃之时;但在现代,即使这种形式通过其历史与民族差异而反映出来,中产阶级社会的某些同质性(homogeneity)本身也已成为可疑的问题,没有值得一提的普遍公认的生活方式。②

这种同质性需要被新的力量打破。索亚认为在现代主义时期,上述原始危机开始成为了叙事创新的出发点。他相信日常生活并不是现代主义小说试图表现的一种外在的时间性,而是对历史的组织和对现代主义叙事发展的驱动"③,

---

① 伊恩·瓦特.小说的兴起[M].高原,董红钧,译.北京:生活·读书·新知三联书店,1992:7.
② SAYEAU M. Against the event: the everyday and the evolution of modernist narrative [M]. Oxford: Oxford University Press, 2013: 35. 詹姆逊的原文见: JAMESON F. Sartre: The origins of a style [M]. New York: Columbia University Press, 1984: 19.
③ SAYEAU M. Against the event: the everyday and the evolution of modernist narrative [M]. Oxford: Oxford University Press, 2013: 40.

换言之，日常性并非简单作为现代主义叙事的对象而存在，它更是一种方式、一股推动现代主义叙事实现新发展的力量。索亚由此提醒人们注意到一个更为基本的事实：现代主义叙事是在内部矛盾（对创新的冲动与遵循所接受形式的必要限制之间的矛盾）中行进的，这才是文学现代主义发展的实际特征。他认为所有现代主义叙述都是温和的现代主义。据此，他再次重申"尽管我们通常将现代、进步、进化、发展与震惊联系在一起，但对于每种加速模式，我们也可以发现，当我们从表面往下看时，焦虑是由于加速的副产品或意外的副作用而产生的"，这种副产品就是始终伴随发展进程而存在着的日常生活背景，说到底，"日常生活本身正在吞噬将其带入世界的渐进式现代化进程"①。几部聚焦"19 世纪下半叶出现的日常的反事件的时间性（anti-evental temporality of the everyday）"的现代主义叙事名著，②遂被索亚援以为阐释个案。他阐释了福楼拜、康拉德、威尔斯（Herbert George Wells）与乔伊斯等作家的代表性作品，并以福楼拜为重点追踪了反事件的日常性。

四、中断／重复之冲突：跳跃美学

索亚联系福楼拜所处时代的背景展开阐释。他从性格气质上发现，无论在浪漫维度还是政治维度上，福楼拜本人从来不是对事情显示出忠诚的人，相反对当时席卷法国的 1848 年革命及将要取代它的权力结构，表示深深的怀疑，流露出对有关社会复兴的任何信仰的幻灭情绪。据索亚之见，福楼拜对政治形势的这种抵制，暗含着他将浪漫性的腐蚀暴露于日常生活琐碎时间中的用心，后者一方面作为病态的短暂状态而使人分心，另一方面也以其自身基于免疫力的逆转，弥补日常生活的平淡无奇。索亚援引了本雅明在巴黎单向街研究中的

---

① SAYEAU M. Against the event: the everyday and the evolution of modernist narrative [M]. Oxford: Oxford University Press, 2013: 41.
② SAYEAU M. Against the event: the everyday and the evolution of modernist narrative [M]. Oxford: Oxford University Press, 2013: 41.

著名断言，认为"19世纪的首都"充满了无聊，一度沉迷于新颖性却又被停滞所困扰，认为在法国没有一位作家比福楼拜更好地抓住了这一矛盾，并有力影响了康拉德、伍尔夫与乔伊斯等人的创作，因为"作为现代文学中反事件转向(anti-evental turn)的基本形式"，"福楼拜的小说既记录了对事件的冲动，也记录了事件并未能到来的热情"。①《包法利夫人》(Madame Bovary)的主题正维系于此。这部小说被索亚视为现代主义反事件的起源，以及反事件转向的最为重要的时刻。他围绕中断(interruption)与重复(repetition)这对关键词，从两者的冲突中具体分析了反事件的性质与意义。

这具体是从小说著名的开头引出的。索亚认为，这个开场表现了两种时间性模式的冲突，那就是中断与重复。在作者对夏尔的帽子及肖像的纠缠不清的描述中，叙述偏离了轨道，陷入了无休止的转喻，直至其在全班的笑声中消失。至于夏尔结结巴巴地说出自己的名字，同样在效果上让重复的时间性战胜了事件的中断。索亚观察到，福楼拜表现日常生活的一种标志性手法，是不厌其烦地一遍遍重复描述一个相当详细的动作，并以其不可言传的时态，显示出它们仿佛已是习惯性动作的一面，诸如此类的段落对译者确乎构成了一种挑战。这种情况在女主角出场后变得更为显著。索亚指出，从爱玛首次出现在小说中起，规律性与重复性就一直困扰着她。新事物的进入被描述为一种震惊，它动摇沉睡中的理性，发动了一个新的故事，也扰乱了正在进行中的故事，使故事在被平息中不受阻碍地进行下去，由此也将新势力的威胁遏制在陈词滥调中。各种形式纵然同时组织着日常生活，并对它作出着预测，但它们共同的努力，却不能减少日常生活中残留的与不可简化的东西，后者逃避了所有制度与形式的控制，使每天的生活都在消亡（中断）与重生（重复）中度过。重复，最终会变得有规律，使对事件的预期以及由之而来的不可避免的崩塌，构成了爱玛的主体性。索亚指出，事件的狂喜从一开始就已经是属于每天的了，时间上的中断延长为持续的陈词滥调，形成了忧郁的同化趋向，对《包法利夫人》而言，剧烈变化的时代性，其实乃基于主体与先例关系的某种概念化。索亚甚至

---

① SAYEAU M. Against the event: the everyday and the evolution of modernist narrative [M]. Oxford: Oxford University Press, 2013: 132.

由此引入了马克思的历史理论,来与福楼拜小说背后的性格与叙述原则进行深度关联。马克思认为人创造自己的历史,但并非随心所欲地创造历史,因为他不是在自己选择的环境下创造,而是被自己创造着的历史反过来所同步创造着。这显然也便是(外在与内在)两种自然的人化理论。在这个意义上索亚感到,"福楼拜揭示了在一个假定充满革命活动和快速变化的时代下运行的停滞"[①],运动与静止的关系,构成了缠绕于这部小说中的生活真相。

  当这样阐释时,索亚并非在鼓吹爱玛逆来顺受的简单观念。他反对乔纳森·卡勒将爱玛说成单纯接受世俗欲望与社会道德折磨的"空器皿",即一具只有知觉的半死不活的尸体的描述,认为这部小说绝非"自然主义"的简单演绎,因为对于那些扼杀主观能动性的力量,爱玛从未放弃抵抗。索亚注意到,在表现爱玛对日常生活的纠缠和逃避这点上,整部小说都被具有积极色彩的情绪性动词笼罩着,但这种抵抗是复杂而半理性的,是一种对抗不可预见的事件的斗争。对此索亚解释道,爱玛被置于一种矛盾的境地,即希望发生一些新的事情,但在"她渴望"这一意义上,这事情就已经不会是全新的。沿此索亚发现,在《包法利夫人》中,角色与作者本身都是"跳跃式"的,对自由间接文体的系统运用,使叙述者与故事所讲述的事实或人物的关系尽可能不确定,这样做的苦心,无非在于维持日常与看似反日常的事件的张力,在两者间不断来回跳跃,而形成独特的跳跃美学。

  如果说《包法利夫人》见证了福楼拜在看护反事件的日常性方面的典型用意,其《情感教育》(*L'éducation Sentimentale*)则把日常生活中几种最常见的结构性特征,如无聊、分心与逃避等从正面凸显了出来。索亚援引布朗肖的说法,指出无聊与日常生活有非常复杂的关系,是后者不可觉察的本质特征。他由此转入对威尔斯的小说《时间机器》(*The Time Machine*)的探讨,提醒人们留意这部小说透露出的新的、更为自觉的焦虑迹象,即"如果系统的崩溃是系统本身的内在原因,那该怎么办?如果崩溃不是来自系统的中断,而是来自系统不间断的运行,那该怎么办?焦虑不再是担心影响过程稳定运行的外部威胁,

---

① SAYEAU M. Against the event: the everyday and the evolution of modernist narrative [M]. Oxford: Oxford University Press, 2013: 104.

而是转向了对系统内部崩溃的预期"①。这部作品使读者开始怀疑,对线性进步论的破坏,并非来自外在事件;因为它是一部对现代性与技术进步的最终结果充满了矛盾情绪的作品,生产过剩、现代性问题的缺失,以及对热力死亡假说的运用,成为作品的主要内容,它们都在反事件的日常性这一点上显得更为突出。索亚觉得,在小说中,机器尽管允许人们超越它,形成现代时间合理化的标志,但这种逃避带出的,是更多同样的、进一步的逃避,即对当前时刻那种令人厌恶的加速流逝的逃避。于是,进步概念在索亚的视线中被解构成了"一种辩证演化、停滞不前"的景象,以至于"人每向前走一步,也是向后退一步;时间的加速本身只是一种越来越快、越来越紧的循环运动"②。这是在机器化大工业生产进一步兴起后,事件思想所必然遭遇的反事件境遇。

这种境遇在康拉德的小说《黑暗之心》(*Heart of Darkness*)中得到了进一步强化,因为那是一部关于失业的作品。索亚发现,在康拉德创作《黑暗之心》时,失业这一概念首次在经济与社会政策领域出现了。失业表征着一种时间性,其特征是将进展转变为停滞,将线性扭曲为循环,以造成当前行为与过去的先例以及未来的分歧。失业的性质在于短暂而强度大,但又呈现为空虚的当下,这种减速在索亚眼里,充满了一种矛盾性的、令人眩晕的加速感。他特别观察到,当小说主人公马洛到达刚果时,其叙事的原本"散漫的结构出现了一个奇怪的转折——尤其是在时间节奏方面"③,这个节奏上的转折不妨碍很多事情仍在发生,不过后者正在从连续的情节线中分离出来,而形成反事件。索亚总结道:"它们是行动,但它们显然不参与因果链,因此不产生累积意义。"④这可以视为对反事件转向的一句精要概括。在历数了上述作家的反事件书写后,索亚以"乔伊斯的反顿悟(anti-epiphanies):小说的原子形式"这样一个

---

① SAYEAU M. Against the event: the everyday and the evolution of modernist narrative [M]. Oxford: Oxford University Press, 2013: 111.
② SAYEAU M. Against the event: the everyday and the evolution of modernist narrative [M]. Oxford: Oxford University Press, 2013: 104.
③ SAYEAU M. Against the event: the everyday and the evolution of modernist narrative [M]. Oxford: Oxford University Press, 2013: 164.
④ SAYEAU M. Against the event: the everyday and the evolution of modernist narrative [M]. Oxford: Oxford University Press, 2013: 170.

章节标题归结自己的运思，用"极端现代主义"（high modernism）一词来强调乔伊斯的作品在反事件转向方面达到的顶峰地位，① 认为《尤利西斯》展示了一种新的日常艺术，它不再讽刺与批判日常生活，而相反对之进行乐观向上的提升；因为小说家相信通过记录一天的细枝末节，能释放出隐藏在混沌生活中的不可思议的元素。这是整个文学发展到现代主义阶段后的根本特征，它现在从事件的角度，获得了思想史上的一种独特证明。

五、反事件推演：从日常的巧合性到巧合的日常性

沿着索亚的上述理路，我们可以对反事件思想作一推演。如前面所述，在瓦特的论述中，传统小说兴盛的一个动因已经是转向普通人的日常生活（例如笛福），那么福楼拜这部小说难道只是在重复这种早已有之的动因？不是的。作为与马拉美、瓦莱里（Paul Valery）等人的诗歌一起被公认为现代文学先声的小说《包法利夫人》，在对日常的巧合性进行描写的同时，写出了巧合的日常性，从而发起了索亚所谓的现代主义叙事的革命。我们在此作出的引申性阐释是符合索亚题意的。为何百年以来，从昆德拉、詹姆斯（Henry James）、纳博科夫（Vladimir Vladimirovich Nabokov）到苏童、王安忆、格非，中西方最优秀的小说家们都极为推崇这部表面上看不过批判现实主义之作的小说？它包藏着何种玄机，以至于让一代代读者为之心醉神迷？

此处的关键是痴迷爱情小说而最终陷入人生绝境的"傻"。小说的奇妙之处在于，明明是越出了当时伦理道德规范的偷情行为，我们读着读着却愣找不到批评爱玛的底气和借口。她当然自作自受，与人无尤，可故事杜绝了我们轻易指责她伤风败俗的可能，除了两段婚外情，她甚至就是一个好妻子、好母亲："她要搬到荣镇来住，帮她管家，他们不再分开了。她很机灵，又很疼爱

---

① SAYEAU M. Against the event: the everyday and the evolution of modernist narrative [M]. Oxford: Oxford University Press, 2013: 189.

儿子，对于失而复得的母子之情，内心感到非常高兴。"这样的生活表白几乎使她无愧于丈夫与家庭，也为她天真、傻气的人生代价增添了纯洁的一笔，使我们无法居高临下对她产生廉价的同情。她根本不是个坏女人，当互诉衷肠的时候，她对罗多夫和莱昂的爱都是真挚的，她在真挚中走向自我的毁灭，像爱玛死后夏尔与罗多夫相对而坐时吐出的那句"一切都要怪命"。天真是一种痴愚，它在本性上是无罪的，而是直抵爱玛的灵魂深处，揭示出世界的透明真相；因为精明是容易写的，但写出愚拙，写出不掺机心、使人震惊到哑口无言的愚拙，却是很难的。如果爱玛和罗多夫一样工于心计，或者如果她像莱昂那样茫茫人海当断则断，她就不会卷入倾家荡产的悲剧，我们也将看到另一个虽勾心斗角却被戏剧化，即满足于写出日常的巧合性这一层次的故事。

　　按亚里士多德悲剧净化学说的经典阐释，面对悲剧产生怜悯，乃由于遭遇悲剧的受难者是和我们每个人一样的人。这部小说之所以既让人觉得女主人公虽犯了过失，又不让人轻易产生居高临下的指责冲动，是由于它写出了导致这种日常生活中的过失，根本上无法被小说中人以及现实中我们每个人所避免的必然性：日常生活中不但同样充满着诸如此类的巧合，而且从根本上看，日常生活本身就是一个无法被任何人所挣脱的巧合。茫茫人海，细想来，人与人的邂逅难道不是偶然的巧合使然？在此意义上，有何理由轻易指责一部文学作品"充满了太多巧合以至于显得失真"呢？这种被警觉为不应丧失之真，倒原是人生的常态。循此深入考量，任何叙事作品都来自某个特定视角的叙述，而这种视角的天然特定性，不也是一种无可规避的巧合？它使任何对叙述巧合性处理的挑剔尽管在技术层面上显得无可厚非，却不必绝对地被等同为压力；因为日常生活本身的巧合性，始终前于和大于非日常生活，或者说叙事世界中的巧合。后者向前者的逐渐嬗变，是传统文学向现代文学发生转型的内在依据。

　　《包法利夫人》显著地体现了上述转型。就爱玛与情人的两次私奔而言，不但每次偶然的邂逅及其发展与结局是一种巧合，而且意味深长的是，她私奔了两次，把同样的错误犯了两回，或者说在情感上上了两次同样的当，这同样是一种巧合。两方面合起来，精致地描述出了日常中的巧合。在一般作者那里，写出这种巧合似乎就已是全力所系，试图传达的效果也仿佛就是这个而已。更甚者，接下来如若写女主人公如何绝处逢生乃至报复，也未尝不可，那只是在不断强化这种日常中的巧合。福楼拜的写法之所以与此不同,而杜绝了我们轻易产生道德指责的可能,相反隐隐同情起爱玛,是由于他在写出了一个悲剧的日常巧合性的同时,有力地写出了这种悲剧作为巧合的日常性的一面:人作为世界的一份子始终有测不准的、神秘而陌生的未知性一面,面对这始终未知的因素,命运无常是人的生存的常态,人因而在自以为得到的同时始终同时失去着,得而复失,失而复得,这是一种根本的生存论巧合,人只能随顺它而无力轻易改变它。我们可能不会陷于爱玛所具体遭遇的私奔命运,但这一点决不是我们由此优越地谴责她的理由,因为虽然不至于简单重复这种命运情境,我们每个人在和爱玛那样经历"在得到的同时始终失去着"这个生存的终极悖论——巧合的日常性上,又完全不分彼此而一致。巧合具有日常性,人人不脱其宿命,所以很自然地没有了轻易嘲弄他人的底气与资本。索亚总结道:"一个事件可能是一种全面的社会变化或是一个浪漫情节的扭曲,就像日常生活的状况可能会形成一种宏观的文化萎靡或一个角色的日常无聊事件。"他强调这还不只是在简单地以巧合的日常性置换日常的巧合性,即"这不仅仅是在宏观与微观层面上的平稳性之间的衔接,这在福楼拜的作品中具有核心的正式意义与主题意义,而不仅仅是简单的可扩展的主题或隐喻结构"[①],写出两者的张力,才道明了一个容易在一片追逐新奇之声中被遗忘的道理:当我们强调事件反日常的一面时,别忘了日常本身是一个更为根本与先决的事件。

也因此,索亚主张,从《情感教育》里我们更有机遇追踪到日常生活的时空性与心理。康拉德的《黑暗之心》在异国情调的调控下,让生存危机的剧变隐含于浪漫主义的残余中,预测了失业及其对人类经验的影响,并将其视为对现代主义的一种理解。威尔斯的《时间机器》则在乌托邦式闲暇所令人难以忍受的轻松气氛的重压下,对上一代政治理想及其代表性策略的崩溃予以了分阶段的展示。至于乔伊斯的《都柏林人》(*Dubliners*)叙述的故事,则随着"顿悟的无问题结构"(issueless construction of the epiphanies)的延长,凸显了其所代表的社会与心理瘫痪及其形式的"一丝不苟的平庸"(scrupulous meanness)

[①] SAYEAU M. Against the event: the everyday and the evolution of modernist narrative [M]. Oxford: Oxford University Press, 2013: 42.

的关系。索亚由此再度提及杰姆逊早期有关萨特的研究工作,指出其从小说中的场景"描述发生某事而实际上没有任何事情发生的特征时刻"(something happens without anything really happening)出发,阐释了其中包含的叙述所产生的"恶心":在反事件中,通过研究其中看似发生了什么而并没有真正发生的事情,适当淡化讲故事所带出的易读性,或者说叙事性意义上的事件,承认作品尤其是现代主义叙事的复杂性在于,每一天既是现代生活中反乌托邦的、充满事件变化的一面,又是现实世界中潜在的、反事件的意义重大者。"恶心"("厌恶")恰属于人的本真生存感觉,作为"烦"("操心")的同义语,它归根结底发自西绪弗斯的困境——人在得到的同时始终失去着,但唯其处身于这个怪圈中,人方才成其为人。索亚总结道:

> 如果大陆哲学和文化理论将大量精力集中在对事件如何发生的解释上,那么我所考察的文学文本所提出和回答的隐含问题,提出了对意义与事件性之间关系的重新思考。……换言之,尽管现代主义者对"创造新事物"有着臭名昭著的偏好,但我在这里分析的作者不仅对新奇的可能性提出质疑,他们还进一步质疑——特别是当我们接触到乔伊斯的作品时,他们开始提出一种比哲学家更具意义的模式,一种不依赖于事件而又一次适应了日常生活的模式。……由于它们保持了连贯性的轮廓和小说形式基本架构的完整无缺,与其像后来更激进的作品那样,将意义的概念称为法庭上的质疑,不如更好地来描述它们实现日常意义的可能性。①

这会淡化文学的政治批判功能吗?索亚认为此担心是过虑了;因为诚如前文所举英国人喝早茶生活显露出帝国历史的那例所示,凸显日常性地基的一大初衷,即还原日常生活的政治维度,这比通常从激进的先锋性角度看待现代主义,在理解的深度上有了掘进,也由此深化了我们对学术史上一个重要拐点,即福楼拜开启现代小说以及暗合同时期语言论学理新质的理解。

---

① SAYEAU M. Against the event: the everyday and the evolution of modernist narrative [M]. Oxford: Oxford University Press, 2013: 47.

六、由此对一个学术史拐点的深度澄清

  当文学史家们盛称福楼拜为现代小说鼻祖时,这不仅是指他开始更多地刻画日常世界生活与心理;因为早在一个多世纪前,笛福等即已开始将笔触转向普通人的日常生活经验。今天我们读《鲁滨逊漂流记》(The Adventures of Robinson Crusoe)或许充满了冒险、猎奇的新鲜感;但在诞生时,它却是被作家当作个体日常生活来写的,刻意表现的是一个人的故事发展轨迹(后半部分中"星期五"的登场从对比意义上强化了这种个体命运),与古代作品比如荷马史诗热衷于群像叙述,颇异其趣,题材的现代性革命在那时(18世纪)就已奏响了号角。而当个体日常生活经验逐渐成为文学题材后,它必然因主体性程度在近代的不断加深,即对外部环境的(为主体所宰制)理想化程度的要求不断加强,而欢迎并主动创造日常中的巧合。试看鲁滨逊的荒岛求生故事,表面上流离失所,实则处处充满了绝处总能逢生的巧笔,便堪称上述发展轨迹的明证。所以既不能简单断言,转向对个体日常经验的关注就是现代文学兴起的标志,更不妨看到,人们对日常性的关注有基于不同哲学基础(主客体关系)的旨趣侧重,在"日常性得到尊重"与"现代文学兴起"之间,有一大段历程,显露着现代文学想要克服并推陈出新的、较浅层次的日常性。问题于是归结为:倘若"日常性"不足以廓清文学的传统与现代,那么,从传统文学向现代文学转型的真正拐点在哪里呢?

  答案是与福楼拜同时期的"纯诗"(瓦莱里)主张,以及"诗是用词语写的"(马拉美)等创作信念的确立,它们旨在由传统反映性地描摹客观现实生活,逐渐转向凸显自身话语的组织与构造,能指的精心铺排等实践,都属于这一用心的体现。这与福楼拜精心驱遣法语来写作《包法利夫人》等小说,试图在语词层面上散发独特意义的做法一致。他不止一次表示,创作这部小说的过程于他而言"是一次极好的训练"[①],训练意味着语言层面的惨淡经营。这一自

[①] 福楼拜.福楼拜文学书简[C].丁世中,译.北京:北京燕山出版社,2012:94.

述得到了索亚的强力支持。他通过考察也表明，福楼拜在创作《包法利夫人》时所写的书信，很大程度上围绕着"非人格化"叙述（"impersonal" narration）等写作技巧而展开，① 想要以他的新风格发起一次文体的革命。索亚颇为精准地认为，"这些原因既改变了福楼拜作为一个独立天才的形象，也改变了文学发展只是社会经济条件的美学回声的观念"②。其潜台词是：这逐渐摆脱了以客观实在性与主体性为旨归的传统美学观念，开始形成了被索亚称作"一种风格的练习"的语言论自觉，它确乎带出了一种新的体裁。索亚聚焦于《包法利夫人》的第一部分来反复说明这一点，指出福楼拜几乎表演般地实现了他的新型形式的艰难诞生。小说开头所详尽描绘的夏尔那件以荒谬的复杂性而著称的衣服，被索亚中肯地解释为"挑战了文学现实主义的一个核心原则——世上的事物可以使用清晰而有效的描述"，事实却是"它是形式与材料不可调和的产物。我们得到的细节越多，对它的想象就越模糊"。③ 在此，细节来自语言的精心创造，相形之下渐趋模糊的想象（联想），则是试图实体性地去指及事物与世界的做法。如我们所见，对于语言构造的这种凸显，构成了福楼拜等一批现代作家的作品在异质语境中获得传神翻译的一系列挑战。

上述拐点与巧合的日常性同时浮现出来，恰恰以后者为实质；因为，自觉回归对语言结构的凸显，是看到了语言作为符号系统的任意性，并从深层次上将任意性理解为了巧合的日常性——语言之为语言，无非是符号之间的区分与差别。一个符号在符号群（语言共同体或曰言语链）中与前后哪个符号相区分，并不由主体意图所决定，而是碰巧的。这种碰巧而随机构成的任意性，倒是我们无从挣脱的语言常态，也即日常性。就此而论，最巧合的是最日常的，巧合已经无法和不必再从日常性中分离出来自成一体。这于是才超越了传统观念将语言视作传达工具时所设定的刻意性（狭义的理性或曰合理性，rationality）——刻意的，才是日常中的巧合性，它是被分离出来的和做成了那个样子的。在这种情

---

① SAYEAU M. Against the event: the everyday and the evolution of modernist narrative [M]. Oxford: Oxford University Press, 2013: 51.
② SAYEAU M. Against the event: the everyday and the evolution of modernist narrative [M]. Oxford: Oxford University Press, 2013: 55.
③ SAYEAU M. Against the event: the everyday and the evolution of modernist narrative [M]. Oxford: Oxford University Press, 2013: 64.

况下，19世纪末、20世纪初索绪尔的语言学思想产生并迅速取得世界影响，便属于情理中事。虽然创作界的福楼拜与仅比他小36岁的、学术界的索绪尔表面看不具备联系，两者在思想观念中的上述共振，仿佛是一种偶然；然而往深处寻究，偶然中蕴蓄着必然，双方都在世纪之交思考人与世界在生存关系上如何合理调整（即索亚在上面对"世上的事物可以使用清晰而有效的描述"这一传统观念定势的反思），并不约而同地、艰辛地调整出了人有限地寓居于世界的新观念。语言就是这种新观念必然结出的成果，它以区分中形成的差别为意义的创造性源泉，接受和随顺符号群始终在更先决维度上与更大范围内的调控，将权力重组为话语政治，开启了包括文学在内的、至今不衰的现代人文景观。这也正是反事件转向的最终意义所在。

第十一章 事件谱系的情感与审美张力
——罗马诺与马苏米事件论

西方前沿学术思想如何看待事件？我们来到了两位名字尚不太为国内学界所熟悉的学者——罗马诺与马苏米的相关著述中，领略他们在前沿水平上带给事件思想史的新变。两者分别来自欧陆内外，不仅都在深层次上总结了欧陆内外的事件思想面貌，而且构成了前沿对话。这一对话不仅展示了两种事件文论传统的汇合，而且指向"事件即审美政治"的前景，为相关的领域比如文论研究考虑推进长期以来的两种范式之争，提供了学理新生长点。

一、基于现象学的事件解释学

克劳德·罗马诺生于1967年，毕业于法国高等师范学院，为巴黎索邦大学哲学教授、澳大利亚天主教大学教授级研究员。他的工作重点是现象学、形而上学与文学研究，文学方面尤以威廉·福克纳（William Faulkner）研究见长。他是法兰西学院2010年文学大奖赛的获奖者。其两部代表性著作《事件与世界》（*Event and World*）与《事件与时间*》（*Event and Time*），目前均已有英译本出版。

罗马诺主要从现象学角度探讨事件。其《事件与时间》一书立足于当代哲学的发展，认为从康德到柏格森，以及从胡塞尔到海德格尔，时间都被看作是主体的决定性要素：时间不源于事物，而源于行为、态度或契约，主体通过它们衡量时间，或进行预测，或展开记忆。《事件与时间》通过对柏拉图、亚里士多德和奥古斯丁的时间哲学进行详细、严谨的分析，表明在形而上学的发展过程中，对于时间现象的理解是一种时间内现象，这使时间的主观化成为可能。书中争辩说，根据形而上学的主观性，时间实际上是不可思考的。相反，分析时间的指导思路必须转向现象学。罗马诺由此为事件的思考作出了引人注目的、严谨的和原创的哲学贡献，发展了他所谓的"事件现象学"，用现象学方式研究事件的结构，及其开放的变化和新奇，将它们与仅仅发生的事物区分开来，而引入了全新的可能性。罗马诺呼吁重新关注现象学，认为现象学提供了理性的新形象，而不再将理性的范围仅限于逻辑和真理理论。在《事件与世界》一书中，他的这一核心思想得到了集中而纵深的展开。

罗马诺开宗明义地指出，事件从一开始，就是一种放弃与任何事物产生重叠关联的企图的非实体性现象，它在意的是世界如何在每一瞬间对自己进行配置并从而给出自己，这也正是希腊人所频频谈论的、发生于宇宙范围内的一种变化。这里的关键，就是让"变化""总是在变化的事物的视界内被解释"[1]，即从柏格森的绵延意义上来理解事件的改变，以防范轻易称事件为一种纯粹的改变，后者不可避免地落入了因果性理解的窠臼。为事件寻找一个原因的企图，相当于试图把事件与某件事联系起来并赋予两者因果关系，比如认为"夜"是一种缺乏光的现象，"香"是一种感觉现象与气味；所以面对"夜充满了香味"这个独特的事件，我们仍会习惯性地当它是个关涉某种事物、某个原因的问题，却看不到这个事件发生了什么。罗马诺由此提醒道，改变对事件的注意力后，人们才有可能承认，在事件和我们对事件的感知之间，不存在任何介质，而只有"无代理的行为"（acting without agent）[2]，说到底是一种顿悟。

这种对事件的顿悟，是通过语言层面上的动词性的开显来实现的。罗马诺认为，要消弭事件的形而上学预设，必须找到一种能有效地描述事件的、现象学性质的语言，对此的承诺，首先需要告别传统意义上那种对动词与名词之间

---

[1] ROMANO C. Event and world [M]. New York: Fordham University Press, 2009: 2.
[2] ROMANO C. Event and world [M]. New York: Fordham University Press, 2009: 3.

的语法区别的强调，而把动词从与名词的因果关联中解放出来，动词性地理解那个似乎作为名词而现身的事件。沿循这一思路，罗马诺从尼采对形而上学本体论命题的语法批判入手展开论述。根据罗马诺的概括，尼采是通过谴责传统本体论命题的形而上学语法来批判它的，在这种语法中，事件从一开始就服从于事物，将自身简化为事物的一种属性。尼采形象地以闪电为比喻，肯定了事件的动词性特征，对"闪电"这一事件而言，主语应该是从动词性的言语中派生出来的，决不能被看成为一个代理人及其发出的动作。"一个事件只从它自身发生。"① 幕后世界中由物质与想象组成的实体，抹杀了事件的存在。尼采相信，出现这种抹杀，是由于受到了亚里士多德三段论思想中有关命题的逻辑分析的悠久影响。罗马诺认为，当尼采批判传统那种把事件归为主语与谓语的逻辑范畴、将存在处理为具有属性的逻辑范畴时，他主要以亚里士多德的本体论为反思对象。罗马诺指出这不是唯一的策略，由此而来的批判也没有耗尽存在的容量，而值得我们进一步追本溯源，上探至古希腊斯多噶学派对事件的元本体论(the metaontological status of events)性质的论述：

> 使古代斯多噶主义显得有意思的是它敏锐地意识到任何事件的本体论都是不可能的。……与亚里士多德相反，斯多噶学派总是拒绝把哲学的首要地位赋予它：他们更喜欢从物理学开始，身体科学就是这样的领域。根据身体的非物质论，斯多噶学派以自己的方式，与尼采对支配了本体论命题的"形而上学语法"的批判联系在一起，并澄清了尼采对"形而上学语法"的批判……与尼采的批判一样，斯多噶学派的批判主要是在亚里士多德形而上学的领域展开的。和尼采一样，它最终从本体论的视域中移除事件。②

因为在斯多噶学派看来，存在不仅指一般意义上的事物，而且还包括无形的事物，后者并不能被还原为"无"。这样，与亚里士多德立足于本体属性进

---

① ROMANO C. Event and world [M]. New York：Fordham University Press，2009：5.
② ROMANO C. Event and world [M]. New York：Fordham University Press，2009：5-6.

行语言上的认识与判断不同,斯多噶学派关于事物的言说,在语言上经历了"一个谓词通过一个主格的屈折变化"①,而形成着事件。罗马诺援引埃米尔·布雷希尔(Emile Brehier)的话,指出斯多噶辩证法不再像亚里士多德那样把动词与一个表示一般概念的属性相联系,而是将动词视为了一个整体,视为一个事件的表达,"属性只有这个事件,并且只有事件可以是话语对象。它们不是现实;唯一的现实是行动,它们是身体活动的'无形'结果。因此,辩证法只与事件或一系列事件有关"②。因为事件更多地是一种发生在身体之上的意外属性,它甚至不是附加给事物的属性,而可谓一种降临于它身上的无形的乐章。罗马诺因此反对亚里士多德在《形而上学》中提出的四因说,而认为应减少行动的原因,将原因不再消极地看成一种物质,而看成一种以动词形式表达的、能产生出效果的无形的属性。换言之,与亚里士多德不同,斯多噶学派把逻各斯定义为一种从思想中发生与表达出来的、不去命名而仅关于某事的话语,它在主语与谓语之间建立起了一种根本的异质性,以"它发生了"为语式,从而在质疑形而上学本体论之际,将事件的元本体论地位具体化了。罗马诺因此概括道,所有的因果关系都首先由动词来表示,斯多噶学派由此区分了一个即将到来的事件与成为这个或那个的存在;尽管这种区别看起来很微妙,但它是基于事物本身的。一个无形的事实在某种程度上处于身体活动的极限。这种信念使斯多噶学派尽可能地远离了休谟与密尔(John Stuart Mill)的因果性概念,后者每每将宇宙还原为事实。

从对于斯多噶学派的上述钩沉出发,罗马诺结合列维纳斯的有关论述,进而短暂回顾了海德格尔基于存在论视角的事件思想。在他看来,存在是指"存在的事件"(the very event of being)③,它与理解活动的展开有关;因为理解不意味着主体对客体的某种理论行为,而是存在的一种方式及其根本事件,在这种方式中,存在被揭示出来,被带到开放地带。理解作为真理性工作,在某种程度上表示存在的事件,展开着一种动态的场所。可能性在很大程度上源自这种以事件为基础的思考,包括走向死亡的时刻以及良心的呼唤。这里罗马诺

---

① ROMANO C. Event and world [M]. New York: Fordham University Press, 2009: 6.
② ROMANO C. Event and world [M]. New York: Fordham University Press, 2009: 6.
③ ROMANO C. Event and world [M]. New York: Fordham University Press, 2009: 10.

的分析有两点值得重视。一是，他沿着上述理路指出"如果存在本身是一种轮番出现的东西，它就不能再被认为是原创了"①，这不啻强调了事件的独异性，与欧陆事件思想谱系中的大多数论者如利奥塔、德勒兹、德里达、巴迪欧与马里翁等人的论述，形成了可为互证的参照。其二，更重要的是，罗马诺提出一个尖锐的问题：事件如何能被设想为自己，从而被理解？因为原则上，一个事件本身就是它所能发生的可能性条件，它所产生的架构应该是已取消了所有的先决条件，"事件本身就是它自己的尺度和条件"②。在这种情况下，我们究竟如何来合理地谈论事件呢？这便需要对事件进行现象学解释，形成罗马诺所向往的"事件解释学"（evential hermeneutics）③。它构成了罗马诺的运思重心。

二、作为内在事实的事件

罗马诺力图在现象学意义上阐明"事件如何表征自己"这一核心问题。因为在他看来，事件的现象学模式完全不等同于一个存在物模式，后者只会加重形而上学的幻觉。纯粹事件的客观发生，不与任何单一的本体性分配同时发生。他以闪电为例说明事件的两个现象学特征：

1. 事件不是"主体"内部发生的变化，而是某种特定的存在方式；因为所讨论的"存在"即闪电，只是其自身发生的突发事件。
2. 尽管如此，该事件只能通过发生在某物或某人身上，从而通过转让的实体的支持而出现。④

他紧接着作了如下的补充交代：

---

① ROMANO C. Event and world [M]. New York: Fordham University Press, 2009: 20.
② ROMANO C. Event and world [M]. New York: Fordham University Press, 2009: 19.
③ ROMANO C. Event and world [M]. New York: Fordham University Press, 2009: 21.
④ ROMANO C. Event and world [M]. New York: Fordham University Press, 2009: 25.

1. 一个事件，其本身并不属于存在的秩序，也不能被分配给一个不可确定的存在。它发生在开放的多个生物身上。在这一点上，没有一个存在可以在它的存在中被人格化，作为它的分配的支持。一个事件"不是"（一种属性或实体性质），而仅仅是"发生"：它是发生出的纯粹事实，只有当它发生了，并且除了"发生"本身之外什么也没有发生时，它才变得明显，即严格意义上的事件。

2. 没有任何确定的实体支持来进行分配，这就区分了两种类型的事件：一方面是内在事实（innerworldly facts），另一方面是感觉中可能发生的适当事件（events in the properly evential sense）。

3. 对于本质上不确定的内在事实，所归因的本体性主体有一个积极的对应物：事实不具有单一的本体赋值，而是一个事件语境，就其本身而言，它们具有意义。在每一个内在的世界事件中，随时都会闪现出"世界"的光芒。①

罗马诺的意思是，某件事本身的发生，必定要发生在某人的身上，即必须有一个"主体"来把握它。被讨论的存在，是一个"内在事实"，它能出现在它自身中，以自身的形式出现，而无需实际的干预或被"做"成任何事情。唯其如此，一个事件才能爆发出来，并独立于那介入了主体干预的"适当的事件感觉中的事件"，即事后的因果构造，在那里，人成了旁观者。只有这样，严格地说，事件才是一种现象。仍以闪电为例，如果没有一般的人来掌握这道闪电，它就不可能这样发生，但这个掌握者不一定非得是我；而且，我看到它时，它迫使我以不同的方式（裂缝）认识自己，这一事件在我的冒险中打开，重新配置了我内在的可能性。因此，要理解一个事件的意义特征，永远不能以一个纯粹观察者的非个人方式与它联系起来。一个事件永远不会像一个事实那样是"客观的"，它不适合被公正地观察。任何人如果把他身上发生的事看作是他自己发生的事，那么就是在从事他所理解的事，罗马诺由此指出，理解一件事和经历一件不可替代的事是同一件事，也就是说，把这件事当作是命中注定

---

① ROMANO C. Event and world [M]. New York: Fordham University Press, 2009: 26-27.

的，这才是事件。在这里，理解者被严格地卷入理解行为中：只有当我在一个事件中扮演它赋予我的可能性角色，通过它为我打开一种命运并由此创造历史，我才能理解这个事件是与我有关的。事件是对人的历险的特殊阐释，其阐释构成事件现象学首要和最终的任务。

如此看来，尽管一个事件对于我来说是客观的，但它不是一个对象，只要我准确地理解了它，我就已亲身参与其中。罗马诺强调，只有理解才有意义，理解构成了人的冒险或者说事件的基本模式，理解可以更精确地被描述为投射，它是一种使倡导者与解释可能性联系起来的方式。这种投射形成了世界。在这里，"世界"指"解释性的可能性的总和"①，其规定了事件的视域。这里起决定性作用的是，对一个事实进行解释性理解，仅限于从这个可能性世界中接受它的解释性可能，一个事件维系于这种唯一性并由此获得意义：

> 一个事件，在事件的意义上，照亮了它自己的背景，而不是以任何方式接受它的意义。它不是这种背景下的结果，可以根据先前存在的可能性来解释，但它重新配置了之前的可能性，并标志着一个新世界的到来。②
> 一个事件可以从所有上下文解释中解放出来，并通过其自身的爆发，从支配世界上每个事实的出现的与有组织的因果链中被移除。③

罗马诺结合莱布尼茨（Gottfried Wilhelm Leibniz）等前人的因果论思想指出，尽管对每个内在事实的因果解释在原则上总是可能的，但它是取之不尽、用之不竭的，原因的多样性纵然起到一定作用，却不可能包含无限性。莱布尼兹认为，偶然事实的因果考古学只有通过叙述全部的原因才能达到目的，因为这种因果考古学唯有站在创造者理解世界的完整与原始的概念意义中方有效，任何因果探究都可以是无穷无尽的。古典科学的抽象性限制了事件出现的背景，屈服于对内在事实的解释，从其因果框架中消除了所有与之有关的非直接原因，因为这些非直接原因，被认为在理论上干扰了对唯一的定律的计算。但

---

① ROMANO C. Event and world [M]. New York：Fordham University Press，2009：35.
② ROMANO C. Event and world [M]. New York：Fordham University Press，2009：38.
③ ROMANO C. Event and world [M]. New York：Fordham University Press，2009：39.

无论这一步取得的成果有多大价值，它都不应掩盖去世界化的过程，每个事件的现象性的不可还原的特征，是其超越因果框架的那种取之不尽、用之不竭的"内在语境"(innerworldly context)①。考虑到罗马诺的著作无汉译本，我们不妨酌情稍加引录原文：

> 纯粹的从无到有，一个事件，在它的一个架构中爆发，免除了所有先前的因果关系。……我们可以说一个事件有原因，就像一个内在的事实一样，但它的原因并不能解释它，或者说，如果它们"解释"了它，那么它们给出的原因只是事实，而不是事件的最终意义。就某一事件而言，任何因果考古学都无法解开其谜底，也不能穷尽其意义，因为寻找某种事物本身就是人类冒险意义之起源的原因是"毫无意义的"。……它通过彻底地改变自身的实现，重新配置我在一个世界中所表达的可能性，并在我的冒险中引入一种全新的意义，使它动摇、上升，成为一个事件从上到下结束，从而修改我以前的所有投影。对于一个事件来说，人们只能说一件事：它本身有它的原因；严格地说，它没有原因：……一个事件没有原因，因为它是它自己的起源，它对于人类冒险的真正意义正在于此。
>
> 一个事件的发生本身没有任何意义范围与先决条件，因此它被从所有先前事实中划去。一个事件只在它自己的视界上前进。它是一个纯粹的迸发，从根本的新奇中迸发出来，它本身是不可预见的，并且回顾性地与整个过去建立了一种断裂：它将不再是同一个世界，它的可能性与不可能性在它们之间被阐明，因为它照亮了自己的道路。一个事件的发生超出了任何先前的衡量标准，它为发生它的人重新配置了世界。……但在地平线上从来没有遇到过事件。相反，这是它所遭遇的地平线。世界上的每一个事实和存在都能被遇到，因为它们发生在它们所处的开放状态中，一个事件对它自己开放，给予它进入的机会！它非但不受制于先前的条件，还提供了自身发生的条件。
>
> 因此，一个事件从所有先前的因果关系和起源中解脱出来，只有对其

---

① ROMANO C. Event and world [M]. New York: Fordham University Press, 2009: 41-42.

进行时间性的分析,才能真正理解它。……一个事件的不确定性,不是它内在的世界的实现问题,那甚至可能引起一种解释性的病因学,而是它本身所承载并带来的可能性,可能性阻止它在世界上被还原为一个事实。因为一个事件不会带来先前的可能性,而是通过它的一个架构的爆发使可能性成为可能,并颠覆它自己的上下文。……正是它使我的世界重新回到了任何解释都无法解释的意义中。①

如果事件避免重蹈先前的可能性,而是在其架构爆发中成为可能,这是因为它们源于自己。至此,他使用了海德格尔与德里达使用过的两个术语。首先,事件通过一种跳跃来提升自己,这个跳跃打破了所有的起源,成为一个活的源头、一种纯粹的爆发,而不同于任何原因,因为原因总是指另一个事物。如果事件因此连根拔起了因果框架,这是因为它们被插入了"世界"的语境,被赋予了一种决非预先设定的意义来阐明自己的语境。其次,一个事件是通过打破先前可能性的视界、在其中引入一种不可能的意义来实现自己的。这又让我们油然想到德里达对他者性力量的阐述。通过从根本上重新配置某些特定的可能性,通过在我的冒险中引入一种永远不会被填满的间断与破裂,一个事件总是颠覆着整个可能性。这就向罗马诺提出了事件解释学的任务:以事件为主线阐释人类冒险的意义。环绕于此的重要学理工作,是剖析事件的现象学特征。

三、事件的时间性特征

出于上述考虑,罗马诺概括出事件的四个现象学特征。一是它的单一分配,在每一个事件中,我都在扮演我自己的角色。二是它作为一个倡导者所建立的世界。三是,它们组成了"无政府状态"(an-archy,此系罗马诺所做的刻意语言游戏,似意在表明事件中我与世界之间若即若离的现象学关联),

---

① ROMANO C. Event and world [M]. New York: Fordham University Press, 2009: 41-42.

依据这个特征，尽管无法解释它，但它在人类的冒险中是有意义的。第四，这样一来，与事件的任何幽会（dating）都是不可能的，事件不在人的意识中及时发生（happen in time），而是不定时，或者说顺应了其时间而发生（open time or temporalize it）。① 罗马诺进而将这四个特征归结为三个关键问题：作为现象学的事件解释学；事件涉及在现象学意义上将它显现出来的"先驱者"，但这个概念与"主体"有着泾渭之别；事件解释学是一种"时间解释学"。

按罗马诺，事件依循自己的尺度而发生，在我们自己的任何尺度之外抵达我们的认知，并且不受任何先验条件的制约。如果将事件简化为一种物质的属性或性质，便从根本上排除了将主体定义为发生某种事情的人的可能。罗马诺援引列维纳斯的论述，指出主体是一种无止境的后退的力量，一种总是发现自己落后于发生于自己身上的事情的能力，它无法服从于也不能被简化为一种降级的存在状态。因此，事件的基本意义（即内心世界的事实）只能出现在一个这样的"主体"身上：这个"主体"能理解它，它发生在我身上而不可替代，从而使我从事件本身已产生的重新配置的可能性中开始理解我自己。也就是说，我在自己的冒险中为自己创造历史，通过对事件的不可替代的经历，来面对和联系自己。这不是指主体与客体面对对方的理论知识形式，而是从自我到自我的经历与过程，其由不可比喻的结构变化引起，通过一次经历来宣扬自己是自己。只有从非个人的出生事件开始，这一事件才通过冒险从一头到另一头展开，这只有依托现象学思维才能接触到。正是这种对我的可能性的重新配置，赋予了我理解自己的不同能力。这其实很接近前面马里翁同样建基于现象学观念的事件论。罗马诺总结道，人类冒险的开放性从而是暂时性的。

罗马诺最后提醒人们，事件解释学是一种时间性的解释学。我们解释的首要问题，乃是"发生了什么"。时间不是作为一种简单的属性"添加"到事件中的东西。相反，一个事件只能在时间上发生，它本质上是时间。正因为如此，我们需要掌握时间本身的事件意义。出版于2014年的《事件与时间》接续了这一主题。在这部著作开首，罗马诺援引了瓦莱里对时间的质疑。瓦莱里的问题是，时间如何作为一种现象而存在？它能被从历史中分离与独立出来

---

① ROMANO C. Event and world [M]. New York: Fordham University Press, 2009: 49.

吗?顺着这一质疑,罗马诺指出,时间的问题无法以永恒的方式提出,因为首先需要切实解决组成"时间"这个概念的统一性的问题。时间首先是作为现象的一系列连续解释,而无法被给予或立即显现。事情的吊诡在于,没有任何现象能承受概念分析的重量。解释学唯有作为现象学展开,才能成为哲学。现象学描述的要义在于从自身开始,将作为前提的出发点同样保持在现象视域内。由此摆在罗马诺面前的两个相关问题便是:第一,是否存在着将时间整合为一个整体的可能,以至于人们可以用某种普遍的方式称之为"时间形而上学"?如果是的话,这种形而上学究竟是什么组成的?与之相应,第二,如何理解从奥古斯丁到胡塞尔与海德格尔,时间都从根本上被理解为一种主观现象?其主体性如何解释?是必要的吗?时间的哪些显著特征赋予它权利与正当性?在现象学层面上有没有可能赋予它充分理由呢?这种对于主体以外的时间的解释,必须满足什么标准呢?这些问题构成了事件的时间性问题。

导致这些问题成为问题的起点,仍然是亚里士多德。按理,时间只有把自己构成与现在相同的基础,才是真实的,但罗马诺发现,对于亚里士多德来说,这种基础并不存在,现在本身并不是内在于时间的,它却相反使得事物按照尚待描述的方式,在时间上转换。这意味着,亚里士多德对时间的理解,是一种禁止将时间现象减少至"过去"以变成内在时间的理解。但如果海德格尔对这一点的发现仍不足以把握时间形而上学的原创性和确定其基本特征的话,那么,所有这些尝试都必须面对的一个普遍问题是:如何将时间现象与内时间意识真正结合起来。

罗马诺进而分析道,时间本身实际上是通过多重性被"看见"的,这里的问题是,在每一种情况下,都是"时间改变了其描述",或者说"时间性谓词发生了变化"[①]。例如说某人"来",称"现在"与"过去",从现象上说首先应呈现为"来",然后出现为"现在",继而出现为"过去",人们根据这些变化的时间谓词的顺序,才说发生了变化。但时间本身并不就这样变化,时态谓词的交替,必然影响变化的内在时态,时间本身意味着人们可以把时间想象成一种变化,为了被描述,反过来又需要时态谓词的交替:描述将不可避免地成为无

---

① ROMANO C. Event and time [M]. New York: Fordham University Press, 2014: 4-5.

限的回归；因为假如认为时间是一种变化，那么就有必要再假设一个正在操作变化的时间，也就是说，时间将无限展开，而陷入一种必然无限回归的悖论。我们无法在描述时间的同时不把它想象成时间，想象成某种暂时的东西，客观上保持了时间与变化的差异，也即拒绝根据内在时间性（inner-temporality）来理解时间的每一种可能性。罗马诺认为，自巴门尼德（Parmenides of Elea）以来，各家关于时间哲学的解析尝试，总体上都未能挣脱这个矛盾。既然时间本身就是一种流动，那么探究什么使它成为一种永久的、不变的结构，便成为事件思想研究所必须面对的棘手问题。罗马诺认为，事物本身的变化是头脑中固有的一种变化，即期望变化为注意，注意变化为记忆等。从内在时间的角度分析时间，试图解开时间和主观性之间的联系，并不意味着回到纯粹"客观"的事件。这项事业更为根本地要求对支配人类主体性理解的前提提出质疑，以便对它们进行检验。罗马诺感到，在这个意义上的"主体"仍然困扰着胡塞尔的先验自我范畴，很大程度上也困扰着海德格尔的"存在"。他认为应当沿此深入发动"视界的改变"，从对时间形而上学的分析入手，最终使时间本身的解释成为可能，这可以并必须通过"以事件为中心的现象学"（a phenomenology centered on the event）来完成。① 时间性分析遂构成了对事件解释学的重新审视与深化。

对事件进行时间性分析，势必要深入追索事件涉及的主客体关系。事件消弭了主客界限，而融两者于一身中，这究竟是怎样在时间中做到的呢？马苏米的事件思想接续了这个关键的主题。

四、时间性的主客观织体

当代加拿大著名政治哲学家布莱恩·马苏米生于1956年，1987年获美国耶鲁大学法国文学博士学位，又完成了斯坦福大学博士后工作，目前任教于加拿大蒙特利尔大学通讯科学系。其研究广涉艺术、建筑、政治理论、文化研究

---

① ROMANO C. Event and time [M]. New York: Fordham University Press, 2014: 7.

与哲学诸领域,是晚近正愈来愈产生出世界性影响的情动(情感)理论(affect theory)的提出者。他对事件思想的论述,主要集中在出版于 2011 年的《相似与事件:行动主义哲学与当下艺术》(*Semblance and Event: Activist Philosophy and the Occurrent Arts*)一书中。这部著作吸收了怀特海的过程哲学、威廉·詹姆斯的"彻底的经验主义"思想及德勒兹与瓜塔里有关虚拟的学说,详细探讨了构成事件的主客观因素及其关系,为事件的时间性提供了关键的证明,从而推导出了事件的基本性质。

与罗马诺一样,马苏米也认为,有关发生了什么事的真相,应尽可能让观察者离开,而去到它中间。这是哲学思考必须开始的地方;因为在所有的直接性中,赤裸裸的活动体验,是指事件或变化的事实。开始思考生活,就必须以一种不可移去的积极的生活意识,从生活的中间开始。普遍活动转折为即将到来的事件的独异性(singularity),后者有一道弧线,通过自己的相位到达自己的高潮:一种动态的统一。世界的普遍感觉由此也构成了经验发生的直接维度,后者具有过程的双重即时性:

> 第一个维度是事件发生的关系维度(relational dimension),这一体验刚刚开始在它自己即将到来的活动中活跃起来。它是直接参与一个比其自身更大的活动世界方面的活动。……第二个维度——来自裸露活动的体验本身就是事件发生的定性维度(qualitative dimension):它的真实性。这一点作为事件的直接享受,它以它所做的方式将自己保持在一起,这不能不让人感觉到……事件的质的维度在于如何发生和共同感觉它现在展开的直接性,即如何-现在(how-now)。事件的质的如何-现在(how-now)是它参与其本身的感觉。这是一种正在展开的自我关系的感觉。如果说这种"自我享受"(self-enjoyment)是由事件本身形成的一种反映形式,它不仅仅是从事件中解脱出来,它是事件发生的一个重要因素。正是因为一个事件以这种神秘而直接的方式享受着它自己,它才能自始至终;也正是因为事件跟随着它自己,它才被认为是自我创造。①

---

① MASSUMI B. Semblance and event: activist philosophy and the occurrent arts [M]. London: The MIT Press, 2011: 3-4.

这里论及的事件的两个维度，明显分别侧重于主体与客体，但又处处消弭着两者的隔阂，乃是吸收了怀特海与威廉·詹姆斯的思想的结果。前者的过程哲学关注事件的双重性，认为事件对主客体性兼而有之；后者的活动主义哲学——"彻底经验主义"——受到同样的双重性影响，其基本原则是所经历的一切在某种程度上都是真实的，真实的一切在某种程度上又都是有经验的，连接关系和析取关系都涉及变化。对于彻底的经验主义来说，它们都是真实的，而且是即时的经验。析取关系被认为是一种自我距离，它来自参与准混沌的初始条件，是世界上活动的一般条件；连接关系则被认为是一种趋势与奋斗。把析取关系与连接关系对立起来是人为的处理，每一个经验的经历都涉及两者。马苏米认为，由此而来的连续性与不连续性，构成着绝对协调的即时感觉，就像我感觉到这一分钟是我生命的一个新脉搏，同时感觉到旧的生活延续到了它，那是一种不停感觉到新奇、和谐的持续感觉。这样，在行动主义哲学（activist philosophy）的中心，关系定性的双重性实为一种差异而非二分法：

> 它关注的是事件发生方式之间的一致性差异。这些差异的共同作用——没有均衡或消除它们的差异——构成了一种形成力量。正是这种力量提供了即将到来的体验进入其发生并作为其自身倾向的冲动。虽然活动差异从未被抹去，但它们对"和谐"的结果作了"整合"，共同组成了一种单一的统一效果，这是由于它们是不同地走到一起的。一个完整的行动和经验——一种自我享受发生的动态统一——从它们的冲动差异的能量发挥出来。这不是二分法，而是关系质变的双重性……它们建议的基本范畴是发生，既不是客体也不是主体——事件。①

马苏米指出，行动主义哲学对发生的强调，使其成为一种基本的非客体哲学。"这意味着物体的真实性并没有耗尽真实的范围。世界的真实性超过了物体的真实性，原因很简单，物体在哪里，也就有它们的存在；而在已经成为的

---

① MASSUMI B. Semblance and event: activist philosophy and the occurrent arts [M]. London: The MIT Press, 2011: 5-6.

地方，已经有更多的未来。一个物体的存在是从它的形成中抽象出来的。世界不是一个东西的大袋子。"另一方面，"行动主义哲学也不是主观主义哲学。它不预设一个主题，只预设正在进行的'某事'。从事件活动而不是主体的地位开始，行动主义哲学从根本上说是一种非认知哲学。认知主义的研究方法不是询问主体在做什么，而是询问主体对世界能了解什么，好像主体并不是已经在世界中出现，而是以一种反思性的方式看待世界，这是哲学工作要克服的。认知主义范式把主体等同于认识者，把客体等同于已知者"①。对马苏米来说，行动主义哲学并不否认主客观过程中存在着两重性，它接受两者的现实并肯定它们，但从事件的角度重新解释它们，将它们理解为在事件之间的传递以及连续的收获，"这使主客观问题成为一个时间问题（a question of time），牵涉多个事件。解决主体与客体的问题，成为发展行动主义哲学对多样性与时间性问题的一种方式，这是一个行动主义哲学强调变革的中心概念"②。而作为变化过程的这两个方面，行动主义哲学对主观与客观的反应方式，意味着过程表现出形成的两面性，那形成了分离/析取与连接/连续的兼容过程。这里的关键问题是，主观性何以能与事件的客观性融为一体？马苏米尤其强调对事件的主观性一面的正确理解：

> "主观性"并不是事件发生的先决条件，它是事件的自我发生形式，体验的动态统一是它的"主观形式"。实际上，没有"那个"主题，没有任何主题与事件分开，只有事件作为其自身发生的主体。事件本身是一种主观的自我创造，这种独特的自我享受的变化是如何发生的？……这种处理过程世界的客观和主观维度的方法将目标置于参与的偶然关系的尖点。一个经验的客观性（the objectivity of an experience）是周围活动的量子化（quantum），即将到来的经验有选择地占有自身，因为它分离成阶段，进入它自己成为的时刻。这样的物体在这两个场合之间不存在中继，不只是

---

① MASSUMI B. Semblance and event：activist philosophy and the occurrent arts [M]. London：The MIT Press，2011：6.
② MASSUMI B. Semblance and event：activist philosophy and the occurrent arts [M]. London：The MIT Press，2011：8.

即将到来的主题，它本身就存乎其中。……一个经验的"什么"在它达到高潮时才是完全可靠的。……一个经验只能在它达到顶峰时，才能确切地知道它是什么——这也是它"消亡"的瞬间。①

从中传达出的想法是，主观经验唯有不断处在一种基于前后发展阶段相连续的自我创造过程中，才能成为它自己，即获得自己的客观性，并由此从整体上展开"体验的客观性"。因为按马苏米的观点，"刚刚出现的经验是纯粹的，在非常具体的意义上，它'实际上是主观和客观的'行动主义哲学，相对于主体与客体的概念以及它们通常嵌入的认知范式的影响"，其"关键在于它是出于尊重生产过程中丰富的经验而作出的。在这方面，特别重要的是不要把'纯粹'的经验等同于'原始'的经验"。②后者作为一个过于快的判决，实际上没有获得对世界的复杂性的直接感知，因为它关注的是因果性、相似性、分类、联想与象征等意图因素的介入。感知世界需要伴随赤裸裸的主动经验，感受到进入下一个事件的方式。高潮即前一经验之所以成为自己的饱和点，它必须同时进入下一个经验，才在避免消亡中获得连续的生命。行动主义哲学拒绝承认主客体存在着根本分歧，也不接受它们的等级制度，它提出了自己的两重性：关系/参与和定性/创造性自我享受。

五、关系/参与和定性/创造：事件即审美政治

马苏米提出了一个独特的事件模式，他认为，过程的关系/参与（relational/participative）方面可以被称为政治，定性的/创造性的自我享受（qualitative/creatively-self-enjoying）方面则可以被称作审美。这两方面不是矛盾对立的，

---

① MASSUMI B. Semblance and event：activist philosophy and the occurrent arts [M]. London：The MIT Press，2011：8-9.
② MASSUMI B. Semblance and event：activist philosophy and the occurrent arts [M]. London：The MIT Press，2011：10.

因为在马苏米看来，思辨的语用情形，与如何在一个独异性变位中确定潜在的形状有关。过程中的差异性，最终表现为共同构成的力量，这个游戏总是具有推测性的。由此，过程的到来在某种程度上是个开放的问题，直至"最终表征"在其达到高潮时。在这一过程中，它在猜测未来会是何种样子，这种猜测完全是活跃的，经验就这样最终到达目的地。因此：

> 我们称之为"做政治"的实践，和我们称之为"做艺术"的实践，都是整体的审美政治（aesthetico-political），每一个审美政治活动都是整体的思辨性语用。①

马苏米称这种"审美政治"为"过程的政治性"（the politicality of process），一个过程的政治性，是它为自我创造的后继者效应所传递的潜在方式。一个经验的时刻决定自己留下的活动痕迹，为下一种实践提供了有利的条件，使之产生自己继任者自我享受的新颖性，换言之，经验能调节自己并形成超越自身的倾向，走向其它事件。由于基本的明晰性与独异性就来自事件自身，所以没有一个事件能以基本上预先定义它的方式来展开自己，它只能建设性地将形成潜能包含于其自身构成中。这种状态不以主观性面目出现：

> 它们拒绝被认为是"仅仅"主观的。它们创造了积极意义上的主观形式：事件展开的动态统一。它们与事件信息的政治性如此紧密地联系在一起，以至于它们把它们的创造力所处的任何领域都限定为一种正在发生的艺术。②

至此，马苏米借鉴皮尔士（Charles Sanders Peirce）与德勒兹的相关理论，尤其是德勒兹的虚拟（virtual）理论。马苏米强调虚拟世界不能被理解为潜在的

---

① MASSUMI B. Semblance and event: activist philosophy and the occurrent arts [M]. London: The MIT Press, 2011: 12 - 13.
② MASSUMI B. Semblance and event: activist philosophy and the occurrent arts [M]. London: The MIT Press, 2011: 14.

"空间"，毕竟它是事件潜在的成分，无法被视为独立的、沦为一个推测性实用概念的领域。虚拟不是一个理想主义的概念，它不与现实主义背道而驰。马苏米指出，德勒兹的"虚拟"对应于怀特海的"纯粹潜能"（pure potential），后者将"进入"作为经验的契机，作为一种个体发生的力量，在动态的、确定的经验形式(即事件的"融合")中合作，其潜在的进入活动是"激励"（energizing）。虚拟或纯粹潜能的概念的作用之一，是使惊奇成为一种普遍的、构成世界的力量。"惊奇"作为一种构成力的普遍性，使"现实化"的过程经历了一种存在的戏剧性变化。事件的动态形式是感知的，与其说在视觉中产生，不如说是"活的抽象"（lived abstraction）：一个有效的虚拟视觉的形状的事件。对事件的活的抽象是一种以线的非连续形状对正发生变化的情感的感知，是对事件的直接感知。

从这个意义上看，马苏米认为虚拟的问题与感官的抽象构成问题不可分割。主要是在这一点上，他探讨了虚拟问题，指出它作为一种思考生存技术的方式，在共同构成存在的力量中重组了感觉，在重构感觉时，通过行为捕捉到虚拟的过度现实，重新创造出这一点：在抽象中感受到我们的活的生活。这就产生了新奇的审美政治。这里的关键是始终保持虚拟作为每个事件发生的一致维度，避免将它看成现实与理想的二分后果，而视之为一种创造性的差异、一个本质上内在于每一种经验的成分，每一个经验由此都是一个活生生的抽象的时刻。鉴于虚拟的这种在事件中将主体与客体、现实与理想集于一身的综合性，马苏米强调，与任何形而上学一样，行动主义哲学许多时候必然要与悖论打交道，这是哲学思维形成的关键与极限时刻。悖论的极限体验成为哲学自我创造的动力。它是思维过程的自我调节而非逻辑上的矛盾，因为它已被积极地转化为创造性的因素，并同时内在于这个创造过程。虚拟的悖论可以表述为：从来不是真实的，但总是以某种方式在真实地行动。这与定性的/创造性的自我享受所带出的即时自我反省的悖论，乃是完全一致的：

> 经验从它们身上起飞，因为它把自己带入自己的事件中。这个事件本身就显现出来了，因为它已成为一个动态的统一体。它并没有显示出它从

中脱颖而出的差异,而变成了它自己正在展现的动态统一体。……在它自身事件的直接性中,闪电事件是绝对的,自我享受地沉浸在它自己发生的独异性中,这就是它所显示的。①

吸取了法国技术哲学家西蒙顿的有关思想,② 马苏米在这里反复申明,额外的效果并不作为"原因"与事件联系在一起,却产生出它自己的"纯粹个性"(sheer individuality)。在事件的概念中,条件元素的差异状态与它们的纯粹发生的动态统一,作为一种"小绝对"(little absolute)是联系在一起的,它被不同的人所制约,又是个人的绝对自我创造。这样,行动主义哲学意义上的关系不是通常所说的交互或互动,无法用关系的一般定义去描述它。它是一种"非关联关系"(relation-of-nonrelation)、一种动态统一的悖论。通过对怀特海过程哲学的进一步扬弃,马苏米指出,如果我们把这种非关系的概念应用到经验之间发生的事情,就会把经验当作差异来看待,结果是经验的场合不能说是真正地互相连接。它们可以说是聚在一起的,因为它们被相互包围在了一个更为包容的变化事件中,而这个变化事件以自身的额外存在的动态形式表达了它们的差异。这意味着不同经验之间的关系,是纯粹的创造层面上的效果,它有效地表达了经验事件的纯粹个性之间的不可分割的差异,而使之具备绝对性。这就保留了新颖性的出现,而确保了活动的原则。马苏米相信,这对于一种以生命形式的自主创造性为取向的"审美政治能动论哲学"(aesthetico-political

---

① MASSUMI B. Semblance and event: activist philosophy and the occurrent arts [M]. London: The MIT Press, 2011: 19-20.
② 吉尔伯特·西蒙顿(Gilbert Simondon,1924-1989),法国技术哲学家,毕业于巴黎高等师范学院,索邦大学哲学、技术学与心理学教授。师从法国哲学家乔治·康吉莱姆与梅洛·庞蒂,1958年完成其博士论文《形式与信息概念中的个体化》。主要著作有《技术对象的存在形式》《个体及其肉体——生物的起源》《心理与集体个体化》等。他对德勒兹、福柯、鲍德里亚、维尔诺与斯蒂格勒等哲学家都有过直接影响。在一个专业化程度不断提高、学科知识划分的时代,他立足于技术、科学、心理学与哲学相联系的全球视野,在法国启蒙运动百科全书的传统中,努力创造一种具体的哲学,以面对技术与社会、文化运动以及心理学的演变等问题。他发展出了一种情感哲学,试图理解技术变革对文明的后果。他的灵感来源于爱奥尼亚生理学与控制论。百科全书学家们试图追踪包含所有人类知识的球体的周长。对西蒙顿来说,这个不断扩大的领域的中心是哲学上的奇迹,它对自然与技术现象的起源感到惊奇,对产生与延续自然与技术现象的过程进行系统性审问。

activist philosophy)来说,① 具有明显的优势。

　　站在马苏米的角度看,经验总是创造出来的。每一种感知都是一种创造性的活动,最终发生在一个变化的事件中。感知是它自己的事件,它的"内容"是一种动态的形式,即它的到来。感知的发明本质上就是它自己,这是自我创造。它所对应、反映或者说代表的"外部"没有任何东西。所有知觉都是内在的——动物生命进入它自身的身体环境中。当我们看到一个"物体""在外面"时,我们看到的是我们自己生命的消逝的表象,是它自身发生的内在因素。如果我们有鉴于对象懒散地呈现在变化的过程中,而只专注于其庞大性,我们就生活在抽象世界中,从根本上成为了惯性的产物;因为我们习惯性地诱惑自己把事物称为与生活相反的东西,或者我们喜欢将其视为具体而非抽象的东西,这是哲学的祸根所在。活生生的抽象表达了自然的互动方式,马苏米总结道,归根结底,"思辨实用主义"(speculative pragmatism)这一行动主义哲学的思维属于自然,其审美政治性构成了一种自然哲学,表现出来的艺术是"自然政治"(politics of nature)。② 值得再加以审理的是,审美与政治在事件中如何以活的抽象方式兼容?

六、活的抽象、情感调性与恰到好处

　　在一般理解中,审美与政治似乎总是对立的,马苏米凭什么指认事件统一了两者而成为审美政治呢? 他曾借用怀特海的话告诉人们,事件的哲学是一种内在的"纯粹感觉批判"(critique of pure feeling)。这种感觉之所以"纯粹",是由于它无需任何主体在事件本身的一元发生的动态形式之外,情感使它做到这一点:

---

① MASSUMI B. Semblance and event: activist philosophy and the occurrent arts [M]. London: The MIT Press, 2011: 21.
② MASSUMI B. Semblance and event: activist philosophy and the occurrent arts [M]. London: The MIT Press, 2011: 28.

一个单一的生命力影响的多重性被包裹在事件的情感调性(affective tonality)中。情感调性是事件的表现包络，根据存在的技巧，它属于某个表达的泛型区域。生命力的奇异性影响着调节每个事件的一般音调，给它一种奇异的一般感觉，但这种调节被设计成保持在事件包络线的参数范围内。积极地说，这意味着活力影响在事件中产生共鸣，确保一定的强度。①

"情感调性"的提出，为审美政治在事件中的有机统一提供了基础。马苏米认为，正是情感确保着审美与政治不再分裂：

> 人类的情感是重新获得生活抽象的捷径。它包括将"在同一事件中异乎寻常地聚集在一起"的生命力强度转换为可重新计算、可编码或可形式化的内容。正是活力的过度影响(overabundance of the vitality affects)为这一点打开了道路。它们的多样性相互包含在整体感觉中，它们的独异性融入了对事件的一般性思维感受。在这一层次上，人们只能模糊地感觉到它们的多样性。正是这种对生活强度过大的模糊感知，转化为情感。②

这里体现出了马苏米的独特推论。按常理，生活是具体的、审美的，为什么说它是一种活的抽象呢？马苏米解释道，在生活中发生的情感，不可避免地伴随着"活力的过度影响"，它一方面形成模糊的情感感知，另一方面又总是由于对"过度"的意识，而同时展开着把"生命力强度转换为可重新计算、可编码或可形式化的内容"的过程，这一过程即马苏米所说的政治。编码与解码是语言论的思路，是对深层结构的祛魅，也是话语权力得以形成与揭示的依据，从这点看，马苏米以之为政治的落脚点，将政治与审美统一起来是言之成理的。这从他补充表示应当同时提防"审美事件价值被政治形态所俘获，转化

---

① MASSUMI B. Semblance and event: activist philosophy and the occurrent arts [M]. London: The MIT Press, 2011: 152.
② MASSUMI B. Semblance and event: activist philosophy and the occurrent arts [M]. London: The MIT Press, 2011: 153.

为政治威望价值"①，也能感到他对政治是作了自觉区分的，所说的审美政治并非外部现成意义上的（意识形态）政治。这也是"活的抽象"一语的含义所在：审美是活的，相对而言基于编码的政治则是抽象的。他进一步申说道：

> 这正是艺术以自己的方式成为政治的原因。……审美政治是一种探索性的发明政治，它不受外部定局的约束，不受外部定局的支配。正是它的悬念赋予了它这种自由。最可利用的潜力，已经得到了最令人欣慰的体现、良好的安置和有效的制度化，这些潜力的暂停为更多的潜力提供了一个机会。审美政治是"自主"的，因为它有自己的动力，不受制于外部的定局。它根据自己的内在倾向引导自己。它以它出现的动态形式创造自己的动力。明确界定自己为政治性而不主张艺术标签的实践可以被定性为审美政治，只要它们同样努力引导广泛而深远的事件价值，使其真正、有倾向地出现在当前的情况下。②

至此，马苏米总结道："独异性（singularity）指这个事件的'恰到好处'（just so）。"③ 何谓"恰到好处"？从上述理路中可以清晰看到，将"活力的过度影响"带出的"生命力强度转换为可重新计算、可编码或可形式化的内容"，使之不再过度，显然就是"恰到好处"。所以，事件的独异性，与其审美政治的实质是一致的。马苏米认为具备了独异性的事件仍具有一般性（genericness），一般性不同于客观同一性（objective identity），一个事件的一般性，是从它第一次发生起就具有的，它包含了曾经的抚慰以及更多的可能到来的因素，"更多"是对所发生的事情的感觉的一部分。换言之，它是一种处于动态变化中的相对稳定性。

---

① MASSUMI B. Semblance and event：activist philosophy and the occurrent arts [M]. London：The MIT Press，2011：56.
② MASSUMI B. Semblance and event：activist philosophy and the occurrent arts [M]. London：The MIT Press，2011：53-54. 着重号为笔者所加。
③ MASSUMI B. Semblance and event：activist philosophy and the occurrent arts [M]. London：The MIT Press，2011：112.

这样，审美与政治这两种看似长期对立的研究范式，在事件中便通过情感而有机统一了起来。我们不难感到这一步成果的重大意义。沿此以进，文论从马苏米上述论证中将能受惠之处，自不难得到充分的估计。

七、2019 年新进展：并行进化以及身体事件

活的抽象及其事件后果——审美政治，在深层次上体现出马苏米思考事件问题时的思维方式。他出版于 2019 年的新著《无法预见的建筑：突发艺术论文集》(*Architectures of the Unforeseen: Essays in the Occurrent Arts*)，进一步接续了对这种思维方式的阐释，并围绕当代建筑艺术，对事件在统一两种看似异质的要素这一点上的身体性特征进行了探讨，可以视为其事件思想的最新进展。他吸收了德勒兹与瓜塔里在《千高原》(*A Thousand Plateaus*)中的相关概念，于导论中开宗明义地提出了"并行进化"(aparallel evolution)的思想，认为"有问题的重叠区域比起放置接触点来是更好的安置它的方法。彼此陌生的两个过程可以在构成两者的问题中紧密重叠，而不必以任何形式相互模仿甚至共享内容"，两者最终都将以其自身有问题的方式吸收对方并形成潜能，使重叠产生分叉，以"保持形成距离的内在艺术"。[①] 这已经是颇为透彻的表述了。马苏米由此重申，他从不根据外部标准来判断作品的美学品质或社会/政治价值，而重视两者之间的过渡现实，认为这种过渡现实是虚拟现实。审美政治在事件中获得统一性实现，靠的是虚拟。这贯穿起了他在德勒兹等思想家影响下形成的基本思路。

马苏米运用颇具特色的语言来描述这条思路。他指出，在同一虚拟空隙中的连续性原子，由于缺乏规模或位置，严格而言在空间上无法区分，称它们的相互包容为空间，是不恰当的。我们最终得到的图像，是在虚拟叠加（virtual

---

[①] MASSUMI B. Architectures of the unforeseen: essays in the occurrent arts [G]. London: University of Minnesota Press, 2019: viii.

superposition)状态下不断区分连续性原子所形成的。从与主体意识的关系角度来看,意识在事件上述虚拟叠加的连续性中减弱,替代它的意识上升后,会发生一小部分的中断,导致缝隙中发生的微小事件不会被自觉地记录下来,看似盲视的这一过程,对发生的事情作出了一种定位。显示得太快以致落入注意力间隙的词,固然不容易被记住,但其情感语气将被记录下来。马苏米认为,尽管虚拟事件发生在注意力的非常规事件之中,仅在它们逐渐产生的调节作用中出现,但这些带有差距的事件同样可以被感觉为真实。因为,与事件有关的体验,不只是从虚拟事件的无感觉的运动到感性感知的实现那样线性化和简单,即使已延伸到了下一个阶段,经验也缩回其生发障碍的区域,将自身作为系列性的持续变体,包括用相互重复的虚拟事件去填充事件发生的瞬间,即使它们彼此绝对是单个的,也可以在这种填充中相互吸纳彼此的差异。这种构型与拓扑的接近之处不难辨识,拓扑学研究几何图形或空间在连续改变形状后还能保持不变的一些性质,启发了马苏米从建筑艺术角度入思,展开事件的推演。

他以林恩(Greg Lynn)的建筑作品为例,详细分析了后者何以正在成为建筑的拓扑结构。这种选择自有其用意。在人们通常的理解中,建筑最为典型地体现了内部与外部的分割,看起来似乎是很难用连续性虚拟叠加来解释的。但在马苏米眼中,林恩的作品显示了建筑将自身描述为无止境的运动。作为有限制的事件,它的身份将延迟出现,然而体系结构将自身作为其持续变形,又是其自身的连续变化。建筑的"内部性"概念,被林恩落实在了可操作的、与"外部性"(技术、历史、社会、个体等)的连续性关系中。虚拟是贯串它们的一切。当所有这些元素被有效地融合为一个运行中的事件,所谓的持续时间便是新出现的虚拟运行的同义语,建筑本身也由此呈现为一种虚拟技术。马苏米发现,当林恩提出"建筑折叠"的呼声时,他并不是指一种新风格,每个事件在其内部变量或其内部变量与外部约束之间,或多或少都有机会相遇,即通过整合外部约束,将它们转换为内部增长因素,保证整个过程的持续与开放,哪怕中间出现停止问题,那说到底也是个持续的问题。马苏米在这里关心的是,迭代变化的拓扑事件以何种方式与人类物质及其运动栖息在了实际的建筑物中?他给出了一段不乏诗意的、集中描绘内部与外部在建筑中获得事件性统一的话:"集中在讲台上的照明效果使牧师感觉像上帝一样。照明点之间的切换同时切换了牧师的工作人员的心情,从繁重的工作穿过城市到教堂,然后停放并找到一个座位,再到提高服务水平。它使教区居民对布道旨在唤醒的鼓舞性叙事和联想链转变为接受状态。鳍片具有双重触发功能,不仅可以在感知效果之间切换,而且可以在感知水平和符号之间切换。这确实具有潜力,但是虚度较低(如船体);因为它不会触发变身。它确认或至多强化了空间作为礼拜场所的常规定义和功能。它使教会更加'喜欢'它的外观(与它原来的工厂相反,并且其记忆在翻新设计策略中得以保留)。在拥挤的宗教梯度领域中,分离的操作比已出现的意义上的通用类型更着重于既定类型。值得注意的是,韩国长老会教堂内建的光学效果引发了象征性的联想,而林恩则如此谨慎地捍卫了其整个设计过程。象征主义采取光学效果的形式,像所有光学效果一样,其外观与外观条件脱颖而出。它从生产中弹出,并占据一个单独的平面。在这里,它从单数形式弹出到一个体裁中。"① 马苏米尤其感到,光学效果在林恩的建筑中的出现是个事件,它激活了建筑,也使看似偶然的因素克服了传统框架的装饰物——结构二分法,呈现出一种统一的突出效果。马苏米觉得,到了这一步,建筑便成为了一个"身体事件"(body-event),其自身具有动态形式,所有形成自身的相关因素获得了协调,其特征是"真实而抽象"②。马苏米以类似于德勒兹"内在性平面"的理论视角指出,文化领域必须被视为虚拟事件所构成的这种抽象表面。这一来,折叠成强烈的情感内容的事件便以身体为自己的有效生命:

身体是事件的生命。③

建筑同样符合这一点。马苏米也承认,与建筑相关的事件通常被归类为内

---

① MASSUMI B. Architectures of the unforeseen: essays in the occurrent arts [G]. London: University of Minnesota Press, 2019: 38.
② MASSUMI B. Architectures of the unforeseen: essays in the occurrent arts [G]. London: University of Minnesota Press, 2019: 93.
③ MASSUMI B. Architectures of the unforeseen: essays in the occurrent arts [G]. London: University of Minnesota Press, 2019: 94.

部的家庭与外部的城市,但他提醒人们注意,建筑是具体形式可见的变身事件的动态形式,而不仅是内外部的分隔,两者之间不存在隔膜,而存在活动膜。因为一座建筑的墙壁、屋顶与地板,在两边的开放区域之间建立起通道,使人进出时可以在家庭事件与城市事件之间自然地切换,两者相互影响、调节与融合,呈现为"身体的抽象表现主义"①。建筑由此不是一个结果,而是自然的过程。马苏米继续举例说,体育场是一种建筑体事件,它没有内部或外部,只有节奏出现在抽象的表面上,并拒绝捕获它的各种冲动。马苏米以接近德勒兹的思维推论道,感知无非是抽象表面上的一种生成运动,该抽象表面具有自己的外观,在此意义上,感知即一种表面效果,或者说即他前期所说的"活的抽象":

> 建筑的具体表面与感知的抽象表面是相互的。它们以多种方式彼此折叠,融合在一起的整体效果作为身体事件而存在,而不会以任何方式模糊抽象表面与混凝土表面之间的本质差异。……建筑的感性,具体的表面和感知的抽象表面挥舞着强烈的情感物质,在建筑表面上无意义地记录着建筑的身体事件,它们是同一拓扑结构的两个方面。它们像莫比乌斯带的两侧一样亲密无间。②

用身体事件阐释建筑的性质,给人审美的感觉多一些,审美因素作为在事件的各个维度之间瞬间扫过的一种动态文化行为形式,在马苏米看来活泼地充满了真实而纯粹的潜力。这种审美性会不会消解建筑艺术的政治性呢?这是马苏米紧接着摆出的议题。他设问道,在这种拓扑式的建筑设计过程中,政治作为形成因素进入了哪里?其能否不以外部框架的形式约束性地施加给过程,而成为过程固有的主动性?尽管林恩本人对这个问题保持了沉默,但马苏米认为,其对身体的看法孕育了答案的方向,那就是"身体事件永远不会中立"③。

---

① MASSUMI B. Architectures of the unforeseen: essays in the occurrent arts [G]. London: University of Minnesota Press, 2019: 50.
② MASSUMI B. Architectures of the unforeseen: essays in the occurrent arts [G]. London: University of Minnesota Press, 2019: 55.
③ MASSUMI B. Architectures of the unforeseen: essays in the occurrent arts [G]. London: University of Minnesota Press, 2019: 76.

其论证要点是：身体事件产生出的影响力，在由隔膜引起的拉力场中分布不均匀，设计过程的吸引力与排斥力之间的差异，随着经济与文化差异而以不同的方式进一步传递后续效果（这一点触及了政治的关键——话语区分及其文化政治后果），设计的情感力消失在一个复杂的景观中，在整个景观中，其影响是不均匀分布的，并在质量上有所不同，转导过程只能在这个政治层面上继续下去而反复进行。除了林恩外，在这部新著的第二章中，马苏米还对拉斐尔·洛萨诺-海默(Rafael Lozano-Hemmer)的建筑设计工作进行了一定的分析，认为后者与林恩的作品一样，都始终明确地整合了政治因素，即形成了一种关系建筑，在其中：

  身体事件是人类身体的端口。这是一个可以重新受到政治欢迎的政治起点。①

我们看到，马苏米的事件思想自始至终有着十分集中的理论重心和指向，总体来说紧紧围绕作为事件的审美政治而层层推进，而且愈往后，愈自觉地从思维方式的根基上深化这条主线，成功地将德勒兹等欧陆思想家们的事件论拓展到英美学界，在具备经验论优势的传统中，接续和扩展了事件研究，其在当今国际学界引起越来越多的关注，因而并不是偶然的。鉴于国际前沿"情感转向"趋势的深入展开，他的还在继续发展的对事件的思考，可以被预期成为未来人文学术研究的一个热点。

---

① MASSUMI B. Architectures of the unforeseen: essays in the occurrent arts [G]. London: University of Minnesota Press, 2019: 76.

第十二章　事件研究在东方
——小森阳一、伊莱·罗纳与我国学界事件论

事件思想总体属于西方原创思想这一客观事实，不意味着东方学界与之隔膜。日本学者小森阳一研究了作为事件的阅读；而以色列当代年轻学者罗纳的声名虽然暂时无法与年长一辈的学人相比，但他出版于 2015 年的《事件：文学与理论》一书也醒目地建构起了一种系统的文学事件论，通过扬弃事件思想迄今的多重面相，从正面深入探讨事件与文学相关联的必然性、成因与原理，并展示出相关研究的线索，提供了值得我国学界借鉴的动力，也带出了值得进一步探讨的问题。近五年来，我国学界也从事件的角度展开了多角度的文学批评，探讨了将事件思想运用于文艺批评的前景，试图以此重构文学的独异性，在当今赋予其新价值与积极使命，表明事件思想及其方法论同样正在持续引起中国学术界的兴趣。

一、语言与体验：作为事件的阅读

1953 年出生的日本当代著名文艺批评家、东京大学教授小森阳一，于 1996 年出版了其根据课程讲义撰著而成的《作为事件的阅读》(*Reading as an Event*) 一书，给出了对事件的东方化思考，也展示了事件思想在东半球的研究实绩。

小森阳一至少在三种含义上使用了"事件"一词，而有所侧重：(1) 有时

他用这个词指一般所发生的、作为名词与已完成情况的较大事情，因此它在时间上已经过去了，以至于有"事件当时的时间性"这个客观事实，① 以及"被叙述事件"与"所叙述事件"的必然后果。②（2）有时他又用这个词指某种不确定的、还未发生的情况，并以精神分析学的"本我"来阐释之，将它阐释为"我之外的某种事件，这一事件既不能在语言之网中定位，也不能作为知觉感觉经验对象被认识"。③（3）当然，在除此以外的大多数情况下，他则用这个词指我们本书中提及的事件思想，即在阅读行为中发生出的、由于语言和感觉体验不一致而形成的"格斗事件"：

> 所谓阅读，往往就是表述者与读者各自的语言系统及规则之间一连串充满矛盾的格斗事件。
> 这里所说的事件，是指突如其来地，且十分偶然地发生了一种所有人都始料未及的情况，而至于情况本身，哪怕事后试图说明清楚，却既不能完全转换成语言，也不能从因果关系上予以定位。④

作为一名长期从事文艺批评研究的学者，小森阳一的事件论在浅层次上吸收了接受美学的基本思想，在深层次上围绕语言论的学理精神而展开，聚焦的是读者阅读对文本的重新唤起、激活及在这个过程中创造出事件的核心问题。为此，他主要选取夏目漱石（Natsume Souseki）的小说《矿工》（Miner）为例展开论述；因为这篇小说对阅读中的事件性的召唤在他看来是颇为典型的，不仅主人公与他者之间充满了话语的格斗，而且作为叙述者的主人公还每每与过往的自己形成多重分裂，从而打破了稳固的个体形象，期待着阅读行为对自身的重新建构。在小森阳一看来，这些事件性因素在过去的阅读中是被遮蔽了的，这篇谈不上影响很大的小说，把它们集中在一起，开创了日本现代散文的一种新文体，他称之为"写生文"。这种新文体究竟是否有必要被专题化值得商讨，

---

① 小森阳一.作为事件的阅读［M］.王奕红，贺晓星，译.南京：南京大学出版社，2015：115.
② 小森阳一.作为事件的阅读［M］.王奕红，贺晓星，译.南京：南京大学出版社，2015：164.
③ 小森阳一.作为事件的阅读［M］.王奕红，贺晓星，译.南京：南京大学出版社，2015：119-120.
④ 小森阳一.作为事件的阅读［M］.王奕红，贺晓星，译.南京：南京大学出版社，2015：4.

它属于日本文学领域的研究课题。从事件思想史角度看,我们关心的是它所引出的作为事件阅读的两个方向,一是语言性认识总不可避免地将知觉感觉用括弧给括起来,二是语言性认识对知觉感觉的多样化时空关系的改变。这抓住了阅读事件的关键。

小森阳一明确指出,"写生文"提出的根本问题,在于能否用语言来表达如其本然的阅读感觉知觉体验。这中间必然进出的裂隙,实乃事件之所系。他由此认为,包括《矿工》在内的夏目漱石的一系列作品,成功地实践了"写生文"在创造事件方面的潜能。具体地说,尽管"石头"这个抽象的、表示类别的词,被用来描述一种与石头有关的感觉时会显得生硬,但至少可以通过两种方法来尽量克服这种缺陷。

一是运用比喻(类比、排比)来构成语言实践,使现实中的石块引起的感觉、知觉获得尽可能不流失具体性的综合判断。为什么进行比喻就能在相当程度上避免语词的抽象化倾向所造成的感觉体验的流失呢?小森阳一作了一种较为特别的说明:"至少在比喻层面,如果两个异质性的东西因其相似性和类缘性,用语言串联成仿佛一个东西,那么就会在不证自明的语言概念化作用上形成一道豁口,意识就会围绕异质性的东西为何会整合在一起去展开思考,因此,可以看出,利用这一点,这种方法试图创造出一种唤起更接近知觉、感觉体验的图像。"[①] 一般把语词还原为形象的策略,都从想象性入手,这里认为靠对于前后本体与喻体的"思考"就可以"创造出""知觉感觉、体验的图像",等于认可了依凭理性来进行感受体验,从整个事件思想史发展轨迹看,这不能不说是一种显得颇为奇异的解释,而并非无可置疑。

二是采取"将一个对象进行无限的微分化处理后再进行认识"的方式,[②] 这归根结底是意识如何显现的问题。小森阳一借鉴了数学上的微积分术语,将微分与积分视作感觉体验与语言化的张力结构组成,形象地描述道:"通过这样的微分式叙述,把实际仅仅是一两秒发生的事情,像用慢镜头那样,拉长到读书体验所需要的将近一分钟时间,然后又通过语言,再次积分式地表明这

[①] 小森阳一.作为事件的阅读[M].王奕红,贺晓星,译.南京:南京大学出版社,2015:160.
[②] 小森阳一.作为事件的阅读[M].王奕红,贺晓星,译.南京:南京大学出版社,2015:146.

是瞬间性的行为,尝试将读者的经验记忆统合起来,置于部分与整体的交互作用之中。"① 这意味着,阅读应当唤起充满微分化的知觉、感觉体验的语言,借此对被某个概念暂时僵固了的对象进行重构,使叙述成为感觉化的。"写生文"就旨在建立语言与直觉体验这两者之间的通道,即"通过怀疑通常我们以为用语言能够表达什么,通过不断微分式地表述语言表达与知觉、感觉体验之间的距离,暴露语言表达之不可能性"②,使这种不可能性的暴露成为事件。换言之,事件发生于语言重新不断地向感觉体验生成的那些临界状态中:用语言将沉没于意识黑暗中的知觉体验暂时性地拉到显性层面上,实现暂时的概念化,但迅即意识到这并不充分和并不可能,于是又从语言的暂时性状态中下降至对对象的知觉体验,如此这般反复来回。因此,可以用语言的不充分和感觉体验的溢出,来概括小森阳一的这种事件思想,其启发性是毋庸赘言的。同期另一位日本学者也提出"从意义上解放文学,从根本上把事件性作为问题"的研究目标,③ 集中凸显了这一主题。

当然,这一事件观也在整体与局部上,留下了某些疑点。从整体上看,小森阳一所谈到的上述来回往复,应该说是任何阅读活动都具备的,是一种常态,语言与感受体验的不对等的距离,早已被证明是一个客观存在的事实。那么,我们有理由追问,假若这样来解释事件,仅仅只需排除个别极端性的消极状态(如眼到心不到、有口无心),阅读本身就成了事件,这便把事件界定得过于宽泛了。就局部而言,他提及的一些使事件得以形成的因素,反过来也可能蕴含某种负面效应。比如,寄希望于用比喻来克服语言与感受体验的豁口,便值得深入研究;因为按德里达等学者的分析,比喻或者说广义的隐喻,也正是形而上学的一个来源。哲学总是试图兑现通过概念与话语捕捉到世界的真理性承诺,即相信用语词可以捕捉到物,这从广义上看是一种亚里士多德在《诗学》中所说的隐喻方式——"用一个表示某物的词借喻他物,……其应用范围包括以属喻种、以种喻属、以种喻种和彼此类推"④。哲学家相信通过隐喻回归原初的存在起点是可能的,种种形而

---

① 小森阳一.作为事件的阅读 [M].王奕红,贺晓星,译.南京:南京大学出版社,2015:150.
② 小森阳一.作为事件的阅读 [M].王奕红,贺晓星,译.南京:南京大学出版社,2015:182.
③ 小林康夫.作为事件的文学 [M].丁国旗,张哲珺,译.北京:知识产权出版社,2019:247.
④ DONOGHUE D. Metaphor [M]. Cambridge:Harvard University Press,2014:61.

上学意图都为此而发,但既然始终只能是借用性的隐喻,这种回归实际上便无法做到,而成为一种形而上学的预设。作为隐喻方式的形而上学哲学,始终以相似性而非同一性现身,永远无法达至它试图达到的现场,只能在他物周围"绕行"①。及物的允诺与不及物的实质发生龃龉,对形而上学来说无疑是遗憾,以至于有人早已认为"形而上学的系统尤甚,它在本质上是一个比喻的系统"②;所以,从比喻来推证事件是需要小心的,其合法性值得打个问号。这些不能不说是我们在分析小森阳一带有东方化色彩的上述事件论时,犹感未周之处。

二、从概念、参照系到事件的出场

与小森阳一着眼于事件的人文性质不同,生于1979年的以色列青年学者伊莱·罗纳关于事件的研究,在视野上主要围绕当代法国展开,并延伸至欧陆其它国家,这自然与其学术经历有关。他曾在巴黎学习法国文学,师从克里斯蒂娃并获得巴黎第七大学与以色列巴伊兰大学博士学位。目前,罗纳任职于以色列特拉维夫大学,从事文学研究以及创作与翻译,首部小说《背弃者》(Deserter)获得积极好评并入选了著名的萨丕尔奖(Sapir Prize),对克洛德·西蒙(Claude Simon)作品的翻译也正在进行中。其《事件:文学与理论》一书在美国的出版,引起了学界的关注。

作为一个出现频率已不低却似乎仍众说纷纭的概念,究竟何谓事件?在此基础上该如何界说文学事件?前者过渡至后者的学理通道何在?这些是摆在罗纳面前的首要问题。

基于词义源流所显示出的未知性,罗纳开宗明义地将事件界定为现象学-本体论概念。③ 这意味着尽管从形式上看,接下来他将重点探讨的"文学事件"

---

① DERRIDA J. Margins of philosophy [M]. Chicago: The University of Chicago Press, 1982: 270.
② M. H. 艾布拉姆斯. 镜与灯 [M]. 郦稚牛, 等, 译. 北京: 北京大学出版社, 2004: 33.
③ ROWNER I. The event: literature and theory [M]. Lincoln: University of Nebraska Press, 2015: 1.

似乎只是一种分类意义上的事件，但本体的唯一性，决定了事件所由以生成的动力及其命名上的定语并不存在多元的、可任选的平等性，不来自历史、叙述、医疗与司法等类别领域，① 只来自文学。这也是《事件：文学与理论》书名的深意。其导论第一句话便表示，本项研究的主旨是要重新思考事件的概念并使之"关联于文学文本"②。为阐发这一主旨，首章对文学事件与历史事件、叙述事件这两个参照系首先进行了详细的比较。

历史事件与叙述事件都并非现象学-本体论意义上的事件，而是权宜意义上仅用以比较的类别事件。在罗纳看来，介入历史事件研究的典型代表应推保罗·利科与伽达默尔。利科在《时间与叙事》等著作中认定，历史唯有作为叙述时间插入后的结果才能获得意义，没有一种历史知识能绝对离开叙述的可理解性而存在。这种观念，是对传统实证史学与以布罗代尔为代表的年鉴学派的同时超越，它将历史视为一种现实的话语实践，影响了稍后兴起的新历史主义。与之类似，伽达默尔的解释学提出了效果历史观，也融当今观念于历史中。前者被称为叙述解释学，后者被唤作历史解释学。在肯定两人思想合理成分的基础上，罗纳提出三点质疑：首先，对伽达默尔来说，事件究竟依托于其自身的发生还是仰赖于历史学家的观点？其次，对利科而言，事件观念也仿佛是可伸缩的，它到底是自行产生出富于意义的目标呢，还是呈现出带有后见之明的新意义来？最后，更重要的是，两人在掩盖事件的独异性(singularity)上如出一辙，都取消了事件所应有的非规则性(irregularity)、不可预期性(unpredictability)与偶然性(contingency)，因为两者既然都将事后的观念注入历史，便不可避免地、几乎必然性地回避与忽视了事件本身所强大迸发出来的、原汁原味的力量与意义。

罗纳进而比较叙述事件。介入叙述事件研究的典型代表，则是一批可以开出可观名单的形式主义者与叙述(符号)学家，不同程度进入其考察视野者，有托马舍夫斯基(Thomaschewski)、洛特曼(Lotman)、热奈特、格雷马斯(Algirdas

---

① ROWNER I. The event: literature and theory [M]. Lincoln: University of Nebraska Press, 2015: 204.
② ROWNER I. The event: literature and theory [M]. Lincoln: University of Nebraska Press, 2015: 1.

Julien Greimas)、托多罗夫(Tzvetan Todorov)与罗兰·巴特等,当然还包括对叙述结构作了古老认定的亚里士多德。这些人同样不具备引出事件的旨趣,因为他们都主要捍卫叙述的一致性与连续性,而相对忽略了对事件来讲更为本质的东西:"只有对将要到来的世界的召唤,才是一种真实的行为。"① 比如亚里士多德的叙述模式观坚持认为,事件只有作为对整体秩序具有贡献的一个部分才有存在的意义;洛特曼也相信一个事件是可能不存在的东西的依然存在,除了对亚里士多德的苛责稍显片面外(亚里士多德提出诗比历史更哲学,未曾将可能性逐出视野),这里认为前期叙事学在整体上匮缺对未知性的必要看护,是切中腠理之论。在对这些学者的思想进行清理后,罗纳表示,现有诸般解释都片面维系于文本的情节结构模式等单一因素,事件却应被从不同的方向上看待为作品中的"非空间"(non-place)与情节中的"非行动"(non-action)。他援引南希在《事件的惊奇》一文中的说法,称事件为"生成中的惊奇"(becoming-surprise),是面对各种先入之见发生轻微的失常,从而获求生成性存在的暴力行为,② 道出了他心中事件极有别于上述叙述事件的不凡魅力。

对事件的独异性特质的强调,与事件思想谱系中一些著名学者的主张自有承继之处。在此,求同而存异,罗纳提出了更为具体的事件三原则:一是,事件暂时悬置情节信息、作家生平背景与作品政治现实等因素,而关注作品中的"非规则时刻";二是,事件"让独异性穿过语言与真实之间的不稳定界限而发生出来,不被归诸连贯结构";三是,事件涉及"作品中不断的虚拟变化"。③ 它们合起来保证了事件既作为必需通道,又作为正进行中的变形(ongoing metamorphosis)的两重性。变态是与常态相对的,既然出现了两者的比照,以往那种每每立足于某单一要素来阐说事件的做法便失之于偏狭,而值得引入一种兼容两元的图形来更为合理地揭示事件的真谛。

为切实有效地找到这个图形,罗纳采取的做法是先来考察欧陆学界已涌现

---

① ROWNER I. The event: literature and theory [M]. Lincoln: University of Nebraska Press, 2015: 24.
② ROWNER I. The event: literature and theory [M]. Lincoln: University of Nebraska Press, 2015: 24.
③ ROWNER I. The event: literature and theory [M]. Lincoln: University of Nebraska Press, 2015: 38-39.

的前期事件思想。他围绕超越与内在这两条事件性主线,对以海德格尔、布朗肖与德里达为代表的前者,以及以德勒兹为代表的后者,依次进行了梳理、评析与取舍,形成了对这四重面相的扬弃工作。这一工作同时具有三方面的意义,既颇为难得地在学理视野上向我们点出了探讨文学事件所需经眼的重要相关国际文献,包括若干尚未汉译之作,又相对客观地还原出事件性思想谱系中不同代表人物的运思精华及其前后学理演变的逻辑,还让我们看清了他自己是如何在上述清理的基础上吸收与发展前人建树的。这三点在以下叙述中贯穿为一体。

三、扬弃德里达与德勒兹事件论

罗纳注意到,无论海德格尔还是布朗肖,两者谈论事件时,在从正面提供并维护一种确定性力量这点上是一致的,只不过前者是存在的发生,后者是文学存在,那么被他们似乎不同程度地忽略了的差异性,对于事件的生成有意义吗?循着这一提问,德里达很自然地成为了罗纳文学事件论的重点考察目标之一。

德里达在罗纳看来赋予了写作以具体而动态的表现,即在思想的限度与边缘之处写作,使之成为笼罩于问题之中的颠覆性力量。德里达从更为激进的差异(difference)角度,把海德格尔的居有事件概念复杂化,认为"事件的事件性植根于不可能经验",是与非居有(expropriation)的相遇,由此倾心于事件的不可预知的现身及其"创伤性身体症候",而与形而上学的传统逻辑进行细致的解构主义对话。[①] 罗纳勾勒出了德里达事件性思想的三个关节点,即"不可能事件"、他者性与写作,并如前面第七章所述,特别结合奥斯汀的言语行为理论,分析了德里达所提出的写作事件(writing event)。他进一步的问题是:光讲差异够不够?差异的背后还需要和值得有本体之物吗?依循这样的学理演进逻辑,接下来便应在德里达开启的差异方向上,进一步探究差异中的本体性效

---

① ROWNER I. The event: literature and theory [M]. Lincoln: University of Nebraska Press, 2015: 96.

应。德勒兹承担了这项深深影响了罗纳事件思想的工作。

在触及这一点时,罗纳把"作为发生中的未发生方式的身体存在"概括为双重本性,即以布朗肖与德里达为代表的超越性(transcendent)与以德勒兹为代表的内在性(immanent)。① 前者强调事件中上演着的绝对他者,其根本上是将要到来而一直还未到来的、不可能或者难以理解的经验。后者则让事件以可区分与辨识的面目发生出来。前者的超越性关注完成中的未完成,故而在布朗肖与德里达看来,这样展开着的文学行动是一种"死亡了的身体性"(dying corporeality)。后者却相反,认为未完成是一种尽管虚拟却仍真实的完成,故而将文学行动辩护为"生存中的身体性"(living corporeality)。② 罗纳于是还原出了对他影响最深的思想来源,即德勒兹关于事件的、基于一种不同哲学传统的本体论思索。

罗纳察觉到,德勒兹的本体论吸收了斯多噶哲学、斯宾诺莎(Baruch de Spinoza)哲学、尼采哲学、柏格森与福柯哲学等养分,而集中于三条原理上,即内在性(immanence)、多样性(multiplicity)与分化性(differentiation)。这三点都是德勒兹心目中事件的组成部分,事件在他看来是"感觉的创造与真实的物质运动之间的生产性结合(articulation)",或者说"物质与思想力量在不稳定分歧(unstable divergence)中的集聚"。③ 罗纳分析道,德勒兹与亚里士多德,以及海德格尔的根本区别在于注重鲜明的分化行动,他主张的事件是"一种真实的存乎理想的过程,在其中,生存的独异性与多样性超越了任何立足于某个潜在整体的推测"④,对这一目标的达成,离不开以"有限而真实的发生中的无限性流动"为特征的内在性。⑤ 吸引罗纳的核心概念"内在性平面"(plane of

---

① ROWNER I. The event: literature and theory [M]. Lincoln: University of Nebraska Press, 2015: 40.
② ROWNER I. The event: literature and theory [M]. Lincoln: University of Nebraska Press, 2015: 41.
③ ROWNER I. The event: literature and theory [M]. Lincoln: University of Nebraska Press, 2015: 33.
④ ROWNER I. The event: literature and theory [M]. Lincoln: University of Nebraska Press, 2015: 33-34.
⑤ ROWNER I. The event: literature and theory [M]. Lincoln: University of Nebraska Press, 2015: 34.

immanence)被视为德勒兹对事件思想的独特贡献。这个概念不旨在绝对地超越现实,而是将思想的可能性维系于具体现实的表面(surface)。内在性平面作为无限流动着的表面,是一个涉及无穷突变与多样性的本体性概念,由于不受任何先验力量的支配与控制,它便不属于具有稳定系统的理性活动。① 流动的表面蕴含有一种未经固定的混乱(chaotic)因子,如果哲学是思想操练,它便必然面对这种作为内在动力产生出各种"边界"与"孔穴"的混乱因子。这种失序作为混乱之流经过裂隙,破坏性地迫使思想对自身进行无限的再创造。② 思想中没有规则与永恒之物,它只向由混乱因子发起的、非成形的构成物开放,把自己交给一系列活跃的与实际的事件的多样性,也就被事件赋予了独异的新意,因为事件的生成来自独异性要素的持续重新配置。只有当关于存在的确认源自多样性的无限力量,其蕴含的事件及其独异性才能脱离一切强加于它之上的分类秩序而变得不可预见,并不断创建新的感觉体系。③ 罗纳由此发现,德勒兹试图建立的是一种建立在多样性基础之上的本体论。他将德勒兹上述"内在性平面"思想概括为"神奇公式:多元论=一元论"(pluralism=monism),特意加注解释其意为"存在只在一种情况下将自身分为多重维度,这就是每一维度也同时发生着变形(transmute)"④,他援引德勒兹的论述,认为处于这种持续不停的生成中的现象"不从属于任何高度或深度,仅为表面效果,表面的不可分割性即为其恰如其分的维度……一从表面落地便变质了"⑤。德勒兹由此走向了何方呢?

罗纳进而察觉到,德勒兹拒绝追随以柏拉图主义为原型的超验路向,不接受理念与其复制物、可知与可见、永恒与暂时等二元论的传统模式,而是

---

① ROWNER I. The event:literature and theory [M]. Lincoln:University of Nebraska Press,2015:122.
② ROWNER I. The event:literature and theory [M]. Lincoln:University of Nebraska Press,2015:123.
③ ROWNER I. The event:literature and theory [M]. Lincoln:University of Nebraska Press,2015:124.
④ ROWNER I. The event:literature and theory [M]. Lincoln:University of Nebraska Press,2015:262.
⑤ ROWNER I. The event:literature and theory [M]. Lincoln:University of Nebraska Press,2015:125-126.

首先"检审本质世界与现象世界的相似性",跟着"打破从存在的原初根源衍生出的现象多元性,以使人思考建立在多元基础上的本体论"①,进一步用虚拟(virtual)与实际(actual)这对形似词阐释事件运作的上述机理。② 任何现实运动都是虚拟化的产物,尽管我们又得通过思考现实情形达成虚拟化,具体的事实事项保证着虚拟的现实性,但思想的任务是将虚拟从现实中解脱出来。这是通过生成来实现的。德勒兹不认为事件致力于已发生之事,而指出虚拟区域中的生成力量的连续性内在流动才导致历史的发生,也才通过征服与改变来干扰历史进程,虽然它并不简单将自己缩减为具体的空间与时间。这种虚拟与现实之间的"概念转换",被罗纳评价为不同于布朗肖与德里达的"对事件的本体性问题的主要贡献",因为"非历史性的虚拟化揭示出了真实的原动力"。③ 在罗纳的理解中,德勒兹所说的生成是"难以捉摸的"(elusive),它意味着对历史的"规则进程"的"偏离"(deviation),作为"永无终点的新的生产",产生"令人眩晕的、从历史中获得资格并撕裂历史的力量",既无法被用历史逻辑来理解,也无法转换为关于未来的意识形态思考。在生成的这种虚拟化过程中,事件溢出(overflow)了现时的庇护所,并非简单回应已发生了的,而涉及无限的、既"外"又"内"(outside-within)的、对现实进行非现实征服的要素,拥有着连续或少于或多于现实化的"模糊与秘密部分"④。罗纳颇为幽默地评论道,对此的合理态度不是埋怨与屈服,而是接受它来"淹没"(overwhelm)你,渴求它出现。而渴求与意愿事件,意味着得"配得上"所发生之事,即不只接受它们,而且被它们创造,你既是它们得以实现的动力与原因,也反过来在它们的生成过程中成为其再生(reborn),被事件的未知一面与

---

① ROWNER I. The event: literature and theory [M]. Lincoln: University of Nebraska Press, 2015: 124.
② 有学者将 virtual 译为"潜在",接近亚里士多德所说的潜能。但亚里士多德明言形式是现实,质料是潜能,现实先于潜能(《形而上学》第九卷对此提出了四条理由),故而"形式先于质料"(亚里士多德.形而上学 [M].苗力田,译.北京:中国人民大学出版社,2003:129.),这与德勒兹的思想是相反的。有鉴于此,我们在同样为不少学者所认同的意义上译该词为"虚拟"。
③ ROWNER I. The event: literature and theory [M]. Lincoln: University of Nebraska Press, 2015: 34.
④ ROWNER I. The event: literature and theory [M]. Lincoln: University of Nebraska Press, 2015: 142.

客观(非个体)真理(impersonal truth)带着走，导致现实状态中的事物向虚拟感觉(virtual sense)的嬗变。要言之，在偶然性中揭示意志与思想的生成，人得向个体事故(personal accident)施压，因为人固然想让它在某个饱和点上获得纯粹的证实；可是在这个纯粹点上，反对它的战争即刻降临了，将进一步引发对战争的恐怖的抵制，于是，唯有在抗拒所发生者、孤立它与将它提炼为生命概念的过程中，事件方得以建立。① 罗纳特别注意到和强调了文学在德勒兹形成事件理论过程中的重大作用。文学的写作的创造，使德勒兹对来自与现实生命力复杂交叉的、感觉的虚拟化创造力入迷。直接发自现实的文学写作，同时超越着现实的固定秩序，而使从中富于优势地生成着的事件具有"独异语言集聚力"与"物的真实配置"这双重面孔。② 这便苦心揭示出了德勒兹事件思想的文学底色。

纵然从中汲取了诸多思想养分，罗纳仍认为德勒兹的事件理论尚有可讨论之处，而点出并借助当今更为年轻、活跃与前沿的法国事件论者扬弃德勒兹的某些运思踪迹，来表示自己的某种保留态度，他们是阿兰·朱拉维诺(Alain Juranville)、克劳德·罗马诺与阿兰·巴迪欧。著有《拉康与哲学》的朱拉维诺，指责德里达与德勒兹的事件思想流于抽象且缺乏宗教信仰，"忽视了对事件的客观感觉的辩护"，因而在探寻事件中的历史性存在的真实知识时都失败了，尤其德勒兹，忽略了"通往着原初历史事件——基督牺牲——的终极历史事件"。如前面第十一章所述，作为法国年轻一代现象学家的代表，罗马诺在其《事件与世界》等著作中通过考虑事件中被打破与重新开始的情况，来尝试建立"事件的主体解释学"，试图用存在于历史中的"事件的无条件性"(the evential uncondition)取代仍带有内在因果预设的语境主义历史观，③ 使事件现象学与事件解释学相结合，而允诺一种被界说为"懂得某事将要发生"的新的

---

① ROWNER I. The event：literature and theory [M]. Lincoln：University of Nebraska Press，2015：144.
② ROWNER I. The event：literature and theory [M]. Lincoln：University of Nebraska Press，2015：35.
③ 这一多少显得有点奇特的运思似乎与惯常理解是相反的，因为我们会更倾向于在相反的意义上认为语境主义是超越因果预设的，历史的无条件性才是带有因果预设的。其实这恰恰体现了事件思想史前后发展阶段从"建构"到"转变"的不同理解侧重。参见第十三章第三节的有关论述。

主体性。在此意义上，罗马诺沿袭了海德格尔经由此在（Dasein）通达存在的思路。有别于德里达，罗马诺仍保留了对事件的历史经验以及即将到来的感觉的理解模式；也不同于德勒兹有关非主体性暴力能带出多样性的信念，罗马诺所说的事件已变成了"一种新的主体性的诞生地"。他由此不把事件看作客观的与前个体的力量，即不视之为实际身体与虚拟观念相集聚的可变性基础，① 部分回应了德勒兹的观点。至于巴迪欧，其《德勒兹：存在的喧嚣》（Deleuze «La clameur de l'Être»）等著作呈现出与德勒兹事件观复杂而微妙的差异，即拒绝——"硬生生扯离"——德勒兹有关事件主要源于虚拟之说，② 而相反宣称只存在着实际情况，实际情况中的缺场使事件成为"空虚边缘上的一种多重存在"（a multiple being-on-the-edge-of-the-void）。事实上，沿着这一空虚生成的事件，才建立起了令人惊奇的"未决性真理"（undecidable truth），罗纳指认此点为理解巴迪欧著名的哲学四要素（数、诗、政治与爱）的前提。上述前沿运思迹象都表明，德勒兹仍是包括罗纳在内的事件理论家的研究起点而非终点。

四、走向文学事件论与限度伦理

以德勒兹上述事件思想为主要借鉴，罗纳找到或者毋宁说完善了一种既富于创见又更为合理的事件图形，即"生命力量（living forces）与表达方式（modes of expression）之间未经预设的界限的张力"③。其又被罗纳在不同语境中表述为"文本的（textual）与身体的（corporeal）"④"语言的与身体的"⑤"实际

---

① ROWNER I. The event: literature and theory [M]. Lincoln: University of Nebraska Press, 2015: 36-37.
② 阿兰·巴迪欧. 德勒兹：存在的喧嚣 [M]. 杨凯麟，译. 南京：南京大学出版社，2018：57.
③ ROWNER I. The event: literature and theory [M]. Lincoln: University of Nebraska Press, 2015: 40.
④ ROWNER I. The event: literature and theory [M]. Lincoln: University of Nebraska Press, 2015: 169.
⑤ ROWNER I. The event: literature and theory [M]. Lincoln: University of Nebraska Press, 2015: 172.

的(actual)与虚拟的(virtual)"张力等,① 两者间的裂隙,使事件不简单等同于事务(affairs),② 而成为介乎两者之间(ambiguous)的"发生中的未发生"(un-happening within the happening)③。事件的顺利发生,取决于张力两元背后起着过程联结作用的第三项,这就是语言。在点明上帝与存在都运握于事件手中后,罗纳试图将存在与语言联结,④ 描画出了作为"创造性动力"及其生成性活动的、建立在语言基础上的事件,其运作过程是"让野蛮的暴力穿过语词,在此范围中分裂与改变那原先之物",形成"一种活的无感觉的身体性"(a living corporeality that is senseless),在其中"语言超越了任何经验性的在场"⑤,带出着被罗纳强调为"一个重要移动"(a vital move)的"身体性写作"(writing corporeally),从推陈出新的意义上亮明了事件的真正性质。

我们将罗纳的文学事件论扼要述介如下:现实身体在语言的创造中生成为反现实的身体力量(战争),这一反现实的身体力量充满了独异性;而反现实的身体力量又在个体的独异化中被接受为公共性(客观性),反过来激活了现实身体。罗纳吸收了德勒兹有关"从现实到反现实(counter-actualization)的战争是中性的"这一想法,同样认为这种看似隐含死亡威胁的战争超越了胜负的区分,在超越任何个体的意义上传播与扩展着死亡的中立性,⑥ 但较之德勒兹在相关论述中的某种模糊,罗纳自觉地将导致战争中立性的动力归结为语言,认为在"一种身体语言"(a somatic language)的创造下,生命的纯粹能量被卷入事件,在其中,与身体不相称的震惊(shock)与对峙(confrontation)从身体涌现出来,并作为极端的感觉存在于非个体本质(客观实体,impersonal entity)之

---

① ROWNER I. The event: literature and theory [M]. Lincoln: University of Nebraska Press, 2015: 206.
② ROWNER I. The event: literature and theory [M]. Lincoln: University of Nebraska Press, 2015: 142.
③ ROWNER I. The event: literature and theory [M]. Lincoln: University of Nebraska Press, 2015: 191.
④ ROWNER I. The event: literature and theory [M]. Lincoln: University of Nebraska Press, 2015: 239.
⑤ ROWNER I. The event: literature and theory [M]. Lincoln: University of Nebraska Press, 2015: 240.
⑥ ROWNER I. The event: literature and theory [M]. Lincoln: University of Nebraska Press, 2015: 193.

中,这便进而使所涉及的复杂问题有了相对清晰的图形。

首先,身体的现实战争或存在于身体中,或由身体而发生,都仅在一种情形下变得虚拟化而富于活力,那便是身体通过创造"新的语言"来达成战争的反结果及其反转点(the point of reversal)。在这一反转点上,原本一触即发的战争转化为"生命的未限定的流动意欲"①,且经由艺术作品得到实现。语言的这种反现实力量显示生命力的活泼,超越具体的历史发生性而成为事件本身。② 其次,创造出新的语言后,在作品与文本中经反转得到的反现实作为事件的生产,是身体努力穿透历史事实与个体传记后达至反转点、令独异性生成并涌出的过程,罗纳以自己正在翻译的克洛德·西蒙的小说《弗兰德公路》(*La Route des Flandres*)为例,指出在这种独异性中,句法想象力伴随着言语形象,形成"一种关涉身体力量、感觉与节奏、强度与气质的创作物",由此"将死亡传达为了一种独异而无根据的、转换为意志迫切性的承诺"。这个被罗纳视为文学事件论重要举措的过程,又具体包含三环节:将似乎建构着一个人的读写能力的话语信息转换为"身体性本质与关系的地图";再经历去接近作品中定性化的生成(包括现实中的虚拟、身体中的非身体等)的冒险;最后则体验作品文本中生命之巨流(immense stream of life),③ 以此来实现作为"发生神话学"的事件,把它从连贯的与可认知的历史话语中解脱出来,使之步入一个新的门槛,④ 根除现存的规则。罗纳由此把身体界定为在文学事件中形塑独异性的可变因素,指出它包含着所发生者中的尚未发生的未知要素,从而把文学界定为"身体语言的创造"⑤。在历史、司法与临床中,身体均保持沉默,它只作为事件的原材料才提供感觉并成为"无感觉的发生"。这种"事件身体"(body of

---

① ROWNER I. The event: literature and theory [M]. Lincoln: University of Nebraska Press, 2015: 194.
② ROWNER I. The event: literature and theory [M]. Lincoln: University of Nebraska Press, 2015: 195.
③ ROWNER I. The event: literature and theory [M]. Lincoln: University of Nebraska Press, 2015: 196.
④ ROWNER I. The event: literature and theory [M]. Lincoln: University of Nebraska Press, 2015: 197.
⑤ ROWNER I. The event: literature and theory [M]. Lincoln: University of Nebraska Press, 2015: 207.

the event，可与前面第十一章所述马苏米的"身体事件"作有趣的对比)包含三要素：一是参与事件并作为其现实原因或结果的身体物质；二是规定了这些物质的相遇的力量关系与时空关系；三是搅动(agitate)这些物质并使之成为生成中的事件存在的非个体生命。这就进入了第三个要点——在独异性中成为非个体性，"身体接受事件的非个体性，又俨然是独异的、充满了生机的个体"①，使外在的(outside)、禁令性的(injunction)与变态的(metamorphosis)都最终显示为身体必须承受或面对的。② 罗纳指出，虚拟生成的实现，必先考虑现实身体状况，而后者同时作为被虚拟生成的差异性结果而存在，这里显然既适度吸收了德勒兹与德里达的事件观，又不乏看护存在者界限、以实现存在的海德格尔式用心，后者甚至可以从他将身体现象学化地描述为"孤独(autism)的内在深渊"见出。③ 这都是通过"身体性写作"进行的，写作在此不仅是"无可否认的媒介与事件的现实实现的鲜活形体"，而且还"建构着导向真正的'事件身体'的刺激力，一个健全的工程：虚拟的反现实，承诺着一种语言与意志的新创造"，正是"语言的创造重新发现了'事件身体'"并最终实现了"生成性存在"④，掀起了罗纳文学事件论的高潮。

至此也形成了可以名之曰"限度伦理"的积极后果。我们注意到罗纳每每将事件与伦理并提，不仅认为事件携带着"本体论的、心理学的或伦理的信息(ethical information)"⑤，而且将事件的反现实力量视同为身体语言与"伦理关怀"(ethical concern)⑥的策源地。伦理维度只产生于对受限性的自觉意识，事件如上所述的独异性既然缘于转折，便是在某种程度上意识到了限

---

① ROWNER I. The event：literature and theory [M]. Lincoln：University of Nebraska Press，2015：194.
② ROWNER I. The event：literature and theory [M]. Lincoln：University of Nebraska Press，2015：206.
③ ROWNER I. The event：literature and theory [M]. Lincoln：University of Nebraska Press，2015：208.
④ ROWNER I. The event：literature and theory [M]. Lincoln：University of Nebraska Press，2015：208.
⑤ ROWNER I. The event：literature and theory [M]. Lincoln：University of Nebraska Press，2015：25.
⑥ ROWNER I. The event：literature and theory [M]. Lincoln：University of Nebraska Press，2015：194.

度，其同时意味着伦理化，也便很自然了。无论前面论及的布朗肖相信离开叙述的限度不可能有事件的现实化，还是德里达强调事件的纯粹独异性与限度具备密切关系，都证实着这点。罗纳感到德里达倡导的差异性"揭开着理解的限度本性(limited nature)"①，述至德勒兹时也发现，虚拟的感觉仅在一种情况下来自真实现象，即当它追溯后者的"歧异界限"（divergent limit)时，②事实上，事件即是把语言从身体中突显出来的"虚拟界限"（virtual limit)③。那么，限度伦理的实现为何必然与语言的创造有关，从而必然为文学事件所具有呢？

可以在某种意义上还原出这个被罗纳省略了的理由环节。较之于非文学活动，文学，当然还有它属于其中的艺术，唯一地向世界敞开着自身的有限性，处理的是高出并大于自己的、充满未知的可能世界，相应地在语言上陌生化，并由此生成着限度伦理。陌生化并非文学对语言提出的特殊要求与任务，而恰恰是语言本性对文学的顺应。因为语言自20世纪后被客观证明为是不与实物相符合，却起着替代作用的符号系统，其不具备实质性却被有效理解与传承的根据，在于符号之间基于可区分性的差别关系，那同时包括横向句段毗连与纵向联想对应，两者的无穷互动带出符号在关系中所处位置的不断演替，形成意义的无限可能性，而既然每次区分所得到的差别都新鲜、不重复而显示出陌生感，文学的本性实际上便是语言的本性。由于一个语言符号唯有在关系（由所有不是它的其它符号构成的符号群）中才合法存在并获得意义，始终受到关系的制约而相应地具备限度，与之在本性上相联系的文学，便集中了限度伦理。罗纳把从叙述中创造事件的动力归于文学，把这种文学动力阐释为语言对身体的反转及独异创造，于是在学理上有深厚植根，使人领会到"文学事件"绝非一时兴起或随心所至的、简单分类意义上的事件命名，而确有其不可替易的学理必然逻辑。

---

① ROWNER I. The event: literature and theory [M]. Lincoln: University of Nebraska Press, 2015: 109.
② ROWNER I. The event: literature and theory [M]. Lincoln: University of Nebraska Press, 2015: 125.
③ ROWNER I. The event: literature and theory [M]. Lincoln: University of Nebraska Press, 2015: 166.

五、文学事件及其九条原理

这就回到了前面所述罗纳自己的问题意识中。既不在观念先行中掩藏事件的独异性,以至于偏向叙述一极,如利科与伽达默尔所处理的那般;也不在实体先行中淡化事件的独异性,从而偏向所叙述之事一极,如实证史学及与之有相似之处的亚里士多德情节观那样。事件激发出叙述与被叙述之事的张力,植根于被罗纳称为"创造的产生行为"与"创造刺激力"的智慧,[①] 他指出"事件仅仅是叙述朝向事件的运动"[②]。而由于叙述是用语言讲,他便找到了决定事件本体的第三项——语言。事件的创造是语言的创造,在这儿,事件的文学基底浮现出来了。事实上,罗纳确实把文学界定为"语言艺术与虚构行为"[③],并用第七章专门讨论"什么是文学",在将自古及今的文学观念归为虚构一路(亚里士多德、康德)与诗学语言一路(马拉美、瓦莱里与热奈特等"冒险的写作")后,开放性地将两种路向汇合为文学的内涵,使其成为语言的创造性活动,不仅以此保证"文学作品最为有力地揭示语言的机制与创造力"[④],而且进而还把非虚构与非诗化的文类体裁吸纳进文学。[⑤] 其所受语言论转向的影响是有迹可循的。

按语言论,语言作为符号系统不与事物发生实质性的必然联系,用语言叙述世界时因而始终同时接受(随顺)着符号在关系中的区分,向符号(意义)世界

[①] ROWNER I. The event: literature and theory [M]. Lincoln: University of Nebraska Press, 2015: 240.
[②] ROWNER I. The event: literature and theory [M]. Lincoln: University of Nebraska Press, 2015: 93.
[③] ROWNER I. The event: literature and theory [M]. Lincoln: University of Nebraska Press, 2015: 1.
[④] ROWNER I. The event: literature and theory [M]. Lincoln: University of Nebraska Press, 2015: 16.
[⑤] ROWNER I. The event: literature and theory [M]. Lincoln: University of Nebraska Press, 2015: 161-162.

敞开未知而空白的一面。罗纳由此发现，文学具有独特的"虚构距离"（fictive distance），能形成"语词-形象"（word-image）或者说"语词中的形象"（image between words），这便在叙述与世界既间离又内在统一的关系上触及了对事件特别关键的、无形（incorporeality）而缺席（absence）的一面，① 其中充满随机创造的临界点，它们孕育着"文学自身的危机"，推动"文学作为一种复合危机"生成事件、形成"尚未完成的在场"（unaccomplished presence）②。在这种境遇中，事件成为了"一种动态的'在之中'系统，一种混合了语言生动创造过程所发生出来的未知因素的受限活动"③，其既是产生上述文学危机的动力，也是上述文学危机得以具体实现的场所。

如此一来，事件的本体形态也便是文学事件（literary event），它"必须依靠书写的创造性"来实现，④ 维系于如上所述的"奇特的语言创造"⑤。罗纳将之界说为"在发生中朝向未发生者的诗学与虚构冒险"⑥，和"作品过程中已完成而可测量的变化状态"⑦。这些在具体表述上虽有出入却殊途同归的思想，被罗纳具体凝定为文学事件的九条原理：

一、文学事件寻求获得一个处于文本与身体之间的、并不稳定的"在之中"位置，对这个位置的展开并不经由叙述的与诗学的结构，也不借助精神分析或社会学解读等理论手段，因为它们都以先行的预设阻碍事件的出场。事实上，事件既非对知识信息的简单否定，亦非只是阅读中的趣闻布局。阅读者诚然可以关注作品中主人公的行动、情感与道德冲突等一系列重要文学经验，却

---

① ROWNER I. The event: literature and theory [M]. Lincoln: University of Nebraska Press, 2015: 167.
② ROWNER I. The event: literature and theory [M]. Lincoln: University of Nebraska Press, 2015: 95.
③ ROWNER I. The event: literature and theory [M]. Lincoln: University of Nebraska Press, 2015: viii.
④ ROWNER I. The event: literature and theory [M]. Lincoln: University of Nebraska Press, 2015: 12.
⑤ ROWNER I. The event: literature and theory [M]. Lincoln: University of Nebraska Press, 2015: 27.
⑥ ROWNER I. The event: literature and theory [M]. Lincoln: University of Nebraska Press, 2015: 39.
⑦ ROWNER I. The event: literature and theory [M]. Lincoln: University of Nebraska Press, 2015: 173.

必须立刻悬置所有这些因素，以防止仅仅对语言王国与身体紧迫性之间的相遇作出自己的公开推想。

二、文学事件的发生有赖于现象学悬置，即暂时中止所有一般规则与判断、初始的注意力、意识形态目标冲动、任何语用学与历史学的相关参照，而让阅读者积极地沉浸于作品自身的语言与形象氛围，在此动力驱使下亲密、直接地自行卷入作品中的独异时刻。

三、文学事件引导阅读者辨识作品的特殊节奏与语气，从而去穿透作品中可以称之为"性格气质"的区域范围。① 就像一部作品有所谓文气，对性格气质的塑造自然是文学的优势，罗纳于此道出了事件作为张力迸发点的瞬时特征实由文学力量激发这一基本事实。因此，每一次事件性阅读都是新奇的，只要它在不断地提出更为新颖的问题，这些问题创造性地把虚拟能力从实际的作品中牵引出来，以抑制主体的一厢情愿的维护姿态与重新回归有限现实的平庸趋向。

四、文学事件每每选择去聚焦作品中的片段。这些被罗纳称为"少量情节偏差"（plot-less deviation）与"虚构距离"的片段，对事件的创造至为关键。对这些部位的阅读，往往有助于通过干预片段自身、引用与即兴演绎以及必要地中断并露出空白等方式，在原作品上转写出一个新文本来。

五、文学事件取消与事件的对象性（主客二分）距离，不采取科学检审的模式，以避免错过与流失作品在特定时刻打破常规而生成事件的、基于创造的诉求。变化无常是作品生成事件的条件，为此，得放弃企求永恒结构的想法，而关注动态的、多变的、彼此可能不轻易相容的要素，这需要在完成上述第二条原理所要求的悬置步骤后，积极采用文本批评的方法来实现。罗纳为此主张充分调动热奈特、利奥·斯皮策（Leo Spitzer，出生于奥地利的古典语文学家与文体学家）、格雷马斯与罗曼·雅各布逊（Roman Jakobson）等前贤所已积累起的文学理论分析工具，展开细致分析。

六、文学事件不关注文学作品中以"那儿有什么"为潜在句法的连贯结构，

---

① 这里伊莱·罗纳开了个文字游戏玩笑，加引号并以斜体造出形似 temperature（体温）与 temperament（性格、气质）的一对同根词"temporature"与"temporament"作为借喻。

不作为有深层价值与组织秩序而可被解码的结构现身,相反,文学事件论在意的是一个可变的宇宙(mutable universe),在意一连串彼此不确定地(indeterminately)混合着的、具有偶然意外色彩的(contingency)事件。因此它反对"那是……"这种静止而常规化的问题提法,却更乐于面对某情况被如何生成出来的过程,乐于面对已发生了的和将要发生的情况,而把问题的提法改换为"什么正在文学作品中发生"。

七、文学事件是一种尽管绝对存在着,却可以被感觉到的秘密。罗纳举出现代小说每每运用文本策略掩饰事件的秘密以拒绝被破译的情形,以及保罗·策兰的作品为例,指出作为秘密的事件以无解的问题形式而出现。文学作品关键在于创造出一种对于读者不可避免,使之难以承受的重负,引导其径直质询作品中充满独异性的问题,后者构成某种压迫性力量并突现富于活力的潜质,作为正经历中的转变令有限的文本成为无限的宇宙。

八、文学事件围绕关于发生的神话学(a mythology of happenings),来展示生成的新形态。这样,事件的文体或主题表面诚然无法被回避,却只提供话语可能性的基础,而不代表发生的神话,因为后者拒绝任何普遍一般的原型先见或主题概念。

九、文学事件涉及语言操作与身体力量之间的互动,深入地显示存在于这两者之间,又促使后者去穿越前者的东西,从而在上述提问方法的改换中,引导出事件的可感知的秘密的复现,引导出发生中的未发生,正是它建立起了事件的"形体存在"[①],直接导出了文学事件的因缘。

六、在近似项比较中进一步析疑

文学事件论通过罗纳的如上建构,与 20 世纪以来一些影响重大、表面上

[①] ROWNER I. The event: literature and theory [M]. Lincoln: University of Nebraska Press, 2015: 169 - 176.

与事件思想类同的观点与学说，显示出了根本区别。诚然，事件思想注重动与变，这是20世纪以后人类思想方式逐渐由静态认识演进为动态实践的非纯粹性大背景所孕育的必然景观，文学事件在这一时代背景下更兼后现代批判色彩，从理论上说本在逻辑发展的情理之中而不足怪，我们似乎也不难在一些醒目思想，比如本书绪论中所讨论的托马斯·库恩的范式革命论及波普尔的证伪论，乃至怀特海的观念冒险论中触摸到近似的脉动。罗纳和他们存在着区别吗？

  细加寻绎，罗纳的文学事件论至少在两点上有别于库恩与波普尔。其一，后二者尽管也大力倡导科学研究中"世界观的断裂"所带来的、① 以重视例外情形为解谜动力的范式革命，却未自觉地将这种革命与语言联系起来考虑（这或许与两人的科学哲学家身份有关），而使其强调的"知识始于知识与无知间的张力"作为一种愿景主要在意识层面上展开，② 难免仍为意图性预设留下了形而上学的隐蔽入口。③ 而如前所述，罗纳却明言在事件中无秘密可解，解谜不是进入文学事件的合理姿态，两者遂各异其趣。其二，后二者的涵盖面不及罗纳倡导的文学事件深广，因为范式革命带出的重要局面诚然是"累积"观被摧毁后的突变与重建；④ 但自然科学与人文社会科学有别，后者相对具有"接着讲"的学理连续结构。如果说库恩与波普尔的观点更适用于自然科学，⑤ 那么罗纳同时将自然科学与人文社会科学涵容进来，推出了更具普遍涵盖面的事件思想。

---

① 埃德加·莫兰.复杂思想：自觉的科学［M］.陈一壮，译.北京：北京大学出版社，2001：29.
② 卡尔·波普尔.通过知识获得解放［M］.范景中，李本正，译.杭州：中国美术学院出版社，1996：97.
③ 例如哈佛大学哲学教授普特南发现，证伪说"不可能检验所有可证伪性很强的理论"，就像轻敲九十九下桌子会出现魔鬼，这一类理论不会引起我们的证伪兴趣，"这意味着即使在波普尔的方法中，也有一个类似先验选择的东西存在"（希拉里·普特南.理性、真理与历史［M］.童世骏，李光程，译.上海：上海译文出版社，2005：218.），它仍难以从根本上保证思想的客观性；牛津大学哲学教授艾耶尔也认为"当我们把某些观察的出现作为一个证据，以证明一个给定的假设是错时，我们就预定了某些条件的存在"（A.J.艾耶尔.语言、真理与逻辑［M］.尹大贻，译.上海：上海译文出版社，1981：37.），这同样意味着证伪的不彻底性。
④ 托马斯·库恩.科学革命的结构［M］.金吾伦，胡新和，译.北京：北京大学出版社，2003：88.
⑤ 对这点，国内也有前辈学者持与笔者相同的看法，也认为"援库恩《科学革命结构》典范说入人文领域，则似勉强"（王元化.九十年代日记［M］.上海：上海书店出版社，2019：283.）.

罗纳的文学事件论也有别于怀特海。后者虽然在深刻察觉到"观念之史便是错误之史"① 之际重视语言这一观念演变的关键,而充分估计到了"新奇思想与愚钝语言之间的矛盾"②,却将"人类现成的语言难以表达"时的出路归结为"模糊的领悟"③ 与"直接的直觉"④,视语言为需要扬弃之物,与罗纳有关身体创造出新的语言并形成事件、注重愚钝思想与新奇语言之间矛盾的描述其实是相反的。新奇感,来自语言作为符号系统在关系中获得的不断随机调配与创造机遇,它实际上也是看似非语言化的直觉领悟的内在隐蔽形式,只要后者仍希图实现意义。维特根斯坦对所谓私有语言的批判,即在某种程度上证明了这一点。

作为正展开着的前沿思想景观的一部分,罗纳文学事件论的生机也体现为某些值得有趣追问或者说令人意犹未尽之处。一是,尽管他从德勒兹那里积极取径,着意于从语言与身体的张力裂隙中寻觅事件的生成因缘;但这种截然两分之法,说到底究竟是否存在着简单化约之嫌,恐怕不无置喙的余地。按此思路,语言与身体又呈现为何种关系?罗纳将身体阐释为"躲避着一切语言操作的生命原材料"与"任何语言的不可能性",⑤ 然则身体前于语言吗?这种多少显得仍有点儿模糊的关节点,便需要进一步融合身体现象学等当代思想资源来深入探察。二是,与此相关联,认为语言的叙述创造扮演着将身体从现实化反转为反现实,突变出事件的中介角色。这固然在一定程度上闪烁着海德格尔有关上手之物在"抽身而去"与"绝不能控制"之际才本真地上手,对存在的寻视操劳使存在与此在保持"盲的"距离之思,以及德勒兹的"内在性平面"等学说的影子;可掩卷回思,这条仿佛也带有某种正反合(现实的身体在语言的叙述创造中虚拟为真实的身体)色彩的运思路线,难免让人联想起老子所言"反者道之动",又是否可能残存有黑格尔主义的疑似余音?我们肯定不希望如此,因为这与事件思想明显置入其中的后现代、后结构背景无疑不相洽适,其

---

① A. N. 怀特海.观念的冒险 [M].周邦宪,译.北京:北京联合出版公司,2014:31.
② A. N. 怀特海.观念的冒险 [M].周邦宪,译.北京:北京联合出版公司,2014:131.
③ A. N. 怀特海.观念的冒险 [M].周邦宪,译.北京:北京联合出版公司,2014:30.
④ A. N. 怀特海.观念的冒险 [M].周邦宪,译.北京:北京联合出版公司,2014:152.
⑤ ROWNER I. The event:literature and theory [M]. Lincoln:University of Nebraska Press,2015:168.

间还值得再作一番学理逻辑的推考与厘定。三则是，在与事件思想谱系中某些想法的对接上也不乏激发进一步创新的可能。德勒兹将事件瞻望为在虚拟中形成的、无限流动的表面，这种对"表面"的富于意味的首肯，倘若与罗纳有关语言创造出文学事件的思想尝试积极融通，便可能就事件的"话语效果"作出性质上的新开掘，而这又可以与当前后理论方兴未艾的文学走向联系起来思考。理论话语一直以来怀有的强烈的及物冲动，逐渐被证明为是一种回避了语言的不及物根性的虚妄；但当晚近以来的理论被"后理论"创造性地积极还原为基于语言创造的文学事件后，其改造或改变世界的用心将得到适度的遏制，充分享受叙述的智慧。在这个过程里，以一颗闲暇之心创造新想法并由此"引爆阅读的事件性"①，是否不失为更加明智的做理论的姿态？我们有理由期许这个可能打开某种困局并迎来文论研究前景的新开端。

七、事件思想在我国的初步播扬及独异性论争

近年来，受到西方学界在事件思想研究方面的氛围与成果的促动，我国学术界也逐渐对事件问题产生浓厚的兴趣。首先表现为，在一批具有较强外语能力以及国际化学术背景的中青年学者的不懈努力下，若干论及事件思想而又颇具思辨难度的西方重要著作，如海德格尔的《哲学论稿》、德勒兹的《弗兰西斯·培根：感觉的逻辑》及其与迦塔利（Felix Guattari）合著的《什么是哲学》、巴迪欧的《哲学宣言》与《存在与事件》、齐泽克的《事件》与《无身体的器官：论德勒兹及其推论》、伊格尔顿的《文学事件》，以及戴维森的哲学文集等，在晚近均已陆续有了完整的汉译本，有不少还直接译自法语与德语等原初语种，在相当程度上开启和丰富了汉语学界对事件思想的了解，成为我们融入这一国际学术思潮的学理起点。尽管尚有更多也更有意思的事件思想文献还没有

---

① HONES S. Literary geographies: narrative space in let the great world spin [M]. New York: Palgrave Macmillan, 2014: 26.

得到汉译，但我们相信在这方面很快将会出现系统而成规模的学术擘划。无论如何，接受西学思想的稳靠前提始终是先下功夫吃透学理，何况事件思想如本书以上所述，并不只是西方的。

其次，在国家与教育部社科研究项目层面上，已陆续出现了"事件性思想与文学研究""事件范式的深层文学机理研究"，以及更为具体专门的"保罗·利科诗学的'事件'概念研究"等课题，表明国内研究者们对事件思想正予以积极关注。陶东风是国内较早尝试将"事件化"思想方法引入文学理论研究与教学领域的学者，其主编的《文学理论基本问题》导论"文艺学的反思与重建"，首次引述福柯在《事件问题》中对事件化的有关论述，初步探讨了文学理论的现代知识生产及其合法性问题。该书所介绍的事件思想，今天看来实际上主要代表了事件思想谱系前期侧重于建构的一些成果，后期侧重转变的事件思想。在此书编著出版的新世纪前十年中，尚未被国内学界所充分了解，彼时不像今天这样已形成欧陆理论译介繁盛的局面。这方面的早期尝试，其筚路蓝缕之功是值得被充分记取的。

晚近十余年来，尽管尚未见到专题性著作，但围绕"事件"这一关键词展开阐释的论文已有多篇发表，如出现了约 50 篇左右以"文学事件"为题的论文。比较新而具有代表性的，是 2020 年在国内出版的、由十六位中青年学者的论文组成的《文学的事件》一书。该书在"何为文学事件"这一开篇性标题的启动下，结合文学与电影等艺术实例，从事件的角度开展了多角度的文学批评，探讨了将事件思想运用于文艺批评的前景。相关文章包括对德勒兹与巴迪欧的事件理论的阐发，对"瘟疫文学"的事件创造力分析，对非自然叙事学中的事件问题、恐怖叙事及生态文学批评与事件的关系研究，对文学操演以及个体与历史的互动书写中的事件问题等的探究，等等。作者们试图以此来重构文学的独异性，在当今赋予其"'理论之后'文学研究的重建"的新价值与积极使命，认为"在这些反思中，'事件'这一概念得以凸显"[①]。这些初步成果，有取材于法国理论的，也有沿循阿特里奇等英美学者所开启的运思道路的，大都将事件视角直接与某个文学现象或文本联系起来考察，并偏重于对英美事件

---

① 何成洲，但汉松.文学的事件[M].南京：南京大学出版社，2020：21.

论的吸收，在"文学事件"的主题上运作得较为显著。这一现状，既表明事件思想及其方法论同样正在持续引起中国学术界的兴趣，也彰显了我国学界对挪用事件理论来尽快切入文学问题解释，以与国际学界前沿进行对话的迫切诉求。

不过如若就此认为，我国学界对事件研究的介入只是一个努力融入国际学术前沿潮流的新生事件，那也未免失之于皮相。尽管对事件问题的正面表述是晚近的事，但事实上，个中涉及的相关问题在我国学界早有不同程度的初步探索，问题意识的萌芽是客观存在的。即以事件思想史上研讨得十分热烈的独异性问题来说，同样不否认文学艺术活动独异新颖的我国学者们，完全可能在较早的时期便已论及了相关的思路。例如，早在半个世纪前，围绕鲁迅《阿Q正传》等小说作品所展开的文学典型性问题讨论中，何其芳等学者就提出过"共名说"，认为典型性并非典型人物的全部性格，而只是其中某些最为突出的特点，沿此以进，后来有关这个问题的研究始终存在着相应的看法，即相信典型性是与普通、常见的生活内容相对立的奇异性。应该承认，这种颇具普遍性的观点的出现，对于打破过去长时间存在于我国文学研究界中的教条主义倾向是有一定意义的。它在某种程度上提醒人们还原文学的审美本性，去尽可能完整地看到文学作品在人物性格塑造方面多角度、多层次与多方面的立体性；但它的片面性同样存在，那就是把所谓突出的特点抽象化了。典型的特点，是相对于它所植根的现实生活的丰富性，以及由此形成的人物性格的多方面因素及其与环境错综复杂的联系而言的，倘若为强调性格的突出的一面，有意无意地将这一面抽离于内外部因素交互影响所形成的合力推动作用，那很容易将处于运动、变化与发展中的人物性格静止化、孤立化与形而上学化，是无法得到关于人物典型性的科学结论的。说到底，这样的处理仍受制于认识论思维方式，是攻其一点不及其余、将本质从现象的丰富环境中机械截取出来的片面抽象。这段学术史表明：一方面，独异性这样的看似在今天成为事件思想研究主要议题的范畴，只要它所针对的问题是客观存在的，就必然同样在我国学界得到呼应与共鸣；另一方面，更重要的是，以历史事实所客观呈现出来的事件思想的折返性看，上述对独异性的看法，确实存在着学理上的偏颇与缺失，它没有真正创造出事件，需要得到更高层次的整合与深化。所以，当试图寻找自己在一部事件思想史上所占据的位置点之际，我们既需要看到本土语境中已有的问题意识对这部历史的嵌入，也无妨在此基础上反过来用事件思想的谱系与自己的问题意识对话，吸取其合理成分，并进一步丰富与完善这一谱系，参与性地积极建构动态进展中的事件思想史。

总体上看，我国学界对事件思想的播扬，还有待于进一步深入与充分化。尤其是对事件思想谱系中各家理论的考察，尚处在初步涉猎与介绍的层面上，不少论者的著述还缺少必要的汉译，未及进入我们的研究视线，也就难以一时间积极转化为事件思想中国化的学理资源。对现代性与后现代性进程并非线性接续，而是复杂共存的当今中国而言，这是它面对的一次兼具挑战与机遇的思想考验。研究事件思想在德法、英美与东方的丰富发展历程，追踪其各种前沿进展，考察其深层机理与内在张力，揭示其与语言、伦理和后理论的关系，以及在创作、研究与教学方面的实践前景，不失为我国当代文论的一个学理新生长点，或许可以名之曰"事件学"。例如从事件角度看文论，可以充分估计现代语言论主流学理在差别原则外的不同思路及由此获得的异质张力，聚焦事件的发生与对事件的阐释如何统一这个叙事研究主题，探寻"奇异""代理""虚空""他者"与"剩余"等范畴在当代思想进程中的演进轨迹，考察文论在物、自然、政治、影像与剧场等维度上的事件性推进，以事件为参照细究征候分析的限度，以及拓展对文论"伦理转向"的理解等。这些富有意义的学术工作是我们正在做的。

第十三章　事件思想的最新发展与演进逻辑

罗纳的上述事件论著作,已然开启了新世纪以来事件思想研究的最新视野。事实上,新世纪至今已过去了整整二十年,在这晚近二十年,尤其是最近十年中,世界范围内的事件思想研究又有了哪些新的进展?提出了什么新的角度?取得了何种新的成果?留下了多少值得来继续接力的问题?这是我们在试图划上有关句号之际不能不持续考虑的。谱系的开放性与未完成性,本身就见证了一个富含思想活力的事件。本章就立足于新的文献材料,来图绘事件思想的最新发展与演进逻辑。

一、克拉克:Singularity 的诗学

如迄今为止的事件思想谱系所显示的那样,环绕事件的一个核心词是 singularity(独异性),不仅德勒兹等人把"个体的奇异性"与"在在先的个体化场域中发生的一个事件"联系起来考察,[①] 而且阿特里奇等人的研究更为充分地证明了这点。最近十余年来,国际学界出现了专门探讨独异性诗学的动向,这集中体现为英国杜伦大学教授蒂莫西·克拉克(Timothy Clark)出版于 2005 年的《Singularity 的诗学》(*The Poetics of Singularity*)一书。对事件思

---

① 吉尔·德勒兹.差异与重复[M].安靖,张子岳,译.上海:华东师范大学出版社,2019:460.

想研究来说，此书提供了相关联的两点基本思考，即对文化主义范式入侵文学研究后造成的独异性的流失的康德主义溯源，以及由此带出的、在借鉴阿伦特等学者的思想学说基础上对两种自由理论的甄别。

克拉克是从文学的独异性入手展开论述的。他认为，文学是一个"事件"，即是理论上不能完全理解的一种东西，它必须从它在展开的文本中的逐字逐行的具体表现来实现这一点，有时甚至可以改变构成了其最初可读性的理解惯例，因为它隐含了一种反决定论的、不确定的力量，一种虚无的东西，它们在独异性思想中起作用。文学中出现的点，可能包含一种非空位的不连续性。克拉克感到，自1980年代中期以来，独异性这个词在德里达的著作中就已被明确地提出来，成为了德里达研究的焦点，而在海德格尔、伽达默尔、布朗肖、南希与德里达的作品中，这种不连续的跳跃都被认为是多种多样的、必然无法预料而客观化的。在阅读一篇文学作品时，值得争论的焦点是一种可能的不连续力量，它们往往在某个地方跳跃，不旨在修饰或加强一种潜在的意识或身份，以至于在文本开始时就结束了文本，而是在精神储存上既有增加，又成为另一种意识本身，无论是微小的还是显著的。这样，文学就在可能确立新规范的空间之外，创造出了一个令人不安但又可信任的领域。克拉克援引希利斯·米勒的一句话指出，"文学研究通过对文学语言的解释、归化、中和、熟化来隐藏文学语言的特殊性"①，认为希利斯·米勒强调了文学中的一些独异的东西是如何与文化主义范式（即致力于寻求深层结构及其话语权力、以祛魅与解码为性质的批评理论范式）的发展相抗衡的，文学的内在不安，本应呈现为可理解的、概念的与独异的、不透明的之间的张力；但文化主义对文本中的一切事物的理解不以其独异性为目标，而是从文化过程中的某种立场出发，进行着不同身份的争夺。

克拉克追溯了文化主义对文学研究采取的上述常态的源头，认为这些1990年之后对文学独异性的重申，尽管每每明确借鉴了德里达，但也源于一个更古老、更具影响力的论点，那就是康德美学。在克拉克的描述中，康德美学相信对图像、段落或文本的精确感觉是不可翻译的，这样，康德把成功艺术作品的

---

① 原注：这句话出自希利斯·米勒著《论文学》，伦敦：劳特利奇出版社，2002年，第33页。

独异之处同人们认知前的秩序与和谐感联系在了一起。克拉克剖析了萨利姆·凯马尔(Salim Kemal)举的一个例子：理论家们常常认定《奥赛罗》(Othello)中那块狡猾地掉了下来的手帕，使主人公相信了妻子的不忠；但手帕在此的使用仅与剧本随机发展的情节有关，罪恶与这块手帕的性质并无直接有据可依的联系。其他作家也完全可以在自己作品中使用另一块布来推进类似的情节，因而这样的理论判断其实不足为训。暗示的不可判定性，使得"康德继续以某种方式恢复这种独异性，从而形成了众所周知的美学理想主义"[1]。因为独异的形式或形象意味着一些不可替代的东西，倾向于抵抗一般的概念，但康德的困难在于，singularity本身必然是一个空洞、纯粹的术语，从某种意义上说，任何东西都是不规则而独异的，甚至桌上的小污点或苍蝇肠子，除了说它们具有独异性，就什么都无从说了。为了仍然能对它们进行正常言说，康德引入了判断行为在艺术及其他方面的反思性，最终把论点归结为了自然与人类的超越之目的性，推出了一种思辨性的形而上学。这般对待独异性的康德主义路线，是用反思性取代了独异性。但克拉克澄清道，文学的独异构思决非与人类判断的某种反思性必然纠结在一起的东西，后者看待文学的方式仍属于认识论，因为它是预设的。

克拉克注意到，已经有太多对文学标准的辩护，认定文学作为独异体，无法最终识别或确定某种意义，当文学研究吹嘘这种抵抗，视之为对于教条的模糊民主挑战时，它其实肯定了反思性阐释对文学中独异性质素的胜利。我们不难举出相关的一例来说明这点。2014年，马耳他大学教授马里奥·阿奎琳娜(Mario Aquilina)出版了专著《文学风格事件》(*The Event of Style in Literature*)，在吸收迈克尔·马德与蒂莫西·克拉克学说的基础上，将有关分析与文学的风格关联起来思考，提出了"风格事件"(the event of style)的概念。她赞成克拉克将抵抗专制统治视为独异性诗学的创始原则的观点，进一步认为"风格正好位于某些话语(尤其是文学)的反抗核心"[2]；因为在阿奎琳娜看来，风格不仅反映或表达思想，它也是一种性能与思想上的创造，会牵涉到根

---

[1] CLARK T. The poetics of singularity [M]. Edinburgh: Edinburgh University Press, 2005: 7.
[2] AQUILINA M. The event of style in literature [M]. London: Palgrave Macmillan, 2014: 4-5.

本的自相矛盾的结构，这些结构无法通过概念化而冻结，风格从而以无政府状态为标志，拒绝服从权威，抵制世俗的观念，通过偏离规范而获得愉悦。固然，这与传统文论对风格的谈论大异其趣，让人想到了"没有风格的风格是最高风格"之类早已有之的心得，但风格就是一个带有鲜明主体性色彩的概念，试图在独异性这一点上改善自己的生命，会不会因其不可言传的神秘色彩，而归根结底仍加强着独异性呢？风格愈突出，便愈加不能不诉诸以超越性为精神实质的目的论前景，而最终仍落在了对反思性的设定上。

这条路线影响了文化主义在晚近的掘进。比如有鉴于我们永远无法确定一个文学文本的意义，文化主义者会认为，文学必然总超越着任何一种语境的阅读，这就强加给了读者们无休止重读文学文本的任务，并由此逐渐形成了一个魔术般的批评文化阵营。但克拉克澄清道，文学的独异构思，不是与人类判断的某种反思性纠结必然捆绑在一起的东西，后者作为看待文学的方式，仍是对认识论的演绎。与之不同，他主张引出"后存在主义"（post-existentialist）对文学独异性的不同处理：

> 独异性概念中固有的不连续跳跃，即使只是以短暂或微小的方式，也会在阿伦特的意义上开启一种"开始"的力量。换言之，兴趣在于一种与大多数现代思想（分析与"后现代"）的新康德主义基本假设完全相反的东西，即没有给定的东西已经不是我们的解释或模式的功能这种方法，无论是被描述为"意识形态"还是"语言的监狱"，我们都深深地陷入了文化表征中。①

克拉克由此把四位欧陆当代理论家归为后存在主义，其认为：海德格尔揭示出了独异性的两个特征——循环性与拒绝概念定义；伽达默尔将独异性与诗学思维联系起来；布朗肖视独异性为不可能性的一个方面；德里达作为"独异学派"（school of singularity）的最新代表，则用不可译、单个与差异描述不同于相对主义的独异性。克拉克试图用这些特定的后存在主义论据，取代康德的

---

① CLARK T. The poetics of singularity [M]. Edinburgh: Edinburgh University Press, 2005: 8-9.

思辨形而上学，使独异性概念不再仅仅呈现为一种形式上的不可判定性，从而引发以反思性为标志的各种文化主义理论（比如批评理论）在文学研究上的自信与特权，而赋予独异性以积极的内容上的可能性。根据克拉克的描述，文学阅读获得了一个空间，在这个空间里，人们感觉到文本是如此具体地投射出来的，以至于人们可能希望适用的任何解释方式从一开始便被认为是不充分的。克拉克从中推出的观察结论是，独异性既是一种需求模式，又是一种表演行为，它将读者置入了一种反转的情境中，使之唯有撤回任何预先提出的方法才能接近它，以自己的方式思考它，并把它保持在一个开放的空间里，由此产生非同寻常的各种思想事件（events of thought）。

这种分析显得独特。因为在更为常见的理解中，当代文化主义及其意义建构的实质，是来自语言论学理的直接推动，而康德是认识论哲学的集大成者之一。现在克拉克将文化主义的源头归属于康德美学，某种程度上是说，语言论视野中的事件独异性的流失，有其认识论立场上的远因可循。促使克拉克如此认为的深层理据在哪里？把当代的文化主义范式与康德联结起来的，必须是一个根本枢纽，那究竟是什么呢？这也是我们进而深感兴趣的关键问题。为讲明这一问题，克拉克借助阿伦特的自由概念，引入两种自由观的对比。他指出，目前主导性的文化政治范式虽然建立在自由的概念之上，但这种概念隐在地与康德所持的传统自由话语相一致。然而与此相反，"汉娜·阿伦特的'起源'概念所固有的更加令人不安但也不那么局限的自由观念，即在确定身份、道德与立法规范之前或之外的一种极端空虚状态"才是文学的独异性——当然即事件——所依赖的自由。① 为更清晰地表达自己这一思想，克拉克借助政治哲学家保罗·帕顿（Paul Patton）所说的"批判性自由"（critic freedom）这一概念来阐释，表明事件独异性所具有的批判性自由，不是施行批判的制度，而指危机或转折点，即事物的某种状态或条件转移至另一种状态或条件。他引述帕顿的分析："批判自由不同于标准自由主义的积极自由与消极自由概念，它关注的是主体的变化与转变的条件，以及对主体的个人或集体性质的漠不关心。相比之下，传统的自由主义方法倾向于把自由视为一个特定的主体，并把自

---

① CLARK T. The poetics of singularity [M]. Edinburgh: Edinburgh University Press, 2005: 12.

由定义为在追求自己的目的时不受阻碍地行动的能力或满足自己最重要愿望的能力。"① 后者正是康德式的(启蒙)自由,也是当代文化主义所崇尚,或者说客观上不断行使着的自由。

因为康德美学的无利害性质决定了美是一个自由的、不受外部因素制约的领域。克拉克引申道,对自由的这种要求必然延伸至审美的人的无私本性,反过来说,这种自由观其实是利己的,它必然引出建立在不受约束的判断基础上的普遍性理想,并进而与新兴政府的理想相合拍。康德由此与后启蒙运动中的自由主义的总体政治倾向趋同化,并一直影响到了包括文化主义范式在内的现代主义。文化主义解读也意在获得自由,它们揭露被压抑的本质,反对各种抑制,都把文本视为自我主张实现冲动的一部分,因而都把自由理解为一种身份的自我实现,政治由此被不知不觉地确认为了一种人类规范的理想,其人格和自我概念实际上是特权化的。克拉克谈到,文化批评理论以已经征服敌人为前提,在此前提下以制度化的自由方式持续存在,却未意识到这种旨在控制过去的制度对自由构成的新危险,即在进行批评的基本制度框架的强化下,延续了自由作为自我合法化与自我肯定的启蒙理想,其思维方式暗中强化了自己的侵略性规范。这不是独异性诗学愿意重蹈的,后者想要走出文化政治的这种认同,而肯定批判性自由。有人或许会问,这种不同于传统自由的批判性自由真的更自由吗?克拉克吸收阿伦特有关"出生"的论述来进行类比,认为独异性与出生分不开。出生是人类自由的基础,就像阿伦特承认比起明天对今天的重演机会及其压倒性态势来,出生的事实才意味着发明与新奇的永不消失的机会,它向文学提供了跳跃的、意想不到的主动能力,那既难以捉摸,又令人兴奋,是克拉克眼中被书名提到的这四位思想家正在做的。

与克拉克一样,对独异性的探讨在最近十年始终十分活跃。2012年12月,美国著名的马克思主义理论家、后现代主义文化理论的代表人物弗雷德里克·杰姆逊应邀在我国北京大学作了题为"奇异性美学"的学术演讲,也联系事件对独异性问题进行了阐述。他为了观察与分析"后现代艺术的事件性特点"这一目标,立足于当代世界的时间性这一后现代性思想语境,上溯至中世纪有关

---

① CLARK T. The poetics of singularity [M]. Edinburgh: Edinburgh University Press, 2005: 13.

唯名论的讨论和尼采哲学，而简要地探讨了 singularity 一词"只有在后现代社会才充满现实内容"的四个主要方面，即这个词的科学、哲学、社会与政治四种内涵，认为这个词"产生于围绕普遍原理的哲学争论里，但它的社会和政治内涵更应该首先被关注"，那并不是简单相对于普遍性而言的具体（个体）性，而是仍与普遍性相关的独异性。他以发生在美国的女性主义论争为例分析道："即使新的共同体承认自我的独一无二和奇异性，但由于他们把自己的胜利赋予过多宗教救赎的色彩，结果便是削弱了奇异性的理想，将之变为了个体的事情。"① 这句话便把独异性与个体性的差别表述得清清楚楚。它与前面克拉克对康德美学将独异性处理为反思性、目的论意义上的超越模式（即杰姆逊所说的"过多宗教救赎的色彩"）的做法的批判，具有相似之处，再次让人窥见了事件思想的当代活力之一斑。

二、阿曼德：从超越事件/状态二分法到幽灵性

在最近的十余年中，致力于从新的技术机器角度进一步探究事件问题的，是立陶宛学者路易斯·阿曼德（Louis Armand）。他 2007 年推出的《事件状态：话语、时间、形态》（*Event States: Discourse, Time, Mediality*）一书，广泛吸取了拉康、德里达、巴迪欧尤其是斯蒂格勒等思想家的学说资源，并结合量子力学、相对论、控制论与概率论等现代自然科学成果，着重讨论了事件与状态（State）这两个术语的"纠缠"（entanglement）关系，② 并试图超越事件/状态的二分法，而努力"将连接性结构和可重复的机器式特征（machine-like character）与事件的独异性相结合"③，阐明一条两者之间的逻辑通道。

---

① 弗雷德里克·杰姆逊.奇异性美学［J］.蒋晖，译.文艺理论与批评，2013(1)：9-17.
② ARMAND L. Event states: discourse, time, mediality［M］. Prague: Litteraria Pragensia, 2007: 266.
③ ARMAND L. Event states: discourse, time, mediality［M］. Prague: Litteraria Pragensia, 2007: viii.

与事件思想谱系中的多数学者一样,阿曼德对准的基本问题意识,仍然是事件本身及其阐释的关系问题。他并不否认,因果论思路预设了任何被视为应急的事物都已经存在且必然如此,在普遍的逻辑解释面前显得微不足道,仅仅屈服于可辨别的规律性,并最终导致概率演算的形式化。现代技术的勃兴,意味着不连续性从此与技术的语法更为复杂地纠缠在了一起。阿曼德同意斯蒂格勒的预判,即这种不连续的时刻对应着全球化的到来,与虚拟性的概念联系在一起,摄影术与留声机等预先已经定义了虚拟的、模拟真实的模式,数码时代的真人秀、网络战争游戏等则导致历史不再是真实的记忆,而是成为鲍德里亚所说的"过剩"(excess)。在这种情况下出场的事件,与未来保持着开放的关系。阿曼德援引德里达 1993 年对斯蒂格勒的一系列电视采访,即出版于 2002 年的《电视回声机》(*Echographies of Television*)一书,展示了德里达如何通过技术过程来勾画事件状态的矛盾性轮廓。他又援引利奥塔在《差异》一书中的话论述道:

"事件"……"能够既是其原因又是其进展的作者"。[1]

这种矛盾性轮廓伴随着阿曼德对德里达之问的同时引出:我们能否同时思考正在发生的事情(事件)与可计算的自动重复编程(机器)?因为既然是纠缠,两者的相互影响便是非中介的。在这里,阿曼德将已经由斯蒂格勒等学者开先河的技术机器因素引入到对事件结构的分析中来,并通过与量子力学等现代物理学思想的深度勾连,研究了语言等在事件思想中起着关键作用的要素的性质,据此描画出了一种前沿事件论。

阿曼德观察到,在量子力学给出对世界的新看法之后,一个基本系统只能在一个特定的测量中给出确定的结果,测量中不可减少的随机性乃是其必然的结果,在这种状态中,量子力学不提供任何仿佛有助于获得特定观察结果的理由,也不解释事件发生的原因。这在他看来与语言在事件中扮演的角色具有一

---

[1] ARMAND L. Event states: discourse, time, mediality [M]. Prague: Litteraria Pragensia, 2007: 13.

致的性质。一般被论者们触及的难点往往在于，语言的概念不可避免地会因其不连续性（即指称者所处的维度）而停滞不前，这本身会导致不断的替代，而需要某种通往无限的转译方式。同时，可能的世界状态，先验地排除着语言以为能去穷尽自己的异质性。只有不再将语言视为描述性系统或工具，而是作为一般条件来对待，事件才会有存在的基本可能。阿曼德希望破除的，就是那种在事件思想研究中将语言中介化的常见做法。这个见解，一般来说已不难接受，值得重视的是阿曼德在此将语言的这种种非中介性质还原至量子力学所开辟的不确定性视野的做法。它引导我们深入地意识到，如果说不确定性的根源在于观测目标因始终离不开观测手段的介入而在绝对意义上具有不确定性（即所测准的、相对意义上的内容才恰恰是真实），那么，语言不是别的，正是这种与观测目标已经难分难解的观测手段——它作为符号系统的任意性（非理性），使得任何试图建立确定性世界的理性化、意识化意图在不得不碰上它的转换作用时，只能混合出一个"理性+非理性（任意性）"的、始终作为"下一个"而非"这一个"面目出现的未知结果。从这个意义上看，唯一测得准的世界，只能是被语言符号建构的意义世界。事件是创造意义的，"也许它需要量子力学的根本隐喻来阐明"①，当然得相应地在语言活动中得到实现和理解，将之中介化也就相应地泯灭了事件。

若仅止于此，当代技术便成了与主流语言论一致之物，难免被简单化了。对主流语言论在稳固结构中淡化了事件及独异性的体察，使阿曼德进而将语言（话语）与技术-物理系统联系起来，在分析德里达所谈论的"一般写作的可能性"时，指出其不仅是差异性的，而且"在某种意义上也是幽灵性（spectral）的：作为与'技术'的其他'公开'行为相伴随的效果"。② 幽灵性，即不被包括符号差异在内的任何稳定系统所规范预设的、意外而富于神性的因素，它是事件的另一种形象表述。如本书前面的章节所阐释，在斯蒂格勒等人那里，现代媒体技术已直接充当着语言，而说出着事件，这一点显然也影响到了阿曼德的取

---

① ARMAND L. Event states: discourse, time, mediality [M]. Prague: Litteraria Pragensia, 2007: 277.
② ARMAND L. Event states: discourse, time, mediality [M]. Prague: Litteraria Pragensia, 2007: 274-275.

舍。技术机器操控下的这种通过关系操作的知觉,以某种繁殖的趋势,以稳定的方式影响看似幻影的事件的形成,其反复与递归获得成为异类系统的周期。阿曼德用"成见"(stereotype)一词来描述事件水平与时间演化状态之间的过渡,认为这个临界点实为一个"符号可能性机器"(symbolic probability machine)[①],它联结起一个实例化与表征的矛盾系统,其中结合了复杂的情境流变及其例外,其间的混乱点为:一方面暗示了某个不可决定的时刻,在这一时刻,事件在结构上发生了;但另一方面事件在结构上则又是内在的。就此而言,技术不仅描述了人类的历史地位,而且描述着人类观念的重述,需要和应当做的只是:

> 将技术与历史(机器的时间和事件的时间)结合在一起思考。[②]

事件思想的上述动向,在人工智能技术的推动下迅速发展,受斯蒂格勒与阿曼德等所取资的量子物理学和更晚兴起的电脑、纳米、生物医学影响,与面向后人类时代的未来学的各种展望联系在一起。人工智能在超越人类智能的临界点上催生出人机艺术,人机之间充满负熵效应的反转点或曰奇点,使独异性在新艺术浪潮中持续获得嬗变。艺术在这方面的研究尝试还不是很多,但"奇点艺术"概念在2012年的正式提出者、旅美华人艺术家谭力勤梓行于2018与2019年的《奇点艺术》与《奇点:颠覆性的生物艺术》两书值得重视。它们演绎了强人工智能对艺术家创造力的挑战与重构、未来无界面虚拟现实艺术与人类的博弈前景、纳米技术架构下的新艺术创作实践及生物艺术等独异性诗学新议题,提供了或许会引发一定争议却足以启发当代艺术界推陈出新的颠覆性未来艺术范例,也在某种意义上展示了独异性诗学接下来立足于新的机器语言的进展方向。独异还是面朝已有的语言格局的胜利,不过那将有可能迎来建立于另一种全新语言基础上的幽灵性独异。

---

① ARMAND L. Event states:discourse, time, mediality [M]. Prague:Litteraria Pragensia, 2007:286.
② ARMAND L. Event states:discourse, time, mediality [M]. Prague:Litteraria Pragensia, 2007:307.

三、哈特与奈格里：生命政治作为事件

晚近事件思想的另一条研究思路，围绕生命政治展开。2009年，美国学者迈克尔·哈特(Michael Hardt)与意大利哲学家安东尼奥·奈格里(Antonio Negri)，推出了他们旨在探讨全球化政治经济秩序的"帝国"三部曲的最后一部著作《大同世界》(*Commonwealth*)，从事件角度聚焦生命政治问题。

生命政治是福柯在其后期思想道路中着力研讨的主要议题。他更为精微地从文化政治进一步掘进至生命政治，主张拆解以规范为名义而彻底内在于生命的、"力图将健康、出生率、卫生、寿命、种族……等问题合理化"的特定人口与生命问题背后的深层结构，[①] 发展出以"人口"为"关键核心"的生命政治学，[②] 展开了生命政治方向。其深远意义如学者们所指出，"后人类中心主义的标志是'生命自身政治学'的出现"[③]，这种出现回应着发达资本主义在今天的发展逻辑。但迄今为止，在对生命政治的理解，尤其是其与生命权力的关系的辨析方面，仍存在着不少分歧。比如某种成见（哈特与奈格里称之为"暗流"）就仍认为，生命总是一股反抗的力量，它以追求异类存在为己任。哈特与奈格里认为，这种理解忽视了生命权力与生命政治的区别，没有充分认识到生命政治并不只维系于反抗的权力，它还具有双重性，即在生命的反抗中寻求主体性生产的另类模式，或者说，在主体化中兼容着去主体化的维度。循此思路，两位论者清理了三种具有代表性的生命政治阐释。第一种较为主流的阐释来自埃斯波西托(Roberto Esposito)，其尽管以忠于原著的态度强调了生命政治在人口规范管理方面的协调性特征，却缺乏对福柯开创的这一权力图式中的反抗性的关注。第二种阐释以阿甘本为代表，他吸收德里达与南希的思想，认

[①] 米歇尔·福柯.生命政治的诞生[G]//汪民安，译.汪民安，编.什么是批判：福柯文选Ⅱ.北京：北京大学出版社，2016：237.
[②] 米歇尔·福柯.生命政治的诞生[M].莫伟民，赵伟，译.上海：上海人民出版社，2018：30.
[③] 罗西-布拉伊多蒂.后人类[M].宋根成，译.郑州：河南大学出版社，2016：87.

为生命政治作为一个含混的、充满冲突的领域,只在极限处才具备反抗的可能,也就是说,这种权力每每是以极权主义或不可能性为自身边缘的,这种情况使得生命政治因失去了主体性而变得无力,不再有行动与自主创造的动力,而滑向海德格尔所说的那种泰然任之的状态。作为对这种阐释的反驳,第三种由乔姆斯基(Avram Noam Chomsky)、西蒙顿、斯蒂格勒与斯洛特戴克(Peter Sloterdijk)等学人作出的阐释,开始注意到生命政治的主体性,但把这种主体性限制于自然主义的不变框架内,即用常数化来描述这种主体性对现存权力结构的反抗,从而掩盖了这种主体性的动态色彩,同样不足以创造出生命的另类形式。三种既有阐释因而都是有局限的。

有别于上述三者,哈特与奈格里提出了第四种阐释,集中表现为"生命政治是新的主体性的创生,这既是反抗,同时也是去主体化"这一核心观点。[①] 他们主张,对生命政治应从产生另类主体潜能的角度来深化理解,这就需要结合福柯前期有关言语介入并扰乱了语言,同时也扩充了语言的思想,从事件角度切入生命政治,承认"生命政治以事件的形式出现"这更为关键的一点:

> 与生命权力相反,生命政治首先具有**事件**(event)的特征,"自由的不妥协"扰乱了规范系统。生命政治事件从外部而来,因为它破坏了历史连续性,破坏了现存秩序。同时,我们也不能只从消极的方面去理解生命政治。生命政治不只是断裂,同时也是创生,从内部生发而来。……对生命政治语境来说,我们不能仅从语言学和认识论角度去理解,同时也要从人类学和存在论的层面,将其理解为自由的行动。在此语境下,言语超越语言的创造性扰乱成为事件的特征,而这个事件,通过生命规范与形式的积累,以及主体化的力量,介入主体性领域,实现了新的主体性的生产。生命政治事件所产生的断裂,是创生与真理标准的源泉。……事件,以及激发事件的主体性,构建了历史,并赋予历史以意义,这就取代了将历史视为由确定原因所决定的线性进步进程的观点。……认识到生命政治也是事件,我们就可以将

---

① 迈克尔·哈特,安东尼奥·奈格里.大同世界[M].王行坤,译.北京:中国人民大学出版社,2015:47.

生命理解为由建构性行动所编织的织体，同时在战略层面去理解时间。①

因此，生命政治事件与一切形式的形而上学实体论或概念论相决裂。存在通过事件而产生。②

从这里可以看出，哈特与奈格里用事件来阐释生命政治，是意在将生命的反抗同时理解为一种自由的创生行动。这一学理逻辑意味着，事件在他们两人看来乃是这样一种思想：它一方面以其独异性对外抗争，另一方面这种抗争却又决不在主体性意义上泛滥无归，而是从更高的层次上去除原先的主体性，在存在论意义上与真理与历史达成统一——两位论者用"生命规范与形式的积累"来描述这种去主体性后的新主体性，那也就是在作为事件的生命政治中让欲望重新适应自然。这与奈格里 1990 年即已出版的《艺术与诸众：论艺术的九封信》(Art and the Multitudes: Nine Letters on Art)一书里致西尔瓦诺(Silvano)的信中，对于事件在记述中发展的分析具有前后一致性。在那里，奈格尔已注意到，事件尽管离不开(艺术家的)记述的主体性建构，但这并不表示事件的爆发与历史没有联系而不再植根于存在的感受，相反"断裂及其存在之重，不得不在另类的存在之可能的记述中，在存在之超脱所暗含的意图的记述中展开。这一记述之展开为事件奠定了基础"③。这把去主体与新主体在事件中辩证地联结了起来，体现出德勒兹等人(哈特与奈格里明确提到了德勒兹对自己思想的影响)运用虚拟化理论阐说事件时的折返(本体论)思维方式。对福柯生命政治理论进行具体考察并非本书的任务，我们在此试图论述的重心，不是事件思想为生命政治具体注入了何种新质，而是事件思想可以激活生命政治这一点本身所首先确证的、事件研究的必要性，以及它在晚近以来持续不断推陈出新的生机与前景。能从事件角度来深入理解生命政治这样的国际上最为前沿的学术论题，足以见出事件思想史的继往开来值得拭目以待。

---

① 迈克尔·哈特，安东尼奥·奈格里.大同世界［M］.王行坤，译.北京：中国人民大学出版社，2015：48.
② 迈克尔·哈特，安东尼奥·奈格里.大同世界［M］.王行坤，译.北京：中国人民大学出版社，2015：51.
③ 安东尼奥·奈格里.艺术与诸众：论艺术的九封信［M］.尉光吉，译.重庆：重庆大学出版社，2016：72.

哈特与奈格里对事件的这种理解，与福柯在《方法问题》等著述中有关事件的阐释，有较为显著的关联。两者在强调事件的生产性（从而相应地肯定了生命政治的生产性）这点上是相通的，否则便会令人难以理解两人苦心提出这第四种阐释的学理脉络。但如前面的章节所述，这种事件阐释与我们在事件思想史的后阶段屡屡看到的对事件独异性的强调，能否协调呢？后者似乎侧重阐发事件的意外、破裂与冲击的一面，这一面如何协调于现在被两位论者所充分肯定的事件的生产性，是一个有趣而重要的问题。他们由此对福柯与巴迪欧（即巴丢）的事件论作了一个简明扼要的比较，认为二者分别在"前瞻"与"后顾"中谈论事件：

> 福柯与巴丢的区别可以清楚地从两位思想家对事件的态度看出来。对巴丢来说，事件，……都是在事情发生*之后*而确立的价值和意义。因此，他关注那些事后赋予事件以意义的介入行为，以及不断回归事件的忠实化和属性化过程。但福柯强调的却是事件的生产与生产性，这就要求前瞻而非后顾的眼光。换句话说，事件内在于存在以及颠倒事件的战略之中。巴丢对待事件的态度反映其没有认识到自由和权力之间的关联，而这正是福柯从事件内部出发所强调的。①

意思是，事件在福柯这里具有未决性，需要主体在实际的话语权力行动中去生成它；在巴迪欧那里则外在于主体而类似于神迹，主体只能在稍纵即逝的事件发生后，才忠实于它并将它实现出来。这一描述大体客观而正确。

四、马德与德拜：物、自然作为事件

在前面我们已看到，维利里奥用时间取代空间并激发事件性分形。占据着

---

① 迈克尔·哈特，安东尼奥·奈格里.大同世界［M］.王行坤，译.北京：中国人民大学出版社，2015：48-49.原文"之后"二字为黑体字。

空间的，是具备广延的物（以及广义的自然）。时间的加速取代空间，产生事件性分形，这进而意味着"物"这个概念需从事件角度得到新的把握。事实上，围绕事件研究的一个焦点始终是它与物及其广义——自然的关系。这种研究焦点与兴趣，在最近十余年的最新发展中不仅被保持下来，而且被推向了新的视野。西班牙学者迈克尔·马德 2009 年出版了《物的事件：德里达的后解构现实主义》(The Event of the Thing: Derrida's Post-Deconstructive Realism)一书，对上述问题给出了新的思路。

马德是巴斯克地区大学哲学教授。除了《物的事件：德里达的后解构现实主义》一书外，他还先后著有《毫无根据的存在：卡尔·史密特的政治本体论》(Groundless Existence: The Political Ontology of Carl Schmit, 2010)与《植物思想：植物性生活的哲学》(Plant-Thinking: A philosophy of Vegetal Life, 2013)等著作，与帕特里夏·维埃拉(Patricia Vieira)合作编辑了《存在的乌托邦：乌托邦思想的新观点》(Existential Utopia: New Perspectives on Utopian Thought, 2011)一书，并与詹尼·瓦蒂莫(Gianni Vattimo)[①]，合作出版了一些著作。

从"物的事件"这个书名可以看出，马德的论述关键乃是物（thing）与事件的关系。那么，什么是物呢？他继承了事件谱系中不少前人的成果，同样首先认为人们对物、对物性存在着一种初始意义上的不知道，这种未知性促成了逃避认知与概念识别机制的事件，后者从命名它的哲学谱系每个阶段逃脱，而将自身表达为物的事件，其虽回避但并非消极，而具有生成性与丰富性。这里需对"物"这个概念进行必要的界定。马德定义道：

> 物指的是本质被剥夺的前本体论的形象，并在它所接受的、欢迎的、受苦的、经历的、经验的一切事物中，为这种剥夺的事件作准备。[②]

---

① 瓦蒂莫系都灵大学名誉哲学教授，也是欧洲议会议员。著作有《基督教之后》(After Christianity, 2002)、《宗教的未来》(The Future of Religion, 与罗蒂合著, 2005)、《艺术的真理诉求》(Art's Claim to Truth, 2009)、《尼采对话》(Dialogue with Nietzsche, 2009)、《哲学家的责任》(The Responsibility of the Philosopher, 2010)、《告别真相》(A Farewell to Truth, 2011)等。

② MARDER M. The event of the thing: Derrida's post-deconstructive realism [M]. Toronto: University of Toronto Press, 2009: 18.

物是事件的准备。马德认为这一点本有传统根基，在康德那里仍因对"物自体"的积极看护而得到贯彻，但到了康德之后种种以客观性为悬鹄，以批判、否定与还原等为旨趣的哲学中，这一点慢慢地被弃置了。黑格尔便已开始用辩证法确定物的本体，而不再在视野中关注那超出物的事件的存在。纵然到了胡塞尔这位现代哲学开山鼻祖那里，对纯粹性的在意也以反对心理主义为名，合法地展开了自己面向实事本身的进程。作为对这种见解的反驳，马德主张区分对象与物，认为前者是与主词相对立的一个概念，后者则意味着非对立的差异性。为论证这一点，他祭出的主要理论参照系是德里达的解构主义。他意识到，解构主义是一种只出现在物的"撤退"中的理论主张，因为它旨在从它所给予的东西中减去它自己（这的确是解构主义的要义："它自己"就是"在场"），去除包括空间与时间在内的现象学过程，因为后者每每呈现为将人们的注意力引向物自身的例行程序。这确实避开了对物的概念把握以及任何将物聚集为一个整体的企图。事实上，物本身不受分析、综合等知识秩序的影响，在不受束缚中向事件敞开。马德注意到自柏拉图以来，从有限中提取无限、以物的自身特性取代其独特性，直接导致了资本主义经济拜物教，即利用物被提取的自身特性来抽象其社会意义，将其限制在价值规律内牟利，把商品作为非感觉的客体物加以利用，而在虚拟操作中客观化物。与德里达一样，马德认为这种认识行为是一种普遍的恋物癖，它遗忘了在它所处的位置上蓬勃发展的可能性，得到的物的同一性只不过是广义恋物癖无休止泛滥的一种虚构而已。恰当的处理，是在爱一个物的同时承认它自身永葆着对恋物癖实质及其拜物教后果的抵抗，而为这种抵抗留下足够的空间，允许其一系列次级体系无限地存在于物本身中，这是以德里达为代表的解构主义者在做的，它开启了事件之门：

> 事件是一种"使到达"的东西。……
> 物既不是主体，也不是客体，既不是同一的，也不是完全不同于它自己，它使事件发生，并使之在事实上内在地、诗意地发生。
> 物的协议并非其属性的枚举，它们是物自己的指令或"法则"，在主体进行任何有意的活动之前对其进行约束。这些协议阐明了海德格尔的抛掷性的本质，规定了虚拟（临近与光谱）事件发生的可能性条件。它们最主

要的主题是物与自身的非同一性,它同时兼具定性与定量、生者与死者、给予者与退缩者、说话者与书写者的特征。①

在马德看来,马克思与海德格尔都提供了这方面的成功范例,因为他们的思想都呈现为一种不稳定的综合,即批判的成熟与怀旧的天真,而这些恰恰才与真实有关。换言之,无论马克思还是海德格尔,都试图在概念的极限处引出物的虚拟性。只要物自身的这种本质链条还在继续发展,物就不会轻易达到和穷尽它自己并实现同一性,而总会破坏一切统一的愿望,使难以捉摸的"尚未发生"的降临,成为积极的虚拟。马德强调了这种虚拟的两重性质:既在现实的基础上重新思考可能,接近即将到来的事物,好像这件事没有发生一样,未来充满了开放性;但这种未来的可能性本身又依赖于这件事的发生,依赖于这件事的过去。因此,事件中运作着的准先验的"因果关系"既非先天也非后天,而体现着两者的张力。应该说,这些看法与前面论及的马里翁等不少思想家是同声相应的。

在如此分析时,马德的一个颇具新意之处,是挑明了"也许""是的"这样的高频词在物实现为事件的过程中所起到的微妙虚拟作用。确实,现实生活中这样的提顿词或曰插入语是我们常用的,但我们似乎从未停下来仔细思考过其中的奥妙:它们虚拟了原先的物没有?马德指出,"也许"这个词似乎加强着原先的物,实际上却呈现为一种被召唤的中断以及重新开始呼吸的过程。因为这种重复性的反符号将物重新具体化,使之转化为原物的可能性条件,而在重复中成为"双重肯定"(double affirmative)。事件发生于一个抽象、无底之处,却是具体事物本身的完善,仿佛在一个物中打开了一道深渊,后者最终占据了构成它的空间中的一切,其内在性证明了其空间。"物的经验"从而蕴含着一种持久的模糊性;因为它既表明了人体验物的方式,也表明了物本身的经验只能从它自己的角度获得。物自身的自主的呼吸,在虚拟的"也许"的重复中跳动。马德认为,这种重复不同于尼采所探讨的永劫轮回,而是对真实的创造。

---

① MARDER M. The event of the thing: Derrida's post-deconstructive realism [M]. Toronto: University of Toronto Press, 2009: 3-4.

与"也许"的情形相类似,人们常用于各种语言场合中的"是的"一语,也并非一种连贯的话语,而引出着在虚拟中生成自身可能性的事件:

> 把物从自身中解脱出来的暗示是用引号把它从自身中解脱出来,中止它的因果功能。内在因果关系的机械必然性与神学上关于无原因的原因的概念,都无法定义物的无条件的自由。相反,"也许"的重复是物自动呼吸之处,以其自身的力量,伴随着萦绕于每一个有生命的物的不确定性。①

总之,在马德眼中,物是一个受到差异影响并居于其中的折叠体,不同的、延迟的时间的空间化与空间的时间化,使它与自身始终保持着非同一性与差异性。这里显然触及了差别的问题,令我们想到了索绪尔。马德承认,差别的问题首先是意义的问题,物本身就是一个符号,它与别物之间的对立的消除尽管在事件意义上永远地代替着它,却不等于差别的消失,而意味着它自身的增殖。马德借鉴德里达的好客理论举例道,敌意便是在友谊的差异中产生并与之共存的,好客的分裂是一种无法被简化为知识对象的东西,但唯其如此,它才有了成为事件的可能。

至此可以发现,马德的事件论析取面甚广。他有关差异产生意义以及物的实质为符号的论述,取道于索绪尔语言学思想之迹明显;拈出"也许""是的"等语汇进行虚拟性能方面的分析,闪现着分析哲学的方法影子;对现象学思想的汲取,更是他本人直接坦承的事实。当然归根结底,他的主要取径是德里达的解构主义。他用"后解构现实主义"(post-deconstructive realism)这个独创的词来概括德里达解构思想的未竟潜力,加一"后"字,是要把解构从唯心的印象中重新拉回到唯物轨道上来,还其本色:它是事件建构的途径,在对事件的建构中成为现实主义(唯物主义)。解构,即直面与处理物之中仅仅作为准备阶段来虚位以待,并未被完成时态所填实的虚拟因素,这不是事件的题中应有之义是什么呢?就此而言,虚拟得到的事件,实现了物的真相,解构其实相

---

① MARDER M. The event of the thing: Derrida's post-deconstructive realism [M]. Toronto: University of Toronto Press, 2009: 13-14.

当唯物。这是马德的事件思想给予我们的宝贵启示。它集中体现在全书结论中马德有关事件超出物的若干因素的判明。这些因素包括但不限于：(1) 遗骸(指不能被整合、消耗的或在唯心主义固有的内在性中完成的东西，即被系统呕吐出来的东西)；(2) 物自我完善的过程；(3) 文本性的碎片(指被物的虚拟容器顽固地保留或暂时容纳、投射至新的感觉单元中的东西)；(4) 尸体腐烂后的暴力与破坏行为证明；(5) 生存(即幽灵的存在与死亡)；(6) 书面、签字等的实质性痕迹；(7) 难以愈合的伤口与疤痕组织；等等。① 马德特意重申，后解构现实主义关注的残余，既不包括超现实的实体，也不包括"无事件"这种极端的归零情形，不脱离世界上的经验事件，而是在此前提下超越以笛卡尔与斯宾诺莎为代表的二元论运思框架，拓展事件在今天的前沿研究格局。

广义的物是认识论意义上的自然。像避免令物对象化那样不使自然僵固，以顺合自然的方式还原其作为事件的生命，是事件思想的另一个相关发展动向。2017年，美国学者迪迪埃·德拜(Didier Debaise)在杜克大学出版社出版了《自然即事件：可能性的诱惑》(Nature as Event: The Lure of the Possible)一书，接续了上述主题。

"自然"是美学的一个核心范畴，它不仅早在古希腊即已作为摹仿论的目标受到重视，即使到了近代浪漫派兴起后，也仍是表现论谈论艺术美学主张时常用的一个概念，像雪莱与赫兹里特等著名的浪漫派作家便屡屡表示，心灵是对自然的表现；因为在他们看来，心灵集中了人的天性，而人的天性也是自然的一部分。理性主义哲学逐渐消解着这一传统。德拜的问题意识是，今天对自然的各种谈论，本身就充满了反自然的色彩，即并没有将自然当作其多样性得到了重视的事件。"如何给予自然中存在方式的多样性以应有的重视？"② 他发现，我们今天运用的抽象概念，包括思维模式都已不再能加深或发展对自然的体验，相反模糊了自然的本义。他倡导重新点燃怀特海哲学中的某些命题，来

---

① MARDER M. The event of the thing: Derrida's post-deconstructive realism [M]. Toronto: University of Toronto Press, 2009: 137.
② DEBAISE D. Nature as event: the lure of the possible [M]. Durham: Duke University Press, 2017: 2.

描画一种思考自然的不同方式。他提醒人们注意，近年来人们对怀特海的思想重新燃起了兴趣，其哲学可以为思考未来提供新的工具，① 为走向德拜所主张与向往的"普遍的特殊习惯"（universal mannerism）提供了条件。在这部著作中，德拜既论证了现代意义上的"自然"概念并不体现任何真正的本体论地位，质疑其是否每每将一种特定的自然观念强加给了自然；也论证了"普遍的特殊习惯"这一对策，借此表明克服上述行动所造成的限制的方法，认为自然的存在与我们对它的态度是相互交织的，与我们体验、感受、理解它以及赋予它重要性的方式一样多。"普遍的特殊习惯"因而便是将我们对自然的种种作为也融入自然本身的样态中，不产生基于理性认知冲动的距离。这与事件思想谱系中不少人阐明的有关事件不发生于事后视点中的论断，形成了前后对话空间。这样，与迈克尔·马德的立场接近，物、自然作为事件，成为迪迪埃·德拜开启的前沿事件视野。

在提出者德勒兹这里，虚拟理论旨在建构一种基于差异性重复的本体论。对多样化虚拟的上述确证与深化，由此使事件进一步在本体论意义上得到新的阐扬。

五、扎巴拉与格朗丹：事件获得本体论解释学意义

承接上一节，迈克尔·马德的一位合作者圣地亚哥·扎巴拉（Santiago Zabala）与让·格朗丹（Jean Grondin）以及多位其他研究者，在2014年出版了《动摇：本体论与事件》（*Being Shaken: Ontology and the Event*）一书，引人注目地从解释学与本体论的角度，深究了事件问题，代表了事件思想的又一种最

---

① 这是符合事实的判断。这里再举一例以佐证。2014年，马克·汉森的《知觉的首要地位：精神物理学，现象学，怀特海》一文，吁请谨慎地避免轻易将似乎已经显得不合时宜的理论家存档弃置，而通过开发怀特海形而上学思想中有助于推进当今知觉问题与21世纪以来的媒介研究的未竟潜力，来论证这一知觉模式可以被置于精神分析中读出新意，而且数字设备与其他新媒介技术中也包含了人类知觉的强化与扩展，从而"知觉与感性再次成为了中心"（POTTS J, STOUT D. Theory aside [G]. Durham: Duke University Press, 2014: 232.）。

新发展动向。扎巴拉是巴塞罗那大学教授,著有《分析哲学的诠释性》(*The Hermeneutic Nature of Analytic Philosophy*,2008)、《遗存》(*The Remains of Being*,2009)、《只有艺术才能拯救我们》(*Only Art Can Save Us*,2014)与《美学紧急情况》(*The Emergency of Aesthetics*,2014)等著作,与人合著或编有《虚无主义与解放》(*Nihilism and Emancipation*,2004)、《宗教的未来》(*The Future of Religion*,2005)、《弱化哲学》(*Weakening Philosophy*,2007)、《艺术的真理要求》(*Art's Claim to Truth*,2009)、《诠释学的后果》(*Consequences of Hermeneutics*,2010)与《诠释共产主义》(*Hermeneutic Communism*,2011)等书。格朗丹是加拿大蒙特利尔大学哲学教授,在诠释学、形而上学与德国哲学研究方面颇有成就,著作包括《哲学诠释学导论》(*Introduction to Philosophical Hermeneutics*,1994)、《汉斯-格奥尔格·伽达默尔:传记》(*Hans-Georg Gadamer: A Biography*,2003)、《形而上学概论》(*Introduction to Metaphysics*,2012)等。从这些著述可发现,他们都致力于解释学研究。在这一背景下,事件思想主要在三方面得到了他们前沿性的激活与推进:一是从"动摇"的视角看待事件,并立足于本体论,阐明了事件作为本体论动摇之动摇的基本性质;二是指出事件具有可解释性;三是分析了以海德格尔为代表的本体论解释学事件论与当下注重变异的事件论的本质差别,指出前者重在表示事件的存在性而非变异性。

扎巴拉充分意识到,对存在的形而上学解释排除了事件的到来;因为后者既不可预见,也无法被简化为因果关系或数学公式。传统形而上学哲学每每呈现为系统的本体论,实际上是一种神话的晦涩反映,排斥事件的干扰,意在安抚我们内心的恐惧,即当我们说出或听到"为什么"时,内心希望用一个"因为"来满足我们幼稚的好奇心而平息不安,我们提问是希望得到一个明确的答案,这个答案要符合我们的期望。与之不同,扎巴拉认为,我们需要的不是怀疑,而是一种与创伤、震惊有关的经验。他幽默地举例道,假如笛卡尔烤火,这位坐得舒舒服服的哲学家会不会怀疑自己的存在呢?如果他把手伸得远些,在感觉到火的难以忍受的热度之际被它烫伤,冥想的稳定性将如何面对那实际进行冥想的物理环境呢?对哲学史上这一重要事件的这种假设,有助于我们对存在的可变性产生新理解,即倘若笛卡尔燃烧自己,他会得出"我在痛苦中,因此我在(我的有限性中,在非存在的边缘)"这样的结论。推而广之,那些经常处于战争或饥饿状态，身体或心理受创伤的人，在遭逢经验的极限突发事件时也是一样的。不应忽视这些边缘事件，也不应将这种边缘经验理解为无根据的经验，那不仅会导致虚无主义，而且会再度返归把它压倒的形而上学。在这里扎巴拉联系列维纳斯的异在与他者哲学，认为他者性并不是一种安全的基础，相反激发了我们说话的可能性。被人质疑，不仅是为了证明自己，更重要的是为了询问世界的意义，从已成为对方目标的一方立场来思考存在的意义，即不再以一种主权的、自主的、主动的方式，而是以带着极大被动性的方式，进行在别处产生的询问。这意味着，即使我们与形而上学本体论发生决裂，只要由此引出的他者仍是理念与本质的种种变体，我们就仍未取得进展，而致使形而上学最糟糕的过分行为仍在无意识中重演。扎巴拉觉得，以打破传统为旨归的当代分析哲学恰恰落入了这个陷阱中。与之异趣，基于他者性的事件是被苦难召唤而存在的，它决不再回到神话的起源，而是要大声质问当代世界的荒谬。

据此，扎巴拉用"动摇"（shaken）描述事件的性质，不仅与巴迪欧等人以"溢出"界说事件形成了异曲同工之妙，而且更为清晰地强调了"动摇"的两个原发点：一是面对形而上学本体论而动摇；二是不让这种动摇滑向无根据的经验，而是在动摇中动摇，最终走向存在。按照扎巴拉的说法，当主体从自满的昏睡中被摇醒，或在极端情况下受到威胁时，主体已远非自主的主体，而是决定了主体的存在。他由此表示，感觉不同于经验，后者才是面向苦难和荒谬的：

> 如果没有休克的代价（这也许就是现代性本身的同义词）和震惊，就没有经验，只有感觉。①

> 存在的震动是无节奏的、不可重复的震动，它动摇了本体论，却不让碎片沉淀下来；它们是独特的创伤，无论是个人的还是集体的，它们将事件从意外和不可预测的状态中分离出来，变成常态化、中和化的和强制平

---

① MARDER M, ZABALA S. Being shaken: ontology and the event [M]. London: Palgrave Macmillan, 2014: 7.

定的状态。……存在的创伤——以一种非常精确的本体论方式解释的"创伤"——是本体论的历史形态,也是我们今天所处的位置。①

作为本体论动摇之动摇的事件,得到了扎巴拉在《动摇:本体论与事件》一书中汇集的多位学者的赞许。瓦蒂莫认同并发挥说,哲学的任务并不是和解,而是对"动摇"的重视。解释学基本是一种关于他者不可减少的哲学,虽然这不一定意味着它是一种冲突的哲学,却肯定了它不是一种基于科学真理客观性的调和性理论。瓦蒂莫认为,马克思的《关于费尔巴哈的提纲》(*Theses on Feuerbach*),尤其是第十一条提纲,更接近解释学而非科学的客观主义。在他看来,今天的世界既无需哲学上的简洁,也无需亚里士多德所说的净化,需要的恰恰是与之相反的、围绕更为普遍发生的民主危机所进行的事件性观察;因为这样做才孕育着自由,如同罗蒂等哲学家倡导的那样,真相只是让人自由。为达成这一目标,其必须具有历史效力;因此"不可克服的矛盾,在许多意义上,就是存在与真理发生作用之处"②,它们对和解姿态的告别,是对一种与形而上学本体论冲动密切相关的框架思维的告别。威廉·艾金顿(William Egginton)进一步发现,③ 框架思想预设了在世界上发现对象一致性的可能,总是服从于已经存在的现实,他称之为戏剧性,认为其兴起的原因是自16世纪中叶以来,一种新的媒体形式取得了重大成功和扩散,那就是戏剧表演依靠人体作为媒体来实现故事和思想的联系。在他看来,现代性的基本构架模式就是舞台,这种媒介的形式迅速渗透到西方经验中的各个方面,包括美学(剧院本身以及绘画与文学)、哲学(认识论)、政治(国家组织作为个人象征性代表的集聚体)等,特别是帮助有力地构建了现代性中最具有

---

① MARDER M, ZABALA S. Being shaken: ontology and the event [M]. London: Palgrave Macmillan, 2014: 9.
② MARDER M, ZABALA S. Being shaken: ontology and the event [M]. London: Palgrave Macmillan, 2014: 76.
③ 艾金顿系约翰·霍普金斯大学人文科学系教授。著作有《世界如何成为一个舞台》(*How the World Became a Stage*, 2003)、《变态与伦理》(*Perversity and Ethics*, 2006)、《历史上的皱纹》(*A Wrinkle in History*, 2007)、《哲学家的欲望》(*The Philosopher's Desire*, 2007)、《真理剧院》(*The Theater of Truth*, 2010)以及《捍卫宗教节制》(*In Defense of Religious Moderation*, 2011)等。

决定性意义的事件——欧洲人与新世界之间的相遇,并产生出"一种巴洛克文化的特殊变体"①,以允诺新兴民族国家与殖民大国进行更大程度的控制。但尽管排斥框架思维,两位论者认为事件仍能得到解释。与普遍看法相反,格朗丹认为事件可以被解释,只不过这种解释应当是解释学而非认识论意义上的:

> 我们总是会被事件吓到,不知所措,但这并不意味着它们是无法解释的。事实上,这是对事件概念的普遍误解。"事件"这个词起源于拉丁语,它的构成很容易理解,但被那些为它的魅力所迷惑的人忽视了:eventum 来自 evenire,意思是"从……出来"(venire ex [aliquo])。因此,事件不会凭空而来。(就我们所知,没有什么能做到。)它来自某种可以解释它的东西。一个无法解释的事件不会是一个事件。……当然,这并不意味着我们可以解释所有的事情。我们的理解能力是有限的(这并不是什么新鲜事)。但这并不意味着一件事在未来或事后无法解释。……事件本身的概念意味着它来自某个地方。我们可能会被事件吓一跳,但这种心态本身就证明,我们正在寻找原因,只是有点困惑,无法在此刻抓住它们。②

这一点与上一点其实是一致的;因为如若认定事件在很大程度上不可预测而无从解释,格朗丹紧接着说道,这不啻意味着我们同时建立了一种有关什么是规范的前提性观念,而那是一种自以为是的做法。格朗丹由此相信,事件的不确定性,不应成为欺骗我们的一种伪装。这也再次回到了他同样处身于其中的解释学原则:此在的存在即历史性本身,如海德格尔在《时间概念史导论》(*History of the Concept of Time: Prolegomena*)等著作中申明的那般。这就引出了他试图论述的第三点:纠缠于事件本身的概念是并无意义的,我们一定是在谈论某件事,在谈论某件事之际实实在在地触及着事件。对于这一点的辨析,旨在揭示解释学事件论与晚近各种强调非理性色彩的事件论的差别:

---

① MARDER M, ZABALA S. Being shaken: ontology and the event [M]. London: Palgrave Macmillan, 2014: 181.
② MARDER M, ZABALA S. Being shaken: ontology and the event [M]. London: Palgrave Macmillan, 2014: 64.

这里最重要的概念最终不是"事件",而是"存在"。海德格尔想要回忆起思想的正是这一存在的事件,而不是世界上任何不可预见的事件;而事件的哲学家们则急于跃入其中。可以肯定的是,对于海德格尔来说,这是一个理性的时代,是 Ereignis 这一概念想要颠覆的时代(尽管有很好的理由可以理性地评估);但是"事件"对他来说是不够的。与他的许多追随者不同,他接受的是拉丁语教育,他可能会立刻认识到,"事件"(e-venta)上面写满了理性。伽达默尔也是如此:他所预示的不是任何事件,而是"理解的事件";他认为,这不能用系统的科学方法来解释。

人们可以称此为事件的"及物性"(transitivity),即该事件始终是某物的事件的概念,当它顺理成章地讲救赎事件(heilsgeschehen)时,在神学中就更加明显了。在这种情况下,很明显,它不是任何事件,而是一个特定的、具有历史意义的事件,赋予了救赎之恩,例如,化身或复活。①

这就是说,解释学本体论不仅与事件相容,而且其本身就是事件的创造者。扎巴拉与格朗丹想要告诉人们的是,存在的事件是一个机会,而非一种威胁,后者是许多非理性主义者所乐于采取的思路,如我们在前面多章中看到的那样。与之不同,在这里论者认为,解释学本体论是一种变革性思想,扎巴拉自己说得很清楚:"解释学本体论对事件的兴趣不是简单地由它的无政府起源或生成目标所驱动的,而是由缺乏事件所造成的紧急状态所驱动的。"② 它具有相对确定的指向,而不像一些非理性事件观那样追求完全不可知的异质性力量。这对我们研究事件思想谱系的整体发展面貌颇有裨益,促使我们意识到这一谱系内不同观点、立场之间的必要分野,而不至于迷失在形形色色看似旨归一致的说法中。如艾金顿所总结,扎巴拉对事件思想的贡献,是强调事件的召唤并非澄清存在,而是产生存在。它作为一种变革性的思想,不是要去战胜与

---

① MARDER M, ZABALA S. Being shaken: ontology and the event [M]. London: Palgrave Macmillan, 2014: 67-68.
② MARDER M, ZABALA S. Being shaken: ontology and the event [M]. London: Palgrave Macmillan, 2014: 78.

克服形而上学，而是要去超越形而上学；因为如果形而上学能被完全克服，就不会出现库恩所说的范式革命，而只会重演单一的范式。尽管本体论解释学通过违反现存的秩序来促进存在的产生，仿佛旨在克服存在，但这种存在不重蹈框架思维，而呈现为广大的、松散的和不可预测的事件。这也就是本体论动摇及其不断继续动摇的意思所在。因而出现于国际前沿上的这种事件论，一方面带有富于启发性的总结与深化色彩，另一方面也锚定了往前谈论事件的新起点。

获得了本体论解释学意义的事件，将现实与虚拟有机融合于一身，触及了生存始终在稳定中被建构的真相，相应地出示了事件在审美中同时贯通政治，将个体主观经验与历史客观进程融为一体的戏剧事件议题。

六、费拉与威克斯：超戏剧事件及震惊美学

从戏剧角度深入研讨事件，乃晚近事件思想的又一进展方向。这种方向其实在20世纪初的残酷戏剧及其代表阿尔托那里已有了萌芽。受到印度教宇宙论的影响，阿尔托认为戏剧舞台所要表现的是自然力量与强烈的宇宙冲突，每一场演出都不是在重复剧本的内容，而是一个基于精神性力量召唤的事件，其震撼性使"当前事件的意义不在于事件本身，而在于它使人们陷入某种精神沸腾的状态，即极度紧张的程度。事件不断地使我们处于有意识的混沌状态"[①]，建立在这一基础之上的残酷戏剧则"正是为了使戏剧重建其炽烈而痉挛的生活观"[②]，它以代表宇宙固有残酷性的宗教仪式方式，在戏剧的上演过程中猛烈袭击观众，并迫使观众面对它，突破自身心灵上的戒备，而将自己暴露在被无意识所隐藏了的罪恶中。这触及了戏剧超出剧本、直指现实生活的震惊力量，但仍着眼于戏剧活动本身的现代变革，没有直接切入思想史的用心。大半个世纪后，蒙特利尔魁北克大学戏剧系教授约瑟特·费拉，与毕业于多伦多大学并从

---

① 安托南·阿尔托.残酷戏剧：戏剧及其重影[M].桂裕芳，译.北京：中国戏剧出版社，1993：116.
② 安托南·阿尔托.残酷戏剧：戏剧及其重影[M].桂裕芳，译.北京：中国戏剧出版社，1993：122.

事戏剧研究的莱斯利·威克斯在2011年联袂发表了《从事件到极端现实：震惊的美学》(From Event to Extreme Reality: the Aesthetic of Shock)一文，探究了幻觉与无中介事件之间的冲突。

这种冲突是戏剧舞台上出现的一种特殊形式：暴力与极端场景的呈现。两位学者认为，这些场景将艺术尤其是戏剧艺术带出了戏剧框架，通过引出暴力的表演性行为以及与这种暴力面对面时所体验到的极端临场感，来创造出"一个真实的事件"①。他们借用保罗·阿登纳（Paul Ardenne）出版于2006年的《极端：突破界限的美学》(Extrême: esthétiques de la limite dépassée)一书中的措辞，称这种事件创造过程为"震惊美学"（the aesthetic of shock），并从剧院、电影院及视觉艺术与表演中选取例子，揭示了事件与这种美学的关联。其核心内容是，戏剧唤起的激烈的暴力，拥有超出戏剧本身的、额外的存在，冲破虚构性而将观众移出他们通常的舒适范围，以其充满震惊的敏感力量击中观众，消除审美距离而只留下事件，使事件现实化。观众由此赤裸裸地面对暴力，面对凝视所进入的吸引力，让自身的动作获得了与事件齐头并进的通透性，也使舞台突然失去了幻觉性，改变了其最初与观众的契约：

一个戏剧事件可能是戏剧幻觉被打断并且舞台由无需调解（但并非没有框架）而出现的动作所塑造的那一刻，它从而留下了机会或风险的时刻。②

这样，在舞台上创建事件，能克服戏剧幻觉而引发一种即时的存在，消除故事的介导与演员的对话。两位学者指出，这种做法的指导思想是德里达与菲利普·拉库-拉巴特（Philippe Lacoue-Labarthe）关于重审代表制的对话。但两人接着强调，尽管舞台上出现了现实，这并没有否定戏剧性，观众从未超越戏剧的框架，后者仍然存在并制约着事件的出现，也正是这种框架赋予了事件意义。这意味着在戏剧舞台上（无论是剧院场所还是公共场所），戏剧动作的执

---

① FÉRAL J, WICKES L. From event to extreme reality: the aesthetic of shock [J]. TDR, 2011, 55 (4): 51-63.
② FÉRAL J, WICKES L. From event to extreme reality: the aesthetic of shock [J]. TDR, 2011, 55 (4): 51-63.

行性只能从戏剧性中读取，后者是戏剧美学维度的体现，观众在这种审美调解中吸收事件及其暴力。

这样做当然是为了不在审美距离的拉开中变事件为艺术，而是借此重读残酷现实的形象，避免将现实事件戏剧化、艺术化所必然带出的对这个主题的不屑态度。视事件的瞬间为艺术品，在两位学者看来是面对成千上万的死亡而保持沉默，是停留在强烈暴力的外面而变相羞辱受害者。唯有在事件超出戏剧表现形态意义的震惊层次上被激怒并唤醒自己的感官，才能脱离幻想、虚构与一度期望的艺术表现上的舒适感，而在遭遇戏剧事件中重新排列感官与知觉的框架。从广义上看，对事件的这种理解，是在试图走出亚里士多德开创的悲剧净化理论传统，而与20世纪不少学者的类似见解构成了互文。他们中肯地指出"移情作用并非导致一种'思想转移'（thought transference），而是引起一种有意识活动或体验的虚假转移（pseudo-transference）"，虚假就虚假在，"只要能够为你提供充分的线索，你便能以移情的方式来感知他人"。① 即是说，移情的指向仍是发出着移情行为的主体单极，它是以主体单极的自我安全感为潜在前提的，类似于美学上源于原始人类祭祀活动的"内模仿"行为，这种行为的性质"也存在于他与自己的动物猎取对象之间"②，因而仍未摆脱二元论色彩，实质是"我们直觉的第一反应，多半是在利用他人——即便出发点是为对方福祉着想。我们以扑向世界、人和事物的方式，来获得对事情的掌控，这种近乎动物性的直觉反应在我们内心根深蒂固"③。这样，移情就不仅"不能构成审美态度的本质"④，而且极端言之，便不能不导致"正是由于观众本身的绝对安全，他的严肃的人类关切会轻而易举地堕落为对恐怖和残忍毫无人性的欣赏"的消极后果，⑤ 事件思想的这个发展方向，因而不能说全新，而且，把事件说成是超出戏剧框架而来的现实，多少也有将事件实体化的嫌疑，不如将事件理解成突破戏剧框架而外射的那一刹那的动词性瞬间来得更为合理。我们只能

---

① C. J. 杜卡斯.艺术哲学新论［M］.王柯平，译.北京：光明日报出版社，1988：130-131.
② 约翰·马丁.生命的律动［M］.欧建平，译.北京：文化艺术出版社，1994：107.
③ 以马内利修女.活着，为了什么？［M］.华宇，译.深圳：深圳报业集团出版社，2012：158.
④ 玛克斯·德索.美学与艺术理论［M］.兰金仁，译.北京：中国社会科学出版社，1987：41.
⑤ 卡尔·雅斯贝尔斯.悲剧的超越［M］.亦春，译.北京：工人出版社，1988：74.

说，这种理解始终仍在持续发展，这一点就表明人们对此的问题意识是相当重要的。几年后，在阿德里安·基尔有关戏剧对历史主体经验的建构的细致阐释中，这一主题得到了更趋深入的回响。

七、基尔：在剧场事件中将当下历史化

超戏剧事件及其带出的震惊美学，是与主体的历史经验联系在一起的，震惊就意味着主体在戏剧中经验到了自己所处的历史。英国学者阿德里安·基尔在2013年出版的《剧场与事件：欧洲世纪的上演》(Theatre and Event: Staging the European Century)一书，综合吸取了现象学和本雅明、巴迪欧与阿甘本等哲学家的思想，继续从戏剧的角度对事件作出了令人耳目一新的前沿阐释。这部著作旨在对选定的戏剧事件作详细的分析，检审戏剧的特定配置，从而考察当代戏剧事件所处的历史形势，辨明戏剧事件的哲学与史学运作，而不是反过来将哲学或史学的框架强行加给它们。鉴于基尔的这一事件思想颇具有新颖之处，为读者查证方便，这里不妨引述集中浓缩了其事件论的几段核心表述：

> 本书采用的方法是在巴迪欧与阿甘本的阅读材料之间往返。通过研究当代欧洲戏剧制作人回顾与探询20世纪事件的方式，它试图研究历史事件是如何使当代历史化的。因此，它试图将当代表演定位为一种特殊的政治与美学思想的史学模式的轨迹，使沃尔特·本雅明所描述的"戏剧的伟大的古代机会——揭露现在"得以实现。……这本书旨在以探索的方式分析事件（以及与其他事件相关的事件）对美学-政治(aesthetic-political)建构的贡献。……这本书的目的是想探讨，对近期历史事件的批判性与创造性戏剧视角的构建，是如何使一种批判性与创造性的关系在当代政治中得到揭示和发展的。①

---

① KEAR A. Theatre and event: staging the European century [M]. London: Palgrave Macmillan, 2013: 7-8.

这就需要对事件有一个复杂的理解，即它是在舞台与观众席之间的交流中产生的，通过在它们之间建立一种美学关系（即使这种关系是作为一种非关系来体验的），把另一事件呈现给它们。《剧场与事件》试图通过阐述"我们最终在历史中的方式"（南希），来说明观众对审美事件的共同构成是如何将历史的结构吸收配置为本体经验层面上的事件的。①

将当代戏剧事件的运作作为美学经验的政治主体化中心，作为研究生命与政治和意识形态工具之间的历史斗争的场所，是本书的中心特色。调查的重点是在舞台与观众席之间构建一种动态的互动动画，使观众能在戏剧设备及其对人类学机器的运作的演示中，占据批判性的、创造性的和政治参与的位置。②

人们一般会认为，观看戏剧中上演的事件，是一个与现实生活发生间离的过程，此事件非彼事件。但基尔在本雅明等思想家的成果基础上试图破除这种常识性理解，而把对事件的理解引向更深处。在他看来，诚然，历史学家倾向于在取代原生态事件的事后操作中勾勒历史发展的轨迹，拒绝叙事作为具象的思维方式介入历史并使之迷惑人，并且他们容易有一种支撑自己这样做的信念，即相信事件的意义随着事件的发生才逐渐清晰。基尔反对这种流俗之见，认为事件现在的样子与过去大不同。他主张建构对"当代历史的主体经验"（subjective experience of contemporary history）③，或者说"戏剧动态下的历史的主体经验"④，通过展示而非说的方式，在剧场内的戏剧事件的展示中，使人们理解自己正处于其中的历史（比如 20 世纪）事件。基尔不失时机地请出了德勒兹与巴迪欧这两位对话者。在 1968 年的访谈"戏剧化的方法"中，德勒兹

---

① KEAR A. Theatre and event: staging the European century [M]. London: Palgrave Macmillan, 2013: 9.
② KEAR A. Theatre and event: staging the European century [M]. London: Palgrave Macmillan, 2013: 217.
③ KEAR A. Theatre and event: staging the European century [M]. London: Palgrave Macmillan, 2013: 2.
④ KEAR A. Theatre and event: staging the European century [M]. London: Palgrave Macmillan, 2013: 8. 基尔反复强调在事件中"历史被主体化"（history is subjectivated，同本注书，第 90 页）。

认为任何概念其实都不乏戏剧性，失去戏剧性动态，概念将无法在其物质体系中发挥作用。巴迪欧则在《世纪》等著作中进一步探讨了如何将戏剧从一种表演的思维转变为艺术本身，即主体的历史经验。观众在戏剧面前如何不再充当旁观者，而随着情感创造事件本身，是上述对话的问题脉络的直接展开。

基尔引述巴迪欧对曼德尔斯塔姆（Osip Emilevich Mandelstam）诗作《时代》（The Age）的解读来说明这一旨趣。巴迪欧分析认为这首诗通过审美思维的操作，对时代进行了建构，建构出了一个有机的而非机械的世纪愿景，这展示了"主体化"本身的一种矛盾过程。基尔引入阿甘本的分析来描述这一过程，他指出，继福柯之后，阿甘本确证了主体通过生物与幻影的无情斗争而创造出来，反对主体不去面对历史性，即不去感知与把握主体自己的时间，认为这将导致现存的历史主体假定自己作为政治代理人的存在，相反主张在文学作品，比如曼德尔斯塔姆的诗歌中窥见与"自己的时间"——即当代时间相关的美学模式的潜质，这种模式在接近与距离、亲密与分离之间，维持一种视觉上的相互作用，从而在批判与创造的结合中有效地实现当下的历史化，开创性地产生出作为历史存在的政治主体化进程。朗西埃借助政治与美学工具进行的去主体化与再主体化研究，及其据此对"美学政治"的工具与体制的重新配置，同样为基尔思考戏剧事件对历史主体经验的建立提供了重要参照。

具体地说，基尔指出，戏剧对20世纪事件的演绎，使我们遭遇到并面对一种当代性的观察体验。这种遭遇是一种识别的时刻，在此时刻中，美学领域扩展到了政治与历史的领域，人们由此标识出了本雅明所说的艺术作品的历史内容。作为对这些思想的展开，基尔结合阿甘本的论述，解释了某些图像如何以及为何只在其历史的某个确定时刻获得了易读性，以及当代戏剧事件如何作为这种可能性框架运作着，以至于在过去与未来之间，凸显历史经验的现在空间。观看一幅风景画之际，人们往往得不断转移焦点，在接近与距离之间交替，而不把整幅画视为一个光学整体。这种变形性的中断作为视觉领域的一种干扰，由此将人们的注意力吸引至这幅画赖以生产与运作的物质基础上，即创造出一种使观众能看到某些东西的方式。这些东西倘若失去中介的干预，就会流失于前者的视线之外，恰恰是它所没有的，或者说似乎存在的东西，才发生出了对历史的主体经验。基尔指出在风景画中，这种神秘的存在感通过表面上的不存在而变得明显,通过强化配置,图像汇聚不透明之处而营造出一种特殊的环境,在其中,无形的缺席感连接起了戏剧与历史、审美与政治。基尔提醒道:"在我与卡迪根郡山脉的相遇之中,正是对这种关系的识别与建构,既暴露了绘画中历史内容的物质性,也暴露了它提供给当代历史性的情感框架。"① 这意味着剧场中所呈现的场景,以一种看似延缓、迟钝的形式呈现出另一个场景,它们之间的联系,需要富有想象力的舞台表演者与参与审美的观众来共同创作。

这样,基尔通过对选择出来的特定戏剧作品及其表演实践等的细致阐释,尝试将本雅明在《摄影小史》(Little History of Photography)一书中提及的"微妙的经验主义"付诸实践,这种经验主义使批判性的情状与其对象密切联系在一起,② 让当代戏剧事件在构成上成为一种直接或间接地接近20世纪欧洲历史的事件,从而实现存在与表现、本体论与认识论的结合,历史性的主观经验也就形成于这种政治美学的复合效应中。这是一种观看的政治,它成为理解主体与戏剧事件相遇,并产生历史性经验的关键。在此背景下,基尔重新探讨了"表演史学"(performative historiography)这一概念,明确赋予其双重内涵,即戏剧事件关联起一个本体论上不可决定、历史上则不可避免的事件,历史经验的主体性,就发生在作为现存事物暴露的剧场以及我们与历史共存的本体论暴露之间。由此,基尔把"戏剧是一种独特的思维方式,其思维的具体形式是对事件的思考"视为了自己的主要论点之一。③ 他仍然结合巴迪欧的论述阐述道,剧场中的事件在中断中通过其发生的创新,引入了全新的可能性,它确实必须被理解为偶然性的,之所以不可预测和不确定,是由于它留下的痕迹的影响追溯性地构成着它。在此意义上,这一事件开启了对历史的一种主观的、主体化

---

① KEAR A. Theatre and event: staging the European century [M]. London: Palgrave Macmillan, 2013: 13.
② 基尔举出的这方面例证有:《伊莎贝拉的房间》(Isabella's Room)展示了一个盲目的预言家从现有视角回顾她生活中的事件——一种经历了欧洲世纪事件的生活;《龙虾店》(The Lobster Shop)通过聚焦龙虾盘子被打翻这一单一事件,展示了现存空间崩溃为多个重叠的事件;《索尼娅》(Sonja)展示了一张老照片,令人从中看到了包含在其中的历史如何使它在当下的空间中迸发出生命,揭示出这两个时刻的意识形态偶然性;等等(同注①,第219-220页)。
③ KEAR A. Theatre and event: staging the European century [M]. London: Palgrave Macmillan, 2013: 21.

的关系，它以审美政治行动为基础。戏剧作为思想的一种形式，促使思想以事件的形式政治化、历史化地运作，同时也作为一种美学事件而存在，基尔重申"虽然这是通过阅读哲学文本与戏剧文本来支持的，但始终关注的是通过戏剧事件本身的形式来检验事件的思想。……把戏剧作为一种特定的思维方式来考察，把戏剧的创造性政治作为一种'实践的学科'来考察"①，换言之，"事件的本质是由感知行为（act of perception）与主观干预（subjective intervention）共同决定的"②，这种性质使戏剧事件具备创造性政治，人从中体验到了历史。

何以能如此？基尔吸收了现象学的思想，指出这是由于戏剧装置的设置产生了一种令人信服的感觉，即过去与现在、记忆与幻想、历史与戏剧性的相互决定以及最终的不确定性，都通过事件本身的主观效果，比如叙事的缺憾与时间形态的转变等起作用，这就使表演不断地向观众的参与性敞开大门，使之通过想象、联想与语境化的智性活动共同创造戏剧事件。他借用本雅明的分析，指出历史的隐喻意义唯有通过戏剧上演才能被连接出来，对戏剧的这个自觉操作过程，使观众同时占据了故事的时间与观看的时间，创建了一个在距离意识中经历当下的历史独异性过程："这种戏剧隔阂的产生，试图调动表演者与表现对象的距离，使他们能采用一种类似于历史戏剧的'立场'。……向观众延伸，使距离与亲密、接近与政治批判的情感相互作用加倍——促进了空间、时间与情境的拟态的实现，并开始使它们随后的重新配置成为可能。"③ 在这个过程中"主体化的机制在政治与历史之间运作，将过去动员起来，形成一种与先驱者的表演关系，这种表演关系改变了所代表事件的性质，也改变了其在文化记忆中的形象。因此，巴迪欧提出的'艺术可以且必须站在历史的立场上，对过去进行盘点，并提出新的感官形式的思想'似乎是在向聚集在这本书中的戏剧制作人发出召唤"④，这既

---

① KEAR A. Theatre and event: staging the European century [M]. London: Palgrave Macmillan, 2013: 23.
② KEAR A. Theatre and event: staging the European century [M]. London: Palgrave Macmillan, 2013: 27.
③ KEAR A. Theatre and event: staging the European century [M]. London: Palgrave Macmillan, 2013: 116.
④ KEAR A. Theatre and event: staging the European century [M]. London: Palgrave Macmillan, 2013: 24.

确保了事件以发生在我们身上的事情为主观效应，也最终形成了具备美学-政治形态的事件。它同时在方法论上规定了批判性与创造性相交错的积极劳动特征，结论因而也颇为耀眼地显示出了事件思想的历史感：

> 事件的发生，换言之，构成历史存在的发生——存在暴露于事件中，它由历史构成。①

我们看到，从德勒兹、巴迪欧对影像驱动生成事件的论述，到费拉、威克斯及基尔关于剧场超越戏剧表演框架而折返现实、获得具备政治维度的事件并带出震惊美学的分析，整条运思脉络从影像-剧场的审美效应中及时引入政治关怀，兼容而统一看似对立的两极：主体经验与历史进程。换言之，为什么人能在历史的洪流挟裹下保持对历史的经验与历史现场本身的融入性一致，而不是相反满足于主体经验与历史进程在表面上所必然造就的时间性隔阂？这就是贯穿上述走向的问题意识。面对影像与剧场，我们的任何试图将它们作为事件来把握的努力，都必然蕴含着打破观看它们的装置结构方式的要求，而逐渐走向历史与主体经验的融汇，也就是历史主体经验的建构。伴随全球化进程，它同样有理由构成抵制历史虚无主义的理据，以及当今大众影像-剧场文化得以创新发展的一个支点。

八、曼彻斯特学派：人类学在事件情境分析中

事件思想的另一种演进趋势，发生在晚近人类学领域。出版于 2015 年的《在事件中：走向普通时刻的人类学》(*In the Event: Toward an Anthropology of Generic Moments*)一书，展示了这方面的一些迹象。这本书的两位编者中，洛

---

① KEAR A. Theatre and event: staging the European century [M]. London: Palgrave Macmillan, 2013: 156.

特·梅内特(Lotte Meinert)是丹麦奥尔胡斯大学文化与社会学系人类学教授，自 1994 年以来，她在乌干达进行了长期的田野调查。布鲁斯·卡弗雷尔(Bruce Kapferer)是澳大利亚社会科学院院士，在阿德莱德大学与詹姆斯库克大学担任人类学教授，并在伦敦大学学院担任教授和主席。著作包括《恶魔庆典》(*A Celebration of Demons*，1983)、《人物传奇》(*Legends of People*，1988)、《国家神话》(*Myths of State*，1988)、《巫师盛宴》(*The Feast of the Sorcerer*，1997)与《计数：库布里克、尼采和人类学》(*Counting: Kubrick, Nietzsche, and Anthropology*，2014)等，编有《超越理性主义》(*Beyond Rationalism*，2002)、《表演美学》(*Aesthetics in Performance*，2005)与《国家危机》(*Crisis of the State*，2009)等。曾任《人类学理论》(*Anthropological Theory*)联合主编、《社会分析》(*Social Analysis*)主编。这本书中主要章节的动力，来自 2008—2009 年由两人代表丹麦人类学与民族志研究院组织的两次事件分析研究研讨会。全书以托马斯·菲比格尔(Thomas Fibiger)对一场仪式庆典的分析开篇，集中讨论了曼彻斯特学派(Manchester school)的工作，以及这一学派的学者们对德勒兹、瓜塔里等哲学家的思想吸收，在此基础上提出了一些值得注意的观点。

人类学对事件的谈论，每每与对情境的探索联系在一起。两位编者认为，克利福德·格尔茨(Clifford Geertz)的作品便堪称这方面最著名的例子。格尔茨的《文化的解释》(*The Interpretation of Cultures*)等著作以巴厘法庭在荷兰侵略者面前的集体自杀开始，用这一事件为探索巴厘戏剧国家奠定基础，展示了自杀与巴厘政治逻辑的一致性。相形之下，两位编者试图超越这些传统的做法，深化人类学实践中事件与情境的方法论意义，即把事件视为人类学分析的中心而非一种社会概念，作为一种力量的独异性来探索，探索其中社会文化存在的关键维度如何揭示了正在形成的社会文化现实的新潜力，从而超越将事件看成社会中某种代表的传统观点，将它把握为对潜能的肯定与实现。这个方向与编者们信赖的后结构主义者，主要是德勒兹与瓜塔里的思路一致，后者强调社会是在多重转移与实现过程中的虚拟。从这个角度看，社会不是一种封闭的整体，如同以康德先验唯心主义为基础的涂尔干人类学与社会学所展示的那样，而是一股超越其所能表达的范围的力量。人类学在方法论上的这种事件转向，是由以马克斯·格卢克曼(Max Gluckman)等人类学家为代表的曼彻斯特学派发起的，它朝向后结构主义方向发展，醒目地端出了这样的核心立论：

> 人类学家一段时间以来一直在努力挖掘事件分析的潜力，并且已经证明了这种方法的价值，远远超出了仅仅将事件作为已知事物的例证或说明来对待的范围。①

这表明，事件不再仅仅被视为必然支持一般民族志叙述的例子，相反被视为独异性以及关键的民族志时刻。在此，事件作为一个特定的强度平台，使事物通过事件本身的实现而有效地变得可知，后者本身就是一个新的、迄今尚未实现的潜力的创造性熔炉。其中，伴随着虚拟过程的冲突与紧张的事件，并不能被视为功能失调或病态，而应被积极地视为对社会与政治关系的定义，它推动着激进的社会和政治变革，打破过去的模式而产生了最初的制度秩序，表达了社会关系中不可或缺的不可通约性。

在这样理解事件时，格卢克曼既强调经验主义的重要性，同时避免经验主义。前者表现为情况分析更需要描述事件所包含的动态过程，后者则表现为情境分析需要抽象地列出理解所涉及的步骤。这种做法被人们概括为"抽象经验主义"，并被两位编者拿来与格尔茨的"厚描述"概念作比较，他们将事件方法定位于人类现实不断变化这一点上，认为变化而非停滞才是人类学研究的环境，人类并不以一个连贯的整体生活于他们的世界，而总是在多个维度上不断成为历史形态的各个方面或时刻，这就需要发展出相应的"事件社会学"（sociology of event）。②曼彻斯特学派中的另一些人类学家，比如维克多·特纳（Victor Turner）意识到，通过对事件的关注，人类学家可以在其创造性与生成性的时刻掌握社会过程，对仪式性的研究使其领略到了事件的充分生成潜力。仪式中的特定事件，对重构存在的现实认知与社会结构至关重要，那会颠覆传

---

① MEINERT L, KAPFERER B. In the event: toward an anthropology of generic moments [M]. New York: Berghahn, 2015: 17.
② MEINERT L, KAPFERER B. In the event: toward an anthropology of generic moments [M]. New York: Berghahn, 2015: 11. 美国学者休厄尔（William H. Sewell Jr.）是事件社会学的倡导者，可参见 SEWELL W H Jr. Logics of history [M]. Chicago: University of Chicago Press, 2005: 81-123。

统的人类学仪式取向，而引发反作用力。与之相仿，马歇尔·萨林斯（Marshall Sahlins）主张在人类学研究中，为事件的动力学增加另一个文化价值的维度，以抵消事件分析中可能存在的还原论因素。他举例道，库克的谋杀诞生于当时的情感紊乱与紧张局势中，这在人类学事件中被创造性地重建为一种有意的牺牲行为，并由此成为历史记忆的一部分，所以，这一事件影响了后来的行动神话。这些情况为人类学研究——当然也应包括审美（艺术）人类学等分支——注入了新的活力。曼彻斯特学派的学者们认为，由此形成的方法，值得推广至人类学以外的整个人文社会科学领域。

有趣的是，论及事件的这种虚拟与反作用力时，人类学家们还联系后人类这一方兴未艾的晚近学术新话题，指出对事件思想的研究应选择建构主义路径，以回应后结构主义转向影响之下的反建构主义方向。鉴于"我们正处于一个后人类时代"，这便"必须考虑到除人类创造的动力之外的其它作用、效果或构造动力的形式"。[1] 把这一观点与同一部著作中的下面这段话联系起来考察，观念的贯通性便很明显了："未来事件不是前一事件的必然和必然结果（因为黑格尔所说服的某些结构观点可能会坚持），也不是确定和有关联的系列的一部分。这种联系，就像过去一样，是由未来的事件构成的，而这些事件并不是从特定的先前事件中作为必需品而流动的。"[2] 他者性与注重结构、系统的人类学研究在事件意义上的这种结缘，自然还有基本观念得以如此确立后接下来一系列具体环节得到深入落实的问题。但这反过来预示了事件思想激活结构性、系统性学术话语的可能，其潜质值得在未来的谱系展开中进一步留心观察。

如同符号所处的符号关系通常被称为语境一样，对情境的建构意识，主要来自从福柯的话语权力到布迪厄的反思社会学（建构主义）这一脉语言论学理。上述事件人类学与社会学在此基础上的重要贡献，是将不断多维变化的因素引入情境建构，既保证了变化的经验性，也始终将变化涵摄于界限这一超越经验

---

[1] MEINERT L，KAPFERER B. In the event：toward an anthropology of generic moments [M]. New York：Berghahn，2015：19.
[2] MEINERT L，KAPFERER B. In the event：toward an anthropology of generic moments [M]. New York：Berghahn，2015：16.

的轮廓线中，认为这才是面向未来、富于意义的情境。那么，事件的情境建构是靠怎样的建构者，也就是主体来完成的呢？

九、帕西菲奇：事件的主体机制

美国学者罗宾·瓦格纳-帕西菲奇（Robin Wagner-Pacifici）在 2017 年出版了《什么是事件？》(*What is an Event?*)一书。这部著作通过回顾事件思想谱系中已涌现出的基本思路与成果，站在今天的高度总结与深化了事件思想的若干要点，并在此基础上变换角度，深入地剖析了事件的主体机制。

帕西菲奇也赞同事件关涉对未知的复杂动态的洞察，他打算超越分析个别案例的欲望，建立一个有助于分析一般事件的模型。这里需要区分历史、哲学与语言学等人文科学领域和社会科学领域在事件研究上的异趣，因为社会学家关注的是结构、过程而非事件，慢性疾病与长期趋势是社会学学科的议题。以布罗代尔为代表的法国年鉴学派，便用长期的社会经济过程取代了事件，认为后者是对历史分析的干扰，例如批评让某些"伟人"去领导伟大军事行动这种事件化做法。这种情况到了 20 世纪八九十年代后才有所改观，产生出对事件的兴趣，在某种程度上发生出了结构与能动性的张力。走出这一步并不容易，帕西菲奇依次从事件的时间性，独异性，属于自身的术语及其形式、流程上的动态性这四方面，对迄今为止的事件思想作了反思性检阅。

时间性是事件的首要性质。帕西菲奇借助利科等学者有关历史叙事中的事件作用的论述，认为既然所有的历史叙事都包含了开始、中间与结尾，那么，需要探讨事件是如何扮演造就现在、中止过去与改变未来的重要角色的。他由此反对记忆研究。许多关于集体记忆的研究，都假设被记忆的事件已经结束，因此记忆本身错过着事件。帕西菲奇认为，社会学中的记忆研究是一种机制，它通常集中研究博物馆、纪念碑与政治演讲等对象，通过宣布它们已经完成来展示它们最初的原发事件，这样做很大程度上是通过分析在时空中固定事件的物体——纪念性的石头、废墟、纪念碑、审讯听证会与各种纪念活动等来进行的。但"纪念物、演讲、石头与博物馆只是事件本身暂时凝固的时刻"①，会导致"事件的理论化"而使事件僵化（petrify）。

虽然事件因此难以普遍化，但帕西菲奇又认为，这不妨碍对事件作理论分析与研究，后者作为对事件运作的普遍化说明，不存在不可普遍化的问题；因为所有事件都是由使用着特定机制的活动主体制造的，这些机制必须被理解为通用的。获得了普遍化的某种事件理论，不等于目的论与决定论，而旨在更好地阐明事件是如何偶然形成的。可见，事件本身与对事件的阐释不是一回事。这个看法当然是值得商榷的，即如果对事件的阐释因其时间落脚点必然不一而不得不削弱与冲淡事件，这样的可能性该如何得到估计呢？帕西菲奇自己正在做这件阐释事件的事情，出于学术立场的全面审慎，他应该是想在相对的意义上强调事件理论化的适度可取，这有理由收获我们的共鸣与敬意；但仍需从根本上意识到，这与他下文有关事件必须得依靠事件自身的方式来得到理解与把握的看法（包括这样的结论："我们把它们当作独异而新奇的生物来生活，因此任何试图提供普遍的原则来决定什么是事件都是徒劳的。"②），确实构成了某种矛盾。

即使就事件自身所呼唤的术语来看，要保持不对事件研究的普遍化产生怀疑，也不容易；因为紧接着帕西菲奇便指出，自20世纪后期以来，社会科学研究中对结构与能动性的词汇进行对比的做法变得流行起来，其致力于解释社会生活如何既具有约束性又具有重力性，在这个框架中，事件被帕西菲奇看作是"通过活动动摇结构的一种铰链元素"（hinge elements shaking up structures through agentic actions）③。和格卢克曼一样，他也举了人类学与历史学领域的两个例子，来说明这种元素的勃兴。在人类学中，一些研究因着眼

---

① WAGNER-PACIFICI R. What is an event? [M]. Chicago：The University of Chicago Press，2017：6. 另参见同书第135页对"事件空间"的论述："这里提出的方法设想了一些空间——包括但不限于传统的事件空间，如纪念馆——在这些空间中，事件仍然存在。在这个愿景中，事件被理解为从这些空间、个人、机构与集体的经验、界限和使用方式中汲取生命。"
② WAGNER-PACIFICI R. What is an event? [M]. Chicago：The University of Chicago Press，2017：156.
③ WAGNER-PACIFICI R. What is an event? [M]. Chicago：The University of Chicago Press，2017：8.

于仪式的连续性，而把结构与事件进行对比。如人类学家马歇尔·萨林斯反对人类学研究中结构与事件之间被夸大的对立，而强调历史的偶然性，提出了"连接性结构"这个显得有点矛盾的概念来缓和结构与事件的区别；历史学家威廉·休厄尔（William H. Sewell Jr.）也把事件定义为相对罕见的偶然事件的子类，充分顾及结构的转变。受到这些近期研究成果的鼓舞，帕西菲奇认为可以来尝试走出传统二元性词汇表的含糊性，以更具生产性的姿态来正视事件的形式与流变，动态化地进入事件。

这引出了帕西菲奇关注的第四点：掌握事件的形式与流变动态。他主张"一个好的起始方法是比喻性地思考它"（think about it metaphorically）[①]，并认为列维·斯特劳斯（Claude Lévi-Strauss）对此尤为擅长：面对创造连续性的存在丰富性，既不迷失方向，也能保持对偶然性的警觉，并由此对事件的形式与流动予以充分重视，更好地把握事件的运动与轨迹。在这里，帕西菲奇很自然地想到了量子力学的有关处理方式。在量子力学提出的测不准原理看来，"我们所观测的不是自然的本身，而是由我们用来探索问题的方法所揭示的自然"[②]，事件就像物理学家试图追踪与精确捕捉的原子，它同样存在着能否被测准的问题。帕西菲奇援引法国著名哲学家布鲁诺·拉图尔（Bruno Latour）的一段阐释文字为证。拉图尔质疑社会科学中的描述与解释的区别，认为对一个事件的解释仿佛接力棒，不应当突然跳转至一个仿佛能解释穷尽与彻底的整体性虚拟框架中，任何这样的虚拟，都只是比赛的不断继续而已，有意义的是拒绝转向任何超验结构，以免暴露出存在的巨大缺口。拉图尔由此对于结构与事件之别的果断放弃，也为帕西菲奇所吸取，后者进一步申述道，唯有认识到一个貌似稳定（或暂时显得稳定）形式的世界实际上存在着无限倒退（即被整体虚拟）的危险，对事件的理解才是更富有活力和更有效的，在事件的构成中，不存在任何预定从而次级化了的形式层次。这也是事件思想中至为关键的一点。

在澄清事件的以上四点基本性质后，帕西菲奇从一个独特的角度——政治符号化（political semiosis），解说了事件的运作机制。他认为，事件的所有

[①] WAGNER-PACIFICI R. What is an event? [M]. Chicago: The University of Chicago Press, 2017: 11.

[②] 维尔纳·海森堡. 物理学和哲学 [M]. 范岱年，译. 北京：商务印书馆，1981: 24.

过程都由政治符号学的三个要素来同时完成,即述行(performatives)、指示(demonstratives)与表征(representations):

> 政治符号化有三个基本特征:述行、指示与表征。它们共同努力塑造和动员着各种活动。在本章中,我将依次描述这些特征;但需要注意的是,它们的出现顺序没有逻辑,它们之间的相互作用也没有固定的顺序。在任何给定的情况下,它们都是由事件主体唯一地或有可能地激活的(尽管惯例强化了它们的外观与操作)。①

奥斯汀所发现的以言行事情形,被帕西菲奇认为对身份影响最为明显与直接,而身份的发现与事件密切相关。帕西菲奇以发生于2001年的"9·11"事件为例指出,导致一些人对这个突发事件感到进退两难的,是世界贸易中心发生这个不确定事件后一小时左右时间里,一个目击者在确定自我的身份这点上陷入了困境:我是旁观者还是证人?抑或只是受害者?这种身份转换或许用时很长,但可以肯定的是,作为这种身份转换的实质的言语行为,乃是影响这种转换的关键时刻。换言之,事件是对这种身份识别工作的集中。签名、声明与命令等,都属于较为明显的述行要素。事件的多变性,很大程度上与这种身份认同上的不确定性有关。帕西菲奇认为,这便需要在对事件的解释中,动态地开辟允诺偶然性的空间,它同时依赖于指示与表征这两个事件的其他功能。指示性,维系于事件的情境性,因为任何事件都无法发生于上下文之外,上下文本身在不断变化,进行着扩展、收缩、合并与排除,尤其是指示词主动地重新配置着上下文,借助焦点、姿势与手势等变更着情境中的方向;因而,活动参与者和观众,在关系与身份的转换过程中,必须根据不断变化的环境找到自己的方向,比如确定前方与后方是什么,哪些因素仍在进行中,哪些已完成,哪些是近距离的因素,哪些则遥远,何为中心何为边缘,等等。对这些的确定,都不是绝对或自动的,而体现着事件在动变中的指示性要素。指示又与表征复

---

① WAGNER-PACIFICI R. What is an event? [M]. Chicago: The University of Chicago Press, 2017: 19-20.

杂地相互作用。帕西菲奇道出了一种别致的分析：

> 如果没有副本，任何事件的生存时间都不会超过一瞬间，也不会有事件的表征性转换的逃逸。这是因为每一个拷贝都呈现出新的东西，不管这种新的东西是它在一个系列中的位置，它与新背景的关系，不断变化的复制技术，还是别的什么。①

"副本"即帕西菲奇所说的表征性。仍以一场灾难性事件为例，其"副本"可能包括当地的报道、政府要员的定性与自己的事后判断等一系列渐进、反复的表征，它们复杂地交缠于对事件的理解中，实际上也是事件之所以为自己的题中之义。不难感知到，身份也就是这种表征性副本的产物。帕西菲奇在这里强调，体裁对于政治符号化的表征性尤为重要，小说、戏剧、诗歌、绘画与照片之类体裁，都形成并移动着事件，大众媒介传播中对突发新闻的标题处理，便体现了体裁对事件框架的意义赋予。这与前述斯蒂格勒等学者提出的事件思想，形成了进一步的和鸣。当所有的政治符号系统协调起来并构成一个被广泛认可的事件，其转折点遂避免了永久性的固化倾向。这里的意思是，在帕西菲奇看来，事件独异性的动力也维系于各种现实条件，而不像法国事件论那样，每每以死亡、战争等为极端驱动力。这种显得更为平和的看法不仅值得重视，而且明确地将作为事件主体性动力的"副本"维系于文学等体裁，让人看清了文学力量对事件的支撑。

上述认识也促使帕西菲奇顺带分析了事件与暴力的关系。事件是否一定来自和导致某种程度的暴力？不少人会倾向于这么认为，并沿着这个方向思考一些相关的问题，包括德里达等法国事件论者。但按照帕西菲奇的看法，"虽然分析铰接式暴力的形成作用很重要，但正视暴力是如何在其存在、类型、程度与持久性方面奇异地变形也很重要"②。事件并不是暴力本身，如战争、恐怖主

---

① WAGNER-PACIFICI R. What is an event? [M]. Chicago: The University of Chicago Press, 2017: 26.
② WAGNER-PACIFICI R. What is an event? [M]. Chicago: The University of Chicago Press, 2017: 87.

义、恐怖袭击、谋杀、自卫与家庭虐待等,因为它们容易演变为某种类型的行为,而那与事件的变化本性,将不可避免地形成龃龉。事件是暴力的奇异而持久的变形过程,离不开错综复杂的现实条件,只有在这个前提下观察,其基于符号化运作的多重实质,才有了富于说服力的归属。

既然事件中的主体已非某个特定的人,而是基于语言论精神的政治符号学建构力量,这就最终指示了事件思想的伦理走向;因为一个符号在符号关系中才存在并获得意义,始终受关系性语境的制约而相应地具备限度,使伦理的实现必然与语言的创造有关,那是一种对主体脆弱性的深刻时代认知。

十、卡普托与克罗克特:进入 2018 年的事件及其好客

本书绪论中已论及美国学者约翰·卡普托 2006 年从神学诠释学角度对事件与名称的关系的研究,表明神学是事件思想得到最新发展的另一个领域。那么,如何理解事件神学是如卡普托所说的"超现实主义"呢?美国学者克莱顿·克罗克特(Clayton Crockett)出版于 2018 年的新著《书写终结后的德里达:政治神学与新唯物主义》(*Derrida After the End of Writing: Political Theology and New Materialism*),对卡普托前述事件神学的超现实主义性质及时作出了阐释。克罗克特分析指出,卡普托对于事件的这些界说,受到了德里达后期思想对宗教与神学问题的重视的影响。事实上,卡普托早期的作品是关于托马斯·阿奎那(Thomas Aquinas)、海德格尔与埃克哈特(Meister Johannes Eckhar)的。嗣后,他转向激进的解释学研究,借鉴德里达而开始发出自己的哲学声音。他呼吁将解构作为一种激情来对待,激情是一种证明语言、写作与说话的他者性的力量。其召唤超出了写作者的预估,成为一种对不可能的祈祷,解构主义由此致力于解决的事情,就既是可能的也是不可能的。换句话说,不能认为解构主义关注的只是我们在认识与渴望方面的可能性,相反,不可能性才是它应当正视的目标。这里的关键区别就在于:关注可能性的解构操作会倾向于一种差异性结果与产物,尽管有差异,差异在获得确定性这点上却不至于引起怀

疑；关注不可能性的解构操作，主张的则是"我们不应该把差异看作上帝"①，即不把差异视为一种可被构造的、实质性的事物，那样做的实质是赋予事件一种从外部加上去的强大逻辑——或拯救，或复活；相反，视之为不简单以字面方式发生却始终正在发生的主题，承认"事件是一种独异性，它是一种造成差异的差异，是一种情况的根本转变或变形"②。这也就是事件在卡普托看来超现实的缘由：

> 事件是每一个行动和存在的弥赛亚视界（messianic horizon），但事件也是体验的令人惊讶和意外的方面，它打破了每一个视界，暴露了任何行动或存在，它不是什么，它从来没有预料到。……卡普托对上帝本身并不感兴趣；他对上帝的名字所庇护的事件感兴趣。……在《上帝的弱点》中，卡普托将解构应用于神学，以便将事件从我们有时称之为上帝的安全场所中解放出来。……《上帝的弱点》探索圣经的叙述与主题，目的是根据另一种"感觉的逻辑"来改变它们，而不是根据强大的神学赋予它们逻辑。……但这并非拯救与复活之意，至少对一个事件来说不是。③

现实与超现实的这种张力，被克罗克特概括为不同于德里达好客理论的另一种好客：欢迎对方，同时承认对方的到来不一定友好。根据他的梳理，卡普托心中与上帝的名字相关联的事件，乃是对正义、道德行为与责任的呼唤，在这种情况下，上帝代表了对责任行为的召唤的源头。和卡普托一样，克罗克特也认为激进神学肯定了上帝存在，充分注意到了好客的激进要求，并始终考虑保持好客姿态中"也许"一词的模糊性的必要。尽管德里达认为，黑格尔的哲学无法为一种绝对的、能引爆精神本身的意外性腾出空间，克罗克特却认同卡普托的意见，认为黑格尔而非康德才是激进神学的真正之父，从而主张以异端

---

① CROCKETT C. Derrida after the end of writing: political theology and new materialism [M]. New York: Fordham University Press, 2018: 97.
② CROCKETT C. Derrida after the end of writing: political theology and new materialism [M]. New York: Fordham University Press, 2018: 100.
③ CROCKETT C. Derrida after the end of writing: political theology and new materialism [M]. New York: Fordham University Press, 2018: 100-102.

的形式肯定黑格尔主义。这透露出的思路是，没有本质的概念就不可能有事件的思维，没有形式就不可能有力量，除非与某种结构形成对比，我们无法理解事件究竟是什么。这些都成为理解两人有关神学事件的论述的背景。这个背景的根本——弥赛亚，让我们油然想起了在现代得到深度探讨的纯粹语言，并由此展开了事件思想谱系的神学图景。

十一、韩炳哲：他者与事件在 2019 年后的今天

以韩裔德籍新生代思想家韩炳哲（Byung-Chul Han）对事件的谈论来为一部事件思想史压轴，偶然中有其必然。1959 年出生于韩国的他，曾赴德国学习哲学、德国文学与天主教神学，并于 1994 年以海德格尔为题获得弗莱堡大学博士学位，后任教于瑞士巴塞尔大学，2012 年以后正式任教于德国柏林自由大学，并已出版近二十部著作。他的特殊身份，某种程度上使西方与东方的事件论在前沿上获得了交汇点，而合乎逻辑地为事件思想的发展注入了今天的新活力。出版于 2017 年的《他者的消失》（*Die Austreibung des Anderen*）一书，汉译本迅速在 2019 年问世，可见其富于新锐色彩的思想魅力。

韩炳哲是围绕自己的主要问题意识而论及事件的。他用"他者的消失"来命名自己的书，不是意在肯定和赞扬他者的消失，而相反对这种在今天正愈演愈烈的消失表示遗憾和忧虑，并就此作出具有鲜明时代气息的分析。他认为，今天的全球化时代是一个正在变得高度同质化的时代，同质化带来了他者的不断消失，在形成了"同者"之间的结合——荒淫的同时，营造出了充盈的空虚，在这种空虚里，原本应当作为他者深深刺激我们的引诱力消失了，这就是思考行为及其事件性后果的不幸式微：

> 思考可以通往全然他者（das ganz Andere），它会使同者中断。其中蕴藏着它的事件属性（Ereignischarakter）。与此相反，计算则是同者的无尽重复。与思考截然不同，计算无法产生新的状态。计算看不见事件的存

在，而真正的思考却是事件性的。

事件中蕴含着否定性，因为它生成一种全新的与现实的关系、一个崭新的世界、一个对"实然"（was ist）的不同理解。它让万物突然在另外一种完全不同的光芒中现相（erscheinen）。海德格尔的"对存在的遗忘"（Seinsvergessenheit）正是这种对事件的视而不见（Ereignisblindheit）。①

韩炳哲相信，正是这种同质化造就了恐怖主义，因为它是拒绝对话的、极端非理性的。他用相对于启蒙主义的"新自由主义"一词来概括这种非理性情形，认为其基本逻辑"不是对自由的压制，而是对自由的充分利用"，② 这也直接导致了他所说的后马克思主义的异化，其不同于马克思主义所说的异化之处在于，"剥削不再以异化和自我现实化剥夺的面貌出现，而是披上了自由、自我实现和自我完善的外衣。这里并没有强迫我劳动、使我发生异化的剥削者。相反，我心甘情愿地剥削着我自己，还天真地以为是在自我实现"。③ 它被韩炳哲描述为自恋。由于自恋而不愿去接纳异质的他者并与之对话，是他所指出的逐渐失去独异性——从而失去了事件——的现状。那么他如何界定独异性呢？回答与和解的观念有关："只有在和解的状态下，即在安全的距离内保持其疏离和与众不同时，独特性（按：即独异性）才有可能放弃它的魔性。"④ 魔性的独异性恰恰是上述走不出自己，仅仅满足于让他者成为另一个自己，从而不断同质化的自恋，放弃这份魔性，意味着愿意来接受异质性他者的介入与刺激；但它由此展开的疏离性距离，在韩炳哲看来又最终具备一道和解的安全底线。沿此，韩炳哲重提康德的永久和平论，认为其为此提供了示范。他借用德里达的好客理论，指出康德对永久和平的这一著名启蒙式倡导，是旨在以一种无条件的、最大限度的热情好客姿态来实现其所主张的理性，与常见的党同伐异现象相反，这种基于理性的强制主张的好客，允诺了一种敞开怀抱的他者性友善和权利，成为普遍理性的最高表达。这便将独异性在一定程度上维系于理性，与

---

① 韩炳哲.他者的消失 [M].吴琼，译.北京：中信出版社，2019：6-7.
② 韩炳哲.他者的消失 [M].吴琼，译.北京：中信出版社，2019：23.
③ 韩炳哲.他者的消失 [M].吴琼，译.北京：中信出版社，2019：57.
④ 韩炳哲.他者的消失 [M].吴琼，译.北京：中信出版社，2019：23.

德里达等学者从不可能性来谈论事件与他者，显示出了联系中的异趣，也更为中肯地拈出了好客伦理的对话性要义。

既然这是一种主动的异化，根据韩炳哲的分析，他者的上述消失趋势便每每是以对真实性的追求为外衣的。这又仍是新自由主义生产自我的基本方式。我把自己当货物，在生产与展示自己的信念驱动下，实则营销着自己。这个过程是在与他者的持续比较之下进行的，在比较中，他者不断地被转换为同者（同质），而遗忘了"他者首先以抵抗姿态报到"这一点。[①] 作为研究海德格尔出身的学者，韩炳哲又不失时机地援引《存在与时间》中有关此在与常人的关系的著名论述，指出现在匮缺的正是海德格尔几十年前即已深刻揭示出的现象：逆社会一致性而行的恐惧。它是要从他者的积极引入获得保障的。面对通往未知的桥梁与门槛，人们加剧着这种时代恐惧。世界正在失去对立之否定性。韩炳哲意味深长地联系当下最新的现实，认为诸如点赞与脸书等现代交际手段，正作为低级别的交流方式拒绝必要的伤害与冲击，而恶化着上述时代病。他以策兰等人的诗作为例，[②] 区分了"对象"与"相对"这两个相似词，认为较之于前者的客体性，后者则作为"经验发生于与全然他者的相遇"中。[③] 由此可见，他者对韩炳哲来说就是一种自我的生存情境，同者在看似保留下自我的同时，却取消了这种情境的真实性，这是可以得到理解的。在生存的情境中，自我和自我所置身于其中的生存因缘中的每一点，都细微地呈现出衔接、过渡及对比反差等不同，而孕育着最为朴素的意义上的异质性他者。与之迥异，处于主客二分思维框架中的客体，倒必然为主体所操持而成为依附于主体的同质性后果。这也与前面尼采有关生命强力意志冲动将外部事物与自身一致化而求得安全感，以及克拉克所引述的阿伦特两种自由观中从特定主体出发的传统自由观，形成了思想的互文。从这里，我们也可以接着韩炳哲讲。富于他者性的生存因缘，因他者与自我的区分而必然已同时处于（或者说必须自觉地进入）语言中，因为语言即差异的区分。同质化的根本症结，就在于以认识论化的语言论置换了事件。

---

① 韩炳哲.暴力拓扑学［M］.安妮，马琰，译.北京：中信出版社，2019：69.
② 韩炳哲.他者的消失［M］.吴琼，译.北京：中信出版社，2019：96.
③ 韩炳哲.他者的消失［M］.吴琼，译.北京：中信出版社，2019：64.

韩炳哲还把他者问题与声音问题联系起来阐述，一反德里达有关声音中心主义形成自我在场的论断，而认为声音会削弱自我在场，即在主体内部划开一道深深的裂痕（这则又接近后期德里达的说法），使他者通过这道裂痕进入自我。他举卡夫卡的小说《一条狗的研究》（*Investigations of a Dog*）为例，指出这篇小说就讲了一种使听者感到迷乱，并持存住软弱与原始被动性的声音的故事，声音在此担当了他者的最佳媒介，是克服自恋的有效途径。韩炳哲进而结合罗兰·巴特有关两种声音——表现性声音与基因性声音——的区分，认为前者是广义上以同质化为性质的噪音，后者则是充满了肉感与诱惑的色情声音，也体现了语言的他者性真谛。他仍然以接近于德里达某些术语（如"禁令"）的姿态，相信他者的禁止与抑制作用使精神机器产生分裂，并从分裂中形成声音。同时，结合海德格尔有关"本有"的思想，他也将声音视为具有超越性的他者。他特别强调，对作为他者的语言的这种倾听，同时具备政治维度，因为倾听是对他者存在与痛苦的主动参与，比起将痛苦与恐惧私人化的同者局面来，在上述参与行为中，人类才联结为了真正的共同体。

这就是韩炳哲事件论的整体理路。虽然有时在论证的融合度上显得还有优化的余地，其某些作品看起来带有普及色彩，但他吸收海德格尔与德里达等思想先驱的学说而形成的对于事件的看法，在晚近各种前沿变奏中重振了这一谱系的主音。

第十四章　开放的结论：环绕事件的九个问题

在前面十三章的论述基础上，本章围绕九个问题，来依次对事件思想史迄今为止取得的成果作出简要总结：(1) 事件思想史与语言论主流学理的关系；(2) 事件思想史的复调、线索与张力；(3) 事件思想史中各种观点之间的贯通与存异；(4) 事件思维方式与传统思维方式的联系与区别；(5) 事件与叙述的关系；(6) 伦理在事件中的展开；(7) 事件思想在创作中的初步实践；(8) 事件思想在研究中的初步实践；(9) 事件思想在教学中的初步实践。如我们看到的那样，今天，充满生机的事件思想还在不断发展与新变，上述概括得到的结论因而是开放的，它们将接受历史的进一步检验。

一、从差异到差异之外

首先应该看到，自尼采与海德格尔正式发端，事件思想在 20 世纪以来的整个历史发展进程，是与人类思想进入现代后的语言论转向及其主流学理始终密切结合在一起的。[①] 我们不断获得一个直截了当的印象，那就是事件总不安

---

① 自理查德·罗蒂 1967 年醒目地提出"语言论转向"后，用语言论接替本体论与认识论，并概括现代思想的基本特征，已成为中西学界的共识。就初衷而言，罗蒂主要指语言哲学，但这一概括的对象很快被人们扩展至索绪尔的语言学与海德格尔的语言观，乃至更为具体的皮尔士符号学等，又以索绪尔对现代欧陆文论的影响最大，而事件思想的重镇恰在欧陆。

分于现有的状况,而希望通过自己的变异性力量来形成某种冲破现状、超越因果预设的创造。这显然与思想在进入现代后的非理性转向息息相关,语言即这种转向的基本成果,它被有力地证明为是一种非理性的,也即不具备实质性的符号系统,其性质是任意性(arbitrariness)。任意的当然首先是非理性的,尽管其非理性中孕育着更高的理性智慧。这条基本的地平线,为事件思想在现代的萌生、进展与不断掀起高潮和新变,提供了总体背景与舞台。

不唯如此,事件思想在发展轨迹上的有序性,也是语言论的产物。任意不能被简单理解为随意,那便失去了语言论最为积极的生命力——创造意义。恰恰相反,深入寻绎索绪尔开创的语言论传统,会不断发现,其实任意性才意味着有序性,反而是作为其对立面的刻意性或者说蓄意性,掩藏不住无序的实质。索亚的事件论便凸显出了这一点。这是因为,尽管从表面上看,符号之间千差万别,呈现出无穷的区分可能性,但这同时规定了一个基本事实,即符号总是受到先决于自己和大于自己的符号群(语言共同体或曰言语链)的调控性制约,而不会随意失控。所以我们看到,包括事件论在内的人文学术总是还原到问题所属于其中的序列——索绪尔所说的关系中讲。即使反着讲、对着讲,也先尊重并关联于问题得以自然展开的传统。这就是为什么"西方思想不是柏拉图哲学的就是反柏拉图哲学的,但很少是非柏拉图哲学的"[①]。因为人总想使自己所说的内容有意义,意义问题既然被现代思想证明为在根本上是语言问题,便需要遵循语言自身运作的符号关系规则,即在关系序列中有所受限地讲,而非主观随意地想怎么讲就怎么讲,后者很容易讲得无效。从量子力学的测不准原理到波粒二象性,再到耗散结构(熵)以及宇称不守恒定律,自然科学的现代进展,证明着无序比有序更真实的道理——在此,貌若无序的符号性区分形成的差别,在深层次上证明了序列的真实存在。这就是我们虽然通过前面的论述展示出了事件思想谱系的丰富与复杂,却并不觉得失序的原因:它看似打破正常秩序后所导向的无序状态中,蕴含着真正的有序性。

在语言论学理的这一差异原则中,我们注意到一个基本的事实:在将上一

---

① 卡尔·波普尔.通过知识获得解放[M].范景中,李本正,译.杭州:中国美术学院出版社,1996:144.

个符号区分出来的意义上,这个符号是主体;在被下一个符号继续区分的意义上,这个符号则又是客体。如此,每个符号都属于一张由无数符号关系构成的话语网络上的结点,都既是主体又是客体,即已失去了主客体之分,而超越了主客对立的二元论(认识论)思维方式,体现出语言论的深刻思想进展。从常规意义上看,这一点是语言论最为自得的成就,它相信自己实现了主客融合,与现代生存论在精神上取得了合拍。但现在我们从中也不难强烈感到,这种允诺任何符号既是主体又是客体的区分原则,说到底呈现为一种鲜明的同质性。就像利奥塔在前面所洞察到的,符号区分关系及其差异后果的重演,在维持整个不变的区分框架这一点上显得理所当然,而在姿态与机制上拒斥着外力的轻易介入与搅和。这也许就是看似安全、稳定而并无问题的语言论局面下的深层问题——由此形成的同质化趋向,会不会成为另一种形而上学的变体?换言之,尽管索绪尔以差异原则为核心开创的语言论学理发展至今,被国内外学界把握为文论的主流,但当用语言论描述和展开一部现当代文论史时,似乎所有流派与人物,都被论者们捆绑于上述主流的战车上突进,至于有没有反对索绪尔及其开创的语言论路径的、同样重要的观点,则每每在此语境中被忽视了。由此逐渐同质化演进的序列,却每每未注意若干与之针锋相对的异质张力。深入的事件思想史考察,显示出了这些张力间的层次:

1. 保罗·利科开始质疑差异,却不否认差异仍是意义的一部分。

2. 利奥塔进而反对差异,认定非误构的差异无意义,索绪尔所说的差异形成了另一种稳固系统,而取消了事件的复杂性,从而与稍后德勒兹等人论证表明,建立于误构上的差异才有意义。德勒兹沿此提出独特的"逃逸线"概念,使人从字面即已感到逃逸于差异之外的意义新生长点。福柯不同意结构主义语言观,但仍走话语建构下的可能性路线。德勒兹也认为"事件本质上属于语言";但如勒赛克勒所指出,他对结构主义语言观表现出微妙的态度。虽反对语言论转向而"总是把语言放在别的东西上",却"总是执著地回到语言上来"[1];然而主要旨趣却是"在语言表面上打个'无聊的洞',以找出'背后隐藏着什么'"[2]。那个

---

[1] LECERCLE J-J. Deleuze and language [M]. New York: Palgrave Macmillan, 2002: 2.
[2] LECERCLE J-J. Deleuze and language [M]. New York: Palgrave Macmillan, 2002: 6.

在他看来无法被语言再现的事件，是"将结构内的历史重写为一系列与结构独异性相关的事件"，在其中"结构的虚拟性转变为实际"①，即在转变的意义上谈论独异性；因此，德勒兹才主张"最小的实体单位不是词语、观念、概念或能指，而是装置（agencement）"，前者引出结构。如果说"结构关涉的是一种同质化环境，而装置则并不如此"②，也因此他认同语言的动词用法，认定伊壁鸠鲁哲学侧重依赖名词与形容词，斯多噶哲学却视动词为语言的整体表征，从而在诸如对斯宾诺莎哲学的解读中，赋予了情动以肯定性力量。

3. 朗西埃也进而反对差异，以无言取代差异，引出被差异原则忽略的历史空档的意义问题。

4. 斯蒂格勒与阿曼德再进而以技术事件与幽灵性取代差异，超越语言差异表征的延后性。

这些异质性张力，由此共同指向当代事件思想，深化了对主流语言论学理仍可能陷入的形而上学变体的审理。

二、复调、线索与张力

在语言论主流学理与反语言论主流学理这两股力量的交锋这一总旨归下，我们又清楚看到整部事件思想史是一个复调的存在（"复调"就是一个与语言有关的概念），即在意识、历史与语言这三个主要层面上，不同程度地融渗了精神分析、现象学、存在论、解释学、过程哲学、技术哲学、符号学与话语政治及其生命形式、后结构主义、解构主义与分析哲学等当代思想，并不断形成相互之间的论争关系，而在客观上带出了一部以事件为核心、从内在丰富张力中获得清晰图形的前沿文论史：

1. 从精神分析角度思考事件的有拉康、利奥塔与朗西埃等；

---

① LECERCLE J-J. Deleuze and language [M]. New York: Palgrave Macmillan, 2002: 106.
② 吉尔·德勒兹.逃逸的文学[M]//张凯,译.米歇尔·福柯,等.文字即垃圾：危机之后的文学.重庆：重庆大学出版社, 2016: 197-198.

2. 从现象学角度思考事件的有马里翁与罗马诺等；

3. 从存在论角度思考事件的有尼采、海德格尔、巴赫金、列维纳斯、布朗肖与索亚等；

4. 从解释学角度思考事件的有利科等；

5. 从过程哲学角度思考事件的有马苏米等；

6. 从技术哲学角度思考事件的有维利里奥与斯蒂格勒等；

7. 从符号学与话语政治及其生命形式角度思考事件的有福柯、伊格尔顿、阿特里奇、阿甘本、小森阳一与伊莱·罗纳等；

8. 从后结构主义角度思考事件的有德勒兹、巴迪欧与齐泽克等；

9. 从解构主义角度思考事件的有德里达与南希等；

10. 从分析哲学角度思考事件的有蒯因与戴维森等。

事件思想在晚近的各种最新发展态势，则更为多元化地展示了这种理论上的复调织体。

与复调相伴随的事件思想史的发展主线索，在完成图绘之际也逐渐明朗化了。这条脉络当然可以有不同的描述，但整体而言，我们可以考虑接受迈克尔·索亚的一段精到总结。他简要回顾了海德格尔以本有为核心的事件论，援引齐泽克的话评论道："海德格尔的事件是对存在形态的划时代的揭示。……对海德格尔来说，事件是思想的终极视域，试图'在'事件背后思考，并将产生事件的过程主题化，这是毫无意义的，这种尝试等同于对本体视域的一种本体论解释。"① 这是一种在稳定性视野中看待事件的态度。然后，随着20世纪以来对理性反思的逐渐深入，稳定性视野逐渐向不稳定性视野过渡与变迁，欧陆学者们对此交出的答案，不断给人以异峰突起的观感，回响着超越与激发的声音，诸如超出、饱溢、降临、虚拟与动摇等关键词，都是这些新变的体现。例如对德勒兹的颇具典型色彩的事件观，索亚形象地将之描述为一种质变的强化，就像水稳定地加热到它开始从液态变为气态时。在他看来，德勒兹虽已开始将事件视为连续性中的一个不间断的转折点，但这其中常见的处理，是将独

---

① SAYEAU M. Against the event: the everyday and the evolution of modernist narrative [M]. Oxford: Oxford University Press, 2013: 17. 齐泽克的原话见 ŽIŽEK S. "Notes on a debate 'from within the people'" [J]. Detroit: Criticism, 2004, 46(4): 664.

异性变化中的事件视为暂时脱离后的深度重新回归；马里翁的饱溢事件论与德勒兹的虚拟事件论，便都透露出这样的诉求。于是，解构主义事件论一方面延续了上述聚焦于独异性的事件阐释，另一方面又引入他者等异质性力量，试图在事件冲破成规的性质上走得更远、更决绝。几乎与此同时，我们看到了事件思想的最新发展态势，它们涵盖了神学、人类学与社会学等多个领域，呈现出活力不衰的跨学科性。这正如不止一位本书论及的思想家所言，事件本身充满了奔突生命而难以言喻，但对事件的研究则是可能的、有序可循的。

在清理线索之际，事件思想谱系的内在张力也同时获得了清晰的图形。一种真正的思想，不会从头至尾只有一种固定的走向，在长时间的发展中，它会生发出猜想与反驳，接受各种辩难与挑战。就论述所及，值得重视的张力至少有这样几对：

1. 事件的建构维度与解构维度（海德格尔与德里达）；

2. 事件的意识维度与分析维度（后者即分析哲学的事件论，如戴维森）；

3. 事件的稳定性与独异性（海德格尔与德勒兹等）；

4. 事件的语言维度与生命维度（符号学派与阿甘本）；①

5. 事件的政治维度（德里达）与情感、审美维度（马苏米）；

6. 事件的阅读维度（阿特里奇、小森阳一）与写作维度（朗西埃）；

7. 事件与反事件（尼采、索亚）。

这些张力性结构的存在，大大丰富和活跃了一部专题史，使我们获得了从多角度、多层面来更为立体地观照事件思想的动力。这是从宏观层面来看。从微观层面看，大方向走到了一起的某些事件思想，在思想的各种细部还形成进一步的张力，比如：

1. 布朗肖与福柯涉及了事件的论争；

---

① 符号学思路在阿甘本看来忽略了语言的生命形式，即用规则的现成性，遮蔽了作为原初赤裸生命状态的"语言事件"（吉奥乔·阿甘本.语言与死亡：否定之地 [M].张羽佳，译.南京：南京大学出版社，2019：145.)，或更确切地说"纯粹语言事件"（吉奥乔·阿甘本.潜能 [M].王立秋，严和来，等，译.桂林：漓江出版社，2014：25.)，而在语言的各种装置性操作中，趋向于本雅明所说的经验的贫乏。这才有了他对"誓言"这种在他看来能被视作原初语言事件的现象的考古学研究。阿甘本本人虽未写过直接阐说事件的论著，这一理路仍显得重要，因为它从生命形式的角度反转出了语言论学理的未竟之处。

2. 德勒兹与巴迪欧、巴迪欧与齐泽克分别关于事件的论争；

3. 蒯因与戴维森直接关于事件的论争。

上述双方都如本书所述，有过不同程度的直接对话与思想交锋，对这些细部张力结构的开掘，往往便不期然抵达了一位思想家的运思核心。

三、观点间的 30 处贯通与 10 点存异

值得加以归结的另一个要点，是事件思想谱系发展至今所涌现出的若干代表性观点之间的深度贯通问题。对事件及其独异性内涵的理解，在近半个多世纪中明显可以分为前后两阶段：其一，以福柯为代表，从建构的角度理解事件；其二，以德勒兹、德里达与巴迪欧为代表，从转变的角度理解事件。我们的这一总体划分，接近阿甘本那张内在性/超验性的著名分类表，① 但有保留地将德勒兹与福柯区分开。② 为何有这两种不同取向？因为事件及其独异性同时来自对以结构主义为代表的主流语言论的两种不同态度：其一，从建构理解独异，虽用话语取代语言和言语，仍将独异性理解为可在话语中加以把握的和可能的，而非超出话语-语言序列与范畴的；其二，从转变理解独异，则相信原初的独异性超出了语言，而主张还原其相对于结构主义而言的不可能性。

在从建构角度理解事件的前一取向中，福柯围绕对象被各种话语条件所建构这个核心，提出事件化思想。在《方法问题》中认为，"事件化"首先是对自明性的反抗，即在一种激发历史常态的诱惑之处使独异性变得明显可见。对自明性的反抗，是话语权力自身的建构，这意味着事件没有超出，而是来自话语。符号随机区分出的位置，始终内含着突破该位置以形成"突出部分"及

---

① 吉奥乔·阿甘本.绝对的内在性［M］.//尹晶，译.汪民安.生产（第五辑）：德勒兹机器.桂林：广西师范大学出版社，2008：236.
② 阿甘本将德勒兹与福柯同置入内在性思想范式，似易遮蔽两者在内在性取向下的醒目差别。有学者指出"对内在性的坚持在德勒兹哲学中展现为'激进经验论'的进路，在福柯则是'确切反科学'的实证论"（杨凯麟.分裂分析福柯：越界、褶曲与布置［M］.南京：南京大学出版社，2011：24.），它们伴随对主流语言论的不同态度，而宜在探讨事件及其独异性时区别对待。

"多边形"与"多面体"的改变倾向。所谓突出,亦即事件及其独异性。

但从转变角度理解事件的后一取向,则相信事件不能由名称来包含。较早时,利奥塔即已认定差别原则可能凝固为另一种形而上学的目的论实体,而淡化了独异性。如本书所述,这得到了后继研究者的响应,它也是我们在考察事件时将德勒兹与福柯区分开的缘由。这样,不少理论家虽然每每从"饱溢"与"负熵"、逃逸与溢出及更为形象的"闪电"等角度阐释事件及其独异性,和福柯所说的"突出"字面相似,取向实质却是不同的。

从中我们首先清楚地看到,事件思想史的这前后两大块面都生发出了独异性。这个最为重要的贯通点可概括如下:

1. 事件思想在对主流语言论的不同态度中有独异性的贯穿,总体上后一种取向更为显著。(除此以外,在各方具体见解方面,我们也能总结出包括但不限于下述各点的积极对话与沟通之处。)

2. 在事件思想的来源上,德勒兹与罗马诺等都取道于古希腊斯多噶学派。

3. 在事件的主体性问题研究方面,列维纳斯、巴迪欧与罗马诺等不约而同地将思绪落在了主体的后退这一角度上。

4. 在事件的时间性问题研究方面,不约而同地出现了维利里奥与罗马诺等人的成果。

5. 韩炳哲对"本有"的探讨兴趣,直接来自海德格尔的启示。

6. 利科与德勒兹都从"准"的角度探讨事件,分别提出了"准存在"与"准原因"。

7. 尼采与罗马诺等都把事件描述为闪电。

8. 将事件阐说为惊奇,成为南希与马苏米都在做的工作。

9. 南希对事件的时间性维度的研究,直接吸收了海德格尔的相关论述,其"空时间"的理论,与德勒兹的说法基本相近。

10. 从虚拟的角度探究事件,是德勒兹与马苏米的共同做法,他们都吸收了怀特海有关纯粹潜能的理论,这也在曼彻斯特学派的事件研究成果中得到了回响。

11. 在事件思想研究中,一个重要问题是事件对思想强度的分割及其意义。三位事件思想家对此提供了环环相扣的代表性论证理路:利奥塔切割整体强度中的点线面，进行富于差异性的配置与重组，弱化因果预设，并以剧场装置为例揭示了性欲能量对这种分割的驱动；德勒兹详细分析强度的三个特征，在准原因的无限细分中，分割因果关系造成的同质性强度；朗西埃则通过"对过度的稀释"，演绎"叙事分割"，围绕"无场所的场所地理学"，提出了"迂回写作"这一基于身体的新型事件书写理论。由此形成的强度分割论，对创作与教学实践均有积极助推之功。

12. 利奥塔、德勒兹、朗西埃与韩炳哲等，都致力于发掘事件深层的"死亡驱力"及色情（精神分析）动力。马里翁关于死亡、出生与事件之关联的探讨，也与上述背景不乏联系。

13. 德勒兹与巴迪欧都阐释了事件与电影的联系，触及了电影作为驱动影像事件等重要问题。这与费拉、威克斯及基尔等人对戏剧与当下主观历史经验的事件性关联的考察，具有内在相通性；而这又在利科有关事件内外面的区分中得到了原理的某种铺垫。

14. 在面对独异性时，将其理解为"恰到好处"，见证了马苏米与索亚的某种共同点；因为后者对反事件的日常性的呼求，正是一种"恰到好处"姿态的体现。

15. 帕西菲奇所力图避免的记忆使事件僵化的危险，成为整个事件思想谱系中多家共同贡献智慧的分析点，足见问题之重要。

16. 巴赫金与小森阳一都围绕语言谈论事件，阿特里奇也相信符号对事件的创造很重要。

17. 戴维森与罗马诺都聚焦于谓词的交替等更为细致的语言层面，试图以此来破解事件之谜。

18. 列维纳斯与德里达，都强调事件中可能的不可能性这一异在关系。

19. 德里达在他者性介入的意义上，发动包括事件思想在内的政治-伦理转向，这被韩炳哲几乎如出一辙地吸收于自己的观点中，而构成了被更多人所接受的事件的政治维度，如利奥塔也从事件的性欲动力进而分析至政治问题。

20. 马苏米有关事件即审美政治的论断，被基尔同样运用于对戏剧事件的阐释中。

21. 马苏米与帕西菲奇同时从连接性结构这一角度切入对事件的分析。

22. 和马苏米一样，曼彻斯特学派也触及了事件的文化维度。

23. 德里达与卡普托都围绕他者的好客来澄清事件的独异性质。

24. 扎巴拉从创伤性深究事件,与德里达、齐泽克以及罗纳的运思理路一致。

25. 齐泽克、阿曼德与帕西菲奇,都以量子力学等自然科学的现代进展为基本参照系论述事件。

26. 阿曼德对事件思想中技术性因素的兴趣,与斯蒂格勒构成了对话。

27. 克拉克吸收阿伦特的批判性自由观而与康德的传统自由观所形成的区别,在深层次上触及了理论与后理论这两种视野看待事件的方向,而这是福柯在其事件思想中已然隐含的进展路向。朗西埃提出的迂回写作,包含了这方面的萌芽。

28. 当克拉克指出独异性将读者置入反转情境中并使之撤回预设时,某种程度上他已触及了独异与其反转——日常的关系。对不同于常规的独异性的强调,也可能形成另一种同质化惯性,而开启了事件思想在张力反转中回归日常的进一步深化进程。这项工作正是索亚的反事件思想所继续的。而破除独异性与日常性相对立的理解,在更深层次上引出了独异经验主体在日常当下与历史经验的转化性融合问题,对此的展开,是由德勒兹与巴迪欧同样已开先河的驱动影像论来完成的。它下启晚近费拉、威克斯与基尔等人的剧场理论,以关键词"震惊"击中了独异性不再反日常的进一步推进方向:驱动出主体对历史而非仅作品的日常当下经验。

29. 齐泽克既肯定独异性潜能,展开唯物内涵中的非物质成分,又坚持唯物原则,避免将之理想化以致重蹈庸俗唯物主义,提出从事件而非实体角度看待物的前沿议题。迈克尔·马德沿此进一步倡导"后解构现实主义",还解构以唯物本色,而形成了事件思想中的一条唯物主义鲜明进路。

30. 事件思想进程围绕 singularity 这一范畴,发展出了独异性诗学的纵深谱系。这一谱系在起点上展开建构与转变两种不同取向,在对以结构主义为代表的主流语言论的不同态度中贯穿事件论,又以后一取向尤为显著。德法重要事件思想家们围绕后一取向的论争,在歧见中形成独异的内涵,并通过反思建立在主流语言论基础上的理论批评文化这一问题意识,自然地延伸到了正在探讨"理论之后"的英美学界。后者从非偶然、非唯一与非光晕等角度廓清独异的外延,以《独异性诗学》的出版为标志,对独异进行康德主义溯源并辨析其自由观,引出其相互关联的晚近两条路径,即消除独异与日常的对立,进而驱动性地将之与主体日常当下的历史经验深度联结。与奇点技术的融合,则代表了独异性诗学的最新前沿进展。深描这一谱系由此成为推进当今诗学转型的新议题。

上述诸贯通之处,充分表明了一个厚实深邃的思想谱系中各家所必然形成的共同问题意识。不过,对事件的各种谈论也始终存在着无法取得一致的保留性态度。这本身就是合乎事件性的客观事实。一个醒目的表现是对主流语言论道路的不同选择。某些对事件研究有推动之功的思想家,明确表示了与索绪尔语言学立场廓清界限、拉开距离的用心。利奥塔不同意索绪尔建立在能指与所指的任意性原则基础之上的语言学思想,担心这种思想会淡化对事件来说至为关键的要素——暴力。这构成了事件谱系的一种有趣张力,特别是他指出的叙事可能掩盖事件的一个重要理由:最后一个句子(符号)在文本中的响起,才使得前面的全部句子(符号)有了意义,这仍然是带有因果指向的目的论思路,是对事件的消解。这种看法有一定的新意,我们相信如本书前面所述,后期德里达对基于奥斯汀言语行为理论的语境观念的解构,在相当程度上与利奥塔已给出的这个问题语境有关。齐泽克将"语言论转向"归入话语唯物主义,认为对话语的非媒介性的强调忽略了"谁"有资格这样宣称的问题,而同样庸俗化了。这一提问方式,则在形式上较为接近一直以来对索绪尔语言学思想的一种顽固看法:后者消解了主体作用。

在上述较为显著的存异情形之外,事件思想史上出现的其它各种存异,就每每显得更为具体:

1. 从对已实现部分的抗拒这点上来论证虚拟,无论具体抗拒什么和如何抗拒,抗拒这个姿态是不变的,这个在否定中推出肯定性新结果的过程,得到的是纯粹事件。在达成纯粹事件这一方向上,德勒兹与德里达一致。他以签名为例阐述其重复结构使任何严格的同一性变得不可能,其内部充满裂解的可能性,同样在差异的重复中导向了纯粹事件。这种纯粹事件论引起了巴迪欧的怀疑,后者赋予了事件一种绝对的超越性,相信人类在事件面前不具主导地位。因而,不止于对柏拉图的截然相反态度,德勒兹的事件思想适合阐释战争文学,巴迪欧的事件思想则适合阐释奇幻文学。这可以视为欧陆事件思想谱系的一大关键分歧点。

2. 无论德勒兹还是巴迪欧,他们的事件思想引发了齐泽克的进一步歧见。

巴迪欧认定事件是一种被转化为必然性的偶然性，产生出一种普遍原则，这种原则呼唤着对新秩序的忠诚，这是齐泽克不同意的。后者不止一次表示事件的未决性使它不处理任何预先的本体论承诺，以免成为理想化的稳定形态。简括这又一关键分歧点就是：肯定独异性在非物质方面的充分潜能，但不把它理想化从而再度庸俗唯物主义化。

3. 迈克尔·索亚一反从独异性角度理解事件的惯常做法，以巴迪欧为批判切入口，提出"反事件"观点。

4. 罗马诺赋予事件新的主体性，既在保留历史经验这一点上不同于德里达，也不认同德勒兹有关非主体性暴力带出多样性之说。

5. 在事件思想的前沿发展中，我们也屡屡感受到观点之间的鲜明存异。帕西菲奇认为事件不同于德勒兹所言是构成性的与积极的，而指出它是表征性的与反应性的。他也不同意德里达用暴力来阐说事件，而相反警惕暴力本身所可能无意形成的另一种形而上学定势。

6. 同样是"神话"一词，罗纳用以指事件，扎巴拉却用来指形而上学本体论，两者形成了分明的异趣。

7. 列维纳斯对异在与他者的强调，以及分析哲学的事件论，在扎巴拉看来都属于被动地进入某种理念与本质的变体之举，都还无法代表事件的真谛；因为他者应当作为苦难来唤起事件，而这正是扎巴拉所致力的。

8. 更重要的是，扎巴拉拈出了解释学事件论与非理性主义事件论的根本区别，指出较之于后者将事件视为一种独异性的威胁（这首先启发我们，可以在非理性主义事件论这一相对集中的名义下，串联起事件思想史上多家的观点），前者则把事件看成具备了变革性的机遇。

9. 艾金顿将作为事件的戏剧性理解为现代性的基本框架，这与基尔、费拉以及威克斯不同程度地从当下的历史性角度理解戏剧性并将之与事件融合，又是反向而为的。

10. 韩炳哲相信作为他者的声音会削弱在场，也正好与德里达以声音为在场形而上学标志的做法背道而驰。

如是等等，不一而足。事件思想史焕发出的强大魅力，也正存乎这种多声部的交相共振中。

四、折返：事件思维方式与传统的联系与区别

事件思维方式的基本特征是：有一种不同于常态的变态力量异质性地发生出来，但这是暂时的状态，最终这种发生出来的变态力量又在深层次上回归常态的序列，构成了一种本书愿意称之为"折返"的思维。对此可以从词源到历史发展，顺次总结出以下证据。

1. 从词源上看，在尼采之后，海德格尔赋予 Ereignis（事件）"具有本己（本身）"与"本来就有"两义，兼容"有自己"（即折）与"有本来"（即返）这双重内涵。这同时集于一身的双重含义，显然即一种折返，影响了后续一系列事件思想在思维方式上的取向。

2. 反抗—归属。当利奥塔强调对性欲能量的反抗本身也是性欲能量的一部分，并沿此探讨后者对剧场装置的事件性生产时，他就在从事折返的工作。

3. 逃逸—生产。德勒兹纵然倡导在写作中制造逃逸线，却不以逃逸为逃遁，而力主在逃逸的虚拟过程中生产现实与创造意义，其立足于差异中的本体论的用心历历可寻。

4. 熵—负熵。马里翁提醒人们效果超出原因，牵引出在完成自己的意义上的、更为有序与平衡的局面，用"事件的负熵"一词描述这种性质。负熵即折返。

5. 偶然—必然。南希特意廓清了事件的"空时间"与偶然以及神秘状态的区别，指出其看似消极而充满了意想不到的因素，实则是一种对事物自身脉络的积极返归。

6. 非物质—物质。齐泽克检讨各种庸俗化的唯物主义对"非物质"的忽视，不旨在由此走向以后者为标志的唯心主义，而在积极防范唯心的主观化之际捍卫"非物质"的客观性，欲重建唯物主义。

7. 独异—日常。索亚反对独异性的热衷，而发起以日常性为落脚点的反事件转向，呈现出折而返归的清晰轨迹。

8. 虚拟—本体。马苏米不认为虚拟是一种理想化，相反肯定了虚拟在"活

的抽象"中有助于个体经验的发生以及感官的抽象构成。他尤其强调,独异的事件,具有不同于客观同一性的一般性,它包含了可能到来的未来因素,在动态变化中保持相对的稳定性。近年他吸收拓扑思想对建筑等艺术的事件性研究,同样深化了事件尽管在身份上延迟出现,却在体系结构中形成自身连续变化的折返性。

9. 反现实—现实。罗纳汲取德勒兹的理论发挥道:现实身体经由语言的创造生成为反现实的、充满独异性与震惊体验的身体力量,后者则又反过来激活现实身体而成为公共性与客观性。

10. 去主体—新主体。哈特与奈格里探讨作为事件的生命政治,还原出了生命政治的实质,那是一种去主体性与新主体性相统一的自由创造行动。

11. 动摇—动摇之动摇。扎巴拉用动摇之动摇来描述事件的形式,在折返色彩上显得更为了然。

在总结事件思想的这种折返思维方式时,除了看到它与传统思维方式的各种区别(这是相对容易看到的),也有可能承认它与传统思维方式有联系,在传统思维方式中已具备植基吗?回答在表面上似乎是肯定的。折返,让人想到黑格尔式的思维方式——否定之否定,就这一思维方式本身而言,是传统思想已成功尝试过并取得了重要成果的。在此值得举出的力证,是理性在近代发生的转折命运及其后果。

根据德国当代哲学家沃尔夫冈·威尔士(Wolfgang Welsh)的总结性研究,理性(Reason)这一本身具备广义的哲学基本范畴,在进入近代后逐渐发生了一种转折,转折成了狭义理性或者说合理性(rationality),哲学相应地从原先理性居第一原理地位,微妙地转变成了合理性占第一原理、理性作为宏观背景起辅助作用的局面。① 可以简称为"理性-合理性"转折的这个过程,由此出现了重要的两重性。一方面我们看到,理性转向合理性后,划分界限的冲动应运而生,每个知识领域都在这种转折中力图获得唯独属于自己的界限,康德关于知、意、情三个领域的醒目划分就是转折的后果,它使自主性观念开始得以确立。但另一方面,这个看似从理性中下降而获得狭义化的过程,归根结底又是

---

① W.威尔士.理性:传统和当代 [J].张敦敏,译.哲学译丛,2000(4):65-70.

理性分化的产物；所以无论分化出何种具体独立的领域，说到底它都无法否认自己根本上仍受着理性的支配这一事实。以审美为例，一方面，它在近代逐渐获得独立自主的领域并成为一种专业，无疑是理性转折为合理性后的成果，这种转折所分化出的审美领域，开始区别并独立于认知、道德领域，康德美学是最突出的表现。这很容易给人造成审美由此与理性对立的印象，学术史上大量的，甚至延续至今的聚讼，实际上都是由这个症结而起的。但另一方面，如果我们在充分尊重审美领域自主性的基础上，能同时注意到这个过程是理性分化的结果，那就可能不再简单纠结于审美反理性这个不可靠的结论；而重估审美中仍始终存在的理性，那是有别于以逻辑与知识为标志的合理性的理性，它具备上升功能。想一想普罗提诺等思想家对此的相关论述，以及胡塞尔的本质直观与海德格尔的诗意的思，不难对此有所领会。一种思维在试图挣脱另一种思维的同时，不知不觉地、也程度更深地陷入着这种思维，哪怕自己主观上并不清晰意识到，客观上它也已被抛入这样的命运中了。

这个传统的思想史主题，是不是很像事件在虚拟等过程中对思想真实本体的折返？明眼人应不难感知到两者间的有趣呼应。一者是看似从理性的大本营中另辟蹊径，演化出独立的一支，而与本源发生异质性的分离，并且也确实由于反差的鲜明性(体现为诉求的强烈变更性)，而在相当长时间里创造出了新的景观；但最终发现，自己在另起炉灶的表象下，不是自立门户，而是更好地成全着那个从中而来的本源，即通过暴露自身无法实现本源的局限性，乃至牺牲自己的方式，从更高的层面肯定了本源。这与另一者在虚拟中实现本体，在思维方式上不能不说存在着非常类似的地方。我们还不难由此想到黑格尔。黑格尔的逻辑学分为存在论、本质论和概念(理念)论这正反合三大部分，知性对应第二部分，它被对应于理性的第三部分统摄于其中。他先考察存在论，从质、量与尺度这正反合三环节论述了存在。再考察本质论，认为本质的独特规定在于映现。[①] 所谓映现，即指思维过程里的第一次扬弃，存在在映现中成为映像，映像不等于现象，得到发展了的映现才是现象，由此从本质、现象与现实这正反合三环节论述了本质。最后考察概念(理念)论这一思维活动的最高阶段，将概念界定为

---

① 黑格尔.逻辑学 [M].梁志学，译.北京：人民出版社，2002：216.

存在与本质的统一，从主观概念、客体与理念这正反合三环节论述了概念。这种比较让我们油然看到了事件思维所承继的惯性。

进一步考察，这种惯性之所以顽固难化，是由于学理背景从近代到现代的递嬗没有改变而是强化了它。诚然，稍微训练有素的论者，一般并不至于因此而将事件思维看成是与传统思维完全一致的，因为其中显然存在着近代认识论与现代语言论的学理背景差异；但有意思的是，语言论同样在本性上默许了折返思维。如果承认，以黑格尔"否定之否定"为代表的传统思维方式，在认识论层次上形成了折返性，那个所要返回的最终目标，每每已经在折返前便先在地被决定好了，比如一种绝对精神或理念，这种折返实际上证明了已有的命题，从事件思想角度看并无创造性。那么，差不多同时期发生的、滥觞于非理性转向的语言论转向，则给出了在语言论层次上折返的新可能。理性的动机忽视了它必须通过语言去认识本质；但语言却是非理性（任意性）的、能指与所指之间无必然联系可言的符号系统，非理性的语言，无法保证理性的动机实现预期效果，却始终导致着出乎理性动机的预期之外的任意性因素，对这一个目标的筹划总会伴随着下一个结果的出现，已知性主动地发动着未知性。这一依托符号区分的非理性活动，由此形成意义——对"无"的深刻发现，非理性中孕育着更高的理性智慧，那就是符号区分的随机性所蕴含的有无相生这一真理。在非理性中回归更为深刻本真的理性，同样体现了折返精神。具有如此学理背景差异，却都在思维方式上取折返之径，这一点不能不说加剧了许多论者所很容易有的观感：事件思维，就是一种类似于德国近代哲学思维的否定之否定。

沿着这一印象想下去，自西徂东，当有意无意考虑事件思想的涵盖性时，便同样很容易进而将事件思维与中国古代道家的类似思想等量齐观起来。钱锺书在《管锥编》中对此的揭示可谓典型。他在阐发《老子》第四十章的著名命题"反者道之动"时，强调此处的"反"字乃"背出分训之同时合训"，即"'反'有两义。一者，正反之反，违反也；二者，往反（返）之反，回反（返）也"，并明确认为这与"黑格尔所谓'否定之否定'，理无二致也"[①]。这种比附颇为研究者

---

① 钱锺书.管锥编[M].北京：中华书局，1986：445-446.

们所推许,被认为"极新颖、贴切"①。这样,如上所述,既然事件思维的折返性与近代哲学思维的否定之否定如出一辙,而否定之否定又被认为可以和古老中国的道家思维相沟通,甚或就是一回事。汉语学术语境中具备事件的发生条件,似乎便是个顺理成章的推论,事件思维在汉语文论中可能顺利发生,仿佛更为我们注入了一切都显得合情合理的信念动力。

然而,径直将两者等同起来的做法是轻率的;因为细察秉持事件思维的上述人物,会发现他们主要是从对主流语言论的背反,即不可能性的角度立论的,这与道家诗性思维运作于可能性中的折返,②呈现出学理异趣。如前所述,西方大部分事件论者谈论事件的初衷,就是否定以结构主义为代表的主流语言论对符号关系(结构)在上述稳定、安全性意义上的目的论设定,他们纷纷主张引入异质性他者,打破这种安稳。事实上,20世纪后期至今的西方文论,大多不取径于以索绪尔为标志的主流语言论,相反注目于异在、他者、暴力及它们共同的旨趣——事件,其分歧态度,一直延及新世纪以来勃兴的思辨实在论(speculative realism)。这种反拨语言论主流及其"可能性"实质之举,不再满足于将事情想成"可能的",而更多从"不可能的"角度思考问题,就不是中国道家立足于"可能性"信念展开的"反者道之动",所能直接同化的了。

可能性是语言论主流学理的逻辑,它忽视但不能阻止主流之外的不可能性情形,按本研究的考察,后者才是事件思想更为倚重的基点。例如像好客伦理这样的、从事件思想生发出经"不可能性"转换的尖锐议题,是否与中国的亲善文化语境相洽适,便是值得辩证研讨的。要弄明事件思想能否践行于汉语学术语境,因而需要先探究与主流语言论构成了异质张力的反语言论主张,后者甚至是新世纪以来各种人文思想的深层结构;而这又牵涉对语言的代理性的调

---

① 何山石.《管锥编·老子王弼注》涉典考释与评注[M].北京:人民出版社,2019:269.
② 国内外学界的研究表明,较之于佛家的纯然出世,道家兼出世与入世,不全反对欲念,不绝对放弃名利,倡导"少私寡欲",认为与其反抗天,不如服从天,催生出以炼丹等方术为修身法的道教,主张生命美好而值得延年益寿,所关心的性命乃人的身体,所言的"谷神"不同于西方彼岸性的"神",而更多与人的身体、与物质精气观念有关,这使它甚至成为房中术的主要思想来源(高罗佩.中国古代房内考[M].李零,等,译.上海:上海人民出版社,1990:111.)。换言之,道家指引人在短暂变幻的人生中去追求极乐永生,对长生不老的向往是以满足今世生活为先决条件的。从这些特征中透露出的,应该说主要是可能性的信念。

整,以及如何在更为宏通的境阈内看待语言与物、思辨及实在的关系。它们已经构成汉语文论自今而后的思考新途。这也就是一个富含活力的思想谱系,在引领核心问题的同时始终能多维度激发的生长性益处。

五、事件与叙述的关系

从前面的论述中可以发现,事件与叙述的关系,是事件思想史中值得总结的另一个重要问题:

1. 巴赫金把语言看作主体自我介入事件的基本途径,相信事件离不开语言。

2. 利科从时间解释学角度切入事件研究,致力于澄清叙述结构与事件之间必然存在的距离,而区分出事件的思想内面与物理外面,认为叙述对事件的事后性外部塑造同时合乎事件的内部性思想脉络,这就实现了叙述与事件的统一。

3. 布朗肖认为叙述是朝向事件的运动,通过叙述的写作创造形成已发生之物与将要发生之物的裂隙,并在"存在的出格"中抵达深渊、黑暗与虚空。

4. 阿特里奇引人注目地探讨了作为事件的语言,并由此导出了文学事件的概念。

5. 斯蒂格勒进一步认定,媒体技术保证了事件与对事件的"输入"的同一,后者也便是对事件的叙述。

6. 索亚直接围绕现代主义叙事,来考察事件思想谱系中的"反事件"这一张力层次。

7. 小森阳一运用微积分模式,描述作为事件的阅读中感觉体验与语言化的张力结构组成,立足于语言的不充分性及感觉体验的溢出来阐释阅读事件,也直接触及了叙述与事件的关系问题。

8. 罗纳的分析突出了上述各点。

各种迹象表明,这个在今天谈论事件思想时所同样绕不过去的基本议题,是现代语言论学理发展的必然。语言论是从语言能指及物的传统方向转向语言不指及物的新方向，其关键证据来自索绪尔发现的语言的符号系统性质。所谓符号，指替代品，即用一样东西去替代另一样被替代的东西。替代品不等于原物而是新物，这正是符号的根性。它首先可以从生活经验中得到确证。一个人试图说出现场发生了什么时，他便已不在现场而离开现场处于另一新场中了：由于时间不间断的绵延，当你说"我正在干什么"时，你的那个"正在"瞬间已过去了；由于空间中你看不到自己所占据着的观看视点，当你想说出你在场中看到的包含你视点在内的全景时，你也已移身场外了。索绪尔从语言学上道出了这种经验背后的原因：从能指（音响形象）看，作为发音的 shù 与这棵树不存在符合关系，我们也可以指着这棵树说"这是一条 yú"，这并不改变这棵树的存在，方言以及人的取名等现象都说明了这一点；从所指（概念意义）看，作为概念意义的"木本植物的通称"也以其抽象概括性，与这棵具体的树无关。包含了上述两个层面的语言符号，从而确实与事物不具备必然的联系，① 是一种自具规则的符号系统。语言不指及物却仍能被理解，被理解的东西才有意义。这里的关键是语言共同体中的差别（可区分性）原则。在一个语言共同体中，一个词的发音能与别的词的发音相区分，一个字的概念能与别的字的概念相区分，就是它们被听懂（辨清）从而被理解的理由。一个语言符号同时在横向起毗连作用的句段关系中与纵向起对应作用的联想关系中与别的语言符号相区分，这种区分形成的相互关系带出该语言符号的功能位置。"石头"这个词不是指一块石头实体，而是指这个词所不是的所有其他符号，即指它所处于其中的符号群：横向上，它与"花草""树木""人"等符号产生可区分的毗连关系；纵向上，它则与"坚强精神""顽固性格"等符号产生可区分的对应关系。区分的无限可能性形成不同的意义，语言由此便是意义的来源，是它在创造着意义。

上述转向把形而上学所赖以生存的支柱连根拔起。形而上学的信念是"不管你怎么说，事实只有一个"，先有和已有事实的存在，再有对事实的说法（语言表达），说法的修正预设了一种可能与事实达到符合的前景，因而语言始终

---

① SAUSSURE F D. Course in general linguistics［G］//PARKER R D. Critical theory. Oxford: Oxford University Press，2012：38-41.

次要于事实，对语言能指及物的预设，也因而必然与对语言的传达性定位联系在一起。由于索绪尔的发现，信念被转变成"我把事实说成了什么，事实就是什么"；因为我说事实的过程既然需以语言来说，语言的符号性便必然已把那个所说的事实替代掉了，说即替代，替代即重建、建构。表面上，在语言面前原物似乎没了或被忽略不计了，实际上这种替代恰恰是积极的；因为前于语言的"原物"概念并无意义，语言赋予了原物意义。语言是对世界的谈论，语言不指及物，意味着世界不可以再被当作物来被人谈论，也就是说，只要愿意进入世界与我的生存亲缘（唯其如此，世界于我才有意义可言），便需要在语言中把握世界；所以尽管这种转向会在某种程度上让习惯于成见的人感到新鲜，但正如阿曼德等学者所言，包括测不准原理在内的现代最深刻的思想成果，都已证实不指及物（测不准物）比起及物来才是真实的、有意义的。于是，是什么＝被说成了什么＝被替代成了什么＝被建构成了什么。沿此以进的20世纪文学理论才更新了地平线，这条新地平线就是建构性视野。

可见，一个对象被建构，归根结底是被语言符号所建构。这个在符号区分中建构意义的过程，便是用语言说出、用语言讲成何种面貌的过程，即叙述的过程。正是在这个意义上，利奥塔宣称叙述知识"与各种能力扩展而成的'建构'相吻合"[①]，知识从而被看作了一种叙事。不过，传统知识的叙事是一种大叙事，包括思辨叙事与解放叙事两类。思辨叙事"只是因为它在一个使自己的陈述合法化的第二级话语（自义语）中引用这些陈述来自我重复"而"不能直接知道自己以为知道的东西"[②]，即它在不反思与动摇自身决定论（如不变的逻辑结构）机制，却以之为先验前提的基础上反复行使认知功能，其典型表现是哲学话语。解放叙事则"把科学的合法性和真理建立在那些投身于伦理、社会和政治实践的对话者的自律上"，而忽视了"一个具有认知价值的指示性陈述和一个具有实践价值的规定性陈述之间的差异是相关性的差异"[③]，其典型表现是

---

① 让-弗朗索瓦·利奥塔尔.后现代状态：关于知识的报告[M].车槿山，译.北京：生活·读书·新知三联书店，1997：41.
② 让-弗朗索瓦·利奥塔尔.后现代状态：关于知识的报告[M].车槿山，译.北京：生活·读书·新知三联书店，1997：81.
③ 让-弗朗索瓦·利奥塔尔.后现代状态：关于知识的报告[M].车槿山，译.北京：生活·读书·新知三联书店，1997：83.

(启蒙)政治话语。鉴于这两类大叙事的合法性日渐没落,利奥塔也认为"这些叙事可能已经不再是追求知识的主要动力了"[1],而倡导建立在以差异为性质的误构(paralogy)行为基础上的、在想象与运用新招数(即话语效果)中建立符号间临时契约,而创造性玩语言游戏的小叙事。[2] 大叙事与小叙事的这种差别,是值得我们结合叙事研究来深入看清何为事件之处。

  叙述是人对世界的观看,观看行为发自主体的视点,视点包括特定的思想立场、情感态度与意义估计方式等,与观看者的意识相适应而积极自为,始终无法确定自己的准确位置,否则,反身看到、看清了自身之后的视点就已不再是原先的视点了,这个事实使相对性(受限性、倾向性)无法从任何一种观看行为中被排除出去。你一方面想看到对象,另一方面又不知不觉地把自己的观看方式(比如某种价值判断)渗透进了正在观看的对象,得到的便是两种姿态的融合,而使观看本身始终成为了正被理解着的世界的一部分。既然观看行为本身只是包含于正观看着的世界中的一部分,而不等同于后者的全部,这便反过来表明了世界始终有观看行为所看不到之处,而超出着任何视点的观看范围。现代本体论解释学,从哲学上澄清着这一点。叙述是人对世界的一种解释,解释总是带着先见进行的;因为人的视点无法既看到对象又同时看到自我,否则,意识到自我之后的视点便已不处于原地而离开原地,并获得新的位置从而不再是它了。这个事实使视点为了不失去自身的存在,必然带着与自由意识相适应的先见进行观看,其观看从而与自由意识相适应,是随机发出的。这使人在去认识世界之际,已对将要认识的世界有了出于自身观看角度的某种估计与倾向性作为——目标与起点相循环,即与世界相一体而处于世界中了。由于先见融入于世界之中,成为生存的本体根据,才使人越去解释世界,就越处于世界之中而非之外,即越面临世界向自己敞开的解释空白(因为"之中"所占据的位置是自己看不到的),也即越有限地寓居于世界。为学日益而为道日损,以免将"我们得以进行理解的真前见"处理为"我

---

[1] 让-弗朗索瓦·利奥塔尔.后现代状态:关于知识的报告[M].车槿山,译.北京:生活·读书·新知三联书店,1997:107.

[2] 让-弗朗索瓦·利奥塔尔.后现代状态:关于知识的报告[M].车槿山,译.北京:生活·读书·新知三联书店,1997:130.

们由之而产生误解的假前见"①。后者即罔顾对象脉络而从自身某种习惯性成见或偏见出发去规范对象,使之迎合与顺从自己,并被动为我所用的接受姿态。所以,叙述实际上是主体从某个角度对被叙述之事进行的理解,这反过来证明了被叙述之事并不对等于叙述,而超出叙述,产生两者的张力。有了张力,才有了视点对于世界与自我观看方式的不断同时看全与看清,也才因而有了真正的自由的可能。

对此,一些关注叙述与事件之关系的学者,已在某种程度上予以了总结性提示。美国学者拉里·格里芬(Larry J. Griffin)在探讨历史社会学对事件的结构分析方法时,引用叙事学者们的分析,不仅对事件作出"在有限的时间内发生的变化"的界定,而且接着指出"对事实的解释意味着对未发生的事情的解释"②。正如其所言,叙事本质上是时间性的,但在实际处理中,它常常被从因果性角度加以利用。格里芬由此认为,在时间性与因果性之间取得平衡,是值得历史社会学研究追求的方法论目标。因果性是视点的相对性的产物,时间性则来自视点克服自身相对性后的敞开。那么,视点在什么状态下能自觉看护自身相对性,积极敞开叙述与被叙述之事的张力,而创造出事件的可能呢?

大叙事的两种基本表现——理论思辨与政治权力,都很难具备这种状态,因为它们都是以人与世界的对立为前提的。人将世界运握于手中进行认识与控制,这样的自信心不容易滋生出对未知、意外与神秘的向往,一般也自然就无所谓张力的发生。叙述与被叙述之事的张力在一种状态中才积极展开,那就是文学。因为文学(当然也包括它属于其中的艺术)唯一地以视点受限,人有限地寓居于世界之中(而非之外),为自身的性质与特征。可以通过与非文学活动的典型——科学活动的比较来确认这点。科学活动试图征服世界,把世界限定于自身视点之内,视语言为实现目标的手段、能指及物的工具,因而相信叙述与被叙述之事必然是可以和应当相符合,而不存在张力的。如果二者不符,它相信调整语言后总能再度达成符合,被叙述之事于此便被对象化、实体化、现成化了。文学活动却不旨在让语言成为实现目标的手段、指及物的工具,它就在

---

① 汉斯-格奥尔格·加达默尔.诠释学I:真理与方法[M].洪汉鼎,译.北京:商务印书馆,2011:423.
② GRIFFIN L J. Narrative, event-structure analysis, and causal interpretation in historical sociology [J]. Chicago: American Journal of Sociology, 1993, 98(5): 1094-1133.

语言本身的效果上进行创造,这种对效果的追逐恰恰顺应着语言的符号系统本性:符号沿横向毗连与纵向对应这两根轴进行可区分的无限差别创造,替代着原物;而去替代事物,就是去建构与创造一个所需要的可能世界,就已同时是在情感支配下去想象,想象则就是对超出自身视点之外而未知的、散发着新意的可能世界进行创造。在此意义上,唯有文学才显现始终大于自身视点的世界,叙述与被叙述之事的张力,因而只产生于文学中:在"叙"(说)与"事"(在)之间创造性地不断用(必然已经语言化了的)想象建立无重复的张力,这就发生出了事件。我们由此理解了阿特里奇何以将事件视为符号的重要组成部分,认为它是对于发明创造十分关键,却被现有的讨论所忽略了的一个维度。[①]回忆一下我们平时阅读文学作品的体验便不难察知,对某个事件的强烈印象,不正是由于作家匠心独运地在叙述与所叙述之事之间,运用语言这一文学的思想方法激发两者张力所致吗?

因此,叙述的自由姿态是在讲述一件事情时,自觉意识到这件事情始终也超出着自己的讲述,而在受限中积极创造世界。尽管从理论上说,这种自觉意识的后果仍无可避免于视点发出的观看,而仍将具备某种相对性,此乃观看的宿命;但意识到视点的相对性是一种局限并自觉地尝试改进它,以争取更好地实现观看的自由,与在非自觉状态下放任视点以至于懵懵懂懂自以为看到了事情的全部,有质的不同——后者就是大叙事。大叙事要求具有不同视点及相应观看意向的他人无条件地顺从自己的观看,便设定了观看成果的超验性,那当然在包括伦理后果在内的合法性上引发了深深的怀疑,比如对科学主义的反思。走出大叙事,超越形而上学的关键,由此便在于承认与还原视点的受限性,即自觉意识到并保持住叙述与被叙述之事的张力,以此来获得真正的自由。这意味着追求自由的视点有责任也应当有胸襟不断敞开自己的未知性,在积极变换、更置中去领会未知的、充满了新意与吸引力的前景,创造不同于原先视点所见,因而越出了常规的可能性。这种令人激动的张力就是事件,在对比中能更自然地看清这一点。思辨叙事遗忘了观看的相对性,而重复观看所依赖的决定论逻辑机制,将可变与应变的相对性当作了固定不变的绝对性,这种

---

① ATTRIDGE D. The singularity of literature [M]. London: Routledge, 2004: 56.

观看便把世界处理成了纯叙述的产物,取消了超出叙述的世界的存在。解放叙事则强化了观看的相对性,面对指示性陈述(真/假)与规定性陈述(公正/非公正)作为"两组自律的规则,它们确定不同的相关性,因此确定不同的能力"(利奥塔语)的不一致性,把原本具有自身发展轨迹的对象强制性地拉回到叙述的框架中,由此在多数情况下,有意地将相对的观看夸扬为绝对的观看,而同样取消了超出叙述的世界的存在。

反过来看,所叙述之事始终具有超出叙述本身的、具有生长性的存在。当利奥塔以引而不发的口吻谈论建立于误构基础之上的、注重规则异质性与分歧的小叙事,相信"它们(按:指大叙事)的衰落并未阻止无数其他故事(次要和不那么次要的)继续织出日常生活之布"[①] 时,他实际上便为叙述与被叙述之事在小叙事中的这种张力,保留了合法地盘。小叙事因其后现代背景,很容易被人误解为以追求性能、效率优先为目标;然而,这个目标其实是思辨叙事与解放叙事在现代性意义(如进步论)上才都有的,按利奥塔意味深长的说法,反而是"后现代科学知识的语用学本身和追求性能没有多少相似性"[②],因为当引入小叙事作为新的合法性保证后,诸如反例、悖论等原先被大叙事所不同程度忽略的成分,都被积极纳入了知识视野。从叙事研究角度看,这些成分正是超出了叙述的世界的存在:未知与可能。它蕴藏的潜能对叙事来说更具魅力——与"叙述"有关却并非被"叙述"说完,相反与"叙述"形成了张力的,才是作为"不规则的发生物"(irregular occurrence)的事件。[③] 可以说,被叙述之事等同于"叙述",形成大叙事;被叙述之事大于"叙述",才形成小叙事。

当认识到被叙述之事与叙述的张力后,叙述实际上获得了更为自由地面对被叙述之事的心态,即因有限地居于世界中而获得主动选择的可能与智慧;因为在思辨叙事与解放叙事中,叙述都设定了人与世界的对立关系,只不过前者视世界为思辨决定论模式的复现物,后者则视世界为意动诉求的附庸而在对立

---

① 让-弗朗索瓦·利奥塔.后现代性与公正游戏[M].谈瀛洲,译.上海:上海人民出版社,1997:169.
② 让-弗朗索瓦·利奥塔尔.后现代状态:关于知识的报告[M].车槿山,译.北京:生活·读书·新知三联书店,1997:116.
③ ROWNER I. The event: literature and theory[M]. Lincoln: University of Nebraska Press, 2015:1.

程度上更强罢了。然而，人与世界的这两种对立关系，都是以不自由为实质与代价的；因为在这两种关系中，世界与自我（自我是世界的另一方面）的关系，都是被现成决定好了的。这个过程无需人的主动选择，因而是不自由的，尽管表面上显得很自由。自由只能发生在人能主动作出选择的基础上，选择之所以可能，是由于它必然有一个范围，在这个范围的限制中人才能进行选择；所以，主动选择的可能性维系于范围的有限性，自由从而便来自限制中的选择。就像一个长生不老的人，因失去了生命的限制，而相应地失去了人之为人的根据，被世界遗弃，其实不自由；一个懂得人是要死的、生命有限的人，才会更珍惜生命，而在选择中让人生变得真正自由。两种大叙事由于都设定了人与世界在关系上的现成性，只存在人去被动地代入它的问题，便失去了具体情境的限制而变得无所不包，也便取消了主动选择的可能，而变得不自由了。自由只能来自小叙事的误构努力，在这种努力中由于叙述的相对性得到承认，叙述与被叙述之事之间的张力得以确认，人清醒意识到相对性（即受限性），在受限中主动作出选择而有限地寓居于总多出于自己的可能性中。利奥塔在《后现代状态》第十一章中提到的小叙事对"论证的丰富化"与"举证的复杂化"的追求，从某个角度来看其实是承认了叙述与被叙述之事的差别后同时带出的两个方面：前者是叙述的相对性所要求的，因为视点既然是相对而有倾向的，进一步的尽可能追求完善的观看便需调整观看策略，而使论证丰富化；后者则是被叙述之事的绝对性所要求的，因为观看策略之所以需要调整，又恰恰意味着所观看的对象本身始终看不尽看，有着无法被叙述所轻易垄断的复杂举证的需求。两者相辅相成。

从被叙述之事大于叙述这一关键，我们可以得到事件的定义：被叙述之事－叙述＝事件。事实上，一部事件思想史，探讨的主旨是超越规则化的不规则与独异，这正是叙述与被叙述之事的上述张力。比如，面对巴迪欧有关"事件是额余之物"的说法，我们可以理解为被叙述之事始终多出，即溢出着叙述的那部分。又如，齐泽克认为"事件涉及的是我们借以看待并介入世界的架构的变化"，或者说"我们看待世界的方式的转变"，而主张"将事件视作某种超出了原因的结果，而原因与结果之间的界限，便是事件所在的空间"，相信事件作为日常生活中出人意料发生出的、类似于某种奇迹的新东西，始终无法被以回溯方式确定因果理由的做法所穷尽。这也包含了对于独异状态的兴趣："借以看待并介入世界的架构的变化",只能来自对这一架构的反思意识,而意识到这一架构,便意识到自身视点的非绝对性(相对性),即意味着叙述对被叙述之事只能采取出自某种特定因果解释的角度,这反过来证实被叙述之事不囿于这种角度的相对性而存在。齐泽克随后在参照系意义上论述了作为现实剧烈变化的事件,特别是作为"回溯的幻象"(意为无可摆脱而必然多于叙述的可能)的终极事件的《圣经》中人类堕落的故事,来进一步巩固溢出了叙述的事件。由此而来的独异状态,因而正成为当代理论研究的学术新课题。在齐泽克联系哲学的举证中,从柏拉图与理念的相遇,笛卡尔对"我思"的强调,到黑格尔将绝对理念的引入,都是哲学"看待并介入世界的架构的变化"后形成的震撼人心的事件。① 齐泽克未断言这三种典型的形而上学哲学本身是事件,他是从出现时"独特的否定性"与"某种尚未被普遍接受的新事物以创伤性的方式侵入"的角度指认它们为事件的。这证明,事件本身来自与叙述绝对性的断裂,其接下来造成大叙事的可能并不由其来承担责任,是其被程式化的产物。这与库恩有关范式出现后也可能程式化,并趋向于危机的论述相类。② 再如,从这个意义上来尝试关联维特根斯坦有关"美学解释并非因果解释"的说法,③我们是否可以理解为,因果解释意义上的叙述是决定论模式在重复,对美学的真正解释如成其为一种合法的叙述,那只能是同时创造着不断等待解释,而始终高于任何现有既定解释的美学?被叙述之事与叙述的张力——事件再次呈露了出来。正是作为两者张力的事件,区分着叙述与被叙述之事,使它们在创造中不断达成一致,又始终保持为两者。

那么,怎样在叙述中实现(创造)被叙述之事的真实性,从而为事件思想提供机理呢?首先,叙述通过想象来实现(创造)被叙述之事的真实性,而想象即

---

① 斯拉沃热·齐泽克.事件[M].王师,译.上海:上海文艺出版社,2016:13.
② 这种叙述与被叙述之事的"必要的张力",应该说相当于库恩所言建立在世界观改变(革命)的基础上的范式思想,后者如本书绪论所述,可视为前事件思想。在《什么是范式》一文中,阿甘本便探讨了范式与福柯所说的知识型之间的关联,尽管福柯本人出于某种原因回避这一点。可参见:AGAMBEN G. The signature of all things [M]. New York: Zone Books, 2009: 9-16.
③ WITTGENSTEIN L. Lectures and conversations on aesthetics, psychology and religious belief [M]. Berkeley: University of California Press, 1967: 18.

文学。被叙述之事向心相吸,叙述却离心相斥。叙述者由此最大限度写出真实性或者说场面质感的努力途径。在局部方面,可以是利用语言本身的能指感受,如借助声韵调等的对应,营造空间上的画面感等;在整体方面,则是激扬想象,通过英伽登(Roman Ingarden)所说的再现客体未被本文确定的成分,去积极填补空白与不定点,使之活起来而成为拥有具体进程的事件。阿特里奇将"所有想象性的书写"归为"文学"①,精当地总结出在叙述中想象被叙述之事的过程乃文学起作用的过程。

其次,想象进而使叙述通过语言实现(创造)被叙述之事的真实性,而语言即文学。语言作为符号系统既然是去替代原物,便是想象出新物,想象从而意味着进入语言。而语言问题基于20世纪以来文学理论的进展,在"语言学与诗学"的主题下被视为同一领域。这一已被愈来愈多的迹象所证实的情况,为叙述的想象性创造提供了关键证据。罗曼·雅各布逊提出的话语六要素中,文学性(信息)要素的根据是突出话语本身的构造,而使之与所代表的事物相分离。他为此而提出的操作原则是"把对应原则从选择轴心反射到组合轴心"②。奇妙的是,这个操作原则,正是索绪尔所发现的语言的性质:在联想关系(选择轴)与句段关系(组合轴)之间区分符号之间的差别,并由此获得意义。就是说,在双轴间互动操作以形成文学性,这本就是语言必然要做的事,我们以为需要外加给语言的东西,恰是语言本身的东西。乔纳森·卡勒把这点概括为"文学与语言学的相似之处"③。这意味着一种离不开语言的行为总会在某种程度上闪现着文学的影子,叙述自然尤其不例外。当语言试图通过叙述想象出真实的场面(这是任何叙述的目标),必然得发展出各种可以统称为叙述语言的叙述方式、手段与技巧等,所有这些皆属于文学的智慧。福楼拜对自由间接引语等叙述新声音的自觉创造与实践,海明威引入外聚焦后建立在厚实冰山之上的叙述新视角,以及其他形形色色的叙述方式,都见证着现代叙述者在叙述中去实现

---

① ATTRIDGE D. The work of literature [M]. Oxford: Oxford University Press, 2015: 15.
② 波利亚科夫.结构-符号学文艺学 [M].佟景韩, 译.北京:文化艺术出版社,1994:182.
③ 卡勒.文学理论的现状与趋势 [J].何成洲, 译.南京大学学报,2012(2):126-131. 基于这一学理,笔者建议可考虑不再使用"文学性"这个仍有某种本质化之嫌、时常陷人于无谓概念之争的术语,而直接使用"文学"一词。这样做或许有助于深入健全与领会建立在语言论基础上的文学的命运。

所叙述之事真实性的良苦用心与艰辛实践。所有这些努力都运作着文学的智慧与力量。表面上的两难其实从不沦为死结，而是在出色的叙述者的同样出色的想象中得到创造性开解。当我们感叹现代叙事作品每每变得不易解读时，应同时承认，这在思想观念上首先是一种苦心孤诣的进步，因为非如此不足以从根本上调整出叙述（说）与被叙述之事（在）的合理关系，即人与世界的合理关系。

再次，想象与语言的一体化，又进而使叙述通过身体-主体实现（创造）被叙述之事的真实性，① 而身体-主体即文学。想象是对未来的筹划，与人的需要有关，需要的产生同时触及了情感。情感具有弥散性的特点，既在已知意义上成为人的活动的出发点与依据，又反过来在未知意义上调节与塑造着人的活动。这便保证主体的视点在与语言一体化的想象过程中处于既在场、又不在场的临界状态中，这个临界点就是身体现象学所说的身体-主体，它使身（肉体、在场感受）中有心（精神、离场反思），而消除了身心二元的传统顽固对立，加强着文学的迷人状态：在写出叙述对象的同时，也写出在场的场面感，两者在互动消长中同步伸展，避免了单维平面化的发展，成为运作中的时间性进程。这样，就像布朗肖事件论典型示范的那样，叙述既有所说而澄清着所叙述之事，又因同时在场体验着所叙述之事而使情感整个活跃起来，笼罩住叙述视点而变正叙述着的主体为客体，反过来令所叙述之事朝叙述敞开还含混不清、意犹未尽的点，从而使澄清行为拥有了进一步的对象指向与可能前景。叙述由此既澄清着，又尚未澄清着。这就是被叙述之事始终大于、高于与深于叙述的一面，其间的微妙张力积极建构出了事件。

在实际的事件建构中，文学的上述思想方式乃是交织在一起的。以一个颇能说明问题的事件为例，1979年学者李泽厚出版了影响深远的著作《批判哲学的批判》，当然是个事件，从深层文学机理辨察其实质，会有新的收获。在当

---

① "身体-主体"是20世纪知觉（身体）现象学的核心思想。它弥补了非理性转向遗留的局限。尼采把非理性精神的出路定位于肉体，在跳出主客二元论的同时滑向着身心二元论，未及考虑到肉体对精神意识这一主体来说仍是客体，因而仍未动摇"精神唯一地维系于主体"这一二元论模式的出发点。接着尼采往前走的关键，于是在于证明肉体（此时已不能再被称为肉体而应称身体了）本就具有主体性，这才可能真正克服身心二元论而超越形而上学。这是尼采之后20世纪思想的一大研究焦点。身体现象学由此倡导的身体-主体，便为艺术活动的真理性提供了有力支持。

时，人们要(被阐释为马克思主义思想三大来源之一的)黑格尔而不要(被认为是唯心主义的)康德，对康德的批判应属于大叙事。李泽厚借用这个大叙事，也用马克思主义哲学来叙述康德，在全书各章对康德哲学作出学理叙述后，都用马克思主义的观点批判康德哲学，然而这部著作实际起到的时代启蒙作用，不完全是用马克思("人类如何可能")去改造康德的先验立场("认识如何可能")，而更可能是反过来用康德补充、深化与推进对马克思的理解，即运用康德的主体性思想来还原与激活马克思主义哲学中由于种种原因而被长期遮蔽的"实践"维度。此书在当时引发思想轰动效应的原因主要在于此。在叙述的层面上，是用马克思去联结康德，实现的被叙述之事(即齐泽克等人所说的"超出了原因的结果")却是用康德去联结马克思，这两者的张力，运用修辞性悖论创造出正话反说、反话正说的意义效果。让读者敏感到这点，就是李泽厚对于"主体性实践哲学"这一事件的成功建构。

确认事件思想的上述深层文学机理后，面对人们从视文学为自明物、侧重内部研究开始转向视之为建构物、侧重外部研究的兴趣转移，以及由此带出的愈益疏离文学之势，我们便可以建立自己的新判断。文学理论界常视上述两种范式为异质的对立物，危机论、终结论或越界扩容论等声音，都缘此而发。这其实忽视了事件思想中深层植根、运作与展开着的文学机理。如福柯所示，事件的初衷是用建构性超越自明性。从表面上看，建构性与自明性似乎无法兼容，"天真的方式与去神秘化的方式是彼此相悖的，一个会让另一个失灵"①，但朗西埃的一段话与我们不谋而合："20世纪的批评家，他们以马克思主义科学或弗洛伊德科学的名义，以社会学或机构与观念史的名义，自以为揭露了文学的天真，陈述了文学的无意识话语，并且展示文学虚构怎样在不知情的情况下对社会结构的法则、阶级斗争的状况、象征财富的市场或文学领域的结构进行编码。然而他们所使用的用以讲述文学文本真相的解释模式，却是文学本身所铸造的模式。"② 这个耐人寻味的、同样在深层上支配建构性知识生产的"文学本身所铸造的模式"，即事件思想的文学内核。福柯等倡导事件思想的思想

---

① MILLER J H. On literature [M]. London: Routledge, 2002: 124.
② 雅克·朗西埃.文学的政治 [M].张新木，译.南京：南京大学出版社，2014：30.

家并无明确的文学研究著作，却着迷于并推崇尼采、巴塔耶(Georges Bataille)与布朗肖等同样可称文学家的思想家文本中迷人的、非体制化的文学力量，深层原因恐怕也应从这里找寻，就像本书前面伊格尔顿在探讨作为事件发生的文学时，有关文学既具备本质又不陷于实在论的论述那样。马苏米用事件来贯通审美与政治，赋予人的启迪是一样的。

也正是在对事件思想的深层文学机理的这种还原中，我们看清了晚近国际文学理论研究的一种前沿动向，如同美国伯克利加州大学教授多萝西·黑尔(Dorothy Hale)所言："揭露的兴奋——指出在娱乐或审美的掩盖下进行的政治运作的兴奋——已经让位于这样的愿望：对文学，特别是小说的社会价值，以及文学批评家的作用做出积极的描述。"① 这表明，学术研究旨在形成知识话语，需要和值得依托叙事来展开，叙事从被研究的静态对象转向了研究本身所具备的动态方式。不同话语的区别，实际上主要已不在于话语的对象，而在于话语的规则，即考虑如何让自身的话语效果被人关注与理解，认为这种关注与理解是对自身的确认。语言将自己表达好、把自己讲好，成为一种知识存在的根据。这方面已陆续出现了一批较为重要的国际著述。如克里斯托弗·诺里斯(Christopher Norris)的《能力竞争：解构主义之后的哲学与理论》(*Contest of Faculties: Philosophy and Theory After Deconstruction*)②、刘易斯·欣奇曼(Lewis Hinchman)与桑德拉·欣奇曼(Sandra Hinchman)合著的《记忆·身份·社会：人文科学中的叙事观念》(*Memory, Identity, Community: The Idea of Narrative in the Human Sciences*)③、丹尼尔·潘代(Daniel Punday)的《解构之后的叙事》(*Narrative After Deconstruction*)④、马丁·克赖斯沃斯(Martin Kreiswirth)的《人文学科的叙事转向》(*Narrative Turn in the Humanities*)⑤、

---

① 王长才.小说·叙述·伦理：多萝西·J.黑尔访谈录 [J].英语研究，2016(1)：1-9.
② NORRIS C. Contest of faculties: philosophy and theory after deconstruction [M]. London: Methuen, 1985: 21.
③ HINCHMAN L, HINCHMAN S. Memory, identity, community: the idea of narrative in the human sciences [M]. Albany: State University of New York Press, 2001: Introduction.
④ PUNDAY D. Narrative after deconstruction [M]. Albany: State University of New York Press, 2003: 1.
⑤ HERMAN D, JAHN M, RYAN M. Routledge encyclopedia of narrative theory [M]. London: Routledge, 2005: 377-382.

莫妮卡·弗鲁德尼克(Monika Fludernik)的《叙事理论的历史(2)：结构主义至今》(*Histories of Narrative Theory（Ⅱ）：From Structuralism to the Present*)①、大卫·赫尔曼(David Herman)的《剑桥叙事指南》(*The Cambridge Companion to Narrative*)②、简·阿尔伯(Jan Alber)与莫妮卡·弗鲁德尼克的《后经典叙事学：方法与分析》(*Postclassical Narratology: Approaches and Analyses*)③、马蒂·许韦里宁(Matti Hyvärinen)等合著的《叙事的概念旅行》(*The Travelling Concepts of Narrative*)④，以及汉娜·米热图亚(Hanna Meretoja)的《小说与理论中的叙事转向》(*The Narrative Turn in Fiction and Theory*)⑤等。这些研究表明，叙事作为语言的创造运作，能有力激发想象、虚构、形象与情感等一系列要素，生产出创新的想法，是人文社会科学学术很乐于触及的，是后者深入构建自己所不可缺的一种推动力或素质。在此背景下，考虑到20世纪以来理论与事件的紧密纠缠，事件思想吸收叙事来发展自己，其必然的轨迹也浮现出来了。让我们沿此还原建构性与文学性的深度关联，在两者之间建立桥梁，推进新世纪第三个十年的我国文学理论建设。

六、伦理在事件中的展开

从前面各章中可以感受到，事件思想在德法、英美与东方引发的探讨，都不约而同地与伦理产生了关联。这是又一个值得总结的成果，因为事件作为叙

---

① PHELAN J, RABINOWITZ P. J. A companion to narrative theory [M]. Oxford: Blackwell, 2005: 46-48.
② HERMAN D. The cambridge companion to narrative [M]. Cambridge: Cambridge University Press, 2007: 4-5.
③ ALBER J, FLUDERNIK M. Postclassical narratology: approaches and analyses [M]. Columbus: Ohio State University Press, 2016: Introduction.
④ HYVARINEN M, HATAVARA M, HYDEN L-C. The travelling concepts of narrative [M]. Amsterdam: John Benjamins, 2013: 88.
⑤ MERETOJA H. The narrative turn in fiction and theory [M]. New York: Palgrave Macmillan, 2014: Introduction.

述与被叙述之事的张力，因视点的受限而必然触及伦理：

1. 巴赫金认为道德因素比起审美因素来，更主要地决定着"事件即存在"这一点，具体的责任感与献身精神是事件的动力；

2. 列维纳斯以及德里达等对事件中无条件的好客的谈论，都与他们发动的法国理论中的伦理转向联系在一起；

3. 布朗肖认为在叙述的限度中才能开启事件的现实性；

4. 罗纳深化阐释了这一点，把作为受限的活动（liminal movement）的事件与语言的生动创造（vivid performance of linguistic creation）联系起来谈论，指向了"伦理信息"①；

5. 海登·怀特（Hayden White）发表于1981年的《真实事件的叙事》（The Narrativization of Real Events）一文，则把"历史叙事的道德化功能"作为立论基石，分析指出"叙事完全可以凭借其关于道德智慧的教导，或关于在文化而非自然条件下存在的不可还原的道德主义的教导，宣称具有认知权威"。②

从事件思想史的实际发展看，事件的伦理维度可以得到两方面的描述，它们来自语言论的正反两种效应，尽管表面上产生双方不容的格局，其实皆能成立并形成互补与深化。

从列维纳斯到德里达的一条脉络，是立足于好客来谈论事件伦理，认为在异质的、不可预期的、弥赛亚式的他者的临到状态下，才有了基于"可能的不可能性"的责任伦理。这种打破结构稳定性的取径，与同为后现代文化奠基者的利奥塔对索绪尔语言论学理的保留态度是一致的。如前所述，利奥塔对语言论学理中差异的凝固与暴力的缺席产生了敏感，这一点得到了一部出版于2019年的、探讨事件最重要性质——独异性的国际近著的印证：

> 差异并不等于单纯的对立，因为对立引入了一种减少，一种不那么深刻的关系，在一种简单的矛盾中压缩了复杂性。……以对立为前提的并不

---

① ROWNER I. The event: literature and theory [M]. Lincoln: University of Nebraska Press, 2015: 25.

② WHITE H. The narrativization of real events [J]. Chicago: Critical Inquiry, 1981, 7(4): 793-798.

是差别，而是以差别为前提的对立。对立不但不能通过追溯差别的基础来解决差别，反而背叛和歪曲了差别。我们不仅说，差别本身并不是矛盾，而且还说，差别不能归结为矛盾，因为矛盾并不比差别更深刻，而是更不深刻。……这也意味着接受一种动态的方法，这种方法并不一定要以观测所增强的方面为基础，以解释与解释的结束为目标。具体地说，法国符号学学派的经典方法所发生的变化是，物体与现象，特别是艺术与审美经验，不能根据对立的公理来质疑，也不能充分地设想价值两极之间的矛盾。相反，更重要的是要把握这一现象的复杂性，它是可分析但不可预测的，其中意义的出现依赖于差异网络。①

和拉康一样，这里著者也使用了"追溯"一词，指出尽管可以认为所追溯到的是差别，这种差别却始终是对真正的差别的"背叛和歪曲"，即二次化。这表明，符号的差异实际上作为一种追溯性成果，替代却无法直接等同为差异中不断（已经和应当）继续出现的进一步差异，而容易以单纯的对立的名义将差异凝固起来，以至于消弭差异网络所本应有的、难以预测的复杂性，后者即紧张的暴力介入。这使我们看到了语言论学理传统与事件思想发展的某种非重叠性：语言作为符号系统，理所当然地成为事后的合法补述；事件的发生却不同于对事件的阐释，其独异性在后者中恰恰不可避免地流失了。利奥塔所言的暴力，相当于列维纳斯与德里达所说的异在的他者。从这一意义上理解，事件伦理便只能展开于不适宜性中。诚如《思考事件》一书在以"事件的伦理"（The Ethics of the Event）为题的结语中所道出的那样：

伦理就是对存在的事件的不适宜性（inappropriability）或秘密的"承载"。②

除非脱离语言，始终总有"下一个符号"存在着，其与"上一个符号"的区分总可以得到令人信赖而放心的分析，其操作系数是安全的。按利奥塔与德

---

① CALIANDRO S. Morphodynamics in aesthetics: essays on the singularity of the work of art [M]. Switzerland: Springer, 2019: 4-5. 着重号为笔者所加。
② RAFFOUL F. Thinking the event [M]. Bloomington: Indiana University Press, 2020: 311.

里达的理路，他们会认为在这种情况下，一种目的论与因果论仍被预设了，因而放逐了真正的事件可能。我们相信这种看法可以成立。假若一位后现代画家在画一幅竹子图时，故意在即将画完的画纸上将下一笔竹节置换为"在画纸上突然捅破一个洞"这个出人意表的行动，而阻断了"下一个符号"的生成性区分过程。我们现在会倾向于认为，这种画法属于行为艺术，而有别于简单的恶搞；因为它通过在打破符号的稳定区分关系这点上反思和创新，为语言论提供了新的发展思路。这种反思性创新，不正体现出了更为深入的担负责任态度吗？它因而是事件伦理的浮现，也因而展开了20世纪后期以德里达等人为代表的"伦理转向"。

当然，对语言论的上述反思，本身是建立在接着语言论讲这一前提上的，是一种推进与补充。它固然表明，在面临不可知的他者而紧张的好客状态中，人们更容易产生伦理的敏感，却并不因此与语言论自身的伦理性相矛盾，以至于取消后者；因为，后者同样有一个设限的问题：符号在符号群（区分关系网络）中才获得差别并产生出意义。这表明语言本身就是一种具备限度意识的结构组织，它有受到调控而避免失控的内在机制，同样没有丢失伦理的维度。视点在语言中的纵向受限层次与横向受限类型，都为此提供了可以结合丰富事件实例来加以阐释的理据。

伦理（善）有两个基本方向：一是人怎样行动才对，这侧重社会责任；二是对人而言怎样的生活才幸福，这则侧重个体的幸福与自由。这两个方向都在事件的创造中被同时带出来。因为一方面，当主体意识到世界不为某视点而专门存在，却涵容多方面时，对视点相对性的这种看护姿态，在观看世界之际便充分尊重与允诺别的视点的观看有效性，不以己度人；相反平等地考虑他者的可能性。另一方面，这样做时，视点又已是一种有别于大叙事色彩的、基于爱与同情的脆弱性拙守姿态，为他者付出，对我而言根本不是受苦，而完全是一种享受；所以，它在发生出了他者的自由的同时也发生出了自我的自由，实现了完整的自由，丧失了限制的视点，也失去了人之为人的伦理根据。这正是波伏瓦（Simone de Beauvoir）的《人都是要死的》（*Tous les Hommes Sont Mortels*）中长生不老的男主人公，因泯除了人的气息而遭亲朋爱侣无情抛弃的缘由。看护视点而还原其积极受限的实质，在限制中进行文学创造，这也是福克纳在

《喧哗与骚动》(The Sound and the Fury)中把同一个故事不厌其烦地讲五遍的苦心所系。在此意义上，事件必然已触及文学与伦理的内在深度关联，醒目地集中了文学伦理。如果事件集中了文学伦理，它在文学深层机理中对伦理的具体展开，便是值得探索的下一个问题。对此，历史上出现过很有生命力的理论学说，比如悲剧作为典型的事件便引发了从亚里士多德、黑格尔、尼采直至鲁迅的研究兴趣。事件既然发自视点对受限性的看护，它便相当于分布在伦理线上的、自不同关系方位与关系角度形成并绽出的一个个伦理结，是变换了视点而打破了常规的事件，因此可以立足于视点的受限特征，来深入探究事件伦理学的有关议题。

并非文学作品中出现的各种情节都属于事件，只有在视点意识到自身因受限而相对、有倾向的一面并创造性地自我改善时，所生成并留出了伦理反思空间的情节才是事件；因此，谈论事件伦理的前提是首先考虑非伦理与反伦理这两种情形。非伦理指伦理缺席，表现为视点区隔于世界之外而并不融入其中，放任自身的失限性。例如在恰佩克(Karel Capek)的《鲵鱼之乱》(War with the Salamanders)中，随着人类开发欲日益加深，鲵鱼逐渐掌握了人类的技术，抢到人的武器而发起了比人类捕杀行为更具破坏性的大举反攻，作品最后以鲵鱼自相残杀、分崩离析，人类得以保全而告终。小说诚然试图表达对于"看到人类如何出于自己的意志，不惜一切代价地冲向毁灭"之状的忧虑，但鲵鱼群体一开始毕竟是作为人类侵占欲的受害者面目而出现的，那么其最后的自我消亡，给这场灾难的始作俑者——人类留下了什么呢？这一归宿没有在人类自身的反省性上实现合理超越，却无形中带来令人类开脱责任的消极效果，小说的伦理维度因而呈现出某种空缺。反伦理则指伦理强制，表现为视点区隔于世界之外而并不融入其中，夸大并强制推行自身的失限性。例如戴维·洛奇(David Lodge)的《小世界》(Small World)对学界各种怪状的精巧揭露虽然事出有因，却几乎消解了对学术本身神圣性的应有看护，作家大量渲染知识分子们穿梭于新欢旧爱之间的性经历，"一对对年轻人相拥着晒太阳，或者打闹着，一眼就可以看出只是略加伪装的对于交媾动作的模仿"，这不是客观事实，而是极为冲动的主观夸张，它使整部作品充溢着过度调侃的色彩，小说的伦理维度因而呈现出某种灌输。上述两种情形的共同点是将视点凝固了起来，滞塞了其与被叙述之事——世界之间的复调交融，所描述的情节或成为失去人的动态参与的静止场景，或成了某种不可靠观念的图解，却都还不是事件。

不同于非伦理与反伦理情形，视点通过文学的思想方法在叙述与被叙述之事之间建立起张力空间，便先后形成包括人与自然、人与社会以及人与宇宙在内的纵向层次。事件既发自视点分别在这三个层次中的受限性及其调整，也发自视点贯通前后不同层次时的碰撞交融，它们都可以成为事件伦理学的丰富内容。就人与自然这一层次而言，让前者以不变的视点始终去宰制后者，发生不了事件，事件来自马克·吐温（Mark Twain）的《狗的自述》（A Dog's Tale）、杰克·伦敦（Jack London）的《野性的呼唤》（The Call of the Wild）与新藤兼人（Kaneto Shindo）的《八公的故事》（Hachiko: A Dog's Story Sunny），来自格雷厄姆（Kenneth Grahame）的《柳林风声》（The Wind in the Willows）、布里克森（Karen Blixen）的《走出非洲》（Out of Africa）与吉米·哈利（James Herriot）的《万物有灵且美》（All Things Bright and Beautiful），甚至来自泰戈尔（Rabindranath Tagore）奇妙地以台阶为叙事视角的《河边的台阶》（River Steps），魔幻现实主义便在某种意义上净化着世界仅为人而存在的伦理盲区，而让我们在比如读到张炜的《刺猬歌》中"狐狸说'俺姓霍'"，"龟精变小孩"，"雪白狍子突然从悬崖边从天而降驮走被唐氏父子追杀的廖麦"，以及"公羊摸着头顶咕哝"之类描写时，油然不觉荒诞离谱，却常感到内心潜藏着的某种冲动得到了自由的释放。

视点与生活世界制造着距离，意识到受限而转化出的新视点则消弭这种距离，由常规进入了事件。过渡至人与社会这一层次后，视点的主要转化，是在侧重于个体的德性伦理与侧重于社会的规范伦理之间进行的。前者将个体置于他者之上，如阿瑟·米勒（Arthur Miller）的剧作《萨勒姆的女巫》（The Crucible）中只要指认谁是女巫，谁就会被当作女巫抓走，人心中卑劣的念头由此滋生，人们为免被敌人绞死而纷纷借此机会报复并出卖自己怨恨的人。后者则反过来将他者置于个体之上，有我国元杂剧《赵氏孤儿》中牺牲一己以无私救孤托孤的悲剧故事为证。两者之所以都创造出震撼人心的事件，是因为任何一方视点的展开都同时受到另一方视点的平等挑战，异质性冲突必然导出伦理结。有没有兼顾两种伦理的叙述，从而化解这种伦理冲突的可能呢？《圣经》的叙事对此作出着尝试。《悲惨世界》(Les Misérables)中的商马第案件亦然：得知有个无辜的人将替自己去顶罪，冉阿让陷入了脑海中的风暴，逃之夭夭的本能最先出现，跟着良知开始咆哮，拷问自己并踟蹰不定，紧接着又大声反悔，之后对"反悔"滋生出新反悔，觉得世界悲惨如故。由于德性伦理与规范伦理在"什么是对个体与社会都有利的真正的善"这个共同的原初问题上并无二致，所以它们看似侧重点不同，最终又能回归爱与谦卑这个共同的伦理基点。当冉阿让最终作出了当庭坦白以拯救无辜者的决定时，他同时确定无疑地恢复了内心的宁静与幸福。这并非说他由此不再面临新的事件，因为当如此统一两种伦理时，人与社会的关系层次已开始向人与宇宙的更高关系层次递嬗，面对广袤无垠的宇宙，视点旋即又陷入受限的自觉，而总是孕育新的事件：在得到的同时总失去着、欲求与所得始终相反，这就是被不断描述为烦、厌恶、虚无、荒谬、晕眩、颤栗、羞愧、无根基与震惊的现代生存体验。世界文学长廊中著名的"多余人"谱系，刻画了一批敏感到生存困境（即上述终极悖论）的人，其演化出的种种动人心魂的故事，就属于视点因在宇宙中永恒受限而发生的事件，事件伦理学在此尤其富于深入阐释的潜质。

　　以上三个纵向层次连贯而成的，尚是文学作品中的人物视点在受限中积极创造的事件。除人物视点外，受限的还包括作家视点。作家视点的受限又包含两种横向类型。第一种类型是作家视点与人物视点相互调和而相对受限，其主要源于作家的特定伦理立场、态度与人物的客观性格命运轨迹之间的微妙距离，它同样发生出了叙述与所叙述之事的张力，而生成为伦理两全的事件。众所周知，由于巴尔扎克(Honoré de Balzac)、司汤达与狄更斯(Charles John Huffam Dickens)在某种程度上都超越了自身的道德观念与政治倾向，他们的作品才出现了为今天的我们喜闻乐见的局面。在此起调和功能的是作为中介的隐含作家视点。韦恩·布斯有关作家视点运用文学技巧对读者视点进行精心控制的著名阐释，意味着作家心中装有读者并时时考虑其存在，从而在适当超越中调整自己的视点，因此被公认为实现了伦理的交流。正是隐含作家缓冲与分担了作家视点与人物视点形成的某种表面背反，使两者的积极调和成为可能。鉴于隐含作家的叙述能力就是文学思想方法的体现，事件的深层文学机理遂仍显豁可见。试举一例来看。作为一位写作者，陀思妥耶夫斯基(Достоевский)在现实中以接近与接受施恩典的神为确定的信仰,相信上帝是高居于尘世之上的一道主音,这是任何文学史都承认的作家视点。但他的小说,比如《卡拉马佐夫兄弟》(«Братья карамамавовы!»)的视点却是复调的,人物之间的错综故事,被巴赫金精辟描述为"从自身独白的封闭完成状态下获得了解放,整个被对话化了,并以跟其他思想形象完全平等的权利投入到小说的大型对话里"①。作家叙述的主音,与人物被叙述之事的复调,两者之间似乎出现了不一致的东西:自上而下、独一无二的神性光辉,如何能保证自己不被众声杂语喧哗所削弱、冲淡与侵犯呢?倘若一厢情愿地认定作家陷入了伦理立场上的前后矛盾,未免失之于皮相。其实,视点在此的表面矛盾,颇富深意地为一个事件的出场作了铺垫,这个连接起叙述独白视点与人物复调视点的事件就是:主人公之一阿辽沙蕴含着隐含作家的声音,其在整部作品中最沉默,充斥于他人内心的种种分裂、斗争及其外化而来的对话热情与欲望,在他这儿却显得无动于衷而至为淡薄。作家一方面没有放弃自身的视点,另一方面又适当超越了自己这份基于特定伦理立场与态度的视点,把它保持为复调中的一调,来表达"上帝岿然存在,存在于超越了俗世中一切喋喋不休的爱之中"这道坚定的主音。这就用文学的思想方法证明了复调中仍有主音,后者并未被前者的平等对话性所轻易遮蔽或消解,阿辽沙既是作者的化身又首先是剧中人,两种视点始终彼此受限,但也因而互融在了一起。

进一步考察,即使作家在某种程度上实现了伦理立场与态度的上述超越,其视点在更大的世界前的受限性仍然存在着,这是无须辞费的事实。更重要的是,这种超越性对作家来说其实不是必要的,作品的生命力恰恰植根于被叙述之事对叙述的超出,正是这种超出的结果——事件,才带给作品深入而多维的解读可能性。因此,如果说上述第一种受限类型使作家视点与人物视点在彼此受限中相对调和为了一体,那么作家视点与人物视点相互冲突而绝对受限,则是更为深刻的受限类型,它可能使叙述与被叙述之事呈现出绝对不可解的并置关系,而生成为伦理两难的事件。托尔斯泰的《舞会以后》可谓典型的例证。

---

① 米哈伊尔·巴赫金.陀思妥耶夫斯基诗学问题[M].刘虎,译.北京:中央编译出版社,2010:100.

小说前半部分男主人公在恋人瓦莲卡的美妙舞会上见到的、风度翩翩而极富涵养的上校父亲，到了小说后半部分，舞会结束，突然变成了冷酷而残忍地指挥手下用夹鞭刑抽打逃跑士兵、直至其血肉模糊的刽子手，甚至亲手抽其耳光，整个情节在短短的时空里仿佛一下令人从天堂来到了地狱。这中间伦理面目的急速转变令作家陷入了长久的失语："既然他们干得那么认真，并且人人都认为必要，可见他们一定懂得一个我所不懂的道理。"① 作品就是要告诉读者，作家没有能够找到这个道理（或许"他们"找到了这个道理），这个问题的答案（如果有的话）超出了作家的心理准备，使他写着写着倍感困惑：武力原本为维护人的文明福祉而存在，是让人好好活，就如同小说前半部分的宁静祥和；可人类又始终在战争中使用武力杀人，不让人好好活，就如同小说后半部分的残酷暴烈。这在伦理性质上截然相反而又都显得极自然的两幕场景，竟同时出现在当事人经历的同一夜中的同一个人身上，不能不让人觉得似乎跌入了解不开的伦理悖论中：战争与和平注定是康德在《永久和平论》中言之凿凿的二律背反吗？人同时具备天使与魔鬼两副面孔，坦然地集文明与野蛮于一身，这究竟是如何可能的？又是否真的"只要能促使文明进步，等它的功效显著地表现出来时，人们就会把它往日的丑恶忘掉一半而不再去责难了"？② 无论如何，由此发生出的、外现为失语的这个事件并非无意义，它引启人们对反战思想进行不尽的伦理探究，20世纪以来的诸多反战文学作品，其实都在不同程度地回应这种探究。因强烈的未知而滋生的巨大受限感，使叙述与被叙述之事在作家笔下整个儿分裂为两个块面，从中，我们读到了最具有空白魅力而发人深省的文学作品，在此过程中领略着事件的伦理实质。

事件集中而具体地沿循纵向层次与横向类型，展开如上所述的伦理，有助于让我们深入看清，集中了伦理的事件，与人的生存具有本体性关联。这还不只由于人唯一地具有伦理性，更是由于作为事件发生动力的叙述与被叙述之事的张力，其叙述一极因语言的符号系统（替代品）性质而具有离场的斥力。用语言讲故事，所得必然已是一个被符号系统重新替代出、建构成的（意义）世界，

---

① 列夫·托尔斯泰.舞会以后［M］.草婴，译.杭州：浙江文艺出版社，1985：85.
② 福泽谕吉.文明论概略［M］.北京编译社，译.北京：商务印书馆，1959：31.

而非那个被设定为预成实体的(对象)世界。被叙述之事一极则具有在场的引力,它在任何情况下都以营造栩栩如生的逼真在场感、最大限度地去努力同化读者的感受为目标,事件就使这两个不平行相向的因素创造性地相反相成,这与人的生存真相乃是一致的。理由仍可得到证明,包括前面所举作品在内的现代存在论思想,将人生在世的本真存在描述为烦。正是在烦中,人才不断既入场又离场,始终处于由场内外组成的世界中,而与世界相融合。著名的西绪弗斯神话中的巨石刚被推至山顶又即刻滚下山底,周而复始地将人置入有无相生的宿命,实为对此的形象诠释。荒谬、怪诞等现代生存体验,因而都不能被简单地理解为贬义语,而表明视点的受限性在本体论上确乎是必然的,它使人无从摆脱,却不断去迎接与面对新的事件,舍此人便失去了生而为人的根据。

事件与人生本体的上述内在联系,于是最终使事件伦理分析成为了一个极具深度的不尽课题。尽管从表面看,伦理问题是价值问题,价值论致力于解决"人怎样活得更好"的问题,它似乎并不从事实上取消"人已经怎样在活"的现实,但这不意味着一些人可以从价值上追求更好的生活,另一些人则不必;正相反,在现代思想视野中,"人怎样活得更好"的问题,等于"人怎样活才是人"的问题,不从价值上去努力选择更好的生活,或者说,不努力超越平庸,人就不再成其为人了。这样,看似具有主观色彩的价值论,实则是具有客观色彩的本体论。所谓现代思想视野,宽泛地说可以认为是从马克思开始的,对他而言,从评价中反映出来的对象对于自身的意义,并非主观随意判定的,而是在实践的基础上历史地形成的,它本身就具有一定的客观实在性,而与传统那种每每基于认识论或怀疑论立场的、视价值为纯主观标准的做法划清了界限。更进一步的理据出现于20世纪,现代存在论思想揭示:生存就是"某某事物作为它所是的东西能在其可能性中得以把握"[1],不懂得选择与投入可能性、不在意追求作为价值目标的理想的人即非人,那作为人是失据的;谈论价值,就是谈论人之为人的本体,"价值就是存在"[2]。结论由此耐人寻味:视点受限的本体论理由,使"如何活才更好"的伦理选择,与"如何活才是人"的生存

---

[1] 马丁·海德格尔.存在与时间[M].陈嘉映,王庆节,译.北京:生活·读书·新知三联书店,1999:369.
[2] 米盖尔·杜夫海纳.美学与哲学[M].孙非,译.北京:中国社会科学出版社,1985:24.

根据不再分离为两个彼此孤立的问题，事件伦理学的前沿意义正在于顺应了价值论与本体论的深刻现代联系。

七、事件思想在创作中的初步实践

从前面的分析中可以看到，事件思想在创作中的初步实践，至少涵盖了戏剧、绘画、文学、摄影、电影与建筑等一系列领域：

1. 在戏剧方面，尼采、利奥塔、基尔、费拉与威克斯等人都探讨了事件与戏剧创作以及剧场装置等的关联。

2. 在绘画方面，利奥塔引入绘画作为参照系来考察死亡驱力对事件的塑造，德勒兹对弗朗西斯·培根的绘画作品的详尽分析堪称范例。

3. 在文学方面，利科、布朗肖、福柯、德勒兹、伊格尔顿、阿特里奇与小森阳一等人，都关注文学叙述在事件创造过程中的意义。这一点还得到了伊莱·罗纳的总结性深化。德里达的写作事件论直接与文学创作的实际操作有关；巴迪欧在其事件论中允诺了事件阐释奇幻文学的力量；朗西埃也在其事件论中探讨了迂回写作问题；索亚的反事件论则更直接结合文学的现代主义转型展开；戴维森的心理事件论，实际上同样提供了与文学虚构发生关联的线索。

4. 在摄影方面，斯蒂格勒结合罗兰·巴特的有关论述，给出了基于现代技术视野的事件阐释思路。

5. 在电影方面，有德勒兹与巴迪欧都围绕驱动影像等主题所深入进行的事件论研究。

6. 在建筑方面，则有马苏米结合现代建筑艺术对事件中时间问题所作的独到分析等。

由此，事件思想在创作中获得的积极实践支持显得清晰可辨。这方面更为集中的总结，是由两位学者杰克·理查森（Jack Richardson）与悉尼·沃克（Sydney Walker）2011年发表于《艺术教育研究》（*Studies in Art Education*）上的一篇论文——《艺术创作的事件》（The Event of Making Art）作出的。他们从德勒兹有关概念制造事件的基本思想出发，将艺术创作过程看成一个变化而不可预测或识别的事件。简言之，艺术家是产生事件的，这些事件与概念将艺术创作过程解释为实例的流动性继承，这一过程代表了制作艺术的经验所产生的不可估量的复杂关系的运动，并启发人们对艺术发展方式中的因素进行更为细致的思考。时间与经验，便是基于事件思想而重新来考量艺术创作的两个相关角度。

创作离不开时间，包括对作品中的时间以及自身与时间的关系这双重层次的处理。时间究竟是过程的一致性还是某种偶然性？是不断积累的无穷无尽的瞬间还是每一特定的瞬间的不可重复的表现？创作过程会不会影响时间感？两位论者认为，这些重要问题在引入事件思想后，能得到更为透彻的观察和理解。他们指出，要理解创作过程的复杂性，满足于使用未经审查且显得自明而方便的时间概念是不够的。时间不只是随着艺术品的产生而在背景中延续的，它是通过艺术创作而产生的。在理解时间时，人们很容易从序列的角度将其降为背景测量值，从而降低了其重要性。这一来，创作过程的重要性便主要是通过从这一连续状态中出现的那些值得注意的、显得成功的或不难得到理解的时刻来解释的，是被从时间中挑选出来的，整个过程的进展以可观察的结果来衡量。可量化的成果之间的时间间隔被有意无意地当作是无关紧要的，这导致了在这些时刻之间同样需要得到处理的经验，其实并未被创作所认可。事实上，创作过程不仅包括上述可量化的时刻，它们都不一定是序列化的，不仅只包括进步的方式，还包括丰富细腻的智力、情感与体验。体验可以是重复而非线性的，这些重复的事件代表原始的和分离的瞬间，坚定了两位论者提出"时间多重性"的概念，并认为它才有助于对艺术创作与时间的关系进行有效的重估。被理解为多重而非单向流动着的时间，使创作成为了一个富于节奏的事件，而破除了与时间顺序进行经验性谈判（妥协）的做法。这是结合德勒兹等学者的"事件"概念所获得的时间观念上的扩展，它才能有效表达对时间的流畅体验，即遭遇世界中出现的节奏和力量体验。时间由此被看作是事件而非度量，事件被理解为力量的始终出现与瞬时的配置，这些力量经历着事件的发生，并且直接带出了经验的更新。

理查森与沃克总结道，重要的是应以一种非常规的方式了解此处的经验，经验不是已经发生的事，而是正在发生的事。他们推进着德勒兹的看法，即所有想法都是通过对不断发展的经验条件进行试验而发生的。这不仅指非常规的创作方法，也是指将艺术创作实践理解为过程事件，以及关系不断变化的动态性交汇。他们举林赛（Lindsay）的绘画艺术创作为例。林赛使用精心策划的艺术创作策略，将韦斯特维尔社区图像处理为许多拼贴画与绘画，在此过程中的她需要找到一条德勒兹所说的逃逸线，以消解她过度分层所造成的地方感。她作为艺术家超越表象来寻找逃逸线，逃避熟悉的表象，而释放隐藏在过于熟悉的表象中的差异、强度与感觉。对起伏的雕塑的观察，便帮助她不断地在有节奏的褶皱中重复，进而与时间的感觉建立联系，不断重复自身而积累起无形的经验：

> 艺术创作是一个过程性事件，它承认时间而无时间顺序，位置没有空间，效果没有后果，而作为这两者的独特但相互联系的概念而存在；因此，事件不应被理解为一种客观经验，而是"由其潜在的事件构成"的一种状态，当事件实现时，状态的每一刻都被标记为一种转变。事件表示构成艺术品的各种元素所固有的力的动态综合，并由于艺术家与作品的存在而被激活。[1]

这便涉及如何看待有关艺术创作的一些传统观念的问题，比如视创作为实践的观点。在两位论者看来，艺术创作过程不是不涉及实践问题，但实践的概念是通过经验的反复而发展来的，这些经验构成了艺术创造的惯习。他们发现，其实德勒兹并不反对习惯与记忆，也认为它们是产生事物固定表象的关键因素，但德勒兹强调只有通过虚拟的差异性背景才能使这些重复成为可能，经验上可能出现重复的相同性，也存在着许多改变经验的差异，这是以往多见的实践论文艺观容易忽视的。重要的是要看到，艺术完全可以和应当成为使惯性不安，并不断改变既定关系的事件。关系的变化是艺术创作成为事件的枢纽。

---

[1] RICHARDSON J, WALKER S. The event of making art [J]. Reston: Studies in Art Education, 2011, 53(1): 6-19.

八、事件思想在研究中的初步实践

关于事件思想在学术研究中的实践,整部事件思想史本身即已提供了丰富的例证。其中某些局部上尤其有新意的成果,例如巴迪欧事件论对奇幻文学阐释提供的可能理路,更证明把学术研究事件化将有可能带来意想不到的收获。本节中,我们拟结合新时期国内文论研究中一个颇能说明问题的例子,来展示从事件角度有效推进文论研究的积极意义。这就是占据新时期初文论界重要地位的审美反映论,在今天究竟如何得到推进与发展的基础理论问题。王元骧的审美反映论,客观上代表了这一问题研究上我国学界所达到的水平。这不仅是由于他基于一贯的辩证思维,而在提出与论证这一理论时所秉持的严谨缜密的学理性,更是由于他早在建构这一理论的 20 世纪 80 年代末,便已赋予这一理论鲜明的现代性特征,即从学理上充分考虑到了语言在审美反映中的重要位置并予以凸显。这在当时仍主要从物化与传达角度看待审美反映中的语言的普遍情况下,是显得很可贵的。在一般的理解中,反映论所面对的挑战是语言论,后者通过一整套同样严谨缜密的论证,主张"语言的功能是反应而不是反映"[1],提出了能否通过语言实现反映的重要问题。考虑到反映也总是得通过语言来进行,如果语言论展示出语言不再是一面可以经由它去看到外面世界的透镜,审美反映论如何应对这一学理挑战呢?

对此王元骧认为,语言对审美反映的重要性体现在:"在作家、艺术家的创作过程中,构造意象与寻找语言和形式总是同步进行的。"[2] 这意味着,语言形式决非只待审美反映到了物化传达阶段中才出现,而从一开始就内在于审美反映的过程中,是审美反映不可或缺、起着重要作用的一个有机组成部分,或者说审美反映是主动介入了语言形式的能动反映活动。不难感受到,被作了这

---

[1] 陈嘉映.简明语言哲学[M].北京:中国人民大学出版社,2013:133.
[2] 王元骧.审美反映与艺术创造[M].杭州:杭州大学出版社,1998:80-81.

样界定的审美反映论,已是一种具备了相当个性的反映论,或者说在反映论的方向上已经走到了最远,因为它客观上把20世纪以后语言论所积极倡导的"语言创造意义"这一点,完全以朴素而明确的方式吸纳于自身理路中了。正因此,王元骧所说的审美反映,与艺术创造不是两个具有先后发生序列的割裂环节,而是同时发生、融为一体的,审美反映即(基于了语言形式的)艺术创造,审美反映论已是一种鲜明的艺术创造论。这里也明确显示,王元骧探讨与解决这一重要理论问题的一个基本理论依据,是当时(1987年)正好在国内汉译出版的《艺术与幻觉》(*Art and Illusion*)一书,以及这部著作中提出的"预成图式"概念。此前不久,王元骧已在论述审美反映论的能动环节与主体性原则时,吸收了当时同样已经在国内汉译出版了的皮亚杰(Jean Piaget)的《发生认识论原理》(*The Principles of Genetic Epistemology*)一书中有关"图式"的思想,但认为"这些心理学的成就所揭示的还只是人的反映活动的一般机制"①。为了将关于一般机制的探讨进一步深入地推进至艺术独特机制层面,他又进一步吸收了贡布里希著名的预成图式思想。

但这种吸取是否已足以揭示语言在审美反映中同时内在的地位与作用(或者直接称之为艺术语言)呢?正如王元骧同样准确指出的那样,贡布里希提出预成图式,确立起的乃是艺术活动(王元骧称为艺术反映)的起点。起点自然很重要,它在某种程度上甚至相当程度上潜在地规定了艺术活动接下来的方向,对艺术创造的前景作了估计性奠基;但起点本身毕竟不代表终点,这中间还有相当长的、充满了未知因素与风险的路要走,甚至最终都无法走达预期的终点,可以说艺术活动的全部魅力恰恰来自于、维系于这个过程的创造性运作。贡布里希(E. H. Gombrich)预成图式理论的一个主要特点也就在这里:预成图式的存在只是表明了艺术家"可以这样创作",却并未在对艺术而言更为重要的意义上说明艺术家"必须这样创作""不得不这样创作""非如此创作不可"。也就是说,预成图式提供的是艺术活动的充分条件,却还不是对艺术的优劣成败来说更为关键的、起着先决性作用的必要条件。审美反映论在考虑语言维度建设时,对预成图式理论的吸收虽具有相当推进意义,却也仍是存在着限度

---

① 王元骧.审美反映与艺术创造 [M].杭州:杭州大学出版社,1998:83.

的。这限度体现为,它从根本前提的意义上确保了审美反映在语言介入下进行与展开,但还缺乏对审美反映过程中语言地位与作用,尤其是如何发挥创造作用的具体阐释,尽管后者对审美反映是更为重要与更有意义的。何况我们还不应忘记,贡布里希讨论预成图式的一个理论归宿如其书名所示,乃认为艺术由此成了一种因染上了预成图式(包括其修正与试验)而导致的视觉把戏——幻觉(illusion,后出汉译本译为"错觉")。然而艺术难道仅是一种幻觉而不是真实?审美反映论不会认为审美反映得到的成果是幻觉而不是真实。诚然,在吸收一种理论时可以取其可取之一点,但对这所取的一点在学理脉络上所可能内在导向的结果方向,似亦应同时有所顾及,否则可能也难以在理论建构中全然避开埋藏着的理路,而无形中占有了一个自己原先并不想占有的立场。

那么,王元骧有否进一步吸收贡布里希有关预成图式在形成后,又须得修正与试验这一理论路线呢?回答是肯定的。他这样指出:"只有根据对象实际,拥有对预成形式加以创造性的具体灵活运用的智慧和能力的作家,才能做到'得心应手'",并由此实现"预成的和生成的"相互转化与有机统一。① 与贡布里希类似,这里强调的也是对预成图式的修正与试验,尽管"根据对象实际"这六个字似乎给人以母题召唤的印象,但由于这里所说的对象实际是先行存在着的、外在自明的实体性现实(因为王元骧将语言在审美反映中的作用看作是媒介,详见下文分析),而非被语言符号所浸透了的符号性现实;因此,起点与创造过程,其实仍是彼此外在的,"生成"的交融性就绽出了疑点。追溯起来,王元骧在深入细致探讨审美反映的心理机制时,引人瞩目地提出的审美反映过程中的选择与调节这两个环节及其作用,似乎相当于对预成图式的发展。但细观王元骧的论述,他是在心理知觉层次上探讨这两个相互渗透、同时进行的环节的,不仅把两者都视为"心理机制"便已表明了这一初衷,而且他吸收了马斯洛(Abraham H. Maslow)等人的需求理论,强调选择与调节都源于"需要",需要便只能是心理的、知觉的需要,如王元骧所中肯指出的那样,它带出了情感与评价。正是通过对选择作用与调节作用的分析,他提出了"审美心理结构"这个独特概念。这个概念当然旨在将艺术(尤其是在我国)从过去长

---

① 王元骧.审美反映与艺术形式[J].杭州师范大学学报,2015(3):57-63.

期受认识论思路支配的格局中独立出来,赋予其审美性特质。艺术活动的独特性,取决于艺术家的独特心理结构,即他具有一般人没有的"审美心理结构":不仅能借此在反映中发挥选择作用而"经过作家审美心理结构的分解和筛选"①,而且能借此在反映中发挥调节作用而以"自己的审美心理结构去反映现实"②。至于这两种作用如何落实、协调于语言,则在论述中被回避了。因此综合起来看,尽管确立起了语言论意义上的预成图式作为审美反映的语言起点,但由于具体论述中有意无意仍受到的认识论思维方式的某种影响,使王元骧对审美反映中语言的地位与作用似乎未能贯彻始终,却仍隐隐地流露出将语言视为媒介来达成审美反映的想法,如认为"语言在文学作品中的审美价值主要不是因为它自身,而首先由于它生动地传达了一定的意象和意蕴而产生的"③,这与前面所强调的审美反映构造意象与寻找语言同步发生,便显然存在着某种矛盾。将语言有意无意地每每视为"形式",恐怕也是这种矛盾的流露。矛盾体现为:一方面,将预成图式所形成的语言形式确立为审美反映的内在环节;另一方面,在从预成图式形成的语言形式这一审美反映的语言起点出发后,又将语言视为传达的媒介。这是否会导致预成图式仍旧成为王元骧所试图避免的"僵化模式"与"成法"呢?令人产生这种怀疑的原因并不复杂:媒介是工具,工具是可重复的,可重复的则是容易导致凝固不变的。如果按照王元骧的理解,"审美反映之所以离不开一定的艺术形式与艺术语言的介入,不但只是到了传达阶段为了物化审美意象的需要,同时还因为它是作家对现实进行审美反映的先决条件和心理中介"④,语言在审美反映中就被切割成了本源性的与媒介性的两个前后阶段(以"不但……同时"句式并列),那么对后一阶段来说,选择与调节作用便都只是存在于心理、知觉与意识中的环节,仍等待着语言去"物化"它们。无论这两个环节如何丰富了审美反映的内涵(这种丰富是客观存在的),便都始终仍有一个在理论上甚为棘手的、与语言的关系问题。

进一步考察,审美反映中的选择与调节作用根因于也归宿于"审美心理结

---

① 王元骧.审美反映与艺术创造[M].杭州:杭州大学出版社,1998:39.
② 王元骧.审美反映与艺术创造[M].杭州:杭州大学出版社,1998:41.
③ 王元骧.审美反映与艺术创造[M].杭州:杭州大学出版社,1998:218.
④ 王元骧.审美反映与艺术创造[M].杭州:杭州大学出版社,1998:509.

构"，这应该是王元骧比较看重的一个原创概念。它的提出，便区隔开了审美心理与一般心理，孕育了王元骧进一步逐渐形成的审美超越思想。超越性观念是区隔的必然产物，而区隔则根本上是认识论思路支配的策略，因为按语言作为符号系统的替代本性，所有领域都建立在"被语言说成"这个共同而唯一的基准上，不再有区隔及其超越性后果。按福柯尤其是布迪厄的反思社会学看来，艺术自律观念是社会制度复杂建构进程中的一个动态环节。以此观照，鉴于构成"审美心理结构"两翼的选择与调节作用主要在心理知觉层面上展开，其与语言的关系基本未被论及，这一概念便流露出某种神秘性，让人想到了被维特根斯坦证明为不可能存在的私有语言，那"是只能被一个人使用和理解的语言"①，有其形而上学空隙。

当然，审美反映论坚持存在决定意识这一唯物史观根基，必然将语言视为去传达存在的媒介，存在始终是第一性的。这也就需要最终回到王元骧建构审美反映论的历史语境。迄今看来，他为文艺学学术史所深深记取的主要成就，仍是审美反映论。后期的研究，在王元骧自己看来是不断的深化与推进，但整体学术影响却似乎未超出前期审美反映论。这自然有20世纪90年代中后期以来社会时代大气候已发生巨大变化，尤其是各种后现代西学资源纷纷植入我国而转移着学界理论注意力的原因，但在我们看来，还有一个内在理路上的原因可循。这就是，从反映论转入实践论，从"是什么"转向"应如何"，实则仍是范式内部的调整，或如同王元骧深刻自我反思的那般，这些研究还是没有完全跳出认识论的理论框架；因为从"知"到"行"，这本身也是一种自然而然的逻辑推导，还属于托马斯·库恩所说的范式内部的维护或辩护。但让反映论与语言论真正融合，在现有基础上进一步考虑审美反映论的语言维度建设，则孕育了库恩所向往的"反常和危机"②，进而将有可能"在新的基础上重建该研究领域的过程"③，后者就正是创造出了一个事件。

上述例证显示，作为一种理论，审美反映论在今天获得的推进前景，取决于把它事件化，用事件的思想方法来使它推陈出新。通过比较"反映论到实践

---

① 陈嘉映.简明语言哲学 [M].北京：中国人民大学出版社，2013：138.
② 托马斯·库恩.科学革命的结构 [M].金吾伦，胡新和，译.北京：北京大学出版社，2003：111.
③ 托马斯·库恩.科学革命的结构 [M].金吾伦，胡新和，译.北京：北京大学出版社，2003：78.

论"与"反映论到语言论"这两条不同处理路径,我们清楚地看到,较之前者仍在内部进行预设化的做法,后者在异质性对接中迎来了一种折返的思想契机,沿此以进,方有望开拓出审美反映论的新境,并与最近三十年来国际学界的学术语境与动向形成有效的融入性对话。这个事件化过程告诉我们,让语言论构成对反映论的独异性挑战,在其"溢出"与"动摇"中带出的、看似一度失去了基准的不安感中,会最终孕育出思想的新貌。因为,经受住了历史检验的客观事实摆在那里:继认识论转向之后真正助推人类思想的不是实践论转向,而是语言论转向。

九、事件思想在教学中的初步实践

任何一种有生命力的思想都决非自言自语的向壁虚构,而必须有积极介入现实,并产生实践效应的能力,事件思想也不例外。它不仅有助于在一种新的视野中更有益地展开创作与研究,还有助于在新的地平线上更为有效地推动教学。德勒兹主张事件飘浮性地在当下生成,马里翁将事件与克服性措施相区别,罗马诺在非个人的重新配置中探讨事件的冒险性,都已点出了相关的思路。这方面已出现的一些专门成果更值得留意。2014年,英国学者查尔斯·加洛安(Charles R. Garoian)发表《艺术与教育在"事件"中的相遇》(In 'the Event' that Art and Teaching Encounter)一文,结合德勒兹与马苏米等人的事件思想,初步探讨了将事件思想运用于艺术教学中的可能。

加洛安简要回顾了公立教育的教条化倾向在激发学生自由创造精神方面日渐显露出的不足,同时检讨了出于逆反心理而出现的私立教育在片面追求赢利,逐渐沦为商品拜物教等方面一样存在着的弊端。他认为,解决问题的关键不在于选择教育的公立抑或私立,而在于迫切改变现有教育的教条化、预设化、模式化局面,引入事件思想方法。由此,他吸收德勒兹与瓜塔里的合作成果,从本体内在性的事件角度入手思考教学的转变,认为教学是要引导人成为人,这需要摒弃模仿或认同某事的做法,而学习以不可还原的方式看待和思考不同的观点,使受众提出自己的问题,逐渐获得创新性。衡量课堂教学效果与有效性的现有指标,每每着眼于课堂上已经发生的事实。这种做法在伦理上的错误在于,将伦理限制在了简化与规范化的时刻,从而在错误的方向上提出了问题。相反,学生对所学知识的不同反应会构成异常与危机,它们会使课程与教学法的正常状态变得混乱与抽象,并导致教育标准建构方面的不安。因为当教学中的标准化评价原则不再成立时,实验性与即兴性的回应,便将使无法预料的学习方式从各种不确定的时刻中浮现出来。

加洛安相信,这类危机正是事件。在事件发生时,危机性的激动迫使人们通过本体论的内在冲动,通过多种实验方法来重构教学实践,突破规范性理解而形成理解的强度。他援引德勒兹的说法指出,如果思想拒绝被施加暴力,那它就根本不具备成为思想的资格。这是成为老师与艺术家的观念前提,它唤起了尼采意义上对新的生活可能性的发明。加洛安同时分析道,这种做法与德勒兹的"内在性平面"学说也是吻合的。在这种平面上,教学、艺术创作以及其他看似各异的文化理解,可以连续性地、不可还原地共存,横向延伸以实现多重的观看,以其易感空间的无限性,而使教学获得可能性。在加洛安沿此借鉴德勒兹"无器官的身体"等思想的生动描述中,教学因重复而特别容易落入的教条化倾向得到了清算,"尽管重复表明了周期性的返回与基础知识的重建,但在块茎配置(rhizomatic assemblage)中,运动不受阻碍,所有的概念都被不同地、连续地重构",这在伦理维度上便形成了一系列"促进性规则"(facilitative rules),而告别了长期运作于原有教学格局中的"约束性规则"(constraining rules)。① 这倡导了教学在事件方法中的差异与重复。

经由上述转型的教学,并没有因此而削弱其本应具备,也是现代公民教育所不可或缺的政治维度。加洛安不忘及时指明这一点,并顺势接受和发挥了马苏米有关"事件即审美政治"的重要思想,认为教学在生成的事件中构成了一种不可察觉的政治,可以在避免明显政治性灌输的前提下,激发新的生活潜力与形式。加洛安回顾道,马苏米称事件的异常外观为审美政治。诚如前面第十

---

① GAROIAN C R. In "the event" that art and teaching encounter [J]. Reston: Studies in Art Education, 2014, 56(1): 384-396.

一章所述，马苏米用事件来联结审美与政治的关键理据，是证明了审美化的情感传递给自我创造的后继者并引发潜在的持续效应，一个经验的时刻既决定自己留下的活动痕迹，又为下一种实践的产生提供条件，享受着继任者的新颖性。这就从开始赤裸裸的活动中，调节自身经验并形成超越自身的倾向，而走向其他事件。这是种基于活的抽象的过程的政治性，在这个过程中，情感伴随着活力的过度影响，在形成模糊的情感感知的同时也产生出对过度的意识，进而将生命力的强度转换为可重新计算与编码的过程。编码与解码的这个过程，即马苏米所说的政治。它在根本上当然是一种文化政治。加洛安发挥道，在教学的事件中，经验性地出现的东西，使富于差异化的观察与思考构成了成为他人的政治(a politics of becoming-other)，它有别于学校的鲜明代表性政治(the overt representational politics of schooling)。通过对危机时刻的探索，允诺各种教学实验与即兴反应构成的挑战，从而将教室转变为动态的生成空间，积极引入各种对立面以制造矛盾、产生误会、寻求错位、构建冲突，使"冲突成为游戏者把游戏继续下去的需求"[①]，在其中让思维与视野呈现出不同于传统的鲜明异质性。加洛安总结道，这是在纵向维度上引事件入教学。至于在横向维度上，则需考虑教师向学生学习或学生向教师学习，即让教学双方都从各自的经验环境中获得意义，更好地展开学习。

这些富于开拓精神的论述，同样适合于我国大中小学的教学工作在新世纪第三个十年的推陈出新。我们想以高等院校汉语言文学专业必修的重要基础课程"美学"为例，略加探讨事件思想的引入带给这门理论性、思辨性相对较为显著的传统课程的新活力与魅力。

首先是分割强度。事件思想有助于课程在基本内容教学上处处重视独异性思路方法的建构，改变传统教学格局中不仅容易从概念到概念进行机械灌输，而且容易从一个哲学基点出发作抽象演绎，以至于让美学成为哲学的附庸的处理。除了运用音视频等手段巧妙分割出授课的节奏外，这主要体现于教学内容的事件性分割。例如在美学课的起始点上，我们不可避免地将涉及美的发生问

---

① SHELDON L. Character development and storytelling for games [M]. Boston: Course Technology, 2014: 34.

题，从而展开巫术对审美的孕育，以及审美与神学在发生源头上的紧密关联等重要议题。一个可以成为焦点的教学点是中西方文化、美学对"神"的不同理解。而这必然牵扯出两种文化中的"天"观念的有趣比照。假如满足于只是从训诂角度来落实这一学科知识点，难免重蹈加洛安所防范的"约束性规则"，因为那似乎只是在重复一些陈陈相因的观念。有没有可能别出手眼而另辟蹊径，在这个重要问题上引导学生们独异地收获理解呢？我们不妨变换角度，从自然科学路径上来尝试这样处理。"天"在西方指整个大气层，在中国则指地面以上的部分。这极为直观地表明：前者所面对的"天"带有不可知处，从而产生出了天人之间的不和谐关系；后者所面对的"天"相比之下则具有可知性，其天人关系也是相对和谐的。这进一步导致了西方文化重视"动"及其罪感，即必然经历从不和谐到努力取得和谐的过程，存在主义哲学所说的"烦"之所以兼具悲（不和谐）与乐（和谐），其根因实系于此。相比之下中国文化则重视"静"，即始终和谐而充满乐感。这就把原先的一个很容易被本质主义化处理的重要知识点，展开在了另一个全然陌生而对初学者充满吸引力的异质环境里，教学思路的独异性跃然纸上，实际上于不知不觉间引导学生们经历了一个印象深刻的事件。如果美学课程在全部内容的设计安排上都能匠心独运地处处焕发这样的独异性，它本身便构成了事件美学。

其次是介入他者。事件思想有助于课程在展开自身逻辑体系的同时，避免形而上学因果论的机械化环节，而改变对知识的一体化与同质化处理，尤其是改变"观点＋例子"的传统教学模式。① 例如，接着上面的例子，当阐明美的发生后，接着便需要阐明美的发展。倘若沿袭"观点＋例子"的传统教学模式，则无非是直接在体系的逻辑推演中嫁接西方与中国的美学史线索，依次在陈述事实后，说明前者如何从不和谐到和谐，后者则如何始终保持和谐。这样做固然无大碍，却难免给人基于既成事实与思路的强烈预设的印象，在接受效果上其实是被动的。此时，考虑改变固定思路的保守性而引入两个事件，收效将如何呢？

---

① 这种模式的确是我国学术研究与教学引以为恒常的，即"认为理论若无实例，'大类盲人之有以言黑白，无以辨黑白也'"（汪荣祖.槐聚心史［M］.北京：中华书局，2020：125.）。

第一个对初学者同样不乏陌生冲击力的事件是：鉴于"天"（以及同一序列的"神"）在西方指整个大气层而充满神秘未知的成分，柏拉图发展出了可知不可见的理念。艺术被认为是对理念的摹仿的摹仿，是不真实的、伤风败俗的和应当被逐出理想国的，也就是与"天"不和谐的；艺术家从而地位卑下。这种情况直到文艺复兴时期意大利大画家米开朗基罗（Michelangelo Buonarroti）那里仍未改变，他因自幼热爱绘画而屡遭父亲与叔伯毒打，被家里认为出了个十分邪恶的亲近艺术的年轻人，以至于米开朗基罗自己都刻意掩藏自己的爱好。他在写给好友的信中恳求对方别再以画家之名来称呼自己，因为那会使自己受到世人的鄙视，而失去承担僧职的机会。为了改变世人心中自己作为艺术家无法抵达真理，始终只是在制造赝品的顽固印象，米开朗基罗不得不努力让自己的绘画尽可能地去揭示真理。这就迫使他向自然科学接近，发展出和自然科学一样的方法，以不逊色于自然科学精确度的观念来从事绘画，由此推动了透视画法的发展。用这个事件来触目惊心地引出西方美学"从不和谐到和谐"的发展历程，不仅衔接过渡得自然熨帖，而且更重要的是，它由此对西方近代美学史何以走上认识论的漫长道路的揭示，不是从一个概念预设性、因果性地出发的，而是还原出了事情与历史本身的辩证因素。

但这是否完全实现了从不和谐到和谐的转变呢？如果透视画法就解决了和谐问题，鉴于透视法在原则上要去认识物体的真相，这岂非说美学就是认识论？走至近代即已走到了自己的终点？为了解开初学者心中这个即时生成的疑团，美学课的教学有必要不失时机地引入第二个事件：假如接受和运用与自然科学接近的透视法，远小近大、明暗对比地画物体是对的，那么如何解释马奈（Édouard Manet）的名画《草地上的午餐》（Le Déjeuner sur l'herbe）中画面远近处两个女子光度一样呢？特别是，注意到画面左上方分明有一丛树荫，按常理应当遮住近处或远处中的任一处光线而必然呈现出明暗对比，可画家为什么偏偏不区分彼此的明暗，而画成一样的光度呢？是遗忘了透视法所必然包含的焦点，还是别有他图？用这个事件来同样触目惊心地引出：西方近代美学"从不和谐到和谐"所达成的"和谐"尚只是暂时性和谐，它的局限逐渐使它被更高的和谐证明为不和谐，从而继续走出不和谐状态，而走向新的和谐。这个事件的引入因此同时伴随着不失时机的设问：远小近大和明暗对比都不是物体的真相,因为一样物体无论置于近处抑或远处都一样大,不随位置而改变大小,其明暗关系看似固定,实则由于光线在空气中的瞬息万变而也不定于一尊,始终在明暗对比度上充满动态地变化着。这种瞬息万变的变化才是"色彩事件"(the event of color),即"在光照下的物体表面发生的事件",如学者罗伯特·帕斯瑙(Robert Pasnau)所言,"颜色不是对象的常规属性,而是事件或与事件相关的属性"①,由此宣判了透视画法的不可靠,因为它试图在二维平面(画纸)上制造出一个三维立体媒介才做得到的目标,那不是真理而只是视幻觉。那么,透视透过现象去认识本质,为什么得到的不是本质而是幻觉呢?这里面关键的原因就在于透视画法仅仅在动机意图中确立了透过现象认识本质的目标,却未考虑到接下来运用绘画语言去实现这一目标时,后者是否听前者的话(使唤)。绘画语言和一切语言一样,不是起传达作用的符合性手段,而是一个被索绪尔证明为自具任意性的符号系统。它有自身的运作规则而不对应于事物以及意图,有动机意图所无法控制的偶然性、武断性与非实质性;所以,透过现象认识本质的动机意图的实现,需要经过语言的转换。恰恰是这一转换,将透视画家预先设定的本质任意化、未知化了。这导致现代绘画的革命,就像此刻初学者所见的马奈的这幅典型画作所展示的那样,画家刻意抛弃了透视法,不再想当然地让明暗对比得分明,以致固定住(也即虚构和夸大)物体的色彩关系。在这个过程中,事件扮演了深化美学课程重要知识点,而不使初学者浅尝辄止的角色,以客观上成为了例证,却并不直接以例证形式简单出现的事件,对初学者的接受视野作了一次暴力性的他者冲击。

再次是虚拟折返。事件思想还有助于在折返的思维方式中,逆向或发散地打破课程不断形成,看似已获得了稳定性的知识内容与结构,通过这种打破,在否定中肯定课程所应成为的知识内容与结构。还是接着上面的例子来看,当初学者通过教学双方的上述事件化努力而感到已掌握了相关知识、逐渐滋生出满足感时,再度引入一个事件打破这种满足感,将把教学引向更高的境界。这个事件,对前面已积累形成的成果形成了无情的逆反:就气象地理上的比较而

---

① PASNAU R. The event of color [J]. Philosophical Studies: An International Journal for Philosophy in the Analytic Tradition, 2009, 142(3): 353-369.

言，研究表明，尽管从整体上看我国与西欧都冬冷夏热，但"我国是世界同纬度上甚至全世界最冬冷夏热，即四季变化最显著的地区"①。即一方面"冬季我国是世界同纬度上最冷的国家"②；另一方面"我国由于气候大陆性强而夏热，成为世界同纬度上除了沙漠干旱地区外夏季最热的国家（高山高原地区除外）"③，形成了颇为典型的寒暑文化（大量敏感于寒暑的古典诗词即为明证）。这在表面上的后果似乎应当是：因为同纬度冬季没那么冷，夏季又没那么热，天人关系在同纬度西欧地区，相对而言比在中国更为和谐。这岂非与前面我们刚刚讨论形成的共识——西方天人关系从不和谐逐渐走向和谐，中国天人关系却始终保持和谐的结论，又形成了矛盾吗？通过这个事件，初学者的认知被撕扯出了新的伤口。虽然这种撕裂一度会构成初学者对已学内容的深深不安与疑惧，但它经由事件打开的这道闪电，照亮了初学者继续从多角度反思已学内容的前景。一方面，尽管同纬度西欧在相对意义上冬不冷夏不热，看似天人关系更和谐，这是否充分考虑到了不同纬度上的异质性存在呢？西方文化除了发源于爱琴海的希腊文化，还有同样重要却每每容易被忽视的希伯来文化，后者流亡迁徙的生活及由此带出的苦难、信仰与救赎主题，也能被归因于"冬不冷夏不热"这一气象地理环境中吗？当如此思考时，新的美学知识内容与思想维度被进一步更深刻地打开了。初学者沿此可以进入康德等近代美学大家所开启的知识与信仰两分的重要思路，并由此升堂入室而进入现代西方美学的学习，教师甚至可以借机引入阿伦特等现代思想家有关希腊哲学中意志的缺场的论述，来组织与展开师生间的深度讨论。另一方面，中国冬冷夏热仿佛天人不和谐，这是否也由此而慢慢造就了另一种耐人寻味的和谐呢？苦中作乐的无奈，久而久之也演化出传统文化根深蒂固的趣味主义取径，无法从根本上改变苦难的根源，又不得不生存与延续下去。这便容易以回避苦难的代价来从心理上化解苦难，用自己给自己造成的已经从心理上脱离了苦难的假象，来理解和规范别人面对苦难似乎同样不应不具备的姿态，逐渐形成了摩挲赏玩苦难的趣味化姿态。教学中对于这一点的深度拈出，结合布迪厄等当代思想家有关阶级习性造就趣味主义

---

① 林之光.气象万千［M］.武汉：湖北科学技术出版社，2014：221.
② 林之光.气象万千［M］.武汉：湖北科学技术出版社，2014：5.
③ 林之光.气象万千［M］.武汉：湖北科学技术出版社，2014：251.

的揭示，是美学课翻空出奇，获得又一层深化的契机。到了这一步，美学课程的教学在事件的创造中迸发出了不失学理底蕴的灵气。

包括而不限于上述三点的意义，归根结底旨在积极持存美学课程的事件性。包括美学在内，任何一门课程作为知识的教学形态，不可避免地都属于事后的描述、分析与阐释，在几乎没有特例的情况下，这是不争的常态。那么有没有可能把似乎只能发生于事件之后的教学行为也努力创造为与现场同时发生的事件，消弭其间的时空距离呢？我们已经目睹，这是整个事件思想谱系一直在为之殚精竭虑的基本主题。这就需要我们在充分吸取借鉴事件思想中各种成果的基础上，把教学看作一种广义的叙事，因为只有叙事在创造性地统一"叙"（语言，离场）与"事"（场面，现场）这相反相成的两极上具备特殊的性质与能力，如同前面的章节所分析指出的那样，其间的张力即事件的真谛。由此看来，不仅课堂教学吸纳如上所述的事件思想实为理之所趋，就是在作业命题等教学环节中，同样需要和可以积极贯彻事件思想，用叙事的方法把美学课的全部章节——绪论（美的准备）；（1）美的性质；（2）美的发生；（3）美的发展；（4）美的意义；（5）美的创造；（6）美的音乐；（7）美的绘画；（8）美的电影；（9）美的语言；（10）美的类别；（11）美的悲剧；（12）美的喜剧；（13）美的自然；（14）美的伦理；（15）美的爱欲——有机打通并融渗，凝结为这样的事件化命题：

1. 清初画家原济（俗姓朱，名若极，号石涛）有一句名言，粗看是在说画画，细琢磨也可理解为是在说做人。他说："画兰未必画兰，画竹当必画竹。"意思是，当你将兰当作物画时，大可不必真的将它当作兰草画；而将竹当作人画时，则必须将它当作真的竹子去画。

（1）画竹的过程是如何证明艺术本体的？（上述第七、九章的事件化。）

（2）将竹当作人来画，意味着艺术本体与人生本体其实是一致的，为什么呢？（上述第一、六、八、十五章的事件化。）

2. 数学家克罗夫斯汀（Crofstein），曾经以数学的方法"求证"出了信仰的确切"位置"。他让两个素不相识的人同时从甲地走向乙地，而只告诉其中一位"这是一场角逐"，结果，被告知的这位，便是罗夫斯汀认定他"暂时具有了可以使之永恒的东西（信仰）"的人，他比那位盲目的人早到了两个小时。于是，罗夫斯汀将那两个小时取名为"信仰目击者"，意思是说，信仰在那两个小时里"显形"了,这两个小时的差距,成了信仰最直接的存在形式。

(1) 试图以数学方式去求证信仰,是一种典型的什么姿态?现代美学家们会怎样评价这种姿态呢?(上述第三、四章的事件化。)

(2) 上面的这种姿态和信仰究竟分属两者还是同一者?这在人类文化源头上可以找到证明吗?(上述第二、十四章的事件化。)

3. 新西兰色盲画家乔治·索尔蒂(George Soldy),曾经向世人展出他多年来的画作。这些画作震撼人心,因为它们代表了一位身处南纬42.5度的色盲男子的宣言:"我见到的世界也许与你的不一样,但请尊重我见到的一切。……对于我个人来说,我所见到的世界远要比人类见到的世界重要得多。"在索尔蒂的画中,西红柿是绿色的,太阳是绿色的,树是红色的。玻璃器皿是黄色的,像装了橙汁,而一旦真的倒入橙汁,玻璃器皿又呈现蓝色。这是一个多么奇怪的世界,只要改变人的眼构造和视觉神经,就可以轻易地改变世界的色彩。更为有趣的是,索尔蒂是世界上第一位有文字(媒体图像)记载的、坚持自己"错误"色彩观的画家。他坚持用自己所"见"到的色彩来作画,而不是像以往的色盲画家那样去"学习"与"模仿"常人的颜色。

(1) 一个人身处人世,究竟是他"见"到的世界重要,还是众人见到的、客观的世界重要?为什么?(上述第四、五章的事件化。)

(2) 色彩无法被轻易地模仿,因为色彩关系永远瞬息万变,这一点,带出了包括现代绘画在内的现代艺术的怎样的变革?(上述第七、八、十章的事件化。)

4. 由于出错的植物必死无疑,几千万年来,植物的遗传物质里几乎没有错的基因,悲剧变成了喜剧。人类则相反,一个糖尿病患者经医院诊治后存活下来,带着糖尿病基因生儿育女,于是,几千年来人类的各种疾病基因绵延不绝,以至于我们上医院看病时,必须先行向医生告知自己的家族病史,全球性的人的种群的退化也正是由此而展开着的,喜剧变成了悲剧。

(1) 在美学史上,何种观点将悲剧与喜剧看成是相互转化的?其理由是怎样的?(上述第十一、十二章的事件化。)

(2) 悲剧被美学家们认为需要在观赏心理上经历一个净化的过程,为什么欣赏喜剧却不需要净化呢?你认为也需要吗?还是认为确实不需要?请阐述你的理由。(上述第二、三、十一、十二章的事件化。)

（3）似乎本着和上述材料同样的道理：假如你进入非洲肯尼亚国家森林公园，不管什么时间，你看到的都是狮子或花豹轻易咬死一只羚羊或者一头角马的事实。我们不假思索得出的结论是：羚羊与角马太弱了，这个世界不公平。可我们往往很难注意到：在仅仅100多年的时间跨度里，非洲草原貌似强大的狮子和花豹正濒临灭绝，弱小的羚羊与可怜的角马，却生机勃勃。我们的第一个结论之所以出错，原来是因为缺少了时间的参与——万能的大自然无时不在向我们强调着，生命后台的运作，是始终存在的。又比如，蜻蜓是这个世界上形态设计最完美的昆虫，正因为它太合理了，几亿年来，它几乎用不着进化便一直生活到现今。因为蜻蜓的生存能力和生存条件包括它的外形、飞行、进食和繁殖的要求，远远低于大自然所能给予它的条件，因而它被人们认为"能力很强，索取却很小"，早在几亿年以前就已符合大自然规律，而"用不着进化"了。自然的人化，人的自然化，孰为悲剧？孰为喜剧？还是……你能由此得出怎样的结论呢？（上述第二、十三章的事件化。）

上述四题的题面，吸收了作家何鑫业的作品成果并作了改动。

5. 每一种具有独异色彩的新情形，都会冲击美学知识体系的现有格局而创造出有趣的审美事件：

（1）遗体告别仪式上播放的哀乐，与嵇康提出的"声无哀乐"这一著名音乐美学观点是否构成了矛盾？（上述第六、九章的事件化。）

（2）用"水墨"来概括中国书画艺术，自然不错。但当强调这句话时，人们的重心往往都落在"墨"字上，而不太关注"水"。那么，水在中国书画艺术中，是否和墨一样起着同样重要的作用？它具体又起到了哪些作用？用水的奥妙体现在哪里呢？（上述第三、七、十三章的事件化。）

（3）我国古代花鸟画的一种定法，是每每在画面上让一块石头坐镇（如八大山人的作品）。当今天的一位著名画家倡导勇敢拿掉这块石头，实现"全景式构图"的大写意画风时，你认为这种观念是离经叛道之举还是开出了新路？（上述第三、五、七、九章的事件化。）

（4）对现代艺术的引领者杜尚（Marcel Duchamp）的《泉》这个著名艺术事件，有人提出这样的相反思考：如果说把便池放在艺术展览馆中，场所和其他作为符号的艺术品在区分意义上决定了便池的意义，使它成为了艺术品；那么反过来，如果我们把一幅有价值的名画放在厕所里，它的艺术价值也会因此而改变吗？（上述第九、十、十四章的事件化。）

（5）如果艺术再现论是并不成立的，那么成功的画家每每高度重视的"写生"和"再现"有什么区别呢？这是一些打算报考美术院校的学子很自然地产生的一种困惑。如何从美学的角度帮助澄清这种困惑？（上述第一、五、七章的事件化。）

（6）在什么情况下，人类一直引以为豪的逻辑会失灵？比如因果性突然不起作用了？请以"逻辑的保守"为题，就此话题写一篇大文章。（上述第三、四、十章的事件化。）

（7）请以"故事的事故"为题，对你曾读过的任何一部悲剧性或喜剧性作品，提出一个令你深感不解的情节逻辑上的疑点问题，写一篇文章来尝试初步探讨这个问题。（上述第十一、十二章的事件化。）

（8）请借鉴仿照作家马原《小说百窘》一文的写法，也写一篇《艺术百窘》，提出100个你心中一直积蓄着的、对"艺术"这个总话题很想提的真实问题。问得尽可能精深独到，是我们的期待所在。（上述所有章的事件化。）

6. 每一种具有独异色彩的新情形，也会激活艺术创作的动力而创造出有趣的艺术事件：

（1）假如你来建造一所"临终关怀医院"，你将如何设计包括审美性在内的这所医院的各种运作思路呢？期待看到你的具体设计方案。（上述第一、二、三、十一、十四、十五章的事件化。）

（2）你喜欢探险吗？面对这人类的天性，虽不能至，年轻的我们也心向往之。请参考英国皇家地理学会最新出版的《人类探险史》(*Explorers: Tales of Endurance and Exploration*)，就你能想象到的探险方式撰写《一个人的探险梦》，来探测人与世界在底蕴上的各种真实关系。（上述第一、二、三、十一、十四、十五章的事件化。）

（3）如果你在不久的将来拥有了200平米的新房（婚房），你愿意从审美与艺术的角度，来设计自己包括外部建筑与内部装修在内的新家吗？请给出你的设计方案，并欢迎和你的恋人一起来完成此题。（上述第九、十、十五章的事件化。）

（4）国内谍战剧的古典鼻祖，或许可以推五代名画《韩熙载夜宴图》的创作始末故事。你愿意围绕这幅名画的故事，写一个潜伏类题材的小说或剧本梗概吗？（上述第三、七、十四章的事件化。）

（5）新著《小说逸语》里提及，钱锺书先生年轻时颇想"以小说的技巧打败小说"。他并未具体展开解释。那么，你认为究竟什么叫"以小说的技巧打败小说"？请结合实例，尝试来有趣地说出钱先生没有说出的话。（上述第十章的事件化。）

7. 数学中一个拓扑学的例子说，一只蚂蚁，沿着一条连续翻转了数次的纸带走，它一会儿爬在纸带的上面，一会儿又爬到下面。如果把纸带黏连成圈，蚂蚁的爬行便不再有始终和内外之别。

（1）人类究竟想通过它知道些什么呢？动机又在哪里？请以"内外"为题，写一篇有可能贯通文史哲的大文章。（上述第一、二、三、四章的事件化。）

（2）内与外，也可以理解为深度与表象。回忆一下中学里学数学的过程，是先从平面几何开始，再逐渐到立体几何以及解析几何；但这和艺术（比如绘画）的发展过程正好是相反的。后者进入现代以来，恰恰从立体透视回归着平面性。这种有趣的区别，能启发你想到什么呢？由此进一步推敲，为何人总有一种"由表及里""从现象中认识本质"的习惯？这种天性值得怀疑吗？"表象"是否必然成为浅薄的同义语呢？请以"表象与深度"为题，写一篇大文章。（上述第七、九、十章的事件化。）

据一斑窥全豹，这是我们有理由期待和向往的事件化教学愿景。做到这一步，需要付出创造力心血与智慧，因为事件是独异的，就像每个人无不是一种独特地来到世界上的存在。鉴于至今尚未出现从元问题层面切入，结合教学一线丰富实例的《事件美学》等专题著作。这因而是块值得在深广积累中积极填充的领域，充实的依据就是事件思想史。

余论 一个观察视角：事件与后理论的联结理据

事件思想的前沿意义，还在于与晚近方兴未艾的后理论具有联结点。既然如前所述，事件及其独异性在欧陆主要表现为对主流语言论的背反，那么当同时期的英美学界开始关注"理论之后"时，由于"理论"就建立在主流语言论的学理基础上，英美学者们考虑引入与文化主义范式及其语言论基础有区别的事件思想作为更新的突破口，便是很自然的选择。

文学理论的发展被描述为"文学理论"〔以韦勒克(René Wellek)与沃伦(Austin Warren)合著的《文学理论》(*Theory of Literature*)等为代表〕、"理论"，以及"后理论"这三个阶段，伊格尔顿的《理论之后》(*After Theory*，2003)一书富于代表性地提供了后理论研究的思想背景，拉曼·塞尔登(Raman Selden)等三位英国学者合著的《当代文学理论导读》(*An Reader's Guide to Contemporary Literary*，2005)，在结论中正式亮出了"后理论"这个概念。[①]在前面论及克拉克的事件思想时，我们曾指出其与文化主义范式的关联，那也正是20世纪后半期至今的理论运动的主潮。从自由观念上反思文化主义，也便是反思理论。我们注意到，克拉克这部研究独异性的著作所入选的丛书，前面有一篇美国学者马丁·麦奎兰(Martin McQuillan)撰写的前言，而麦奎兰正是《后理论：文化批评的新方向》(*Post-Theory: New Directions in Criticism*，1999)一书的编者之一。我们油然感受到，事件思想与理论之后的理论，或者

---

① 拉曼·塞尔登，彼得·威德森，彼得·布鲁克.当代文学理论导读[M].刘象愚，译.北京：北京大学出版社，2006：326-340.

说后理论存在着自然联结的可能。引用克拉克书中的如下一些判断是有意义的:"批评家在他们正研究的文本中可能攻击的假设,仍然积极地决定了批判性作品的智力生产文化(比如围绕这本书的文化),并被纳入其制度要求。"① 由此导致的理论运动的"猛烈的公式化削减"②何去何从呢?值得我们在事件思想的走向中静观其变。

确如上述事件思想发展史所显示的那样,福柯阐释事件如何源自话语条件的建构,以及理论如何针对符号在关系区分活动中的动态受限,而还原事件。循此,当我们称《唐诗三百首》是一个被建构成的著名事件时,其事件性不维系于清代蘅塘退士孙洙向童蒙授学提供家塾课本这一编选意图,而是该选本与历史上诸多同类选本在符号关系上相区分后的独特意义:选篇适量,难易适度,入门适用,未选入唐诗中似乎被公认为不应遗珠的杜甫《北征》《自京赴奉先县咏怀五百字》及李贺的诗,等等。后者才是保证这个事件被建构出来的话语条件,因为如果仅按前者,结果论的注视方式使得事件似乎被意图所先在地决定;但一种主观上的意图接下来得随顺语言的符号区分规则,而在客观上无法实现自己。仅当从后者来理解这个事件时,区分的过程性使事件富于活力地总是在更大的范围内并不定型,我们也才不至于简单判定此书的上述特征是优是劣。

事件的上述性质,使它很自然地成为了理论(此处特指20世纪后半期以来兴盛的批评理论)的研究对象。诚如福柯所正确指出的那样,事件引发的是"理论-政治功能",因为理论的初衷正是祛魅,祛除事件得以建构出来的复杂话语条件之魅,对形成事件的话语权力及其深层结构进行解码。在此意义上,事件承载着广义的、话语现象学意义上的意向性命运,理论就是要去拆解和还原这种意向是如何被一步步建构出来的。福柯自己的影响极为深远的话语权力理论,便成功地做着这件事。这件事既然是要还原事件的建构过程,便要还原事件在符号区分活动中被具体区分成的、一般由两个起始点所构成的符号位置及其关系。理论这样做的好处,是从智性高度深化了人们对看似自明的现象的认识;但它的不逮之处也由此相应地被带来。即事件不是在拥有了两个起始

---

① CLARK T. The poetics of singularity [M]. Edinburgh: Edinburgh University Press, 2005: 20.
② CLARK T. The poetics of singularity [M]. Edinburgh: Edinburgh University Press, 2005: 25.

位置后便固定不变地存在，它更富于生机之处，恰恰在于在占有起始位置的同时，始终因受到动态符号区分活动所制约，而活跃地向外伸展可能性维度并造就独异性这一点。理论把这至关紧要的后一点涵容于自身视野中了吗？看来它很难做到，因为这意味着要把一种活的存在吸纳于一套逻辑严密、体系浑整的分析中（如乔纳森·卡勒所总结："理论是分析和推测"[①]），是为理论那种试图让真相大白的祛魅本性所轻易难容的。问题还在于，向外转的显著趋势，使理论主要聚焦于现实中已发生之事，围绕现状展开分析，致力于解释性别、族裔与意识形态等社会政治现实问题，而每每遗忘了自身的语言论学理出发点——语言作为任意性的符号系统，在说出（指向事物）的同时始终说不尽而允诺不可说（无法指及事物，保持叙与事的本体性距离）的一面，后者作为前者所面向的陌生、未知的因素，在时间维度上属于未来。如第三章所引，福柯对事件依赖"理性形式"的说法，在某种意义上需要为此而负责；因为虽然福柯紧接着强调这种为事件所依赖的理性"有着非一般却暗含着的意义"，但语言的任意性性质，决定了它是一种非理性系统，人为使之理性化的尝试，会不同程度地削弱它。这样，理论化无为有，把未来的可能解释为现存的答案，便把对象解释成了一般而非独异性，在阐释事件的同时削弱着事件。

这种削弱随着理论逐渐成为运动而加剧了。按理，事件的独异性，肇因于其话语条件的不可重复，进而决定了理论有关它来自何种话语条件的建构的分析也是不可重复的，能轻易重复上演的事件，还能被视为事件吗？它的事件性其实就已被不知不觉地淡化与削弱了。在模式意义上不断被效仿，成为操演思路与手法近似的理论运动，事实上正是理论在晚近逐渐出现疲态并走向衰落的深层原因。应该承认，盛极一时的女性主义理论（男-女）、后殖民主义理论（西方-东方）、各种族裔理论（自我-他者），乃至身份政治等更年轻的理论，出发点都是话语权力分析模式，实际操作的对象都是符号在言语链上的特殊位置所形成的深层结构，对此的祛魅已在整体上形成有目共睹的惯性。美国艺术与科学院院士、宾州大学英文与比较文学讲席教授、著有《理论的未来》（*The Future of Theory*）一书的让-米歇尔·拉巴泰（Jean-Michel Rabate），近期援引

[①] 乔纳森·卡勒.文学理论入门[M].李平，译.南京：译林出版社，2008：16.

学者尚内·尼娅(Sianne Ngai)出版于 2005 年的《丑陋的情感》(*Ugly Feelings*)一书中的观点,认为"理论将继续蓬勃发展,但这种证实是通过开辟新途径实现的。她的书为前文提到的理论所面临的两个危险提供了解药:可预测性,即基本公式的机械重复;程序被'应用'时产生的乏味,这一理论自创立之日起就暗藏的祸根"①,以总结性的态度,道明了"做理论"一词的耐人寻味之音。就此而言,理论运动的实际走向与理论的兴盛初衷,暴露出相违拗之处,其最显著的代价与后果,或许就是让事件失却了原有与应有的独异性、冲击力与陌生感,而在反复操演中逐渐沦为了托马斯·库恩所说的常规科学。不仅如此,还不妨看到,德里达的解构理论,揭露的是在场形而上学包裹于声音及其在场幻觉中的"重复而可经验"这一点的不可靠;但他的后继者们纷纷起来以这一理论为武器,从事理论运动中惹眼的解构批评并迅速形成解构学派。这是以自己和读者都觉得其批评过程可经验、可相信为实质的,会不会恰好陷入了为德里达所不愿意看见的"重复而可经验"之境呢?解构的本意,应该是拒斥学派化的,因为学派化就仍然难免于中心化与总体化。解构,本应针对可重复的声音在场幻觉而走出重复,按理是无法被轻易效仿的,却在被效仿中不知不觉地重蹈重复的窠臼,导致想要检讨的目标成了脚下的出发点,这有没有可能?从理路上推证,产生这种怀疑是很自然的。卡勒尽管坚持认为德里达的"理论通过反驳和颠覆先前的思想方式"而具有重要意义,却已经开始注意到,包括德里达解构理论在内的"理论越是变得无所不在,它本身就越不新鲜和特别"。②"无所不在"便蕴含着可重复的运用惯性造成的疲软意味,因为疲软是由于意识不到自身的存在,而这即为在场的幻觉。

  对突破口的考虑就在这里。事件在本性上独异,拒绝重复性分析,然而对事件建构过程的分析,又不得不落在理论上,这呼唤着让理论的分析走出重复性。能做到这一点吗?理论一经形成便具备相对成熟的体系,在分析思路与方法上相应地具有稳定性,那似乎与注重独异的事件天性不合。更重要的是,一种深入而重要的理论被广泛接受后,很自然地容易此唱彼和,在短时间里形成

---

① 让-米歇尔·拉巴泰."理论的未来"之未来[N].李森,译.社会科学报,2019-02-14(6).
② 乔纳森·卡勒.理论中的文学[M].徐亮,王冠雷,于嘉龙,等,译.上海:华东师范大学出版社,2019:中文版序言1-2.

集合式运动，运动化后的重复性思维似乎更抑制着事件的可能性活力，而冲淡着范式革命的敏锐意味。看起来，对事件的有效探讨似乎排斥着理论的介入，但假如彻底取消理论文化，如晚近国际上某些反理论者所声言的那般，事件的意义又该从何种渠道得到彰显呢？回答的犹豫，不能不使我们重新回到对理论的检视上来。在这里，我们接受布迪厄的观点，承认不愿意放弃理论是出于保住自身职业的动机，并希望能探寻到一条既认可理论的祛魅权利，又在此过程中确保事件不流失自身独异性的新道路。鉴于前者不可避免地将涉及重复性，后者则以凸显非重复性（差异性）为题中之义，问题的方向于是转换为：是否存在一种基于差异的重复性活动呢？德里达的事件论指向了理论之后的写作问题。

  写作事件不断引入他者形成差异化的话语，打破了符号在区分活动中因起始位置的缘故而容易固化的二元格局，在区分中持续不断地继续区分，从而持存符号关系的无限可能性。区分在写作活动中的持存性，确保了作为符号的一个事件在其轮廓边缘线上，总会及时出现异质的反光、对比度与新的立面，而让新的符号关系带出的区分可能性敞开于自身中并即时更新自己。失去这种更新，无从谈论事件的存在。为德里达所特别强调的引用性，尤其凸显了这一点。形象地说，引用行为是从双引号继续引出单引号，这意味着在由一个起点（前引号）与一个终点（后引号）所规定的符号中，引入下一个符号，这对被新区分出的符号关系又被继续在引用中加以区分，如此以致无穷；因此，引用实即写作的广义，它把事件最重要的性质——独异性充分引导与激发出来了。差别的区分构成的语境，尽管由此制约着单个符号在其中的生存状况，却由于任意性而不构成为德里达在批判奥斯汀言语行为理论时所防范的那种对"惯例"（conventionality）的引用。《论文字学》运用不少篇幅讨论了索绪尔，尽管认为其仍属必须解构的形而上学之列，却发现语言学符号都包含着一种"原始文字"，它还是证明着"差别乃是语言学价值的根源"[1]，问题只在于"符号的任意性观念"假若"在文字领域之外，是不可思议的"[2]。文字书写或者说写作同

---

[1] 雅克·德里达.论文字学［M］.汪堂家，译.上海：上海译文出版社，2015：73-74.
[2] 雅克·德里达.论文字学［M］.汪堂家，译.上海：上海译文出版社，2015：61.

样构造着差异。事实上，在写作中持存符号区分关系的复杂、灵活与多样性，等于自觉、主动地凸显符号的自身构造，而那恰是反惯例的陌生化过程，很自然地启示我们由此将文学关联进来，领悟到何以德里达在探讨包括事件在内的解构议题时常常触及文学话题。① 结论便是：理论尽管从本性上建构事件并进行祛魅；但一方面由于将语言论出发点逐渐理性化而遮蔽着事件，另一方面由于自身在仿效中逐渐趋向运动化而重复操演祛魅手法，同样流失着事件，客观上将可重复性与可经验性佯装为一体，蹈袭在场形而上学。对理论这一症结的破解，很自然地发展出理论之后兼容差异与重复，并以此持存事件的后理论取径——写作事件及其文学实质。这与我们在事件思想史上已经看到的一些涉及写作范式调整的思路，比如朗西埃旨在激发出"场所中的无场所"这一事件性真理的迂回写作思想，是可以深入对话的。事件思想与后理论作为晚近人文学术的两个前沿主题，据此得到了基于学理逻辑的深度联结。这种联结已经并还在推陈出新。

从文字（写作）到文学的上述通道，进一步很自然地与汉语产生出了学理上的联系。德里达指认在场形而上学得以实现的一个基本前提是西语环境；因为西语属于他所说的"表音文字"，除极少数情形外普遍具有多音节性，一般不会轻易发生同音混淆的情况，这就能保证在听到声音（能指）的同时迅即得到意义（所指）。前者对后者的迅即滑入，或者说后者对前者的迅即取代，正是德里达所分析的在场幻觉的症结：能指似乎隐去了自身而透明地让所指直接渗透进来，此时的能指并没有真正隐去，但它以佯装隐去的方式，使听者与说者都俨然觉得，在那一刻明明以超验方式被携带进能指的所指信息，是被能指所直接指及了的意义；尽管事实上表音文字"并不使用与概念性所指直接相关的能指，而是通过语音分析使用在某种程度上并不起指称作用的能指"②。"并不起

---

① 阿特里奇回忆与德里达曾经进行过的一次访谈，"他（指德里达——引者注）谈到了他长期以来对文学的兴趣，并就文学在哲学、政治与文化背景下的作用提出了争论，我认为其重要性和影响尚未得到充分体现"。因为"文学对德里达极为重要。并不是说他大量消费了——例如，他对小说并不特别感兴趣。但是，从他对许多作品的经验中，他发现自己对核心哲学问题的理解，如表征、身份、真理、法律与归属感都受到了考验。莎士比亚、乔伊斯、马拉美、策兰、阿尔托、布朗肖、波德莱尔和许多其他人都对他产生了影响"。(ATTRIDGE D. Reading and responsibility: deconstruction's traces [M]. Edinburgh: Edinburgh University Press, 2010: 3/5.)
② 雅克·德里达.论文字学 [M].汪堂家，译.上海：上海译文出版社，2015：436.

指称作用",就表明能指与所指之间始终存在着阻隔,而有阻隔便宣判了纯粹在场的不可能。如果说,这一点在西语中需要通过专门的"语音分析"来艰难地获得共识,那么汉语却有理由运用自己的特点来克服它;因为较之西语,被德里达提及的"表意-表音文字"的典型是汉语,其特点就是单音节性,这虽使它在缺乏上下文的情况下每每容易因同音而模糊所指,却反过来也提供了可能引发德里达兴趣的东西。那就是,能指不轻易滑入所指,其间存在着天然的阻隔,正是这种阻隔进而防范着在场幻觉的轻易出现。在此意义上,汉语写作以非纯粹在场的(文学)写作,来激活理论并创造事件,进而实现事件思想史的可持续发展,便是值得来为之奉献智慧与心力的未竟学术课题。

参考文献

（未引用的参考书目不列入）

一、外文类

[1] AGAMBEN G. The signature of all things[M]. New York: Zone Books, 2009.

[2] AITKEN S C. A transactional geography of the image-event: the films of scottish director, Bill Forsyth[J]. Transactions of the Institute of British Geographers, 1991, 16(1): 105-118.

[3] ALBER J, FLUDERNIK M. Postclassical narratology: approaches and analyses[M]. Columbus: Ohio State University Press, 2016.

[4] ANKER E, FELSKI R. Critique and postcritique[M]. Durham: Duke University Press, 2017.

[5] AQUILINA M. The event of style in literature[M]. London: Palgrave Macmillan, 2014.

[6] ARENDT H. Essays in understanding (1930-1954)[G]. New York: Schocken Books, 1994.

[7] ARMAND L. Event states: discourse, time, mediality[M]. Prague: Litteraria Pragensia, 2007.

[8] ATTRIDGE D. Reading and responsibility: deconstruction's traces[M]. Edinburgh: Edinburgh University Press, 2010.

[9] ATTRIDGE D. The singularity of literature[M]. London: Routledge, 2004.

[10] ATTRIDGE D. The work of literature[M]. Oxford: Oxford University Press, 2015.

[11] ATTRIDGE D, STATEN H. The craft of poetry[M]. London: Routledge, 2015.

[12] AUDI R. Cambridge dictionary of philosophy[M]. New York: Cambridge University Press, 1995.

[13] BADIOU A. Being and event[M]. New York: Continuum International Publishing Group Ltd, 2006.

[14] BADIOU A. Cinema[M]. Cambridge: Polity Press, 2013.

[15] BADIOU A. Ethics: an essay on the understanding of evil[M]. London: Verso Press, 2001.

[16] BADIOU A. Handbook of inaesthetics[M]. California: Stanford University Press, 2004.

[17] BADIOU A, TARBY F. Philosophy and the event[M]. Cambridge: Polity Press, 2013.

[18] BARTLETT A. J, CLEMENS J, ROFFE J. Lacan Deleuze Badiou[M]. Edinburgh: Edinburgh University Press, 2014.

[19] BASS A. Margins of philosophy[M]. Harvard: The Harvester Press, 1982.

[20] BENNINGTON G. Lyotard: writing the event[M]. New York: Manchester University Press, 1988.

[21] BIRNS N. Theory after theory[G]. Peterborough: Broadview Press, 2010.

[22] BLANCHOT M. The book to come[M]. California: Stanford University Press, 2003.

[23] BURCHELL G, GORDON C, MILLER P. The Foucault effect: studies in governmental rationality[G]. Chicago: The University of Chicago Press, 1991.

[24] BURN B. Oxford dictionary of philosophy[M]. Oxford: Oxford University Press, 1996.

[25] CALIANDRO S. Morphodynamics in aesthetics: essays on the singularity of the work of art[M]. Switzerland: Springer, 2019.

[26] CAPUTO J D. The weakness of God: a theology of the event[M]. Bloomington: Indiana University Press, 2006.

[27] CASSIN B. Dictionary of untranslatables: a philosophical lexicon[M]. Princeton: Princeton University Press, 2014.

[28] CIENKI A, IRISKHANOVA O K. Aspectuality across languages: event construal in speech and gesture[M]. Amsterdam: John Benjamins Publishing Company, 2018.

[29] CLARK T. The poetics of singularity[M]. Edinburgh: Edinburgh University Press, 2005.

[30] CONLEY T. From image to event: reading Genet through Deleuze[J]. Yale French Studies, 1997(91): 49-63.

[31] CROCKETT C. Derrida after the end of writing: political theology and new materialism

[M]. New York: Fordham University Press, 2018.

[32] CSEH-VARGA K, CZIRAK A. Performance art in the second public sphere: event-based art in late socialist Europe[M]. London: Routledge, 2018.

[33] DAVIDSON D. Causal relations[J]. The Journal of Philosophy, 1967, 64(21): 691-703.

[34] DAVIDSON D. Essays on actions and events[G]. Oxford: Oxford University Press, 2001.

[35] DEBAISE D. Nature as event: the lure of the possible[M]. Durham: Duke University Press, 2017.

[36] DELEUZE G. Negotiations, 1972-1990[M]. New York: Columbia University Press, 1995.

[37] DELEUZE G. The logic of sense[M]. New York: Columbia University Press, 1990.

[38] DELEUZE G, GUATTAR F. A thousand plateaus: capitalism and schizophrenia[M]. Minneapolis: University of Minnesota Press, 1987.

[39] DELEUZE G, GUATTAR F. What is philosophy? [M]. New York: Columbia University Press, 1994.

[40] DONOGHUE D. Metaphor[M]. Cambridge: Harvard University Press, 2014.

[41] DYCK C W. Kant and rational psychology[M]. Oxford: Oxford University Press, 2014.

[42] EVANS B, EVANS C. A dictionary of contemporary American usage[M]. New York: Random House, 1957.

[43] EVANS G. Mega-events: placemaking, regeneration and city-regional development [M]. London: Routledge, 2020.

[44] FELSKI R. The limits of critique[M]. Chicago: The University of Chicago Press, 2015.

[45] FÉRAL J, WICKES L. From event to extreme reality: the aesthetic of shock[J]. TDR, 2011, 55(4): 51-63.

[46] FINK B. A clinical introduction to lacanian psychoanalysis: theory and technique [M]. Cambridge: Harvard University Press, 1997.

[47] FINK B. The lacanian subject: between language and jouissance[M]. Princeton: Princeton University Press, 1995.

[48] FRASER M. Event[G] // Theory, culture & society, Goldsmiths: University of London Press, 2006.

[49] FRY P H. Theory of literature[M]. New Haven: Yale University Press, 2012.

[50] GAROIAN C R. In "the event" that art and teaching encounter[J]. Reston: Studies in Art Education, 2014, 56(1): 384-396.

[51] GOULIMARI P. Literary criticism and theory[M]. London: Routledge, 2015.

[52] GRIFFIN L J. Narrative, event-structure analysis, and causal interpretation in historical sociology[J]. Chicago: American Journal of Sociology, 1993, 98(5): 1094-1133.

[53] GRODEN M, KREISWIRTH M, SZEMAN I. Contemporary literary and cultural theory[G]. Baltimore: The Johns Hopkins University Press, 2012.

[54] HAMILTON A. The event of a thread[J]. A Journal of Performance and Art, 2013, 35(2): 70-76.

[55] HERMAN D. The cambridge companion to narrative[M]. Cambridge: Cambridge University Press, 2007.

[56] HERMAN D, JAHN M, RYAN M. Routledge encyclopedia of narrative theory[M]. London: Routledge, 2005.

[57] HINCHMAN L, HINCHMAN S. Memory, identity, community: the idea of narrative in the human sciences[M]. Albany: State University of New York Press, 2001.

[58] HONES S. Literary geographies: narrative space in let the great world spin[M]. New York: Palgrave Macmillan, 2014.

[59] HORN E. The future as catastrophe: imagining disaster in the morden age[M]. New York: Columbia University Press, 2018.

[60] HüHN P. Eventfulness in British fiction[M]. New York: De Gruyter, 2010.

[61] HYVARINEN M, HATAVARA M, HYDEN L-C. The travelling concepts of narrative[M]. Amsterdam: John Benjamins, 2013.

[62] IRIGARAY L, MARDER M. Through vegetal being: two philosophical perspectives[M]. New York: Columbia University Press, 2016.

[63] KAISER B M. Singularity transnational poetics[M]. New York: Routledge: 2015.

[64] KEAR A. Theatre and event: staging the European century[M]. London: Palgrave Macmillan, 2013.

[65] LECERCLE J-J. Badiou and Deleuze read literature[M]. Edinburgh: Edinburgh University Press, 2010.

[66] LECERCLE J-J. Deleuze and language[M]. New York: Palgrave Macmillan, 2002.

[67] LEVINAS E. Otherwise than being or beyond essence[M]. Pennsylvania: Duquesne University Press, 1998.

[68] LEVINAS E. Time and the other[M]. Pittsburgh: Duquesne University Press, 1987.

[69] MACKELLAR J. Event audiences and expectations[M]. London: Routledge, 2014.

[70] MARDER M. The event of the thing: Derrida's post-deconstructive realism[M]. Toronto: University of Toronto Press, 2009.

[71] MARDER M, ZABALA S. Being shaken: ontology and the event[M]. London: Palgrave Macmillan, 2014.

[72] MARION J-L. Being given: toward a phenomenology of givenness[M]. California: Stanford University Press, 2002.

[73] MARION J-L. In excess: studies of saturated phenomena[M]. New York: Fordham University Press, 2002.

[74] MASSUMI B. Architectures of the unforeseen: essays in the occurrent arts[G]. London: University of Minnesota, 2019.

[75] MASSUMI B. Semblance and event: activist philosophy and the occurrent arts[M]. London: The MIT Press, 2011.

[76] MEINERT L, KAPFERER B. In the event: toward an anthropology of generic moments[M]. New York: Berghahn, 2015.

[77] MERETOJA H. The narrative turn in fiction and theory[M]. New York: Palgrave Macmillan, 2014.

[78] MICHEL J. Ricoeur and the post-structuralists: Bourdieu, Derrida, Deleuze, Foucault, Castoriadis[M]. London: Rowman & Littlefield, 2015.

[79] MILBANK J, ŽIŽEK S, DAVIS C. Paul's new moment[M]. Grand Rapids: Brazos Press, 2010.

[80] MILLER J. H. On literature[M]. London: Routledge, 2002.

[81] NANCY J-L. Being singular plural[M]. California: Stanford University Press, 2000.

[82] NANCY J-L. The truth of democracy[M]. New York: Fordham University Press, 2010.

[83] NORRIS C. Contest of faculties: philosophy and theory after deconstruction[M]. London: Methuen, 1985.

[84] PAGE S J, CONNELL J. The routledge handbook of events[M]. London: Routledge, 2012.

[85] PARKER R D. Critical theory[G]. Oxford: Oxford University Press, 2012.

[86] PARR A. The Deleuze dictionary[M]. Edinburgh: Edinburgh University Press, 2005.

[87] PASNAU R. The event of color[J]. Philosophical Studies: An International Journal for Philosophy in the Analytic Tradition, 2009, 142(3): 353-369.

[88] PHELAN J, RABINOWITZ P. J. A companion to narrative theory[M]. Oxford: Blackwell, 2006.

[89] POTTS J, STOUT D. Theory aside[G]. Durham: Duke University Press, 2014.

[90] POWELL-JONES L, SHULTS F L. Deleuze and the schizoanalysis of religion[M]. London: Bloomsbury Academic, 2016.

[91] PUNDAY D. Narrative after deconstruction[M]. Albany: State University of New York Press, 2003.

[92] QUINE W V. Quine in dialogue[M]. Massachusetts: Harvard University Press, 2008.

[93] RAFFOUL F. Thinking the event[M]. Bloomington: Indiana University Press, 2020.

[94] RICHARDSON J, WALKER S. Processing Process: The event of making art[J]. Reston: Studies in Art Education, 2011, 53(1): 6-19.

[95] RICOEUR P. Time and narrative: Vol.3[M]. Chicago: The University of Chicago Press, 1985.

[96] ROBERTS J. Photography after the photograph: event, archive, and the non-symbolic[J]. Oxford: Oxford Art Journal, 2009, 32(2): 283-298.

[97] ROMANO C. Event and time[M]. New York: Fordham University Press, 2014.

[98] ROMANO C. Event and world[M]. New York: Fordham University Press, 2009.

[99] ROWNER I. The event: literature and theory[M]. Lincoln: University of Nebraska Press, 2015.

[100] RUDA F. For Badiou: idealism without idealism[M]. Evanston: Northwestern University Press, 2015.

[101] SAYEAU M. Against the event: the everyday and the evolution of modernist

narrative[M]. Oxford: Oxford University Press, 2013.

[102] SERRES M. Branches: a philosophy of time, event and advent[M]. London: Bloomsbury Academic, 2020.

[103] SEWELL W. H Jr. Logics of history[M]. Chicago: University of Chicago Press, 2005.

[104] SHAPIRO G. Nietzsche's earth: great events, great politics[M]. Chicago: The University of Chicago Press, 2016.

[105] SHELDON L. Character development and storytelling for games[M]. Boston: Course Technology, 2014.

[106] SIM S. The Lyotard dictionary[M]. Edinburgh: Edinburgh University Press, 2011.

[107] SOUKHANOV A H. The American heritage dictionary of the English language[M]. Boston: Houghton Mifflin Harcourt, 1994.

[108] SYRETT K, ARUNACHALAM S. Semantics in language acquisition[M]. Amsterdam/Philadelphid: John Benjamins Publishing Company, 2018.

[109] VIRILIO P. A landscape of events[M]. London: The MIT Press, 2000.

[110] WAGNER-PACIFICI R. What is an event? [M]. Chicago: The University of Chicago Press, 2017.

[111] WHITE H. The narrativization of real events[J]. Chicago: Critical Inquiry, Vol.7, No.4 (Summer, 1981): 793-798.

[112] WITTGENSTEIN L. Lectures and conversations on aesthetics, psychology and religious belief[M]. Berkeley: University of California Press, 1967.

[113] WORTHAM S M. The Derrida dictionary[M]. London: Continuum, 2010.

[114] YOUNG E B, GENOSKO G, WATSON J. The Deleuze and Guattari dictionary[M]. London: Bloomsbury, 2013.

[115] ŽIŽEK S. In defense of lost causes[M]. London: Verso, 2008.

[116] ŽIŽEK S. On belief[M]. London: Routledge, 2001.

[117] ŽIŽEK S. Pandemic!: COVID-19 shakes the world[M]. New York: OR Books, 2020.

[118] ZOURABICHVILI F. Deleuze: a philosophy of the event[M]. Edinburgh: Edinburgh University Press, 2012.

二、中文类

[1] A. J. 艾耶尔.语言、真理与逻辑[M].尹大贻,译.上海:上海译文出版社,1981.

[2] A. N. 怀特海.观念的冒险[M].周邦宪,译.北京:北京联合出版公司,2014.

[3] 阿尔弗莱德·怀特海.思想方式[M].韩东晖,李红,译.北京:华夏出版社,1999.

[4] 阿尔维托·曼古埃尔.阅读日记[M].杨莉馨,译.上海:华东师范大学出版社,2006.

[5] 阿兰·巴迪欧.存在与事件[M].蓝江,译.南京:南京大学出版社,2018.

[6] 阿兰·巴迪欧.德勒兹:存在的喧嚣[M].杨凯麟,译.南京:南京大学出版社,2018.

[7] 阿兰·巴迪欧.论电影[M].李洋,许珍,译.上海:华东师范大学出版社,2020.

[8] 阿兰·巴迪欧.小万神殿[M].蓝江,译.南京:南京大学出版社,2014.

[9] 阿兰·巴迪欧.元政治学概述[M].蓝江,译.上海:复旦大学出版社,2015.

[10] 阿兰·巴迪欧.哲学宣言[M].蓝江,译.南京:南京大学出版社,2014.

[11] 阿兰·巴迪欧.追寻消失的真实[M].宋德超,译.南宁:广西人民出版社,2020.

[12] 阿兰·巴迪欧,斯拉沃热·齐泽克.当下的哲学[M].蓝江,吴冠军,译.北京:中央编译出版社,2017.

[13] 阿兰·巴丢.圣保罗[M].董斌孜孜,译.桂林:漓江出版社,2015.

[14] 埃德加·莫兰.复杂思想:自觉的科学[M].陈一壮,译.北京:北京大学出版社,2001.

[15] 艾柯,等.诠释与过度诠释[M].王宇根,译.北京:生活·读书·新知三联书店,1997.

[16] 安德雷亚斯·莱克维茨.独异性社会:现代的结构转型[M].巩婕,译.北京:社会科学文献出版社,2019.

[17] 安东尼奥·奈格里.艺术与诸众:论艺术的九封信[M].尉光吉,译.重庆:重庆大学出版社,2016.

[18] 安托南·阿尔托.残酷戏剧:戏剧及其重影[M].桂裕芳,译.北京:中国戏剧出版社,1993.

[19] 奥古斯丁.忏悔录[M].周士良,译.北京:商务印书馆,1963.

[20] 保罗·利科.从文本到行动[M].夏小燕,译.上海:华东师范大学出版社,2015.

[21] 保罗·利科.解释的冲突：解释学文集[G].莫伟民,译.北京：商务印书馆,2008.
[22] 保罗·利科.历史与真理[M].姜志辉,译.上海：上海译文出版社,2004.
[23] 保罗·利科.作为一个他者的自身[M].佘碧平,译.北京：商务印书馆,2013.
[24] 保罗·利科尔.解释学与人文科学[M].陶远华,袁耀东,冯俊,等,译.石家庄：河北人民出版社,1987.
[25] 保罗·帕顿.德勒兹概念：哲学、殖民与政治[M].尹晶,译.郑州：河南大学出版社,2018.
[26] 保罗·维利里奥.视觉机器[M].张新木,魏舒,译.南京：南京大学出版社,2014.
[27] 保罗·维利里奥.消失的美学[M].杨凯麟,译.郑州：河南大学出版社,2018.
[28] 贝尔纳·斯蒂格勒.技术与时间2：迷失方向[M].赵和平,印螺,译.南京：译林出版社,2010.
[29] 贝尔纳·瓦莱特.小说：文学分析的现代方法与技巧[M].陈艳,译.天津：天津人民出版社,2003.
[30] 彼得·德鲁克.工业人的未来[M].余向华,张珺,译.北京：机械工业出版社,2012.
[31] 柏拉图.柏拉图全集[M].王晓朝,译.北京：人民出版社,2003.
[32] 波利亚科夫.结构-符号学文艺学[M].佟景韩,译.北京：文化艺术出版社,1994.
[33] 陈嘉映.简明语言哲学[M].北京：中国人民大学出版社,2013.
[34] 陈永国.激进哲学：阿兰·巴丢读本[M].北京：北京大学出版社,2010.
[35] 陈永国,尹晶.哲学的客体：德勒兹读本[M].北京：北京大学出版社,2010.
[36] D.C.霍埃.批评的循环[M].兰金仁,译.沈阳：辽宁人民出版社,1987.
[37] 丹尼尔·戴扬,伊莱休·卡茨.媒介事件[M].麻争旗,译.北京：北京广播学院出版社,2000.
[38] 笛卡尔.第一哲学沉思集[M].庞景仁,译.北京：商务印书馆,1986.
[39] 杜小真.福柯集[G].上海：上海远东出版社,1994.
[40] F.卡普拉.物理学之道[M].朱润生,译.北京：北京出版社,1999.
[41] 费尔迪南·德·索绪尔.普通语言学教程[M].高名凯,译.北京：商务印书馆,1980.
[42] 菲利普·津巴多.路西法效应[M].孙佩妏,陈雅馨,译.北京：生活·读书·新知三联书店,2010.
[43] 弗·索洛维约夫.西方哲学的危机[M].李树柏,译.杭州：浙江人民出版社,2000.

[44] 弗雷德里克·格霍.福柯考[M].何乏笔,杨凯麟,龚卓军,译.上海:华东师范大学出版社,2017.

[45] 弗雷德里克·杰姆逊.奇异性美学[J].蒋晖,译.文艺理论与批评,2013(1):9-17.

[46] 弗里德里希·威廉·尼采.悲剧的诞生[M].周国平,译.北京:生活·读书·新知三联书店,1986.

[47] 弗里德里希·威廉·尼采.查拉图斯特拉如是说[M].孙周兴,译.上海:上海人民出版社,2009.

[48] 弗里德里希·威廉·尼采.超善恶[M].张念东,凌素心,译.北京:中央编译出版社,2000.

[49] 弗里德里希·威廉·尼采.道德的谱系[M].梁锡江,译.上海:华东师范大学出版社,2015.

[50] 弗里德里希·威廉·尼采.敌基督者[M]//余明锋,译.弗里德里希·威廉·尼采.尼采著作全集:第六卷.北京:商务印书馆,2015.

[51] 弗里德里希·威廉·尼采.看哪这人[M].张念东,凌素心,译.北京:中央编译出版社,2001.

[52] 弗里德里希·威廉·尼采.偶像的黄昏[M]//李超杰,译.弗里德里希·威廉·尼采.尼采著作全集:第六卷.北京:商务印书馆,2015.

[53] 弗里德里希·威廉·尼采.权力意志[M].孙周兴,译.北京:商务印书馆,2007.

[54] 弗里德里希·威廉·尼采.瓦格纳事件[M].周国平,译.上海:上海译文出版社,2017.

[55] 福泽谕吉.文明论概略[M].北京编译社,译.北京:商务印书馆,1959.

[56] 戈尔德曼.论小说的社会学[M].吴岳添,译.北京:中国社会科学出版社,1988.

[57] 格哈特·普赖尔.唐纳德·戴维森论真理、意义和精神[M].樊岳红,译.北京:科学出版社,2016.

[58] 韩炳哲.暴力拓扑学[M].安尼,马琰,译.北京:中信出版社,2019.

[59] 韩炳哲.他者的消失[M].吴琼,译.北京:中信出版社,2019.

[60] 汉斯-格奥尔格·加达默尔.诠释学Ⅰ:真理与方法[M].洪汉鼎,译.北京:商务印书馆,2011.

[61] 汉斯-格奥尔格·伽达默尔,雅克·德里达.德法之争:伽达默尔与德里达的对话[M].孙周兴,孙善春,编译.北京:商务印书馆,2015.

[62] 赫伯特·斯皮格伯格.现象学运动[M].王炳文,张金言,译.北京：商务印书馆,2011.

[63] 何成洲,但汉松.文学的事件[M].南京：南京大学出版社,2020.

[64] 黄晖.论衡校释[M].北京：中华书局,1991.

[65] J.L.奥斯汀.如何以言行事[M].杨玉成,赵京超,译.北京：商务印书馆,2012.

[66] 吉尔·德勒兹.差异与重复[M].安靖,张子岳,译.上海：华东师范大学出版社,2019.

[67] 吉尔·德勒兹.弗兰西斯·培根：感觉的逻辑[M].董强,译.桂林：广西师范大学出版社,2017.

[68] 吉尔·德勒兹.在哲学与艺术之间：德勒兹访谈录[M].刘汉全,译.上海：上海人民出版社,2020.

[69] 吉尔·德勒兹.哲学与权力的谈判：德勒兹访谈录[M].刘汉全,译.北京：商务印书馆,2000.

[70] 吉尔·德勒兹,菲力克斯·迦塔利.什么是哲学[M].张祖建,译.长沙：湖南文艺出版社,2007.

[71] 简又文.太平天国杂记[M].上海：上海书店出版社,1935.

[72] 卡尔·波普尔.通过知识获得解放[M].范景中,李本正,译.杭州：中国美术学院出版社,1996.

[73] 卡尔·马克思.路易·波拿巴的雾月十八日[M].中共中央马恩列斯著作编译局,编译.北京：人民出版社,2018.

[74] 卡尔·雅斯贝尔斯.悲剧的超越[M].亦春,译.北京：工人出版社,1988.

[75] 卡夫卡.卡夫卡文集[G].祝彦,张荣昌,等,译.上海：上海译文出版社,2002.

[76] 康德.纯粹理性批判[M].邓晓芒,译.北京：人民出版社,2004.

[77] 康德.判断力批判[M].邓晓芒,译.北京：人民出版社,2002.

[78] 康拉德·洛伦茨.文明人类的八大罪孽[M].徐筱春,译.合肥：安徽文艺出版社,2000.

[79] 克莱尔·科勒布鲁克.导读德勒兹[M].廖鸿飞,译.重庆：重庆大学出版社,2014.

[80] 克利斯朵夫·拉斯奇.自恋主义文化[M].陈红雯,吕明,译.上海：上海文化出版社,1988.

[81] 孔狄亚克.人类知识起源论[M].洪洁求,洪丕柱,译.北京：商务印书馆,1989.

[82] 拉曼·塞尔登,彼得·威德森,彼得·布鲁克.当代文学理论导读[M].刘象愚,

译.北京：北京大学出版社,2006.

[83] 莱茵霍尔德·尼布尔.道德的人与不道德的社会[M].蒋庆,阮炜,黄世瑞,等,译.贵阳：贵州人民出版社,2009.

[84] 赖永海.中国佛教文化论[M].北京：中国青年出版社,1999.

[85] 蓝江.忠实于事件本身：巴迪欧哲学思想导论[M].北京：北京师范大学出版社,2018.

[86] 蓝江.作为事件的耶稣审判：阿甘本《彼拉多与耶稣》解读[J].江海学刊,2016(5)：48-55.

[87] 雷诺·博格.德勒兹论文学[M].李育霖,译.台北：麦田出版社,2006.

[88] 理查德·泰勒.形而上学[M].晓杉,译.上海：上海译文出版社,1984.

[89] 里蒙-凯南.叙事虚构作品[M].姚锦清,等,译.北京：生活·读书·新知三联书店,1989.

[90] 刘北成.福柯思想肖像[M].北京：北京师范大学出版社,1995.

[91] 路德维希·维特根斯坦.哲学研究[M].李步楼,译.北京：商务印书馆,1996.

[92] 路易·阿尔都塞,艾蒂安·巴里巴尔.读《资本论》[M].李其庆,冯文光,译.北京：中央编译出版社,2017.

[93] 罗伯特·麦基.故事[M].周铁东,译.北京：中国电影出版社,2001.

[94] 罗杰·G. 牛顿.何为科学真理[M].武际可,译.上海：上海科技教育出版社,2000.

[95] 罗纳德·博格.德勒兹论音乐、绘画和艺术[M].刘慧宁,译.南京：南京大学出版社,2020.

[96] 罗西-布拉伊多蒂.后人类[M].宋根成,译.郑州：河南大学出版社,2016.

[97] 马丁·海德格尔.存在与时间[M].陈嘉映,王庆节,译.北京：生活·读书·新知三联书店,1999.

[98] 马丁·海德格尔.尼采[M].孙周兴,译.北京：商务印书馆,2010.

[99] 马丁·海德格尔.同一与差异[M].孙周兴,陈小文,余明锋,译.北京：商务印书馆,2014.

[100] 马丁·海德格尔.形而上学导论[M].熊伟,王庆节,译.北京：商务印书馆,1996.

[101] 马丁·海德格尔.在通向语言的途中[M].孙周兴,译.北京：商务印书馆,2004.

[102] 马丁·海德格尔.哲学论稿[M].孙周兴,译.北京：商务印书馆,2016.

[103] 迈克尔·哈特,安东尼奥·奈格里.大同世界[M].王行坤,译.北京：中国人民

大学出版社,2015.

[104] 蒙田.蒙田随笔全集[M].潘丽珍,王论跃,丁步洲,译.南京：译林出版社,1996.

[105] 米哈伊尔·巴赫金.陀思妥耶夫斯基诗学问题[M].刘虎,译.北京：中央编译出版社,2010.

[106] 米克·巴尔.叙述学：叙事理论导论[M].谭君强,译.北京：中国社会科学出版社,2003.

[107] 米歇尔·福柯.词与物：人文科学考古学[M].莫伟民,译.上海：上海三联书店,2001.

[108] 米歇尔·福柯.疯癫与文明[M].刘北成,杨远婴,译.北京：生活·读书·新知三联书店,2012.

[109] 米歇尔·福柯.规训与惩罚[M].刘北成,杨远婴,译.北京：生活·读书·新知三联书店,2012.

[110] 米歇尔·福柯.权力的眼睛：福柯访谈录[M].严锋,译.上海：上海人民出版社,1997.

[111] 米歇尔·福柯.什么是批判[G].严泽生,译.汪民安,编.什么是批判：福柯文选Ⅱ.北京：北京大学出版社,2016.

[112] 米歇尔·福柯.生命政治的诞生[M].莫伟民,赵伟,译.上海：上海人民出版社,2018.

[113] 米歇尔·福柯.性经验史·认知的意志[M].佘碧平,译.上海：上海人民出版社,2016.

[114] 米歇尔·福柯.刑事理论与刑事制度[M].陈雪杰,译.上海：上海人民出版社,2019.

[115] 米歇尔·福柯.知识考古学[M].谢强,马月,译.北京：生活·读书·新知三联书店,1998.

[116] 米歇尔·福柯.主体性与真相[M].张亘,译.上海：上海人民出版社,2018.

[117] 米歇尔·福柯,等.文字即垃圾：危机之后的文学[G].赵子龙,等,译.重庆：重庆大学出版社,2016.

[118] 米歇尔·福柯,莫里斯·布朗肖.福柯/布朗肖[M].肖莎,译.郑州：河南大学出版社,2014.

[119] 莫里斯·布朗肖.未来之书[M].赵苓岑,译.南京：南京大学出版社,2015.

[120] 莫里斯·布朗肖.文学空间[M].顾嘉琛,译.北京：商务印书馆,2003.

[121] 皮埃尔·布尔迪厄.区分:判断力的社会批判[M].刘晖,译.北京:商务印书馆,2015.

[122] 钱中文.巴赫金全集[M].石家庄:河北教育出版社,1998.

[123] 乔纳森·卡勒.理论中的文学[M].徐亮,王冠雷,于嘉龙,等,译.上海:华东师范大学出版社,2019.

[124] 乔纳森·卡勒.论解构[M].陆扬,译.北京:中国人民大学出版社,2018.

[125] 乔纳森·卡勒.文学理论的现状与趋势[J].何成洲,译.南京大学学报,2012(2):126-131.

[126] 乔纳森·卡勒.文学理论入门[M].李平,译.南京:译林出版社,2008.

[127] 让-弗朗索瓦·利奥塔.后现代性与公正游戏[M].谈瀛洲,译.上海:上海人民出版社,1997.

[128] 让-弗朗索瓦·利奥塔尔.后现代状态:关于知识的报告[M].车槿山,译.北京:生活·读书·新知三联书店,1997.

[129] 让-弗朗索瓦·利奥塔.话语,图形[M].谢晶,译.上海:上海人民出版社,2012.

[130] 让-米歇尔·拉巴泰."理论的未来"之未来[N].李淼,译.社会科学报,2019-02-14(6).

[131] 山崎正和.社交的人[M].周保雄,译.上海:上海译文出版社,2008.

[132] 斯拉沃热·齐泽克.视差之见[M].季广茂,译.杭州:浙江大学出版社,2014.

[133] 斯拉沃热·齐泽克.事件[M].王师,译.上海:上海文艺出版社,2016.

[134] 斯拉沃热·齐泽克.无身体的器官:论德勒兹及其推论[M].吴静,译.南京:南京大学出版社,2019.

[135] 唐纳德·戴维森.真理、意义与方法[M].牟博,译.北京:商务印书馆,2008.

[136] 陶东风.文学理论基本问题[M].北京:北京大学出版社,2007.

[137] 特里·伊格尔顿.文学事件[M].阴志科,译.郑州:河南大学出版社,2017.

[138] 托马斯·库恩.科学革命的结构[M].金吾伦,胡新和,译.北京:北京大学出版社,2003.

[139] 托尼·本尼特.文学之外[M].强东红,许娇娜,周海玲,等,译.北京:人民出版社,2016.

[140] W.威尔士.理性:传统和当代[J].张敦敏,译.哲学译丛,2000(4):65-70.

[141] 汪民安,郭晓彦.生产(第12辑):事件哲学[G].南京:江苏人民出版社,2017.

[142] 王长才.小说·叙述·伦理:多萝西·J.黑尔访谈录[J].英语研究,2016(1):

1-9.

[143] 维尔纳·海森堡.物理学和哲学[M].范岱年,译.北京:商务印书馆,1981.

[144] 吴琼.雅克·拉康:阅读你的症状[M].北京:中国人民大学出版社,2011.

[145] 希拉里·普特南.理性、真理与历史[M].童世骏,李光程,译.上海:上海译文出版社,2005.

[146] 希利斯·米勒.小说与重复:七部英国小说[M].王宏图,译.天津:天津人民出版社,2008.

[147] 小林康夫.作为事件的文学[M].丁国旗,张哲瑄,译.北京:知识产权出版社,2019.

[148] 小森阳一.作为事件的阅读[M].王奕红,贺晓星,译.南京:南京大学出版社,2015.

[149] 徐亮.后理论的谱系、创新与本色[J].广州大学学报,2019(1):5-14.

[150] 徐亮.在场:文学真实性新题[J].小说评论,1991(1):69-73.

[151] 徐亮,苏宏斌,徐燕杭.文论的现代性与文学理性[M].杭州:浙江大学出版社,2005.

[152] 雅克·德里达.德里达中国讲演录[M].杜小真,译.北京:中央编译出版社,2003.

[153] 雅克·德里达.论精神:海德格尔与问题[M].朱刚,译.上海:上海译文出版社,2008.

[154] 雅克·德里达.论文字学[M].汪堂家,译.上海:上海译文出版社,2015.

[155] 雅克·德里达.马克思的幽灵[M].何一,译.北京:中国人民大学出版社,2008.

[156] 雅克·德里达.声音与现象[M].杜小真,译.北京:商务印书馆,1999.

[157] 雅克·德里达.书写与差异:下册[M].张柠,译.北京:生活·读书·新知三联书店,2001.

[158] 雅克·德里达.文学行动[M].赵兴国,高广文,陈永国,等,译.北京:中国社会科学出版社,1998.

[159] 雅克·德里达.一种疯狂守护着思想:德里达访谈录[M].何佩群,译.上海:上海人民出版社,1997.

[160] 雅克·德里达.《友爱的政治学》及其他[M].夏可君,编.胡继华,译.长春:吉林人民出版社,2011.

[161] 雅克·拉康.拉康选集[M].褚孝泉,译.上海:华东师范大学出版社,2019.

[162] 雅克·朗西埃.历史之名:论知识的诗学[M].魏德骥,杨淳娴,译.上海:华东师范大学出版社,2017.

[163] 雅克·朗西埃.审美无意识[M].蓝江,译.南京:南京大学出版社,2020.

[164] 雅克·朗西埃.文学的政治[M].张新木,译.南京:南京大学出版社,2014.

[165] 雅克·马利坦.艺术与诗中的创造性直觉[M].刘有元,罗选民,译.北京:生活·读书·新知三联书店,1991.

[166] 亚里士多德.诗学[M].陈中梅,译.北京:商务印书馆,1996.

[167] 亚里士多德.形而上学[M].苗力田,译.北京:中国人民大学出版社,2003.

[168] 亚理斯多德.修辞学[M].罗念生,译.北京:生活·读书·新知三联书店,1991.

[169] 伊恩·瓦特.小说的兴起[M].高原,董红钧,译.北京:生活·读书·新知三联书店,1992.

[170] 伊恩·詹姆斯.导读维利里奥[M].清宁,译.重庆:重庆大学出版社,2019.

[171] 伊曼纽尔·列维纳斯.总体与无限:论外在性[M].朱刚,译.北京:北京大学出版社,2016.

[172] 尤金·W. 霍兰德.导读德勒兹与加塔利《千高原》[M].周兮吟,译.重庆:重庆大学出版社,2016.

[173] 约翰·R. 塞尔.表达与意义:言语行为理论研究[M].王加为,赵明珠,译.北京:商务印书馆,2017.

[174] 约翰·R. 塞尔.什么是言语行为?[G]//牟博,译.A. P. 马蒂尼奇.语言哲学.北京:商务印书馆,1998:238.

[175] 约瑟夫·祁雅理.20世纪法国思潮[M].吴永泉,陈京璇,尹大贻,译.北京:商务印书馆,1987.

[176] 朱迪斯·巴特勒.身体之重:论"性别"的话语界限[M].李钧鹏,译.上海:上海三联书店,2011.

主要人名对照表

阿德里安·基尔(Adrian Kear)
阿兰·巴迪欧(Alain Badiou)
阿兰·朱拉维诺(Alain Juranville)
安·汉密尔顿(Ann Hamilton)
安东尼奥·奈格里(Antonio Negri)
安托南·阿尔托(Antonin Artaud)

保罗·阿登纳(Paul ArdenneJs)
保罗·利科(Paul Ricoeur)
保罗·帕顿(Paul Patton)
保罗·维利里奥(Paul Virilio)
贝尔纳·斯蒂格勒(Bernard Stiegler)
本·海默(Ben Highmore)
彼得·奥斯本(Peter Osborne)
彼得·弗雷德里克·斯特劳森(Peter Frederick Strawson)
彼得·拉马克(Peter Lamarque)
彼得·许恩(Peter Hühn)
布莱恩·马苏米(Brian Massumi)
布鲁诺·拉图尔(Bruno Latour)
布鲁斯·芬克(Bruce Fink)
布鲁斯·卡弗雷尔(Bruce Kapferer)

查尔斯·加洛安(Charles R.Garoian)

大卫·尼伦伯格(David Nirenberg)
德里克·阿特里奇(Derek Attridge)
迪迪埃·德拜(Didier Debaise)
蒂莫西·克拉克(Timothy Clark)
多萝西·黑尔(Dorothy Hale)

恩斯特·哈特维格·康托洛维茨(Ernst Hartwig Kantorowicz)

费尔迪南·德·索绪尔(Ferdinand de Saussure)
菲利克斯·瓜塔里(Felix Guattari)
弗兰克·路达(Frank Ruda)
弗朗西斯·蓬热(Francis Ponge)
弗雷德里克·杰姆逊(Fredric Jameson)
弗里德里希·威廉·尼采(Friedrich Wilhelm Nietzsche)

海登·怀特(Hayden White)
韩炳哲(Byung-Chul Han)
汉娜·阿伦特(Hannah Arendt)
亨利·列斐弗尔(Henri Lefebvre)

吉奥乔·阿甘本(Giorgio Agamben)
吉尔·德勒兹(Gilles Deleuze)
吉尔伯特·西蒙顿(Gilbert Simondon)
加里·夏皮罗(Gary Shapiro)
杰弗里·本宁顿(Geoffrey Bennington)
杰克·理查森(Jack Richardson)

卡尔·雷蒙德·波普尔(Karl Raimund Popper)
克莱顿·克罗克特(Clayton Crockett)
克劳德·罗马诺(Claude Romano)
克利福德·格尔茨(Clifford Geertz)

拉里·格里芬(Larry J. Griffin)
莱斯利·威克斯(Leslie Wickes)
雷蒙德·威廉斯(Raymond Williams)
里卡多·尼伦伯格(Ricardo L. Nirenberg)
露丝·伊利格瑞(Luce Irigaray)

路易·阿尔都塞(Louis Althusser)
路易斯·阿曼德(Louis Armand)
罗宾·瓦格纳-帕西菲奇(Robin Wagner-Pacifici)
罗伯特·帕斯瑙(Robert Pasnau)
罗伯托·埃斯波西托(Roberto Esposito)
罗德里克·密尔顿·奇瑟姆(Roderick Milton Chisholm)
洛特·梅内特(Lotte Meinert)

马丁·海德格尔(Martin Heidegger)
马丁·麦奎兰(Martin McQuillan)
马克斯·格卢克曼(Max Gluckman)
马里奥·阿奎琳娜(Mario Aquilina)
马歇尔·萨林斯(Marshall Sahlins)
迈克尔·哈特(Michael Hardt)
迈克尔·马德(Michael Marder)
迈克尔·索亚(Michael Sayeau)
迈克尔·谢林汉姆(Michael Sheringham)
米哈伊尔·米哈伊洛维奇·巴赫金(Mikhail Mikhailovich Bakhtin)
米歇尔·德塞都(Michel de Certeau)
米歇尔·福柯(Michel Foucault)
莫里斯·布朗肖(Maurice Blanchot)

皮埃尔·布迪厄(Pierre Bourdieu)

乔纳森·卡勒(Jonathan Culler)

让-弗朗索瓦·利奥塔(Jean-Francois Lyotard)
让·格朗丹(Jean Grondin)
让-吕克·马里翁(Jean-Luc Marion)
让-吕克·南希(Jean-Luc Nancy)
让-米歇尔·拉巴泰(Jean-Michel Rabate)
让-雅克·勒塞克勒(Jean-Jacques Lecercle)
芮塔·菲尔斯基(Rita Felski)

尚内·尼娅(Sianne Ngai)
圣地亚哥·扎巴拉(Santiago Zabala)
斯拉沃热·齐泽克(Slavoj Žižek)

汤姆·康利(Tom Conley)
唐纳德·戴维森(Donald Davidson)
特里·伊格尔顿(Terry Eagleton)
托马斯·菲比格尔(Thomas Fibiger)
托马斯·塞缪尔·库恩(Thomas Samuel Kuhn)
托尼·本尼特(Tony Bennett)

瓦尔特·本迪克斯·舍恩弗利斯·本雅明(Walter Bendix Schoenflies Benjamin)
维尔纳·卡尔·海森堡(Werner Karl Heisenberg)
维克多·特纳(Victor Turner)
威拉德·奥曼·蒯因(Willard Orman Quine)
威廉·休厄尔(William H. Sewell Jr.)
沃尔夫冈·威尔士(Wolfgang Welsh)

西奥多·威森格朗德·阿多诺(Theodor Wiesengrund Adorno)
悉尼·沃克(Sydney Walker)
小森阳一(Komori Yoichi)

雅克·德里达(Jacques Derrida)
雅克·拉康(Jacques Lacan)
雅克·朗西埃(Jacques Rancière)
伊恩·瓦特(Ian Watt)
伊莱·罗纳(Ilai Rowner)
伊曼纽尔·列维纳斯(Emmanuel Levinas)
约翰·卡普托(John Caputo)
约翰·兰肖·奥斯汀(John Langshaw Austin)
约瑟特·费拉(Josette Feral)

詹尼·瓦蒂莫(Gianni Vattimo)
朱利安(François Jullien)

后　记

　　经过六年的努力,终于完成了这部书的撰写。当又一次坐在电脑前敲下"后记"二字,过往数度春寒夏暑、秋凉冬冷付出的艰辛,似乎都化作了收获的充实和淡淡的欣喜。

　　一项主观上认真的研究,应当既考虑到论题的学术意义,又估计到它在作者本人学术生涯中占据的逻辑环节。关于前者,国际学界对"事件"的醒目关注与热烈探讨,在最近十年中已俨然成为一个客观事实,这从本书的文献材料中即不难看出来。刚开始进入这一问题领域时,新鲜的印象伴随着隐隐的不满足感,那就是,面对这样一种前沿而又有深厚植根、某种程度上已成为当今一大研究焦点的思想谱系,国内迄今仅有零散的谈论,尚未出现一部尽可能来穷原竟委、寻绎和深化其整体理路的思想史著作。产生浓厚兴趣之初,我也曾试图到处寻找这样一部书,因为随着关注的深入,我觉得对事件思想谱系中任何一家所持的具体事件思想的谈论,都可能是片面的、不充分的和缺乏意义的,只有把它放到整条事件思想史长河中,前联后挂、摇移推拉,才看得清这个坐标的刻度。比如当我们被告知,德里达注重事件的他者性及其独异色彩时,这样一种谈论如何与同时代的巴迪欧、南希及齐泽克等人有效区分,从而获得自身基于写作的独特意味呢?假若没有一个相互映现、具备广阔视野的参照系,想要得出相应的富于说服力的结论,恐怕是不容易的。

　　这样一部书没有能找寻到。于是,逐渐萌生了自己尝试来写它的想法。大概也是种因缘吧,慢慢展开的考察使我体会到,花时间与精力来从事这样一件既充满挑战、又能惠及同好者的研究工作,是值得的。事实上,当本书的研究与写作接近尾声,如同马拉松行将跑至终点线之际,我一方面感到越往后写,可资参考的中文材料越来越少;相反,丰富的外文文献越来越使渐入状态的自己倍感沉重,而丝毫没有可以弛懈下来的轻松。另一方面也在领略事件魅力的同时，发现了它在创作、研究乃至教学等方面的积极实践意义。说实在的，敲下最后一个句号向它作别时，似乎反倒产生出了依依不舍之感。我期待着有兴趣于事件问题的每一位读者的珍贵赐教。

至于后者，在我的学术计划中，这部书也占据着一个承上启下的位置。最初踏入学术研究领域的数年，主要延续攻读博士学位期间的探究线索，完成了叙事方面的几项研究，也出版了几部著作。研究叙事，很自然地会将关注的视线一步步延伸至"事件"这一关键词。可以说，前些年里所做的工作，如今想来已不知不觉地为本书的运思奠定了某种基础。我很希望自己在漫长的学术跋涉中，能尽可能保持住这样一种有序进展的状态。而具体的研究又显示，事件思想的发展，尤其是其前沿进展，实际上不仅提供了与我在多年文论教学中已然形成的一些心得的共鸣，而且与我在最近十年中同样相当关注的后理论问题产生了学理上的自然联结，甚至不妨说，整部事件思想史，某种程度上就是后理论的一种前史。对此，我已在本书中结合一定的材料予以了展示，也作了相应的论证。这两个同时吸引着我的交错而趋于贯通前景的研究领域，在接下来的日子里想必会生发出进一步的研究思路，也谨欢迎各方师友们来自不同视角的真诚点拨与鞭策。

作为对自己研究进度的检验，在成书过程中，或整体，或局部，我也陆陆续续把各章节的主干内容以论文形式，先后发表于《文学评论》《文艺研究》《文艺理论研究》《外国文学研究》《学术月刊》《文艺争鸣》《社会科学战线》《社会科学》《社会科学辑刊》《学术研究》《探索与争鸣》《马克思主义美学研究》《人文杂志》《福建论坛》《中外文论》《广州大学学报》《上海大学学报》《华东师范大学学报》《文化艺术研究》等学术刊物上，有些暂未刊布的内容，还会在后续其他刊物中与读者们见面。这里除了感谢有关编辑的垂爱和支持外，也是想表达一层进而的想法：一部越是有一定规模和篇幅的学术著作，越应该注意用学术论文的高要求来严格凝练每一章节的具体写作，最好能作为先期论文刊发，以防因行文阵线较长而容易出现的松散。想法是如此，也这样尽力了，包括尽量汇集齐全所能发现的材料，客观上或许还存在疏漏之处，恳盼学界方家慧眼指示，以使我们来更好地建设事件思想研究共同体。

本书前半部分与后半部分，分别得到了教育部社科项目（17YJC751023）与上海市曙光人才项目(16SJ27)的支持，并有幸再次通过校内外评审，获得了华东师范大学新世纪学术著作出版基金的资助。请允许我一并向给予本书各种评价和热情推动的专家们，包括华东师范大学出版社以及为本书顺利出版做了大量严谨、细致工作的编辑老师，表示深深的谢忱。

在这部书修改定稿和交付出版的日子里，全世界共同遭遇了一个和疾病有关的事件。在油然念诵起那句"怜我世人，忧患实多"的经典台词之际，也看到了本书中论及的多位健在思想家最新的发声。我不知道这冥冥中的"振作文末"，是否意味着事件思想作为一种现代性社会话语果真无处无时不在，但套用武侠剧里也常常听到的另一句经典台词"有人的地方就有江湖"，可以相信，有人的地方也就有事件，它溢出着我们无法肯定明天自己会变成哪种人的未卜的命运，但也独异地确证着我们明天有可能成为任何一种人的欣幸。

刘　阳

2020 年 5 月 16 日于枫桦景苑